문명 이야기

이야기

윌 듀런트

임웅 옮김

카이사르와 그리스도

3-2

THE STORY
OF
CIVILIZATION

문명
이야기

Caesar and Christ

Ⅲ-Ⅱ

월 듀런트
WILL DURANT

임웅 옮김

카이사르와 그리스도
3-2

민음사

이 책을 읽는 방법

일반 독자들은 읽기가 더 수고스럽겠지만, 책의 분량을 조금이라도 줄이고자 전문적 내용은 바로 이 단락과 같이 글자 크기를 줄여 놓았다. 되도록 많이 줄였음에도 책 분량은 여전히 엄청나고, 작은 크기의 글자로 이 긴 내용들을 전달하는 게 도리가 아니라는 사실에는 변함이 없다. 부디 한 번에 한 장(章) 이상은 읽지 말기 바란다.

글자 크기를 줄이고 들여쓰기 한 문단은 인용문이다. 본문의 위 첨자 숫자는 권말의 주석 번호를 가리킨다. 주석에 명시되어 있는 도서에 대해서는 참고 문헌에 보다 자세한 정보를 실어 두었다.

포틀랜드 화병

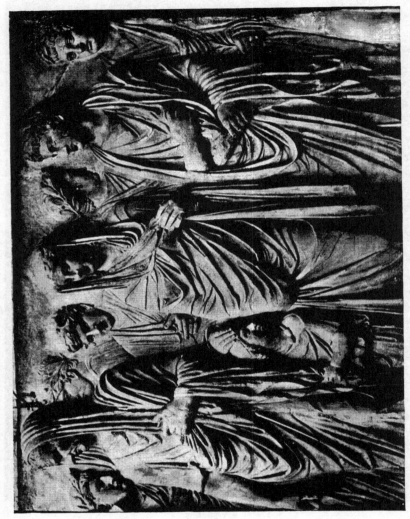

평화의 제단의 프리즈

평화의 제단의 텔루스의 프리즈

어느 어린 소녀의 초상화

물의 요정 클뤼티에

봄의 요정

파르네시나 빌라의 벽화

사포

콜로세움

로마에 있는 콜로세움

트라야누스 원주에 새겨진 로마 병사와 다키아 병사

안티노우스

오스티아에서 발견된 제단

베네벤토의 트라야누스 개선문

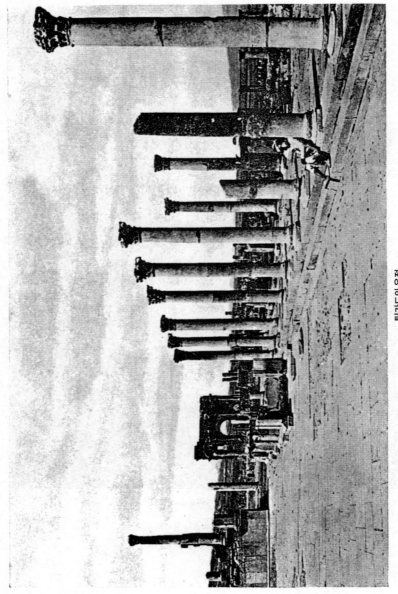

팀가드의 유적

로마의 수도교

바알베크의 유피테르 헬리오폴리타누스 신전

바알베크의 베누스 혹은 바쿠스 신전

로마의 셉티미우스 세베루스 개선문

카리칼라 왕장 내부의 복원도

미트라화흥구

헬레나 황후의 석관

16장

로마와 예술
기원전 30~서기 96

1. 그리스에 대한 부채

로마인들은 애초에 예술적인 태생을 타고나지 않았다. 그들은 아우구스투스 이전에는 전사였고, 이후에는 통치자였다. 그들은 아름다움을 창조하거나 즐기기보다 통치를 통해 질서와 안전을 확립하는 것을 더 숭고하고 고귀한 작업으로 생각했다. 그리고 죽은 대가들의 작품에는 많은 돈을 지불했지만, 살아 있는 예술가들은 비천한 존재로 경멸했다. 세네카는 이렇게 말했다. "우리는 이미지를 숭배하지만 이미지를 만들어 내는 사람들은 경멸한다."[1] 법률과 정치, 그리고 수작업 기술 가운데 농업만이 명예로운 생활 방식처럼 보였다. 건축가를 제외하고 로마의 예술가 대부분은 그리스인 노예이거나 해방 노예, 아니면 고용된 사람들이었다. 그리고 거의 모든 예술가는 손으로 작업했으며 숙련공으로 분류되었다. 라틴 작가들은 예술가의 삶이나 이름을 거의 기록으로 남기지 않았다. 따라서 로마의 예술은 거의 전적으로 익명으로 이루어졌다. 미론, 페이디아스, 프락시텔레스, 그리고 프로토게네스가 그리스의 미의 역사에 빛을 밝힌 것처럼 어떤 생생한 인물 묘사도 로마 예술의 역사를 고상하게 만들지는 못한다. 여기에서 역사가는 부득이하게 동전, 꽃병, 조각상, 돈을새김, 그림, 그리고 건물들의 목록을 만들기 위해 사람이 아닌 물건에 대해 말한다. 역사가는 이렇게 모아진 물건이 애써 로마의 파란만장한 영광을 알려줄 수 있을 것이라는 절박한 희망을 갖는다. 예술 작품은 지성이 아니라 눈이나 귀 또는 손을 통해 영혼에 호소한다. 그리고 예술 작품의 아름다움은, 그것이 생각과 말로 희석될 때 빛을 잃어 간다. 생각의 우주는 수많은 세계들 가운데 하나에 불과하다. 모든 감각은 자신의 세계를 갖고 있다. 따라서 모든 예술은 언어로 옮길 수 없는 특유의 전달 수단을 갖고 있다. 예술가들조차 예술에 대해 글을 쓰지만, 헛된 수고로 끝나고 만다.

특별한 하나의 불행이 로마의 예술에 먹구름을 드리운다. 말하자면 우리는 처음에는 원형이자 주인처럼 보이는 그리스 예술을 통해 로마 예술에 도달하게 된다. 인도의 예술이 낯선 모습으로 우리를 혼란시키듯이, 로마의 예술은 비슷한 모양의 단조로운 반복으로 우리를 낙담케 한다. 우리는 오래전에 비슷한 모양의 도리아식, 이오니아식, 코린트식 기둥과 기둥머리, 비슷한 모양의 세련된 돈을새김, 비슷한 모양의 시인과 통치자의 흉상, 그리고 신들의 흉상을 보아 왔다. 경탄을 자아내는 폼페이의 프레스코화조차 그리스 원본의 복제품인 것으로 알려져 있다. 혼합 양식(이오니아 양식과 코린트 양식의 복합체 – 옮긴이)만이 로마인의 독창적인 발명품인데, 그것은 고전풍의 통일성, 단순성, 그리고 절제와는 거리가 있다. 아우구스투스 시대의 로마 예술은 압도적으로 그리스풍이었다. 시칠리아와 그리스풍 이탈리아를 통해, 캄파니아와 에트루리아를 통해, 그리고 결국에는 그리스와 알렉산드리아와 그리스풍 동방을 통해 그리스의 미의 형태와 방식과 이상이 로마 예술의 일부가 되었다. 로마가 지중해의 주인이 되었을 때, 그리스인 예술가들이 부와 예술 후원의 중심지로 새롭게 부상한 로마로 쏟아져 들어왔다. 그들은 그리스인이 이룩한 위대한 성취를 셀 수 없을 정도로 복제해서 로마의 신전과 궁전, 그리고 광장을 만들었다. 모든 정복자들이 그리스인의 솜씨로 만들어진 모형을 집으로 가져왔고, 모든 유력자들은 남아 있는 보물을 찾으려고 도시를 헤매고 다녔다. 차츰 로마는 구입하거나, 아니면 훔친 그림과 조각상으로 가득 넘쳐 나는 박물관이 되어 갔고, 이것이 1세기 동안 로마 예술의 성격을 규정했다. 이렇게 해서 로마 예술은 헬레니즘 세계 속으로 사라졌다.

위에서 말한 내용은 전부 어느 정도는 진실이다. 이제 알게 되겠지만, 어떤 측면에서 로마 예술의 역사는 평방(平枋, 고대 건축에서 줄기둥이 받치고 있는 수평의 대들보 부분 – 옮긴이)과 아치가 대립하는 역사이다. 그리고 또 다른 측면에서 로마 예술의 역사는 그리스 예술의 침입으로부터 이탈리아 고유의 사실주의를 되찾으려는 싸움이다. 그리스 예술은 인간보다는 신을, 현세의 개인보다는 표상이나 플라톤의 사상을 묘사했다. 그리고 직관과 말의 진실성보다는 형태의 완벽함을 추구했다. 에트루리아인의 무덤에 인물의 모습을 새기는 데 도움이 되었던 이탈리아 고유의 힘찬 남성적인 예술이 그리스인의 로마 예술 정복과 네로의 그리스 문화 애호의 황홀경 사이에서 동면하고 있었다. 하지만 마침내 이탈리아 고유의 예술은 헬레니즘 예술과 단절했으며, 사실주의적 조각, 인상주의적 그림, 그리고 아치와 볼트의 건축에 힘입어 고전 예술에 대변혁을 가져왔다. 로마는 차용한 아름다움뿐 아니라 앞에서 언급한 것들로 1800년 동안 서구 세계에서 예술의 수도가 되었다.

2. 로마의 노동자들

플라비우스 왕조의 로마를 여행하려는 계획을 세우고 오스티아 항에서 테베레 강을 북쪽으로 거슬러 온 고대 여행자라면 우선 세차게 흐르는 탁한 조류에 주목하게 될 것이다. 이 세찬 조류는 구릉과 계곡의 흙을 바다로 실어 날랐다. 이런 간단한 사실의 이면에는 서서히 진행되는 침식으로 인한 비극, 테베레 강에서 양 방향 교역의 어려움, 테베레 강어귀에 주기적으로 쌓여 가는 토사, 그리고 거의 매년 봄이면 로마의 저지대를 침수시켰던 홍수가 자리 잡고 있다. 저지대의 홍수는 주민들로 하여금 작은 배로 도달할 수 있는 위층에 살도록 제한했으며, 부두의 곡물 창고에 저장된 곡물을 자주 망쳐 놓았다. 홍수가 발생하는 경우 주택이 붕괴되었고 사람과 동물 가릴 것 없이 목숨을 잃었다.[2]

고대 여행자가 로마 시에 가까워질 즈음이면, 중심 상가가 그의 눈길을 끌 것이다. 이곳은 테베레 강의 동쪽 가장자리를 따라 1000피트에 걸쳐 있었으며, 노동자, 상점, 시장, 그리고 이곳저곳으로 옮겨 다니는 물건들 때문에 소란스러웠다. 중심 상가 너머로 기원전 494년과 449년에 성난 평민들이 농성 파업을 벌였던 아벤티누스 언덕이 솟아 있었다. 아벤티누스 언덕의 왼쪽 경사면에는 카이사르가 민중들에게 남겼던 정원이, 그리고 정원 뒤로는 야니쿨룸 언덕이 자리 잡고 있었다. 멋진 아이밀리우스 다리에서 테베레 강 동쪽 기슭 가까이에 (지금도 우뚝 서 있는) 행운의 여신과 새벽의 여신에게 봉헌된 신전과 함께 보아리움 광장 또는 우시장이 자리 잡았다. 더 멀리 북쪽 오른편에는 대저택과 신전으로 가득한 팔라티누스 언덕과 카피톨리누스 언덕이 모습을 나타냈다. 왼쪽 비탈면으로 아그리파의 정원이 있었고, 그 너머로 바티카누스 언덕이 나타났다. 동쪽 강기슭 멀리 도시 중심부의 북쪽으로는 마르스 평원의 널따란 잔디밭과 장식된 건물들이 펼쳐졌다. 여기에는 발부스와 폼페이우스의 극장, 플라미니우스 원형 경기장, 아그리파 욕장, 그리고 도미티아누스 경기장이 있었다. 게다가 여기에서는 군단들이 훈련했고, 운동선수들이 경쟁했으며, 전차들이 경주를 벌였다. 그리고 사람들이 공놀이를 했으며,[3] 황제들 치하에서 껍데기에 지나지 않은 민주주의 활동을 경험하기 위해 민회가 모임을 가졌다.

도시의 북쪽 경계에 발을 내딛는 방문객은 세르비우스 툴리우스가 만들었던 것으로 보이는 성벽의 유적 일부를 보았다. 로마는 기원전 390년 갈리아인 침입 이후에 성벽을 재건했던 것으로 보이지만, 군사력과 누가 보아도 확실한 수도 로마의 안전 탓에 성벽의 붕괴에 개의치 않았다. 그리고 아우렐리아누스 황제 때까지는(서기 270년) 사라져 버린 안전의 상징물이었던 성벽을 세우지 않았다. 성벽 안쪽에서 성문이 보통 단일한 또는 삼중의 아치 길로 분리되었다. 이것이 대로로 이어지는 통로가 되었으며, 대로의 이름을 따서 성문의 이름이 붙여졌다. 동쪽으로, 그리고 다음에는 남쪽으로 로마 시의 경계 지역을 여행하다 보면 방문객은 살루스티우스의 멋진 정원, 친위대의 먼지 쌓인 막사, 마르키우스와 아피우스, 그리고 클라우디우스의 수도교 아치, 그리고 방문객의 오른쪽에서 차례대로 핀치우스 언덕, 퀴리날리스 언덕, 비미날리스 언덕, 에스퀼리누스 언덕, 그리고 카일리우스 언덕을 보게 될 것이다. 성벽을 뒤로하고 아피아 가도 북서쪽을 따라 걷다 보면 카페나 성문을 통과해 팔라티누스 언덕의 남쪽 경사면을 따라 신가도(新街道)에 도달하게 될 것이다. 그 다음 북쪽으로 수많은 아치와 건물의 미로를 지나다 보면 로마의 머리이자 심장부인 고대 로마 시의 포룸에 도착하게 된다.

원래 로마의 포룸은 너비 600피트, 길이 200피트가량의 시장이었다. 이제는 (서기 96년) 행상들이 근처 거리나 다른 광장들로 물러갔지만, 부근 바실리카에서는 사람들이 공공 업무대행 업체의 지분을 팔고, 당국과 계약을 체결하며, 법정에서 자신을 변호하거나 변호사에게 소송을 피하는 방법에 대해 자문을 구했다. 포룸 주변에는 뉴욕 월가 주변처럼 신들에게 봉헌된 몇 개의 소규모 신전, 그리고 부의 신에게 봉헌된 규모가 더 큰 신전 몇 개가 세워졌다. 수많은 조각상이 포룸을 장식했으며, 대형 건물의 줄기둥들이 가로수가 너무 적어서 좀처럼 보기 힘들던 그늘을 제공했다. 기원전 45년부터 카이사르 때까지 포룸은 민회의 회합 장소였다. 어느 한쪽에는 로스트룸(rostrum)이라 불리던 연설자의 연단이 있었다. 이렇게 불리던 이유는 초창기의 연단을 기원전 338년 안티움에서 나포된 배의 로스트라(뱃머리)로 장식했기 때문이다. 서쪽 끝에는 금빛 이정표가 있었다. 이것은 아우구스투스가 몇몇 집정관 도로의 교차 지점과 시점을 나타내기 위해 세운 금박 입힌 청동 기둥이었다. 이 금빛 이정표에는 길이 닿는 주요 도시들, 그리고 로마와 그 도시들 사이의 거리가 새겨져 있었다. 남서쪽을 따라 카피톨리누스 언덕의 유피테르 신전과 사투르누스 신전으로 통했던 사크라 가도가 이어졌다. 포룸의 북쪽에서 방문객은 더 큰 광장, 즉 노후한 지역에 변화를 주기 위해 카이사르가 세웠던 율리우스 광장을 마주하게 될 것이다. 게다가 근처에는 아우구스투스와 베스파시아누스를 위해 설계된 광장이 추가로 더 있었다. 그리고 곧 트라야누스가 이곳을 말끔히 치우고 가장 규모가 큰 광장을 꾸밀 것이다.

아무리 서둘러서 한 바퀴를 돌아도 고대의 여행자는 로마 시의 주민들이 다양하게 구성되어 있었고, 거리가 구불구불하게 무계획적으로 만들어져 있어서 거리로서는 부적합하다고 생각했을 것이다. 몇몇 거리는 너비가 16피트에서 19피트까지였고, 대부분의 거리는 동방식으로 구불구불한 골목길이었다. 에우베날리스는 밤중에 울퉁불퉁한 포장도로 위로 덜커덕거리며 지나가는 짐수레 때문에 잠을 이룰 수 없을뿐더러, 낮이 되면 서로 밀치는 군중 때문에 길을 걷는 것이 일종의 전쟁 같다고 불평했다. "아무리 서둘러도 앞에서 밀려들고 뒤에서 빽빽하게 밀어닥치는 일단의 무리들에게 막혀 버린다. 누군가가 나를 팔꿈치로 치고, 다른 누군가가 가마채로 찌른다. 그리고 누군가가 들보로, 그리고 다른 누군가가 포도주 통으로 내 머리를 세게 친다. 내 다리는 진흙으로 뒤범벅이 되고 거대한 발들이 사방에서 내 발을 짓밟는다. 그리고 한 병사가 징 박힌 장화로 내 발가락을 정확하게 찌른다."[4] 주요 도로들은 화산암으로 만든 커다란 오각형 블록으로 포장되었다. 가끔 너무 단단하게 굳어진 몇몇 블록은 지금까지도 그 자리에 남아 있다. 가로등은 없었다. 어두워진 후에 위험을 무릅쓰고 밖에 나가야 하는 사람이라면 늘 손전등을 휴대하거나 횃불을 든 노예가 뒤를 따랐다. 어느 경우든 수많은 도둑들의 집중 공격을 받았다. 문은 자물쇠와 열쇠로 단단히 고정되었고, 밤이 되면 창문에는 빗장을 걸어 두었다. 그리고 1층에 사는 사람들은 지금처럼 쇠 빗장을 걸어 자신들을 보호했다. 에우베날리스는 이러한 위험 말고도 고체이건 액체이건 간에, 위층 창문에서 내던진 물체의 위험에 대해서도 말한다. 그는 대체로 유언장을 써 놓지 않고 저녁을 먹으러 외출하는 사람은 바보밖에 없다고 생각했다.[5]

노동자들을 자신들의 집에서 작업장까지 실어 나를 공공 운송 수단이 없었으므로 대부분의 평민은 도시 중심부 근처의 벽돌로 지은 공동 주택이나 그들의 작업장 뒤, 아니면 위에 있는 방에서 살았다. 보통 공동 주택은 모든 구역에 걸쳐 있었으므로 인술라(insula), 즉 섬으로 불렸다. 인술라 대부분은 6층 아니면 7층 건물로서 너무 엉성하게 지어져, 많은 인술라가 붕괴되어 수백 명에 이르는 거주자들의 목숨을 앗아 가기도 했다. 아우구스투스는 건물의 정면 높이를 70로마피트로 제한했지만, 뒤쪽은 더 높이 지을 수 있게 했다. 왜냐하면 마르티알리스가 "200개 계단 위의 다락방에 사는 불쌍한 녀석"에 대해 말하고 있기 때문이다.[6] 많은 공동 주택에는 1층에 작업장이 자리 잡고 있었다. 일부 공동 주택에는 2층에 발코니가 있었다. 그리고 소수의 공동 주택은 아치형 통로로 거리 건너편의 공동 주택들과 맨 위층이 연결되었다. 이곳 맨 위층은 특별한 평민들을 위한 위험한 옥상 주택이었다. 신가도, 팔라티누스 언덕의 승리의 언덕길, 그리고 비미날리스 언덕과 에스퀼리누스 언덕 사이의 유곽이 들끓는 수부라(Subura) 구역은 대체로 인술라로 가득 채워졌다. 인술라에는 중심 상가의 항만 노동자, 마켈룸 시장의 푸주한, 피스카토리움 광장의 생선 장수, 보아리움 광장의 목우 업자, 홀리토리움 광장의 채소 행상인, 그리고 로마의 작업장 및 사무직 노동자, 그리고 교역 업자들이 살고 있었다. 로마의 빈민가가 포룸의 가장자리를 에워싸고 있었다.

포룸을 벗어난 거리를 따라 작업장이 늘어섰다. 이곳에서는 일하는 소리와 흥정하는 소리가 늘 가득했다. 과일 장수, 책 장수, 향수 상인, 여성 모자 판매인, 염색 업자, 꽃 장수, 칼 장수, 자물쇠 제조공, 약제사, 그리고 사람들의 욕구와 괴상한 취미와 허영심을 만족시켜 주던 그 밖의 사람들이 튀어나온 판매대로 통로를 막아 버렸다. 이발사는 모든 사람이 들을 수 있었던 야외에서 장사에 힘썼다. 포도주 파는 선술집이 너무 많아서 마르티알리스의 눈에 비친 로마의 모습은 거대한 살롱과도 같았다.[7] 장사하는 사람들은 특정한 지구나 거리에 집중되는 경향이 강했으며, 그 장소에 따라 이름을 붙이는 경우가 많았다. 따라서 신발 제작자들은 산달라리우스 지구(Vicus Sandalarius)에, 마구 제작자는 로라리우스 지구(Vicus Lorarius)에, 유리 부는 직공은 비트라리우스 지구(Vicus Vitrarius)에, 보석상들은 마르가리타리우스 지구(Vicus Margaritarius)에 모여들었다.

높은 보수를 받고 여기저기 여행 다니며 호사스럽게 살던 가장 위대한 예술가들을 제외하고는 이탈리아의 모든 예술가들이 그러한 작업장에서 일을 했다. 루쿨루스는 아르케실라우스에게 100만 세스테르티우스를 주면서 펠리키타스 여신의 조각상을 만들어 달라고 요청했으며, 제노도루스는 메르쿨리우스의 거상을 만들어 준 대가로 40만 세스테르티우스를 받았다.[8] 건축가와 조각가는 의사, 교사, 그리고 화학자와 더불어 "자유민의 기술"을 추구하는 사람이라는 평가를 받았다. 하지만 로마에서 대부분의 공예물을 제작하던 계층은 노예였거나 노예였었다. 일부 주인들은 노예에게 조각과 그림, 그리고 이와 유사한 기술들을 훈련시켰고, 그들이 만든 제품을 이탈리아와 외국에 내다 팔았다. 이러한 작업장에서는 분업이 이루어졌다. 즉 어떤 사람은 제대에 바칠 봉헌용 조각상을, 또 다른 사람은 장식용 처마돌림띠를 전문적으로 만들었다. 그리고 어떤 사람은 조각상에 붙일 유리 눈을 잘라 냈다. 각기 다른 화가들이 똑같은 그림 위에 아라베스크 무늬나 꽃, 풍경이나 동물, 사람을 차례로 그렸다. 많은 예술가들이 수요가 많은 시대의 고미술품들을 전문적으로 제작하는 위조범이었다.[9] 기원전 1세기의 로마인들은 이러한 물건에 쉽게 속아 넘어갔다. 왜냐하면 대부분의 졸부들처럼 그들도 아름다움과 효용성보다는 오히려 값과 희소성에 따라 물건을 평가하는 경향이 강했기 때문이다. 제정기(帝政期)에는 부자가 된다는 것이 더 이상 영예가 아니었으므로 취향이 개선되었으며, 멋진 물건에 대한 진지한 애착 때문에 이집트, 메소포타미아, 그리고 그리스에서 몇 안 되는 사람만이 알던 세련된 식기와 장식품 등이 로마의 수많은 가정에 유입되었다. 예술과 고대의 관계는 산업과 근대의 관계와 같았다. 당시 사람들은 오늘날처럼 기계로 대량 생산되어 남아돌 만큼 풍부하고 유용한 제품을 마음껏 누릴 수 없었다. 하지만 그들이 충분히 노력만 기울인다면, 정성 들여 완성된 멋진 물건이 가져다주는 신비스러우면서도 잔잔한 행복에 둘러싸일 수 있었다.

3. 상층민의 집

중산 계층의 주택을 살펴보고 싶은 방문자는 로마 시의 중심부에서 떨어져 있는 주요 간선 도로변을 주목하게 될 것이다. 벽돌과 치장 회반죽으로 된 주택 외부는 예전과 마찬가지로 여전히 불안감과 더위의 영향 때문인지 단순하고 단단하게 만들어졌다. 로마의 유산 계층은 지나가는 사람들에게 보여 주기 위해 주택 외부를 치장하려는 기교를 전혀 부리지 않았다. 2층 이상의 집을 세우는 경우는 거의 없었다. 지하실은 보기 드물었다. 그리고 지붕은 붉은 기와로 번쩍였고 창에는 덧문, 아니면 이따금 창유리가 달려 있었다. 입구는 이중문으로 두 개의 문 각각이 금속 회전축을 중심으로 반쯤 회전했다. 마루는 콘크리트나 타일, 그리고 정사각형 모자이크로 덮여 있었으며 양탄자는 없었다. 집의 중앙 홀 둘레에는 주요 방들이 모여 있었으며, 이것이 건축학적으로 회랑과 대학 캠퍼스의 유래가 되었다. 더 부유한 집에서는 한 개 또는 그 이상의 방이 목욕장으로 사용되었으며, 대체로 오늘날의 욕조와 비슷한 것이 갖추어져 있었다. 20세기 이전의 배관 작업은 로마의 탁월한 수준을 따라잡을 수 없었다. 수로와 주관에서 납으로 만든 파이프를 통해 대부분의 공동 가옥과 집으로 물이 공급되었다. 부품과 파이프 마개는 청동으로 만들어졌으며, 어떤 것은 고도의 장식 디자인으로 만들어졌다.[10] 납으로 만든 도수관(導水管)과 지붕의 홈통이 빗물을 지붕에서 내려보냈다. 대부분의 방은 적어도 휴대용 숯 화로로 난방이 되었다. 소수의 집, 많은 별장과 대저택과 공중 목욕장은 나무나 숯을 태우는 가마로부터 타일 파이프나 마루, 그리고 벽의 통로를 통해 많은 방으로 뜨거운 공기가 공급되는 중앙난방방식이었다.*

제정 초기에 헬레니즘 방식이 부유한 로마인의 집에 추가로 유입되었다. 사생활을 누리기 위해 로마의 부자는 중앙 홀 뒤에 페리스틸리움(peristylium)이라는, 하늘이 훤히 트여 있는 안마당을 만들었다. 이곳에는 꽃과 관목이 식재되었고, 조각상으로 장식되어 있었으며, 주랑으로 둘러싸여 있었다. 그리고 분수 또는 몸을 담그는 곳이 중앙에 자리 잡고 있었다. 로마의 부자는 이러한 안마당 주위에 몇 개의 새로운 방, 즉 식당, 여성용 방, 미술품 소장실, 서재, 그리고 가정 신을 모시는 방을 만들었다. 이것들 말고도 여분의 침실과 실내 벽의 일부를 안으로 들어가게 한 작은 방도 있었다. 덜 부유한 집들은 페리스틸리움 대신에 정원을 만들었다. 그리고 정원조차 만들 공간이 없던 로마인들은 창에 화분을 놓거나 지붕에서 꽃과 관목을 재배했다. 세네카의 말에 따르면 몇몇 커다란 지붕에서 화초 재배 통에 포도나무, 과일나무, 그리고 녹음수가 재배되었다고 한다. 게다가 많은 집들이 햇볕에 배를 태우기 위한 일광욕실을 갖추고 있었다.

많은 로마인들이 고함 소리와 어수선함에 싫증을 냈으며 시골의 평화로움과 따분함을 찾아 로마를 벗어났다. 부자든 빈민이든 간에, 누구나 할 것 없이 고대 그리스에서 찾아보기 힘들 정도로 자연에 깊은 애정을 나타냈다. 에우베날리스는 어떤 사람이 로마의 어두침침한 다락방에서 매년 집세를 내는 대신 어느 조용한 이탈리아 마을에서 예쁜 집을 구입해 "수많은 피타고라스 교도들에게 성찬을 대접하기에 적합한 손질이 잘된 정원"으로 둘러쌀 수 있으면서도 굳이 수도 로마에서 살아가려는 것은 어리석은 짓이라고 생각했다. 부자들은 이른 봄에 로마에서 아펜니노 산맥의 구릉지나 호숫가, 바닷가로 이사했다. 소(小)플리니우스는 라티움 해안 지대의 라우렌툼에 있는 자신의 시골집을 흥미롭게 묘사했다. 그는 자신의 시골집을 "유지하기에 비싸지 않고 내 형편으로는 충분히 커다란" 곳이라고 부른다. 하지만 계속해

---

* 비트루비우스의 주장에 따르면 이러한 중앙난방 장치는 기원전 100년 무렵에 도입되었다고 한다. 서기 10년 무렵에 중앙난방 장치는 특히 북쪽과 브리타니아에서도 꽤 일반화되어 있었다.

서 말을 이어 나갈 때, 그의 겸손한 태도는 충분히 의심을 불러일으킬 만하다. 소(小)플리니우스는 "유리를 끼운 창과 돌출한 처마의 보호를 받는 작은 현관 …… 마지막 흰 파도의 위력에 살며시 씻긴", 그리고 "마치 세 개의 서로 다른 바다에 있는 것처럼 세 방향에서 전망"을 제공할 만큼 넓은 창이 달린 눈부신 멋진 식당, "숲과 산으로 경치가 끝나는" 중앙 홀, 두 개의 거실, "창을 통해 하루 종일 햇빛이 비치는 반원형 도서관", 침실, 그리고 하인들이 거처하는 여러 개의 방을 묘사하고 있다. 반대편 날개 부분에는 "멋진 응접실"과 제2 식당, 네 개의 작은 방이 있었고 "쾌적한 탈의실", 냉탕과 서로 다른 온도로 가열된 세 개의 풀을 갖춘 온탕, 그리고 열탕으로 이루어진 욕실이 마련되어 있었다. 욕실 전체가 뜨거운 공기 파이프를 통해 중앙난방식으로 가열되었다. 바깥에는 수영장, 구기장, 창고, 다채로운 무늬의 정원, 개인 서재와 연회장, 그리고 두 개의 방과 한 개의 식당이 딸린 전망 탑이 있었다. 소(小)플리니우스는 "이렇듯 쾌적한 휴양지에 시간과 애정을 쏟아붓지 않을 이유가 있으면 말해 보라." 하면서 말을 끝맺었다.

만약 어떤 원로원 의원이 바닷가에, 그리고 다른 의원이 코모에 그런 별장을 가질 수 있었다면, 하드리아누스가 곧 티부르에 세우게 될 농장은 말할 필요도 없고 티베리우스의 카프리 농장, 아니면 도미티아누스의 알바롱가 농장의 호화로움을 상상할 수 있을 것이다. 방문자가 이러한 방들의 사치에 견줄 만한 것을 보고 싶다면, 팔라티누스 언덕에 세워진 대부호와 황제들의 대저택 입구를 찾아야 할 것이다. 로마인은 집이 아담했고, 신전만 규모가 컸던 고전기 그리스의 주택 건축을 모방하고 싶어 하지 않았다. 로마인들은 반쯤 동방화된 헬레니즘 시대 왕들의 주거를 모방한 대저택을 짓지 않았다. 프톨레마이오스 왕조의 건축 양식이 클레오파트라의 금과 함께 로마로 들어왔으며, 황실 건축은 군주 정치와 어깨를 나란히 하며 발전했다. 궁전이 세워져 있던 팔라티누스 언덕에서 이름이 유래된 아우구스투스의 궁전은 황실의 행정 기능이 늘어나면서 규모가 확대되었다. 아우구스투스의 계승자들 대부분은 자신과 보좌관을 위한 궁전을 추가로 건립했다. 즉 티베리우스는 티베리우스 궁전을, 칼리굴라는 가이우스 궁전을, 그리고 네로는 황금 궁전을 건립했다.

황금 궁전은 일시적으로 로마에게 경이로움 그 자체였다. 건물만으로는 90만 제곱피트에 걸쳐 있었지만, 팔라티누스 언덕으로부터 인근 언덕들에 가득 들어찼던 1제곱마일 별장의 작은 부분에 불과했다. 정원, 목초지, 양어장, 조수 보호 구역, 새장, 포도원, 개울, 분수, 폭포, 호수, 황제 갤리선, 오락장, 피서용 별장, 화원, 그리고 3000피트 길이의 주랑으로 이루어진 대규모 공원이 황금 궁전을 에워싸고 있었다. 분노에 찬 어떤 위트 넘치는 사람이 당시 널리 퍼져 있던 황금 궁전에 대한 혹평을 벽에 이렇게 새겼다. "로마는 한 사람이 거처하는 곳이 되어 버렸습니다. 시민들이여, 베이로 이주할 때입니다. 정말 베이가 네로의 집에 포함될 수 없다면 말입니다."[11] 황금 궁전의 내부는 대리석과 청동과 금으로, 셀 수 없이 많은 코린트 양식 기둥머리의 금박 입힌 금속으로, 그리고 고전 세계에서 사들였거나 약탈해 온 수많은 조각상과 돋을새김, 그림, 그리고 예술품으로 화려하게 빛났다. 그것들 중에는 라오콘 군상도 있었다. 일부 벽에는 진주와 값비싼 다양한 보석을 박아 넣었다. 연회장의 천장은 상아색 꽃으로 뒤덮였으며, 황제가 고개를 끄덕이면 천장에서 향기 나는 물보라가 손님들 위로 떨어지곤 했다. 식당의 상아색 둥근 천장에는 하늘과 별을 나타내기 위해 색칠해 놓았으며, 숨겨진 장치를 통해 둥근 천장이 계속해서 천천히 돌고 있었다. 붙어 있는 여러 개의 방은 열탕, 냉탕, 온탕, 소금물탕, 그리고 유황탕을 제공했다. 로마의 건축가인 켈레르와 세베루스가 황금 궁전을 거의 완공하고 네로가 그곳으로 거처를 옮겼을 때, 네로는 "마침내 내가 이곳에 머무르게 되는구나."라고 말했다고 한다. 한 세대가 지나고 로마의 베르사유 궁전인 황금 궁전은 너무 사치스럽고 위험해 주변의 빈곤에 둘러싸인 채 유지될 수 없었다. 이렇게 해서 황금 궁전은 방치되고 말았다. 황금 궁전의 폐허 위에 베스파시아누스는 콜로세움을, 티투스와 트라야누스는 거대한 공중 목욕장을 건립했다.

도미티아누스는 건축에 대한 네로의 광기를 이어받았다. 도미티아누스를 위해 라비리우스가 플라비우스 궁전을 세웠다. 이 궁전은 네로의 박물관만큼 거대하지는 않았지만 화려한 광채와 장식 면에서는 전혀 뒤지지 않았다. 도미티아누스 황제가 상고 사건을 심리했던 것으로 짐작되는 법정 건물인 거대한 바실리카가 한쪽 날개 부분에만 자리 잡고 있었다. 게다가 똑같은 날개 부분을 3만 제곱피트에 걸쳐 있는 페리스틸리움이 에워싸고 있었다. 이것과 인접한 곳에 연회장이 자리를 잡았는데, 붉은색 반암(斑巖)과 초록색 사문석(蛇紋石)으로 포장한 면이 그대로 남아 있다. 세련된 대리석 칸막이벽들과 아름답게 원주로 지탱된 창은 사라지고 없다. 이곳을 통해 손님들은 대리석으로 만든 작은 연못 위 또는 바깥쪽 분수 위로 튀기는 물을 바라볼 수 있었다. 덧붙이자면 도미티아누스는 이러한 연회장을 접대용과 통치용으로만 사용했다. 대체로 도미티아누스는 아우구스투스의 궁전보다 더 소박한 주거에서 살았다. 분명히 이러한 황실 건축물은 토착민, 방문자, 그리고 사절단에게 감명을 주기 위해 설계된 제국의 겉치레에 불과했다. 반면에 칼리굴라와 네로를 제외한 황제들은 이러한 의전실의 강제적인 격식으로부터 가족 숙소의 편안함과 친숙함으로 도피했다. 그리고 안토니누스 피우스가 말하곤 했던 것처럼 "사람이 되는 즐거움"을 만끽했다.[12]

4. 장식 기술

이러한 궁전과 부자들의 집에서는, 모든 것을 아름답지는 않더라도 적어도 고급스럽게 만들기 위해 수많은 기술이 사용되었다. 마루는 다색 장식의 대리석, 즉 모자이크로 자주 만들어졌다. 다양한 색깔의 작은 정육면체를 짜 맞춘 모자이크는 눈에 띄게 사실주의적이고 퇴색하지 않는 그림을 낳았다. 가구는 풍부함과 안락함 면에서 오늘날에 비해 떨어졌지만, 대체로 디자인과 솜씨는 더 뛰어났다. 탁자, 의자, 긴 의자, 소파, 침대, 램프, 그리고 용구 등은 내구성이 강한 재료로 만들어졌으며 화려하게 장식되었다. 최고의 목재, 상아, 대리석, 청동, 은, 그리고 금은 조심스럽게

다듬어지고 끝손질되었으며, 식물이나 동물 형상으로 장식되었고, 그렇지 않으면 상아, 거북딱지, 조개껍데기, 무늬가 새겨진 청동 또는 보석으로 상감 세공되었다. 탁자는 가끔 값비싼 사이프러스 나무나 감귤류 나무를 잘라서 만들어졌고, 어떤 탁자는 금이나 은으로 만들어지기도 했다. 그리고 많은 탁자들이 대리석이나 청동으로 만들어졌다. 의자는 접이식 의자에서부터 왕좌에 이르기까지 모든 종류가 있었지만, 오늘날의 의자에 비해 척추를 덜 변형시켰다. 침대는 나무나 금속으로 만들어졌으며, 가느다랗지만 견고한 다리로 지탱되었고, 끝 부분은 동물의 머리나 발로 마무리되었다. 용수철 대신에 얇은 청동 금속판이 짚이나 양모로 가득한 매트리스를 지지했다. 우아한 모양의 청동 삼각의자가 오늘날의 협탁을 대신했다. 그리고 여기저기에 두루마리 책을 보관하기 위한 서랍 달린 수납장이 있었다. 청동화로가 방을 따뜻하게 데웠으며, 청동 램프는 방을 밝혔다. 거울도 청동으로 만들어졌는데 광택이 많이 났고, 꽃무늬나 신화적인 밑그림이 새겨 넣어졌다. 어떤 거울은 수평 또는 수직으로 볼록하거나 오목하게 만들어졌다. 이것은 거울에 비친 상을 뒤틀어 날씬하거나 뚱뚱하게 보이도록 했다.[13]

스페인 광산에서 산출되는 풍부한 광물로 작업한 캄파니아의 작업장들이 대량으로 은그릇을 생산해 광대한 시장에 내놓았다. 이제 중산 계층과 상층 부류에서 은식기는 흔하게 볼 수 있었다. 1895년 보스코레알레에 있는 별장의 저수 탱크에서 은식기가 대량으로 발견되었는데, 서기 79년 베수비오스 화산의 잔화로부터 미처 도망하지 못했던 은 식기의 주인이 그곳에 넣어 둔 것으로 추정된다. 열여섯 개의 컵 가운데 하나에는 간단한 잎 무늬 장식이 완벽하게 보존되어 있다. 두 개의 컵에는 돋을새김으로 줄기가 그려져 있다. 또 하나의 컵에는 인류의 경쟁자 신이었던 베누스와 마르스 사이에서 왕좌에 앉아 있는 아우구스투스가 그려져 있다. 가장 익살맞은 컵에는 스토아 철학자 제논이 그려져 있다. 여기에서는 제논이 엄청나게 큰 케이크 한 조각을 집어먹는 에피쿠로스를 비웃으며 손가락질하고 있으며, 동시에 돼지 한 마리가 앞다리를 들고 자신에게 먹을 것을 나누어 달라고 정중히 부탁하고 있다.

제정 초기의 주화와 보석을 통해 조각공의 기술이 발전해 가고 있었음을 알 수 있다. 아우구스투스의 주화와 보석은 평화의 제단과 똑같이 표현 양식이 세련되고 이따금 디자인도 똑같다. 아프리카, 아라비아, 그리고 인도에서 수입된 보석용 원석을 잘라 반지, 장식 핀, 목걸이, 팔찌, 컵, 그리고 심지어 벽에까지 촘촘히 박아 넣었다. 최소한 손가락 하나에 반지 하나가 사회적으로 필요했다. 일부 멋쟁이들은 한 손가락을 제외하고 모든 손가락에 반지를 끼었다. 로마인은 자신의 반지로 서명했으므로 인장을 개별적으로 디자인하고 싶어 했다. 로마에서 최고의 보수를 받는 예술가 가운데 일부는 아우구스투스의 인장을 만들던 디오스쿠리데스처럼 보석 연마사였다. 카메오를 절단하는 기술은 황금시대에 정점에 도달했다. 비엔나의 아우구스투스 보석은 현존하는 것 가운데 가장 멋진 보석에 속한다. 보석과 카메오를 수집하는 것이 로마의 부자, 즉 폼페이우스, 카이사르, 아우구스투스의 취미가 되었다. 마르쿠스 아우렐리우스가 마르코만니족과의 전쟁 비용으로 충당하기 위해 팔기 전까지 황제의 보석 상자는 상속을 거치면서 늘어났다. 황제 인장과 보석의 공식 수호자로부터 잉글랜드가 옥쇄를 물려받았다.

그 사이에 카푸아, 푸테올리, 쿠마이, 그리고 아레티움의 도공들이 다양한 도자기 공예술로 만든 도기로 이탈리아 가정을 가득 채워 가는 중이었다. 아레티움은 1만 갤런 용량의 혼합 용기를 생산했다. 붉은 광택이 났던 아레티움산(産) 식기는 한 세기 동안 가장 널리 확산된 이탈리아 제품이었다. 이 식기의 견본들이 거의 모든 곳에서 발견되었다. 각각의 꽃병, 램프, 또는 타일에 제작자의 이름을, 또한 가끔씩 그해 집정관들의 이름을 날짜처럼 새기기 위해 양각으로 도려낸 철 인장이 사용되었다. 고대인들의 인쇄술은 이 정도 수준에 머물렀다. 더욱이 노예 필경사들의 몸값이 쌌기 때문에 인쇄술이 발전하지 못했다.[14]

쿠마이, 리테르눔, 그리고 아퀼레이아의 숙련공들이 도기 생산에서 예술적인 유리 제품 생산으로 전환했다.* 대표적인 유리 제품은 포틀랜드 유리 꽃병

---

* 대략 기원전 200년 전에 시리아인들과 이집트인들은 고온에서 모래를 알칼리 물질과 결합하면 푸르스름한 반투명 액체가 생기고(모래의 산화철 때문에), 여기에 망간과 산화납을 첨가하면 무색의 완전 투명한 제품이 만들어지

이다.* 이것보다 훨씬 더 뛰어난 제품은 폼페이에서 발견된 "푸른 유리 꽃병"으로, 여기에는 바쿠스의 포도 수확 축제가 생동감 넘치고 우아하게 표현되어 있다.[15] 플리니우스와 스트라본의 말에 따르면[16] 티베리우스 치세에 유리 세공 기술이 시돈 또는 알렉산드리아에서 로마로 전해졌고, 곧 섬세한 아름다움을 자랑하는 여러 가지 색채 장식의 작은 유리병, 컵, 사발, 그리고 그 밖의 제품이 생산되면서 잠시 동안 예술품 수집가들과 백만장자들이 가장 손에 넣고 싶어 하는 사냥감이 되었다고 한다. 네로 치세에는 오늘날 "천 개의 꽃"으로 알려진 유리 세공으로 만든 작은 컵 두 개에 6000세스테르티우스가 지불되었다. 이것은 각기 다른 색깔의 유리 막대를 함께 녹여서 만든 것이었다. 훨씬 더 높은 평가를 받던 유리 꽃병은 아시아와 아프리카에서 수입된 머린(Murrhine) 꽃병이었다. 이것은 원하는 모양을 만들어 내기 위해서 흰색과 자주색 유리 섬유를 나란히 놓고 불에 굽거나 여러 조각의 채색 유리를 투명한 흰색 물체에 끼워 넣어 만들었다. 폼페이우스가 미트리다테스에게 승리한 후에 머린 꽃병 몇 개를 로마에 가져왔다. 그리고 비록 클레오파트라의 금 식기류를 녹였다고는 하지만, 아우구스투스는 머린 유리로 만든 받침과 굽이 있는 술잔을 자기 몫으로 차지했다. 네로는 그러한 유리컵 하나에 100만 세스테르티우스를 지불했다. 그리고 죽어 가는 순간에 페트로니우스는 네로의 수중에 들어가지 못하도록 또 하나의 유리컵을 깨 버렸다. 대체로 로마인들의 유리 제품 제작에 견줄 만한 상대는 없었다. 게다가 세계의 어떤 예술 소장품도 영국 박물관과 메트로폴리탄 미술관의 로마 유리 제품보다 더 값지지 않다.

며, 그리고 상이한 화학 물질에 따라 상이한 색조가 생겨날 수 있다는 사실을(예를 들어 코발트에는 푸른색) 알아냈다. 손으로 또는 불어서 액체 반죽의 형태를 만들었다. 그렇게 하지 않으면 반죽이 딱딱해져서 수레바퀴로 잘라야 했다.

* 이중으로 유리층이 포개어진 이 꽃병은 그리스에서 유래되었던 것 같다. 이것은 1770년에 로마 근처에서 발견되어 포틀랜드 공작이 구입했다. 그리고 1810년에 영국 박물관에 임대되었다. 1845년에 한 미치광이가 250개의 조각으로 산산이 부수었지만, 성공적으로 복원되어 포틀랜드 공작이 1929년에 판매하려고 내놓았을 때 15만 2000달러의 입찰 가격이 매겨졌다. 그런데 그 가격이 터무니없이 낮아 입찰이 거부되었다.[14a]

5. 조각

점토를 구우면서 도기가 조각으로 바뀌어 갔다. 테라코타 돋을새김과 작은 조각상, 장난감, 과일 모조품, 포도, 생선, 그리고 마침내 실물 크기의 조각상이 만들어졌다. 유약을 바른 테라코타, 즉 마졸리카는 폼페이 유적에서 많이 발견되었다. 신전 박공(博栱)과 처마가 테라코타 종려나무 잎 무늬와 조각상 받침대, 괴물 석상, 그리고 돋을새김으로 장식되었다. 그리스인들은 이러한 장식을 비웃었으며, 제정기에는 유행하지 않게 되었다. 게다가 아우구스투스는 점토에 전혀 호의적이지 않았다.

로마가 돋을새김과 조각에서 헬레니즘 시대의 걸작과 견줄 만큼 탁월할 수 있었던 원인은 로마의 아테네 취향 때문이었을 것이다. 한 세대 동안 로마의 예술가들은 로마의 돋을새김을 세계의 예술 걸작으로 평가받게 해 준 세련된 느낌, 정확한 기법, 차분하고 품위 있는 형식, 어느 정도의 입체감과 균형감으로 분수, 묘비, 아치, 그리고 제단을 조각했다. 기원전 13년 원로원은 스페인과 갈리아를 평정하고 로마로 개선하는 아우구스투스를 축하하기 위해 아우구스투스의 평화의 제단을 마르스 평원에 세울 것을 선언했다. 아우구스투스의 평화의 제단은 로마의 모든 조형물 가운데 가장 웅장하다. 이 기념비는 페르가몬의 제단에서 형태를, 그리고 파르테논의 프리즈(frieze, 띠 모양 장식)에서 행렬 모티프를 빌려 왔다. 그리고 울타리 안쪽 연단에 제단이 세워졌으며, 울타리 주위의 벽에 부분적으로 대리석 돋을새김이 새겨졌다. 이러한 벽에서 나온 평판이 조각의 잔해로 남아 있다.* 어떤 평판에는 두 아이를 팔에 안은 대지의 여신, 여신 옆에서 자라나는 곡물과 꽃, 그리고 여신의 발밑에서 행복해 하며 누워 있는 동물들이 그려져 있다. 이것이 아우구스투스 개혁을 이끌어 간 생각, 즉 가족은 혈통으로, 백성들은 농업으로, 그리고 제국은 평화로 복귀하는 것이다. 중

---

* 가장 커다란 조각은 최근까지 로마의 테르메 미술관에 있었다. 다른 조각들은 바티칸 박물관, 피렌쩨의 우피치 미술관, 그리고 루브르 박물관에 있었다.

심인물인 대지의 여신은 타의 추종을 불허한다. 실제로 성숙한 모성애와 여성미, 다정함, 그리고 우아함이 결합되어 파르테논의 위풍당당한 여신들도 견줄 수 없는 부드러운 완벽함이 존재한다. 외벽 프리즈의 아래쪽 판에는 아칸서스 잎의 소용돌이무늬, 넓은 꽃잎이 있는 작약과 양귀비, 그리고 아이비 베리(ivy berry) 다발들이 있었다. 이것 또한 견줄 대상이 없다. 다른 평판에는 평화의 여신 제단 앞에서 만나기 위해 정반대 방향에서 움직이는 두 개의 행렬이 그려져 있다. 이러한 무리 속에 귀족, 신관, 베스타 신전의 신녀, 아이들과 함께 아우구스투스, 리비아, 그리고 황실 가족으로 보이는 엄숙하고 차분한 모습을 한 인물들이 보인다. 이들 인물 중에는 아이들의 천진난만한 모습이 생생하게 묘사되어 있다. 그중에는 의식을 전혀 경험해 본 적 없는 한 아기가 아장아장 걷고 있고, 다른 사내아이 하나는 자신의 나이를 뽐내고 있다. 그리고 다른 한 명은 작은 소녀로서 꽃다발을 갖고 있으며, 또 다른 한 명은 사내아이로 장난을 친 뒤에 어머니에게 부드럽게 훈계를 받고 있다. 이제부터 이탈리아 예술에서 아이들의 역할이 늘어날 것이다. 하지만 로마 조각은 결코 다시는 거장다운 드레이퍼리(drapery, 조각 등에서 주름을 잡은 천이나 옷, 그리고 그 표현 방법 – 옮긴이), 자연스럽고 효과적인 배치, 빛과 그늘의 조절을 보여 주지 못할 것이다. 베르길리우스에게서 드러난 것처럼 로마의 조각도 선전 수단으로 사용되었다.

로마에서 이러한 돋을새김과 유일하게 견줄 수 있는 대상은 개선하는 장군들을 맞이하기 위해 세운 아치에 새겨진 조각이다. 현존하는 가장 멋진 개선문은 예루살렘 점령을 기념하기 위해 베스파시아누스가 시작해서 도미티아누스가 완공한 티투스의 개선문이다. 한 돋을새김에는 불타는 도시, 폐허가 된 성벽, 겁에 질려 흥분한 예루살렘 사람들, 로마 군단 병사에게 약탈되는 예루살렘의 부가 그려져 있다. 또 하나의 돋을새김에는 병사, 동물, 정무관, 신관, 그리고 포로들에 둘러싸여 전차를 타고 로마에 입성하는 티투스와 그 뒤를 따르는 예루살렘 신전의 신성한 나뭇가지 모양의 촛대와 다양한 전리품들이 그려져 있다. 여기에서 예술가들은 대담한 실험을 했다. 즉 그들은 서로 다른 인물들을 서로 다른 높이에서 잘라 내어 다른 평면에 배치시켰다. 그리고 깊이에 착각을 불러일으키려고 배경을 끌로 파냈다. 게다가 그들은 풍부한 색조와 거리를 추가적으로 전달하기 위해 전체를 색칠했다. 메소포타미아와 이집트의 프리즈처럼, 그리고 나중에 트라야누스와 아우렐리우스의 원주에서처럼 개개의 에피소드가 아니라 연속적으로 동작을 그려 넣었다. 따라서 동작과 생명의 의미가 더 잘 전달되었다. 인물들은 헬레니즘 시대의 평화의 제단에서처럼 아테네의 평화 분위기로 이상화되지도 않고 부드럽게 표현되지도 않았다. 인물들은 하찮은 실제 인간들로부터 받아들여졌고, 이탈리아의 사실주의와 생명력이라는 세속적 전통에 따라 조각되었다. 주제는 완벽한 신이 아니라 살아 있는 인간들이었다.

이와 같이 생동감 넘치는 사실주의야말로 로마 조각을 그리스 조각으로부터 구별하게 해 준다. 이렇게 반복적으로 자신들의 성향에 충실하지 않았더라면, 로마인들은 예술에 전혀 힘을 더하지 못했을 것이다. 기원전 90년 무렵 남부 이탈리아 출신의 그리스인 파시텔레스가 로마로 건너가 60년 동안 살았는데, 그는 은, 상아, 그리고 금으로 뛰어난 작품을 제작했다. 그리고 은거울을 소개했고, 그리스 걸작들을 숙련된 솜씨로 모방했으며, 예술의 역사에 관해 다섯 권의 책을 썼다. 그는 당대의 바사리(Vasari)이자 첼리니(Cellini)였다. 또 한 명의 그리스인 아르케실라우스는 카이사르를 위해 그의 먼 친척 베누스 게네트릭스의 유명한 조각상을 만들었다. 아테네의 아폴로니우스는 아마도 로마에서 바티칸 박물관에 소장된 「벨베데레의 토르소(Torso Belvedere)」를 조각했던 것 같다. 이 작품은 불거져 나온 근육을 전혀 보여 주고 있지는 않지만 건강한 힘으로 충만한 한 남성을 보여 주고 있다는 점에서 절제된 표현을 하고 있다. 그리고 어느 정도는 완벽하다고 말할 수 있을 뿐이다. 잠시 작업실은 이탈리아 신들에게, 그리고 심지어 운명과 정절 같은 추상적 개념에 그리스인의 외형을 부여하느라 분주히 움직였다. 아마도 이 시기에, 그리고 로마에서 아테네의 글리콘이 파르네세의 헤라클레스를 조각했다. 「벨베데레의 아폴로」가 어느 시대 또는 어느 나라에 속하는지는 알 수 없다. 아마도 그것은 아테네의 레오카레스가 조각한 원본을 로마인이 복제했을 것이다. 학생이라면 누구나 그 잔잔한 아름다움이 빙켈만(Winckelmann)을 무아경에 빠지게 할 정도로 흥분시켰다는 것을 알고 있다.[17] 이제 유노 여신은 두 개의 유명한 화신, 즉 냉혹하면서 엄한, 공정하면서 정의로운 나폴리 박물관의 파르네세의 유노와 테르메 미술관의 루도비시의 유노를 받아들였다. 우리는 유피테르의 방랑을 이해하기 시작한다.

이러한 모든 것과 카피톨리누스 박물관에 전시된 우아한 페르세우스와 안드로메다는 이상화된, 그리고 지루할 정도로 신적인 그리스 양식이었다. 사람들의 눈길을 더 끄는 것은 폼페이우스에서 콘스탄티누스까지 청동과 대리석으로 조각한 흉상으로서, 여기에서는 로마인의 얼굴을 보여 주고 있다. 이들 중 일부, 특히 율리우스-클라우디우스 왕조의 두상들은 지나치게 이상화되어 있다. 하지만 만약 로마인들이 강하게 보였다면, 예전 에트루리아의 사실주의, 그리고 항상 존재하는 실물에 충실한 데스마스크(사람이 죽은 직후에 그 얼굴을 본떠 만든 안면상–옮긴이)의 모형이 그들을 볼품없게 표현하도록 했다. 너무 많은 로마인들이 공공장소에 자신들의 조각상을 남겼으므로, 이따금 로마는 살아 있는 사람보다는 죽은 사람에게 속해 있는 곳처럼 보였다. 질투심 많은 황제들이 살아 있는 사람들로 하여금 너무 일찍 자신들의 조각상을 만들지 못하도록 할 때까지, 일부 명사들은 죽음을 기다릴 수 없어서 죽기 전에 직접 자신들의 조각상을 세웠다.

가장 규모가 큰 흉상은 베를린에 소장된, 검은 현무암으로 만든 카이사르의 두상으로 추정된다. 이것이 정확히 누구를 묘사하는지는 알 수 없다. 하지만 숱이 적은 머리와 뾰족한 턱, 마르고 야윈 얼굴, 생각으로 지쳐 있는 생기 없는 얼굴 윤곽, 환멸감을 주는 단호함이 전승으로 내려오는 카이사르의 특징과 잘 부합된다. 두 번째로 큰 흉상은 나폴리에 소장된 카이사르의 거대한 두상이다. 이 흉상은 위대한 인물이 마침내 자신의 지성으로는 세상을 이해하기에 턱없이 부족하고, 더욱이 세상을 통치하기에도 부족하다는 사실을 깨닫게 되었을 때

가졌을 괴로움으로 주름살이 깊게 패어 있다. 코펜하겐에 있는 폼페이우스의 흉상은 혐오감을 불러일으킬 정도로 사실적이다. 이것을 살펴보다 보면 기가 꺾인 인간의 둔한 비만 때문에, 젊은 시절 폼페이우스가 거둔 용맹스러운 승리가 한순간 잊힌다. 아우구스투스에 대해서는 50개의 조각상이 그를 묘사하고 있다. 진지하고, 예리하며, 품위 있는 소년 아우구스투스(바티칸 박물관 소장)는 모든 시대를 통틀어 실제 젊은이의 흉상들 중 가장 세련된 작품이다. 서른 살의 아우구스투스(영국 박물관 소장)는 청동 인물상으로 강렬한 결단력을 묘사하고 있다. 이 흉상을 찬찬히 보면 황제란 한 번의 눈길로 반란을 진압할 수 있어야 한다는 수에토니우스의 말이 생각난다. 신관 아우구스투스(테르메 미술관 소장)는 드레이퍼리의 감옥에서 벗어나 지적인 깊이가 있고 깊은 생각에 잠긴 모습을 묘사하고 있다. 그리고 프리마 포르테에 있는 리비아의 별장 유적에서 발견되어 지금은 바티칸 박물관에 소장 중인 황제 아우구스투스의 조각상이 있다. 이 유명한 인물상의 가슴받이는 난해하고 정신을 산만하게 하는 돋을새김으로 덮여 있고, 자세는 뻣뻣하며, 다리는 병약자에 어울리지 않게 너무 거대하다. 하지만 위대한 예술가의 기량과 정열을 드러내듯 머리는 차분하고 자신감 넘치는 힘을 갖고 있다. 이것을 보다 보면 폴리클레이토스의 도리포로스(Doryphoros, '창을 쥔 사람'이라는 뜻 – 옮긴이)가 좀처럼 머리에서 지워지지 않는다.

현재 코펜하겐에 소장되어 있는 두상이 예술가의 손으로 만들어졌을 정도로 리비아는 운이 좋은 편이었다. 머리카락은 위엄이 넘치고, 구부러진 코는 로마인의 기질을 드러내며, 눈은 생각에 잠겨 있고 다정하며, 입술은 사랑스럽지만 단호해 보인다. 바로 이 여인이 아우구스투스의 권좌 뒤에 말없이 앉아 자신의 모든 경쟁자와 적을 타도하고, 자신의 아들을 제외하고는 모두를 굴복시켰다. 티베리우스도 운이 좋은 편이었다. 비록 이상화되어 있긴 하지만 라테라노 박물관에 소장되어 있는 티베리우스의 좌상은 섬록암으로 만들어진 카이로의 케프렌을 조각했던 솜씨에 견줄 만한 걸작이다. 클라우디우스는 그다지 운이 좋은 편이 아니었다. 조각가가 클라우디우스를 뚱뚱하고, 상냥하며, 어리석고, 불안해 하고 있는 유피테르처럼 조각했을 때 조각가는 그를 비웃고 있었거나, 아니면 세네카의 얼간이 만들기를 실제로 보여 주고 있었다. 네로는 미적 감각을 키우려고 노력했지만, 그가 진심으로 열망하던 것은 명성과 크기였다. 그리고 네로는 당대의 스코파스(기원전 4세기의 조각가 - 옮긴이)였던 제노도토스에게서 117피트 높이의 자신의 거상을 만드는 데 시간을 소비하는 것보다 더 나은 역할을 보지 못했다.* 하드리아누스는 네로의 거상을 플라비우스 원형 경기장의 가장 눈에 잘 띄는 위치에 옮기도록 지시했다. 거기에서 콜로세움(Colosseum)이라는 명칭이 유래했다.[18]

솔직한 베스파시아누스와 함께 조각은 현실로 돌아왔다. 그는 자신을 거친 용모와 주름진 이마, 대머리, 커다란 귀를 가진 진정한 평민의 모습으로 솔직히 표현하게 했다. 테르메 미술관에 소장되어 있는 흉상은 더 자상한 모습이다. 이것은 국정에 지친 한 인물, 즉 업무에 충실한 얼굴을 하고 있는 나폴리의 거대한 두상을 보여 준다. 티투스는 비슷한 정육면체 두개골과 세련되지 않은 용모로 알려져 있다. 이렇듯 뚱뚱한 거리의 행상인을 인류의 총아로 간주하기는 어렵다. 사실주의적인 플라비우스 시대에 도미티아누스는 생전에 미움 받을 정도의 분별력은 있었으므로 사후에 자신의 모든 조각상을 파괴하도록 명령했다.

예술가가 궁전을 떠나 거리를 배회했을 때, 그는 해학적인 표현으로 이탈리아의 악동 기질을 마음껏 발휘할 수 있었다. 즉 도미티아누스를 마음껏 해학적으로 표현할 수 있었던 것이다. 세네카에 비해 지혜와 재력이 떨어졌음에 틀림없는 한 노인이 한때 세네카라고 불리던, 머리가 헝클어진 허수아비 자세를 취했다. 유명한 예술가들은 운동선수들의 근육에 잠시 불멸성을 부여했다. 그리고 조각상들과 마찬가지로 검투사들도 귀족의 별장에서부터 파르네세의 대저

---

* 네로의 거상은 기단까지 포함하면 높이가 153피트이다. 기단 없이 자유의 여신상 높이는 104피트이다.

택에 이르기까지 최고의 집으로 들어갔다. 로마의 조각가들은 여자 인물상을 다룰 때 부드러워졌다. 그리고 그들은 때때로 화를 잘 내는 입이 험한 여자를 조각했다. 하지만 또한 영국 박물관의 클뤼티에(물의 요정)처럼 상냥함의 화신으로 우아한 위엄을 갖춘 베스타 신전의 일부 신녀들과 와토 또는 프라고나르의 여인들처럼 가냘픈 매력을 지닌 귀부인들도 조각했다.[19] 조각가들은 메트로폴리탄 박물관의 청동 소년이나 카피톨리누스 언덕의 인노켄차에서처럼 아이들의 묘사에 뛰어난 기량을 발휘했다. 그들은 1929년 네미에서 발견된 늑대들의 두상이나 산마르코 광장의 기마상에서처럼 놀라우리만큼 생생하게 동물의 형상을 조각하거나 틀에 넣어 만들 수 있었다. 그들은 페리클레스 학파의 부드러운 완벽함을 좀처럼 성취하지 못했다. 하지만 그것은 그들이 유형보다는 개체를 사랑하고, 현실의 불완전함에 생명을 불어넣어 주는 것을 즐겼기 때문이다. 모방에도 불구하고 조각가들은 초상 예술의 역사에서 우뚝 솟았다.

6. 그림

고대의 방문자는 로마의 신전과 집, 그리고 주랑 현관과 광장에서 조각보다 훨씬 더 인기 있는 그림을 발견하게 될 것이다. 그는 그곳에서 르네상스 미술품들이 부유한 미국에 소중한 것처럼 호사스러운 로마 제국에 소중한 예전 대가들, 즉 폴리그노투스, 제욱시스, 아펠레스, 프로토게네스, 그리고 다른 사람들의 수많은 작품과 우연히 마주칠 수 있을 것이다. 게다가 고대의 방문자는 더 잘 보존되어 있는 알렉산드리아와 로마의 학파가 남긴 풍부한 성과물을 볼 수 있을 것이다. 미술은 이탈리아에서 오랜 역사를 자랑한다. 이탈리아에서는 모든 벽에 장식이 필요했다. 한때는 로마의 귀족들마저 그림을 그렸다. 하지만 헬레니즘이 침투하면서 그림은 그리스인의 것이자 비천한 존재가 되어 버렸다. 그리고 마침내 발레리우스 막시무스는 파비우스 픽토르가 창피를 무릅쓰고 건강의 여신 신전에 벽화를 그려야 했다는 사실에 놀랐다.[20] 물론 예외는 있었다. 즉 공화정 말경 아렐리우스는 매춘부를 고용해 여신들의 자세를 취하게 했던 것으로 유명했다. 그리고 아우구스투스 시대에 벙어리 귀족 퀸투스 페디우스는 장애로 인해 대부분의 직업을 가질 수 없었으므로 그림 그리는 일을 시작했다. 게다가 네로는 자신의 황금 궁전 실내를 장식하려고 아물리우스라는 인물을 고용했다. 아물리우스는 "항상 토가를 입고 대단히 진지하게 그림을 그렸다."[21] 하지만 로마, 폼페이, 그리고 이탈리아 반도 전역에서 그리스나 이집트를 주제로 그리스의 그림을 모방하고 변형하던 그리스인들 무리에서 그러한 사람들을 찾아내기란 불가능에 가까웠다.

미술은 실제로 프레스코화와 템페라화에 국한되었다. 프레스코화는 갓 칠한 회벽에 물로 적신 물감으로 그린 것이었고, 템페라화는 그림물감을 접착성 있는 아교와 섞어 마른 표면에 덧칠한 것이었다. 초상화가들은 이따금 뜨거운 밀랍에서 색조가 용해되는 납화법을 사용했다. 네로는 자신의 초상을 120피트 높이의 캔버스에 그리게 했다. 이렇게 해서 캔버스의 사용이 최초로 알려지게 되었다. 앞에서 보았던 것처럼 그림은 조각상, 신전, 무대 배경에 적용되었으며, 리넨에 그린 대형 그림은 개선식이나 포룸에서 전시를 목적으로 제작된 것이었다. 하지만 그림이 그려졌던 인기 있는 장소는 외벽이나 내벽이었다. 로마인들은 가구를 벽에 기대어 배치하거나 그림을 벽에 거는 일이 거의 없었다. 그리고 그들은 전체 공간에 그림 하나, 아니면 그림과 관련된 디자인을 선호했다. 이렇게 해서 벽화는 주택의 일부이자 건축 디자인에 꼭 필요한 것이 되었다.

베수비오스 화산에 대한 신랄한 해학이 대략 3500개에 달하는 프레스코화에 보존되어 왔다. 다시 말하자면 고전 세계의 나머지 모든 지역에서 발견될 수 있는 것보다 더 많은 그림이 폼페이에서 발견되었다. 폼페이는 작은 도시에 지나지 않았으므로 그러한 벽화들이 고전기 이탈리아의 집과 신전을 얼마만큼 빛나게 했을지는 상상이 가고도 남는다. 형태가 가장 잘 보존된 유물들은 나폴리 박물관으로 옮겨졌다. 심지어 박물관 안에서도 유물들의 유연한 우아함이 감명을 준다. 하지만 고대인들만이 각 그림에 맞는 기능과 장소를 부여하던 유물들의 한창때 색깔과 건축 구조를 알았을 뿐이다. 베티 저택에서는 벽화들이 본래의 장소에 남아 있었다. 즉 식당에서는 디오니소스가 잠자고 있는 아리아드네를 깜짝 놀라게 한다. 그리고 반대쪽 벽에서는 다이달로스가 나무로 만든 암소를 파시파이에게 보여 준다. 더 멀리 끝 쪽에는 헤파이스토스가 고통을 가하는 바퀴에 익시온을 결박하는 모습을 헤르메스가 조용히 바라보고 있다. 그리고 또 다른 방에서는 연속적으로 이어지는 해학적인 프레스코화에서 태평한 큐피드들이 베티 가문의 와인 사업을 포함해 폼페이의 사업을 풍자하며 비꼬고 있다. 시간의 상처로 인해 한때 화려하게 눈부셨던 이러한 벽화 표면이 부식되었지만, 방문자를 깜짝 놀라게 하여 겸손하게 만들 만큼 충분한 유물이 남아 있다. 그리고 초상은 완벽에 가깝게 그려졌으며, 실물에 가까운 화려한 색채 때문에 여전히 초상은 살아 있는 혈관 속에서 피가 활기차게 움직이는 듯하다.

전문가들은 이러한 폼페이의 그림에 대해 언급하면서 고대 이탈리아 회화의 본질을 이해하고 시기와 양식을 분류하려고 했다. 이러한 방법은 위험하다. 왜냐하면 폼페이는 라틴적이라기보다는 그리스적이었기 때문이다. 하지만 로마와 그 주변 지역 고전 미술의 유물들은 폼페이의 발전과 상당히 일치한다. 제1기, 즉 양피 껍질 양식에서는(기원전 2세기) 폼페이의 "살루스티우스 저택"에서처럼 상감 세공을 한 대리석 평판들과 비슷해지도록 벽이 채색되었다. 제2기, 즉 건축 양식에서는(기원전 1세기) 건물이나 정면 또는 줄기둥을 흉내 내기 위해 벽이 채색되었다. 종종 원주들은 내부에서 내다본 것처럼 묘사되었으며, 원주들 사이로 휜히 트여 있는 시골이 그려졌다. 이렇게 해서 화가는 아마도 창이 없는 방에 나무와 꽃, 들판과 개울, 평화롭게 또는 장난기 많게 뛰노는 동물들의 시원한 전망을 제공했다. 그리고 집에 갇혀 있는 사람은 벽을 바라보는 것만으로도 자신이 루쿨루스의 정원에 머무는 것처럼 상상할 수 있었다. 그는 낚시를 하거나 배를 젓거나 사냥을 할 수 있었다. 아니면 시기적으로 때 이른 새들에 대한 사랑에 푹 빠질 수 있었다. 그리고 자연을 집 안으로 맞아들였다. 제3기,

즉 장식 양식에서는(서기 1~50년) 순전히 장식을 위한 건축 형식을 사용했으며, 풍경보다 인물에 더 치중했다. 제4기, 즉 복합 양식에서는(서기 50~79년) 화가가 자신의 상상력을 자유분방하게 표현하고, 환상적인 구조와 형태를 고안하고, 진지함을 무시한 채 그것들을 제멋대로 배치하고, 정원과 원주, 별장과 부속 건물을 근대적인 방식으로 어지럽게 뒤섞어 쌓아 올렸다.[22] 그리고 이따금 무의식중의 기억으로 보완되고 빛으로 가득 찬 그림으로 인상주의적인 효과를 거두었다. 이러한 모든 유사한 양식에서 건축은 회화의 시녀이자 첩이었고, 회화에 봉사하고 회화를 사용했으며, 1600년이 지나 니콜라스 푸생(Nicolas Poussin)이 다시 일깨운 전통을 구현했다.

현존하는 주요 회화들의 주제가 그리스 신화를 과감히 넘어서려고 좀처럼 시도하지 않았다는 것은 유감이다. 우리는 똑같은 신과 사티로스, 영웅과 죄수, 즉 제우스와 마르스, 디오니소스와 판(Pan), 아킬레우스와 오디세우스, 이피게니아와 메데이아에 싫증 나 있다. 하지만 르네상스에 대해서도 비슷한 비난이 가해질 수 있을 것이다. 정적인 삶을 묘사하는 몇 편의 그림이 있으며, 여기저기에 천을 다듬는 직공, 여인숙 주인, 아니면 푸주한이 폼페이의 벽에서 빛난다. 종종 사랑이 장면을 압도한다. 한 소녀가 옆에 서 있는 에로스에게 전해지도록 간절히 바라며 어떤 비밀을 곰곰이 생각하며 앉아 있다. 젊은 남녀가 풀밭 위에서 사랑스럽게 뛰놀고 있다. 마치 마을이 사랑과 포도주 말고는 아무것도 모르는 것처럼 프시케와 큐피드가 장난치고 있다. 벽화에 그려진 이러한 그림으로부터 판단해 볼 때 폼페이 여인들이 자신들의 예쁜 용모를 삶의 중심에 두었다고 해도 전혀 이상할 게 없었다. 우리는 벽화에서 "구슬치기 놀이"에 푹 빠져 있는, 아니면 리라에 우아하게 몸을 기대고 있는, 아니면 입에 철필을 물고 골똘히 생각에 빠져 시를 짓는 여인들을 볼 수 있다. 그들의 얼굴은 성숙함으로 평온하고 몸매는 건강하게 풍만하며, 옷은 페이디아스의 넉넉함과 율동으로 주위로 늘어진다. 그리고 그들은 헬레네처럼 자신들의 신성을 의식한다. 그들 가운데 한 명이 난데없이 바쿠스 축제의 춤을 춘다. 그녀의 오른팔과 손,

그리고 발은 회화의 역사에서 가장 사랑스럽다. 이러한 걸작들에는 반드시 남성들이 포함되어야 한다. 즉 미노타우루스에게 승리한 테세우스, 데이아니라를 구출하거나 텔레푸스를 양자로 삼은 헤라클레스, 화가 나서 저항하는 브리세이스를 인도하는 아킬레우스가 바로 그들이다. 이 마지막 그림에서 모든 초상은 완벽에 가깝고 폼페이의 회화는 정점에 이른다. 해학 또한 나타난다. 즉 머리가 덥수룩한 현학자가 지팡이를 짚고 비틀거리며 걷는다. 거나하게 취한 사티로스가 비웃듯 환락에 빠져 자신의 정강이를 흔들어 대고 대머리인 야비한 실레누스가 음악의 황홀경에 빠져 있다. 선술집과 유곽이 적절히 장식되어 있고, 어떤 열광적인 관광객도 여전히 프리아포스가 폼페이의 벽에서 엄청난 힘을 과시하고 있다는 것을 들을 필요가 없다. 이템(Item) 별장의 한쪽 끝에 그려져 있는 일련의 종교화는 이곳이 디오니소스 비의(秘儀)를 거행하는 장소임을 암시해 준다. 즉 한 프레스코화에서 경건한 반신불수의 작은 소녀가 경전을 골라 읽는다. 그리고 또 하나의 프레스코화에서 소녀들이 피리를 불고 희생 제물을 가져오면서 행렬을 지어 지나간다. 세 번째 프레스코화에서 벌거벗은 숙녀가 발끝으로 춤을 추고, 그 사이에 새롭게 개종한 사람이 의식에 따라 채찍을 맞고 기진맥진한 채 무릎을 꿇고 있다.[23] 이상에서 언급한 것보다 더 뛰어난 벽화가 스타비아이 유적에서 발견되었다. 이것은 보티첼리(Botticelli)에게 영감을 준 것으로 "봄(Spring)"으로 불렸다. 한 여성이 꽃을 따면서 천천히 정원을 지나간다. 그녀의 등과 우아하게 머리를 돌리는 모습만이 보일 뿐이다. 하지만 어떠한 미술도 이런 간단한 주제의 시를 그렇게 감동적으로 전달하지 못했다.

이러한 유적에서 복원된 모든 그림 가운데 가장 강력한 것은 헤르쿨라네움에서 발견되어 나폴리 박물관에 소장된 「메데이아(Medea)」이다. 이 그림에서는 화려한 옷을 걸치고 곰곰이 생각하고 있는 한 여성이 자신의 아이들을 살해하려고 계획 중이다. 이것은 카이사르가 비잔티움의 티모마쿠스라는 화가에게 40탈렌트(14만 4000달러)를 지불했던 그림을 모방했음에 틀림없다.[23a]

그렇게 뛰어난 그림들은 로마에서 거의 발견되지 않았다. 하지만 프리마 포르테에 있는 리비아의 교외 별장에서 지금까지 이탈리아가 그리스를 능가했던 최고의 풍경화 그림이 발견되었다. 마치 안마당을 가로질러 가는 것처럼 대리석 격자 울타리에 눈이 매료된다. 울타리 너머로 식물과 꽃으로 뒤덮인 밀림 지대가 있다. 이곳은 너무 정확하게 그려져 있어서 오늘날의 식물학자들이 그것들을 확인하고 목록을 작성할 수 있을 정도이다. 나뭇잎 하나하나가 꼼꼼히 그려지고 채색되어 있다. 새들이 마치 잠깐 동안인 것처럼 여기저기 횃대에 앉아 있고, 곤충들이 잎에 둘러싸여 기어가고 있다. 이보다 덜 뛰어난 작품이 1606년에 에스퀼리누스 언덕에서 발견되어 루벤스(Rubens), 반다이크(Vandyke), 그리고 괴테(Goethe)에 의해 열정적으로 연구된 "알도브란디니가(家) 결혼식"이다. 아마도 이것은 그리스인의 작품을 모방한 것으로, 원작자는 로마의 그리스인이나 로마인이었던 것으로 보인다. 우리는 이 그림에 등장하는 인물, 즉 정숙하고 소심한 신부, 그녀에게 조언하는 여신, 결혼식 준비에 여념 없는 신부의 어머니, 리라를 연주하고 노래 부르기 위해 대기 중인 소녀들이 모두 섬세하고 민감하게 그려졌다고 말할 수 있을 뿐이다. 따라서 이 벽화는 고전 미술의 걸출한 유물 가운데 하나이다.

로마의 회화는 독창성에 대한 권리를 주장하지 않았다. 그리스 미술가들은 모든 곳에 똑같은 전통과 방식을 전해 주었다. 그리고 이러한 그림들에서 나타나는 모호한 인상주의마저도 알렉산드리아의 기술로부터 파생되었을지도 모른다. 하지만 섬세한 선과 풍부한 색채 덕분에 아펠레스와 프로토게네스 같은 화가들이 폴리클레이투스와 프락시텔레스 같은 조각가들처럼 높은 평판을 받고 있는 이유를 알 수 있다. 이따금 색채는 마치 조르조네(Giorgione)가 주장했던 것처럼 풍부하다. 그리고 가끔 섬세한 농담법은 렘브란트(Rembrandt)를 연상시킨다. 그리고 가끔 투박한 초상은 반 고흐(Van Gogh)의 볼품없는 사실주의를 나타낸다. 여기에서 원근법은 종종 불완전하고, 조급한 기량이 성숙한 개념 뒤에서 절뚝거린다. 하지만 신선한 활력이 이러한 결점을 상쇄하고, 드레이퍼리의 규칙적인 반복이 눈을 매료하며, 삼림 풍경은 복잡한 도시에 사는 주민들에게 기쁨을 주었음에 틀림없다. 고대인에 비해 현대인의 취향이 더 제한되어 있다. 현대인은 벽을 그 자체로 의미 있는 것으로 남겨 두고 싶어 하며 얼마 전까지 벽에 그림 그리는 것을 주저했다. 하지만 이탈리아인에게 벽은 감옥이었고, 창을 통해 세상으로 나가는 통로가 아니었다. 즉 그는 장벽을 잊고 싶었으며 미술을 통해 초목으로 뒤덮인 평화에 현혹되고 싶었다. 아마도 이탈리아인이 옳았던 것 같다. 즉 하늘을 욕하고 햇빛에 괴로워하면서 수많은 손질되지 않은 지붕에 대해 마법의 창을 기대하기보다 벽에 그려진 나무 하나가 더 낫다.

7. 건축

1. 원리, 재료, 형식

이제 우리는 잊힌 방문자의 의식을 최고조로 고양시키기 위해 로마가 그리스의 침입에 맞서 스스로를 훌륭하게 방어했으며, 로마의 모든 독창성과 용기와 힘을 보여 주었던 로마의 예술 가운데 가장 위대한 부분을 남겨 놓았다. 하지만 독창성이란 단성 생식이 아니다. 그것은 혈통처럼 기존 요소들이 새롭게 결합한 것이다. 교육이 모방으로 시작하듯이 모든 문화는 초기에 절충적이다. 하지만 정신이나 국가가 성년에 이르면 모든 작품과 말에 자신의 성격을 드러낸다. 다른 지중해 도시처럼 로마도 이집트와 그리스로부터 도리아 양식, 이오니아 양식, 그리고 코린트 양식을 받아들였다. 하지만 또한 로마는 아시아로부터 아치와 볼트와 돔을 받아들였으며, 그것들을 이용해 지구상에서 아직까지 못 보던 대저택, 바실리카, 원형 경기장, 그리고 목욕장으로 이루어진 도시를 만들었다. 로마의 건축은 로마의 정신과 국가를 예술적으로 표현했다. 즉 대담함, 조직, 웅장함, 그리고 무자비한 힘이 로마를 이루고 있는 여러 개의 언덕에 유례를 찾아볼 수 없는 이러한 조형물들을 세웠다. 그것들은 돌로 된 로마의 정신이었다.

로마의 걸출한 건축가들 대부분은 그리스인이 아닌 로마인이었다. 그들 가운데 마르쿠스 비트루비우스 폴리오가 『건축에 관하여』라는 세계적인 고전을 썼다.(기원전 27년경)* 아프리카에서 카이사르의 공병으로, 그리고 옥타비아누스 치하에서 건축가로 복무했던 비트루비우스는 노년에 로마의 가장 명예로운 예술의 원리를 체계화하기 위해 은퇴했다. 그는 "자연은 내게 키를 허락하지 않고, 얼굴은 세월이 흐르면서 보기 흉해지며, 병은 내게서 힘을 앗아간다. 따라서 나는 지식과 책으로 사람들의 총애를 받고 싶다."라고 고백했다.[25] 키케로와 퀸틸리아누스가 철학을 웅변가에게 꼭 필요한 것으로 만들었던 것처럼 비트루비우스는 건축가에게 철학을 요구했다. 과학이 건축가의 수단을 향상시키는 사이에 철학은 건축가의 목적을 향상시킬 것이다. 철학은 건축가를 "고상하면서 세련된, 공정하면서 성실한, 그리고 탐욕 없는 사람으로 만들 것이다. 왜냐하면 성실함과 정직함 없이는 어떠한 일도 정당하게 이루어질 수 없기 때문이다."[26] 비트루비우스는 건축 재료, 기둥 양식과 원리, 그리고 로마에서 다양한 건물 유형을 묘사한다. 게다가 그는 기계 장치, 물시계, 속도계,** 수로, 도시 계획, 그리고 공공 위생에 관한 글을 추가했다. 히포다무스가 많은 그리스 도시에서 확립했던 장방형 설계에 맞서 비트루비우스는 알렉산드리아에서(그리고 오늘날의 워싱턴에서) 사용된 혁명적인 배치를 권장했다. 하지만 로마인들은 계속해서 장방형 진지 설계에 따라 도시를 설계했다. 비트루비우스는 여러 지방에서 이탈리아의 음료수가 갑상선종을 초래했다고 이탈리아에 경고했으며, 납으로 인한 중독이 발생할 수 있다고 단언했다. 그는 소리를 진동하는 공기의 움직임이라고 설명했으며, 건축 음향학에 관해 현존하는 가장 오래된 작품을 썼다. 르네상스 시기에 재발견된 그의 책은 레오나르도, 팔라디오, 그리고 미켈란

---

* 일부 학자들은 이 작품이 3세기의 위작이라고 의심하지만, 증거에 따르면 진실에 가깝다.[24]
** 더 정확히 말하면 주행 거리계이다. 바퀴 차축에 붙어 있는 쐐기 못 하나가 톱니바퀴 하나로 더 작은 바퀴를 전진시켰다. 작은 바퀴의 훨씬 더 느린 회전이 조약돌을 상자 안으로 떨어지게 했다.[27]

젤로에게 깊은 영향을 끼쳤다.

비트루비우스의 말에 따르면 로마인들은 나무, 벽돌, 치장 회반죽(벽토), 콘크리트, 돌, 그리고 대리석으로 건물을 지었다고 한다. 벽돌은 성벽, 아치, 그리고 볼트에 흔하게 사용되는 재료였으며, 콘크리트 외장으로도 빈번하게 사용되었다. 치장 회반죽은 종종 외장으로 사용되기도 했다. 그것은 모래, 석회, 대리석 가루, 그리고 물로 만들어졌고, 광택이 잘 났으며, 여러 번 칠을 해서 두께가 3인치에 달하는 경우도 많았다. 따라서 치장 회반죽은 콜로세움의 일부에서처럼 1900년 동안 형태를 보존할 수 있었다. 콘크리트의 제조와 사용 면에서 오늘날까지 로마인들과 견줄 만한 상대는 없었다. 그들은 나폴리 근처의 풍부한 화산재를 사용했고, 거기에 석회와 물을 혼합했으며, 벽돌과 도기, 대리석, 그리고 돌 조각을 주입했다. 그리고 기원전 2세기경부터 바위처럼 단단하고 거의 모든 형태로 사용이 가능한 시멘트를 생산했다. 로마인들은 오늘날처럼 판자로 만들어진 틀에 넣어 콘크리트를 만들었다. 콘크리트를 사용해 지지받지 못한 대규모 공간을 아치형 지붕 측면의 누르는 압력이 없는 단단한 돔으로 덮을 수 있었다. 이렇게 해서 로마인들은 판테온과 대규모 목욕장에 지붕을 씌웠다. 대부분의 신전과 허세 부리는 집에서는 돌이 사용되었다. 카파도키아에서 들여온 돌은 너무 반투명이어서 그것으로 건립된 신전은 모든 틈새를 막았음에도 불구하고 적당히 빛이 났다.[28] 그리스 정복은 대리석 취향을 불러일으켰다. 이러한 취향은 처음에는 원주(圓柱)를, 그 다음에는 대리석을 수입함으로써, 그리고 마지막으로 루나 근처의 카라라 채석장을 경영함으로써 충족되었다. 아우구스투스 이전에 대리석은 대부분 원주와 평판에 국한되었다. 아우구스투스 시대에 대리석은 벽돌과 콘크리트 외장으로 사용되었다. 아우구스투스는 이렇게 피상적으로만 로마의 이곳저곳을 대리석의 로마로 만들었다. 견고한 대리석으로 만든 성벽은 드물었다. 로마인들은 똑같은 건물에 이집트의 적색과 회색 화강암, 에우보이아의 녹색 운모 대리석, 그리고 누미디아의 검은색과 노란색 대리석을 그들 자신의 카라라산(産) 흰색 대리석과 현무암, 설화 석고(雪花石膏), 그리고 반암과 혼합하는 것을 좋아했다. 건축 재료가 그렇게 복잡하거나 다채로웠던 적은 결코 없었다.

도리아 양식, 이오니아 양식, 코린트 양식에 로마는 투스카니 양식과 혼합 양식, 그리고 일정한 변형을 추가했다. 원주는 북 모양의 석재들을 겹쳐 놓는 것 대신에 돌 하나로 만든 기둥이었다. 도리아 양식의 기둥은 이오니아 양식의 기단을 받아들였으며, 새롭고 홈을 새기지 않은 가느다란 형태를 취했다. 이오이아 양식의 기둥머리에는 사방에서 같은 모양을 나타내기 위해 네 개의 소용돌이무늬가 새겨 넣어졌다. 그리고 코린트 양식의 기둥과 기둥머리는 그리스에서 유례를 찾을 수 없는 섬세한 아름다움으로 발전했지만, 나중에 수십 년 동안 코린트 양식은 정교함이 지나쳐 망쳐 버렸다. 정도가 지나친 비슷한 사례로서, 티투스의 개선문에서처럼 혼합 양식의 기둥머리를 만들기 위해 이오니아 양식의 소용돌이무늬에 꽃을 쏟아붓는 경우가 있었다. 가끔씩 소용돌이무늬는 괴물 상을 암시하고 중세적인 형상의 전조가 되는 동물이나 인간의 형상으로 끝났다. 사치스러운 로마인들은 마르켈루스 극장에서처럼 동일한 건물에 여러 기둥 양식을 혼합하는 경우가 종종 있었다. 그 다음 다시 절약을 잘못해 님(Nimes)의 메종 카레(기원전 1세기에 아우구스투스에 의해 건립된 신전-옮긴이)에서처럼 신상 안치소에 추가로 측면 기둥을 설치했다. 아치의 발전으로 인해 예전에 원주가 가졌던 지탱하는 역할이 사라졌을 때에도 로마인들은 원주에 기능 없는 장식의 역할을 추가했다. 이러한 관행은 확실히 알 수 없는 오늘날의 일정 시점까지 살아남았다.

2. 로마의 신전

로마는 거의 모든 신전에 그리스의 상인 방식(上引枋式) 원리, 즉 원주에 의해 지지되고 지붕을 떠받치는 평방(平枋, 고대 건축에서 줄기둥이 받치고 있는 수평의 대들보 부분 – 옮긴이)을 받아들였다. 아우구스투스는 다른 모든 것에서처럼 예술에서도 보수적이었다. 그의 지시로 건립된 대부분의 신전은 보수적인 전통을 지켰다. 아우구스투스 시대 무렵부터 황제들은 올림피아 제전에 참가하는 선수들의 수용 시설을 늘렸으며, 자신들의 호색을 건축의 경건함으로 감추기 위해 타일을 붙이고 금박을 입힌 신전으로 언덕을 가득 메우고, 거리를 막았다. 물론 유피테르가 황제들의 총애를 받았다. 유피테르는 천둥의 신(Jupiter Tonans)이자 전투 중에 로마인들의 도망을 멈추게 했던 머무는 신(Jupiter Stator)이었다. 게다가 유피테르는 유노, 미네르바와 함께 카피톨리누스 언덕의 정상에서 로마의 성역 가운데 가장 신성한 곳을 공유했다. 3층의 코린트 양식 줄기둥의 측면에 위치한 중앙의 작은 방에 금과 상아로 만든 가장 위대하고 뛰어난 신 유피테르의 거상이 있었다. 전승에 따르면 이러한 로마 최고의 신전을 최초로 건립한 사람은 타르퀴니우스 프리스쿠스였다. 이 신전은 여러 차례 전소되고 재건되었다. 스틸리코(서기 404년)는 자신의 병사들에게 급여를 지불하기 위해 금박 입힌 청동 문을 강탈했으며, 반달족은 금박 입힌 지붕의 타일을 빼앗아 갔다. 포장한 바닥의 일부 파편들은 지금도 남아 있다.

카피톨리누스 언덕의 북쪽 정상에는 훈계자 또는 수호자 여신 유노(Juno Moneta)의 신전이 세워졌으며, 여기에는 로마의 조폐소가 있었다. 모네타(Moneta)라는 명칭에서 많은 야심의 근원을 나타내는 영어 단어 '머니(Money)'가 유래한다. 카피톨리누스 언덕의 남쪽 측면에는 가장 오래된 사투르누스 신의 신전이 있었다. 로마인들은 사투르누스 신에 대한 최초의 봉헌 연대를 기원전 497년으로 추정하고 있었다. 여덟 개의 이오니아 양식 기둥과 평방(平枋)이 남아 있다. 카피톨리누스 언덕 기슭에 위치한 포룸에는 모든 시작의 신 야누스의 작은 신전이 있었다. 신전의 문은 전시에만 열려 있었으며, 로마의 고대사에서 세 번만 닫혀 있었다. 포룸의 남동쪽 모퉁이에는 기원전 495년에 건립된 카스토르와 폴룩스의 신전이 있었다. 세개의 가느다란 코린트 양식의 원주가 티베리우스의 재건으로 현재까지 전해져 오고 있다. 그것이 로마에서 가장 멋진 원주라는 것에는 이론의 여지가 없다.
아우구스투스는 필리피 앞에서 맹세했던 복수자 마르스(Mars Ultor)의 신전을 자신의 포룸에 추가했다. 신상 안치소의 한쪽 끝에 반원형의 후진(後陣, 교회(성당) 건축에서 가장 깊숙이 위치해 있는 부분으로서 내진(內陣) 뒤에, 주 복도에 둘러싸인 반원형 공간 – 옮긴이)이 있었으며, 이것은 초기 그리스도교 교회의 성상 안치소가 될 운명이었던 건축 형태였다. 아우구스투스는 악티움 전투에서 아폴로 신의 도움을 받으려고 팔라티누스 언덕에 온전히 대리석으로만 화려한 아폴로 신전을 건립했다. 아우구스투스는 신전을 미론과 스코파스의 건조물로 장식했고, 웅장한 도서관과 미술관을 신전 구내에 추가했으며, 사람들에게 로마를 향해 그리스를 떠났던 아폴로가 세상의 모든 정신적, 문화적 지도력을 가져왔다고 느끼도록 자신이 할 수 있는 모든 일을 했다. 어머니가 탈 없이 죽었으므로 아우구스투스의 친구들마저 민첩한 뱀으로 변장한 아폴로가 신비로운 군주 아우구스투스를 자식으로 보았다고 소곤거릴 정도였다.

로마 시의 북서쪽에는 거대한 이시스 신전이 있었으며, 팔라티누스 언덕에는 웅대한 키벨레 여신의 성소가 있었다. 의인화된 추상적 개념, 즉 건강, 명예, 덕, 조화, 신념, 운, 그리고 더 많은 것에 화려한 거처가 마련되었다. 이들의 거처에는 거의 모두 조각상과 그림을 전시하는 곳이 있었다. 베스파시아누스는 자신의 거대한 평화의 신전에 네로 황금 궁전의 수많은 값진 미술품과 예루살렘의 일부 유물을 모았다. 보아리움 광장의 포르투나 비릴리스 신전은 로마에서 아우구스투스 이전 시기의 건물들이 가장 완벽하게 보존되어 있다는 점에서 주목을 끈다. 수도 로마의 숙녀들이 그곳을 자주 숭배했다. 왜냐하면 포르투나 비릴리스 여신이 남성들로부터 자신들의 결점을 숨길 수 있는 방법을 가르쳐 줄 것으로 믿었기 때문이다.

로마의 건축가들은 고전기 장방형 양식의 이러저러한 많은 신전에 다양한 원형 신전을 추가했다. 이러한 원형 신전의 건립은 둥근 지붕이 제기했던 문제에 새롭게 정통했음을 드러냈다. 전승에 따르면 이러한 원형 신전 양식은 수 세기에 걸쳐 팔라티누스 언덕에서 경건하게 보존되었던 로물루스의 둥근 오두막에서 비롯되었다고 한다. 이것만큼 오래된 것이 카스토르와 폴룩스 신전 근처에 세워진 멋진 베스타 신전이었다. 흰 대리석으로 표면이 마감 처리된 베스타 신전의 신상 안치소는 당당한 코린트 양식의 원주에 둘러싸여 있었고, 지붕은 금박 입힌 황동으로 만든 둥근 지붕이었다. 베스타 신전 인접 지역에 신녀들이 거주하는 대저택이 자리를 잡았다. 이곳에는 줄기둥으로 둘러싸인 베스타 신전의 안마당 주위에 회랑식으로 만든 84개의 방이 있었다. 판테온은 아직까지 원형 신전이 아니었다. 아그리파가 건립했을 때처럼 장방형이었지만, 신전 앞에 원형 광장이 있었다. 하드리아누스의 건축가들이 원형 광장 위에 원형 신전과 거대한 둥근 지붕을 세웠다. 이것은 여전히 인간이 만든 가장 뛰어난 작품 가운데 하나로 손꼽히고 있다.

3. 아치 혁명

로마는 종교적인 건축보다 세속적인 건축에서 더 뛰어난 재능을 발휘했다. 왜냐하면 로마는 현세에서 전적으로 자신의 방식에 따라 전통의 속박에서 벗어나 공학을 예술과 결합시킬 수 있었기 때문이다. 즉 미와 형식에 효용과 힘이 결합되었다. 수직의 기둥과 수평의 평방, 그리고 삼각형의 박공에서 보듯이 그리스 건축의 원리는 직선이었다.(파르테논 신전에서처럼 정교하게 조절되었다고는 하지만.) 특별히 로마 건축의 원리는 곡선이 될 수밖에 없는 운명이었다. 로마인들은 웅장함과 대담함과 크기를 원했다. 하지만 그들은 미로처럼 세워져 있어서 방해가 되는 원주들을 제외하고 직선과 상인 방식 원리로는 거대한 건물을 지붕으로 덮을 수 없었다. 따라서 로마인들은 대체로 둥근 모양인 아치로, 아치를 연장한 볼트로, 그리고 아치를 회전시킨 돔으로 문제를 해결했다. 아마도 로마의 장군들과 부관들이 이집트와 아시아에서 아치 모양에 정통한 지식을 가져왔으며, 오랫동안 정통 그리스 양식에 압도되었던 로마와 에트루리아의 초기 전통을 다시 깨웠다. 이제 로마는 아치를 대규모로 사용했으며, 전체 건축술이 아치 방식이라는 새롭고 영속적인 명칭을 획득하게 되었다. 로마인들은 지붕의 나무틀에 콘크리트를 쏟아붓기 전에 팽팽한 줄을 따라 거미줄 모양의 벽돌 늑재(肋材)를 설치함으로서 연결식 볼트를 발전시켰다. 두 개의 원통형 볼트를 직각으로 교차시킴으로써 더 무거운 상부 구조를 지탱할 수 있고 더 많은 측면 압력을 견딜 수 있는 늑재와 궁륭(穹隆)을 촘촘히 연결한 망을 만들어 냈다. 이것이 로마의 아치 혁명의 원리였다.

아치의 완성은 대규모 목욕장과 원형 경기장이었다. 아그리파, 네로, 그리고 티투스의 목욕장을 시작으로 연속되는 오랜 과정을 통해 디오클레티아누스의 목욕장에서 정점에 도달했다. 이러한 목욕장은 치장 회반죽이나 벽돌로 표면을 마감 처리하고 위풍당당한 높이를 자랑하는 기념비적인 콘크리트 건물이었다. 실내는 대리석과 모자이크 포장 면, 다양한 색깔의 원주, 정간(井間)이 있는 천장, 그림, 그리고 조각상으로 호화롭게 장식되었다. 목욕장에는 탈의실, 온탕과 냉탕, 따뜻한 공기의 중간 방, 수영장, 체육관, 도서관, 독서실, 열람실, 휴게실, 그리고 아마도 미술관이 갖추어져 있었다. 대부분의 방은 마루 밑과 벽 내부로 이어지는 커다란 토관(土管)을 통해 중앙난방식으로 가열되었다. 이러한 공중 목욕장은 이제까지 세워진 건물 가운데 가장 널찍하고 화려했으며, 탁월함에서 견줄 만한 경쟁자를 찾아볼 수 없었다. 공중 목욕장은 원수정이 증대하는 독재 군주권에 대해 변명했던 오락 사회주의의 일부였다.*

이러한 온정주의의 연장선에서 역사상 가장 규모가 큰 극장들이 건립되었다. 로마의 극장은 오늘날 수도들의 극장 수보다 훨씬 적었지만 규모는 훨씬 더 컸다. 가장 규모가 작은 극장은 코르넬리우스 발부스가 마르스 평원에 건립했던 것으로 7700명을 수용했다. 아우구스투스는 1만 7500명을 수용하는 폼페이우스 극장을 재건축했다. 그는 2만 500명을 수용하는 마르켈루스의 이름을 따서 명명한 또 하나의 극장을 완공했다. 그리스 극장과 달리 로마의 극장은 벽으로 가려졌고, 객석은 언덕의 경사면에 놓여 있는 대신에 아치와 볼트의 석조 건축으로 지탱되었다. 무대만 지붕으로 덮었을 뿐이지만, 종종 관객은 리넨으로 만든 차양으로 햇빛을 차단했는데, 폼페이우스 극장을 덮었던 차양은 폭은 550피트에 달했다. 극장의 입구 위에는 고위 인사들과 유력자들

---

* 로마의 목욕장은 방해를 최소화하면서 대규모 공간을 덮어야 하는 비슷한 문제에 직면한 오늘날의 많은 구조물에 본보기를 제공했다. 뉴욕의 펜실베이니아 역과 그랜드 센트럴 터미널이 주목할 만한 실례이다.

을 위해 칸막이 좌석이 마련되었다. 어떤 무대에는 연극이 시작되었을 때 위로 높이 올리지 않고 홈으로 내렸던 커튼이 있었다. 무대는 지면보다 대략 5피트 높았다. 무대의 배경은 좌우로 펼쳐져 배우들이 셀 수 없이 많은 관객을 향해 자신들의 목소리를 내뱉는 데 도움이 되도록 정교하게 지은 건물 모습을 취했다. 세네카는 "저절로 위로 높이 올라가는 비계(飛階), 즉 바닥 부분이 소리 없이 공중으로 떠오르도록 고안한 무대 수리공"에 대해 말하고 있다.[28a] 무대는 각기둥을 회전시키거나, 아니면 무대 장치를 좌우나 높은 곳으로 옮겨서 교체되었다. 이렇게 해서 다음 무대 장치가 모습을 드러냈다. 그리고 속이 텅 빈 단지를 무대의 바닥과 벽에 박아 두는 것으로 음향 효과를 거두었다.[28b] 객석은 통로를 따라 흐르는 실개천의 물 덕분에 시원해졌다. 이따금 물, 포도주, 그리고 크로커스(crocus) 주스의 혼합물이 관을 타고 가장 높은 층까지 운반되어, 그곳에서 향기 나는 물보라처럼 관객 위로 뿌려졌다.[28c] 조각상이 극장의 내부를 장식했고, 거대한 그림이 무대 배경으로 사용되었다. 아마도 현대 세계의 어떤 극장이나 오페라 하우스도 폼페이우스 극장의 크기와 화려함에 견줄 수 없을 것이다.

훨씬 더 인기 있었던 것은 원형 극장, 경기장, 그리고 원형 경기장이었다. 로마에는 주로 체육 경기에 사용되던 경기장이 여러 개 있었다. 말이나 전차 경주, 그리고 일부 볼거리들이 마르스 평원의 플라미니우스 경기장에서, 아니면 더 자주 팔라티누스 언덕과 아벤티누스 언덕 사이에 카이사르가 재건축했던 전차 경기장에서 제공되었다. 전차 경기장은 삼면에 나무 의자를 갖추고 길이 2200피트, 너비 705피트로 18만 명을 수용할 수 있는 거대한 타원형 경기장이었다.[29] 트라야누스가 대리석으로 좌석을 개축했다는 사실에 주목하면 로마의 부를 어느 정도 짐작할 수 있다.

그에 비하면 콜로세움은 5만 명을 수용할 수 있는 소규모 구조물이었다. 콜로세움에 대한 구상은 새로운 것이 아니었다. 훨씬 전에 이탈리아의 그리스 도시들에는 원형 경기장이 있었다. 쿠리오가 기원전 53년에, 카이사르가 기원전

46년에, 그리고 스타틸리우스 타우루스가 기원전 29년에 원형 경기장을 건립했다. 로마가 콜로세움이라고 부르던 플라비우스 원형 경기장은 베스파시아누스가 시작해서 티투스가 완공했다.(서기 80년) 건축가의 이름은 알려져 있지 않다. 베스파시아누스는 건설 부지로 카일리우스 언덕과 팔라티누스 언덕 사이 네로의 황금 궁전 정원에 있는 호수를 선택했다. 콜로세움은 둘레가 1790피트인 타원형 석회 화석으로 건립되었다. 외벽은 높이가 157피트로 세 개 층으로 나누어졌다. 1층은 부분적으로 투스카니·도리아 양식의 기둥으로, 2층은 이오니아 양식의 기둥으로, 3층은 코린트 양식의 기둥으로 지탱되었다. 각각의 기둥 사이의 공간은 아치 양식이었다. 주요 회랑은 원통형 볼트로 지붕을 얹었으며, 이것은 가끔씩 중세 수도원 안뜰을 둘러싼 회랑식으로 교차되었다. 콜로세움 내부도 세 개 층으로 구분되었다. 각 층은 아치로 지탱되었고, 칸막이 좌석이나 좌석의 내벽 동심원으로 나뉘었으며, 계단에 의해 쐐기 형태로 분리되었다. 오늘날 콜로세움 내부의 모습은 위대한 숙련공들이 아치문, 통로, 그리고 좌석을 만들던 다수의 석조물로 이루어져 있다. 조각상들과 그 밖의 실내 장식이 콜로세움 전체를 장식했고, 열을 지어 늘어서 있는 많은 좌석이 대리석으로 만들어졌다. 콜로세움에는 80개의 입구가 있었으며, 그중에서 두 개는 황제와 수행원을 위해 마련되었다. 입구와 출구가 많았으므로 거대한 원형 경기장이 순식간에 텅 빌 수 있었다. 시합이 벌어지는 경기장은 너비 287피트, 길이 180피트였다. 짐승 취급을 받는 인간들을 야수들로부터 보호하기 위해 쇠로 된 격자로 덮개를 씌운 15피트 벽으로 경기장을 둘러쌌다. 콜로세움 자체는 아름다운 건물이 아니며, 거대한 규모 자체가 원대하면서도 동시에 어느 정도 난폭한 로마인의 기질도 드러낸다. 콜로세움은 고전 세계가 남긴 모든 유적 가운데 가장 웅장한 건물에 불과하다. 로마인들은 거인들처럼 건설했다. 따라서 그들이 보석 세공인들처럼 끝마무리를 해야 한다는 것은 지나친 요구일 것이다.

로마의 예술은 아티카와 아시아, 그리고 알렉산드리아의 양식을 혼란스럽게 절충한 것으로서 절제되고, 거대하며, 우아했다. 그리고 그것들을 아름다움의 필수 조건인 유기적인 통일성으로 결합하지는 않았다. 전형적인 로마의 건물에서 볼 수 있는 투박한 힘에는 동방적인 무언가가 있다. 로마의 건물들은 아름답다기보다는 경외심을 불러일으킨다. 심지어 하드리아누스의 판테온마저 예술적인 통일체라기보다는 건축상의 경이로움 그 자체이다. 아우구스투스의 돈을새김과 유리 제품에서처럼 특정한 순간을 제외하고는 여기에서 섬세한 느낌이나 세련된 기법을 찾으려 해서는 안 된다. 대신에 우리는 안정성과 유기적 통일, 그리고 효용의 완성, 거대함과 장식에 대한 벼락부자의 열정, 사실주의에 대한 병사의 고집, 전사의 압도적인 힘의 기술을 추구하는 공학자의 기술을 기대해야 한다. 로마인들은 보석 세공인들처럼 끝마무리를 하지 않았다. 왜냐하면 정복자란 보석 세공인이 되지 못하기 때문이다. 로마인들은 정복자들처럼 끝마무리를 했다.

로마인들이 역사상 가장 영향력 있고 매력적인 도시를 창조했다는 것에는 의심의 여지가 없다. 그들은 모든 사람이 이해할 수 있었던 조형, 회화, 건축술, 그리고 모든 시민이 이용할 수 있었던 도시를 만들었다. 자유민 대중들은 빈곤했지만 어느 정도 로마의 많은 부를 소유했다. 즉 그들은 국가가 제공하는 곡물을 먹었고, 거의 무료로 극장, 원형 경기장, 그리고 경기장을 이용했다. 그들은 운동했고, 원기를 회복했으며, 즐겼고, 공중 목욕장에서 독학했다. 그들은 수많은 줄기둥이 만들어 낸 그늘을 만끽했으며, 수 마일의 거리와 3마일의 마르스 평원에 걸쳐 있었던 장식된 주랑 현관 아래를 걸었다. 세상 사람들은 그러한 대도시를 결코 본 적이 없었다. 도시 중심부에는 업무로 분주하고, 웅변 소리가 울려 퍼지며, 제국을 뒤흔드는 토론으로 활기가 넘치는 시끌벅적한 포럼이 있다. 그 다음에는 유례없이 많은 웅장한 신전, 바실리카, 대저택, 극장, 목욕장이 있다. 그리고 그 다음에는 활발하게 상거래가 이루어지는 가게와 사람으로 가득 찬 공동 주택이 있다. 그리고 또 다른 일단의 집과 정원이 있고, 다시 한 번

신전과 공중 목욕장이 나타난다. 그리고 마지막으로 도시민을 시골로 밀어붙이고 산을 바다와 묶어 주는 일단의 별장과 농장이 있다. 요컨대 이것이 황제들이 통치하는 위풍당당하고, 강력하고, 화려하고, 물질주의적이고, 잔혹하고, 사악하고, 무질서하고, 장엄한 로마였다.

17장　　　　　　　　　　　　쾌락의 로마
　　　　　　　　　　기원전 30~서기 96

1. 로마인

　　로마인의 주거, 신전, 극장, 그리고 욕장으로 들어가 보자. 그 다음 로마인이
어떻게 살았는지 알아보자. 우리는 로마인에게서 그들의 예술보다 더 흥미로
운 점을 발견하게 될 것이다. 네로가 통치할 무렵 로마인은 지리적으로만 로마
인이었을 뿐이라는 점을 우리는 처음부터 상기해야 한다. 아우구스투스가 억
제하는 데 실패했던 상황들, 즉 구(舊) 인종들 사이에서의 독신, 무자식, 낙태,
유아 살해와 신(新)인종들 사이에서의 노예 해방과 상대적인 다산이 로마인의
인종 형질과 도덕적 기질, 그리고 심지어 얼굴 생김새마저 바꾸어 놓았다.

　　예전에는 로마인들이 성(性) 충동에 의해 혈통에 빠져들고 자신들의 사후 무
덤 관리에 대한 걱정 때문에 혈통에 끌렸다면, 이제 상층과 중산 계층은 성(性)
과 혈통을 분리시킬 수 있게 되었고 내세에 회의적이었다. 예전에는 자녀 양육

이 여론에 떠밀린 국가에 대한 명예로운 의무였다면, 이제는 냄새가 날 정도로 북적대는 도시에서 더 많은 출산을 요구한다는 것이 어리석어 보였다. 이와는 반대로 유산을 갈망하는 아첨꾼들이 계속해서 부유한 독신 남자들과 무자식 남편들의 환심을 사려 했다. 에우베날리스는 이렇게 말한다. "아이를 낳지 못하는 아내만큼 당신을 친구들에게 사랑 받게끔 하는 것은 아무것도 없다오."[1] 페트로니우스의 작품에 등장하는 한 등장인물은 "크로토나에는 아첨하는 사람과 아첨을 받는 사람의 두 부류 주민들만 있을 뿐이다. 게다가 유일한 죄악은 당신의 재산을 상속하기 위해 아이들을 양육하는 것이다. 그것은 마치 휴식을 취하고 있는 전쟁터와 같다. 그곳에는 시체와 시체를 쪼아 먹는 까마귀 말고는 아무것도 없다."라고 말한다.[2] 세네카는 하나뿐인 아이를 잃어버린 한 어머니를 위로하면서, 이제 그녀가 엄청난 인기를 누리게 될 것이라는 점을 상기시켰다. 왜냐하면 "자식이 없음으로 인해 더 많은 권한을 갖게 되기 때문이다."[3] 그라쿠스 형제 가족에게는 열두 명의 아이들이 있었다. 하지만 아마도 네로 시대에 로마의 귀족이나 기사 계층에서 그렇게 많은 아이를 가진 가족을 다섯 이상 찾기란 어려웠을 것이다. 예전에는 평생에 걸친 경제적 결합이었던 결혼이, 이제는 10만 명의 로마인들 사이에서 영적으로 그다지 중요하지 않은 일시적인 모험이자 생리적인 편의나 정치적인 원조를 상호 조건으로 하는 느슨한 계약이 되었다. 미혼자는 유언을 남길 수 없다는 규정을 피하기 위해 일부 여성들이 환관을 피임용 남편으로 맞아들였다.[4] 그리고 일부 여성들은 아내가 자식을 낳을 필요가 없으며 원하는 만큼의 연인을 가질 수 있다는 조건으로 빈곤한 남자들과 위장 결혼 생활을 시작했다.[5] 피임은 물리적 방식뿐 아니라 화학적 방식으로도 행해졌다.[6] 이러한 방식이 실패한다고 하더라도, 낙태를 위한 다른 방법이 많이 있었다. 에우베날리스는 "빈곤한 여성들은 출산의 공포와 양육의 모든 고통을 견뎌 낸다. …… 하지만 금박 입힌 호사스러운 침대가 얼마나 자주 임신한 여성의 거처가 될 수 있을까? 낙태 시술자의 기술이 대단히 뛰어나고, 약은 대단히 강력하지 않은가!"라고 말한다. 그럼에도 불구하고 그는 남편들에게 "즐겨라. 그리고 그녀에게 약을 주어라. …… 그녀가 아이를 낳게 된다면, 당신은 에티오피아인의 아버지가 될 수도 있다."라고 말한다.[7] 이 정도로 계몽된 사회에서 유아 살해는 드물었다.* 부유한 계층의 불임은 이민자와 빈민의 다산으로 충분히 상쇄되었으며, 로마와 제국의 인구는 계속 증가했다. 벨로흐(Beloch)는 제정 초기 로마 인구를 80만 명으로, 기번(Gibbon)은 120만 명으로, 그리고 마르카르트(Marquardt)는 160만 명으로 추산했다.** 벨로흐는 제국 인구를 5400만 명으로, 기번은 1억 2000만 명으로 추정했다.[9] 귀족의 숫자는 예전과 같이 매우 많았지만, 혈통은 거의 완전히 바뀌었다. 아이밀리우스 가문, 클라우디우스 가문, 파비우스 가문, 발레리우스 가문에 대해서는 더 이상 듣지 못한다. 코르넬리우스 가문만이 늦어도 카이사르 때까지는 자신들의 로마를 자랑하듯 드러내 보이는 당당한 씨족으로 남아 있었다. 일부 가문은 전쟁이나 정치적 사형 집행으로 사라졌으며, 다른 일부 가문은 산아 제한, 생리학적 타락, 아니면 그들을 평민 집단으로 떨어뜨린 빈곤으로 서서히 사라졌다. 그들의 자리를 로마의 기사 계층, 이탈리아 도시의 지위 높은 사람들, 그리고 속주 귀족들이 차지했다. 서기 56년에 한 원로원 의원은 "대부분의 기사와 많은 원로원 의원이 노예들의 후손이었다."라고 단언했다.[10] 한두 세대가 지나고 새로운 옵티마테스(Optimates, 벌족파)는 전임자들의 방식을 채택했고, 아이의 숫자는 더 적어지고 사치는 더 늘었으며, 동방에서 밀어닥치는 사람들에게 굴복했다.

맨 먼저 그리스인들이 왔다. 그들은 그리스 본토보다는 키레나이카, 이집트, 시리아, 소아시아에서 온 그리스인들이었다. 그들은 열정적이고 영리하고 솜씨 좋은, 반쯤 오리엔트인이었다. 그리고 그들 가운데 상당수가 소상인이나 수입상이었다. 그중 일부는 과학자, 저술가, 교사, 미술가, 의사, 음악가, 배우였

---

* 가끔 1세기에는 여자아이들과 사생아들이 보통 우유 기둥(Columna Lactaria) 밑에 유기되었다. 국가가 유모들에게 그곳에서 발견된 유아들을 젖을 먹이고 구하라고 규정했으므로 우유 기둥이라고 불렸다.[8] 하지만 원치 않은 아이들의 유기는 가장 비문명화된 사회를 제외하고 모든 사회에서 발견되는 관습이다.
** 1937년 로마 인구는 117만 8000명이었다.

다. 일부는 진지하게, 일부는 타산적으로 철학에 전념했다. 그리고 그중 일부는 유능한 행정가이고 재정가였으며, 상당수에게서 양심의 가책을 찾아볼 수 없었다. 그리고 거의 모두에게는 종교적 신념이 없었다. 그리스인 대부분은 노예로 왔으며 이상적인 선택은 아니었다. 그들은 노예 신분에서 해방되면 외면적으로는 노예 상태였지만, 내면적으로는 고대 그리스가 남긴 문화적 찌꺼기로 지적인 체하며 살아가던 부유한 로마인을 혐오하고 경멸했다. 이제 수도 로마의 거리는 가만히 있지 못하고 수다스러운 그리스인들로 떠들썩했다. 그리고 로마에서는 라틴어보다 그리스어가 더 자주 들렸다. 만약 누군가가 자신이 쓴 글을 모든 부류의 사람들로 하여금 읽게 만들려면, 그리스어로 써야 했다. 로마에서 대부분의 초기 그리스도교도들은 그리스어를 말했다. 시리아인, 이집트인, 그리고 유대인도 마찬가지로 그리스어를 말했다. 대규모 무리를 지은 이집트인, 즉 상인, 숙련공, 예술가들이 마르스 평원에서 살았다. 마르고, 붙임성 있고, 빈틈없는 시리아인들이 수도 로마 도처에서 교역, 수공예, 비서 업무, 금융, 그리고 책략으로 분주하게 움직였다.

유대인은 이미 카이사르 시대에 수도 로마 인구에서 중요한 부분을 차지하고 있었다. 소수의 유대인이 기원전 140년 초에 로마에 왔다.[11] 그리고 많은 유대인이 기원전 63년 폼페이우스의 원정 이후 로마에 전쟁 포로로 잡혀 왔다. 유대인은 때로는 근면함과 절약 때문에, 그리고 때로는 주민들을 불편하게 했던 자신들의 종교 관습에 대한 엄격한 집착 때문에 빠르게 해방되었다. 기원전 59년 무렵 키케로는 민회에 유대인 시민들이 너무 많아서 그들에 반대하는 것이 정치적으로 무모하다고 말했다.[12] 대체로 공화파는 유대인에 적대적이었지만, 민중파와 황제들은 우호적이었다.[13]* 1세기 말경 수도 로마에서 유대인

* 유대인은 카이사르를 일관되게 지지했고 결국 그의 보호를 받았다. 아우구스투스는 카이사르의 방침을 계승했다. 하지만 모든 외래 신앙에 적대적인 티베리우스는 유대인 중에서 4000명을 징집해 사르디니아에서 자살공격에 사용했으며, 나머지는 로마에서 추방했다.(서기 19년)[14] 12년 후 자신이 세야누스에게 현혹되었음을 확신한 티베리우스는 칙령을 철회하고 유대인이 자신들의 종교와 관습에서 해를 입지 않도록 명령했다.[15] 칼리굴라는 로마에서 유대인을 보호했지만 해외에서는 억압했다. 클라우디우스는 폭동을 이유로 일부 유대인을 추방했지만, 일반 칙령으로

의 숫자는 2만 명 정도였다.[16] 그들은 대부분 테베레 강 서쪽 지역에 살았으며, 그곳에서 주기적으로 홍수를 겪었다. 그들은 인근 항만에서 일했고, 수공예와 소매업에 종사했으며, 로마 시를 돌아다니며 행상했다. 그들 중에는 부자도 있었지만, 소수만이 대상인이었다. 시리아인과 그리스인이 국제 교역을 장악하고 있었다. 로마에는 수많은 유대 교회당이 있었고, 각각의 교회당에는 학교, 율법 학자, 장로회가 있었다.[17] 유대인의 분리주의, 극장과 경기에 대한 참석 거부, 낯선 도덕과 종교 의식, 빈곤과 그로 인한 불결함이 일상적인 인종적 적대감을 불러일으켰다. 에우베날리스는 유대인들의 다산을, 타키투스는 일신교를, 암미아누스 마르켈리누스는 마늘 사랑을 비난했다.[18] 예루살렘의 유혈 점령으로 악감정이 고조되었으며, 유대인 포로들과 신성한 전리품의 행렬이 티투스의 개선식과 그의 개선문 돋을새김의 특징을 이루었다. 베스파시아누스는 뿔뿔이 흩어진 유대인이 예루살렘의 신전 유지를 위해 매년 납부해 오던 2분의 1세켈(이스라엘 화폐 단위)을 이제부터는 매년 로마의 재건을 위해 바쳐야 한다고 명령했다. 이것은 유대인의 상처에 모욕을 얹어 주는 것이었다. 그럼에도 불구하고 교양 있는 많은 로마인들이 유대인의 일신교를 찬양했다. 그리고 일부는 유대교로 개종했으며, 심지어 명문가의 많은 로마인들이 유대인의 안식일을 예배와 휴식의 날로 지켰다.[19]

로마의 인종은 이질적이고 세계 시민주의적이었다. 예컨대 로마에는 그리스인, 시리아인, 이집트인, 유대인, 아프리카 출신의 몇몇 누미디아인, 누비아인, 그리고 에티오피아인, 아시아 출신의 소수 아랍인, 파르티아인, 카파도키아인, 아르메니아인, 프리기아인, 그리고 비티니아인, 달마티아, 트라키아, 다키아, 그리고 게르마니아 출신의 강력한 이방인, 갈리아 출신의 콧수염 기른 귀족들, 스페인 출신의 시인과 소농들, 그리고 "브리타니아 출신의 문신한 이방인

(42년) 제국 전역에서 유대인이 그들 자신의 법률에 따라 살아갈 수 있는 권리를 인정했다. 94년에 도미티아누스는 로마의 유대인을 에게리아 계곡으로 추방했다. 그리고 96년에 네르바는 그들을 로마로 불러들여 시민권을 되살려 주었으며, 한 세대 동안 평화롭게 살 수 있게 해 주었다.

들"이 있었다.[20] 마르티알리스는 로마의 매춘부들이 이렇듯 다양한 다국적 고객에 부응해서 자신들의 언어와 매력을 능숙하게 가다듬은 솜씨에 경탄했다.[21] 에우베날리스는 시리아의 거대한 오론테스 강이 테베레 강으로 흘러들고 있다고 불평했으며,[22] 타키투스는 수로 로마를 "세계의 정화조"로 묘사했다.[23] 동방에서 유입된 외관, 풍습, 옷, 말, 몸짓, 말다툼, 생각, 그리고 신앙이 로마 시의 삶 대부분을 요동치게 했다. 3세기 무렵 로마 궁정은 동방의 군주정이 될 것이다. 그리고 4세기 무렵 로마의 종교는 동방의 종교가 될 것이고, 세계의 주인이 노예의 신에게 무릎을 꿇을 것이다.

이와 같이 잡다한 군중 사이에 일단의 귀족들이 있었다. 그들은 원로원 의원들이 분노를 표현하는 것을 주저하고 있을 때 네로의 정부(情婦)인 포파이아를 경멸했으며, 노예들을 대량 학살한 페다니우스 세쿤두스에 항의하기 위해 원로원 의사당으로 돌격했다.[24] 이러한 귀족들에게 평민의 소박한 미덕이 없던 것은 아니었다. 유대인의 가족 생활은 모범적이었으며, 소규모 그리스도교 공동체들이 그들의 경건함과 관대함으로 쾌락에 미쳐 있는 이교 세계를 난처하게 하고 있었다. 하지만 로마 시에 유입된 사람들 대부분은 실제로 그들의 토착 환경, 문화, 그리고 도덕률로부터 뿌리 뽑힌 사람들로 인해 타락해 있었다. 수년간의 노예 신분으로 단정한 품행을 지지해 준 자존감이 파괴되었다. 더욱이 상이한 관습들과 매일 충돌함으로써 그들의 맞춤 도덕을 훨씬 더 닳게 만들었다. 만약 로마가 단기간에 그렇게 많은 외국인 혈통을 빨아들이지 않았다면, 이러한 신참자 모두를 빈민굴 대신에 학교를 통해 들어오게 했더라면, 그들을 수많은 잠재적 우월성을 가진 사람으로 다루었더라면, 그리고 인종 간의 동화가 침입에 뒤지지 않도록 가끔씩 성문을 닫았더라면, 로마는 외국인들의 유입으로 새로운 인종적, 문학적 활력을 얻었을 뿐 아니라 서방의 대변자이자 요새인 로마인의 로마로 남게 되었을 것이다. 그 일은 방대한 작업이었다. 승리한 도시 로마는 거대함과 잡다한 정복 때문에 운이 다했고, 로마의 순수 혈통은 셀 수 없이 많은 예속민들로 약해졌으며, 로마의 지식인층은 한때 로마의 노예였던 사람들의 문화에 수적으로 압도되어 끌려다녔다. 대량 번식이 우량종의 번식을 압도하는 상황이었다. 결국 자식을 많이 낳는 피정복민들이 자식을 낳지 않는 로마의 주인집에서 주인이 되었다.

2. 교육

　로마인의 유년기에 대해서는 그다지 많이 알려져 있지 않다. 그러나 로마의 예술 작품과 비문을 통해 아이들이 태어났을 때 신중하게 사랑받은 것이 아니라 지나칠 정도로 많이 사랑받았음을 알 수 있다. 에우베날리스는 분노를 멈추고 아이들에게 보여 주어야 할 좋은 본보기, 아이들이 멀리해야 할 사악한 광경과 소리, 그리고 도가 지나치는 사랑의 경우일지라도 아이들에게 표현해야 할 존중에 관해 애정이 듬뿍 담긴 구절을 썼다.[25] 파보리누스는 한 담론에서 어머니들에게 자신들의 아이를 직접 양육하라고 부탁했다.[26] 세네카와 플루타르코스도 동일한 취지로 말했지만 실제로 내용은 보잘것없었다. 아이를 유모의 손에 양육시키는 것은 그렇게 할 만한 여유가 있는 모든 가족에게서 흔하게 볼 수 있는 현상이었다. 여기에서는 주목할 만한 비극이 뒤따르지 않았다.*

　조기 교육은 보통 그리스인이었던 유모가 담당했다. 동화의 첫머리는 "옛날에 왕과 여왕이 ……"로 시작되었다. 초등학교 교육은 여전히 민간 업체가 맡아서 했다. 부자들은 자녀들의 교육을 위해 종종 가정 교사를 고용했지만, 에머슨처럼 퀸틸리아누스도 아이에게서 성격 형성에 중요한 우정을 빼앗아 가고 경쟁을 자극한다는 이유로 가정 교사 고용을 경고했다. 대체로 사내아이와 여자아이는 일곱 살에 초

---

* 오늘날처럼 장난감과 게임은 많았다. 로마의 아이들은 돌차기 놀이, 줄다리기, 돈 던지기 놀이, 술래잡기 놀이, 숨바꼭질을 했다. 게다가 인형, 굴렁쇠, 줄넘기의 줄, 목마, 연 등을 가지고 놀았다. 로마의 젊은이들은 공으로 하는 구별이 가능한 다섯 가지 게임을 했다. 그중 하나는 발과 다리가 아닌, 팔과 손으로 했다는 점을 제외하면 오늘날의 축구와 유사했다.[27]

등학교에 들어가 무상 교육을 받았다. 아이들의 안전과 도덕을 돌보며 학교에 데리고 다니는 노예가 있었다. 그러한 학교는 제국의 모든 곳, 심지어 작은 시골 마을에도 있었다. 폼페이의 벽에 새겨진 낙서를 통해 글을 읽고 쓰는 능력이 일반화되어 있었음을 알 수 있다. 게다가 교육은 당시에 그 이전과 그 이후 어느 때 보다 더 광범위하게 지중해 세계에 확산되어 있었던 것으로 보인다. 아이를 돌보며 학교에 데리고 다니는 노예와 교사는 모두 그리스인 해방 노예나 노예였다. 젊은 시절 호라티우스의 고향에서는 학생 각자가 교사에게 매달 8아세스(48센트)를 지불했다.[28] 그리고 350년 후에 디오클레티아누스는 초등학교 교사에게 지불할 최대 급여를 학생당 매달 50데나리우스(20달러)로 정했다. 이것으로 교사의 지위가 상승했고 아세스 주화의 가치가 저하했음을 짐작할 수 있다.

대략 열세 살에 남녀 어느 쪽이건 합격한 학생은 중등학교에 진학했다. 로마에는 서기 130년에 중등학교가 스무 개 있었다. 여기에서는 학자들이 대체로 고전 시인들에 대한 강의 해설을 통해 문법, 그리스어, 라틴 문학과 그리스 문학, 음악, 천문학, 역사, 신화, 철학을 더 많이 연구했다. 이 단계까지 여자아이들은 사내아이들과 똑같은 강의를 받았던 것 같지만, 종종 추가로 음악과 무용 교육을 받으려고 애썼다. 중등학교 교사들은 거의 항상 그리스인 해방 노예였으므로, 그들이 그리스 문학과 역사를 강조한 것은 어쩌면 당연해 보였다. 로마의 문화는 그리스 색채를 띠었고, 2세기 말 무렵까지 거의 모든 고등 교육은 그리스어로 이루어졌으며, 라틴 문학은 당대에 공통된 그리스어인 코이네(koiné)와 문화에 흡수되어 버렸다.

오늘날의 단과 대학과 종합 대학 교육에 상응하는 로마의 교육은 웅변술 교사들의 학교에서 제공되었다. 제국은 법정에서 의뢰인을 변호하거나, 의뢰인을 위해 연설을 써주거나, 공개 강연을 하거나, 학생들에게 자신들의 기술을 가르치거나, 아니면 이상의 네 가지 역할을 모두 수행하던 웅변가들로 가득했다. 많은 웅변가들이 이 도시 저 도시로 여행하며 문학, 철학 또는 정치에 대해 말했으며, 웅변 실력으로 모든 주제를 다루는 방법을 과시했다. 소(小)플리니우스는 당시 63세이던 그리스인 이사에우스에 대해 다음과 같이 말한다.

그는 토론을 위한 여러 문제를 제안하고, 청중에게 바라는 것은 무엇이든 요구할 수 있는 자유를 주고, 때때로 청중이 어느 쪽을 지지하는지 말할 수 있는 자유마저 준다. 그 뒤 그는 일어나서 겉옷을 입고 이야기하기 시작한다. …… 그는 대단히 예의 바르게 자신의 주제를 시작한다. 그의 이야기는 명쾌하고, 논쟁은 독창적이며, 논리는 설득력이 있고, 웅변은 탁월하다.[29]

웅변가들은 학교를 열고, 조교를 고용하며, 많은 수의 학생을 모을 수 있었던 것 같다. 학생들은 대략 열여섯 살에 입학해 강좌당 2000세스테르티우스까지 수업료를 납부했다. 주요 과목은 웅변술, 기하학, 천문학, 철학이었다. 즉 오늘날 과학이라고 부르는 많은 과목이 포함되었다. 이러한 과목으로 "교양 교육"이 구성되었다. 이것은 육체노동을 할 일이 전혀 없었던 것으로 보이는 부자 자유민들을 위해 기획된 교육이었다. 페트로니우스는 모든 세대가 불평하는 것처럼 교육이 젊은이에게서 성숙의 기회를 박탈했다고 불평했다. 즉 "학교는 젊은이들을 총체적으로 어리석게 만든 것에 대해 비난받아야 한다. 왜냐하면 학교에서는 젊은이들이 일상생활의 모든 문제에 대해 아무것도 보거나 듣지 못하기 때문이다."[30] 학교는 근면한 학생에게 모든 시대를 통틀어 법률가의 직업을 특징 지우던 사고의 명쾌함과 민첩함, 그리고 로마의 웅변가들을 돋보이게 해 주던 거리낌 없는 웅변 능력을 부여했다고 말할 수 있을 뿐이다. 이러한 학교에서는 어떤 학위도 수여되지 않았음에 틀림없다. 학생은 원하는 만큼 오래 머무를 수 있었으며 원하는 만큼 강좌를 수강할 수 있었다. 아울루스 겔리우스는 25세까지 학교에 머물렀다. 여성들도 학교에 다녔다. 일부 여성들은 결혼 후에 학교에 다녔다. 그 이상의 교육을 받고 싶은 사람들은 철학을 배우기 위해 철학의 뿌리인 아테네로, 의학을 배우기 위해 알렉산드리아로, 웅변술의 중요한 세부 사항을 배우기 위해 로도스로 갔다. 키케로는 아테네의 대학에서 자신의 아들을 뒷바라지하는 데 1년에 4000달러를 지출했다고 한다.

대략 베스파시아누스 시대에 웅변술 학교가 수적으로나 영향력에서 놀라울 정도로 성장했으므로 약삭빠른 황제는, 국가가 주요 교사들에게 급여를 지불함으로써 수도 로마의 더 중요한 웅변술 학교들을 당국의 통제 아래 두는 것이 바람직하다고 생각했다. 가장 높은 급여는 1년에 10만 세스테르티우스(1만 달러)였다. 베스파시아누스가 이러한 국가 교부금을 얼마나 많은 교사나 도시로 확대했는지는 알 수 없다. 소(小)플리니우스가 코뭄에 설립한 것처럼 고등 교육을 위한 개인들의 기부 소식이 전해진다.[31] 트라야누스는 두뇌가 명석한 것에 비해 돈이 부족한 5000명의 사내아이들에게 장학금을 제공했다. 하드리아누스의 통치 무렵 중등학교에 대한 국가의 자금 제공이 제국 전역의 수많은 시 당국에서 채택되었다. 그리고 은퇴한 교사들을 위해 연금 기금을 따로 떼어 두었다. 하드리아누스와 안토니누스는 각 도시의 주요 교사들에게 세금과 그 밖의 시민 의무를 면제했다. 미신이 증가하고, 도덕이 타락하며, 문학이 쇠퇴한 것에 비해 교육은 최고조에 달했다.

3. 성

젊은 여성들의 도덕 생활은 조심스럽게 억제된 반면에 젊은 남성들은 관대하게 관리되었다. 그리스인처럼 로마인도 남성들이 매춘부들에게 자주 드나드는 것을 기꺼이 눈감아 주었다. 매춘부 직업은 합법화되었고 제한되었다. 그리고 법률은 도시 성벽 바깥에서 유곽이 밤에만 영업할 수 있도록 규정했다. 매춘부는 조영관(造營官)에 의해 등록되었고 스톨라(stola, 남자 복장인 토가에 해당하는 여성 옷으로, 소매가 있거나 없는 길고 헐거운 옷 – 옮긴이) 대신 토가를 입어야 했다. 일부 여성들은 간통이 발각되어 법적인 처벌을 모면하기 위해 매춘부로 등록하는 경우도 있었다. 매춘부에게 지불하는 요금은 재정 형편이 허용되는 범위 안에서 조정되었다. 우리는 "4분의 1아세스의 여성"에 대해 들어본 적이 있다. 하지만 이제 시, 노래, 음악, 춤, 그리고 세련된 대화로 고객을 끌어들이려고 애쓰는 교양 있는 고급 매춘부들이 증가하고 있었다. 이런저런 여성을 찾아 쉽게 성을 매수하기 위해 성벽 바깥으로 갈 필요가 없었다. 오비디우스는 그러한 여성들을 주랑 현관 밑에서, 경기장에서, 극장에서 "하늘에 떠 있는 별만큼 많이" 만날 수 있다고 말했다.[32] 그리고 에우베날리스는 성을 파는 여성들을 신전들, 특히 사랑에 관대한 여신인 이시스 신전 주변에서 발견했다.[33] 그리스도교도 저술가들은 신상 안치소 내부에서, 그리고 로마 신전의 제단 사이에서 매춘이 행해졌다고 비난했다.[34]

남창들도 이용할 수 있었다. 법률적으로 비난받았지만 관습적으로 용인되던 동성애가 자유분방함으로 화려하게 꽃을 피웠다. 호라티우스는 이렇게 노래한다. "난 다정함에서 어떤 여성도 견줄 수 없다고 주장하는 리키스쿠스를 향한 사랑의 화살로 괴로워한다.""어떤 매력적인 아가씨나 호리호리한 젊은이를 향한 다른 사랑의 불꽃으로만" 이러한 열정에서 벗어날 수 있다.[35] 마르티알리스는 가장 정선된 짧은 풍자시에서 남색을 다루고 있다. 그리고 펴낼 만한 가치가 가장 떨어지는 에우베날리스의 풍자시 가운데 하나는 이러한 터무니없는 경쟁에 대해 불평하는 한 여성에 대해 이야기한다.[36] 가치와 성별에 무관심한 호색적인 시 「프리아페이아(Priapeia)」는 교양 있는 젊은이들과 치기 어린 성인들 사이에서 거리낌 없이 유포되었다.

결혼은 이러한 경쟁적인 성의 배출구들과 용감하게 맞서 싸웠으며, 걱정하는 부모들과 결혼 중매업자들의 도움을 받아 거의 모든 미혼 여성들이 적어도 일시적인 남편을 찾는 데 가까스로 성공했다. 19세 이상의 미혼 여성은 "노처녀"로 간주되었지만, 그 수는 드물었다. 약혼한 남녀는 좀처럼 서로를 보지 못했으며 구혼은 없었다. 세네카는 다른 모든 것은 구입하기 전에 조사해 보는 것이 가능하지만 신랑이 신부를 조사해 볼 수는 없다는 사실에 투덜거렸다.[37] 결혼 전의 감상적인 결합은 보기 드물었다. 그리고 애정 시는 기혼 여성들이나 결혼에 전혀 관심을 보이지 않는 여성들에 대해서는 이야기하지 않았다. 게다가 여성들의 자유분방한 행동은 중세와 근대 프랑스의 상황과 비슷하게 결혼 이후에 찾아왔다. 대(大)세네카는 로마 여성들 사이에서 광범위하게 퍼져 있던 간통을 당연한 것으로 생각했으며,[38] 철학자였던 그의 아들은 두 명의 정부(情

夫)에 만족하는 기혼 여성을 정절의 본보기로 생각했을 정도였다.[39] 냉소적인 오비디우스는 "순결한 여성은 남성의 요구를 받지 못한 사람에 불과하다. 더욱이 아내의 통정에 분노한 남성은 시골뜨기에 불과하다."라고 노래했다.[40] 이러한 표현은 문학적인 비유일 수 있다. 퀸투스 베스필로가 자신의 아내에게 바친 다음의 수수한 비문에 더 신뢰가 간다. 즉 "죽을 때까지 이혼 없이 결혼 생활이 계속되는 경우는 좀처럼 찾아보기 힘들다. 하지만 우리의 결혼 생활은 41년 동안 행복하게 계속되었다."[41] 에우베날리스는 5년 동안 여덟 번 결혼한 어느 여성에 대해 이야기한다.[42] 사랑보다는 재산이나 정략적인 이유로 결혼한 일부 여성들은 지참금을 남편에게, 그리고 몸을 정부에게 넘겨주는 것으로 자신들의 의무를 다했다고 생각했다. 에우베날리스의 작품에 등장하는 한 간통 여성은 예기치 않게 간통 현장에 들이닥친 남편에게 "우리 둘 다 서로 하고 싶은 대로 하자고 합의를 보지 않았나요?"라고 말했다.[43] 당시 여성들의 "해방"은 참정권의 형식적 의례와 사문화된 법률의 문구를 제외한다면 지금처럼 완벽했다. 입법은 여성들을 종속시켰지만, 관습은 그들을 자유롭게 했다.

　수많은 경우에 여성 해방은 오늘날처럼 산업화를 의미했다. 일부 여성은 가게나 작업장에서 특별히 직물업 분야에 종사했으며, 일부는 변호사와 의사가 되었다.[44] 그리고 일부 여성은 정치적으로 강력해졌다. 속주 총독의 아내는 군대를 사열했고 연설했다.[45] 베스타 여신전의 신녀들은 친구들을 위해 정치적 지위를 확보해 주었으며, 폼페이 여성들은 벽에 자신들의 정치적 선호를 나타냈다. 보수주의자들은 만약 여성들이 평등을 획득한다면 평등을 지배력으로 바꾸려 할 것이라는 카토의 경고가 실현된 것에 한탄했다. 에우베날리스는 여자 배우와 운동선수, 검투사, 그리고 시인을 발견하고 커다란 충격에 휩싸였다.[46] 마르티알리스는 경기장에서 야수들, 심지어 사자들과 싸우는 여성들에 대해 이야기한다.[47] 더욱이 스타티우스는 그러한 싸움에서 죽어 가는 여성들에 대해 이야기한다.[48] 귀부인들이 "자신을 사방에 노출시키면서" 의자 가마를 타고 거리를 지나갔다.[49] 그들은 주랑 현관, 공원, 정원, 신전 안마당에서 남자들과 대화를 나누었다. 그리고 남자들을 따라 사적, 공적 연회에, 원형 경기장과 극장에 갔다. 오비디우스는 그곳에서 "여러분은 그들의 드러난 어깨에 매혹되어 빤히 쳐다본다."라고 전한다.[50] 이렇듯 들뜨고 화려하고 다중적인 성(性)의 사회는 페리클레스 시대의 그리스인들을 놀라게 했을지도 모른다. 봄에는 상류 사회의 여성들이 보트, 해안, 바이아이와 다른 휴양지의 별장을 웃음과 당당한 아름다움, 요염한 대담성, 그리고 정치적 음모로 가득 채웠다. 노인들이 그들을 간절히 원하며 비난했다.

경박하거나 부도덕한 여성들은 소수였으며, 지금처럼 당시에도 남의 시선을 끌었다. 비록 항상 눈에 띄었던 것은 아니지만 아주 많은 여성들이 미술, 종교 또는 문학에 심취했다. 술피키아의 시는 티불루스의 시와 더불어 후세에 전해질 가치가 있는 작품으로 여겨졌다. 술피키아의 시는 무척 관능적이었지만, 남편에게 전해졌을 때는 고결한 것이나 다름없었다.[51] 마르티알리스의 친구 테오필라는 철학자로서 스토아주의와 에피쿠로스주의의 실질적인 대가였다. 일부 여성들은 자선과 사회 봉사에 몰두했다. 그리고 자신들의 도시에 신전, 극장, 주랑 현관을 제공하는 한편 여성 후원자로서 조합에 기부했다. 라누비움의 한 비문은 "여성 민회"에 대해 이야기한다. 로마에는 부인 협의회가 있었다. 아마도 이탈리아에는 전국 여성 동호인 연합회가 있었던 것 같다. 어쨌든 마르티알리스와 에우베날리스를 읽고 나면 로마에 훌륭한 여성들이 무척 많았다는 사실에 당황하게 된다. 옥타비아는 모든 배신을 뚫고 안토니우스에게 충실했으며 그가 외부에서 데려온 아이들을 헌신적으로 양육했다. 안토니아는 옥타비아의 사랑하는 딸이자 드루수스의 정숙한 미망인이었으며, 게르마니쿠스의 흠잡을 데 없는 어머니였다. 말로니아는 티베리우스의 사악함을 공공연히 비난한 다음 자살했다. 아리아 파에타는 클라우디우스가 카이키나 파에투스에게 죽으라고 명령했을 때 단검으로 자신의 가슴을 찔렀고, 죽어 가면서 확신을 갖고 "다치지 않을 거예요."라고 말하며 단검을 남편에게 건네주었다.[52] 파울리나는 세네카와 함께 죽으려고 했다. 폴리타는 네로가 자신의 남편을 처형했을 때 굶기 시작했고, 아버지가 사형 선고를 받았을 때는 함께 자살했다.[53] 여자 해방 노예 에피카리스는 피소의 음모를 폭로하기보다는 모든 고문을 견뎌 냈다. 그리고 셀 수 없이 많은 여성들이 살생부에 올라 있는 남편들을 숨겨 보호했고, 그들과 함께 추방된 신세가 되었다. 그렇지 않은 경우에는 헬비디우스의 아내 판니아처럼 엄청난 위험과 희생을 무릅쓰고서라도 남편들을 지켰다. 즉 이러한 여성들만이 마르티알리스의 경구와 에우베날리스의 풍자에 등장하는 모든 타락한 여자들에 맞서 자신들에게 유리한쪽으로 저울을 기울어지도록 한 것이다.

이러한 여걸들 뒤에는 아내로서의 정절과 어머니로서의 희생을 마다하지 않은, 로마인의 삶 전체 구조를 지탱하던 이름 없는 부인들이 자리 잡고 있었다. 로마의 옛 미덕, 즉 부모와 자식 사이의 헌신적인 사랑, 진지한 책임감, 사치와 과시의 기피가 로마 가정에서 계속 살아남았다. 플리니우스의 서한에서 묘사된 품위 있고 건전한 가족들은 네르바와 트라야누스의 등장과 함께 갑자기 시작된 것이 아니었다. 그들은 전제 군주 시대 동안 줄곧 은밀히 존재했다. 그리고 황제들의 첩보 활동과 무기력한 대중들의 타락과 화류계의 천박함에도 살아남았다. 우리는 배우자가 배우자에게, 그리고 부모가 자식에게 남긴 비문에서 그러한 가정들을 얼핏 엿볼 수 있다. 한 비문에는 "이곳에 프리무스의 아내 우르빌리아의 시신이 잠들어 있다. 그녀는 내 목숨보다 소중했다. 가장 사랑하는 그녀는 스물세 살에 죽었다. 안녕, 내 연인이여!"라고 씌어져 있다. 그리고 또 다른 비문에는 "18년간 행복하게 살았던 나의 사랑하는 아내에게. 그녀의 사랑을 위해 맹세코 재혼하지 않겠소."라고 씌어져 있다.[54] 우리는 가정에서 이러한 여성들의 모습을 그릴 수 있다. 그들은 털실을 잣고, 자식들을 꾸짖고 교육하며, 하인들을 감독하고, 얼마 되지 않은 자금을 관리한다. 그리고 그들은 남편과 함께 먼 옛날부터 내려오는 가정 신들에 대한 숭배에 참여한다. 부도덕에도 불구하고 고대 세계에서 가족을 새로운 정점으로 끌어올린 것은 그리스가 아닌 로마였다.

4. 옷

몇백 개의 조각상들로부터 판단해 볼 때 네로 시대의 로마 남성은 외관과 얼굴 생김에서 공화정 초기의 남성에 비해 더 뚱뚱하고 부드러웠다. 세계 지배가 그들 대부분을 호감을 주는 존재가 아닌, 억세고 단호하며 무시무시한 존재로 만들었다. 하지만 음식과 포도주와 나태함이 스키피오 부자를 분개시킬 정도로 다른 많은 사람들을 통통한 모습으로 살찌웠다. 로마 남성들은 여전히 면도를 했고, 아니면 더 자주 이발사로부터 면도를 받았다. 젊은이의 최초 면도는 그의 생애에서 축제일이었다. 그는 종종 경건하게 자신의 최초 수염을 신에게 바쳤다.[55] 보통의 로마인들은 공화정의 전통을 이어 나갔으며 머리를 짧게 잘랐다. 하지만 점점 늘어나는 많은 멋쟁이들이 머리를 곱슬곱슬하게 했다. 마르쿠스 안토니우스와 도미티아누스는 여기에 해당된다. 많은 남성들이 가발을 썼고, 일부 남성들은 정수리를 머리카락 비슷하게 색칠했다.[56] 이제 실내와 실외에서 모든 부류의 사람들이 간단한 튜닉이나 블라우스를 입었다. 토가는 공식 행사에서만, 그리고 원로원이나 경기 대회에서 귀족들이 입었다. 카이사르는 관직의 표시로 자주색 토가를 입었다. 많은 고위 인사들이 그를 모방했지만 얼마 안 지나 자주색 의복은 황제의 특권이 되었다. 입기 번거로운 바지, 찾기 힘든 단추, 늘어진 긴 양말은 전혀 없었다. 하지만 2세기에 남성들은 밴드로 다리를 감싸기 시작했다. 신발은 샌들(가죽이나 코르크 밑창에 일본식으로 엄지발가락과 두 번째 발가락 사이에 가죽 끈이 붙어 있는)에서부터 전체가 가죽, 아니면 대개 정장과 함께 신는 가죽과 천으로 된 높은 구두에 이르기까지 다양했다.

프레스코화와 조각상과 주화에서 볼 수 있는 것처럼 제정 초기 로마의 여성들은 거의 모두가 갈색 머리였다는 것을 제외한다면 20세기 초 미국의 여성들과 매우 유사했다. 그들의 외관은 적당히 날씬했고, 옷은 몸가짐에 최면을 거는 듯 우아함을 가져다주었다. 그들은 햇빛과 운동과 신선한 공기의 가치를 알았다. 일부 여성들은 아령을 휘둘렀고, 일부는 열심히 수영했으며, 일부는 식이 요법을 했다. 다른 여성들은 젖가슴을 코르셋으로 조였다.[57] 여성의 머리는 보통 뒤로 빗질해 목 뒤에서 매

듭으로 묶었다. 그리고 종종 망으로 감싸고 머리 위에 밴드나 리본을 달았다. 나중에 철사로 지탱되고 게르마니아의 여성들에게서 들여온 금발 가발로 화려하게 꾸민 더 우뚝 솟은 머리 모양이 유행했다.[58] 멋쟁이 여성은 몇 시간 동안 여러 명의 노예를 사용해 손톱을 다듬고 머리를 손질했던 것 같다.[59]

화장품은 오늘날처럼 다양했다. 에우베날리스는 당대의 가장 중요한 기술 가운데 하나로 "아름답게 꾸미기"에 대해 말한다. 의사, 여왕, 시인들이 그것을 주제로 글을 썼다.[60] 로마 여성의 안방은 족집게, 가위, 면도기, 손톱 줄, 솔, 빗, 때 미는 기구, 머리 망, 가발과 향수 통이나 병, 크림, 오일, 풀, 부석, 비누 등의 화장 도구로 가득 차 있었다. 머리카락을 뽑기 위해 탈모제가, 그리고 머리카락에 웨이브를 넣거나 고정시키기 위해 화장 크림이 사용되었다. 포파이아가 가루 반죽과 나귀의 젖을 섞어 조제한 수면 팩을 많은 여성들이 얼굴에 발랐다. 포파이아는 여성들의 나쁜 안색을 손질하는 데 이 팩이 도움이 된다는 사실을 알았다. 따라서 그녀가 여행할 때마다 나귀가 동행했다. 이따금씩 그녀는 나귀 젖으로 목욕하기도 했다.[61] 얼굴은 착색제로 희어지거나 붉어졌고, 눈썹과 속눈썹은 검은색으로 착색되거나 지워졌다. 가끔씩 관자놀이의 혈관이 엷은 청색 선으로 그려 넣어졌다.[62] 에우베날리스는 "불행한 남편의 입술에 들러붙은 포파이아 화장 크림 냄새를 풍기는" 부유한 여성에 대해 불평했다. 남편은 그녀의 맨 얼굴을 본 적이 없다. 오비디우스는 이러한 화장술이 환멸을 느끼게 한다는 것을 알았으며, 여성들에게 머리 빗질 이외에 모든 화장술을 연인들이 눈치채지 못하게 하도록 충고했다. 머리 빗질은 연인들을 매료시키기에 충분했다.[63]

한니발 이전 로마의 단순한 여성복에 이제 우아한 속옷이 더해졌다. 스카프가 어깨 위를 덮었고 베일이 얼굴에 신비감을 가져다주었다. 겨울에는 부드러운 모피가 부유한 몸을 어루만져 주었다. 실크와 리넨이 값비싼 염료로 채색되었다. 로마인들은 두 번 염색한 1파운드의 티르산(産) 모직물에 1000데나리우스를 지불했다.[64] 금실과 은실로 수놓은 자수가 옷, 커튼, 양탄자, 침대보를 장식했다. 여성용 신발은 부드러운 가죽이나 천으로 만들어졌고, 이따금씩 투명 세공 방식으로 정교하게 잘렸다. 여성용 신발에는 금장식이 달리고 보석이 박힐 수도 있었다.[65] 게다가 타고난 단신의 단점을 치유하기 위해 높은 굽이 추가되는 경우도 자주 있었다.

보석은 여성용품에서 중요한 한 부분을 차지했다. 반지, 귀걸이, 목걸이, 부적, 팔찌, 가슴에 다는 장신구, 브로치는 생활 필수품이었다. 롤리아 파울리나는 머리에서 발까지 에메랄드와 진주로 덮인 옷을 입은 적이 있었으며, 자신의 보석이 모두 합쳐서 4000만 세스테르티우스의 값어치가 나간다는 것을 과시하려고 영수증을 가지고 다녔다.[66] 플리니우스는 로마에서 사용된 수많은 다양한 보석에 대해 이야기한다. 이러한 보석에 대한 정교한 모방이 활기에 넘치는 제조업을 낳았다. 유리로 만든 로마의 에메랄드는 오늘날의 모조품보다 더 뛰어났으며 19세기 말까지 보석상들에 의해 진품처럼 팔렸다.[67] 여성들뿐 아니라 남성들도 크고 눈에 잘 띄는 보석을 좋아했다. 한 원로원 의원은 자신의 반지에 개암 열매만큼 커다란 오팔을 박았다. 이 이야기를 들은 안토니우스는 그를 추방하게 했다. 그는 손가락에 200만 세스테르티우스를 휴대하고 도망했다. 그 당시 보석은 인플레이션이나 혁명에 대한 대비책이었음에 틀림없다. 이제 하층민을 제외하고는 은 접시를 흔하게 볼 수 있었다. 티베리우스와 이후 황제들은 사치를 금지하는 칙령을 공포했지만, 시행되지 못하고 곧 무시되었다. 티베리우스는 굴복하고 귀족들과 벼락부자들의 사치가 로마와 동방의 숙련공들에게 일자리를 제공했으며, 속주의 공물이 수도 로마로부터 다시 돌아가도록 했다는 것을 인정했다. 티베리우스는 "사치가 없었다면, 어떻게 로마가, 어떻게 속주가 살아갈 수 있었을까?"라고 말했다.

로마인들의 옷은 오늘날 여성들의 옷보다 더 사치스럽지는 않았으며, 중세 영주들의 의상 보다 훨씬 덜 화려하고 값비쌌다. 유행은 오늘날의 도시처럼 로마에서 빠르게 변하지 않았다. 아주 멋진 옷 한 벌은 평생 동안 입었고 유행이 변하지 않았다. 하지만 루쿨루스와 폼페이우스가 동방의 약탈품과 향락적 생활을 들여오기에 앞서 공화정의 기준과 비교해 상층민들의 로마는 이제 멋진 옷, 다양한 음식, 우아한 가구, 그리고 웅장한 집으로 이루어진 쾌락주의의 천국이었다. 정치적 리더십과 정치권력의 대부분을 상실한 귀족 계층은 원로원에서 자신들의 대저택으로 물러났으며, 철학 말고는 도덕이라곤 전혀 찾아볼 수 없이 쾌락의 추구와 삶의 기술에 빠져들었다.

5. 로마인의 하루

집의 사치는 옷의 사치를 훨씬 앞질렀다. 대리석과 모자이크로 만들어진 마루, 다양한 색채의 대리석과 설화 석고(雪花石膏) 그리고 줄마노(瑪瑙)로 만든 기둥, 화려한 벽화가 그려지거나 값비싼 보석으로 표면이 장식된 벽, 가끔씩 금이나[68] 판유리로[69] 장식된 천장, 상아로 만든 다리에 감귤류 나무로 만든 탁자, 거북 등껍질과 상아, 은 또는 금으로 장식된 긴 의자, 보통 대부호들이 80만 세스테르티우스를, 그리고 네로가 400만 세스테르티우스를 지불한 알렉산드리아산(産) 양탄자나 바빌로니아산 덮개,[70] 모기장이 딸린 청동제 침대, 청동과 대리석 또는 유리로 만든 나뭇가지 모양의 촛대, 조각상과 그림, 예술품, 게다가 코린트산 청동 꽃병이나 투명한 유리그릇이 집을 장식했다. 이러한 것들이 네로 시대의 대저택을 가득 채운 장식품 가운데 일부였다.

이러한 집에서 주인은 박물관에서처럼 생활했다. 이러한 부를 지키기 위해 노예들을 사야 했고, 노예들을 감시하기 위해 또 다른 노예를 사야 했다. 시중 노예를 비롯해 감독 노예, 작업장에서 일하는 노예가 400명에 이르는 집도 있었다. 귀족은 자신의 생활, 심지어 방에서 이루어지는 사생활조차 노예들이 알게 했다. 노예를 바로 곁에 두고 식사하는 것, 작은 방에서 노예와 함께 옷을 벗는 것, 방에서 하인과 함께 휴식을 취하는 것.(이것은 천국이 아니다.) 귀족은 빈곤한 사람들에게 자신의 부를 각인시키기 위해 대략 7시에 "피호민(被護民)들"과 식객을 맞이해 뺨에 그들이 입 맞추게 하는 것으로 하루를 시작했다. 그는 모든 의식이 끝나고 두 시간 후에 아침을 먹을 수 있었다. 그 다음 그는 친구들의 공식 방문을 받거나 답방했다. 그는 예법에 따라 모든 친구의 방문에 보답해야 했고, 친구의 소송과 출마를 도와야 했으며, 친구의 딸 약혼과 아들의 성년식, 그리고 친구의 시 낭독과 유언장 서명에 참석해야 했다. 이런저런 사회적 의무가 어떤 문명도 견줄 수 없을 만큼 품위 있고 예의 바른 방식으로 수행되었다. 그 다음 귀족은 원로원에 가거나 어떤 궁정 위원회에서 열심히 일했고, 그렇지 않으면 개인적인 업무를 처리했다.

재산이 넉넉지 않은 사람에게 삶은 더 단순했지만, 덜 힘든 것은 아니었다. 이른 아침 사교적인 방문 이후에 그는 정오까지 자신의 업무에 전념했다. 하층민들은 해 뜰 무렵에 일하기 시작했다. 밤의 유흥은 전혀 없었으므로 로마의 하층민들은 낮 시간을 충분히 이용했다. 정오에 가벼운 식사를 하고 오후 서너 시에 저녁을 먹었다. 계층이 높을수록 식사하는 시간은 더 늦었다. 가벼운 식사와 낮잠 이후에 소농과 고용 노동자는 일터로 돌아가 거의 해질 녘까지 일했다. 그 밖의 사람들은 야외에서 또는 공중 목욕장에서 즐거운 시간을 보냈다. 제정기의 로마인들은 그들의 신보다 더 종교적으로 목욕을 했다. 일본인들처럼 그들도 개인의 냄새보다는 대중의 냄새를 더 잘 견딜 수 있었으며, 이집트인을 제외하고 어떤 고대인도 청결 면에서 그들을 따라잡지 못했다. 제정기 로마인들은 땀을 닦아 내기 위해 손수건을 지녔으며,[71] 가루 치약과 반죽으로 이빨을 닦았다. 공화정 초기에 목욕은 8일에 한 번으로 충분했다. 하지만 이제는 매일 목욕해야 하거나, 그렇지 않으면 마르티알리스의 경구를 각오하지 않으면 안 되었다. 갈레노스의 말에 따르면 시골 사람들마저 매일 목욕했다고 한다.[72] 대부분의 집에는 욕조가 있었고, 부자들의 집에는 대리석, 유리 또는 은으로 만든 용품과 수도꼭지로 번쩍이는 욕실이 딸린 방들이 있었다.[73] 하지만 대다수의 로마 자유민들은 공중 목욕장에 의존했다.

공중 목욕장은 대체로 개인이 소유했다. 기원전 33년에 170개의 공중 목욕장이 로마에 있었다. 그리고 서기 4세기에는 856개의 공중 목욕장 말고도 1352개의 공공 수영장이 있었다.[74] 이러한 시설보다 국가가 건립해 영업권 보유자가 관리하던, 그리고 수많은 노예들이 직원으로 일하던 대규모 목욕장이 더 인기가 높았다. 아그리파, 네로, 티투스, 트라야누스, 카라칼라, 알렉산드로스 세베루스, 디오클레티아누스, 그리고 콘스탄티누스가 건립한 이러한 대규모 목욕장은 국가 사회주의의 화려함을 뽐내는 기념비였다. 네로 목욕장은 1600개의 대리석 좌석을 갖추었는데, 한 번에 1600명이 목욕할 수 있었다. 카라칼라 목욕장과 디오클레티아누스 목욕장은 각각 3000명을 수용했다. 시민이라면 누구나 1콰드란스(1과 2분의 1센트)의 요금을 내고 입장할 수 있었다.[75] 당국은 비용의 수지를 맞추었고 오일과 봉사료가 요금에 포함되어 있었다. 목욕장은 동틀 녘부터 오후 1시까지는 여성들에게, 오후 1시부터 8시까지는 남성들에게 개방되었다. 하지만 대부분의 황제들 치하에서 혼욕이 허용되었다. 통상적으로 방문객들은 맨 처음 옷을 갈아입기 위해 탈의실로 갔다. 그 다음 권투, 레슬링, 달리기, 도약, 원반이나 창던지기를 하러, 아니면 공놀이를 하러 체육관에 갔다. 어떤 구기 종목은 오늘날의 체조 용구로 쓰이는 공과 유사했다. 또 다른 구기 종목에서는 편을 가른 두 팀이 공 하나를 두고 쟁탈전을 벌였으며, 오늘날 대학에서 진취적 기상을 고무하는 럭비처럼 서로 맞붙어서 공을 앞으로 전진시켰다.[76] 가끔씩 직업적인 구기 선수들이 목욕장에 와서 시범 경기를 갖기도 했다.[77] 대리로 운동하는 것을 더 좋아하는 노인들은 안마실로 가서 노예에게 때를 밀게 했다.

시민은 목욕장 본 건물을 지나 미온탕, 즉 훈증실로 갔다. 그곳에서 그는 열탕으로 갔다. 만약 그가 훨씬 더 많은 땀을 내고 싶다면, 한증실로 이동해서 과열된 증기에 숨을 헐떡거렸다. 그 다음 그는 온욕을 했으며 갈리아인들을 통해 알게 된 색다른 물건, 즉 수지(獸脂)와 너도밤나무 또는 느릅나무의 재로 만든 비누로 몸을 씻었다.[78] 온욕실은 가장 인기 있었고 목욕장에 그리스 명칭을 부여했다. 아마도 온욕실은 류머티즘과 관절염을 미연에 방지하거나 완화하려는 로마의 시도였던 것 같다.[79] 입욕자는 냉탕으로 가서 냉욕을 했다. 그리고 수영장에 가서 몸을 담글 수도 있었다. 그 다음 그는 보통 올리브유로 만든 오일 또는 화장 크림을 몸에 문질러 발랐다. 이것은 씻겨 내려가지 않았지만, 단지 때

미는 기구로만 문지르고 수건으로 닦아 낼 수 있었다. 이렇게 하면 온욕으로 제거된 오일 대신에 얼마간의 오일이 피부로 침투할 수 있었다.

입욕자는 이 시점에 좀처럼 목욕장을 떠나지 않았다. 왜냐하면 목욕장은 목욕하는 곳일 뿐 아니라 오락과 사교를 겸할 수 있는 곳이었기 때문이다. 목욕장에는 주사위 놀이와 체스 같은 게임을 할 수 있는 방,[80] 그림과 조각상 전시실, 친구들이 앉아 대화를 나눌 수 있는 한쪽이 개방된 담화실, 도서관과 독서실, 그리고 음악가나 시인이 연주하고 낭송할 수 있는, 아니면 철학자가 세계에 대해 설명할 수 있는 홀이 마련되어 있었다. 목욕 이후 이러한 오후 시간 동안에 로마 사회는 중요한 만남의 장을 발견했다. 남녀 모두 흥겹지만 품위 있는 모임에, 연예 장난에, 아니면 토론에 거리낌 없이 섞였다. 그곳에서, 그리고 경기 대회와 공원에서 로마인들은 열정적인 대화와 수다에 빠져들 수 있었고, 그날의 모든 소식과 추문을 알 수 있었다.

만약 원하기만 한다면 로마인들은 목욕장의 식당에서 저녁 식사를 할 수 있었다. 그러나 대부분은 집에서 만찬을 들었다. 아마도 운동과 온욕으로 인한 나른함 때문에 고객들은 비스듬히 누워서 식사할 수 있었다. 옛날에는 남성들이 비스듬히 누워 있는 동안 여성들은 떨어져 앉아 있었지만, 지금은 여성들이 남성들 가까이에 비스듬히 누웠다. 식당에는 보통 세 개의 안락의자가 서빙용 식탁 주위에 정사각형 모양으로 정렬되어 있었으므로 트리클리니움(triclinium)으로 불렸다. 각 안락의자에는 통상적으로 세 명의 손님을 받을 수 있었다. 식사하는 사람은 왼팔에 머리를 기대고, 자신의 팔은 방석에 기대었다. 그 사이 서빙용 식탁에서 비스듬히 몸을 뻗었다.

빈곤한 사람들은 계속해서 곡물, 유제품, 채소, 과일, 견과류를 주식으로 살았다. 플리니우스는 로마의 규정식과 관련해 마늘에서부터 유채에 이르기까지 다양한 채소의 모둠을 열거한다. 대체로 부자들은 무모하다 싶을 정도로 지나치게 고기를 먹었다. 돼지고기는 가장 인기 있는 육류 식품이었다. 플리니우스는 50가지의 다양한 진미를 제공한다는 이유로 돼지를 찬미한다.[81] 행상인들은 오늘날의 큰길에서처럼 거리에서 휴대용 화덕을 피우고는 돼지고기 소시지를 팔았다.

연회에서 만찬을 들 때는 더 진기한 음식이 기대되었다. 연회는 4시에 시작해 밤늦게까지 또는 이튿날까지 계속되었다. 식탁에는 꽃과 파슬리가 뿌려졌고, 공기는 이국적인 향기로 채워졌으며, 안락의자는 방석을 놓아 부드러웠다. 하인들은 제복을 입고 뻣뻣하게 서 있었다. 전채 요리와 후식 사이에 주인과 주방장이 자랑하는 호화로운 요리가 나왔다. 진기한 생선과 조류와 과일이 미각뿐 아니라 호기심을 자극했다. 숭어과의 어류는 1파운드당 1000세스테르티우스에 판매되었다. 아시니우스 켈레르는 한 마리에 8000세스테르티우스를 지불했다. 에우베날리스는 어부 한 명이 생선 한 마리보다 값이 덜 나간다고 투덜거리기도 했다. 손님들에게 즐거움을 더해 주려고 숭어과의 어류를 산 채로 가져와 손님들이 보는 앞에서 삶아 내었다. 그렇게 하면 손님들은 생선이 죽지 않으려고 몸부림치는 과정에서 다양한 색깔이 나타나는 광경을 즐길 수 있었기 때문이다.[82] 베디우스 폴리오는 1피트 반이나 되는 이러한 생선을 거대한 수조에서 길렀는데, 마음에 들지 않는 노예들을 생선의 먹이로 주었다.[83] 뱀장어와 달팽이는 진미로 여겨졌지만 동면 쥐류는 법으로 먹을 수 없게 되어 있었다.[84] 타조의 날개, 홍학의 혀, 거위 간은 인기 있는 요리였다. 티베리우스 치하의 한 유명한 미식가인 아피키우스는 암돼지의 간(肝)을 무화과로 살찌운 기름진 간을 고안했다.[85]* 식사하는 사람은 엄청난 양의 식사가 제공된 연회 이후에 토사제로 위를 비울 수 있었다. 일부 대식가들은 식사 중에 토한 뒤에 허기진 배를 채우려고 식탁으로 돌아왔다. 세네카는 "그들은 먹기 위해 토하고, 토하기 위해 먹는다."라고 말했다.[87]

로마인의 하루가 통상적으로 이러한 연회로 끝난다고, 아니면 이러한 연회가 오늘날 대단히 인기 있는 연설이 포함된 정찬보다 로마인의 생활에서 더 자

---

* 아피키우스는 사치스러운 생활에 엄청난 재산을 낭비했다. 1000만 세스테르티우스(150만 달러)로 재산이 줄어든 그는 자살했다.[86] 200년 후에 미식에 관한 고전 『요리에 관하여』는 그의 작품으로 여겨진다.

주 있는 일이었다고 생각해서는 안 된다. 언론처럼 역사도 삶을 올바로 전하지 못한다. 왜냐하면 역사는 예외적인 것을 좋아하고 뉴스거리 없는 정직한 사람들의 생애나 판에 박힌 조용한 일상을 꺼리기 때문이다. 대부분의 로마인들은 우리의 이웃, 그리고 우리 자신과 유사했다. 즉 그들은 아침이면 마지못해 일어났고, 너무 많이 먹었으며, 너무 많이 일했고, 너무 적게 놀았으며, 너무 많이 사랑했다. 그리고 좀처럼 미워하지 않았고, 약간 말다툼을 했으며, 백일몽을 꾸었고, 잠을 잤다.

6. 로마의 휴일

1. 무대

숭배할 신이 많았고 착취할 속주가 많았던 로마에는, 옛날엔 종교적 장관으로 엄숙했고 지금은 세속적 기쁨으로 즐거운 휴일이 많았다. 여름에는 수많은 빈민들이 습한 더위를 벗어나 교외나 강가의 선술집 또는 작은 숲으로 가서 술 마시고, 먹고, 춤추며, 사랑을 나누었다. 여유가 있는 사람들은 서쪽 해안을 따라 늘어선 해수욕장에 가거나 바이아이 만에서 부자들과 운동할 수 있었다. 겨울에는 남쪽으로, 가능하다면 레기움이나 타렌툼으로 가서 피부를 황갈색으로 태우고 돌아오는 것이 사회적 지위를 의식하는 모든 로마인들의 열망이었다. 하지만 로마에 남아 있던 사람들에게는 풍부하고 값싼 오락, 즉 낭송, 강연, 음악회, 무언극, 연극, 운동 시합, 상금을 놓고 벌이는 시합, 경마, 전차 경주, 인간 대 인간 또는 인간 대 야수의 사투, 완전히 가짜는 아닌 인공 호수에서의 해전 등이 제공되었다. 한 도시가 이렇게 풍부한 재미를 만끽한 경우는 전례를 찾을 수 없었다.

제정 초기에 한 해 동안 로마에서는 루디(ludi)라고 불리는 축제가 76일간 거행되었다. 76일 중에 55일은 연극이나 무언극이 열리던 루디 스케니키(ludi scenici)였고, 22일은 원형 극장이나 원형 경기장에서 경기가 열렸다. 루디가 늘 어나면서 서기 354년 무렵 한 해에는 175일간 루디가 제공되었다.[88] 이것은 정반대로 로마의 연극이 전혀 늘어나지 않았음을 의미한다. 무대가 번창하는 동안 연극은 쇠퇴했다. 원작 연극들은 이제 상연이 목적이 아닌 읽는 목적으로 씌어졌다. 극장은 옛날 로마와 그리스의 비극, 옛날의 로마 희극, 그리고 무언극에 만족했다. 인기인들이 무대를 지배했고 막대한 돈을 벌었다. 비극 작가 아이소포스는 지칠 줄 모르는 사치스러운 생활 이후에 2000만 세스테르티우스를 남기고 죽었다. 희극 배우 로스키우스는 1년에 50만 세스테르티우스를 벌었으며, 너무 부유해져서 여러 계절 동안 무보수로 연기했다. 돈에 대한 냉소 때문에 해방 노예 로스키우스는 귀족 모임에서 인기를 누렸다. 원형 극장과 원형 경기장의 경기는 대중들의 관심을 빨아들였고 대중들의 취향을 거칠게 만들었다. 게다가 로마의 연극은 로마 휴일의 또 하나의 희생자로서 경기장에서 사라졌다.

줄거리나 착상보다는 연기와 무대 장치가 강조되면서 연극은 점점 무언극인 마임과 팬터마임(pantomime, 무언극으로 공연 진행을 대본이나 줄거리에 맞춘다. ─옮긴이)에 무대를 내주었다. 마임은 대사가 전혀 없었고 하층민의 삶에서 주제를 끌어왔으며, 능숙한 모방으로 나타낸 성격 묘사에 의존했다. 민회와 포룸에서 사라졌던 언론의 자유가 잠시 이러한 짧은 광대극에서 살아남았다. 그때 마임 배우는 박수갈채를 받기 위해 위험을 각오하고 황제나 황제의 애신들을 겨냥한 이중적 의미를 갖는 어구를 사용하곤 했다. 칼리굴라를 빗대어 말한다는 이유로 원형 경기장에서 한 배우를 산채로 불태워 죽이게 했다.[89] 인색한 베스파시아누스가 묻히던 날에 한 마임 배우가 장례식을 흉내 냈다. 장례식 행렬이 지나가는 동안에 시신이 일어나 앉더니 국가가 이 장례식에 들인 비용이 얼마인지 물었다. "1000만 세스테르티우스입니다."라는 대답이 들려왔다. 황제의 시신은 "내게 10만 세스테르티우스를 주고 나를 테베레 강에 집어 던져라." 하고 말했다.[90] 여성들은 마임에서만 배우로 등장할 수 있었다. 그리고 배우가 됨으로써 여성들은 자동적으로 매춘부로 분류되었으므로, 그들은 음란함으로 잃을 것이 아무것도 없었다. 플로랄리아(Floralia) 축제 같은 특별한 행사 때는 관중들이 여자 연기자들에게 옷을 전부 벗도록 요구했다.[91] 오늘날처럼 남녀 모두 이러한 연기에 참가했다. 키케로는 그곳에서 신부들을 찾았고, 신부들은 그를 찾았다.

말을 철저히 억누름으로써, 그리고 주제를 고전 문학에서 끌어오게 함으로써 팬터마임('일체의 모방')이 마임에서 진화되어 나왔다. 말을 삼가는 데는 이점이 있었다. 상당수가 가장 간단한 라틴어만을 이해할 수 있었던, 여러 가지 말을 사용하는 로마 주민들은 말의 부담을 받지 않을 때 몸짓 연기를 더 잘 이해했다. 기원전 21년에 두 명의 배우 킬리키아의 필라데스와 알렉산드리아의 바틸루스가 로마에 왔다. 이들은 음악, 행위, 몸짓, 춤만으로 구성된 단막극을 공연함으로써 팬터마임(이미 헬레니즘 동방에서 인기 있던)을 소개했다. 고대의 과장된 희곡에 싫증 난 로마는 새로운 예술을 기꺼이 맞아들였고, 배우들의 우아한 동작과 기교에 전율을 느꼈으며, 배우들의 화려한 의상, 배우들이 쓴 가면의 화려함과 해학, 훈련과 규정식을 통한 배우들의 완벽한 몸매, 동방식의 손 표현력, 다양한 인물에 대한 재빠른 자유자재의 모방, 그리고 관능적인 장면에 대한 감각적인 공연을 만끽했다. 지위가 높은 여성들은 배우들과 사랑에 빠졌다. 그리고 그들을 귀찮게 따라다니며 선물을 주고 포옹했다. 이것은 실제로 배우 한 명이 도미티아누스의 아내 앞에서 목이 잘릴 때까지 계속되었다. 팬터마임은 점차 로마의 무대에서 마임을 제외한 모든 경쟁자를 몰아냈다. 연극이 무용극에 굴복하는 순간이었다.

2. 로마의 음악

무용극의 승리는 음악과 춤이 고도로 발전하면서 가능해졌다. 공화정 시기에 춤은 수치스러운 것으로 여겨졌다. 소(小)스키피오는 음악과 춤을 가르치던 학교를 강제로 폐쇄했으며,[92] 키케로는 "미치광이만이 제정신일 때 춤을 출 것이다."라고 말할 정도였다.[93] 하지만 팬터마임은 춤을 유행으로 만들고, 그 다음에는 열정으로 만들었다. 세네카의 말에 따르면 거의 모든 개인 집에는 춤추는 무대가 있어서 남자들과 여자들의 발소리가 울려 퍼졌다고 한다. 이제 부유한 가정에서는 주방장과 철학자뿐 아니라 춤 선생이 있었다. 로마에서 늘 행해지던 대로 춤은 다리와 발의 움직임보다는 손과 상체의 율동적인 움직임을 훨씬 더 수반했다. 여성들은 춤 자체의 매력 탓에, 그리고 유연성과 우아함을 가져다주기 때문에 춤을 연마했다.

로마인들은 권력, 돈, 여성, 그리고 혈통보다 음악을 덜 사랑했을 뿐이다. 로마의 문화생활에서 다른 모든 것과 마찬가지로 로마의 음악은 그리스에서 유래했으며, 예술을 타락과 동일시하던 보수주의에 맞서 싸워 나아가야 했다. 기원전 115년에 감찰관들은 이탈리아의 짧은 피리를 제외한 어떤 악기도 연주하는 것을 금지했다. 한 세기 후에 대(大)세네카는 여전히 음악을 사내답지 못한 짓이라고 생각했다. 하지만 그 사이에 바로(Varro)는 시간을 내어 『음악에 관하여』라는 책을 썼으며, 이 책은 그리스어 출전들과 함께 로마의 수많은 음악 이론서의 지주가 되었다.[94] 결국 호화롭고 감각적인 그리스 방식과 악기들이 로마의 어색함과 평이함을 압도했다. 그리고 음악은 여성들, 그리고 자주 남성들의 교육에 하나의 정식 요소가 되었다. 서기 50년 무렵 음악은 모든 계층과 남녀 모두의 마음을 사로잡았다. 여성뿐 아니라 남성도 하루 종일 멜로디를 듣고, 작곡하고, 노래하면서 보냈다. 마침내 황제들마저 음계를 오르내렸으며, 유약한 네로뿐 아니라 이성적인 하드리아누스도 자신의 리라 타는 솜씨를 자랑했다. 서정시는 음악과 같이 불리도록 씌어졌으며, 음악은 시를 제외하고는 좀처럼 작곡되지 않았다. 그리고 고대의 음악은 시에 종속되었지만, 오늘날의 음악은 말을 압도하는 경향이 있다. 합창 음악이 인기 있었고 결혼식, 경기 대회, 종교 의식, 그리고 장례식에서 자주 들렸다. 호라티우스는 자신의 「세기의 찬가(carmen saeculare)」를 노래하는 젊은 남녀의 광경과 소리에 깊은 감동을 받았다. 이러한 합창에서는 모든 목소리가 옥타브는 달랐지만 똑같은 음을 노래했다. 게다가 중창은 알려지지 않았다.

　기본 악기는 피리와 리라였다. 오늘날의 관악기와 현악기 오케스트라는 이러한 형태가 변형된 것이다. 즉 가장 웅장한 교향곡은 불고, 뜯고, 켜고, 두드리는 것을 적절히 배합한 것이다. 피리는 연극의 반주를 했고 감정을 불러일으키도록 기대 되었으며, 노래에 뒤이은 리라 연주는 기분을 북돋도록 기대 되었다. 피리는 길었고, 구멍이 많았으며, 오늘날의 피리보다 표현 범위가 더 넓었다. 리라와 키타라(cithara, 7~11현의 현악기 – 옮긴이)는 오늘날의 하프와 비슷했지만, 모양은 더 다양했다. 그리스인들 사이에서 리라와 키타라는 작은 크기의 악기였지만, 암미아누스가 키타라를 "마차만큼 큰" 악기로 묘사할 때까지 로마인들은 크기를 확대했다.[95] 대체로 로마의 악기는 현대의 악기처럼 주로 울림소리와 크기에서 앞선 시기의 악기를 개량했다. 리라의 현은 창자나 힘줄로 만들었고 열여덟 줄까지로 이루어졌으며, 채나 손가락으로 뜯을 경우에만 더 빨리 연주할 수 있었다. 1세기 초 알렉산드리아에서 여러 음역과 스톱(stop, 오르간 따위에서 각종 음관(音管)으로 들어가는 바람의 입구를 여닫는 장치 – 옮긴이), 그리고 음관으로 이루어진 유압식 오르간이 도입되었다. 네로는 이 오르간에 푹 빠졌으며, 침착한 퀸틸리아누스는 유압식 오르간의 다목적성과 힘에 깊은 감명을 받았다.

　정식 연주회가 열렸으며, 음악 경연이 일부 공적 경기에서 역할을 수행했다. 심지어 조촐한 저녁 식사에도 약간의 음악이 필요했다. 마르티알리스는 자신의 손님들에게 적어도 한 명의 피리 연주자를 약속한다.[96] 트리말키오의 향연에서는 노래의 율동에 맞춰 식탁을 닦는다. 칼리굴라는 오케스트라와 합창단을 자신의 유람선에 태웠다. 팬터마임에서 교향곡이 연주되었다. 즉 합창단이 오케스트라의 반주에 맞춰 노래하고 춤췄다. 가끔 배우가 솔로 부분을 노래하고, 배우가 몸짓을 하거나 춤을 추는 동안 전문 가수가 대사를 노래했다. 팬터마임에 3000명의 가수와 3000명의 무용수가 동반되는 경우도 있었다.[97] 오케스트라는 피리가 앞장섰고, 리라, 심벌즈, 관악기, 트럼펫, 그리고 스카벨라가 거들었다. 스카벨라는 연주자의 발에 묶여 있는 널빤지로서, 연주가 절정에 이르렀을 때 오늘날의 오케스트라보다 훨씬 더 소름 끼치는 대혼란을 불러일으킬 수 있었다. 세네카는 개개인의 연주에서 화음에 대해 언급하지만,[98] 고대의 오케스트라가 대위법적으로 화음을 연출했다는 어떤 흔적도 없다. 반주의 음이 대체로 노래보다 더 높았지만, 우리가 아는 한 반주는 별개의 순서를 따르지 않았다.

명연주자들이 많았으며 이류 연주자들은 더 많았다. 모든 속주에서 재능 있는 인재들이 세계의 부가 집중되어 있는 로마로 몰려들었다. 그리고 노예제 때문에 합창단과 오케스트라를 대규모로, 하지만 값싸게 훈련시킬 수 있었다. 많은 부유한 가정에서는 자체적으로 음악가를 거느리고 있었으며, 가장 전도유망한 음악가를 유명한 교사들에게 보내 선진적인 교육을 받게 했다. 일부는 키타라 연주자가 되었으며, 노래하고 리라를 연주하는 연주회를 개최했다. 일부는 대체로 자신들이 작곡한 노래를 전문적으로 불렀다. 그리고 일부는 베토벤식으로 자신의 음악이 슬픔을 완화하고, 기쁨을 높여 주며, 경건함을 고양하고, 사랑의 불길을 일으킬 수 있다고 자랑하던 칸누스처럼 오르간이나 피리로 연주회를 개최했다.[99] 이러한 전문적 연주자들이 제국 전역으로, 장기간에 걸친 연주 여행을 떠났다. 그들은 연주 여행을 통해 박수갈채, 사례금, 공적 기념비, 그리고 열광적인 환호를 받았다. 에우베날리스의 말에 따르면 일부 연주자들은 추가 사례비를 받기 위해 사랑을 팔았다고 한다.[100] 여성들은 유명 연주자들이 현을 키던 채로 얻기 위해 싸웠으며, 네로 경기와 카피톨리누스 경기에서 자신들이 가장 좋아하는 연주자들의 승리를 기원하며 제단에 제물을 바쳤다. 세계 도처에서 온 음악가들과 시인들이 대군중 앞에서 경연하던 장면을, 그리고 숨이 막힐 것 같은 수상자들이 황제가 건넨 오크나무 잎으로 만든 화관을 받던 인상적인 장면을 어렴풋하게 그려 볼 수 있다.

음악의 질을 논하기에는 로마의 음악에 대한 우리의 지식이 충분하지 않다. 로마의 음악은 그리스 음악보다 분명히 더 시끄럽고, 더 생동감 넘쳤으며, 더 격정적이었다. 기묘한 동방적인 특성이 이집트, 소아시아, 시리아로부터 로마의 음악에 유입되었다. 노인들은 최근의 작곡가들이 고전 양식의 절제와 위엄을 포기하고, 요란한 선율과 시끄러운 악기들로 젊은이의 영혼과 신경을 어지럽힌다고 탄식했다. 여태까지 어떤 사람도 이보다 더 음악을 더 많이 사랑한 적이 없었다. 활기에 넘치고 즉흥적인 대중들이 무대의 노래를 따라 불렀으며 로마의 거리와 창문을 통해 노래가 울려 퍼졌다. 팬터마임의 복잡한 선율이 애정이 듬뿍 담긴 채 기억되었으므로 열성적인 애호가들은 선율의 첫 음을 듣고 그것이 어떤 놀이와 장면에 해당되는지를 말할 수 있었다. 뛰어난 연주자 조직을 대규모 집단에 편입시키는 것을 제외한다면, 로마가 음악에 실질적으로 기여한 바는 전혀 없다. 하지만 로마는 풍부한 사용법과 유연한 반응으로 음악에 영예를 주었다. 그리고 로마는 신전, 극장, 가정 안으로 고대 세계의 음악 유산을 끌어모았다. 더욱이 로마가 멸망했을 때, 로마는 오늘날 우리를 감동시키고 감정을 깊게 하는 악기와 음악의 원리를 교회에 전해 주었다.

3. 경기

전쟁이 사라진 것처럼 보였으므로 1년 중 로마에서 가장 흥미진진한 이벤트는 대규모로 거행되는 경기였다. 경기는 주로 종교 축제, 즉 대모신(大母神), 케레스, 플로라, 아폴로, 그리고 아우구스투스를 축하해서 거행되었다. 이러한 경기는 평민을 달래기 위한 "평민의 경기", 아니면 로마 시에 경의를 표하는 "로마의 경기"였을 것이다. 그리고 경기는 개선식, 입후보, 선거 또는 황제의 생일과 관련해서 제공될 수 있었다. 게다가 백년제(百年祭, ludi saeculares)처럼 로마 역사에서 일정 주기를 기념하는 경기가 있을 수 있었다. 파트로클로스를 기리는 아킬레우스의 경기처럼 이탈리아의 경기들은 원래 망자에 대한 제물로 바쳐졌다. 기원전 264년에 브루투스 페라의 장례식에서 그의 아들들이 세 번의 결투로 이루어진 볼거리를 제공했다. 기원전 216년 마르쿠스 레피두스의 장례식에서는 스물두 차례의 결투가 이루어졌다. 그리고 기원전 174년에 티투스 플라미니우스는 아버지의 죽음을 기념해서 74명이 싸우는 검투사 경기를 거행했다.

가장 간단한 공적 경기는 보통 경기장에서 열리는 운동 경기였다. 대부분 직업 선수이자 외국인이었던 선수들은 도보 경주, 원반던지기, 레슬링, 그리고 권투를 했다. 유혈이 낭자한 검투사 시합에 익숙해 있던 로마 대중들은 운동 경기에 어느 정도만 호의를 보였을 뿐이다. 하지만 건장한 그리스인들이 주먹에 4분의 3인치 두께의 철대가 보강된 글러브를 끼고 거의 죽을 때까지 싸우던 상금이 걸린 권투 경기를 즐겼다. 온화한 베르길리우스는 더 가벼운 권투 시합을 현대식 표현 방법으로 이렇게 묘사한다.

그때 안키세스의 아들이 무게가 같은 가죽 글러브를 가지고 나왔다. 그리고 양 선수의 손을 글러브로 감쌌다. …… 각 선수는 자리를 잡았고, 한쪽 팔을 들고 발끝으로 서 있었다. …… 상대방의 강타를 피해 머리를 뒤로 빼면서 손과 손이 충돌하는 스파링을 한다. 그들은 상대의 옆구리와 가슴, 귀와 이마, 그리고 뺨을 거칠게 주먹으로 연타하며 수많은 강타를 퍼붓는다. 그들의 타격으로 허공에 소리가 울려 퍼진다. …… 엔텔루스가 오른손을 내밀자 다레스가 옆으로 몸을 돌려 피한다. …… 엔텔루스가 경기장 이곳저곳으로 거세게 다레스를 몰아붙인다. 때로는 오른손으로, 때로는 왼손으로 자신의 타격을 강화한다. …… 그때 아이네이아스가 경기를 중단시키고 다레스의 친구들이 그를 배로 데리고 갔다. 그의 무릎은 부들부들 떨렸고, 머리는 좌우로 흔들렸으며, 입에서는 이빨이 부러지고 피가 쏟아졌다.[101]

훨씬 더 흥미로웠던 것은 대전차 경주장에서 벌어진 경주였다. 이틀 연속 44번의 경주가 계속되었다. 때로는 말과 기수들이, 때로는 두세 마리, 아니면 네 마리의 말이 나란히 이끄는 이륜 경전차가 경주에 참가했다. 비용은 부자들이 소유한 마방에서 지불되었다. 각 마방의 기수, 전차 기사, 그리고 전차는 흰색, 녹색, 적색, 청색 등의 독특한 색깔로 꾸며지거나 칠해졌다. 그리고 전차 경주 시간이 가까워지면, 로마 전체가 이러한 색깔로 명명된 당파, 특히 적색당과 녹색당으로 나뉘었다. 가정에서, 학교에서, 강연에서, 광장에서 나누는 이야기의 절반은 가장 좋아하는 기수와 전차 기사에 관한 내용이었다. 그들의 초상이 도처에 있었고, 그들의 승리는 악타 디우르나(Acta Diurna, 일일 공고문으로 원로원과 민회의 의사록을 일반 대중에게 공개하는 것 – 옮긴이)에서 공표되었다. 그들 중 일부는 엄청난 돈을 벌었으며, 공공 광장에 그들의 조각상이 세워지기도 했다. 지정된 날에 18만 명의 남성과 여성들이 축제 의상을 입고 엄청난 규모의 경기장으로 이동했다. 열정이 열광 수준으로 치솟았다. 흥분한 열성적 지지자들은 자신들이 가장 좋아하는 전차 기사들의 말이 적절하게 사육되었는지 확인하기 위해 말의 배설물 냄새를 맡았다.[102] 관중들이 경기장 외벽에 줄지어 있던 가게와 유곽을 지나갔다. 그리고 그들은 수많은 경기장 입구를 한 줄로 서서 통과했으며, 땀이 날 정도로 심하게 초조해 하며 커다란 말굽 모양의 좌석에 앉았다. 행상들이 관중들에게 방석을 팔았다. 왜냐하면 좌석이 대부분 딱딱한 나무로 만들어졌고, 일정이 하루 종일 계속될 것이기 때문이다. 원로원 의원들과 다른 고관들은 청동으로 장식된 대리석으로 만든 특별석에 앉았다. 황제의 칸막이 좌석 뒤에는 호화스러운 방이 여러 개 딸려 있는 특별실이 마련되었다. 그곳에서는 황제와 황제의 가족이 먹고, 마시고, 쉬고, 목욕하고, 그리고 잠잘 수 있었다. 도박이 유행했으며, 하루가 경과하는 사이에 이 손에서 저 손으로 큰돈이 오갔다. 관중석 아래 통로에서 말, 기수와 전차 기사, 전차가 등장했다. 그리고 각 당파는 가장 좋아하는 색깔이 나타났을 때 박수갈채로 관중석을 뒤흔들었다. 대부분 노예인 전차 기사들은 화려한 튜닉과 빛나는 투구를 착용했다. 한 손에 채찍을 들고 벨트에는 사고가 났을 때 허리에 묶인 봇줄을 자르기 위해 칼을 꽂아 두었다. 타원형 경기장의 중앙을 따라 중앙 분리대가 뻗어 있었다. 이것은 1000피트 길이의 섬 비슷한 곳으로 조각상과 오벨리스크가 장식되어 있었다. 한쪽 끝에는 결승점 역할을 하던 원형 기둥들인 메타이(metae)가 있었다. 전차 경주의 일반적인 길이는 보통 일곱 바퀴, 즉 대략 5마일이었다.

안전이 허용하는 한 신속하고 기민한 방향 전환으로 결승점에 도달하는 것에서 기량이 발휘되었다. 충돌이 자주 일어났으며, 사람과 전차와 말이 뒤엉키는 흥미진진한 참사가 벌어졌다. 말이나 전차가 최종 결승점을 앞에 두고 덜커덕덜커덕 소리를 내며 달려갈 때면 매료된 관중들은 파도가 넘실거리는 바다처럼 자리에서 일어나 흥분한 몸짓을 하고, 손수건을 흔들고, 소리를 지르고, 기도하고, 투덜대고, 저주하거나 거의 무아지경이 되어 기뻐 날뛰었다. 승자를 환영하는 박수갈채는 로마 시 경계 너머 멀리까지 들렸다.

로마의 축전에서 제공된 모든 볼거리 중에서 가장 놀랄 만한 것은 모의 해전이었다. 최초의 대규모 해전은 카이사르가 로마 시 외곽에 해전을 목적으로 파 놓은 작은 연못에서 거행되었다. 아우구스투스는 너비가 1800피트, 길이가 1200피트 규모의 인공 호수에서 살라미스 해전을 모방해 3000명의 전사들을 출연시킴으로써 복수의 신 마르스에게 신전을 봉헌했다. 이미 언급한 대로 클라우디우스는 푸치노 터널의 완공을 축하해 1만 9000명이 동원된 3단 노선과 4단 노선의 싸움을 거행했다. 그들이 기대에 어긋나게 정중하게 싸웠으므로, 적절하게 피를 흘리게 하려고 병사들을 그들 사이에 보내야 했다.[103] 콜로세움 헌정식에서 티투스는 경기장 가득히 물을 채워 펠로폰네소스 전쟁을 초래했던 코린트인과 코르퀴라인의 전투를 재현했다. 이러한 싸움에 동원된 전투원들은 전쟁 포로나 사형수들이었다. 그들은 한편 또는 다른 편이 모두 살해될 때까지 서로를 학살했다. 만약 승자들이 용감하게 싸웠다면 해방될 수 있었다.

경기는 원형 경기장에서, 그리고 베스파시아누스 이후에는 콜로세움에서 동물과 검투사의 싸움으로 절정에 도달했다. 경기장은 모래로 덮인 거대한 나무 바닥이었다. 이 바닥의 일부는 장면이 바뀌면서 낮춘 다음 신속하게 올릴 수 있었다. 게다가 곧바로 바닥 전체가 물로 덮일 수도 있었다. 바닥 밑의 커다란 방들에는 그날 일정에 예정된 동물, 기구, 사람들이 대기하고 있었다. 경기장의 보호벽 바로 위에 경기장과 관중석을 막아 놓은 낮은 벽 또는 대리석 테라스가 있었다. 여기에서는 화려하게 장식된 좌석에 원로원 의원, 신관, 고위 관리들이 앉았다. 대리석 테라스 위로 높은 칸막이 좌석이 있었다. 여기에서는 황제와 황후가 가족과 시종에게 둘러싸여 상아와 금으로 만든 왕좌에 앉았다. 이러한 귀족 집단 뒤로 스무 줄에 기사들이 앉았다. 조각상들로 장식된 우뚝 솟은 중간 벽이 상층 부류의 사람들과 위쪽 관람석의 하층민을 갈라놓았다. 남성이건 여성이건 간에 자유민이라면 누구나 경기장에 입장할 수 있었으며, 입장료는 부과되지 않았음이 분명하다. 관중들은 이곳과 원형 광장(키르쿠스)에서 황제가 참석하는 것을 이용해 죄수나 쓰러진 투사에 대한 관용, 용맹스러운 노예의 해방, 가장 좋아하는 검투사들의 출현, 아니면 비교적 중요하지 않은 개혁에 대한 소망을 황제에게 외쳤다. 맨 꼭대기 벽에서 경기장으로 차양이 펼쳐지면서 따가운 햇볕으로 고통을 받았을 사람들에게 그늘을 제공할 수 있었다. 대기를 식히기 위해 향기 나는 물들이 여기저기 분수에서 뿜어져 나왔다. 정오가 되면 대부분의 관중들은 점심을 먹으러 아래로 서둘러 내려갔다. 매점 사용권자들이 음식과 사탕과 음료를 팔기 위해 가까이에 있었다. 이따금씩 황제의 명령과 하사금으로 관중 전체가 먹을 것을 제공받기도 했고, 진미와 선물이 살포되면서 관중들이 서로 차지하려고 경기장이 아수라장으로 변하기도 했다. 가끔 발생했던 것처럼 밤중에 시합이 제공되는 경우에는 조명이 아래로 원을 그리면서 경기장과 관중석 위를 비추었다. 막간에 일단의 음악가들이 연주했고 흥분을 고조시키는 점점 강해지는 선율로 투사들의 위기를 반주했다.

원형 경기장에서 가장 간단한 이벤트는 이국적인 동물의 전시였다. 알려진 모든 세계에서 모인 코끼리, 사자, 호랑이, 악어, 하마, 원숭이, 퓨마, 곰, 멧돼지, 늑대, 기린, 타조, 수사슴, 표범, 영양, 그리고 희귀조가 황제와 부자들의 동물원에서 사육되었으며, 숙련된 묘기나 재미나는 장난을 위해 훈련되었다. 그리고 원숭이에게 개를 타는 방법과 전차를 모는 방법, 아니면 연극에서 연기하는 방법 등을 가르쳤다. 황소에게는 사내아이를 등 위에 태우고 춤추게 하는 방법을, 바다사자에게는 이름이 불릴 때 짖는 방법을, 그리고 코끼리에게는 다른 코끼리가 치는 심벌즈에 맞춰 춤추는 방법을 가르쳤다. 그 밖에 코끼리에게는 밧줄을 끌거나 탁자에 앉거나, 아니면 그리스 또는 라틴 문자 쓰는 방법을 가르치기도 했다. 동물들은 화려하거나 우스꽝스러운 옷을 입고 행진하기도 했다. 하지만 보통 동물들은 서로 또는 인간과 싸워야 했고, 그렇지 않으면 화살과 창으로 사냥을 당해 죽었다. 네로 치하에서 어느 날에는 400마리의 호랑이가 황소와 코끼리에 맞서 싸웠다. 그리고 칼리굴라 치하의 어느 날에는 400마리의 곰이 살해되었으며, 콜로세움 헌정식 때는 5000마리의 동물이 죽었다.[104] 동물들이 싸우려 들지 않을 경우에는 채찍, 던지는 화살, 달군 쇠로 싸움을 독려했다. 클라우디우스는 친위대의 한 분대에게 퓨마들과 싸우게 했다. 더욱이 네로는 그들에게 400마리의 곰, 그리고 300마리의 사자와 싸우게 했다.[105]

크레타와 테살리아에서 오랫동안 인기를 모은 인간과 황소의 싸움이 카이사르에 의해 로마에 도입되었다. 이것은 원형 경기장에서 자주 제공되는 볼거리였다.[106] 가끔씩 동물처럼 보이기 위해 가죽을 둘러쓴 사형수들이 행사를 위해 굶주린 야수들에게 내던져졌다. 그러한 경우에 죽음은 가능한 모든 고통을 수반했고, 상처가 너무 깊어 의사들이 그들의 내장을 연구용으로 사용했다. 세상 사람들 모두는 도망자 노예인 안드로클레스의 이야기를 알고 있다. 붙잡힌 그는 사자가 있는 경기장에 내던져졌다. 하지만 사자는 예전에 안드로클레스가 자신의 발에서 가시를 빼 주었다는 사실을 기억하고, 그에게 상처를 입히려 하지 않았다고 전해진다. 안드로클레스는 사면되었으며, 선술집에서 길들여진 사자를 전시하는 것으로 생계를 꾸려 나갔다.[107] 형을 선고받은 사람에게는 가끔씩 유명한 비극적 역할을 맡는 경우에 결코 속임수를 쓰지 말도록 요구되었다. 즉 메데이아의 적수 연기를 맡고 갑자기 불길에 타올라 자신을 태워 버릴 멋진 옷을 입을 수도 있었다. 그리고 헤라클레스처럼 장작 더미 위에서 불에 타 죽을 수도 있었다. 테르툴리아누스의 말에 따르면 아티스처럼 공개적으로 거세될 수도 있었다고 한다. 그리고 무키우스 스카이볼라 역을 맡아 손이 못쓰게 될 때까지 불에 타고 있는 석탄 위에 자신의 손을 얹을 수도 있었다. 이카로스가 되어 하늘로부터 자비로운 바다가 아닌 야수들이 무리지어 모인 곳으로 떨어질 수도 있었다. 그리고 파시파에가 되어 황소의 포옹을 참아 낼 수도 있었다. 어떤 희생자는 오르페우스처럼 옷을 입었다. 그리고 그는 나무와 개울이 있는 작은 숲처럼 꾸며진 경기장으로 리라를 들고 입장했다. 갑자기 굶주린 동물들이 구석진 곳에서 나타나 그를 갈기갈기 찢었다.[108] 강도인 라우레올루스는 대중들의 즐거움을 위해 경기장에서 십자가에 못 박혔다. 하지만 죽는 데 너무 오랜 시간이 걸리자 곰 한 마리가 투입되어 십자가에 매달려 있는 그를 서서히 잡아먹게 했다. 마르티알리스는 그 광경을 누구나 인정할 만큼 매력적으로 묘사한다.[109]

최고의 이벤트는 무장한 사람들이 결투하거나 무리를 지어 싸우는 것이었다. 출전자들은 전쟁 포로, 형을 선고받은 사람들, 아니면 반항적인 노예들이었다. 포로를 학살할 수 있는 승자의 권리는 고대 내내 일반적으로 받아들여졌으며, 로마인들은 경기장에서 포로들의 목숨에 대해 한 번의 기회를 더 줄 만큼 자신들이 관대하다고 생각했다. 사형 선고를 받은 사람들은 제국 전역에서 로마로 이송되어 검투사 학교로 보내졌으며, 곧 경기에 모습을 드러냈다. 만약 그들이 매우 용맹스럽게 싸운다면, 즉각 자유를 얻을 수도 있었다. 그리고 단지 살아남는다면 휴일이 되풀이되는 것처럼 계속해서 싸워야 했다. 만약 3년 동안 계속 싸웠다면 노예로 방면되었다. 그 다음 2년 동안 주인을 만족시켰을 경우에는 해방되었다. 검투사가 되게 하는 유죄 선고를 부과하는 범죄는 살인, 강도질, 방화, 신성 모독, 그리고 반란으로 제한되었다. 그러나 황제의 요구에 민감하게 반응하는 열성적인 총독들은 경기장에 투입할 검투사가 부족할 경우 이러한 제한 규정을 무시하기도 했다.[110] 기사들과 원로원 의원들조차 검투사로 싸우도록 형을 선고받을 수 있었고, 가끔씩 박수갈채를 받고 싶은 열망이 기사들로 하여금 검투사에 자원하도록 이끌기도 했다. 모험과 위험에 매료된 많은 사람들이 검투사 학교에 등록했다.

기원전 105년 초 로마에 검투사 학교들이 있었다. 제정기에는 로마에 네 개, 이탈리아에 몇 개 더, 그리고 알렉산드리아에 한 개가 있었다. 카이사르 시절에는 부자들이 노예를 검투사로 훈련시키기 위해 직접 학교를 소유했다. 그들은 검투사 학교 졸업생들을 평시에는 경호원으로, 전시에는 참모로 사용했으며, 개인 연회 또는 경기에 나가 싸우도록 대여했다. 전문적인 검투사 학교에 입학하자마자 많은 신참자들은 "막대로 매질을 당하고, 불에 태워지고, 그리고 칼로 살해되어도 견뎌 내겠다."라는 맹세를 했다.[111] 훈련과 규율은 엄격했다. 규정식(規定食)이 의사들에 의해 관리되었으며, 근육 발달을 위해 보리를 처방했다. 그리고 규정 위반은 채찍질하고, 낙인찍고, 사슬에 묶어 감금하는 것으로 처벌되었다. 죽음 지망자인 이러한 검투사들 모두가 자신의 운명에 불만을 가진 것은 아니었다. 일부는 승리에 의기양양했고 위험보다는 용감한 행위에 대해 생각했다. 그리고 일부는 충분히 자주 싸우도록 허용되지 않았다는 것에 불평하기도 했으며,[112] 경기를 거의 제공하지 않았다는 이유로 티베리우스를 증오했다. 그들은 명성으로부터 자극과 위안을 얻었다. 찬미자들은 그들의 이름을 일반에게 개방된 벽에 도배했다. 여성들은 그들과 사랑에 빠졌고, 시인들은 그들을 노래했으며, 화가들은 그들의 초상화를 그렸다. 그리고 조각가들은 후손들을 위해 그들의 단단한 이두박근과 겁나게 하는 찌푸린 얼굴을 조각했다. 하지만 많은 검투사들이 투옥, 잔인한 일상, 그리고 짧은 수명에 낙담했다. 몇몇 검투사들은 자살했다. 어떤 검투사는 옥외 화장실을 청소하기 위해 쓰이는 스펀지로 자신의 목구멍을 막아서, 다른 검투사는 움직이는 바퀴살 사이에 머리를 끼워서 자살했다. 그리고 몇몇 검투사는 경기장에서 할복자살했다.[113]

경기가 있기 전날 밤에는 검투사들을 위해 화려한 연회가 베풀어졌다. 거친 검투사들은 양껏 먹고 마셨다. 그 밖의 검투사들은 부인과 아이들과 슬픈 이별을 고했다. 그리고 그리스도교도였던 검투사들은 최후의 "사랑의 만찬"에 참가했다. 이튿날 아침 그들은 축제 의상을 입고 경기장에 들어가 경기장 한쪽 끝에서 다른 쪽 끝으로 행진했다. 그들은 보통 칼, 창 또는 작은 칼을 휴대했고, 청동 투구, 방패, 어깨받이, 가슴받이, 정강이받이로 무장했다. 그들은 무기에 따라 상대를 그물에 걸려들게 해서 단검으로 해치우는 레티아리이(retiarii), 방패와 칼을 들고 추격에 능한 세쿠토레스(secutores), 쇠사슬을 던지는 라쿠에아토레스(laqueatores), 각각의 손에 짧은 칼을 든 디마카이(dimachae), 전차를 타고 싸우는 에세다리이(essedarii), 야수들과 싸우는 베스티아리이(bestiarii)로 분류되었다. 이렇게 경기에 참가하는 것 말고도 검투사들은 짝을 이루거나 무리를 지어 결투에 참가했다. 만약 일대일 결투에서 결투자가 심각한 부상을 입는다면, 경기 제공자가 관중들의 의사를 요구했다. 관중들은 자비를 베풀라는 표시로 엄지손가락을 위로 향하게 하거나 손수건을 흔들었고, 아니면 승자가 즉시 패자를 죽여야 한다는 의사 표시로 엄지손가락을 아래로 향하게 했다.[114] 죽기를 꺼리는 내색을 하는 검투사는 누구든지 대중들의 분노를 불러일으켰으며 용기를 내도록 뜨겁게 달군 쇠에 찔렸다.[115] 수많은 사람들이 필사적으로 잔혹하게 학살하던 집단 싸움은 더 많은 볼거리를 제공했다. 아우구스투스가 제공한 여덟 번의 볼거리에서 1만 명이 상대를 가리지 않는 전면적인 싸움에 참가했다. 카론 복장을 한 시종들은 쓰러진 사람들이 죽은 척하지는 않는지 알아보기 위해 날카로운 막대기로 찌르며 엄밀하게 조사했으며, 죽은 척 연기하는 사람들이 발견되면 나무망치로 머리를 강타해 죽였다. 메르쿨리우스처럼 옷을 입은 또 다른 시종들은 갈고리로 시신을 질질 끌고 갔으며, 그 사이에 무어인 노예들이 피로 물든 땅을 삽으로 고르고는 다음 죽음에 대비해 새로운 모래를 뿌렸다.

대부분의 로마인들은 희생자들이 중대한 범죄로 사형을 선고받았다는 이유로, 그들이 견뎌 낸 고통이 다른 사람들에게는 범죄에 대한 억제력으로 작용했다는 이유로, 운이 다한 사람들이 상처와 죽음에 맞서도록 훈련받은 용기가 대중들에게 스파르타의 미덕을 고무했다는 이유로, 그리고 피로 물든 싸움을 자주 보는 것이 로마인들에게 전쟁의 필요와 희생에 익숙하게 해 주었다는 이유로 검투사 경기를 옹호했다. 다른 모든 것을 비난하던 에우베날리스는 검투사 경기에 대해서만은 상처를 입히지 않았다. 그리고 대단한 교양을 갖추었던 소(小)플리니우스는 사람들에게 "고귀한 상처와 죽음에 대한 냉소"를 강요한 볼거리를 제공했다는 이유로 트라야누스를 찬미했다.[116] 하지만 타키투스의 말에 따르면 경기장에 흘린 피는 어떤 경우이든 보통 사람들의 "값싼 피"에 지나지 않았다.[117] 키케로는 학살을 불쾌하게 여겼다. 즉 그는 "무자비한 사냥꾼, 즉 훨씬 더 힘센 동물에게 잔인하게 짓이겨진 우리 인간들 중 한 명에게 심장을 강타당한 한 고귀한 야수를 보는 것으로부터 세련되고 인도적인 영혼에게 어떤 여흥이 생겨날 수 있단 말인가?"라고 묻고 있다. 그는 하지만 "죄인들이 싸우도록 강요받을 때, 겉으로 보기에 고통과 죽음 말고는 더 나은 규율을 찾아볼 수 없다."라고 덧붙였다.[118] 관중 대부분이 점심을 먹기 위해 자리를 비운 정오 휴식 시간에 경기장에 잠깐 들른 세네카는, 남아 있는 관중들을 자신들이 흘리는 피로 즐겁게 해 주기 위해 경기장으로 내몰린 수많은 죄수들을 보고 충격을 받았다.

난 더 탐욕스러워져서, 그리고 더 잔인해지고 비인간적인 되어서 집으로 온다. 왜냐하면 난 인간들 사이에 있었기 때문이다. 우연히 약간의 즐거움, 기지, 그리고 기분 전환을 기대하며 정오 경기를 보러 갔다. …… 그래서 사람들의 눈이 그들의 동료에 대한 학살로부터 잠시 휴식을 취하고 있었을 것으로 생각했다. 하지만 정반대였다. …… 정오에 싸울 사람들이 아무런 갑옷과 투구도 착용하지 않은 채 경기장에 투입되었다. 그들은 완전히 타격에 무방비 상태였고, 어느 누구의 타격도 수포로 돌아가지 않았다. …… 아침에 그들은 사자들에게 내던져지고 정오에는 관중들에게 내던져진다. 관중들은 상대를 죽인 승자가 결국에는 그를 죽일 사람과 싸우도록 요구한다. 그리고 또 다른 학살에 대비해 마지막 승자를 남겨 둔다. …… 관중석이 거의 텅 빌 때까지 이것은 계속된다. …… 인간에게 신성한 존재인 인간이 스포츠와 흥겨움을 위해 살해된다.[119]

7. 새로운 신앙

종교는 경기를 종교 의식에 적합한 형태로서 받아들였으며 엄숙한 행렬과 함께 경기를 시작했다. 베스타 여신전의 신녀들과 신관들은 극장에서, 원형 극장에서, 그리고 경기장 앞에서 상석을 차지했다. 종교 의식을 주재하던 황제는 국가 종교의 최고위 신관이었다.

아우구스투스와 그의 계승자들은 도덕적으로 사는 것을 제외하고 옛 신앙을 부활시키기 위해 그들이 할 수 있는 모든 것을 했다. 칼리굴라와 네로처럼 그들 중에 공공연한 무신론자들마저 전통적으로 공식적인 신들에게 당연히 바쳐야 할 모든 의식을 수행했다. 루페르쿠스 신 신관들은 여전히 그들의 축제일에 거리를 지나가며 춤추었다. 그리고 아르발레스(Arval Brethren, 대지의 여신을 섬기는 열두 명의 신관들 – 옮긴이)는 여전히 아무도 이해할 수 없는 옛 라틴어로 마르스 신에게 중얼중얼 기도를 드렸다. 점과 전조가 열심히 행해졌고 폭넓은 신뢰를 받았다. 소수의 철학자들을 제외하고 모두가 점성술을 믿었으며, 점성술사들을 추방했던 황제들이 그들의 자문을 구했다. 마술과 요술, 마법과 미신, 주술과 화신, 징조와 해몽이 로마인의 삶 속에 깊숙이 파고들었다. 아우구스투스는 현대의 심리학자처럼 열심히 자신의 꿈을 연구했다. 세네카는 유피테르를 만나는 기쁨을 기대하며 유피테르 신전 계단에 앉아 있는 여성들을 보았다. 왜냐하면 그들은 신이 자신들을 원했다는 꿈을 꾸었기 때문이다.[120] 모든 집정관은 수송아지를 제물로 바치며 자신의 취임을 축하했다. 다른 모든 것을 비웃었을지도 모르는 에우베날리스는 친구의 안전한 항해에 감사하며 경건하게 새끼 양 두 마리와 황소 새끼 한 마리의 목을 베어 갈랐다. 신전은 금과 은 봉헌물로 넘쳐 났다. 제단 앞에서는 양초가 타고 있었으며, 독실한 신자들의 입맞춤으로 신상의 입술, 손, 발이 닳을 정도였다. 옛 종교가 여전히 활력 넘치는 것처럼 보였다. 그리고 옛 종교는 안노나(로마를 위해 세상의 곡물을 모으는 신)처럼 새로운 신들을 창조했고, 여신 포르투나와 로마의 숭배에 새로운 정성을 쏟았으며, 법과 질서와 전제 정치를 강력히 지지했다. 만약 아우구스투스가 죽은 지 1년 뒤에 돌아왔더라면, 자신의 종교 부활이 행복한 성공으로 입증되었음을 주장했다고 해도 전혀 무리가 아니었을 것이다.

이러한 상황에도 불구하고 고대의 신앙은 맨 밑바닥과 맨 위에서 병들었다. 황제들에 대한 신격화는 상류층이 그들의 통치자를 얼마나 중히 여겼는지가 아닌, 그들의 신을 얼마나 하찮게 여겼는지를 보여 주었다. 철학이 신앙을 후원하는 동안에도 교양 있는 사람들 사이에서는 신앙을 차츰 깎아 내리고 있었다. 루크레티우스가 효과가 없지는 않았다. 사람들은 그를 언급하지 않았다. 하지만 그것은 에피쿠로스나 그의 열정적인 해설자를 연구하는 것보다 쾌락주의를 실천하는 것이 더 쉬웠기 때문이다. 고등 교육을 받으러 아테네, 알렉산드리아, 그리고 로도스에 갔던 부유한 젊은이들은 그곳에서 로마의 신앙을 위한 자양분을 전혀 발견하지 못했다. 그리스 시인들은 로마의 판테온을 조롱했으며, 로마 시인들은 서둘러 그들을 모방했다. 오비디우스의 시는 신들을 지어낸 이야기라고 생각했다. 그리고 마르티알리스의 경구는 신들의 우스갯소리라고 생각했다. 게다가 어느 누구도 불평하지 않았던 것 같다. 많은 무언극이 신들을 조롱했다. 한 무언극은 디아나 여신을 무대에서 매질해 쫓아냈으며, 또 하나의 무언극은 죽음을 기다리면서 유언장을 작성하는 유피테르를 보여 주었다.[121] 에우베날리스는 자신보다 500년 전의 플라톤처럼, 그리고 자신보다 1800년 후의 우리처럼 빈틈없는 신에 대한 두려움이 위증을 단념시키는 힘을 잃어버렸다는 사실에 주목했다.[122] 빈민들의 묘비에서마저 회의론과 노골적인 관능성이 증가하고 있었음을 알 수 있다. 한 묘비에는 "나는 존재하지 않았다. 나는 존재했다. 나는 존재하지 않는다. 나는 신경 쓰지 않는다."라고 씌어져 있다. 그리고 또 하나의 묘비에는 "내가 먹고 마셨던 것은 나 자신의 것이다. 하지만 내 인생에 진절머리가 난다."라고 씌어 있다.[123] 한 묘비는 "무덤 저편에는 아무것도 없다고 생각한다."라고 말하고, 또 하나의 묘비는 "하데스도, 카론도, 케르베루스도 없다."라고 단언한다. 한 지친 영혼은 "이제 난 배고픔을 두려워할 필요도 없고 집세를 낼 필요도 없다. 게다가 적어도 통풍으로부터는 자유롭다."라고 썼다. 그리고 한 우울한 루크레티우스 추종자는 매장된 육체에 대해 "매장된 사람을 구성하던 요소들이 되살아난다. 생명은 사람에게 빌려 준 것에 불과하다. 사람은 생명을 영원히 간직할 수 없다. 죽을 무렵에 사람은 자연에 진 빚을 갚는다."라고 쓰고 있다.[124]

하지만 아무리 정직하더라도 의심이 오랫동안 믿음을 대신할 수는 없다. 모든 믿음의 기쁨에 둘러싸여 로마 사회는 행복을 찾지 못했다. 사회의 세련됨이 믿음을 진저리나게 했고, 사회의 방탕이 믿음을 고갈시켰다. 그리고 부자와 빈민은 여전히 고통과 비탄과 죽음에 지배되었다. 냉정하게 말해서 스토아주의처럼 그렇게 뛰어난 교리가 아니었던 철학은 평민에게 빈곤을 영예롭게 하고, 예의 바름을 격려하며, 슬픔을 위로하고, 희망을 고무할 수 있는 믿음을 결코 제공할 수 없었다. 옛 종교는 이러한 역할 중에 첫 번째를 수행했지만 나머지에서는 실패했다. 사람들은 계시를 원했고, 옛 종교는 그들에게 의식을 제공했다. 그리고 사람들은 영생을 원했고, 옛 종교는 그들에게 경기를 제공했다. 노예이건 자유민이건 간에, 다른 나라에서 온 사람들은 이러한 국가주의적 숭배로부터 제외되었음을 느꼈다. 따라서 그들은 자신들의 신을 가져와서 자신들의 신전을 세웠으며, 자신들의 의식을 행했다. 그들은 서방의 심장부 로마에 동방의 종교들을 전했다. 승자들의 신앙과 패자들의 신앙 사이에서 군단의 무기가 소용없는 전쟁이 구체화되었다. 진정성이 승리를 결정하곤 했다.

새로운 신들이 전쟁 포로, 귀환하는 병사, 그리고 상인과 함께 왔다. 아시아와 이집트에서 온 교역 업자들이 그들의 전통적인 신들에 대한 의식을 거행하기 위해 푸테올리, 오스티아, 그리고 로마에서 신전을 세웠다. 로마 당국은 이러한 외래 신앙을 대부분 관용으로 다루었다. 그리고 외국인들에게 로마 자체의 신앙을 허락하려 들지 않았으므로, 외국인들이 종교를 전혀 갖지 않는 것보다는 그들이 가지고 들어온 종교 의식을 행해 주기를 바랐다. 대신에 로마 당국은 개개의 새로운 신앙이 다른 신앙들에 대해 비슷한 관용을 베풀어 주기를, 그리고 국가에 대한 충성의 표시로 황제의 "천재성"과 여신 로마에 대한 경의를 종교 의식에 포함시켜 줄 것을 요구했다. 이러한 관용에 고무되어 이미 로마에 정착했던 동방의 신앙들이 로마 대중의 주요 종교가 되었다. 종교 의식을 세련되게 하려고 클라우디우스는 키벨레 여신의 숭배를 괴롭히던 제한 규정들을 없앴다. 그는 로마인들이 키벨레 여신을 보좌하도록 허용했으며, 춘분 무렵인 3월 15일부터 27일까지 여신의 축제일을 제정했다. 서기 1세기에 키벨레 여신의 주요 경쟁자는 이집트의 모성, 다산, 상업의 여신이었던 이시스였다. 당국은 되풀이해서 로마에서 이시스 숭배를 금지했지만, 항상 되살아났다. 열광적 신자들의 경건함이 국가의 힘을 압도했으며, 칼리굴라는 공적 기금으로 마르스 평원에 거대한 이시스 신전을 세우는 것으로 굴복했다. 오토와 도미티아누스는 이시스 축제에 참가했다. 게다가 머리를 짧게 자른 콤모두스는 이집트의 원숭이 신 아누비스의 조각상을 경건하게 자신의 팔에 안고 겸손하게 신관들 뒤를 따라 걸었다.

해를 거듭하면서 신의 침입이 늘어났다. 남부 이탈리아에서 피타고라스 신앙, 즉 채식주의와 윤회설이 전해졌다. 히에라폴리스에서 로마인들에게 "시리아 여신"으로 알려진 아타르가티스와 "돌리케의 제우스"인 아지즈, 그리고 그 밖의 낯선 신들이 전해졌다. 그들의 숭배는 시리아 상인들과 노예들을 통해 확산되었다. 그리고 마침내 시리아 바알 신의 한 젊은 신관이 태양신의 숭배자인 엘라가발루스로서 로마 황제 자리에 올랐다. 적국인 파르티아에서 또 하나의 태양신 미트라 숭배가 전해졌다. 미트라교의 열광적 신자들이 암흑에 맞선 광명, 즉 악에 맞선 선의 위대한 전쟁에서 병사들로 참가했다. 미트라교는 남성적인 신앙으로 여성들보다는 남성들을 끌어당겼으며 좀처럼 토착신의 음성을 들을 수 없었던 멀리 국경 지방에 주둔한 로마 군단을 만족시켜 주었다. 유대로부터 타협하지 않는 일신론자인 야훼가 전해졌다. 야훼는 가장 힘든 경건함과 규제의 삶을 명령했지만 자신의 신도들을 시련 속에서 잘 지탱해 주었고, 특정 귀족층에게 가장 비천한 빈민의 삶을 살게 했던 도덕률과 용기를 부여했다. 야훼에게 기도했던 로마의 유대인들 중에 아직까지는 막연히 나머지 사람들과 구별된 유대인들이 일부 있었다. 그들은 인간의 모습을 하고 부활한 야훼의 아들을 숭배했다.

18장

로마법[*]
기원전 146~서기 192

1. 위대한 법학자들

법은 로마 정신을 가장 특징적으로, 그리고 지속적으로 표현했다. 그리스가 역사상 자유를 상징한 것처럼, 로마는 질서를 상징한다. 그리고 그리스가 개인적 자유의 기초로서 민주주의와 철학을 후세에 전했듯이, 로마는 사회적 질서의 기초로서 법과 행정의 전통을 남겼다. 이렇게 다양한 유산을 통합하고, 그들의 자극적인 대립을 조화시키기 위해서는 기본적으로 정치적 수완이 필요하다.

법은 로마 역사의 근간이므로 법과 로마 역사를 분리시키는 것은 불가능하다. 더욱이 이번 장은 앞에서 기술한, 그리고 다음에 기술할 상세한 내용에 대한 구조적이고 개괄적인 보완에 머무를 수밖에 없다. 로마의 정체는 영국의 정

---

[*] 이 장은 법률가들에게 유용하지 않을 것이며, 그 밖의 사람들에게는 흥미를 주지 않을 것이다.

체와 유사했다. 즉 일련의 규정이 영구적으로 법적 구속력을 갖는 것이 아니라 수정하면서 지시를 내리는 판례의 연속이다. 부가 증가하면서, 그리고 삶이 더 복잡해지면서 민회, 원로원, 정무관, 황제에 의해 새로운 법률이 공포되었다. 법의 중심부가 제국만큼 빠르게 성장했으며, 계속해서 새로운 변경 지역으로 진출했다. 법률가의 교육, 재판관의 지도, 그리고 불법적 판결로부터 시민을 보호하기 위해 질서정연하고 접근하기 쉬운 형태로 법을 어느 정도 조직화하고 공식화할 필요가 있었다. 그라쿠스 형제와 마리우스의 혁명으로 인한 혼란 속에서 푸블리우스 무키우스 스카이볼라(집정관, 기원전 133년)와 그의 아들 퀸투스(집정관, 기원전 95년)가 로마의 법률을 이해하기 쉬운 방식으로 바꾸려고 노력했다. 또 한 명의 퀸투스 무키우스 스카이볼라(집정관, 117년)의 제자인 키케로가 법철학에 대해 설득력 있는 글을 썼으며, 자신이 얻었던 행운과 잃어버렸던 신앙을 지키기 위해 이상적인 법전을 만들었다. 마리우스와 술라의 상반된 법제정, 폼페이우스의 전례 없는 권한, 카이사르의 혁명적인 입법, 그리고 아우구스투스의 새로운 정체가 법의 논리를 만들기 위해 애쓰던 사람들에게 새로운 문제를 야기했다. 더욱이 뛰어난 법학자인 안티스티우스 라베오가 카이사르와 아우구스투스의 칙령을 강탈한 불법적인 권한이라고 무효 선언함으로써 혼란을 잠재웠다. 처음에는 폭력적으로, 그 다음에는 관례적으로 원수정이 자리 잡을 때까지는 힘 있는 법정에서뿐 아니라 사람들의 마음속에서도 새로운 입법이 받아들여질 수 없었다. 서기 2~3세기에 서방에서 로마법이 최종적으로 공식화되는 영예를 갖게 되었다. 이것은 그리스에서 과학과 철학이 공식화된 것에 견줄 만한 성취였다.

또한 이 점에서 카이사르가 목표를 세웠지만 실제 작업은 하드리아누스 때까지 시작되지 않았다.(서기 117년) 황제들 중 가장 교양을 갖추었던 하드리아누스는 자신의 주위에 추밀원처럼 일단의 법학자들을 불러 모았으며, 그들에게 변화가 심한 법무관들의 연례적인 칙령을 장차 이탈리아의 모든 재판관들이 준수할 수 있는 영구 고시록으로 대체하도록 위임했다. 그리스인들은 솔론 이후로 법률학 분야의 걸작은 물론이고 법전으로 편찬된 법체계도 만들어 내지 못했다. 하지만 아시아와 이탈리아의 그리스 도시들은 뛰어난 시 법전을 발전시켰다. 견문이 넓은 하드리아누스는 이러한 도시들을 잘 알고 있었으며, 그들의 정체에 고무되어 로마의 법률을 개선하고 조직화하는 일에 착수한 것 같다. 그의 계승자들인 안토니누스 황실 치하에서 법전 편찬 작업은 계속되었으며, 스토아 철학으로 누리던 어느 정도 공식적인 평판 덕분에 그리스가 로마법에 지대한 영향을 끼칠 수 있었다. 스토아 철학자들은 법이 도덕과 일치해야 하고, 유죄의 확립은 행위의 결과가 아닌 의도에 두어야 한다고 선언했다. 스토아 학파가 낳은 안토니누스는 의심스러운 소송 사건은 피고 편에서 해결되어야 하며, 유죄가 입증될 때까지 무죄 상태가 유지되어야 한다고 선언했다.[1] 이상 두 가지는 문명화된 법의 최고 원리이다.

황제의 총애를 받은 법률학은 일련의 천재들을 길러 냈다. 아프리카 태생의 로마인이었던 살비우스 율리아누스는 황제의 법률 고문으로서 대단한 학식과 근면함을 보여 주었으므로 원로원은 그에게 통상적인 급료의 두 배를 주도록 투표했다. 그의 『해답서(responsa)』는 논리와 명쾌함 때문에 격찬받았다. 그리고 그의 『학설 휘찬(Digesta)』은 시민법과 법무관의 법을 체계적으로 정리한 것이었다. 하드리아누스 자문 위원회의 주요 구성원으로서 법무관의 영구 고시록을 공식화한 사람은 다름 아닌 살비우스 율리아누스였다. 또 한 명의 법학자는 그의 첫 이름인 가이우스로만 알려져 있다. 1816년 니부어(Niebuhr)가 성 히에로니무스의 시론 몇 편이 겹쳐 씌어진 색 바랜 양피지에서 가이우스의 유명한 『법학제요(Institutiones)』를 발견했다. 이것은 유스티니아누스 황제 이전의 로마법에 대한 가장 권위 있는 저술로서 독창적인 작품이 아닌 학생들을 위한 초보적인 입문서로 나왔다.(서기 161년경) 만약 우리가 『법학제요』에서 정돈된 해설의 걸작을 발견한다면, 그것이 개괄했던 유실된 작품의 저자들의 지적 수준을 추정해 볼 수 있을 것이다. 60년 후에 파피니아누스, 파울루스, 그리고 울피아누스가 로마의 법률학을 정점에 이르게 했다. 그리고 법에 의한 통치가 폭력과 무질서에 희생되고 있는 동안에 그들은 법에 합리적인 체계화와 일관성을 부여했다. 그들 이후로 법률학은 전반적인 몰락의 길에 빠져 들었다.

2. 법의 출처

과학과 철학 용어가 대부분 그리스어에서 유래한 것처럼 법률 용어는 대부분 라틴어에서 유래한다. 일반법은 정의나 공평을 의미하는 'ius'였으며, 'lex'는 특별법을 의미했다. 법률학, 즉 법 지식은 유스티니아누스의 『학설 휘찬』에서 지식이자 동시에 기술로 정의되었다. 즉 "공정한 사람들과 불공정한 사람들의 지식"이자 "선한 사람들과 공정한 사람들의 기술"이다.[2] 'ius'에는 성문법뿐 아니라 불문법, 즉 관습법이 포함되었다. 성문법은 "(로마) 시민법"과 "만민법"으로 구성되었다. 시민법은 국가 또는 공식 신앙과 관련되었을 때는 "공법"이었고, 시민들의 법률적 상호 관계를 다루었을 때는 "사법"이었다.

로마법은 전체적으로 다음의 다섯 개 출처에서 유래했다. 1. 공화정 시기에 법의 가장 근원적인 출처는 쿠리아회와 켄투리아 민회에서 'lex'로 표현된, 그리고 트리부스 평민회에서 평민회 의결로 표현된 시민들의 의사였다. 원로원은 적절한 절차를 통해, 그리고 원로원 의원급의 정무관에 의해 민회에 발의되었을 때만 'lex'를 승인했다. 원로원과 민회가 법안 통과에 동의했을 때, 그것은 원로원과 로마 대중(Senatus Populusque Romanus)의 이름으로 공포되었다.

2. 이론적으로 공화정 시기의 원로원에게는 입법권이 없었다. 원로원의 권고(senatus consultum)는 형식상 정무관들에 대한 충고였다. 차츰 원로원의 권고는 공화정 후기와 제정기에 강제력을 띨 때까지 지시가 되었고, 그 다음에는 명령이 되었다. 대체로 6세기 동안 민회나 원로원에서 통과된 법률은 거의 없었다. 따라서 현대 국가의 끊임없는 입법 변화에 익숙해진 우리는 놀라지 않을 수 없다.

3. 보다 적은, 그리고 보다 많은 특별법에 대한 필요는 시 관리들의 고시로 충족

되었다. 개개의 새로운 시 법무관(오늘날의 시 치안 판사)이 법무관의 고시를 공포했다. 이것은 포룸에서 포고관에 의해 고지되었고 벽에 새겨졌으며, 법무관이 재임 기간 동안 의결하고 판결하도록 발의하던 법 원칙들을 언급했다. 비슷한 고시가 순회 재판관과 속주 법무관에 의해 제시될 수 있었다. 법무관은 자신의 통치권을 통해 기존 법률을 해석할 수 있었을 뿐 아니라 새로운 법을 제정할 수도 있었다. 이렇게 해서 로마법은 기본적 입법의 안정성을 법무관 판결의 유연성과 결합했다. 법이나 법 조항이 여러 해에 걸쳐 한 법무관의 고시에서 다음 법무관의 고시로 전해졌을 때, 그것은 명예관법의 일정 부분이 되었다. 대략 키케로 시대에 이 "관직법"은 12표법을 대신해서 로마에서 법 교육의 주요 텍스트가 되었다. 그럼에도 불구하고 법무관은 자주 결정을 번복했으며 이따금씩 전임자의 원칙을 반박했다. 이렇게 해서 사람들에 의해 운영되는 모든 재판 제도에서 자연스럽게 나타나던 폐해에 법의 불확실성과 판결의 독단성이 더해졌다. 하드리아누스가 율리아누스에게 이전의 모든 명예관법을 황제만이 변경할 수 있는 영구 고시록에 통합하도록 지시한 것은 이러한 불확실성을 제거하기 위한 목적이었다.

4. 황제의 법령은 그 자체가 2세기에 다양한 법 출처가 되었다. (1) 황제는 로마시 관리로서 임페리움(최고 명령권)에 의해 칙령을 공포했다. 이 칙령은 제국 전체에 효력을 지녔지만 그의 사후에는 효력이 상실되었음에 틀림없다. (2) 재판관으로서 황제의 법령은 다른 정무관들의 법령처럼 강제력을 지녔다. (3) 황제의 회칙은 질문에 대한 대답이었다. 대체로 회칙은 서한 또는 질문이나 청원 "밑에 씌어져 있는" 간단한 응답이었다. 트라야누스가 관리들의 지시 의뢰에 대답했던 현명하고 간결한 서한이 제국의 법률에 포함되었으며, 그의 사후 오랫동안 법적 효력을 유지했다. (4) 황제의 명령은 관리에게 내리는 지시로서 머지않아 행정법의 상세한 법체계를 구성하게 되었다.

5. 어떤 경우에는 학자들의 해답으로 법이 만들어질 수 있었다. 박식한 법학자들이 널따란 포룸에서(아니면 그 후 수십 년 뒤에는 그들의 집에서) 의자에 앉아 있었을 때, 그리고 부차적으로 얼마간의 보수를 바라고서 질문하는 모든 사람에게 법적

견해를 제시했을 때, 그것은 흥미로운 광경이었음에 틀림없다. 종종 변호사나 시 재판관들이 그들의 조언을 구했다. 박식한 법학자들은 유대인들의 대율법 학자들처럼 반대되는 주장을 중재했고, 미세한 차이를 구별했으며, 생활의 필요나 정치의 필요성에 따라 고대의 법을 해석하고 조정했다. 성문화되지 않은 관습법에 준하여 법학자들의 문서화된 답변은 법의 권위에만 미치지 못했을 뿐이다. 아우구스투스는 두 가지 조건부로 그러한 견해에 완전한 법적 효력을 부여했다. 하나는 법학자가 황제로부터 해답권, 즉 법적 견해를 제시할 수 있는 권리를 받아야 한다는 것, 그리고 다른 하나는 해당 소송 사건을 심리하는 재판관에게 답변을 봉인해서 보내야 한다는 것이었다. 유스티니아누스 시대 무렵 이러한 법학자들의 해답은 법의 거대한 학교이자 문헌이 되었으며, 유스티니아누스에게서 정점에 이른 『학설 휘찬』과 법전의 근원이자 기초가 되었다.

3. 신체에 관한 법

빈틈이라곤 찾아볼 수 없는 가이우스의 말에 따르면 "모든 법은 신체, 재산, 아니면 절차와 관계가 있다."라고 한다.[3] 페르소나(persona)라는 단어는 배우의 가면을 의미했는데, 나중에는 생전에 한 인간이 수행하던 역할에 적용되었다. 결국 페르소나는 사람 자신을 의미하게 되었다. 이것은 마치 우리가 어떤 사람을 그가 한 역할, 즉 그가 쓴 가면이나 가면들로만 알 수 있다고 말하는 것과 같다.

로마법에서 당사자는 시민이었다. 시민은 출생, 입양, 해방, 아니면 국가가 부여한 권리에 의해 로마 부족으로 받아들여진 사람들 모두를 정의하는 개념이었다. 이러한 시민은 세 등급으로 이루어졌다. 즉 (1) 4중의 권리, 즉 참정권, 관직 보유권, 자유민과 혼인할 수 있는 권리, 그리고 로마법 보호 아래 상업적 계약을 체결할 수 있는 권리를 누리던 완전한 시민이 있었다. (2) 혼인권과 계약 체결권을 가졌지만 참정권과 관직 보유권을 갖지 못한 시민들이 있었다. 그리고 (3) 참정권과 계약체결권을 가졌지만, 혼인권과 관직 보유권을 갖지 못한 해방 노예들이 있었다. 더욱이 완전한 시민은 사법에서 일정한 배타적 권리, 즉 자식에 대한 아버지의 권리, 아내에 대한 남편의 권리, 노예를 포함해 자신의 재산에 대한 소유자의 권리, 계약에 따른 다른 자유민에 대한 자유민의 권리를 소유했다. 라틴 시민권으로 불리던 일종의 잠재적 시민권은 로마가 혜택을 받은 도시와 식민시의 자유민들에게 부여했다. 이렇게 해서 그들은 로마인들과의 종족 간 혼인이 아닌 계약 체결권을 획득했다. 그리고 그들의 정무관은 임기가 만료됨과 동시에 완전한 로마 시민권을 부여받았다. 제국의 각 도시에는 자체적인 시민들과 시민권 규정이 있었다. 그리고 독특한 관용으로 한 사람이 동시에 여러 도시의 시민이 되어 시민권을 향유할 수 있었다. 로마 시민이 누린 가장 값진 특권은 법에 기초해 자신의 신체, 재산, 권리를 지키고 소송 사건의 심리에서 고문과 폭력을 면제받는 것이었다. 로마법이 내세울 만한 위업은 국가에 맞서 개인을 보호했다는 것이다.

로마법에서 당사자가 시민이었다면 상대방은 아버지였다. 가부장권은 이전에 관습이 지배하던 영역으로 법이 확산되면서 약화되었다. 하지만 아울루스 풀비우스가 카틸리나 군대에 합류하려고 했을 때, 아버지가 그를 불러들여 처형했다는 사실로부터 가부장권이 여전히 생명력을 유지하고 있었음을 알 수 있다. 하지만 대체로 아버지의 권한은 국가의 권한이 늘어나면서 감소했다. 국가를 떠난 민주주의가 가족으로 유입되었다. 공화정 초기에 아버지는 국가였다. 가족의 우두머리들이 쿠리아회를 구성했고, 씨족 우두머리들이 원로원을 구성했던 것으로 추정된다. 인구가 더 많아지고 다양해지면서 생활의 변화가 더 심해지고, 상업적이고 복잡해지면서 가족과 씨족을 통한 지배가 약화되었다. 게다가 혈족 관계, 지위, 관습이 계약과 법으로 대체되었다.[4] 아이들은 부모로부터, 아내는 남편으로부터, 개인은 집단으로부터 더 많은 자유를 얻었다. 트라야누스는 학대한 아버지에게 아들을 해방하라고 강제했다. 그리고 하드리아누스는 아버지에게서 가족 구성원에 대한 생사 여탈권을 빼앗아 법정에 양도했다. 안토니누스는 아버지가 자식을 노예로 파는 것을 금지했다.[5] 관습법은 오래전에 이와 같이 낡은 권한의 사용을 좀처럼 일어나지 않는 사건으로 만들었다. 법은 도덕의 발전에 뒤지는 경향이 있다. 왜냐하면 경험이 새로운 습관을 법으로 경직시키기 전에 실제로 시험해 보는 지혜를 보여 주었기 때문이다.

남성이 오래된 권리를 상실하면서 로마 여성이 새로운 권리를 획득했다. 하지만 여성은 계속적인 법적 무능력 아래 자신의 자유를 감출 만큼 충분히 영리했다. 공화정의 법률은, 여성이 자신의 권리를 소유하지 못한 채 항상 어떤 남성 후견인에게 종속되어 있는 것을 당연하게 생각했다. 가이우스는 "우리 선조들에 따르면 성인이 된 여성들조차 정신의 경박함 때문에 후견을 받아야 한다."라고 말했다.[6] 이러한 법률적 종속은 공화정 후기와 제정기에 여성의 매력으로 대부분 제거되었고, 남성의 다정다감함과 애정에 의해 부추겨졌다. 대(大)카토에서 콤모두스까지 법적으로 가부장적인 로마 사회가 르네상스기 이탈리아와 부르봉 왕조 시기 프랑스의 살롱에서 볼 수 있는 모든 우아함을 갖춘 여성들에 의해 지배되었다. 아우구스투스의 법률은 세 명의 적자를 낳은 여성은 누구나 후견에서 해방시킴으로써 이러한 사실들에 경의를 표했다.[7] 하드리아누스는 여성이 후견인의 동의를 얻을 경우에는 원하는 대로 자신의 재산을 처분할 수 있다고 공포했다. 하지만 실제 절차에서는 곧 이러한 동의가 배제되었다. 2세기 말경 25세 이상의 자유민 여성들에 대해서는 모든 강제 후견이 법률에서 폐지되었다.

합법적 결혼을 위해서는 여전히 양가 아버지의 동의가 필요했다.[8] 콘파레아티오(confarreatio, 다수의 증인이 참석한 가운데 짐승을 제물을 바치는 매우 엄숙한 의식을 특색으로 하는 결혼으로 귀족 가문에서 많이 행해졌다. – 옮긴이)에 의한 결혼은 이제(서기 160년) 소수의 원로원 가문으로 제한되었다. 매매혼은 결혼의 한 방식으로 좀처럼 없어지지 않았다. 신랑은 신부의 아버지나 신부의 후견인이 동의한 다섯 명의 증인 앞에서 1아세스 또는 청동 주괴(鑄塊) 한 개를 저울에 달아 신부에게 지불했다.[9] 이제 대부분의 결혼은 동거였다. 남편의 수권(手權) 또는 재산 소유권 지배 아래 들어가는 것을 피하기 위해 아내는 매년 3일 밤 집을 비웠다. 그렇게 함으로써 아내는 지참금을 제외한 자신의 재산에 대한 지배권을 보유했다. 실제로 남편은 손해 배상 청구 소송이나 파산으로 인한 처벌을 피하기 위해 자주 자신의 재산을 아내의 명의로 돌려놓았다.[10] 수권 없는 그러한 결혼은 어느 한쪽이 마음대로 끝낼 수 있었다. 하지만 다른 방식의 결혼은 남편만이 끝낼 수 있었다. 간통은 여전히 남자에게는 사소한 범죄였다. 그리고 여성에게 간통은 재산과 상속 제도에 반하는 중대한 범죄였다. 하지만 남편은 간통하다 걸린 자신의 아내를 더 이상 죽일 권리가 없었다. 이러한 권리는 이제 기술적으로는 그녀의 아버지에게, 실제로는 법정에 귀속되었다. 게다가 처벌은 추방이었다. 내연 관계는 결혼을 대체하는 것으로 법에서 인정되었지만, 결혼의 부속물로 인정되지는 않았다. 그리고 법적으로 남성은 동시에 두 명의 첩을 거느릴 수 없었다. 첩이 낳은 자식은 사생아로 분류되었고 상속할 수 없었다. 이것은 유산 사냥꾼들에게 구애받는 것을 좋아하던 남성들에게 내연 관계를 더욱더 매력적으로 만들었다. 베스파시아누스, 안토니누스 피우스, 그리고 마르쿠스 아우렐리우스는 아내들이 죽은 후에 내연관계로 살았다.[11]

법은 자유민 태생 사이에서 혈통을 장려하기 위해 애썼지만, 결과는 보잘 것없었다. 유아 살해는 기형이나 치료 불가능한 질병을 가진 유아들의 경우를 제외하고는 금지되었다. 발각된 낙태 알선자는 추방되었고 자신의 재산 중에서 일부를 잃었다. 게다가 낙태 여성이 죽었을 경우에는 알선자가 처형될 수 있었다.[12] 물론 지금처럼 이러한 법들은 대부분 법망을 교묘히 빠져나갈 수 있었다. 모든 연령의 아이들은 아버지에 의해 세 번 노예로 팔렸을 때, 아니면 공식적으로 해방되었을 때, 아들이 공직을 보유하거나 유피테르 신전의 신관이 되었을 때, 또는 딸이 수권 없이 결혼하거나 베스타 여신전의 신녀가 되었을 때를 제외하고 아버지의 지배 아래 있었다. 만약 아들이 아버지가 살아 있을 때 결혼했다면, 손자들에 대한 가부장권은 조부에게 귀속되었다.[13] 아우구스투스의 입법으로 군대, 공직, 신관단, 아니면 자유 직업에서 아들이 받은 보수는 더 이상 아버지의 소유가 아니었다. 아들은 여전히 노예의 신분으로 팔릴 수 있었지만, 이것은 그의 이전 시민권을 그대로 놔둔다는 점에서 노예제와는 달랐다.

노예는 법적 권리가 전혀 없었다. 실제로 로마법은 페르소나라는 용어를 노예에게 적용하기를 주저했으며, 그를 "인격을 가지지 않는 인간"이라고 부르는 것으로 타협했다.[14] 가이우스가 신체에 관한 법률에서 노예를 언급한 것은 단지 사려 깊은 실수 때문이다. 논리적으로 노예는 재산(res)의 범주에 속했다. 노예는 소유, 상속 또는 유증할 수 없었다. 그리고 노예는 법적으로 결혼할 수 없었다. 노예의 아이들은 모두 사생아로 분류되었으며, 여자 노예의 아이들은 아버지가 자유민이었더라도 노예로 분류되었다.[15] 남자이건 여자이건 노예는 주인에 의해 교사될 수 있었지만, 법적으로 구제받지 못했다. 노예는 자신에게 상해를 입힌 사람들에 대해 법정에 소송을 제기할 수 없었으며, 주인을 통해서만 소송을 제기할 수 있었다. 공화정 법률 아래에서 주인은 이유를 불문하고, 게다가 노예 소유자들에 의해 형성된 공식 견해 말고는 다른 통제 방법 없이 노예를 때리고, 투옥하고, 경기장에서 야수와 싸우게 하는 형을 선고할 수 있었다. 그리고 굶주려 죽도록 내버려 둘 수 있었고, 아니면 죽일 수 있었다. 만약 노예가 도망해서 붙잡히면 낙인이 찍히거나 십자가에 못 박힐 수 있었다. 아우구스투스는 자신이 3만 명의 도망자 노예를 다시 붙잡아서 주인이 소유권을 주장하지 않은 노예들은 모두 십자가에 못 박았다고 자랑했다.[16] 이러저러한 도발로 노예가 주인을 살해했을 경우에는 살해당한 사람이 소유했던 노예들을 모두 처형해야 한다고 법에서 규정했다. 시 장관이었던 페다니우스 세쿤두스가 그렇게 살해되어(서기 61년) 그의 400명 노예에게 사형이 선고되었을 때, 소수의 원로원 의원이 항의했으며 거리의 성난 군중들이 관용을 요구했다. 하지만 원로원은 그러한 조치만이 주인의 안전을 보장할 수 있다는 믿음에서 법의 실행을 명령했다.[17]

노예들의 처지가 황제들 치하에서 점진적으로 개선되었던 것은 아마도 노예 공급이 감소해 가는 제국에는 명예가 되었다. 클라우디우스는 쓸모없는 노예의 살해를 금지했으며 버려진 병약한 노예가 건강을 되찾을 경우에는 자동적으로 해방되어야 한다고 규정했다. 아마도 네로 치하에서 페트로니우스 법은 정무관의 승인 없이 노예 소유자가 노예에게 경기장에서 싸우게 하는 형을 선고하지 못하게 했다. 네로는 학대받은 노예들에게 자신의 조각상을 피난처로 사용하도록 허락했고, 그들의 불평을 경청하도록 재판관을 임명했다. 이것은 노예에게 법정을 개방했으므로 사소하지만 로마에 혁명적으로 보이는 진전이었다. 도미티아누스는 관능적인 목적으로 실시되는 노예의 사지 절단 처형을 형사상의 범죄로 규정했다. 하드리아누스는 정무관의 승인 없이 노예를 죽이는 주인의 권리에 종지부를 찍었다. 안토니누스 피우스는 학대받은 노예가 모든 신전을 피난처로 사용하는 것을 허용했으며, 자신의 상해를 입증할 수 있다면 다른 주인에게 팔리도록 했다. 마르쿠스 아우렐리우스는 노예가 초래한 손해에 대해 주인이 직접 처벌하지 말고 법정에 소송을 제기하도록 권장했다. 그는 이렇게 함으로써 법과 판결이 점차 잔인무도한 행위와 개인적 보복을 대신할 것으로 기대했다.[18] 마침내 3세기의 위대한 법학자 울피아누스는 소수의 철학자들만이 대담하게 제안해 오던 주장, 즉 "자연법에 의해 모든 사람은 평등하다."라고 선언했다.[19] 그 밖의 법학자들은 한 사람의 자유와 예속이 문제가 되는 곳에서는 불확실함을 떨치고 자유를 지지해야 한다는 것을 법언으로 규정했다.[20]

이러한 완화책에도 불구하고 노예의 법적 예속은 로마법이 남긴 최악의 오점이다. 마지막 모욕은 노예 해방에 대한 세금과 제한이었다. 많은 노예 소유자들이 공식적인 증인이나 법적 의식 없이 노예를 비공식적으로 해방함으로써 푸피아 카니나 법(lex Fufia Canina)을 회피했다. 하지만 그러한 해방은 시민권이 아닌 라틴 시민권만을 부여했다. 법 절차를 통해 해방된 노예는 제한된 시민의 권리를 가진 시민이 되었지만, 관례에 따라 매일 아침 전 주인에게 경의를 표해야 했고, 요구가 있을 때 시중을 들어야 했으며, 기회가 있을 때마다 그에게 투표해야 했다. 그리고 어떤 경우에는 번 돈의 일부를 납부해야 했다. 만약 해방 노예가 유언을 남기지 않고 죽었다면, 그의 재산은 자동적으로 살아 있는 그의 보호자의 수중으로 들어갔다. 만약 해방 노예가 유언장을 작성했다면, 자기 재산의 일부를 보호자에게 남길 것으로 예상되었다.[21] 주인이 죽고, 공손하게 애도가 행해지고, 순조롭게 매장이 이루어질 때에만 해방 노예는 진정한 자유의 공기를 호흡할 수 있었다.

현대 법전에서 별도로 형법으로 알려진 입법이 신체에 관한 법에 추가되어야 한다. 로마의 법률학은 개인, 국가, 법인으로 간주된 사회 또는 기업 집단에 대한 범죄를 인정했다. 국가에 대해서는 모반, 선동, 국가 종교에 대한 신성 모독, 뇌물 수수, 공공 행정 분야에서의 강탈과 독직, 국가 기금의 횡령, 그리고 재판관이나 배심원에 대한 뇌물 수수의 범죄를 저지를 수 있었다. 개인에 대해서는 신체 상해, 사기, 음란한 언동, 그리고 살인을 저지를 수 있었다. 키케로는 남색에 맞선 스칸티니우스 법(lex Scantinia)에 대해 언급한다.[22] 아우구스투스는 범죄를 벌금으로, 마르티알리스는 경구로, 도미티아누스는 사형으로 교정했다. 신체 상해는 더 이상 12표법에서처럼 동등한 보복으로 처벌되지 않고 벌금으로 처벌되었다. 자살은 범죄가 아니었다. 오히려 도미티아누스 이전에는 자살이 어떤 의미로는 보상을 받았다. 사형을 선고받은 사람은 보통 자살함으로써 자신의 유언이 법적으로 효력을 갖게 할 수 있었고, 자신의 재산이 상속인들에게 방해받지 않고 양도되게 할 수 있었다. 법은 최후의 선택인 자살을 자유롭게 할 수 있도록 내버렸다.

4. 재산에 관한 법

소유권, 의무, 교환, 계약, 그리고 채무의 문제는 로마법에서 단연 가장 커다란 부분을 차지했다. 물질적 소유는 로마의 삶 그 자체였으며, 부의 증가와 거래의 확대는 10대관(Decemvirs, 十大官)의 간단한 법전보다 헤아릴 수 없을 정도로 더 복잡한 일련의 법률을 요구했다.

소유권은 상속이나 취득으로 얻었다. 아버지가 가족의 대리인이자 수탁자로서 소유했으므로, 아이들과 손자들은 잠재적 소유자, 즉 가내 상속인이었다.[23] 아버지가 유언을 남기지 않고 죽었을 경우에는 그들이 자동적으로 가족 재산을 상속했으며, 아들 중에 최고 연장자 아버지가 소유권을 상속했다. 합법적인 유언장의 작성은 수많은 법적 제약으로 제한되었으며, 유언장의 구성은 지금처럼 화려하고 격조 높은 동의어 반복을 필요로 했다. 모든 유언자는 자식들에게 지정된 재산의 일부를, 그에게 세 명의 자식을 낳아 준 아내에게 다른 일부를, 그리고 어떤 경우에는 형제, 자매, 선조들에게 일부를 상속해야 했다. 망자의 모든 채무와 그 밖의 법적 의무를 떠안지 않고서는 재산을 상속할 수 없었다. 로마인은 이익이 되지 않는 상속 재산, 말하자면 빚지고 있는 유산을 상속함으로써 부담을 지기도 했다. 소유자가 자식들 없이, 그리고 유언 없이 죽었을 경우에 그의 재산과 채무는 자동적으로 가장 가까운 "부계 쪽 친척"에게 양도되었다. 제정 후기에 이러한 남성의 자부심은 약해졌으며, 유스티니아누스 시대 무렵에는 부계 쪽 친척과 모계 쪽 친척이 동등한 권리로 상속했다. 카토의 촉구로 통과된 한 구법에 따르면(기원전 169년) 10만 세스테르티우스(1만 5000달러) 또는 그 이상을 소유한 로마인이라면 누구나 자신의 재산을 한 명의 여성에게 상속할 수 없었다. 이러한 보코니우스 법(lex Voconia)은 가이우스 시대에도 여전히 법령집에 있었지만, 사랑이 해결책을 발견해 주었다. 유언자는 신탁유증으로 자격을 갖춘 상속인에게 재산을 남겼으며, 일정한 날짜 이전에 지명된 여성에게 재산을 양도해 주도록 진지하게 요청했다. 이러저러한 경로로 로마의 많은 재산이 여성들의 수중으로 양도되었다. 증여는 유언법에서 벗어나기 위한 또 하나의 도피처였다. 하지만 죽음을 예상해서 이루어진 증여에는 법적 감시가 팔요했으며, 유스티니아누스 치세에 증여는 유증을 곤란하게 했던 법과 동일한 법의 적용을 받았다.

취득은 법률 소송으로 발생한 법적 양도로 이루어졌다. 양도는 증인 앞에서 행해진 공식적인 증여이자 매각의 표시로 동(銅) 주괴 하나로 주조된 저울로 이루어진 공식적인 매각이었다. 이러한 고대의 의식 없이는 어떠한 교환도 법의 승인이나 보호를 받지 못했다. 중간의 또는 잠재적인 소유권은 재산을 보유하거나 이용하는 권리인 점유(possessio)라는 이름으로 승인되었다. 예를 들어 국유지의 차지인들은 소유자가 아닌 점유자였다. 하지만 관행으로 인정된 권리인 사용 취득이 소유권이 되었으며, 아무런 제재 없이 2년의 점유 기간 이후에는 더 이상 문제될 수 없었다. 아마도 대단히 신속하게 소유권을 발생시킨 이러한 관대한 점유 개념은 이런 방식으로 국유지를 획득하던 귀족들에게서 유래했다.[24] 동일한 사용 취득의 권리로 3일 밤의 부재 없이 1년 내내 한 남성과 살던 여성은 남자의 소유가 되었다.

의무는 법에 의해 행위의 이행을 강제하는 것으로서, 위법 행위나 계약으로 발생할 수 있었다. 위법 행위나 불법 행위(한 사람 또는 그의 재산에 대해 저지른 계약에 의하지 않은 불법 행위)는 많은 경우 상해를 입은 사람에게 일정액의 배상금을 지불하도록 함으로써 처벌되었다. 계약은 법에서 강제할 수 있는 약속으로 문서화될 필요는 없었다. 실제로 서기 2세기까지 증인 앞에서 "약속합니다."라는 말로 성립된 구두 계약은 문서화된 어떤 계약보다 더 신성한 것으로 간주되었다. 예전에 법적 계약에 필요한 많은 증인들과 엄숙한 의식은 더 이상 필요하지 않았다. 분명한 계약(대체로 회계 장부에 계약 당사자들이 기입하던 사항들)에 대한 법적 승인으로 업무가 빨라졌다. 하지만 거래는 법의 신중한 보호를 받았다. 즉 법은 문명화된 생활에서 자연스러운 무수한 형태의 속임수에 대해 구매자에게는 매수인 위험 부담을, 그리고 판매자에게는 매도자 위험 부담을 경고했다. 예를 들어 법에 의해 노예나 가축의 판매자는 구매자에게 그들의 신체적 결함을 공개해야 하며, 신체적 결함을 알지 못했다는 항변에도 불구하고 책임을 져야 한다.[25]

채무는 대부금, 저당, 보증금 또는 신탁으로 발생했다. 소비를 위한 대부금은 보통 부동산이나 동산을 저당 잡혀 확보되었다. 원금에 대한 채무 불이행은 저당권자에게 재산을 인수할 수 있는 권리를 부여했다. 공화정 초기 법률에서 그러한 채무 불이행은 대금 업자에게 대출자의 신체를 노예로 구인할 수 있게 해 주었다.* 포이텔리우스 법(lex Poetelia)은(기원전 326년) 채무자에게 자신의 자유를 유지하면서 채무를 변제하게 함으로써 이러한 규정을 완화했다. 카이사르 이후에 채무 불이행된 저당은 대체로 채무자의 신체에 위험을 초래하지 않고 그의 재산을 매각함으로써 변제되었다. 하지만 유스티니아누스 후기까지 채권자에게 노예로 예속되는 사례들이 발생한다. 상업상의 채무 불이행은 파산자의 재산을 채무 변제를 위해 매각했지만 파산자가 생계 유지를 위해 취득한 것을 보유할 수 있게 해 주었던 파산법으로 완화되었다.

재산에 대한 중요한 범죄는 손해, 도둑질, 폭력이 수반된 도둑질인 강탈이었다. 12표법은 현장에서 발각된 도둑에게 태형을 선고했으며, 그 다음 피해자에게 노예로 인도했다. 도둑이 노예였을 경우에는 채찍질당하고 타르페이아 절벽에서 내던져질 수 있었다. 사회 보장이 증가하면서 법무관의 법이 이러한 가혹한 처사를 두 배, 세 배, 아니면 네 배의 배상으로 완화시켰다.[26] 최종적인 형태에서 재산에 관한 법은 로마 법체계의 가장 완벽한 부분이었다.

5. 소송 절차에 관한 법

소송 절차법의 복잡성, 전문성, 그리고 혼란을 야기하는 허구에도 불구하고 모든 고대인들 중에 로마인들만큼 소송을 자주 하는 사람들도 없었다. 물론 우리 자신의 법률 소송은 로마인들에게도 똑같이 에둘러 가고 오래 끄는 것으로 보였을 것이다. 더 오래된 문명일수록 소송은 더 길다. 로마 법정에서는 남성이라면 누구나 기소할 수 있었다. 귀족 공화정에서는 원고, 피고, 정무관이 법적 소송이라는 형식을 따라야 했으며, 가장 사소한 일탈이 소송을 무효로 했다. 가이우스는 "그래서 자신

---

* 저당 채무자는 저당 채권자에게 법적으로 예속되었다. 하지만 채무 노예제라는 모호한 용어는 분명히 엄숙한 맹세로 이루어진 모든 의무에 적용되었다.

의 포도나무를 잘랐다는 이유로, 그리고 그것을 '포도나무'로 일컬은 소송에서 다른 사람을 고소한 사람은 그것을 '나무'라고 불러야 했기 때문에 소송에 패했다. 왜냐하면 12표법에서는 특별히 포도나무가 아니라 일반적으로 나무에 대해서 말하고 있기 때문이다."라고 말한다.[27] 소송 당사자는 정무관에게 일정 금액을 공탁했으며, 패소한 쪽이 이 공탁금을 국가 종교에 몰수당했다. 또한 피고 측은 다음에 출석하겠다는 보증으로 보석금을 내야 했다. 그 다음 정무관은 재판관 자격을 갖춘 사람들의 명부에서 한 사람에게 분쟁을 위임했다. 어떤 소송 사건에서는 재판관이 한 명 또는 그 이상의 소송 당사자들에게 어떤 행위를 수행하거나 삼갈 것을 요구하는 임시 명령을 공포했다. 피고가 패소할 경우 그의 재산(때로는 그의 신체)은 판결이 이행될 때까지 원고에 의해 몰수될 수 있었다.

기원전 150년 무렵 아이부티우스 법(lex Aebutia)은 이러한 의례적 법적 소송의 필요성을 파기했으며, 그 대신 설명을 위한 절차를 받아들였다. 특정 행위와 말은 더 이상 필요하지 않았다. 소송 당사자들이 정무관과 함께 재판관에게 제소할 사건의 형식을 결정했다. 그리고 그 다음 정무관은 재판관에게 관련된 사실적, 법률적 문제에 대해 설명서를 작성했다. 부분적으로 이렇게 해서 정무관 자격으로 법무관이 "법무관 법"을 제정했다. 서기 2세기에 제3의 소송 방식인 특별 심리 소송이 사용되었다. 이것은 정무관이 직접 소송에 대해 판결을 내리던 방식이었다. 3세기 말 무렵에는 공식적인 소송 절차가 사라졌고, 황제에게만 책임을 지고, 게다가 대체로 관직을 황제에게 은혜 입고 있는 정무관의 약식 재판이 절대 군주정의 출현을 가져왔다.

원한다면 변호인들의 도움 없이 소송 당사자들이 자신들의 소송을 진행시킬 수 있었고, 법무관이나 재판관이 소송에 판결을 내릴 수 있었다. 하지만 재판관이 종종 법을 전문적으로 훈련받지 않았고, 소송 당사자들이 매 단계에 절차상의 문제에 주저했으므로, 모든 분쟁 당사자들은 대체로 법정 변호인, 법률 전문가, 상담역, 아니면 법학자의 도움을 구했다. 법률 인재는 풍부했다. 왜냐하면 자녀를 맹목적으로 사랑하는 모든 부모는 자신의 아들이 변호사가 되기를 갈망했고, 지금처럼 당시에도 법은 공직으로 접근하는 통로였기 때문이다. 페트로니우스의 작품에 등장하는 한 인물이 자신의 아들에게 "어느 정도 법을 배우는 것이 돈벌이가 되기 때문에" 한 무더기의 법전을 주었다.[28] 법률 학도는 개인 강사로부터 법 원리를 배우는 것부터 시작했다. 그리고 두 번째 단계로 유명한 법학자들의 상담을 받았다. 그 다음 그는 개업 중인 변호사의 견습생이 되었다. 서기 2세기 초에 일부 법률가들이 로마의 여러 지역에 법을 가르치거나 조언하던 학교를 세웠다. 암미아누스는, 이들이 사람들의 하품에 대해서도 금액을 청구했으며 의뢰인이 충분한 돈을 지불할 경우에는 모친 살해도 가벼운 죄로 만들었다고 말하면서 높은 수업료를 불평한다.[29] 이러한 법률 교사들은 시민법 교수로 불렸다. 교수(professor)라는 칭호는 그들이 법률상 가르치는 목적을 밝혀야(profiteri) 했으며, 그것에 대해 공공 기관에서 승낙을 얻어야 한다는 사실에서 유래했다.[30]

그렇게 훈련받은 수많은 변호사 중 일부는 필연적으로 탐욕스러운 목적에 자신의 학식을 팔았고,[31] 뇌물을 받고 의뢰인의 소송 사건을 약하게 고발했으며,[32] 모든 범죄에 대한 법률상 허점을 찾았고, 부자들 사이의 분쟁을 조장했다. 그리고 돈벌이가 될 정도로 소송을 질질 끌었으며,[33] 위협적인 질문과 독설을 퍼붓는 최종 변론으로 법정과 포럼을 뒤흔들었다. 소송 사건을 두고 경쟁하지 않을 수 없게 된 몇몇 변호사들은 서류 다발을 손에 들고 거리를 바쁘게 돌아다님으로써 평판을 쌓으려 애썼고, 손가락에 끼울 반지와 수행원들을 빌렸으며, 그들의 연설에 박수갈채를 보낼 바람잡이들을 고용했다.[34] 클라우디우스가 소송 사건당 1만 세스테르티우스까지 합법화했던 보수에 반대한 예전의 킨키우스 법을 교묘히 회피하기 위해 대단히 많은 방법들이 모색되었다. 법률상 1만 세스테르티우스 이상의 보수는 되찾을 수 있었다.[35] 이러한 제한 규정은 쉽게 빠져나갈 수 있었다. 왜냐하면 베스파시아누스 치세에 3억 세스테르티우스(3000만 달러)[36]의 재산을 모은 변호사의 이야기가 전해져 오기 때문이다.

모든 세대에서처럼 보수와 상관없이 냉철하고 충분히 단련된 정신으로 진실과 정의에 봉사하던 법률가와 재판관이 있었다. 게다가 가장 저속한 변호사들은 법률 역사에서 최고의 명예를 누린 위대한 법학자들에 의해 상쇄되었다.

범죄자를 재판하기 위한 법정은 개개의 재판관이나 정무관에 의해 거행된 심문으로부터 민회, 원로원, 황제에 이르기까지 다양했다. 단독 재판관 대신에 법무관이 추첨으로 배심원 명부에 있는 850명의 원로원 의원이나 기사 계층의 이름으로부터 대체로 51명이나 75명의 배심원을 추첨으로(원고와 피고에 의한 다수의 기피를 조건으로 하여) 선출할 수 있었다. 두 개의 특별 법정, 즉 시민의 법률상 지위에 대한 소송을 심리하는 10인 위원회와 재산과 유증에 관한 소송을 심리하는 100인 위원회가 상설 유지되었다. 이러한 위원회의 소송은 대중들에게 개방되어 있었다. 왜냐하면 소(小)플리니우스가 더 큰 법정에서 자신이 연설하는 것을 들으러 왔던 엄청난 군중을 묘사하고 있기 때문이다.[37] 에우베날리스[38]와 아풀레이우스[39]는 재판의 지연과 금품 수수에 대해 불평하지만, 그들의 분노 자체는 예외적인 경우를 암시한다.

재판의 특징은 오늘날의 법정에서는 좀처럼 볼 수 없는 언어와 행동의 자유였다. 다수의 변호사들이 쌍방에서 등장할 수 있었다. 일부는 증거를 준비하고, 일부는 증거를 제출하는 일을 전문적으로 담당했다. 소송 절차는 여러 서기들이 기록했으며, 이따금씩 속기로 기록되기도 했다. 마르티알리스는 어떤 서기들에 대해 "아무리 말이 빨라도 그들의 손은 훨씬 더 빠르다."라고 말한다.[40] 플루타르코스는 종종 불쾌한 기분으로 속기사들이 어떻게 키케로의 연설을 기록했는지 전하고 있다. 증인은 유서 깊은 선례에 따라 처리되었다. 모범적인 퀸틸리아누스는 다음과 같이 말한다.

증인을 심문할 때 첫 번째 필수적인 요소로 그가 어떤 유형의 사람인지 알아야 한다. 왜냐하면 겁 많은 증인은 위협받을 수 있고, 어리석은 증인은 속을 수 있으며, 화를 잘 내는 사람은 자극받을 수 있고, 허세 부리는 사람은 허황된 희망을 품을 수 있기 때문이다. 빈틈없고 냉정한 증인은 악의적이고 완고한 증인처럼 즉시 축출되어야 한다. 그렇지 않으면 …… 증인의 과거 생활이 비판받을 여지가 있으면, 그에 대한 신뢰는 그에게 제기될 수 있는 불명예스러운 비난들에 의해 무너질 수 있을 것이다.[41]

거의 모든 유형의 변론은 변호사가 담당했다. 그는 캔버스나 나무에 그려진 혐의가 있는 범죄에 대한 법정 그림을 보여 줄 수 있었다. 그리고 그는 요점을 주장하는 사이에 양팔로 한 아이를 안을 수 있었다. 게다가 피고 병사의 상처나 의뢰인의 상처를 드러낼 수 있었다. 이러한 공격 수단에 맞서 방어가 시도될 수 있었다. 퀸틸리아누스는 상대 변호사가 의뢰인의 아이들을 법정으로 데리고 와서 최종 변론을 했을 때, 그 아이들 사이에서 주사위를 던지던 한 변호사에 대해 말하고 있다. 아이들이 주사위를 차지하려고 서로 다투었으며 최종변론은 엉망이 되어 버렸다.[42] 증언을 끌어내기 위해 소송 당사자의 어느 한쪽 노예들을 고문할 수 있었지만, 그러한 증언은 노예 소유자들에 대해서는 인정될 수 없었다. 하드리아누스는 단지 최후 수단으로만, 그리고 가장 엄격한 규정 아래에서만 증언을 이끌어내기 위해 노예를 고문해야 한다고 명했다. 게다가 그는 고문으로 확보한 증언은 결코 신뢰될 수 없을 것이라고 법정에 경고했다. 그럼에도 불구하고 합법적 고문은 계속되었고, 3세기에는 자유민들에게 확대되었다.[43] 배심원은 표시가 되어 있는 서판을 단지에 넣는 것으로 투표했으며, 과반수로 결정되었다. 대부분의 경우 패소자는 고등 법정에 항소할 수 있었고, 할 수 있다면 마지막으로 황제에게 항소할 수 있었다.

형벌은 재판관의 자유재량에 맡겨졌다기보다는 법으로 결정되었다. 형벌은 범죄자의 지위에 따라 달랐으며, 노예에게 가장 가혹했다. 노예는 십자가에 못 박힐 수 있었지만 시민은 그럴 수 없었다. 게다가 『사도행전』을 읽어 본 사람이라면 모두 알다시피 어떤 로마 시민도 채찍질당하거나 고문당할 수 없었고, 아니면 황제에 대한 항소로 사형에 처해질 수 없었다. 상층민과 하층민에게 동일 범죄에 상이한 형벌이 가해졌다. 또한 형벌은 범죄자가 자유민 태생인지 자유민인지, 지불 능력이 있는 사람인지 파산한 사람인지, 병사인지 민간인인지에 따라 달랐다. 가장 간단한 형벌은 벌금이었다. 통화 가치가 법에서 정해진 형벌보다 더 빠르게 변했으므로, 어떤 예외적인 일들이 뒤따랐다. 12표법에서는 자유민에게 일격을 가하는 경우에는 25아세스(원래는 동 25파운드)의 벌금을 강제했다. 그리고 치솟는 물가 때문에 아세스의 가치가 6센트로 떨어졌을 때, 루키우스 베라티우스가 한 명의 노예에 뒤이어 자유민들의 얼굴을 가격하기 시작했으며, 각각의 피해자에게 25아세스를 주었다.[44] 어떤 범죄는 법적 소송에서 주로 출석하거나 대리 출석할 수 없는 불명예(잠자코 있음)를 초래했다. 더 가혹한 처벌은 시민권의 상실이었으며, 이것은 점진적으로 상속 자격 박탈, 국외 추방, 그리고 노예화의 방식을 취했다. 국외 추방은 가장 가혹한 형태의 추방이었다. 유죄 선고를 받은 사람은 쇠사슬에 묶였고, 어떤 혹독한 장소에 감금되었으며, 자신의 모든 재산을 빼앗겼다. 추방은 희생자가 이탈리아 외부에서 원하는 곳이라면 어디에서든 자유롭게 살도록 허용했다는 점에서 더 관대했다. 그리고 오비디우스의 경우에서처럼 유배는 몰수를 포함하지 않았지만 유배자가 대체로 로마에서 멀리 떨어진 지정된 도시에 머무르도록 강제했다. 투옥은 항구적인 처벌로서 좀처럼 사용되지 않았지만 남성들은 공공사업, 광산 또는 국영 채석장에서 천한 노동을 하는 형을 선고받을 수 있었다. 공화정 시기에 사형을 선고받은 자유민은 로마나 이탈리아를 떠남으로써 처벌을 면할 수 있었다. 그리고 제정기에 점점 더 빈번하고 무자비하게 사형이 부과되었다. 전쟁 포로들, 그리고 어떤 경우에는 다른 죄수들이 카르케르 툴리아눔 감옥에 내던져져 지하의 암흑과 제거할 수 없는 오물 속에서 굶주림, 설치류, 그리고 이 때문에 죽을 수 있었다.[45] 그곳에서 유구르타가 죽었고, 티투스에 맞서 예루살렘을 영웅적으로 지켜 낸 시몬 벤지오라(Simon Ben-Giora)도 죽었다. 전승에 따르면 그곳에서 베드로와 바울이 순교하기 전에 수척해졌으며, 초기 그리스도교 세계에 마지막 설교를 작성했다.

6. 만민법

로마법의 가장 어려운 문제는 현명한 지배자로서 로마의 군사력과 외교술이 승리했던 나라들의 다양한 법전과 관습에 적응하는 것이었다. 이러한 국가들 중 상당수가 로마보다 더 오랜 역사를 갖고 있었다. 그들은 군사적 용기에서 패배한 것을 자랑할 만한 전통과 자신들 고유의 방식에 대한 애정으로 보상했다. 로마는 그 상황을 능숙하게 대처했다. 처음에는 로마의 외국인을 위해, 그 다음에는 이탈리아의 외국인을 위해, 그리고 그 다음에는 속주의 외국인을 위해 외국인 담당 법무관이 임명되었다. 게다가 로마법과 지방법 사이의 결합을 가능하게 할 수 있는 권한이 그에게 부여되었다. 이러한 외국인 담당 법무관과 속주 총독, 그리고 조영관(造營官)의 연간 칙령들이 점차 제국을 통치하던 만민법을 만들어 냈다.

이러한 "만민법"은 국제법이 아니었다. 즉 이것은 대다수 국가들의 상호 관계를 지배하는 것으로 받아들여진 일련의 책무가 아니었다. 고대에는 일정한 공통의 관습이 평화와 전쟁에서 지켜지던 경우에 한해서 오늘날에 비해 그다지 모호하지 않은 국제법이 존재했다. 즉 국제적인 상인과 외교관이 상호 보호되었고, 죽은 자들의 장례식에 휴전 협정이 승인되었으며, 독화살의 사용이 자제되었다. 로마의 법학자들은 애국적인 날조로 만민법이 모든 민족에게 공통된 법이라고 말했다. 하지만 그들은 만민법에서 로마의 역할에 대해 지나치게 겸손했다. 실제로 만민법은 로마의 통치권에 적합한 지방법이자 로마 시민권과 시민법의 다른 권리들을 부여하지 않은 채 이탈리아인과 속주민을 통치하게 위해 설계된 지방법이었다.

이와 유사한 날조 행위로 철학자들은 만민법을 "자연법"과 동일시하려고 시도했다. 스토아 철학자들은 자연법을 "타고난 이성"에 의해 사람에게 뿌리내린 도덕률로 정의했다. 그들의 주장에 따르면 자연은 이성의 체계이자 논리였으며 모든 사물의 질서였다. 사회에서 자발적으로 발전하고 사람에게서 다시 정신이 깃들인 이러한 질서는 자연법이었다. 키케로는 한 유명한 구절에서 상상력을 표현했다.

진정한 법이란 자연과 일치하고, 범위에서 세계적이며, 항상 일정하고, 영원히 계속되는 올바른 이성이다. …… 우리는 그러한 법을 반대하거나 바꿔서는 안 되고, 폐지할 수 없으며, 모든 입법 기관에 의해 그러한 법의 구속으로부터 벗어날 수 없다. 그리고 우리 자신의 외부에서 그러한 법의 해설자를 구할 필요가 없다. 이 법은 로마와 아테네에 대해, 현재와 미래에 대해 다르지 않다. …… 이 법은 모든 민족과 모든 시대에 대해 유효하고 유효할 것이다. …… 이 법을 따르지 않는 사람은 자신과 자신의 천성을 부정하는 사람이다.[46]

자연법은 안토니누스 왕조에서 스토아주의가 정점에 이르렀을 때 힘이 증대하던 하나의 이상에 대한 완벽한 표현이었다. 울피아누스는 자연법을 계층의 차별과 특권이 우발적이며 인위적이라는 광범위한 원리로 발전시켰다. 그리고 이것으로부터 자연법은 모든 사람을 근본적으로 평등하다고 보는 그리스도교의 개념으로 나아가는 한 발짝에 불과했다. 하지만 가이우스가 만민법을 단순히 "타고난 이성이 모든 인류 사이에서 확립했던 법"으로 정의했을 때,[47] 그는 로마의 군사력을 신의 섭리로 혼동하고 있었다. 로마법은 힘의 논리이자 효율적 사용이었다. 시민법과 만민법의 위대한 법체계는 지혜로운 정복자 로마가 군단의 힘에 기초한 통치권에 질서, 규칙성, 시간의 존엄성을 부여했다. 시민법과 만민법의 법체계는 강자가 약자를 이용하고 학대하는 것이 당연하다는 의미에서만 자연스럽다.

그럼에도 불구하고 로마법으로 불리는 이러한 인상적인 통치 구조에서는 고결한 무엇인가가 있다. 승자가 지배해야 하기 때문에 승자의 지배 규정이 명확히 표현되어야 이익이 된다. 이러한 의미에서 법은 일관성을 갖춘 권력이다. 로마인들이 역사상 가장 위대한 법체계를 만들어 내는 것은 당연했다. 즉 로마인들은 질서를 사랑했고 질서를 강제할 수단을 가지고 있었으며, 다양한 많은 국가들의 혼란에 불완전하지만 주목할 만한 권한과 평화를 가져다주었다. 다른 국가들은 법을 가졌으며, 함무라비와 솔론 같은 입법자들이 일련의 인도적인 입법을 공포했다. 하지만 어떤 민족도 아직까지는 스카이볼라 부자(父子)로부터 유스티니아누스까지 로마의 최고 법 정신을 차지했던 엄청난 조정과 통일과 성문화를 달성하지는 못했다.

만민법의 유연성 덕분에 중세와 근대 국가들에 로마법 전달이 촉진되었다. 야만족 침입의 혼란이 서방에서 법적 전통을 훼손시키는 사이에 상대적으로 안전하고 끊이지 않고 이어졌던 동로마 제국에서 유스티니아누스의 법전,『학설 휘찬』, 그리고『법학제요』가 콘스탄티노플에서 수집되고 체계화되었다는 것은 뜻밖의 행운이었다. 그러한 노고들과 덜 중요한 많은 경로, 그리고 조용하게 지속되었던 유용한 방식을 통해 로마법이 중세 교회의 교회법에 들어갔고, 르네상스의 사상가들을 고무했으며다. 그리고 로마법은 이탈리아, 스페인, 프랑스, 독일, 헝가리, 보헤미아, 폴란드, 심지어 대영제국의 스코틀랜드, 퀘벡, 실론, 남아프리카공화국의 기본법이 되었다. 비교 가능한 범위에 있는 유일한 법체계인 영국법 자체는 로마의 교회법으로부터 형평법(衡平法), 해사법(海事法), 후견, 그리고 유증의 규정들을 받아들였다. 그리스의 과학과 철학, 유대·그리스의 그리스도교, 그리스·로마의 민주주의, 그리고 로마법은 우리가 고대 세계에서 상속한 최고의 유산이다.

19장

철학자 왕들
서기 96~180

1. 네르바

도미티아누스 황제의 암살과 더불어 세습의 원칙은 로마 군주제에서 백년 동안 볼 수 없었다. 원로원은 계승을 통치권의 근거로 인정한 적이 없었다. 이제 원로원은 123년간의 복종을 끝내고(첫 번째 황제인 임페라토르 카이사르 아우구스투스(옥타비아누스)가 아홉 번째로 집정관이 된 기원전 25년부터 계산하면 123년이 된다. - 옮긴이) 다시 자신들의 권위를 주장했고, 로마의 초기 시절처럼 왕을 선출했고, 자신들 가운데 한 사람을 프린켑스(princeps)이자 임페라토르(imperator)로 지명했다. 그것은 용기 있는 행동으로, 이탈리아와 속주의 피로써 원로원의 생명력이 회복되는 것을 목도한 바로 그 세대에서 플라비우스 황실의 활력이 소진되었음을 기억해야만 이해할 수 있다.

마르쿠스 코케이우스 네르바가 갑자기 최고 권력을 손에 쥐게 되었을 때, 그의 나이 66살이었다. 바티칸에 있는 네르바의 거상은 남자답게 잘생긴 얼굴을 보여 준다. 이것을 보고 위가 좋지 않았던 존경할 만한 법학자 또는 한때 "우리 시대의 티불루스"라고 치켜세워졌던 온순하고 상냥한 시인을 떠올릴 사람은 없을 것이다.[1] 원로원은 노년의 무해함을 보고 네르바를 선택했을 것이다. 네르바는 모든 정책에서 원로원과 협의했고 원로원 의원 누구에게라도 죽음의 원인이 되지 않겠다는 맹세를 지켰다. 네르바는 도미티아누스가 추방한 자들을 불러들이고 그들의 재산을 되찾아 주어 복수심을 누그러뜨렸다. 네르바는 6000만 세스테르티우스에 해당하는 토지를 빈민에 분배했으며, 농민의 부모 부양을 장려하고 그 비용을 대기 위한 국가 기금인 급양(給養, alimenta)을 설치했다. 네르바는 여러 세금을 폐지하고 상속세를 낮추었으며, 베스파시아누스 황제가 유대인에게 부과한 조세의 의무를 면해 주었다. 동시에 네르바는 황실과 나라의 살림을 절약하여 국가 재정을 회복했다. 네르바가 스스로 모든 계층에 공정했다고 생각한 것은 당연했다. 네르바는 이렇게 말했다. "나는 황제의 지위를 내려놓고 안전하게 사생활로 복귀하는 데 방해가 될 짓은 조금도 하지 않았다."[2] 하지만 네르바가 즉위하고 1년이 지났을 때 네르바의 지명에서 기선을 빼앗기고 네르바의 경제 정책에 분개한 근위대가 궁전을 포위하고 도미티아누스 황제의 암살자들을 넘기라고 요구하면서 네르바의 고문 몇을 살해했다. 네르바는 병사들의 검에 목을 내놓았으나 병사들은 네르바를 살려 주었다. 굴욕을 당한 네르바는 퇴위를 원했지만, 친구들은 네르바를 설득하여 아우구스투스의 선례를 따라 원로원이 받아들일 만하고 제국은 물론 근위대까지도 지배할 수 있는 인물을 양자로 맞아들여 후계자를 삼게 했다. 로마가 네르바에게 진 가장 큰 빚은, 네르바로 하여금 마르쿠스 울피우스 트라야누스를 선택하여 제위를 계승하게 한 것이었다. 석 달 뒤 네르바는 16개월간의 통치 끝에 사망했다.(98년)

그렇게 우연히 부활한 입양의 원칙은 모든 황제가 자신의 권력이 쇠한다고 느끼면 가장 유능하고 적합한 인물을 찾아 공동으로 통치하게 하려는 것이었다. 그렇게 함으로써 죽음이 찾아왔을 때 근위대의 일원이 황제에 오르는 어리석은 일도, 자식이지만 쓸모없는 자가 제위를 계승하는 위험도, 그리고 제위 경쟁자들 간의 내전도 없도록 하려는 것이었다. 트라야누스나 하드리아누스, 안토니누스 피우스에게는 아들이 없었는데, 이들 모두 자식들이나 부모의 사랑을 소홀히 여기지 않고도 입양 계획을 실행에 옮긴 것은 다행이었다. 입양의 원칙이 유지되는 동안, 로마는 "역사상 유례없는 훌륭하고 위대한 통치자들의 최선의 계승"을 보여 주었다.[3]

2. 트라야누스

트라야누스는 콜로니아(콜로뉴)에서 로마 군대를 지휘하고 있을 때, 자신에게 제위가 승계되었다는 말을 전해 들었다. 트라야누스는 과연 그답게도 거의 2년 동안 변경에서 맡은 일을 계속하며 로마 귀환을 늦추었다. 트라야누스는 스페인에 정착하여 오랜 세월을 보낸 이탈리아인 가정에서 태어났다. 로마령 스페인은 세네카와 루카누스, 마르티알리스 때 문예를 선도했으며, 트라야누스와 하드리아누스 시대에 이르러 정치적 헤게모니를 장악했다. 속주에서 태어나 교육받은 탓에 로마 태생에게서는 볼 수 없게 된 권력 의지를 갖춘 장군들이 트라야누스 이후 연이어 출현했으며, 트라야누스는 그 첫 번째 인물이었다. 로마 제국이 속주 출신의 제위 등극에 아무런 이의를 제기하지 않았다는 사실은 로마사에서 그 자체로 대사건이자 전조였다.

트라야누스는 언제나 장군의 면모를 잃지 않았다. 트라야누스의 마차는 군용 마차였으며, 등장은 위풍당당했고, 용모는 두드러지지는 않았지만 강인했다. 키가 크고 건장한 트라야누스는 습관처럼 군대와 함께 걸어 행진했고 완전 군장으로 수많은 강을 건넜다. 트라야누스의 용기는 삶과 죽음을 구분하지 않는 스토아 철학을 보여 주었다. 트라야누스는 리키니우스 수라가 자신을 해치려는 음모를 꾸미고 있다는 말을 들었음에도 불구하고 수라의 집으로 저녁 식사를 하러 갔고, 자세히 살피지도 않은 채 접대되는 음식을 다 먹었으며, 수라의 이발사에게 면도를 시켰다.[4] 트라야누스는 전문적인 의미에서 본다면 전혀 철학자가 아니었다. 트라야누스는 달변의 수사학자 디오 크리소스토무스를 자신의 전차로 데려와 철학에 관해 강연하게 하곤 했지만, 디오의 말을 한 마디도, 게다가 철학에 관한 이야기는 더욱더 이해할 수 없었다고 고백했다.[5] 트라야누스는 분명하고 솔직한 정신의 소유자였고 인간으로서는 놀라우리만큼 허튼소리를 내뱉지 않았다. 모든 인간이 그렇듯이 트라야누스도 자만심에 차 있었지만 주제 넘는 일은 전혀 없었다. 트라야누스는 지위를 이용하지 않았으며, 친구들과 함께 식사하고 사냥하고 여러 차례 함께 술을 마셨으며, 마치 시대의 관습을 존중한다는 듯이 남색에 탐닉했다. 로마 사람들은, 트라야누스가 다른 여인과 성관계를 하여 아내 플로티나의 마음을 괴롭힌 적이 없다는 사실을 칭찬할 만한 일로 여겼다.

마흔두 살의 나이로 로마에 왔을 때 트라야누스의 능력은 최고조에 달해 있었다. 트라야누스의 순박함과 온화함, 중용은 최근까지 전제 정치에 익숙해 있던 로마인들을 쉽게 매료했다. 원로원은 소(小)플리니우스에게 환영의 축사를 하게 했다. 동시에 디오 크리소스토무스가 황제 앞에서 스토아 철학의 관점에서 본 군주의 의무에 관해 강연을 했다. 플리니우스와 디오 둘 다 폭정(domina-tio)과 원수정(principatus)를 구분했다. 군주는 국가의 주인이 아니라 첫 번째 종복이며 인민의 대표자인 원로원이 선택한 인민의 행정 대리인이라는 것이었다. 플리니우스는 이렇게 말했다. "만인에 명령을 내릴 수 있는 자는 만인이 선출해야 한다."[6] 트라야누스 장군은 정중하게 경청했다.

이렇게 순조로운 시작이 역사상 처음은 아니었다. 로마인들을 깜짝 놀라게 한 점은, 트라야누스가 자신들의 기대를 풍부하게 충족시켰다는 사실이었다. 트라야누스는 선대 황제들이 한 해에 겨우 몇 주 머물던 별장(빌라)들을 측근들과 동료들에게 하사했다. 플리니우스는 이렇게 말했다. "그는 친구들이 소유한 것이 아니면 그 무엇도 자기 것으로 여기지 않았다."[7] 트라야누스 자신도 베스파시아누스처럼 수수하게 살았다. 트라야누스는 중요한 문제에 관해서는 늘 원로원의 의견을 구했으며, 비록 전제적인 화법을 사용한 적이 없지만 거의 절대적인 권력을 행사할 수 있음을 깨달았다. 원로원은 자신들의 체면과 위신을 보존해 주는 조건이라면 트라야누스의 통치를 기꺼이 받아들일 준비가 되어 있었다. 나머지 다른 로마인들처럼 원로원도 이제 안전을 간절히 원한 나머지 자유를 희생할 수 있었던 것이다. 또한 원로원은 트라야누스가 보수주의자라는 사실을 알고 기뻤을 것이다. 왜냐하면 트라야누스는 가난한 사람들을 달래려고 부자의 재산을 빼앗을 의도는 없었기 때문이다.

트라야누스는 지칠 줄 모르는 유능한 행정가였고 합리적인 재정가였으며 공정한 재판관이었다. 유스티니아누스의 『학설 휘찬』은 다음과 같은 원리의 전거를 트라야누스에게 돌리고 있다. "무고한 자가 유죄 판결을 받는 것보다는 유죄인 자가 처벌받지 않는 것이 더 낫다."[8] 트라야누스는 지출을(그리고 돈이 되는 전리품들을) 세심하게 관리함으로써 과세를 확대하지 않고도 비용이 많이 드는 공공사업을 완수할 수 있었다. 오히려 트라야누스는 세금을 낮추었고 예산안을 작성하여 세입과 경비를 검사하고 평가할 수 있게 했다. 트라야누스는 자신의 우애를 누린 원로원 의원들에게 자신만큼이나 세심하게 헌신적으로 행정을 돌볼 것을 요구했다. 귀족들(파트리키(patrici))이 관료 기구에 들어왔으며, 이들은 놀기도 했지만 일도 했다. 트라야누스와 이들 사이에 주고받은 현존하는 서신들을 보면 귀족들이 트라야누스의 빈틈없고 분발케 하는 통솔을 받아 얼마나 신중하게 일했는지 어렴풋이 알 수 있다. 제국 동부의 여러 도시들은 재정을 잘못 관리하여 파산 지경에 이르렀고, 트라야누스는 소(小)플리니우스 같은 감독관을 보내 지원하고 점검하게 했다. 이 절차로 인해 도시의 독립성과 제도들이 약화되었지만, 이는 불가피한 일이었다. 자치는 낭비와 무능 탓에 종말을 고했다.

전쟁으로 성장한 트라야누스 황제는 명백한 제국주의자로서 자유보다 명령을, 평화보다 권력을 더 좋아했다. 트라야누스는 로마에 도착한 지 1년도 지나지 않아 다키아 정복에 나섰다. 1940년의 루마니아와 대략 일치했던 다키아는 게르마니아의 심장부로 주먹처럼 뛰어 들었고, 따라서 트라야누스가 예견했던 게르만족과 이탈리아 사이의 싸움에서 군사적으로 대단히 중요할 터였다. 다키아를 병합하면 로마 제국은 사바 강을 따라 다뉴브 강으로, 이어 비잔티움까지 이어지는 길을, 다시 말해 동방으로 가는 매우 귀중한 길을 통제하게 된다. 게다가 다키아에는 금광이 있었다. 트라야누스는 훌륭하게 계획을 세우고 신속하게 실행에 옮긴 원정에서 군단들을 지휘하여 온갖 장애물과 저항을 뚫고 다키아의 수도 사르미제게투사에 도달한 뒤 항복을 얻어 냈다. 로마의 어느 조각가는 다키아의 왕 데케발루스의 인상적인 초상, 즉 힘과 품격이 담긴 당당한 얼굴의 초상을 남겼다. 트라야누스는 데케발루스를 종속국의 왕으로 다시 세우고 로마로 돌아왔다.(102년) 그러나 데케발루스는 곧 협정을 어기고 독자적인 통치를 재개했다. 트라야누스는 다시 군대를 이끌고 다키아로 행군하여 (105년) 당대의 공학적 기적을 자랑하던 구조물을 설치하여 다뉴브 강을 건넜고 다키아의 수도를 재차 습격했다. 데케발루스는 죽음을 당했고, 트라야누스는 사르미제게투사를 지키도록 강력한 수비대를 남겨 놓고 로마로 돌아와 1만 명의 검투사로(아마 전쟁 포로였을 것이다.) 123일 동안 공개 시합을 열어 승리를 축하했다. 다키아는 로마의 속주가 되었고 로마의 이주민들을 받아들였으며, 현지인들이 이들과 결혼했고 라틴어는 루마니아식으로 전화했다. 트란실바니아의 금광들은 제국의 공공 업무 대행자가 감독했고 곧 전비로 충당되었다. 트라야누스는 자신의 노고에 보상을 받고자 다키아에서 은 100만 파운드와 금 50만 파운드를 가져왔다. 이는 로마인들의 나태를 위해 군단들이 벌어다 준 최후의 거대한 전리품이었다.

트라야누스 황제는 이러한 약탈품을 선물로 받겠다고 신청한 시민들 모두에게(약 30만 명은 되었을 것이다.) 650데나리우스(260달러)를 분배했다. 그렇게 하고도 아우구스투스 이래 이탈리아에서 늘 볼 수 있었던 공공사업과 국가의 지원, 그리고 건축 장식의 대규모 일정때문에 부대 해산으로 야기된 실업을 치유하기에 충분할 만큼 자금이 남았다. 트라야누스는 오래된 수도교(水道橋)를 보수하고 새로운 수도교를 건설했는데, 이는 지금도 기능에 문제가 없다. 트라야누스는 오스티아에 테베레 강과 클라우디우스 항구와 운하로 연결된 넓은 항구를 건설했고, 유용성뿐 아니라 아름다움의 기준에서도 모범이 되는 창고들로 항구를 꾸몄다. 트라야누스의 기술자들은 오래된 도로를 보수하고 폰티노 습지를 가로질러 새 도로를 건설했으며, 베네벤툼에서 브룬디시움까지 트라이아나 가도를 놓았다. 이들은 푸키노 호수의 물을 빼냈던 클라우디우스 터널을 다시 파기 시작했으며, 켄툼켈라이와 안코나의 항만을 준설하는 한편, 라벤나에 수도교를 짓고, 베로나에는 원형 극장을 건설했다. 트라야누스는 제국 전역에 새로운 도로와 교량, 건물을 건설하는 데 필요한 자금을 공급했다. 그러나 트라야누스는 도시들 간의 건축 경쟁을 억제했고, 도시들에 빈민의 조건과 환경을 개선하는 데 잉여금을 쓰라고 촉구했다. 트라야누스는 어떤 도시든 지진이나 화재, 폭풍으로 곤란을 겪을 때 도울 준비가 되어 있었다. 트라야누스는 원로원 의원들에게 그들이 소유한 자본의 3분의 1을 이탈리아 땅에 투자하라고 요구함으로써 이탈리아의 농업을 장려하려 했으며, 이것이 노예제 대농장(라티푼디움)의 팽창을 가져올 때에는 소토지 보유자들에게 낮은 이자로 자금을 대부하여 토지와 주택을 구입하고 개선할 수 있도록 지원했다.[9] 트라야누스는 출생률을 높이기 위해 급양(給養)을 확대했다. 국가가 이탈리아 농민에게 5퍼센트 이자율로(통상 이자율의 절반) 담보 대출을 시행했고, 지역의 자선위원회에 매월 가난한 부모들에게 남자 자녀 한 명당 16세스테르티우스(1달러 60센트), 여자 자녀 한 명당 12세스테르티우스씩 그 이자를 분배할 수 있게 했던 것이다. 액수는 적어 보였지만, 당대의 증언에 따르면 1세기 이탈리아 농장에서 아이 하나를 한 달간 돌보는 데 16세스테르티우스에서 20세스테르티우스 정도면 충분했다.[10] 트라야누스는 이와 비슷한 희망에서 로마의 아이들로 하여금 부모들이 받는 것에 더하여 추가로 곡물을 받을 수 있게 했다. 급양 제도는 하드리아누스 황제와 안토니누스 황실이 확대했고, 제국의 여러 지역으로 확산되었으며, 민간의 자선 활동으로 보완되었다. 그래서 소(小)플리니우스는 급양으로 코뭄의 아이들에게 연간 3만 세스테르티우스를 주었고, 카일리아 마크리나는 스페인에 있는 타라키나의 아이들에게 비슷한 용도로 100만 세스테르티우스를 남겼다.

트라야누스는 아우구스투스처럼 다른 속주들보다 이탈리아를, 이탈리아보다는 로마를 더 좋아했다. 트라야누스는 새로운 도로와 수도교, 다뉴브 강 다리를 설계한 다마스쿠스의 그리스인 아폴로도로스의 천재적인 건축 재능을 최대한으로 이용했다. 트라야누스는 아폴로도로스에게 거대한 주택 지역을 제거하고 퀴리날리스 언덕 기슭에서 약 130피트를 잘라내 이곳과 여기에 붙은 공간에 앞서 건설된 포룸 전체를 합친 것과 동등한 면적의 새로운 포룸을 건설하고 그 주변을 힘과 풍요의 절정에 달한 세계 수도에 걸맞은 위엄 있는 건물들로 둘러싸는 임무를 맡겼다. 트라야누스 포룸은 트라야누스 개선문 안쪽에 자리를 잡았다. 너비 370피트, 길이 354피트의 내부는 매끄러운 돌로 포장되었고 둘레에는 높은 벽과 주랑이 서 있다. 동쪽과 서쪽 벽에는 도리스 양식의 줄기둥으로 이루어진 반원형의 한쪽이 개방된 담화실이 덧붙여져 있다. 중앙에는 트라야누스 씨족의 이름을 딴 바실리카 울피아(Basilica Ulpia)가 서 있는데, 상업과 금융 부문의 관공서 건물로 쓰려던 것이었다. 포룸의 외부는 50개의 돌기둥으로 장식되었고, 바닥에는 대리석이 깔렸으며, 거대한 중앙 바닥은 화강암 줄기둥이 에워쌌고, 육중한 들보들의 꼭대기에는 청동이 입혀졌다. 새로운 포룸의 북쪽 끝에는 두 개의 도서관을 세웠는데, 하나는 라틴어 저작, 다른 하나는 그리스어 저작을 위한 것이었다. 그 사이에 신전 뒤쪽으로 트라야누스 원주가 솟아 있다. 완성된 포룸은 건축사의 경이로 여겨지는 작품 가운데 하나이다.

지금도 서 있는 트라야누스 원주는 다른 무엇보다도 운송 부문의 성취였다. 원주는 18개의 정육면체 대리석에서 잘라냈는데, 각각의 무게는 약 50톤이었다. 돌덩이들은 파로스 섬에서 배에 실어 오스티아에서 거룻배로 옮겼고, 강물을 거슬러 상류로 끌어와 굴림대를 써서 강둑 위로 끌어올린 뒤 거리를 지나 그 자리까지 가져왔다. 정육면체 대리석들은 다시 절단하여 32개 덩어리로 만들었다. 8개는 받침대로 썼으며, 받침대의 세 면은 조각으로 장식했고 네 번째 면은 단이 185개인 나선형 계단으로 이어져 있다. 밑바닥 지름이 약 12피트, 높이가 약 97피트인 원주의 기둥은 21개의 덩어리로 만들었는데, 꼭대기에는 지구를 쥐고 있는 트라야누스의 조각상이 서 있다. 돌덩어리들을 제자리로 들어 올리기 전에 다키아 원정을 묘사한 돋을새김을 새겼다. 이러한 돋을새김들은 플라비우스 황실의 사실주의와 고대의 역사적 조각의 절정이었다. 이들 돋을 새김은 그리스 조각의 고요한 아름다움이나 이상화된 유형을 목표로 삼지 않고 전쟁의 실제 장면과 혼란 속에서 살아가는 인물들의 생생한 인상을 전달했다. 그 돋을새김들은 마치 코르네유(Corneille)와 라신(Racine)에 뒤이어 등장한 발자크(Balzac)와 졸라(Zola) 같다. 124개의 나선형 판에 새겨진 2000개의 조각 상에서 다키아 정복을 다음과 같이 단계적으로 추적할 수 있다. 로마 군대의 보병대가 완전 무장을 하고 주둔지에 나오는 장면, 부교로 다뉴브 강을 건너는 장면, 적의 땅에 로마 군대의 숙영지를 설치하는 장면, 창과 화살, 낫, 돌이 난무하는 혼란스러운 싸움, 불타는 다키아 마을을 배경으로 여인들과 아이들이 트라야누스에 자비를 청하는 장면, 포로가 된 로마 병사들을 고문하는 다키아 여인들, 황제 앞에 학살한 적들의 목을 내보이는 병사들, 부상자를 치료하는 의사들, 차례대로 독배를 마시는 다키아의 왕자들, 승리의 기념물로 트라야누스 앞에 가져온 데케발루스의 머리, 포로가 된 남녀와 어린이들이 고국으로부터 이국의 정착지나 로마의 노예로 끌려가는 긴 행렬. 그 어두운 기둥은 이러한 장면과 더 많은 광경을 조각의 역사상 가장 훌륭하게 이야기를 풀어 놓은 돋을새김으로써 이야기한다. 이 미술가들과 미술가들에게 고용된 자들은 맹목적 애국주의자들이 아니었다. 이들은 트라야누스의 자비로운 행동을 그려 냈을 뿐 아니라 한 민족의 자유를 위한 투쟁이 보여 주는 영웅적 측면을 그렸다. 두루마리처럼 이어진 장면 가운데 가장 멋진 인물상은 다키아의 왕이다. 트라야누스 원주는 이상한 기록이다. 완벽한 효과를 내기에는 너무 조밀하며, 어떤 조각상들은 너무나 조잡하여 다키아의 전사가 새긴 것이 아닌가 하는 의구심이 들 정도이다. 원근법은 사라지고 대신 원시적으로 겹치기가 보인다. 마치 페이디아스의 프리즈(frieze)처럼, 종달새같이 땅을 멸시하는 자들만 전체를 볼 수 있다. 그러나 트라야누스 기둥은 고전 양식에서 흥미롭게 벗어났다. 고전 양식은 그 평온함 때문에 로마 제국의 인물이 지니는 넘치는 에너지를 전혀 표현하지 못했다. 각 장면이 다른 장면으로 녹아들어 가는 트라야누스 원주의 연속법은[11] 티투스의 개선문을 연상시키며 중세의 돋을새김을 준비했다. 나선형으로 표현된 이야기는 결점이 없지 않았지만 로마의 아우렐리우스 기둥과 콘스탄티노플의 아르카디우스 기둥, 파리의 방돔 광장(Place Vendôme)에 있는 나폴레옹 기둥까지 거듭 모방되었다.

트라야누스는 도미티아누스 치세에 시작된 목욕장을 장대하게 끝마침으로써 자신의 건축 계획을 완성했다. 한편 6년간의 평화에 트라야누스는 싫증이 났다. 전쟁은 트라야누스의 숨겨진 에너지를 깨웠지만 행정이라는 과제는 그렇지 못했다. 트라야누스는 궁전에서는 살아 있음을 느끼지 못했다. 안토니우스가 실패한 곳에서 카이사르의 계획을 채택하지 않을 이유가 무엇인가? 파르티아 문제를 완전히 해결하고 동부에서 더 전략적으로 변경을 개척하며 아르메니아와 파르티아를 넘어 중앙아시아와 페르시아 만, 인도로 이어지는 교역로를 장악하지 않을 이유가 무엇인가?

트라야누스는 신중하게 준비한 뒤 군단들을 이끌고 다시 출발했다.(113년) 1년 뒤 트라야누스는 아르메니아를 점령하고, 다시 1년이 지난 뒤 메소포타미아를 지나 내려가 크테시폰을 점령하고 인도양에 도달했다. 트라야누스는 로마의 장군으로는 처음이자 마지막으로 인도양을 본 사람이었다. 로마의 주민들은 트라야누스가 거둔 승리들을 뒤따라가며 지리를 배웠다. 원로원은 거의 매주 새로운 민족, 즉 보스포루스 왕국과 콜키스, 아시아 이베리아, 아시아 알바니아, 오스로에네, 메세니아, 메디아, 아시리아, 아라비아 페트레아, 그리고 마지막으로 파르티아를 점령하고 굴복시켰다는 소식을 듣고 즐거워했다. 파르티아와 아르메니아, 아시리아, 메소포타미아는 속주가 되었고, 새로운 알렉산드로스는 로마의 구적들을 속국의 왕으로 세우는 영예를 얻었다. 트라야누스는 홍해의 바닷가에 서서 마케도니아 왕국의 인도 진격을 되풀이하기에는 너무 늦었다고 한탄했다. 트라야누스는 홍해 함대를 건설하여 인도로 가는 항해와 상업을 장악하는 것에 만족했다. 트라야누스는 전략적 요충지마다 수비대를 남기고 마지못해 로마로 돌아왔다.

트라야누스는 안토니우스처럼 너무 빨리, 그리고 너무 멀리 갔고 승리와 보급선의 공고화를 소홀히 했다. 안티오크에 도착하자마자 트라야누스는 자신이 폐위시킨 파르티아의 왕 오스로이스 1세가 병력을 모아 중부 메소포타미아를 되찾고 새로운 속주들에서 반란이 일어났으며, 메소포타미아와 이집트와 키레네에서 유대인이 폭동을 일으키고 리비아와 마우레타니아, 브리타니아에서 모반이 일어났다는 소식을 들었다. 늙은 전사는 다시 출전하고 싶었지만, 그의 육신이 이러한 욕망을 거부했다. 트라야누스는 뜨거운 동부에서도 서부에서 그랬듯이 활동적으로 생활한 탓에 지쳤다. 부종이 생기고 중풍이 와서 큰 뜻은 꺾이고 쇠약한 육체만 남았다. 안타깝게도 트라야누스는 루키우스 퀴에투스에게 메소포타미아의 반란 진압을 맡겼다. 그리고 아프리카의 유대인을 진압하는 데에는 마르키우스 투르바를 보냈으며 조카 하드리아누스에게 시리아에 있는 로마 주력군의 지휘권을 넘겼다. 트라야누스 자신은 배를 타고 로마로 가고 싶어 킬리키아 해안을 따라 이동했다. 로마에서는 원로원이 트라야누스를 위해 아우구스투스 이래 가장 큰 개선식을 준비하고 있었다. 그러나 트라야누스는 귀국 길에 셀리누스에서 19년의 재위를 뒤로 한 채 64세를 일기로 사망했다.(117년) 시신을 화장하고 남은 재는 로마로 보내졌고 자신이 무덤으로 선택한 거대한 원주 아래 묻혔다.

3. 하드리아누스

1. 통치자

로마 황제들 중 가장 총명했던 자가 연애에 관련된 공모로 제위에 올랐는지, 아니면 트라야누스가 그의 가치를 확신해서 제위에 올랐는지는 아마도 결코 알 길이 없을 것이다. 디오 카시오스는 이렇게 말한다. "하드리아누스의 임명은, 트라야누스가 계승자 없이 죽었을 때 미망인 플로티나가 하드리아누스와 사랑에 빠져 있었기 때문에 그의 제위 계승을 도모했다는 사실에 기인했다."[12] 스파르티아누스는 이 이야기를 반복한다.[13] 플로티나와 하드리아누스는 소문을 부인했지만, 그 소문은 하드리아누스의 치세가 끝날 때까지 지속되었다. 하드리아누스는 군대에 후하게 기부금을 하사하여 그 문제를 해결했다.

푸블리우스 아일리우스 하드리아누스의 성(姓)과 집안을 조사하면 아드리아 해의 마을 아드리아에 도달한다. 하드리아누스의 전기에 따르면 그의 선조들이 그곳에서 스페인으로 이주했다고 한다. 52년에 트라야누스의 출생을 목도한 바로 그 스페인의 마을 이탈리카에서 76년에 그의 조카 하드리아누스가 태어났다. 하드리아누스는 아버지가 죽었을 때(86년), 트라야누스와 카일리우스 아티아누스의 보호를 받고 있었다. 카일리우스 아티아누스가 하드리아누스를 훈육하고, 그리스 문학에 대한 애호를 강하게 심어 주어 하드리아누스는 그라이쿨루스(Graeculus)라는 별명을 얻었다. 하드리아누스는 노래와 음악, 의학, 수학, 회화, 조각을 배웠으며 나중에는 대여섯 가지 기술에 손을 대기도 했다. 트라야누스는 하드리아누스를 로마로 불러(91년) 자신의 조카딸과 혼인시켰다.(100년) 비비아 사비나는 이상적으로 표현되었을 상반신 초상화대로라면 미모가 출중하고 자의식 강한 여인이었을 것이다. 하지만 하드리아누스는 아내에게서 오랜 시간 만족을 느끼지는 못했다. 어쩌면 하드리아누스는 개와 말을 더 좋아했을 수도 있다. 하드리아누스는 개와 말을 데리고 사냥하며 많은 시간을 보냈는데, 이들 동물이 죽으면 무덤을 만들어 주었다. 하드리아누스가 부정한 사람이었거나 그렇게 비쳤을 수도 있다. 어쨌든 비비아 사비나는 하드리아누스 사이에서 아이를 낳지 못했고 하드리아누스의 여행에 여러 번 동행했지만 남편과는 평생을 소원하게 지냈다. 하드리아누스는 아내에게 더할 나위 없이 호의적이고 예의 바르게 처신했으며 매우 친절했지만 애정이 없었다. 그의 비서 가운데 한 명이었던 수에토니우스는 황후에 대해 무례하게 말했다가 해임되었다.

하드리아누스가 황제로서 처음 내린 결정은 삼촌 트라야누스의 제국주의적 정책을 수정하는 것이었다. 하드리아누스는 트라야누스에게 파르티아 원정은 다키아 전쟁을 치른 직후여서 병력과 물자의 소비가 너무 크고 아무리 잘해도 기대할 수 있는 소득을 얻기는 힘들다고 조언했다. 하지만 영광에 굶주리던 트라야누스의 장군들은 하드리아누스의 반대를 결코 용서하지 않았다. 이제 하드리아누스는 아르메니아와 아시리아, 메소포타미아, 파르티아에서 군단들을 철수했고, 아르메니아를 속주가 아니라 보호국으로 만들었으며, 유프라테스 강을 제국의 동쪽 국경으로 인정했다. 트라야누스가 카이사르 역할을 맡았다면 하드리아누스는 아우구스투스 역할을 맡았으며, 무모한 전쟁으로 획득한 새로운 영역을 가능한 한 평화롭게 관리하여 통합했다. 트라야누스의 군대를 이끌던 장군들, 즉 팔마, 켈수스, 퀴에투스, 니그리누스는 그의 정책이 비겁하고 어리석다고 생각했다. 이들이 보기에 공격을 멈추는 것은 단순히 방어하는 것에 불과하고 단순히 방어한다는 것은 죽음에 이르는 길이었다. 하드리아누스가 자신의 군단들과 함께 다뉴브 강가에 있을 때, 원로원은 네 명의 장군이 반란을 일으키려다가 적발되어 원로원의 명령에 따라 처형되었다고 고지했다. 로마는 이 장군들이 재판도 받지 않았다는 사실에 충격을 받았다. 하드리아누스가 급거 귀국하여 자신은 그 일과 전혀 무관하다고 주장했지만 누구도 그 말을 믿지 않았다. 하드리아누스는 원로원의 요청이 있는 경우 말고는 어떤 원로원 의원도 처형하지 않겠다고 맹세했으며, 대중들에게 돈을 나누어 주었고, 풍성하게 경기를 열어 그들을 즐겁게 해 주었다. 그리고 9억 세스테르티우스에 해당하는 미납 세금을 취소했으며, 일종의 회계 화형식을 통해 납세 대장을 공개리에 불태웠으며, 20년간 지혜롭고 정의롭고 평화롭게 통치했다. 하지만 하드리아누스의 나쁜 평판에는 변함이 없었다.

고대의 전기 작가에 따르면 하드리아누스는 키가 크고 우아했으며, 곱슬머리에 "얼굴에 타고난 흠을 가리려고 턱수염을 풍부하게" 길렀다.[14] 그때 이후로 로마인은 저마다 턱수염을 길렀다. 하드리아누스는 자주 운동을 했으며, 특히 사냥으로 단련된 몸은 강건했고 활력을 유지했다. 하드리아누스는 이따금 자기 손으로 직접 사자를 죽였다.[15] 하드리아누스는 너무도 많은 뒤섞인 성격을 갖고 있어 묘사 자체가 곤란할 지경이다. 전해지는 이야기는 이렇다. 하드리아누스는 "단호하면서 쾌활하며, 유머가 넘치면서도 진중하고, 관능적이면서 신중하고, 엄정하면서도 관대하고, 가혹하면서도 자비롭고, 믿지 못할 정도로 단순하며, 모든 일에서 늘 변화가 심했다."[16] 하드리아누스는 영리하고 공평하며 의심 많고 예리한 정신의 소유자였지만 세대 간의 연결 조직으로서 전통을 존중했다. 하드리아누스는 스토아 철학자인 에픽테투스의 글을 읽고 그를 찬미했지만 뻔뻔스럽게, 그리고 멋으로 쾌락을 추구했다. 하드리아누스는 신앙이 없었고, 미신에 사로잡혔으며, 신탁을 조롱했고, 마술과 점성술을 즐겼으며, 국가 신앙을 장려했다. 그리고 정성을 다해 대(大)제사장의 의무를 수행했다. 하드리아누스는 정중하고도 완고했으며 때로는 잔인했으나 보통은 친절했다. 하드리아누스가 보여 준 모순은 아마도 단순히 상황에 대한 적응의 결과였을 것이다. 하드리아누스는 환자들을 문병하고 불우한 자들을 돕고, 기존의 자선 활동을 고아와 과부에게도 확대하면서 미술가들과 작가들, 철학자들을 충분하게 후원했다. 하드리아누스는 훌륭한 가수이자 춤꾼, 하프 연주자였고 유능한 화가였으며 조각가로도 보통은 되었다. 하드리아누스는 라틴어와 그리스어로 문법책 한 권, 자서전 한 권, 품위 있는 시와 그렇지 못한 시 몇 편 등 여러 권의 책을 남겼다.[17] 하드리아누스는 라틴 문학보다는 그리스 문학을 더 좋아했고, 키케로의 거침없는 능변보다 대(大)카토의 순박한 라틴어를 더 좋아했다. 많은 작가들이 하드리아누스를 모범으로 삼아 고풍스러운 문체에 영향을 끼쳤다. 하드리아누스는 국가가 급여를 지급하는 교사들로 학교를 만들어 넉넉하게 봉급을 주었다. 또한 학자들과 사상가들을 주변에 불러들여 수수께끼로 당황하게 만들고, 이들의 모순과 논쟁에 대해 조롱하기를 매우 좋아했다. 이 철학적 궁정에서 가장 현명한 사람은 갈리아의 파보리누스였다. 한번은 친구들이 논쟁에서 하드리아누스에 굴복했다고 놀리자 파보리누스는 등 뒤에 30개 군단을 거느리고 있는 자는 언제나 옳다고 답변했다.[18]

　하드리아누스는 이렇게 다양한 지적 관심과 더불어 실용적인 것에 대한 확실한 감각도 지녔다. 하드리아누스는 도미티아누스의 선례를 따라 자신의 해방 노예들을 하급직으로 지위를 낮추고, 능력이 검증된 사업가들에게 국가의 행정을 맡기고, 이들과 원로원 의원들, 법률가들로 보통 때에 함께 만나 정책을 논의할 평의회를 구성했다. 하드리아누스는 세금 납부에서 부패나 부실을 적발하기 위해 재정 검사관을 임명했으며, 세금은 이전과 동일하게 부과되었음에도 세입이 확실하게 증가하는 놀라운 성과를 거두었다. 하드리아누스는 직접 각 부처를 감시했고, 나폴레옹처럼 그 분야에 대한 세밀한 지식을 갖추어 부처의 수장들을 놀라게 했다. 비록 이런 이야기가 지나치리만큼 자주 언급되어 의심을 불러일으키기는 하지만, 스파르티아누스는 이렇게 말한다. "그의 기억력은 방대하다. 그는 동시에 글을 쓰고, 지시를 내리며, 경청하고, 친구들과 대화를 나누었다."[19] 로마 제국은 하드리아누스의 보살핌을 받아, 그리고 확대된 관리들의 지원으로 이전이나 이후로나 그 어느 때보다도 더 잘 통치되었을 것이다. 이러한 열성적인 명령의 대가는 관료제의 팽창이었고, 원수정을 절대적 군주제에 한층 더 가깝게 만든 "규제의 광적인 열중"이었다. 하드리아누스는 온갖 형태로 원로원과 협력했다. 그렇지만 하드리아누스가 임명한 자들과 이들의 행정적 명령은 한때 "왕들의 회합"으로 알려졌던 것의 기능을 점점 더 크게 침해했다. 하드리아누스는 자신의 문제에 너무 충실했으므로 유능하지만 급격히 팽창하는 관료 기구가 조만간 납세자들에게 견디기 힘든 부담이 될 수 있다는 점을 내다보지 못했다. 오히려 하드리아누스는 자신의 정부가 제정한 법률과 포고령의 틀 안에서 제국의 모든 사람이 재능에 따라 출세할 길을 찾고 빠르게 계층 이동을 성취할 수 있을 것으로 믿었다.

하드리아누스는 명민하고 논리적인 정신을 지녔으므로 축적된 법률의 모호함과 모순이 주는 혼돈에 분개했다. 하드리아누스는 율리아누스에게 과거 법무관들이 제정한 법률들을 종합하여 영구 칙령으로 만드는 임무를 맡겼으며, 추가로 법전 편찬을 장려하여 유스티니아누스 법전이 등장할 수 있는 길을 닦았다. 하드리아누스는 로마에서나 여행 중에나 최고 재판소의 역할을 수행했고, 공정하고 학문적인 재판관이라는 평판을 얻었으며, 법치가 허용하는 한 늘 관대했다. 하드리아누스는 수없이 많은 법령을 공포했고, 대체로 강자보다는 약자, 주인보다는 노예, 대토지 소유자보다는 소농, 지주보다는 차지인을 지지했으며, 소매상의 속임수나 중간 상인의 과도한 이윤 챙기기에 맞서 소비자를 보호했다.[20] 하드리아누스는 모반죄 고발을 거부했고, 부모나 알지 못하는 사람들의 유증을 수용하지 않았으며, 그리스도교도에 대해 법을 너그럽게 적용했다.[21] 하드리아누스는 국유지에서 직접 모범을 보여 소유주가 차지인에게 거친 농지를 빌려 주어 과수를 심게 하고 열매가 익을 때까지 지대를 받지 않는 영구 소작권의 관행을 장려했다. 하드리아누스는 급진적 개혁가가 아니라, 단지 인간 본성의 한계와 불평등이라는 조건 속에서 전체에 가장 큰 이익이 되는 방법을 모색한 최고의 행정가였을 뿐이다. 하드리아누스는 옛 형식들을 보존했지만 시대의 요구에 따라 그 안에 새로운 내용을 채웠다. 언젠가 행정에 대한 열의가 시들었을 때 하드리아누스는 이렇게 평계를 대며 어느 여인의 탄원을 경청하지 않았다. "내겐 시간이 없다." 그러자 여인이 말했다. "그렇다면 황제를 그만두시오." 하드리아누스는 여인의 말을 경청해 주었다.[22]

2. 방랑자

하드리아누스는 선대 황제들과 달리 수도뿐 아니라 제국에도 관심이 있었다. 하드리아누스는 아우구스투스의 건전한 선례를 따라 모든 속주를 방문하기로 결정했다. 속주의 사정과 부족한 것을 조사하고 황제의 가용한 재원으로 부담을 덜어 주기 위함이었다. 하드리아누스는 제국의 영역 안에 사는 다양한 민족의 생활 방식과 예술, 의복, 신앙에도 호기심이 있었다. 하드리아누스는 그리스 역사의 유명한 장소들을 보고 싶었고, 자기 정신의 배경이자 장식이 된 헬레니즘 문화에 흠뻑 젖고 싶었다. 프론토는 이렇게 말한다. "그는 세상을 통치하는 것뿐 아니라 배회하는 것도 좋아했다."[23] 121년 하드리아누스는 황실의 화려함과 치장은 물론 전문가와 건축가, 건설업자, 기술자, 미술가를 대동하고 로마를 출발했다. 하드리아누스는 먼저 갈리아로 가서 "여러 가지 관대한 처신으로 모든 지역 사회를 안심시켰다."[24] 하드리아누스는 게르마니아로 들어간 뒤 훗날의 파괴자들에 대비한 제국의 방어 시설을 철저히 점검하여 모두를 깜짝 놀라게 했다. 하드리아누스는 라인 강과 다뉴브 강 사이의 장성(長城)을 개조하고 연장하고 개선했다. 하드리아누스는 평화를 사랑하는 사람이었지만 전쟁의 기술을 알았고, 자신의 온화한 기질 탓에 군대가 약해지거나 적이 오해하는 일이 없도록 하겠다고 단호히 마음을 먹었다. 하드리아누스는 군대의 기강을 유지하려고 엄한 규정을 공포했는데, 숙영지를 시찰할 때면 이러한 규정에 따라 움직였다. 하드리아누스는 숙영지에서 병사들과 같은 생활을 했다. 병사들의 음식을 먹었고, 탈것을 이용하지 않았으며, 완전 군장으로 약 20마일을 행군했다. 즉 그는 자신이 실제로는 학자이자 철학자라는 사실을 누구도 짐작할 수 없을 정도의 인내심으로 보여 주었다. 동시에 하드리아누스는 탁월함에 대해 보상했고, 군단병들의 법적, 경제적 지위를 높였으며, 이들에게 더 나은 무기와 충분한 보급품을 지급했다. 그리고 여흥이 병사들을 임무 수행에 부적절하게 만드는 것은 아니라고 주장하면서 자유 시간에는 규율을 관대하게 완화했다. 로마 군대는 하드리아누스 치세 때 가장 좋은 상태에 있었다.

하드리아누스는 그 다음으로 라인 강을 따라 강어귀까지 내려가 배를 타고 브리타니아로 건너갔다.(122년) 브리타니아에서 하드리아누스의 활동에 관해서는 솔웨이 만에서 타인 강어귀까지 이어지는 장벽(長壁)을 건설하여 "야만인들과 로마인을 분리"하도록 명령했다는 것을 빼고는 알려진 바가 없다. 갈리아로 돌아온 하드리아누스는 유유히 아비뇽과 님(Nîmes), 여타 속주의 마을을 지나 겨울을 나기 위해 북부 스페인의 타라고나에 머물렀다.

123년 봄 하드리아누스는 몇 개 군단을 이끌고 북서부 아프리카의 무어인들과 맞섰다. 무어인들이 마우레타니아의 로마인 촌락들을 습격했기 때문이다. 하드리아누스는 무어인들을 격퇴하여 그들의 구릉지로 몰아낸 뒤 배를 타고 에페소스로 향했다. 하드리아누스는 에페소스에서 겨울을 난 뒤 소아시아의 도시들을 방문하여 탄원과 불만을 청취했고, 부정 행위를 처벌했으며, 유능함에 보상했다. 또한 도시의 신전과 목욕장, 극장을 짓는 데 자금과 설계, 일꾼들을 제공했다. 키지코스와 니카이아, 그리고 니코메디아는 심한 지진을 겪었다. 하드리아누스는 황실 기금으로 손해를 보상했고, 키지코스에는 한때 세계 7대 불가사의에 속해 있던 신전을 건축했다.[25] 하드리아누스는 흑해를 따라 동쪽으로 밀고 나가 트라페주스에 도착하여 역사가인 카파도키아 총독 아리아노스에게 흑해 연안의 모든 항구를 조사하여 보고서를 올리라고 명령했다. 그 다음 남서쪽으로 파플라고니아를 지나 페르가몬에서 겨울을 났다. 125년 가을, 하드리아누스는 배를 타고 로도스 섬으로, 이어 아테네로 건너갔다. 하드리아누스는 아테네에서 즐겁게 겨울을 난 뒤 고국을 향했다. 이제 50살이 되었는데도 여전히 호기심이 많은 하드리아누스는 시칠리아에서 멈추어 아이트나 산에 올라 해발 1만 1000피트의 높은 곳에서 일출을 보았다.

하드리아누스가 부하들에게 일처리를 맡기고 5년간이나 수도를 떠나 있었다는 사실은 언급할 만한 가치가 있다. 하드리아누스는 훌륭한 경영자처럼 거의 자동적으로 움직이는 통치 체제를 조직하고 양성했다. 하드리아누스가 로마에 머문 기간은 고작 1년 남짓이다. 그러나 하드리아누스는 여행을 원하는 갈망을 타고났으며, 그렇게 많은 세상이 재건을 기다리고 있었던 것이다! 128년 하드리아누스는 다시 출발했다. 이번에는 우티카와 카르타고, 그리고 북아프리카의 번창하는 신흥 도시로 향했다. 가을에 로마로 돌아온 하드리아누스는 곧 다시 떠났고 아테네에서 한 번 더 겨울을 지냈다.(128년에서 129년으로 넘어가는 겨울) 하드리아누스는 아르콘(archon)이 되었고, 즐겁게 시합과 축제를 주재했으며, 자신이 해방자, 헬리오스, 제우스, 그리고 세상의 구원자로 불리기를 즐겼다. 하드리아누스는 철학자들과 미술가들과 함께 어울렸으며, 네로와 안토니우스의 매력을 풍자극 없이도 모방했다. 아테네 법률의 속박 없는 혼란에 괴로워 하던 하드리아누스는 일단의 법률가들에게 아테네 법률의 편찬을 위임했다. 종교에는 늘 회의적인 관심을 보이던 하드리아누스는 직접 엘레우시스 비의(秘儀)에 입문했다. 아테네가 실업으로 곤란한 처지에 놓인 것을 보고 페리클레스 시대의 화려함을 되찾아 주기로 결심한 하드리아누스는 건축가과 기술자, 숙련공을 불러 모아 로마에서 벌여오던 공공사업보다 더 광범위한 건축 계획에 착수했다. 하드리아누스의 일꾼들은 줄기둥으로 둘러싸인 정사각형의 공간에 도서관을 세웠는데, 대리석 벽체에 줄기둥이 120개나 되었다. 지붕은 미끄러지듯 흘러내렸으며 넓은 방들은 줄마노(瑪瑙)와 그림, 조각상으로 번쩍였다. 일꾼들은 체육관과 수도교, 헤라에 바치는 신전, "모든 그리스인들의 신"인 제우스 판헬레니코스에 바치는 신전을 건축했다. 이러한 건축 사업 가운데 가장 야심찼던 것은 페이시스트라토스가 600년 전에 시작했고 안티오코스 에피파네스가 완성하는 데 실패했던 올림포스 산의 제우스에 바치는 숭고한 신전인 올림피에이온(Olympieion)이었다.(131년) 하드리아누스가 떠날 때쯤 아테네는 역사상 그 어느 때보다 더 깨끗하고 더 번창하는, 그리고 더 아름다운 도시였다.[26]

129년 봄 하드리아누스는 배편으로 에페소스로 갔다가 다시 소아시아로 여행했다. 그는 가는 곳마다 건물들과 도시들을 만들어냈다. 하드리아누스는 카파도키아를 잠깐 방문해 그곳의 수비대들을 검열했다. 안티오크에서 하드리아누스는 수도관, 신전, 극장, 몇 개의 목욕장을 짓는 데 필요한 자금을 제공했다. 가을에 하드리아누스는 팔미라와 아라비아를 방문하고 나서, 130년에는 예루살렘으로 여행했다. 성도 예루살렘은 60년 전에 티투스가 떠날 때와 거의 마찬가지로 여전히 폐허였다. 소수의 궁핍한 유대인들이 바위 사이의 굴과 오두막에 살고 있었다. 하드리아누스는 그리스와 헬레니즘에 속했던 동방을 재건함으로써 그리스-로마 문명과 동방 세계 사이의 장벽을 전보다 더 높게 만들고 싶어 했다. 이제 하드리아누스는 시온의 언덕을 이교의 성채로 바꾸는 꿈을 꾸었다. 하드리아누스는 예루살렘을 로마의 식민지로 재건하고 자신의 씨족과 로마에 있는 유피테르 신전(Capitolium)을 기념하여 아일리아 카피톨리나(Aelia Capitolina)로 명명하라고 지시를 내렸다. 그것은 역사상 가장 현명한 정치인 중 한 사람이었던 자가 저지른 심리학과 정치 수완의 놀라운 실수였다.

하드리아누스는 알렉산드리아로 가서(130년), 논쟁을 좋아하는 그곳 주민들을 너그럽게 참아 내면서, 박물관을 풍부하게 하고 폼페이우스의 무덤을 재건했다. 그리고 그 다음 카이사르를 뛰어넘어 황후 사비나와 자신이 총애하던 미소년 안티노스를 데리고 나일 강을 따라 상류로 여유롭게 항해했다. 하드리아누스는 이 그리스 청년을 몇 년 전 비티니아에서 우연히 만났다. 하드리아누스는 청년의 세련된 미모와 부드러운 눈, 곱슬머리에 흥분했다. 하드리아누스는 안티노스를 시동으로 삼아 총애해 다정하게 배려했다. 사비나가 항의했다는 이야기는 전하지 않지만, 도시들에 퍼진 소문은 그 소년이 새로운 제우스에게 가니메데스(Ganymedes, 트로이가 고향인 영웅. 독수리로 변한 제우스가 납치하여 올림포스 산에서 술잔을 따는 시동으로 삼았다고 한다. - 옮긴이)의 역할을 했다고 추정했다. 그러나 아이가 없는 황제는 안티노스를 하늘이 보내 준 아들로 사랑했을 수 있다. 하드리아누스의 행복이 절정에 달했을 때, 열여덟 살 젊은 나이의 안티노스가 사망했다. 나일 강에 빠져 죽은 것이 분명해 보인다. 스파르티아누스는 세계의 군주가 "여인처럼 울었다."라고 썼다. 하드리아누스는 해변가에 신전을 세우라고 명령해 그곳에 안티노스를 묻었으며, 세상 사람들에게 그를 신으로 소개했다. 하드리아누스는 신전 주위로 안티노폴리스라는 도시를 세웠는데, 이는 훗날 비잔티움 제국의 주요 도시가 된다. 하드리아누스가 슬픈 마음을 안고 로마로 돌아오는 동안 전설은 그 이야기를 바꾸기 시작했다. 얘기인즉 이렇다. 황제가 자신의 원대한 계획이 성공하려면 가장 사랑하는 것이 죽어야만 한다는 마법의 예언을 들었으며, 그 예언을 알게 된 안티노스가 자원하여 죽음을 선택했다는 것이다. 이 전설은 이내 만들어져 하드리아누스의 말년을 괴롭히기에 충분했다.

로마로 돌아온(131년) 하드리아누스는 제국을 넘겨받았을 때보다 스스로가 더 훌륭하게 만들었다고 생각할 수 있었다. 제국은 그 어느 때보다 더, 심지어 아우구스투스 시절보다 더 번창했다. 그리고 지중해 세계는 다시는 그렇게 완전한 활력을 얻지 못했으며, 그렇게 널리 확산되고 깊이 공유된 선진 문명의 고향이 되지 못했다. 그리고 하드리아누스처럼 자비롭게 제국을 통치한 사람도 없었다. 아우구스투스는 속주들을 이탈리아에 덧붙여진 수지맞는 부속물로, 이탈리아의 이익을 위해 경작되어야 할 땅으로 생각했다. 그러나 이제 카이사르와 클라우디우스의 관념이 처음으로 실현되었고, 로마는 이탈리아를 위한 세금 징수원이 아니라 한 왕국의 책임 있는 행정가가 되었다. 이러한 왕국에서는 모든 지역이 똑같이 나라의 보살핌을 받았으며, 로마의 정신이 국가와 제국 서부를 지배하는 것만큼 공공연히 그리스의 정신이 제국 동부와 사고 방식을 지배했다. 하드리아누스는 그 모든 것을 지켜보았고 하나로 만들었다. 하드리아누스는 "국가를 자기 재산이 아니라 대중의 재산이라고 의식하며 관리하겠다."[27]라고 약속했고, 그 약속을 지켰다.

3. 건설자

로마 역시 이전보다 더 아름답게 만드는 한 가지 일만이 남았다. 하드리아누스 안에서는 미술가가 줄곧 통치자와 겨루고 있었다. 하드리아누스는 로마법을 정리하는 동안 판테온을 재건했다. 어느 누구도 그처럼 많이 건설하지 못했고, 어떤 통치자도 그처럼 직접 건설하지 못했다. 하드리아누스를 위해 세워진 건축물들은 이따금 하드리아누스가 직접 설계했으며, 공정 중에 늘 하드리아누스의 전문가다운 검사를 받았다. 하드리아누스는 수백 개의 건물을 보수하고 복원했는데, 그 어느 것에도 자신의 이름을 새겨 넣지 않았다. 하드리아누스는 드물게 지혜와 권력을 겸비했으며, 로마 제국의 모든 곳이 그 덕을 보았다. "젊은이는 경험이 부족하고 노인은 힘이 부족하다."라는 수수께끼 같은 난제는 하드리아누스에게서 풀렸다.

하드리아누스가 재건한 건물 중 가장 유명한 것은 고대 세계의 건물 중 보존 상태가 가장 좋은 판테온이었다. 아그리파가 세운 직사각형의 신전은 화재로 소실되었고, 외견상 전면의 코린토스식 주랑 현관만 남아 있었다. 하드리아누스는 이 유물의 북쪽에 건축가들과 기술자들을 시켜 가장 로마적인 양식으로 원형 신전을 지었다. 하드리아누스는 헬레니즘 취향을 지녔으므로 수도의 건축물에서 로마 양식보다는 그리스 양식을 더 좋아하는 경향을 보였다. 새로운 신전은 남은 주랑 현관과 전체적으로 조화를 이루지 못했지만, 지름 약 132피트에 지지 기둥이 없는 내부는 고딕 양식의 대성당들만 견줄 수 있는 공간과 자유의 느낌을 주었다. 벽체는 20피트 두께의 벽돌로 이루어졌고, 표면은 아래쪽을 대리석으로 장식하고 나머지 부분은 벽토를 바르고 벽기둥으로 변화를 주었다. 주랑 현관의 천장은 청동 판으로 되어 있었는데, 너무 두꺼워서 훗날 교황 우르바누스 8세가 제거했을 때 대포 110문을 주조하고 성 베드로 대성당 중앙 제단 위의 닫집을 만들기에 충분했다.[28] 거대한 청동 문들은 원래 금으로 덮여 있었다. 창문이 없는 내부 벽면의 아래 부분에는 7개의 벽감(壁龕)을 만들어 높은 대리석 기둥과 가로보로 장식했다. 이들 벽감은 한때 조각상들을 안치하는 공간으로 쓰였으나 지금은 웅장한 교회 안의 수수한 예배소로 변모했다. 벽면의 윗부분은 값비싼 석재 판으로 덮었는데 반암(斑巖) 기둥들로 구분되었다. 벽체의 끝에서 안쪽으로 솟아오른 둥근 지붕은 정간(井間) 장식을 했는데, 이것은 로마 공학 기술이 낳은 최고의 위업이었다. 이 둥근 지붕은 서까래를 얹고 콘크리트를 부어 전체를 하나의 거대한 덩어리로 굳혀 만들었다. 한 덩어리로 만들어 측방 밀림은 방지했지만, 건축가는 안전을 배가하기 위해 벽면 안에 버팀벽을 세웠다. 둥근 지붕의 꼭대기에 있는 지름 26피트의 개구부(눈)는 내부로 충분한 조명을 끌어들이는 유일한 통로이다. 역사상 가장 큰 이 웅대한 둥근 지붕으로부터 비잔티움 양식과 로마네스크 양식을 거쳐 성 베드로 대성당의 둥근 지붕과 워싱턴에 있는 미국 국회 의사당의 둥근 지붕까지 건축학의 계보가 이어진다.

콜로세움 맞은편에 베누스 신과 로마 신께 바치는 것으로 후진(後陣)이 두 개인 신전은 하드리아누스가 직접 설계했을 것이다. 왜냐하면 하드리아누스가 아폴로도로스에게 설계도를 보냈을 때, 늙은 건축가가 조롱 섞인 평으로 회신하자 처형했다는 이야기가 전해지기 때문이다.[29] 베누스 신과 로마 신께 바친 신전은 여러 가지 특징으로 유명했으며, 로마에서 가장 큰 건물이었다. 그리고 모신 신을 위한 두 개의 성상 안치소가 있었으며, 두 신은 서로 말하기 싫다는 듯 등을 맞대고 옥좌에 앉아 있다. 금도금한 청동 기와로 된 둥근 천장은 그 도시의 가장 화려한 풍경에 속한다. 황제는 자신을 위해서는 한층 더 넓은 집을 건축했다. 그 빌라의 유적은 지금도 하드리아누스에게는 티부르, 우리에게는 티볼리로 알려진 쾌적한 교외로 방문객들을 끌어들이는 중이다. 그곳에 둘레 약 7마일 크기의 땅에 궁전이 하나 건립되었는데, 가지각색의 방을 갖추었고 정원에는 유럽의 주요 미술관들이 저마다 그 잔해를 가져다 장식하는 유명한 작품들이 가득했다. 설계자는 로마에서 흔히 볼 수 있는 대칭에 대한 냉담함을 보여 주었다. 설계자는 필요에 따라서 또는 상상에 의해서 건물에 건물을 더했고, 조화를 위해서 포룸 건축상의 혼돈에서 볼 수 있는 것보다 더 많은 노력을 기울이지는 않았다. 아마도 로마인들은 일본인들처럼 대칭에 싫증이 났고 불규칙에서 비롯한 놀라움을 기뻐했을 것이다. 마치 하드리아누스 황제가 이 모든 헛된 부유함 속에서도 철학에 어느 정도 보상한다는 듯이, 통 큰 건축가는 주랑 현관과 도서관, 신전, 극장, 음악당, 경기장 외에도 플라톤의 아카데메이아와 아리스토텔레스의 리케이온, 제논의 스토아를 복제한 작은 건물들을 지었다.

그 빌라는 하드리아누스 황제의 말년에 완성되었다. 하드리아누스가 그곳에서 만족을 얻었는지는 알 수 없다. 하드리아누스는 자신을 더욱 괴롭게 만든 135년의 유대인 반란을 잔인하게 진압하고 나서, 전쟁 없이 통치를 마칠 수 없다는 사실에 슬퍼했다. 하드리아누스는 같은 해에, 아직도 59살밖에 되지 않았지만 진을 빼는 고통스러운 질병에 걸렸다. 결핵, 부종과 유사한 이 질병은 하드리아누스의 육신과 영혼, 정신을 서서히 파괴했다. 하드리아누스는 더 날카로워졌고 성을 더 잘 냈으며, 오랜 친구들이 자신을 죽이고 대신 황제가 되려는 음모를 꾸민다고 의심했다. 결국 하드리아누스는, 아마 불분명한 시차가 있고 얼마나 공정하게 말할 수 있을는지 모르지만, 그들 중 몇몇을 처형하라고 명령했다.

하드리아누스는 궁정에서 벌어지는 계승 분쟁을 끝내기 위해 친구인 루키우스 베루스를 후계자로 지명했다. 그러나 얼마 후에 루키우스가 죽자, 하드리아누스는 성실함과 지혜로움으로 흠 없는 평판을 지닌 티투스 아우렐리우스 안토니누스를 티부르로 불러들여 아들이자 후계자로 입양했다. 하드리아누스는 멀리 내다보고 안토니누스에게 당시 궁에서 살던 젊은이 둘을 입양하여 통치술을 가르치라고 조언했다. 당시 17살의 마르쿠스 안니우스 베루스는 안토니누스의 조카였고, 11살의 루키우스 아일리우스 베루스는 루키우스 베루스의 아들이었다. 하드리아누스는 그때까지 황제와 황제의 남자 후손들만 취해 오던 카이사르라는 직함을 안토니누스에게 수여했다. 이후 황제들은 아우구스투스라는 직함을 취했고, 카이사르라는 이름은 제위가 예정된 상속인에게 부여했다.

하드리아누스의 질환과 고통은 심해졌다. 이따금 콧구멍에서 피가 쏟아졌다. 하드리아누스는 심란하여 차라리 죽기를 바랐다. 하드리아누스는 이미 테베레 강 너머에 무덤을 마련해 두었다. 그 거대한 능의 음울한 잔해는 카스텔 산탄젤로(산탄젤로 성)로 지금도 하드리아누스가 건설한 폰스 아일리우스(Pons Aelius, '하드리아누스의 다리')를 건너서 갈 수 있다. 하드리아누스는 스토아 철학자 에우프라테스의 모범에 감명을 받았다. 당시 로마에 머물던 에우프라테스는 병들고 늙어 지쳤으며, 하드리아누스에게 자살을 허용해 달라고 청하여 허락을 받자 독약을 마셨다.[30] 하드리아누스는 독약이나 검을 달라고 청했지만 어떤 수행원도 그의 말을 따르지 않았다. 하드리아누스는 다뉴브 강 유역 출신의 노예에게 자신을 칼로 찌르라고 명령했지만 그 노예는 도망쳤다. 하드리아누스는 자신의 의사에게 독살을 명했으나 그 의사는 자살했다.[31] 하드리아누스는 단도를 하나 발견하여 자살하려 했으나 그 순간 칼을 빼앗겼다. 하드리아누스는 누구라도 처형할 수 있는 절대 권력을 쥔 자신이, 정작 마음대로 죽을 수 없다는 사실에 한탄했다. 하드리아누스는 의사들을 해임한 뒤 바이아이로 은거하여 일부러 명을 재촉하는 음식과 음료를 먹고 마셨다. 결국 지치고 고통으로 발광하던 하드리아누스는 21년의 통치 끝에 62살로 죽었다.(138년) 하드리아누스는 짧은 시 한 수를 남겨 마치 단테(Dante)처럼 행복하던 시절을 비탄에 잠겨 회상하는 슬픔을 표현했다.

> 훨훨 나는 멋진 나의 영혼
> 내 육신의 손님이자 벗
> 이제 어디로 서둘러 떠나려 하는가.
> 창백하고 벌거벗은 굳은 영혼
> 다시는 움직이지 못하는가, 움직이지 못하는가?[32]

4. 안토니누스 피우스

안토니누스에 관한 역사는 없다. 안토니누스가 거의 아무런 결점도 없었고 어떤 범죄도 저지르지 않았기 때문이다. 안토니누스 피우스의 조상들은 두 세대 전에 님에서 왔으며, 그의 가족은 로마에서 가장 부유한 축에 들었다. 51살로 제위에 오른 안토니누스 피우스는 로마 역사상 가장 공정하고, 적지 않게 효율적인 통치 조직을 꾸렸다.

안토니누스 피우스는 제위에 오른 사람으로는 가장 운이 좋았다. 전하는 바에 따르면 안토니누스 피우스는 키가 큰 미남이었고 건강하고 차분했으며, 친절하면서도 의지가 결연했고, 겸손하면서도 무한한 힘을 지녔으며, 능변이면서도 과장된 수사적 표현을 경멸했고, 인기가 많았지만 아첨에 강했다고 한다. 안토니누스가 입양한 아들 마르쿠스의 말을 믿는다면, 우리는 그를 "이 세상이 알지 못했던 무결점의 괴물 같은 사람"으로 거부해야 한다. 원로원은 한결 순한 로마의 가치를 보여 주는 모범이라고 치켜세워 그를 피우스(Pius)라고 부르며 최고의 군주, 즉 옵티무스 프린켑스(Optimus Princeps)라고 불렀다. 안토니누스는 적이 없었고 친구는 많았지만, 그렇다고 슬픔을 모르지 않았다. 안토니누스가 전(前)집정관으로서 아시아로 떠날 때 장녀가 사망했고, 둘째 딸은 아우렐리우스의 아내가 되었으나 평판이 나빴다. 자신의 아내도 아름다웠지만 그만큼 부정하다는 추문이 나돌았다. 안토니누스는 이러한 소문을 침묵으로 견뎌 냈다. 파우스티나가 죽은 뒤 안토니누스는 그녀를 기려 그녀의 이름으로 기금을 설치하여 소녀들을 지원하고 교육했으며, 포룸에서 가장 아름다운 신전 하나를 파우스티나의 영전에 바쳤다. 안토니누스는 자식들의 행복과 상속을 방해하지 않도록 재혼하지 않았고 첩 한 명으로 만족했다.

안토니누스 피우스는 협의의 지식인이었다. 안토니누스는 배운 적이 없었으나 문인, 철학자, 미술가를 귀족의 관대함으로 바라보았고, 그러한 사람들을 충분히 지원하면서 종종 집으로 초대했다. 안토니누스는 철학보다 종교를 더 좋아했고, 옛 신들을 분명히 진실하게 숭배했으며, 양자들에게 경건의 모범을 보여 마르쿠스는 이를 결코 잊지 못했다. 마르쿠스는 자신에게 이렇게 명령했다. "모든 것을 안토니누스의 제자로서 행하라. 모든 합리적인 행동에서 그가 보여준 성실함과 매사에 보여 준 공평함, 그의 경건함, 표정의 평온함, 헛된 명성의 경시 …… 더불어 얼마나 만족하지 않았는지, 얼마나 부지런하고 근면했는지, 미신을 믿지 않고 얼마나 신앙심이 깊었는지를 기억하라."[33] 그러나 안토니누스는 로마의 것이 아닌 교의들에 대해서도 관용했으며, 유대인을 겨냥한 하드리아누스의 조치를 완화했고, 전임 황제처럼 그리스도교도를 너그럽게 대했다. 안토니누스는 흥을 깨는 사람이 아니었다. 농담을 좋아했고 여러 번 농담을 했으며 친구들과 함께 놀고 낚시와 사냥을 했다. 안토니누스의 행동을 보면 누구도 이 사람이 황제라고 짐작할 수 없었을 것이다. 안토니누스는 황궁의 호사스러움보다 라누비움에 있는 빌라의 평온함을 더 좋아했고, 저녁때는 거의 언제나 가족과 함께 보냈다. 안토니누스는 제위를 계승했을 때 노년기의 위안으로 기대하던 안락한 여유에 대한 생각을 모조리 접었다. 아내가 호사스러움을 더 많이 기대한다는 것을 눈치챈 안토니누스는 이렇게 꾸짖었다. "이제 우리는 이전에 가졌던 것을 잃었다는 사실을 이해하지 못하는가?"[34] 안토니누스는 자신이 이 세상의 근심을 물려받았음을 알았다.

안토니누스의 치세는 개인의 막대한 재산을 황실 재정에 쏟아붓는 것으로 시작되었다. 안토니누스는 밀린 세금을 면제했고, 시민들에게 선물을 하사했으며, 축제의 여러 경기에 돈을 댔고, 포도주와 기름, 밀을 구매하여 무상 분배함으로써 이러한 물품의 부족 현상을 완화했다. 안토니누스는 이탈리아와 속주들을 위해 하드리아누스가 세운 건축 계획을 약간 수정하여 속행했다. 그러나 안토니누스는 재정을 매우 훌륭하게 관리하여 그가 사망할 때 국고는 27억 세스테르티우스에 달했다. 안토니누스는 수입과 지출을 전부 공식 회계에 포함시켰다. 원로원에 대해서는 단순히 한 사람의 의원으로 처신했으며, 중요한 조치를 취할 때에는 꼭 원로원의 지도자들과 협의했다. 안토니누스는 정책 문제뿐 아니라 행정의 허드렛일에도 헌신했다. "그는 사람이나 일이나 전부 자기 것처럼 돌보았다."[35] 안토니누스는 하드리아누스가 시작한 법 제약에 대한 완화 조치를 지속적으로 시행했으며, 간통의 처벌에서 남녀를 차별하지 않았다. 그리고 무자비한 주인에게서 노예를 빼앗았고, 노예를 재판할 때 고문의 사용을 금했으며, 노예를 살해한 주인을 가혹하게 처벌하는 법령을 공포했다. 안토니누스는 국가의 재원으로 교육을 장려했고, 가난한 집 아이들에게 교육을 제공했으며, 실력을 인정받은 교사들과 철학자들에게 원로원 의원에 상당하는 여러 특권을 부여했다.

안토니누스는 직접 여행하지 않고도 속주들을 통치했다. 안토니누스는 오랜 재위 기간 동안 단 하루도 로마와 그 주변을 떠난 적이 없었다. 안토니누스는 능력과 명예가 검증된 사람들을 속주 총독으로 임명하는 데 만족했다. 안토니누스는 전쟁 없이 제국을 안전하게 지키고 싶었다. "그는 수천 명의 적군을 죽이느니 차라리 한 명의 시민을 구하겠다는 스키피오의 말을 늘 인용했다."[36] 안토니누스는 다키아와 아카이아, 그리고 이집트에서 발생한 반란을 진압하기 위해 몇 차례 작은 전쟁을 수행해야 했지만, 이러한 과제를 부하들에게 넘기고 하드리아누스가 심혈을 기울여 세운 국경을 지키는 데 만족했다. 게르마니아의 몇몇 부족들은 안토니누스의 온건함을 약점으로 해석했는데, 안토니누스 사후 제국을 뒤흔든 침입들의 배후에는 아마도 그러한 인식이 자리 잡고 있었을 것이다. 이는 안토니누스의 정치 수완에서 유일한 결함이었다. 이 점을 제외하면 속주들은 안토니누스 치세에 행복했고 제국을 혼란과 다툼의 유일한 대안으로 받아들였다. 속주들은 안토니누스에게 탄원을 쏟아 냈는데, 안토니누스는 이를 거의 전부 수용했다. 속주들은 안토니누스에 의존하여 공적 재난에서 비롯된 손해를 벌충할 수 있었다. 속주의 작가들, 즉 스트라본과 필론, 플루타르코스, 아피아누스, 에픽테투스, 아일리우스 아리스티데스는 로마의 평화를 찬양했다. 아피아누스는 로마에서 헛되이 로마의 명예에 힘을 보태겠다고 청하는 외국 사절들을 보았다고 확인한다.[37] 어떤 군주국도 사람들을 그렇게 자유로이 내버려 둔 적이 없었고 신민들의 권리를 그렇게 존중하지 않았다.[38] 이 세상의 이상이 달성된 것 같았다. 지혜가 군림했고, 23년 동안 세상은 아버지와 같은 자의 통치를 받았다.[39]

안토니누스에게는 선한 삶의 최후를 평화로운 죽음으로 맞이할 일만 남았다. 안토니누스는 74살 되던 해에 위장 장애로 병이 났고 고열에 시달렸다. 안토니누스는 마르쿠스 아우렐리우스를 침상으로 불러 나라를 돌보는 일을 맡겼다. 안토니누스는 하인들에게 여러 해 동안 군주의 침실에 서 있던 포르투나(Fortuna, 운명의 여신)의 황금 상을 마르쿠스의 방으로 옮기라고 지시했다. 안토니누스는 당직자에게 암구호로 "아이쿠아니미타스(aequanimitas, 평정)"를 주고 나서 마치 잠을 자듯이 곧 사망했다.(161년) 모든 계층과 모든 도시들이 앞다투어 그를 추모했다.

5. 철학자 황제

르낭(Renan)은 이렇게 말했다. "안토니누스는 마르쿠스 아우렐리우스를 후계자로 지명하지 않았다면 최고의 군주라는 명성에서 경쟁자가 없었을 것이다."[40] 기번(Gibbon)은 이렇게 말했다. "어떤 사람에게 세계사에서 인류의 상태가 가장 행복하고 순조로웠던 시기를 정하라고 청한다면, 그는 주저 없이 네르바의 즉위에서 아우렐리우스의 죽음까지 이어진 시기를 거론할 것이다. 이들의 치세 전체는 아마도 역사상 위대한 대중의 행복이 통치의 유일한 목적이었던 유일한 시기일 것이다."[41]

마르쿠스 안니우스 베루스는 121년에 로마에서 태어났다. 안니우스 가문은 백 년 전 코르도바 인근의 수쿠보에서 왔다. 그곳에서 이들은 정직함 덕에 베루스, 즉 "진실한"이라는 성을 얻은 것 같다. 베루스가 태어난 지 석 달 뒤에 아버지가 사망하자, 베루스는 당시 집정관인 부유한 할아버지 집으로 보내졌다. 그 집을 자주 방문하던 하드리아누스는 소년에게 반했고 소년에게서 군주의 자질을 발견했다. 어떤 젊은이도 그처럼 일을 하기에 안성맞춤인 젊음을 갖지 못했고 자신의 행운을 예리하게 알아보지 못했다. 50년 뒤 베루스는 이렇게 쓴다. "나는 신의 은혜를 입어 좋은 할아버지와 좋은 부모, 좋은 누이, 좋은 스승들, 좋은 친척들과 친구들, 좋은 것은 거의 전부 얻었다."[42] 하지만 세월이 그에게 골칫거리 아내와 쓸모없는 아들을 주는 것으로 균형을 잡았다. 그의 책『명상록』에는 이 사람들이 지닌 미덕과 베루스가 그들로부터 받은 교훈, 즉 겸손과 인내, 대담함, 절제, 경건, 자비, 그리고 (비록 늘 부유함에 둘러싸여 있었지만) 부자들의 습관에서 멀리 벗어난 단순한 삶이 나열되어 있다.[43]

어떤 소년도 그렇게 끊임없이 교육을 받은 적은 없었다. 마르쿠스는 소년 시절 신전과 신관들에 소속되어 일을 했다. 마르쿠스는 고대의 난해한 전례를 글자 하나 빼놓지 않고 모조리 암기했다. 비록 훗날 철학이 마르쿠스의 신앙을 흔들기는 했지만, 정성을 다해 옛 의식을 수행하는 태도에는 조금도 흐트러짐이 없었다. 마르쿠스는 경기와 스포츠는 말할 것도 없고 덫을 놓아 새를 잡고 사냥하는 것을 좋아했으며, 정신과 인격의 도야는 물론 신체를 단련하려는 노력도 게을리하지 않았다. 그러나 아동기에 17명의 가정 교사는 상당한 어려움이었다. 문법학자 4명, 수사학자 4명, 법률가 1명, 철학자 8명이 마르쿠스의 영혼을 나누어 가졌다. 이들 교사 가운데 가장 유명한 사람은 마르쿠스에게 수사학을 가르친 코르넬리우스 프론토였다. 마르쿠스는 프론토를 좋아해 황실의 다정한 학생이 보여 줄 수 있는 친절을 다 베풀었으며 친밀한 서신을 교환했다. 하지만 웅변은 무익하고 부정직한 기술이라고 거부하면서 철학에 빠져들었다.

마르쿠스는 논리와 점성술을 알려 준 스승들에 감사하며, 스토아 철학자 디오게네스가 미신에서 해방시켜 주었다고 감사한다. 그리고 유니우스 루스티쿠스에게는 에픽테투스를 소개했다고, 카이로네아의 섹스투스에게는 자연에 순응하는 삶을 살게 해 주었다고 감사한다. 마르쿠스는 동생인 세베루스에게 브루투스와 우티카의 카토(소(小)카토), 트라세아, 그리고 헬비디우스에 관한 얘기를 해준 데 감사한다. "그로부터 나는 만인에 평등한 법률을 갖춘 국가, 다시 말해 동등한 권리와 언론의 자유를 갖춘 정체라는 관념과 특히 피치자의 자유를 존중하는 군주정 통치 체제라는 관념을 배웠다."[44] 여기에서 군주제라는 스토아 철학의 이상이 제위를 차지한다. 마르쿠스는 "자제를, 그 무엇에도 흔들리지 않을 것을, 어떤 상황에서도 기운찬 상태를 유지할 것을, 온화함과 위엄의

적절한 혼합을, 부여된 과제를 불평 없이 수행할 것을" 가르친 막시무스에게 감사한다.[45] 당대 일류의 철학자들이 생활 없는 형이상학자가 아니라 종교 없는 신관이었음은 분명하다. 마르쿠스는 이들을 너무 진지하게 받아들인 나머지 한동안 수도에 전념하여 허약하게 타고난 체질을 거의 못쓰게 만들었다. 마르쿠스는 12살 때 미숙하게도 철학자의 외양을 취하여 마룻바닥에 밀짚을 깔고 잠을 잤으며, 침상을 쓰라는 어머니의 간곡한 청을 오랫동안 거부했다. 마르쿠스는 성년이 되기 전에 스토아 철학자였다. 마르쿠스는 "나는 한창때의 청춘을 유지했고, 때 이르게 어른이 되지 않고 필요한 시기까지 연기했으며 …… 베네딕타와 관계한 적이 없고 …… 이후 어느 정도 사랑의 발작을 일으켰을 때에도 곧 회복되었다."라고 감사를 표한다.[46]

마르쿠스에게 영향을 끼쳐 직업적인 철학과 신성함에서 벗어나게 한 요인은 두 가지였다. 하나는 하급직 관료에 임명된 것이었다. 그리하여 행정가의 현실주의가 명상에 잠긴 청년의 이상주의를 방해했다. 나머지 하나는 안토니누스 피우스와 친밀히 교제한 것이었다. 마르쿠스는 안토니누스의 장수에 초초해 하지 않고 스토아 철학적인 단순한 생활과 철학 공부, 공직자의 의무를 계속했고, 황궁에 거하며 오래 지속된 수습 생활에 진력했다. 헌신적이고 정직하게 통치하던 양부 안토니누스의 모범은 마르쿠스의 성장에 강력한 영향을 끼쳤다. 우리에게 알려진 그의 이름 아우렐리우스는 안토니누스 가문의 성(姓)이었고, 마르쿠스와 루키우스 둘 다 입양되면서 자신들의 이름에 이를 취했다. 루키우스는 쾌활한 사나이로 삶의 즐거움에 통달한 우아한 달인이었다. 146년 피우스는 공동으로 통치할 자가 필요했을 때 마르쿠스만 지명했고 루키우스에게는 사랑의 제국만 남겨 주었다. 안토니누스가 사망하자 마르쿠스는 단독으로 황제가 되었지만 하드리아누스의 소망을 기억했으므로, 즉시 루키우스 베루스를 정식으로 공동 황제로 내세우고 자신의 딸 루킬라와 혼인시켰다. 이 철학자는 통치의 끝과 마찬가지로 통치의 시작에서도 인정이 많아 일을 그르쳤다. 통치권의 분할은 나쁜 선례를 남겼다. 후대 황제인 디오클레티아누스와 콘스탄티누스 시절에 통치권의 분할로 제국이 분할되고 약화되었던 것이다.

마르쿠스는 피우스에게 신의 영예를 부여하기로 하고 원로원에 이를 위한 투표를 요청했으며, 피우스가 그의 아내 파우스티나를 위해 세운 신전을 완벽한 양식으로 완성하여 두 사람에게 공동으로 바치는 신전으로 다시 봉헌했다.* 마르쿠스는 원로원에 할 수 있는 예우를 다했으며, 자신의 많은 철학자 친구들이 원로원에 진입한 것을 보고 기뻐했다. 이탈리아와 모든 속주들은 플라톤의 꿈이 실현되었다고 마르쿠스에게 갈채를 보냈다. 철학자가 왕이 되었던 것이다. 그러나 마르쿠스는 유토피아를 건설할 뜻은 전혀 없었다. 안토니누스처럼 마르쿠스도 보수주의자였다. 궁정은 급진주의자가 자랄 곳이 아니었던 것이다. 마르쿠스는 이렇게 자신을 타일렀다. "플라톤의 공화국을 실현하려는 희망을 절대 품지 마라. 인류의 조건을 어느 정도 개선한 데 만족하고, 그러한 개선을 그다지 중요하지 않은 일로 생각하지 마라. 누가 인간의 견해를 바꾸겠는가? 생각의 변화가 없다면 다루기 어려운 노예들과 위선자들 말고 무엇을 만들어 낼 수 있는가?" 마르쿠스는 모든 사람들이 다 성자가 되고 싶어 하는 것은 아니라는 사실을 깨달았고, 슬프게도 타락한 사악한 세상과 타협했다. "불사의 신들은 무수한 세월 동안 분노하지 않고 참아 내는 데, 심지어 그토록 많은 악한 사람들을 축복으로 에워싸는 데에도 동의했다. 그러나 살 시간이 이토록 조금밖에 없는 그대, 그대는 이미 지쳐 있는가?"[47] 마르쿠스는 법이 아니라 모범에 의존하기로 결정했다. 마르쿠스는 사실상 일종의 공복이 되었고, 루키우스가 감당하기로 동의했지만 게을리한 행정과 사법의 모든 부담까지 떠안았다. 또한 사치를 멀리했고, 모든 사람을 순전한 동료애로 대했으며, 타인의 접근을 쉽게 허락함으로써 스스로 지치게 만들었다. 마르쿠스는 위대한 정치인이 아니었다. 대중과 군대에 현금으로 선물을 주느라 너무 많은 공공 자금을 소비했다. 그는 근위대원들에게 각각 2만 세스테르티우스를 주었으며, 곡물의 무상

---

* 열 개의 코린토스식 일체형 기둥은 포룸에 남은 유적 중 가장 아름다운 것에 속한다. 주랑 현관은 온전하며, 성상 안치소는 비록 대리석 외장이 깎여 나갔지만 미란다의 산 로렌쪼 교회로 남아 있다.

172

배급을 신청할 수 있는 자들의 숫자를 늘렸고, 비용이 많이 드는 경기를 자주 열었으며, 많은 액수의 미납 세금과 공물을 감해 주었다. 이러한 일은 선례가 없지 않은 관대한 행위였지만, 여러 속주와 널리 퍼진 변경에서 반란이나 전쟁이 명백히 임박했거나 일어나는 때에는 분별없는 짓이었다.

마르쿠스는 하드리아누스가 시작한 법률 개혁을 공들여 지속했다. 마르쿠스는 재판이 열리는 날의 수를 늘렸으며 심리 시간을 줄였다. 마르쿠스는 종종 직접 판사 자리에 앉았고 중죄에 대해서는 완고한 태도를 보였지만 보통은 자비를 베풀었다. 마르쿠스는 부정직한 후견인으로부터 피후견인을, 채권자로부터 채무자를, 총독으로부터 속주를 보호하는 법적 조치를 강구했다. 마르쿠스는 금지된 조합(collegium)의 활성화를 묵인했고, 주로 장례 조합이던 결사체들을 공인하고 재산을 유증 받을 자격이 있는 조합으로 만들었으며, 빈곤한 시민들을 수용하기 위한 기금을 설립했다. 마르쿠스는 급양을 역사상 가장 폭넓게 허용하고, 아내가 죽은 뒤 젊은 여성들을 돕기 위한 기금을 창설했다. 어느 멋진 얕은 돋을새김을 보면 그러한 소녀들이 어린 파우스티나의 둘레에 떼 지어 모여 있는데, 파우스티나는 그들의 치맛자락에 밀을 부어 주고 있다. 마르쿠스는 혼욕을 폐지했고, 배우들과 검투사들에게 너무 많은 보수를 주는 것을 금했으며, 도시들이 경기에 쓰는 지출을 재정에 따라 제한했고, 검투사 시합에서 연습용 검을 쓰라고 요구했으며, 경기장에서 죽음을 추방하기 위해 피비린내 나는 관습이 허용하는 한에서 가능한 모든 것을 했다. 대중은 마르쿠스를 사랑했지만 그의 법은 좋아하지 않았다. 마르쿠스가 마르코만니족과의 전쟁을 위한 군대에 검투사들을 징집하자, 민중은 해학이 넘치는 분노로 이렇게 외쳤다. "그가 우리의 오락을 빼앗아 간다. 그는 우리를 강제로 철학자로 만들고자 한다."[48] 로마는 청교도가 될 채비를 갖추고 있었지만 완전히 준비되지는 않았던 것이다.

마르쿠스가 철학자로서 지닌 명성과 아드리아누스와 안토니누스 치세의 오랜 평화는 마르쿠스에게는 불운하게도 안으로는 반란을, 밖으로는 야만족을 자극했다. 162년 브리타니아에서 반란이 일어났으며, 카티족이 로마령 게르마니아를 침공했고, 파르티아 왕 볼로가세스 3세가 로마에 전쟁을 선포했다. 마르쿠스는 유능한 장군들을 선발하여 북부의 반란을 진압하게 했지만, 파르티아와 싸우는 중대한 임무는 루키우스 베루스에게 위임했다. 루키우스는 안티오크 너머로는 가지 않았다. 그곳에 판테아가 살았기 때문이다. 판테아가 너무나 아름답고 세련되어 루키우스는 걸작의 조각품들이 지닌 완벽함이 그 여인 안에서 모조리 결합되어 있다고 생각했다. 게다가 목소리는 사람을 취하게 하는 아름다운 선율 같았고, 손가락은 리라 위를 현란하게 춤추었으며, 지성은 문학과 철학으로 풍요했다. 루키우스는 판테아를 보았고 마치 길가메시처럼 자신이 태어난 시기조차 잊어버렸다. 루키우스는 쾌락과 사냥에, 그리고 마침내 방탕에 빠졌으며, 그동안 파르티아인들은 공포에 사로잡힌 시리아로 돌진했다. 마르쿠스는 루키우스에 대해 아무런 평도 하지 않았지만 루키우스 군대의 2인자였던 아비디우스 카시우스에게 전투 전략을 보냈다. 군사적으로 탁월한 그의 계획은 장군 자신의 능력을 도와 파르티아인들을 메소포타미아 너머로 내쫓을 뿐 아니라 셀레우키아와 크테시폰에 한 번 더 로마의 표준을 이식할 수 있게 했다. 이번에는 두 번 다시 파르티아인들의 전쟁 기지로 쓰이지 못하도록 두 도시를 불태워 잿더미로 만들었다. 루키우스는 안티오크에서 로마로 돌아와 개선식을 수여받았다. 루키우스는 마르쿠스와 함께 개선식을 치러야 한다고 주장하는 넓은 도량을 보여 주었다.

루키우스는 눈에 보이지 않는 전쟁의 승자인 페스트를 갖고 왔다. 페스트는 점령된 셀레우키아에서 아비디우스의 병사들에게서 먼저 나타났다. 페스트가 매우 빠르게 확산되어 아비디우스는 군대를 이끌고 메소포타미아로 철수했으며, 그동안 파르티아인들은 이를 자기 신들의 복수라고 생각하고 기뻐했다. 퇴각하는 군단들이 전염병을 시리아로 가져왔으며, 루키우스는 군단의 병사 몇몇을 로마로 데려가 개선식에서 행진하게 했다. 이들이 지나친 모든 도시, 그리고 이후 이들이 배치된 제국의 모든 지역에 전염병이 퍼졌다. 고대의 역사가들은 전염병의 성격보다는 그로 인한 참화에 대해 더 많은 이야기를 전한다. 이들의 설명에 따르면 그것은 발진 티푸스이거나 선(腺)페스트였을 것으로 보인다.[49] 갈레노스는 전염병이 페리클레스 시대에 아테네인들을 죽음으로 내몬 질병과 유사하다고 생각했다. 두 경우에 똑같이 검은색 농포가 몸을 거의 전부 뒤덮었고, 희생자는 심한 기침으로 괴로워했으며 "호흡에서 역한 냄새가 났다."[50] 전염병은 소아시아와 이집트, 그리스, 이탈리아, 갈리아를 빠르게 휩쓸고 지나갔다. 그 결과 1년 안에(166~167년) 전쟁에서 잃은 병력보다 더 많은 사람들어 죽었다. 로마에서는 전염병으로 하루에 여러 귀족을 포함하여 2000명이 사망했다.[51] 도시 밖에는 시체들이 산처럼 쌓였다. 마르쿠스는 이와 같이 실체가 없는 적 앞에서 무력했지만 전염병의 폐해를 줄이기 위해 할 수 있는 모든 일을 했다. 그러나 마르쿠스는 당대의 의학에서 아무런 지침도 얻어 내지 못했고, 전염병은 면역성이 생길 때까지 보균자를 모조리 죽인 뒤에야 자연스럽게 사라졌다. 전염병의 영향은 헤아릴 수 없었다. 여러 지역이 너무 많은 인구를 빼앗긴 나머지 밀림이나 사막으로 되돌아갔고, 식량 생산이 하락했으며, 교통이 와해되었다. 홍수로 엄청난 약의 곡물이 망실되었으며, 역병에 뒤이어 기근이 덮쳤다. 마르쿠스 치세 초기의 특징이던 행복한 즐거움은 사라졌다. 사람들은 비관주의의 현혹에 굴복했고, 점쟁이와 신탁을 전하는 예언자 곁으로 몰려들었으며, 제단에 방향과 희생 제물을 갖고 구름처럼 몰려왔다. 사람들은 어디에서든 개인의 불멸과 천국의 평화를 제시하는 새로운 종교에서 위안을 찾았다.

이렇게 국내 사정이 어려운 가운데 다뉴브 강을 끼고 살던 부족, 즉 카티족과 콰디족, 마르코만니족, 야지가이족이 강을 건너 2만 명 병력의 로마 수비대를 휩쓸고 아무런 방해도 받지 않은 채 다키아와 라에티아, 판노니아, 노리쿰으로 쏟아져 들어가고 있었다. 그리고 그들 중 일부가 알프스를 넘어 자신들을 막아선 군대를 모조리 격파한 뒤 아퀼레이아(베네찌아 인근)를 포위해 베로나를 위협하면서 북부 이탈리아의 비옥한 경작지를 폐허로 만들고 있다는 소식이 전해졌다.(167년) 게르만 부족들이 그렇게 통일적으로 이동한 적도 없었고, 로마를 그토록 가까운 곳까지 와서 위협한 적도 없었다. 마르쿠스는 놀라울 정도로 단호하게 대처했다. 마르쿠스는 철학의 즐거움을 내던지고 출정하기로 결심했다. 마르쿠스가 보기에 그 전쟁은 한니발 이래로 가장 중대한 로마의 전쟁이 될 터였다. 마르쿠스는 치안대와 검투사, 노예, 만족 용병을 전쟁과 페스트로 병력을 잃은 군단들의 병적에 올려 이탈리아를 충격에 빠뜨렸다. 신들마저 마르쿠스의 목적에 부합하기 위해 징집되었다. 즉 마르쿠스는 이방인 종교의 신관들에게 그들의 다양한 의식에 따라 로마를 위해 제물을 바치라고 명령했다. 게다가 마르쿠스 자신이 직접 제단에서 큰 희생 제물인 황소 100마리를 번제물로 태웠다. 어느 현인은 흰 황소들이 그에게 전했다는 메시지를 퍼뜨렸다. 황소들은 마르쿠스에게 너무 많은 승리를 거두지 말라고 청했다고 한다. "당신이 정복하면 우리는 죽는다."[52] 마르쿠스는 특별 세금을 부과하지 않으면서 전비를 모으려고 포룸에서 의복과 미술품, 그리고 황궁의 보석을 경매에 붙여 팔았다. 마르쿠스는 조심스럽게 방어 조치를 취했다. 갈리아에서 에게 해에 이르는 국경 마을들을 요새로 만들고 이탈리아로 들어오는 산길을 봉쇄했으며, 게르만족과 스키타이인들에게 뇌물을 주어 침입자들을 배후에서 공격하게 했다. 전쟁을 싫어하던 사람이었으나 더 탄복할 만한 활력과 용기로 마르쿠스는 군대를 규율 잡힌 강군으로 훈련시켰고, 이들을 뛰어난 전략으로 배치하여 어려운 전쟁을 헤쳐 나갔으며, 아퀼레이아를 포위한 적을 몰아내 다뉴브 강까지 패퇴시켰고, 결국 거의 전부를 포로로 잡거나 도살했다.

마르쿠스는 이로써 게르만족의 위험이 사라졌다고 판단하지는 않았다. 그러나 한동안은 상황이 안정될 것으로 보았으므로 공동 황제와 함께 로마로 돌아왔다. 귀환 도중 루키우스는 뇌졸중으로 사망했는데, 소문이란 정치처럼 일말의 자비도 없는 것이어서 마르쿠스가 루키우스를 독살했다는 소문이 돌았다. 169년 1월부터 9월까지 황제는 허약한 신체를 한계점까지 내몰았던 수고에서 벗어나 휴식을 취했다. 마르쿠스는 위장병으로 고생했는데, 이 때문에 종종 말을 하기도 어려울 정도로 쇠약해졌다. 마르쿠스는 하루에 가벼운 식사 한 끼를 먹어

병을 다스렸다. 황제의 상태와 황제가 섭취하는 음식을 아는 사람들은 궁정과 전장에서 그가 보여 준 노력에 놀랐으며, 황제가 부족한 힘을 정신력으로 보충했다고 말할 수밖에 없었다. 마르쿠스는 당대의 가장 유명한 의사인 페르가몬의 갈레노스를 여러 차례 불렀는데, 겸손하게 처방한 그의 치료 방법을 칭찬했다.[53]

아마도 국내에서 실망스러운 일이 연이어 발생하고 여기에 정치적, 군사적 위기가 겹쳐 마르쿠스의 병세가 악화되었으며, 그래서 마르쿠스는 48살의 나이에 비해 늙어 버렸는지도 모른다. 많은 조각 초상으로 그 예쁜 얼굴이 전해져 내려오는 마르쿠스의 아내 파우스티나는 철학의 화신인 마르쿠스와 침상 또는 식탁을 공유하기를 좋아하지 않았던 것 같다. 파우스티나는 생기 넘치는 사람으로 남편의 맑은 정신이 줄 수 있는 것보다 더 유쾌한 삶을 갈망했다. 수도 로마에 떠도는 소문은 파우스티나가 간통했다고 추정했다. 무언극에서는 마르쿠스를 부정한 아내를 둔 남편으로 조롱했고, 심지어 그의 경쟁자들을 거론하기도 했다.[54] 안토니누스가 노(老)파우스티나(파우스티나의 어머니)에게 그랬듯이, 마르쿠스도 아무 말을 하지 않았다. 대신 정부(情夫)로 추정된 자들을 고위직으로 승진시키고 파우스티나에 대해 갖은 배려와 존중의 표시를 다했다. 그리고 파우스티나가 사망하자(175년) 그녀를 신격화했으며 『명상록』에서 "그토록 순종적이고 다정한 아내"를 준 것에 대해 신들에게 감사했다.[55] 파우스티나를 비난할 증거는 전혀 남아 있지 않다.[56] 파우스티나가 마르쿠스에게 낳아 준 네 자녀 중에서(마르쿠스는 프론토에게 보낸 편지에서 따뜻한 마음으로 아이들을 사랑했다.) 여자아이 하나는 어릴 때 죽었다. 남은 딸은 루키우스의 생활 때문에 슬픔에 잠겼으며 그의 죽음으로 과부가 되었다. 쌍둥이 두 아들은 161년에 태어났는데, 하나는 태어날 때 죽었고, 이때 살아남은 아들이 콤모두스였다. 험담꾼들은 콤모두스를 어느 검투사가 파우스티나에게 준 선물이라고 불렀으며,[57] 콤모두스는 평생 동안 그 이야기의 진위를 확인하려 애썼다. 그러나 콤모두스는 잘생기고 박력 있는 청년이었다. 마르쿠스는 콤모두스를 무척 사랑했으며, 이는 충분히 용서받을 만했다. 마르쿠스는 콤모두스를 후계자 지명을 상징하는 방식으로 군대에 소개했으며, 로마에서 가장 훌륭한 교사들을 고용하여 콤모두스를 통치에 적합한 인물로 훈육했다. 이 청년은 잔 만들기와 춤, 노래, 사냥, 검술을 좋아했다. 책과 학자, 철학자를 몹시 싫어한 반면에 검투사, 운동선수들과 교제하기를 즐겼다. 이것은 이해할 만했다. 콤모두스는 곧 거짓말과 잔인함, 거친 언사에서 친구들을 능가했다. 마르쿠스는 너무 착해서 콤모두스를 징계하고 비난하지 못했다. 마르쿠스는 교육과 책임감이 콤모두스를 착실하게 만들어 왕으로 성장시킬 것이라는 기대를 버리지 않았다. 쇠약해졌고 수염도 다듬지 않았으며 눈은 근심과 수면 부족으로 치친 외로운 황제는 아내와 아들에게서 벗어나 통치와 전쟁의 임무에 전념했다.

중부 유럽 부족들의 변경 공격은 숨을 돌릴 정도로만 아주 잠시 중단되었다. 제국을 파괴하고 야만적인 활동의 자유를 보장받기 위한 이 싸움에서 평화는 일시적인 휴전에 불과했다. 169년 카티족이 라인 강 상류의 로마 영토로 침입했다. 170년 카우키족이 벨기카를 공격했고, 다른 세력이 사르미제게투사를 포위했다. 코스토보키족은 발칸 반도를 가로질러 그리스로 들어와 아테네에서 약 14마일 떨어진 엘레우시스의 비의가 거행되는 신전을 약탈했다. 마우리족, 즉 무어인이 아프리카에서 건너와 스페인을 침공했고, 새로운 부족인 롱고바르드족, 즉 롬바르드족이 라인 강변에 처음으로 출현했다. 생식력이 좋았던 야만족은 무수히 패했지만 점점 더 강해졌고, 아이를 많이 낳지 못하던 로마는 점점 더 약해졌다. 마르쿠스는 이 전쟁이 어느 한쪽이 상대를 파괴하거나 굴복시키는 생사를 건 싸움이라고 생각했다. 로마적이고 스토아 철학적인 의미의 의무감을 익힌 자만이 신비적인 철학자에서 유능하고 성공적인 장군으로 그토록 완벽하게 변모할 수 있었을 것이다. 철학자는 황제의 갑옷과 투구 밑에 몸을 숨기고 있었다. 제2차 마르코만니 전쟁의 혼란 속에서(169~175년), 콰디족에 맞서 세운 그란나 강가* 숙영지에서, 마르쿠스는 세상 사람들이 그를 기억할 때

---

* 다뉴브 강의 지류인 그란 강으로 보인다.

떠올리는 『명상록』이라는 작은 책을 썼다. 쇠약해져 실수하기 쉬운 성자와 같은 사람이 제국의 명운이 걸린 전쟁에서 대군을 이끄는 동안 도덕성과 운명의 문제를 숙고하는 모습은 역사가 위대한 인간들을 보존한 그림 중에서도 가장 친밀한 것에 속할 것이다. 마르쿠스는 낮에는 사르마티아인들을 추격하면서도 밤에는 그들에게 공감하는 글을 쓸 수 있었다. "거미는 파리를 잡으면 큰일을 했다고 생각한다. 산토끼를 모는 사람이나 …… 사르마티아인을 공략한 자도 …… 그렇게 생각한다. …… 다 똑같은 약탈자가 아닌가?"[58]

그렇지만 마르쿠스는 사르마티아인, 마르코만니족, 콰디족, 야지가이족과 6년 동안 힘들게 싸워 이들을 물리쳤으며, 군단들을 이끌고 북쪽 멀리 보헤미아까지 진군했다. 헤르키니아 산맥과 카르파티아 산맥을 새로운 국경으로 삼으려는 것은 분명히 마르쿠스의 계획이었다. 마르쿠스가 성공했다면, 로마 문명은 갈리아처럼 게르마니아도 라틴어를 쓰고 고전 문명을 물려받은 지역으로 만들었을 것이다. 하지만 마르쿠스가 한창 성공가도를 달리고 있을 때 아비디우스 카시우스가 이집트에서 반란을 진압한 뒤 자신을 황제로 선포했다는 소식을 듣고 충격에 빠졌다. 마르쿠스는 다뉴브 강 북쪽 기슭에 면한 약 10마일 길이의 좁고 긴 땅을 병합하고 강 남쪽에 강력한 수비대를 남겨 둔 채 서둘러 강화 조약을 체결하여 야만족들을 놀라게 했다. 마르쿠스는 병사들을 소집하여 로마가 원한다면 기꺼이 아비디우스에게 황제 자리를 내놓겠다고 말하고 반란자들을 용서할 것을 약속한 뒤에 아비디우스를 만나러 아시아로 전진했다. 그동안 어느 백인대장이 카시우스를 살해하여 반란은 실패했다. 마르쿠스는 소아시아와 시리아를 지나 알렉산드리아에 도착하여 카이사르처럼 자비를 베풀 기회를 빼앗겼다는 사실에 슬퍼했다. 스미르나와 알렉산드리아, 그리고 아테네에서 마르쿠스는 호위병 없이 거리를 걷고, 철학자의 외투를 걸친 채 주요 교사들의 강의를 듣고, 그리스어로 이들의 토론에 참여했다. 마르쿠스는 아테네에 머무는 동안 위대한 플라톤학파, 아리스토텔레스학파, 스토아학파, 그리고 에피쿠로스학파 각각에게 교수 지위를 부여했다.

176년 가을 아우렐리우스는 거의 7년에 걸친 전쟁 끝에 로마에 도착해 제국의 구원자로서 개선식을 수여받았다. 황제는 콤모두스를 그 승리에 관련시켜 15살 된 청년을 공동 황제로 삼았다. 거의 백 년 만에 처음으로 양자의 원칙이 제거되었고 세습 원수정(元首政)이 재개되었다. 마르쿠스는 자신이 제국에 어떤 위험을 불러들였는지 알고 있었다. 마르쿠스는 콤모두스가 제위를 얻지 못할 경우 콤모두스와 그 친구들이 일으킬 내전보다는 그러한 위험의 해악이 덜하다고 보았다. 지금에 와서 얻은 인식으로 마르쿠스를 판단해서는 안 된다. 로마가 이러한 애정의 귀결을 예견한 것도 아니었다. 전염병은 저절로 사라졌고, 사람들은 다시 행복을 느꼈다. 수도는 그 전쟁으로부터 거의 아무런 피해도 입지 않았다. 추가 과세 없이 놀랄 만큼 효율적으로 경비를 충당했기 때문이다. 국경 지대에서는 전투가 사납게 몰아쳤지만, 제국 내부에서는 교역이 번창했고 어디에서나 돈이 넘쳐났다. 로마의 행운이 절정에 달했고 황제의 인기는 최고조에 이르렀다. 온 세상이 마르쿠스를 군인이자 현자, 성인으로 찬미했다.

하지만 승리가 마르쿠스를 속이지는 못했다. 마르쿠스는 게르마니아 문제가 해결되지 않았음을 알고 있었다. 국경을 보헤미아의 산악 지대까지 확대하는 적극적인 정책만이 추가 침입을 막을 수 있다고 확신한 마르쿠스는 178년 콤모두스와 함께 제3차 마르코만니 전쟁에 착수했다. 다뉴브 강을 건넌 마르쿠스는 오랜 기간 힘든 종군 끝에 다시 콰디족을 격파했다. 남은 저항은 없었다. 마르쿠스는 보헤미아, 다뉴브 강 유역 갈리키아와 대략적으로 일치하는 콰디족과 마르코만니족, 그리고 사르마티아인의 땅을 새로운 속주로 병합할 참이었다. 하지만 그때 빈도보나(비엔나)의 숙영지에서 질병이 마르쿠스를 덮쳤다. 죽음이 가까이 온 것을 인식한 마르쿠스는 콤모두스를 곁으로 불러 완성을 목전에 둔 정책을 계속 수행할 것을, 그리고 제국의 경계를 엘베 강까지 연장하여 아우구스투스의 꿈을 실현할 것을 훈계했다.* 그리고 나서 마르쿠스는 음식

---

* 편견 없는 역사가 몸젠(Mommsen)은 이렇게 말한다. "우리는 그 통치자의 단호한 결의와 불굴의 의지를 인정해야 할뿐더러 그가 올바른 정책이 요구하는 것을 실행했다는 점도 인정해야 한다."[59]

과 물을 거부했다. 엿새째 되던 날 마르쿠스는 마지막 힘을 다해 일어나 군대에 콤모두스를 새 황제로 소개했다. 침상으로 돌아온 마르쿠스는 얼굴을 홑이불로 덮고 곧 숨을 거두었다. 마르쿠스의 시신이 로마에 도착하자, 대중들은 이미 그를 잠시 현세에서 살기로 동의했던 신으로 숭배하기 시작했다.

20장

2세기의 삶과 사상
서기 96~192

1. 타키투스

네르바와 트라야누스의 정책 덕에 로마의 억눌린 정신은 해방되었으며, 그들의 치세에 문학은 폭정에 반대하는 강렬한 분노의 분위기를 띠게 되었다. 폭정은 사라졌지만 언제라도 다시 나타날 수 있었다. 소(小)플리니우스의 칭송의 글인 「찬사」는 세 명의 위대한 스페인 출신 황제들 중 첫 번째 황제를 환영하면서 그러한 견해를 표현했다. 에우베날리스는 그 밖의 다른 말은 하지 않았으며, 가장 뛰어난 역사가였던 타키투스는 지난 시절의 고발자가 되어 펜으로 한 세기를 난도질했다.

타키투스가 태어난 시기와 장소는 알려져 있지 않으며, 성이 알려져 있을 뿐 이름은 전하지 않는다. 아마 타키투스는 갈리아 벨기카의 황실 세입 징세관이던 코르넬리우스 타키투스의 아들이었을 것이다. 그의 가족은 코르넬리우스가 승진하면서 기사 계층에서 신귀족으로 신분이 상승했다.[1] 이 역사가에 관해 명확히 알려진 첫 번째 사실은 그가 스스로 남긴 말이다. "아그리콜라는 집정관이었을 때(78년) …… 나와 자신의 딸의 혼인에 동의했다. 아내는 분명히 더 자랑스러운 결합을 기대했을 것이다."[2] 타키투스는 보통의 교육을 받았으며, 그의 문체에 생기를 주던 연설의 기술, 즉 그의 역사 서술에 보이는 표현의 특징인 찬성과 반대의 기술을 완벽하게 습득했다. 소(小)플리니우스는 타키투스가 궁정에서 말하는 것을 종종 들었으며, 그의 "위엄 있는 웅변"을 칭찬하면서 타키투스가 로마에서 가장 위대한 연설자라는 찬사를 보냈다.[3] 88년 타키투스는 법무관이었다. 그 후 타키투스는 원로원 의석에 앉아 자신이 드러내 놓고 폭정에 반대하지 못했다고 수치스럽다는 듯이 고백했으며,[4] 원로원을 희생시킨 도미티아누스를 비난하는 원로원의 행동에 동참했다. 네르바는 타키투스를 집정관에 임명했고(97년), 트라야누스는 타키투스를 아시아의 총독에 임명했다. 타키투스는 분명 실제의 경험이 있는 실무가였다. 타키투스의 책은 충만한 삶의 결과로 나타난 지혜였고 여유로운 노년의, 그리고 성숙하고 심오한 정신의 산물이었다.

한 가지 주제가 타키투스의 책들을 한데 묶어주는데, 그것은 전제 정치에 대한 증오였다. 타키투스의 『연설자들에 관한 대화』는(이 책이 그가 쓴 것이라면) 웅변의 쇠퇴를 자유의 억압 탓으로 돌린다. 고대인들은 전기의 틀을 짧은 소론으로 제한했는데, 그중에서도 가장 완벽한 작품인 타키투스의 『아그리콜라』는 자기 장인이 장군이자 통치자로서 거둔 업적을 자랑스럽게 열거하며, 이어 도미티아누스가 장인을 해임하고 무시한 내용을 신랄하게 기록하고 있다. 작은 시론 『게르만족의 기원과 상황에 관하여』는 자유로운 민족의 씩씩한 미덕과 폭군의 통치를 받는 로마인들의 타락과 비겁함을 대비시킨다. 타키투스는 게르만족이 유아 살해를 불명예로 여기며, 아이라고 해서 편의를 봐주지 않는다고 칭찬한다. 이것은 게르만족 얘기를 한 것이 아니라 로마인을 비난한 것이다. 타키투스의 철학적 목적은 연구의 객관성을 해치지만, 덕분에 로마의 관리인

타키투스는 현저히 폭넓은 견해를 획득하여 로마에 저항할 수 있는 게르만족의 힘을 찬양한다.[5]*

이 시론들이 성공하자 타키투스는 폭군들의 기록을 일말의 동정 없이 세세하게 고발하여 폭정의 악폐를 설명하고픈 생각이 들었다. 타키투스는 자신이 가장 생생하게 기억하는 것과 나이 많은 동료들이 생생하게 증언하는 것, 다시 말해 갈바부터 도미티아누스의 사망에 이르는 시기를 먼저 다루었다. 그리고 고마운 마음을 감추지 못한 귀족들이 그의 『역사(*Historiae*)』를 리비우스 이래 최고의 역사 서술이라고 칭찬하자, 타키투스는 『연대기(*Annales*)』에서 티베리우스와 칼리굴라, 클라우디우스, 네로의 치세를 설명하여 앞선 시기부터 자신의 이야기를 계속했다. 『역사』의 14권 중에서(혹자는 30권이라고 한다.) 4권하고 절반이 남아 있는데 전부 69년과 70년을 다룬다. 『연대기』는 원래 16권이나 18권이었을 텐데 12권이 남아 있다. 이 책들은 이렇게 불완전하게 남아 있지만 현존하는 로마의 산문에서 가장 강력한 작품들이다. 전체가 다 보존되었다면 얼마나 웅대하고 깊은 감명을 주었을지는 어렴풋이 상상할 수밖에 없다. 타키투스는 아우구스투스와 네르바, 트라야누스의 치세도 연대기로 기록하여 건설적인 정치적 수완을 어느 정도 축하함으로써 자신의 출간된 작품들이 주는 음침한 분위기를 누그러뜨리려 했다. 그러나 시간이 주어지지 않았다. 타키투스가 과거를 판단할 때 그랬듯이 후세도 그를 음울한 측면에서만 판단했다.

타키투스는 이렇게 생각했다. "역사가의 주된 임무는 인간들의 행위를 판단하는 것이다. 그러면 선한 사람들은 선행에 상응하는 보상을 받을 것이며, 유해한 시민들은 후세의 법정에서 악행을 기다리는 비난 때문에 행동을 삼갈지도 모른다."[6] 이는 이상한 발상으로 역사를 일종의 최후의 심판으로, 역사가를 신으로 바꾸어 놓는다. 그렇게 이해하면 타키투스가 추정하듯이 역사는 설교, 다

---

* 이 책은 트라야누스의 다키아 원정 이전인 98년에 씌었을 것이다.

시 말해 끔직한 사례들을 들어 가르치는 윤리학이 되며 수사학의 규칙에 속하게 된다. 분노는 쉽사리 설득력을 얻겠지만 공정하기는 어렵다. 어떤 윤리학자도 역사를 써서는 안 된다. 타키투스는 폭정을 너무나 생생하게 기억했으므로 폭군을 냉정하게 바라볼 수 없었다. 타키투스는 아우구스투스에게서 오로지 자유의 파괴밖에 보지 못했으며, 로마의 진수는 악티움 해전과 더불어 완전히 사라졌다고 생각했다.[7] 타키투스는 괴물 같은 황제들의 치세에 속주에서 볼 수 있었던 훌륭한 행정과 번영의 증대를 기록함으로써 자신의 고발을 진정시킬 생각은 전혀 없었던 것 같다. 타키투스의 글을 읽는 사람은 누구라도 로마가 도시였을 뿐 아니라 제국이었다는 사실을 의심하지 않을 것이다. 사라진 책들은 아마도 속주 세계를 다루었을 것이다. 살아남아 전하는 책들은 타키투스를 거짓 안내자로 만든다. 결코 거짓말을 하지는 않지만 진실을 드러내지도 않기 때문이다. 타키투스는 역사와 연설, 서한, 악타 디우르나(Acta Diurna, 일일 공고문으로 원로원과 민회의 의사록을 일반 대중에게 공개하는 것 – 옮긴이), 악타 세나투스(Acta Senatus, 원로원 의사록, 결의문), 유서 깊은 가문들의 전승 따위의 전거를 종종 밝히고 때로 이를 비판적으로 검토한다. 그러나 타키투스는 대체로 박해받은 귀족의 이야기만 들었고, 원로원 의원들의 처형과 황제들의 암살이 악덕하고 잔인하지만 유능한 군주들과 퇴폐적이고 잔인하며 무능한 귀족 사이의 오랜 다툼에서 생겨난 사건들이라고는 결코 생각하지 않는다. 타키투스는 영향력과 원인, 사상, 과정보다 두드러진 인물과 사건에 정신을 빼앗긴다. 타키투스는 역사상 가장 총명하지만 부정한 인물을 상세히 설명하지만, 정치적 사건에 영향을 끼친 경제적 요인에 대해서는 알지 못하며, 대중의 삶과 생업, 교역의 동향, 학문의 상태, 여성의 지위, 신앙의 변화, 시나 철학이나 예술의 성취에 아무런 관심도 없다. 타키투스의 글에서 세네카와 루카누스, 페트로니우스는 죽지만 글을 쓰지 않는다. 황제들은 살인하지만 건설하지 않는다. 이 위대한 역사가는 아마도 독자들에 의해 제약을 받았을 것이다. 타키투스는 필시 자기 글의 일부를, 당대의 관습에 따라, 플리니우스가 그의 응접실에 몰려들었다고 한 귀족 친구들에게 읽혔을 것이다. 타키투스는 이렇게 말할 것이다. 이 남녀들은 로마의 삶과 제조업, 문학, 예술을 알았으므로 이들에게 그러한 것들을 떠올리게 할 필요는 없었다고. 이들이 거듭 듣고 싶었던 것은 사악한 황제들, 자제력이 강한 원로원 의원들의 영웅적인 행위, 귀족 집단이 전제 권력에 맞서 싸운 오랜 전쟁의 흥미로운 이야기였다. 타키투스가 시도하지도 않은 일을 두고 그가 성공하지 못했다고 비난할 수는 없다. 다만 그의 위대한 목적의 편협함과 그의 강력한 지성의 한계가 못내 아쉬울 뿐이다.

타키투스는 철학자인 체하지 않는다. 타키투스는, 아그리콜라의 어머니가 아들을 설득하여 단념시켰다고 칭찬한다. 아그리콜라는 "로마인과 원로원 의원이 되는 것보다는 철학에 대한 더 강한 열정을 습득했다."[8] 타키투스는 그 상상력과 기술이, 마치 셰익스피어처럼 지나치게 창조적으로 작용했으므로 삶의 의미와 가능성을 조용히 숙고할 수 없었다. 타키투스는 입증되지 않은 추문이 많았으므로 그만큼이나 해명하는 발언도 많았다. 하지만 타키투스에게서 신이나 인간, 국가에 대한 일관된 견해를 찾기는 어렵다. 타키투스는 신앙 문제에 관해서는 조심스럽게 모호한 태도를 취하며, 출생지의 종교를 지식으로 대체하려 애쓰지 말고 그대로 받아들이는 것이 현명하다고 넌지시 말한다.[9] 타키투스는 점성가와 점술, 징조, 기적을 대체로 무시하지만 몇몇 경우에는 수용한다. 타키투스는 상당한 신사여서 많은 사람이 확인한 일의 가능성을 부정하지 않는다. 일반적으로 사건들은 "착한 사람이나 악한 사람에게 똑같이 적용되는 신들의 냉담함"[10]과 아마도 변덕스러울 어떤 미지의 힘, 다시 말해 사람들과 국가들을 불가피한 운명[11]으로 몰아가는 힘의 존재를 증명하는 것처럼 보인다.[12] 타키투스는 아그리콜라가 죽어 좋은 세상으로 갔기를 바라지만 분명히 그렇게 생각하지는 않으며, 위대한 인물들의 마지막 망상, 즉 명성의 불멸에 만족한다.[13]

유토피아에 대한 열망도 타키투스를 전혀 위로하지 못한다. "개혁의 계획은 대체로 처음에는 열렬히 환영을 받지만 곧 새로움이 사라지고 계획은 성과 없이 끝난다."[14] 타키투스는 자신의 시대에 일시적으로 사정이 좋았다고 마지못해 인정하지만, 트라야누스의 비상한 재주도 상황의 악화를 막지 못할 것이었다.[15] 로마는 말 그대로 골수까지 썩었고, 대중의 정신에 나타난 장애 때문에 자유의 무질서 상태가 초래되었으며,[16] "혁신과 변화를 좋아하고 늘 강자 편에 붙을 준비가 되어 있는"[17] 천민 대중들이 나타났다. 타키투스는 "인간 정신의 악의"를[18] 슬퍼하며 에우베날리스처럼 로마에 들어온 외국인들을 경멸한다. 타키투스는 제국을 헐뜯은 뒤 공화국의 회복을 꿈꾸지는 않지만 양자로서 황제가 된 자들이 원수정과 자유를 양립시킬 것이라고 기대한다.[19] 결국 타키투스는 이렇게 생각한다. 통치 조직보다 인물이 더 중요하다. 한 민족을 위대하게 만드는 것은 법이 아니라 사람들이다.

우리는 역사를 기대했던 곳에서 훈계와 드라마를 보게 되어 놀랐지만, 그럼에도 타키투스를 위대한 역사가의 반열에 올려놓아야 한다면, 그것은 타키투스가 가진 기술의 힘이 그 견해의 한계를 벌충하기 때문이다. 타키투스는 우선 집중하여 보며, 때로는 깊이 보고, 늘 생생하게 본다. 타키투스가 상세히 묘사하는 인물들은 역사 문헌 속의 다른 누구보다도 더 분명하게 두드러지며, 역사의 무대를 더욱 생동감 있게 활보한다. 그러나 여기에도 오점은 있다. 타키투스는 다채로운 사람들을 위해 이야기를 쓰되 전부 자신만의 방식대로, 자신만의 웅대한 산문으로 쓴다. 타키투스는 갈바를 바보라고 설명하면서 마치 현인처럼 말하게 한다.[20] 그리고 타키투스는 자신의 인물들이 시간 속에서 변하게 하는 어려운 기술을 시도하지 않는다. 티베리우스는 치세의 처음에나 끝에나 똑같다. 타키투스의 생각에 티베리우스가 처음에는 인간답게 보였다면 그것은 순전한 위선이었다.

타키투스에게서는 그 문체의 화려함이 처음이자 끝이다. 다른 어느 작가도 그처럼 간결하게 쓰지 못했다. 타키투스가 간단하게 썼다는 뜻이 아니다. 반대로 타키투스는 산만하고 장황하며 『역사』에서 2년의 사건을 기록하는 데 400쪽을 할애하고 있다. 때로는 너무 압축적으로 심하게 요약하여 겉치레나 난해함으로 끝나기도 한다. 그래서 두 낱말에 한 번꼴로 그 의미를 해석해 줄 문장이 필요하며, 동사와 접속사는 절름발이의 목발처럼 무시된다. 이는 살루스티우스의 간결한 필치와 세네카의 함축적인 경구, 수사학 학교에서 가르치는 균형 잡힌 어구의 절정이다. 긴 책에서 그러한 문체는 좀 더 균일한 경향으로 완화되지 않으면 독자를 자극하여 지치게 만든다. 그런데도 독자들은 다시 돌아와 더욱 심하게 빠져든다. 타키투스의 글은 사람보다는 낱말을 더 절약하는 대담한 무뚝뚝함, 구문의 버팀목에 대한 경멸, 격정적인 감정과 생생한 묘사, 새로운 어휘의 싸한 맛과 진부하지 않은 어구의 지독한 신랄함 덕분에 고대의 어느 작가도 견줄 수 없는 신속함과 색채와 강렬함을 획득했다. 색채는 어둡고 분위기는 음울하며 풍자는 날카롭고 전체적인 논조는 부드러움을 상실한 단테의 논조와 비슷하지만, 누적적 효과는 압도적이다. 우리는 비록 단서를 달고 이의를 제기하지만, 위엄 있으면서도 광포하고 품위를 갖추면서도 맹렬한 화법의 인도를 받아 이 잔인한 폭로의 검은 강을 따라간다. 인물들이 연이어 무대에 올랐다가 죽어 내려가며, 장면들이 연이어 빠르게 나타났다가 결국 로마 전체가 폐허가 된 듯 보이며 등장인물들은 전부 죽어 있다. 이 공포의 방에서 빠져나올 때 폭정과 비겁, 불멸의 시기가 하드리아누스와 안토니누스, 그리고 플리니우스 친구들의 정숙한 품위의 시기로 이어져 군주제가 절정에 달한다는 사실을 믿기가 어렵다.

타키투스가 철학, 다시 말해 균형 잡힌 관점을 경멸한 것은 잘못이었다. 타키투스의 모든 허물은 철학의 부재 때문이다. 타키투스가 열린 마음을 위해 펜을 놀릴 수 있었다면, 그는 인류의 기억과 유산에 형태와 영속성을 부여하려 애썼던 자들의 명부에 제일 먼저 이름을 올렸을 것이다.

2. 에우베날리스

유감스럽게도 에우베날리스는 타키투스의 주장을 뒷받침한다. 타키투스가 독설적인 산문으로 군주들과 원로원 의원들의 이야기를 썼다면, 에우베날리스는 신랄한 운문으로 여성들과 남성들의 이야기를 노래한다.

데키무스 유니우스 에우베날리스는 부유한 해방 노예의 아들로 라티움의 아퀴눔에서 태어났다.(59년) 에우베날리스는 교육을 받으러 로마로 왔고, 그곳에서 "재미로" 법률을 업으로 삼았다. 에우베날리스의 풍자시는 도시 생활의 자유로운 소동에 충격을 받은 농촌 기질을 드러내지만, 에우베날리스는 도덕을 지지하지 않는 풍자시를 쓰던 마르티알리스와 친하게 지냈던 것 같다. 출처 불명의 전승에 따르면 도미티아누스의 사망 직후 에우베날리스는 궁정에서 춤을 추는 무용수들의 영향력을 풍자하는 시를 썼으며, 화가 난 무언극 배우 파리스가 에우베날리스를 이집트로 추방되게 했다고 한다. 이 이야기가 진실인지, 에우베날리스가 언제 돌아왔는지는 알 수 없지만, 어쨌든 에우베날리스는 도미티아누스가 죽을 때까지는 작품을 발표하지 않았다. 에우베날리스가 쓴 16편의 풍자시는 5권으로 세상에 나왔으며, 첫 번째는 101년에, 나머지 4권은 그의 평생 동안 시차를 두고 발표되었다. 아마 이 풍자시는 도미티아누스 시절을 용서하지 않는 회상이었을 것이다. 그러나 회상을 그토록 믿을 수 없이 생생하게 했던 분노는 "선한 황제들"의 짧은 치세로도 에우베날리스가 비난한 악폐가 치유되지 못했음을 암시한다. 그리고 에우베날리스는 로마의 특징적인 형태로 풍자시를 선택했을 것이고, 루킬리우스와 호라티우스, 페르시우스를 본받아 자료를 찾아 이 학파에서 배운 수사학적 원리에 따라 통렬한 비난과 분노를 토해 냈을 것이다. 비난의 쾌락이 로마 제국에 대한 우리의 이해를 얼마나 어둡게 채색했는지는 결코 알 수 없을 것이다.

에우베날리스는 온갖 것을 주제로 삼았으며 어디에서나 어려움 없이 비난할 만한 면을 발견했다. 에우베날리스는 이렇게 생각했다. "우리는 악의 정점에 도달했고, 후세는 이 점에서 결코 우리를 능가하지 못할 것이다."[21] 지금까지는 옳은 얘기다. 그 악의 근원은 파렴치한 부의 추구였다. 에우베날리스는 평민들이 한때는 군대를 지배하고 왕들을 폐위했으나, 이제는 "빵과 서커스

(panem et circenses)"로 매수할 수 있는 존재가 되었다고 경멸했다.[22] 빵과 서커스는 에우베날리스의 활력이 영원한 생명력을 주었던 수많은 어구 중 하나이다. 에우베날리스는 동방의 얼굴들과 의복, 생활 방식, 냄새, 신들의 유입에 분개했고, 유대인의 배타성에 항의했으며, 특히 "탐욕스러운 작은 그리스인들"을, 다시 말해 한때 위대했지만 결코 정직하지 않았던 민족의 타락한 후손들을 가장 싫어했다. 에우베날리스는 플리니우스가 묘사한 레굴루스처럼 "비애국적인" 발언을 신고하여 부자가 된 밀고자들과 자녀가 없는 늙은이들 주변을 서성거리는 유산 사냥꾼들, 속주에서 한 차례 임기를 채워 얻은 이익으로 일생 동안 사치스럽게 사는 총독, 거미에서 거미줄이 나오듯이 소송을 질질 끄는 말만 번드르르한 변호사들을 혐오한다. 에우베날리스는 특히 성적 무절제와 도착에 넌더리를 쳤으며, 결혼하자마자 지난 시절의 호색으로 발기 부전이 되었음을 알게 된 난봉꾼, 행동거지와 향수와 욕구로써 여성과 분간할 수 없게 된 멋쟁이들, 해방은 남자들과 구별되지 않는 것을 의미한다고 생각하는 여자들에 질색했다.

에우베날리스의 풍자시 중 가장 신랄한 여섯 번째 시는 여성을 겨냥한 것이다. 포스투무스가 결혼할 생각을 한다. 에우베날리스는 경고한다, 그러지 말라고. 이어 시인은 로마의 여인들이 이기적이고 심술궂으며 미신적이고 낭비가 심하고 싸우기 좋아하고 오만하며 허영심 많고 언쟁을 일삼으며 부정을 저지르고 결혼할 때마다 이혼하며 아이 대용으로 애완견을 기르고[23] 경기를 즐기지만 문학은 좋아하지 않고 베르길리우스를 인용해대고 과장된 표현과 철학을 쏟아 낸다고[24]("오, 신들이여 유식한 아내에게서 우리를 구하소서!")[25] 설명한다. 에우베날리스는 결혼할 만한 여자가 도시에는 전혀 없다고 결론을 내린다. 좋은 아내는 진귀한 새와 같아서 흰 까마귀보다 더 눈에 띄지 않는다는 것이다. 에우베날리스는 포스투무스가 "목을 맬 밧줄이 그렇게 많고, 가까이 하기 쉬운 아찔한 높이의 창문이 그렇게 많으며, 아이밀리우스 다리가 가까이 있을 때" 결혼을 생각해야 한다는 사실에 놀란다. 결혼하지 마라. 독신으로 남아라. 그리고 사람을 신경 쇠약에 빠뜨리는 로마라는 정신 병원에서 빠져나가 이탈리아의 어느 조용한 마을에 살면서 정직한 사람들을 만나고 범죄자들과 시인들, 무너져 가는 셋방, 그리고 그리스인들로부터 벗어나 안전을 찾아라.[26] 야망은 잊어라. 목표는 분투할 가치가 없으며, 수고는 길고 명성은 짧다. 단순하게 살며 정원을 가꾸고 굶주림과 갈증, 추위와 더위를 면하기만 바라라.[27] 동정을 배우고 아이들을 친절히 대하며 건강한 신체에 건전한 정신을 유지하라.[28] 오직 바보만이 장수를 기원할 것이다.

우리는 그러한 기분을 이해할 수 있다. 이웃의 불완전함, 우리의 꿈과 비교되는 세상의 비열한 열등성을 관조하는 것은 즐겁다. 이 경우에 우리의 즐거움은 거리에서나 들을 법한 에우베날리스의 어휘들과 태평스러운 구어체의 6보격 시, 냉혹한 유머, 그리고 유쾌한 문체로 배가된다. 그러나 에우베날리스의 표현을 문자 그대로 받아들여서는 안 된다. 에우베날리스는 분노했고, 스스로 원했던 만큼 빠르게 로마에서 출세하지 못했다. 전혀 공정한 체하지 않는 증오의 곤봉으로 그를 맹렬히 공격하는 것은 달콤한 복수였다. 에우베날리스의 도덕 기준은 비록 고결한 과거에 대한 보수적인 편견과 망상이 가미되었지만 높고도 건전했다. 자비나 자제 없이 쓰인 그러한 기준만 있다면 어느 곳의 어느 세대나 고발할 수 있다. 세네카는 이것이 얼마나 오래된 오락인지 알고 있었다. 세네카는 이렇게 쓴다. "우리의 선조들은 불평했고, 우리는 불평하며, 우리 후손들은 불평할 것이다. 도덕이 타락했고 사악함이 지배하며 인간은 죄악으로 더욱더 깊이 빠져들고 인류의 상태는 악화일로에 있다."[29] 어느 사회든 부정한 중심 부근에서는 건전한 삶의 수레바퀴가 퍼지고 있다. 그 안에서 전통, 종교의 도덕적 명령, 가족이 주는 경제적 강박, 아이들을 사랑하고 돌보는 본능, 여성과 경찰의 주의 깊은 감시만으로 우리는 충분히 공개적으로 품위를 유지하고 적당히 온전한 정신을 유지할 수 있다. 타키투스가 로마의 가장 위대한 역사가라면, 에우베날리스는 로마의 가장 뛰어난 풍자 시인이다. 하지만 플리니우스의 글을 읽을 때 우리 앞에 나타나는 즐겁고 문명화된 장면을 자세히 조사하지도 않고 받아들이는 것만큼이나 타키투스와 에우베날리스의 묘사를 정확한 것으로 받아들이는 것은 실수를 저지르는 것이다.

3. 로마의 신사

푸블리우스 카이킬리우스 세쿤두스는 61년에 코모에서 태어났다. 아버지는 코모 호수 근처에 농장과 빌라를 소유했고 도시의 고위직을 갖고 있었다. 어려서 고아가 된 푸블리우스는 입양되었는데, 고지(高地) 게르마니아의 총독인 비르기니우스 루푸스에 이어 『자연사』의 저자이자 삼촌이었던 카이우스 플리니우스 세쿤두스에게 교육을 받았다. 이 분주한 학자는 소년을 아들이자 상속자로 삼았고 이후 곧 사망했다. 관습에 따라 청년은 자신을 입양한 양부의 이름을 취했고, 그 결과 2000년 동안 혼동이 초래되었다. 플리니우스 세쿤두스는 로마에서 퀸틸리아누스 밑에서 공부했으며, 퀸틸리아누스는 키케로에 대한 플리니우스의 식견을 키워 주었으므로 플리니우스의 문체에 들어 있는 키케로식 능변에 어느 정도 공을 인정받아야 한다. 플리니우스는 18살에 변호사업에 입문했는데, 39살에 트라야누스의 환영사를 할 사람으로 선택되었다. 같은 해 플리니우스는 집정관이 되었고, 103년에 복점관, 105년에 "테베레 강 하상(河床)과 양안, 도시 하수구의 관리자"가 되었다. 플리니우스는 법률 서비스의 대가로 수수료나 선물을 받지 않았지만 부자였고, 아량을 베풀 여유가 있었다. 플리니우스는 에트루리아와 베네벤툼, 코모, 라우렌툼에 재산이 있었으며 다른 재산을 300만 세스테르티우스에 팔려고 내놓았다.[30] 플리니우스는 당대의 많은 귀족이 그랬듯이 글쓰기를 즐겼다. 처음에는 그리스 비극을, 그 다음에는 낙천적이고 때로는 외설스러운 시를 몇 편 썼다. 몇몇 사람에게 비난을 받은 플리니우스는 자신의 잘못을 고백했지만 완고했고, 다시 "명랑함과 위트, 환락에 탐닉하고 최고로 자유분방한 뮤즈의 정신 속으로 들어가라." 하고 제안했다.[31] 글이 칭찬을 받자 플리니우스는 몇 편을 더 써서 97년부터 109년까지 시차를 두고 발표했다. 대중을 위한 것일 뿐 아니라 그가 묘사한 모임의 즐거움을 위한 것이기도 한 이 글들은, 로마인의 삶이 지닌 어두운 측면을 피하고 철학과 정치 기술 같은 큰 문제들은 자신의 목적에는 지나치게 진지하여 맞지 않는다는 이유로 지나쳤다. 플리니우스가 쓴 글들의 가치는 우아한 친밀감을 나타내는 표현에, 그리고 로마의 특성과 귀족의 생활 방식을 밝게 드러내는 데 있다.

플리니우스를 몽테뉴(Montaigne)와 비교하면, 자신을 드러낼 때 보여 주는 솔직함은 몽테뉴의 절반이고 솜씨는 그와 견줄 만하다. 플리니우스는 저술가로서는 피할 수 없는 허영심을 갖고 있지만, 솔직하게 드러내기 때문에 사람들의 기분을 상하게 하는 경우는 거의 없다. "고백하건대, 영원한 명성을 바라는 욕구보다 내게 더 강한 영향을 끼친 것은 없다."[32] 플리니우스는 자신에 대해서는 물론, 다른 사람들에 대해서도 감사하며 이렇게 덧붙인다. "어떤 사람이 다른 사람들의 장점을 칭찬하면, 우리는 그가 많은 장점을 지니고 있다고 확신할 수 있다."[33] 어쨌거나 어떤 작가가 동료들을 칭찬하는 얘기를 듣는 것은 위안이 된다. 플리니우스는 말에서나 행동에서나 관대했으며, 친구의 질녀에게 남편감을 찾아 주는 일부터 시작해서 고향 마을을 부유하게 만드는 것에 이르기까지 늘 호의와 대부, 아니면 선물을 준비하고 있었다. 플리니우스는, 퀸틸리아누스가 자신의 딸을 결혼시킬 때 사위의 높은 지위에 어울리는 지참금을 줄 수 없음을 알고 퀸틸리아누스의 딸에게 5만 세스테르티우스를 보내면서 선물이 약소하다고 용서를 구했다.[34] 플리니우스는 옛 교우에게 30만 세스테르티우스를 주어 기사 계층에 선발될 수 있도록 도왔으며, 친구의 딸이 부채를 물려받자 이를 대신 변제했고, 도미티아누스에 의해 추방된 어느 철학자에게 위험을 감수하고 상당한 액수를 빌려 주었다. 플리니우스는 코모에 신전과 중등학교, 가난한 아이들을 위한 회관, 목욕장을 지어 주었고 공공 도서관을 지을 자금으로 1100만 세스테르티우스를 내놓았다.

플리니우스에게서 특히 기분 좋은 것은 고향에 대한 사랑, 아니 고향들에 대한 사랑이다. 플리니우스는 로마를 비난하지 않지만 코모의 호숫가나 라우렌툼의 바닷가에 있을 때 더 행복하다. 그러한 곳에서 플리니우스는 주로 독서를 하거나 아무것도 하지 않았다. 플리니우스는 자신의 정원을 좋아했고, 그 배경이 되는 산의 풍경을 좋아했다. 플리니우스가 자연을 즐기도록 하는 데 루소(Rousseau)를 기다릴 필요는 없었다. 플리니우스는 세 번째 아내인 칼푸르니아를, 그녀의 온화한 기질과 순수한 마음을, 그녀가 자신의 성공과 책들을 넘치게 좋아했음을 최대한의 애정을 담아 이야기한다. 칼푸르니아는 플리니우스의 책을 전부 읽었고(플리니우스는 그렇게 믿고 있다.) 많은 내용을 암기했다. 칼푸르니아는 플리니우스의 시에 곡을 붙여 노래했고, 플리니우스가 중요한 소송을 다룰 때에는 상황의 전개를 낱낱이 알기 위해 개인적으로 일단의 비밀 정보원을 두기도 했다. 칼푸르니아는 플리니우스가 알던 많은 좋은 여자 가운데 하나였을 뿐이었다. 플리니우스는 막 약혼했으나 자신이 불치병에 걸렸다는 사실을 알게 되면서도 즐거운 마음으로 죽음을 기다리는 14살 소녀의 겸손함과 인내, 그리고 용기를 이야기하고,[35] 남편에게 훌륭한 라틴어로 애정이 가득 담긴 서정시 같은 편지를 보낸 폼페이우스 사투르니누스의 아내를 이야기하며,[36] 남편 헬비디우스를 지키고자 불평 없이 추방을 감내하고 위중한 병에 걸린 친척을 간호하다 그 병에 걸려 죽은 트라세아의 딸 판니아를 이야기한다. 플리니우스는 이렇게 외친다. "그녀의 미덕, 고결함, 맑은 정신, 그리고 용기는 어느 것 하나 흠잡을 데 없이 완벽하지 않은가!"[37]

플리니우스에게는 수많은 친구가 있었다. 그중에 몇몇은 훌륭했고 다수가 좋은 친구들이었다. 플리니우스는 타키투스와 합세하여 마리우스 프리스쿠스를 고소했다. 프리스쿠스가 아프리카에서 총독으로 있을 때 부정을 저지르고 잔혹했다는 이유에서였다. 두 웅변가는 서로 간에 상대방의 연설을 교정해 주면서 찬사를 보냈다. 타키투스는 문학 세계가 두 사람을 당대의 선도적 작가로 꼽았다고 전하여 플리니우스를 치켜세웠다.[38] 플리니우스는 마르티알리스를 알았지만 귀족답게 거리를 두었다. 플리니우스는 수에토니우스를 데리고 비티니아로 가서 그가 아이가 없는데도 "세 아이의 권리"를 얻도록 도왔다. 플리니우스 서클은 아마추어 문인과 음악가로 북적였고, 시와 연설의 공개 낭독으로 소란스러웠다. 박학한 부아시에(Boissier)는 이렇게 말한다. "나는 그 어느 시대에도 문학이 이처럼 큰 사랑을 받은 적은 없다고 믿는다."[39] 다뉴브 강과 라인 강 기슭에서는 호메로스와 베르길리우스의 작품이 연구되었고, 템스 강은 수사적 표현으로 진동했다.[40] 플리니우스 서클은 상층의 절반에서 애정 깊은 결혼과 부모의 사랑, 인정 많은 주인, 신실한 우정, 그리고 고상한 정중함으로 가득한 우아하고 호감 가는 모임이었다. 어느 편지에는 이런 대목이 씌어 있다. "나는 당신의 저녁 초대를 수락합니다. 그러나 소박하게 접대하고 곧 나를 잊겠다고 미리 약속을 해 주어야 하겠습니다. 우리의 식탁을 오로지 철학적 대화로만 가득하게 하고 그 대화를 무한히 즐기도록 합시다."[41]

플리니우스가 묘사하는 사람들은 대부분 속주 출신의 신귀족이었다. 이들은 게으름뱅이가 아니었다. 거의 모두가 공직자였고 트라야누스 치세의 제국을 훌륭하게 관리했기 때문이다. 플리니우스 자신도 비티니아에 법무관으로 파견되어 몇몇 도시의 재정을 회복시켰다. 플리니우스의 편지에는 군주에 보내는 질문과 트라야누스의 간결한 답변이 들어 있는데, 플리니우스가 비록 황제의 조언에 이상하리만큼 세세히 의존하긴 했지만 자신의 임무를 명예롭게 잘 완수했음을 보여 준다. 플리니우스의 마지막 편지는 자신의 아픈 아내를 제국의 우편 마차에 태워 집에 보낸 것에 대해 용서를 구하고 있다. 이후 플리니우스는 로마의 신사와 제국이 전성기에 달했을 때의 이탈리아에 대한 묘사를 남기고 문학과 역사에서 자취를 감추었다.

4. 문화의 쇠퇴

　이렇듯 걸출한 인물들 주위에 능력이 약간 처지는 사람들을 세워 놓으면 그들의 영광은 가려질 것이다. 이들 이후 그리스도교 이전 문학의 거인들은 출현하지 않았다. 이성은 엔니우스에서 타키투스까지 온 힘을 다한 뒤 소진되었다. 『역사』와 『연대기』의 위대함에서 수에토니우스의 평판 나쁜 연대기 『명사(名士)들의 삶』(110년)으로 건너가는 것은 충격적인 일이다. 여기에서 역사는 전기로 퇴보하고, 전기는 일화로 퇴보한다. 이 책은 페이지마다 징조와 기적, 미신이 넘쳐나며, 필레몬 홀란드(Philemon Holland)가 엘리자베스 시대 영어로 번역한 덕분에 (1606년) 문학의 반열에 오를 수 있었다. 플리니우스에서 프론토의 편지들로 퇴보하는 과정은 마음을 어지럽히는 정도가 덜하다. 프론토의 편지들은 발표할 뜻이 없는 것들이어서 플리니우스의 글과 공정하게 비교할 수 없기 때문일 것이다. 몇몇은 고대의 표현법을 추구하다가 못쓰게 되었지만, 많은 편지에 제자를 향한 스승의 진정한 애정이 들어 있다. 아울루스 겔리우스는 고대 문헌의 쓸모없는 하찮은 것들을 가장 많이 모아 놓은 『아티카의 밤』(169년)에서 고대 문체의 모방을 지지했고, 아풀레이우스는 『황금 당나귀』에서 고대 문체를 절정에 올려놓았다. 아풀레이우스와 프론토는 아프리카 출신이고, 아프리카에서 문어(文語) 라틴어는 로마의 라틴어보다 대중의 라틴어와 공화국 시절 라틴어에서 덜 벗어났다는 사실이 그러한 일시적 유행의 부분적인 이유일지도 모른다. 프론토는 마치 사람이 뿌리 있는 곳까지 흙을 갈아엎어 식물의 생기를 북돋듯이 대중 연설로 문학을 강하게 만들 수 있다고 믿었는데, 이는 옳았다. 그러나 사람이나 국가, 문학, 언어에 젊음은 두 번 찾아오지 않는다. 동방화는 시작되었고 멈출 수 없었다. 헬레니즘 문화의 동방과 동방의 로마에서 공통으로 사용하는 그리스어는 생활 언어일 뿐 아니라 문학의 언어가 되고 있었다. 프론토의 제자는 자신의 책 『명상록』을 그리스어로 썼다. 로마에 살던 알렉산드리아의 그리스인 아피아누스는 그리스어로 쓴 『로마사』에서 로마의 전쟁을 생생하게 다루었다.(160년경) 태생과 혈통이 로마인이었던 클라우디우스 아일리아누스도 그리스어로 글을 썼으며, 50년 뒤 로마 원로원 의원 카시우스 디오는 로마의 역사를 그리스어로 썼다. 문학의 주도권은 로마에서 다시 동방의 그리스로, 그리스의 정신이 아니라 그리스어를 쓰는 동방의 영혼으로 넘어가고 있었다. 라틴어의 거장들이 다시 출현하게 되지만 이들은 그리스도교의 성인들이다.

로마의 미술은 로마의 문학보다는 더 서서히 쇠퇴했다. 기교는 쉽게 사라지지 않았고 훌륭한 건축물, 조각, 그림, 모자이크를 생산해 냈다. 바티칸에 있는 네르바의 흉상은 플라비우스 왕조 시절의 생생한 사실주의를 띠고 있으며, 트라야누스 원주는 무척 조잡하지만 인상적인 돋을새김이다. 하드리아누스는 헬레니즘의 고전주의를 되살리려 애썼지만 페리클레스의 페이디아스 역할을 할 사람을 찾지 못했다. 마라톤 전투 이후 그리스를 휘젓고 악티움 해전 이후 로마를 휘저었던 감흥은 자기 제한과 만족, 그리고 평화의 시대에는 보이지 않았다. 하드리아누스의 흉상들은 헬레니즘의 매끄러운 곡선 때문에 특성을 잃었다. 플로티나와 사비나의 흉상은 멋졌지만, 안토니누스의 초상은 부드럽고 여성스러운 평범함 때문에 불쾌하다. 하드리아누스의 고전주의적 대응은 아마도 실수였을 것이다. 그 때문에 플라비우스와 트라야누스 시절 조각의 힘 있는 자연주의와 개성화가 종말을 고했다. 이는 이탈리아의 전통과 특성에 고유의 뿌리를 지니고 있었기 때문이다. 고유의 성격을 실현하지 않고서는 무엇도 원숙한 경지에 이를 수 없다.

로마의 조각은 안토니누스 시대에 끝에서 두 번째 도약을 경험했다. 로마의 조각은 적어도 한 번은, 베일에 가려진 머리와 수수한 긴 옷이 매혹적인 섬세함과 흔들리지 않는 선으로 표현된 어느 젊은 여인의 형상으로 완벽한 경지에 도달한 적이 있다.[42] 이와 견줄 만큼 훌륭한 것이 마르쿠스 아우렐리우스의 아내 파우스티나의 초상이다. 귀족적인 세련미를 갖춘 이 초상은 매우 감각적이어서 역사의 빈정거림에 충분히 어울린다. 아우렐리우스 자신은 카피톨리누스 박물관에 소장된 순진하게 명상에 잠긴 것 같지만 무언가를 간절히 바라는 것 같은 감성적인 젊은이의 흉상에서부터 같은 곳에 소장되어 있는 갑옷과 투구를 입은 교수에 이르기까지 수많은 형태로 조각되거나 주조되었다. 관광객은 누구나 말을 탄 「아우렐리우스 임페라토르」

의 위엄 있는 청동상을 알고 있다. 이 청동상은 미켈란젤로가 복원한 이래로 로마의 캄피돌리오 광장을 지배했다.

돋을새김은 마지막까지 로마의 인기 있는 미술이었다. 하드리아누스 치세에 불멸에 대한 기대가 좀 더 사사로운 형태, 나아가 물리적인 형태까지 띠게 되고, 매장이 화장을 대체하면서 석관에 신화나 역사의 장면을 새겨 넣는 에트루리아와 헬레니즘의 관습이 돌아왔다. 아우렐리우스의 원정을 기념하기 위해 세운 개선문들에서 남은 11개의 널돌은* 자연주의적 양식을 완벽하게 보여 준다. 어느 누구도 이상적으로 표현되지 않았고, 참여자 모두 개성이 잘 드러났다. 쓰러진 적의 항복을 우쭐대지 않고 받아들이는 마르쿠스의 조각상은 인간미를 호소하는 듯하며, 패자들은 야만인이 아니라 자유를 위한 오랜 투쟁에 어울리는 사람들로 묘사되었다. 174년 원로원과 로마 대중은 아우렐리우스 원주를 세웠고, 이는 지금도 콜론나 광장에 서 있다. 트라야누스 원주에서 영감을 받은 아우렐리우스 원주는 정복자와 피정복자를 똑같이 존중하는 공감적 미술로써 마르코만니 전쟁을 묘사했다.

황제의 정신은 그 시대의 미술과 도덕을 형성하는 데 일조했다. 경기의 잔혹함이 줄어들었고, 법률은 약자를 더 많이 배려했으며, 결혼은 확실히 더 오래 유지되고 더 만족스러운 것이 되었다. 부도덕한 행위는 여느 때와 마찬가지로 소수 집단에서는 공공연히, 대다수 사람들에게서는 은밀하게 지속되었다. 그러나 부도덕은 네로에서 정점을 찍었으며 곧 유행에서 밀려났다. 여자는 물론 남자도 옛 종교로 복귀하거나 새로운 종교에 빠졌다. 게다가 철학자들이 승인했다. 로마는 이제 아우렐리우스가 초대하거나 환영한, 아니면 묵인한 철학자들로 가득했다. 철학자들은 아우렐리우스의 관대함과 권력을 최대한 이용했고, 궁정에 넘쳐 났으며, 관직과 급여를 받았고, 수많은 강연을 했으며, 많은 학교를 열었다. 이 철학자들은 황실의 제자인 아우렐리우스를 통해서 세상에 고대 철학의 정점과 붕괴를 보여 주었다.

---

*8개는 콘스탄티누스 개선문을 장식하는 데 쓰였고, 3개는 콘세르바토리 미술관에 있다.

5. 철학자 황제

마르쿠스 아우렐리우스는 죽기 6년 전 막사에 앉아 인간의 삶과 운명에 관한 자신의 생각을 정리했다. 『명상록(*Ta eis heauton*, '자신에게')』이 대중의 독서를 겨냥했는지는 확실하지 않다. 아마 그랬을지도 모른다. 성자들도 우쭐댈 때가 있고 이 위대한 활동가에게도 책을 쓰겠다는 열망을 품은 나약한 순간이 있었기 때문이다. 마르쿠스는 전문적인 작가가 아니었다. 프론토에게서 받은 라틴어 교습의 효과는 대체로 사라졌다. 따라서 마르쿠스는 그리스어로 썼다. 게다가 이 "귀중한 사상"은 여행과 전투, 반란, 여타 많은 시련을 겪는 중에 이따금씩 쓴 것이었다. 그러므로 글이 앞뒤가 맞지 않고 조리가 없으며 같은 내용이 자주 되풀이되고, 이따금 지루해도 용서할 수 있다. 이 책의 내용은, 다시 말해 부드러움과 솔직함, 비그리스도교 – 그리스도교, 고대-중세 정신의 어느 정도 자의식적인 계시가 대단하다.

동시대의 대다수 사상가들처럼 마르쿠스 아우렐리우스도 철학을 무한의 이론적 설명이 아니라 덕의 학교로, 삶의 방식으로 이해했다. 마르쿠스는 신에 관한 생각을 정하려고 애쓰지 않았다. 마르쿠스는 때로 불가지론자처럼 말하며 자신이 알지 못한다고 인정하지만, 그렇게 인정한 뒤에 곧 전통 신앙을 순진하고도 경건하게 받아들인다. 마르쿠스는 이렇게 묻는다. "신들이나 섭리 없는 우주에 사는 것이 내게 어떤 가치가 있는가?"[43] 아우렐리우스는 신을 그 내력을 무시하고 때로는 단수로, 때로는 복수로 언급한다. 마르쿠스는 옛 신들에 공개적으로 기도하고 제물을 바치지만, 그 자신의 내밀한 생각으로는 우주의 질서와 신의 지혜에 깊은 감명을 받은 범신론자이다. 마르쿠스는 세상과 인간 사이의 상호 의존성을 힌두교도처럼 이해한다. 마르쿠스는 작은 씨앗에서 아이가 자라나고 작은 음식에서 기적처럼 기관(organs)과 힘, 정신, 열망이 생겨나는 것에 놀란다.[44] 마르쿠스는 우리가 이해할 수만 있다면 인간에게서 발견하는 것과 동일한 질서와 창조력을 우주에서도 발견할 수 있다고 믿는다. "만물은 서로 뒤엉켜 있으며, 그 유대는 신성하다. …… 모든 지적 존재에는 공통된 이성이 있다. 하나의 신이 만물에 충만하며, 하나의 본질과 하나의 법, 하나의 진리가 …… 그대 안에는 분명한 질서가 내재할 수 있는가, 그리고 만물에는 무질서가 내재할 수 있는가?"[45]

마르쿠스는 악과 고통, 명백히 부당한 불운을 선한 섭리와 양립시키는 어려움을 인정한다. 그러나 전체를 볼 수 없다면 어느 요소나 사건이 세상의 구도 속에서 차지하는 위치를 판단할 수 없다. 누가 감히 그렇게 총체적인 시각을 가진 체할 것인가? 그러므로 우리가 세상을 판단하는 것은 거만하고 어리석은 짓이다. 지혜는 우리의 한계를 인식하고 우주의 질서에 조화로운 부분이 되려고 노력하며, 이 세상이라는 몸의 뒤에 있는 정신을 감지하여 그것에 기꺼이 협력하려 애쓰는 데 있다. 이러한 견해에 도달한 사람에게 "일어나는 모든 일은 일어나는 것이 온당하다." 다시 말해 자연스럽다.[46] 자연에 일치하는 것은 그 무엇도 나쁠 수 없다.[47] 자연스러운 것은 무엇이든 그것을 이해하는 사람에게는 아름답다.[48] 모든 것은 보편적인 이성이, 전체에 내재하는 논리가 결정하며, 모든 부분은 그 소소한 역할과 운명을 즐거이 맞이한다. "평정(죽어 가던 안토니누스의 암구호)은 전체의 본성이 그대에게 부여한 것들을 자발적으로 수용하는 것이다."[49]

오, 삼라만상이여, 그대에 어울리는 것은 모두 나에게도 어울린다. 내게 너무 빠르지도 너무 늦지도 않은 것은 조만간 그대에게도 마찬가지일 것이다. 오, 자연이여, 그대의 계절이 가져오는 모든 것은 내게 결실이다. 모든 것은 그대로부터 나와 그대 안에 있으며 그대에게 돌아간다.[50]

지식은 선한 삶의 도구로서만 가치가 있다. "그렇다면 무엇이 인간을 지도할 수 있는가? 단 한 가지 철학뿐이다."[51] 논리나 학문인 철학이 아니라 도덕적 장점의 지속적인 훈련인 철학이다. "그대여, 똑바로 서라, 어떻게든 똑바로 서라."[52] 신은 모든 사람에게 안내자인 다이몬(daimon), 즉 내면의 정신을, 이성을 주었다. 덕은 이성의 삶이다.

이러한 것들이 합리적 영혼의 원칙이다. 그것은 온 우주를 관통하며, 무한한 시간 속으로 퍼지고, 만물의 윤회를 포용하며, 우리 다음에 올 자들이 새로운 것을 볼 수 없으며 우리 이전에 살았던 자들도 더 많은 것을 보지는 못했음을 이해한다. 그러나 어떤 의미에서 40살이 된 사람은, 정녕 무엇을 이해한다면, 이러한 한결같음의 힘에 의해서 이전에 있었던 것이나 앞으로 있게 될 모든 것을 보았다.[53]

마르쿠스는 자신이 세운 전제 때문에 어쩔 수 없이 금욕주의에 이르게 된다고 생각한다. "쾌락은 선하지도 않고 유익하지도 않다."[54] 마르쿠스는 정욕과 정욕의 모든 일을 포기하며 때때로 테바이드(테베)의 안토니우스라는 사람처럼 말한다.

인간이 얼마나 덧없고 하찮은지 보라, 어제는 작은 점액이었던 것이 내일은 바싹 마른 시체나 재가 될 것이다. …… 인간의 온 생활 공간은 작을 뿐이지만, 삶은 걱정거리로 가득하고 …… 비참한 몸으로 사라져야만 하지 않는가! …… 그것을 뒤집어 어떤 종류의 삶인지 보라.[55]

정신은 육체의 욕망이나 격정, 분노, 증오에서 자유로운 성채임에 틀림없다. 정신은 그 일에 너무나 몰두해 있으므로 운명의 역경이나 증오의 가시를 눈치채지 못할 것이 분명하다. "모든 사람은 그가 바쁘게 관여하는 일만큼은 가치가 있다."[56] 마르쿠스는 세상에 나쁜 사람들도 있다는 사실을 마지못해 인정한다. 이들을 다루는 방법은 이들도 역시 사람이라는 점을, 환경 결정론에 의한 자신들의 잘못에 희생된 힘없는 자들이라는 점을 기억하는 것이다.[57] "누가 그대에게 나쁜 짓을 한다면, 그 해악은 그자가 받는다. 그를 용서하는 것이 그대의 의무이다."[58] 악한 사람들이 존재한다는 사실 때문에 슬프다면, 당신이 만나 본 수많은 착한 사람들을, 완벽하지 않은 인물들에 숨어 있는 미덕을 생각하라.[59] 착하든 나쁘든 모든 사람은 형제이며 신 안에서 같은 혈족이다. 가장 추한 야만인조차 우리 모두가 속한 조상의 땅의 시민이다. "나는 아우렐리우스로서 로마를 내 나라로 가졌지만, 한 남자로서는 세상을 가졌다."[60] 이것이 실행할 수 없는 철학처럼 보이는가? 그 반대이다. 거짓이 없다면 좋은 기질만큼 무적인 것도 없다.[61] 진짜 좋은 사람은 불운도 건드리지 못한다. 어떤 악이 닥치더라도 그는 여전히 그 자신이기 때문이다.

> 이미 발생한 이것(악)이 그대가 공정하고 관대하며 중용을 지키고 신중하며 …… 겸손하고 자유롭게 되는 것을 방해하는가? …… 인간들이 그대를 저주하고 죽이며 난도질한다고 가정해 보라. 이자들은 그대의 정신이 순수함과 현명함, 냉정함, 공정함을 계속 유지하는 것을 막기 위해 무엇을 할 수 있는가? 어떤 사람이 맑고 깨끗한 샘가에 서서 그 샘에 저주를 퍼붓는다고 해도, 그 샘은 결코 깨끗한 물을 내뿜기를 그치지 않을 것이다. 만일 그가 샘 안에 진흙이나 오물을 던져 넣는다고 해도, 그 샘은 그것들을 빠르게 씻어 내고 다시 오염되지 않은 상태를 유지할 것이다. …… 그대는 곤란을 겪을 때마다 이 원리를, 다시 말해 이것은 불운이 아니며 그것을 훌륭하게 견뎌 내는 것이 행운이라는 원리를 적용하는 것을 잊지 마라. …… 그대는 사람이 손에 넣기만 한다면 고요히 흐르는 삶을 살 수 있고 신들의 존재와 비슷하게 되는 것들이 얼마나 적은지 알고 있다.[62]

그러나 마르쿠스의 삶은 고요히 흐르지 않았다. 마르쿠스는 『명상록』이라는 제5복음서를 쓰는 동안 게르만족을 죽여야 했고, 결국 자신의 뒤를 이를 아들에게서 아무런 위안도 얻지 못하고 내세에서 행복하리라는 희망도 품지 못한 채 죽음과 마주쳤다. 영혼과 육신은 모두 원래의 성분으로 돌아간다.

왜냐하면 육신의 변화와 소멸이 똑같이 죽어 없어질 운명을 타고난 다른 육신에 자리를 내주듯이, 삶의 존재 이후 공기 속으로 사라지는 영혼도 이 우주의 또 다른 영혼으로 발전할 씨앗으로 변형되어 퍼지고 …… 새로운 영혼들에 자리를 내어주기 때문이다.[63] …… 그대는 한 부분으로 존재했고, 그대를 낳은 것 속으로 사라질 것이다. …… 이것 또한 자연의 뜻이다. …… 이 짧은 시간을 지나 편안하게 자연으로 돌아가라, 그리고 올리브가 무르익으면 그것을 낳은 자연을 찬미하며 그것이 자란 나무에 감사하면서 바닥으로 떨어지듯이 그대의 여행을 만족하며 끝내라.[64]

6. 콤모두스

근위대 장교가 죽어 가는 마르쿠스에게 그날의 암구호를 묻자 마르쿠스는 이렇게 대답했다. "떠오르는 태양에게로 가라. 나의 해는 저물고 있다." 그때 떠오르는 태양은 금기도 도덕도 두려움도 없는 19살의 건장하고 씩씩한 젊은이였다. 승리 아니면 죽음을 달라는 전쟁 정책은 병든 성인인 마르쿠스보다는 그에게 기대하는 편이 나았을지도 모른다. 그러나 이 떠오르는 태양은 적에게 전쟁 대신 즉각적인 평화를 제안했다. 적은 다뉴브 강 인접 지역에서 철수하고, 대부분의 무기를 넘기며, 로마인 포로와 탈영병을 전부 송환하고, 매년 로마에 곡물로 조공을 바치고, 자신들의 병사 1만 3000명을 설득하여 로마 군단에 편입시킬 예정이었다.[65] 대중들을 제외한 로마 전체가 그를 비난했다. 장군들은 덫에 걸린 먹이를 풀어 주어 훗날 다시 싸울 수 있게 했다고 노발대발했다. 그러나 콤모두스 치세에 다뉴브 강 연안 부족들 때문에 성가신 일은 일어나지 않았다.

젊은 군주는 겁쟁이는 아니었지만 전쟁에 신물이 났다. 콤모두스로서는 로마를 즐기려면 평화가 필요했다. 수도에 돌아온 콤모두스는 원로원을 윽박질러 평민에게 일인당 725데나리우스라는 전례 없는 선물을 안겨 주었다. 정치에서 자신의 넘치는 힘을 쓸 곳을 찾지 못하던 콤모두스는 황제령에서 짐승을 사냥하고 검과 활을 다루는 기술을 익혀 공개리에 시범을 보이기로 결심했다. 콤모두스는 잠시 궁정을 떠나 검투사 학교에서 살았다. 콤모두스는 경주에서 전차를 몰고 투기장에서 동물들과 사람들과 싸웠다.[66] 짐작건대 콤모두스에 반대했던 자들은 콤모두스가 승리하도록 신중을 기했을 것이다. 그러나 콤모두스는 황제라고 봐주지 않는 하마, 코끼리, 호랑이와 아침 식사 전에 누구의 도움도 받지 않고 싸우는 것을 예사로 여겼다.[67] 콤모두스는 너무도 완벽한 궁수여서 한 번의 시범 경기에서 화살 100개로 호랑이 100마리를 죽였다. 콤모두스는 유죄 선고를 받은 어느 죄인에게 표범이 달려들게 하고는 화살 하나로 그 동물을 죽였다. 그 사람은 상처 하나 입지 않아 다시 죽을 수 있었다.[68] 콤모두스는 자신의 업적을 악타 디우르나(Acta Diurna, 일일 공고문)에 기록하게 했고, 검투사로서 수많은 경기에서 싸운 데 대해 국고에서 자신에게 보수를 지불해야 한다고 주장했다.

역사가들은 타키투스처럼 기분 상한 귀족의 관점과 전통에서 콤모두스에 관해 기술했다. 이들이 말하는 놀라운 일들이 어느 정도 역사이고 어느 정도 앙갚음인지는 알 수 없다. 확실한 것은 콤모두스가 술을 많이 마시고 도박을 하고, 공금을 낭비하고, 여성 300명과 소년 300명이 있는 후궁을 유지하고, 이따금 심지어는 공개된 경기에서마저 여성의 의복을 입어 여장하기를 좋아했다는 사실이다. 믿을 수 없을 만큼 잔혹한 행위에 관한 이야기들이 전해진다. 콤모두스는 벨로나 신의 열성 신자에게 신앙심의 증거로서 팔 하나를 절단하라고 명령했고, 이시스 신에 귀의한 광신도 여성들에게 죽을 때까지 솔방울로 자신들의 젖가슴을 치게 했으며, 자신의 헤라클레스 곤봉으로 남자들을 무차별적으로 학살했고, 불구자들을 모아 한 명씩 화살로 살해했다.[69] 콤모두스의 정부(情婦) 가운데 한 명이었던 마르키아는 확실히 그리스도교도였다. 전하는 바에 따르면 콤모두스는 그 여자를 위해 사르디니아 광산에서 일하는 형벌을 받은 몇몇 그리스도교도를 사면했다고 한다. 마르키아가 콤모두스에게 헌신했음은 어떤 짐승보다 더 잔인했다고 묘사된 이 남자에게도 역사가 기록하지 않은 사랑스러운 면모가 있음을 암시한다.

콤모두스는 선대 황제들처럼 암살의 공포 때문에 최악의 잔인함을 보이게 되었다. 콤모두스의 누이 루킬라는 동생을 죽이려는 음모를 꾸몄다. 콤모두스는 이를 알아채고 루킬라를 처형한 뒤 음모에 참여했다는 증거나 혐의를 들어 지위가 높은 사람들을 셀 수 없이 많이 처형했다. 따라서 마르쿠스의 치세에 걸출한 인물들은 거의 살아남지 못했다. 백 년 동안 자취를 감추었던 밀고자가 다시 등장하여 활동했고 총애를 받았으며, 새로운 테러가 로마에 창궐했다. 콤모두스는 페렌니스를 근위대장에 임명하여 통치권을 부여하고, 자신은 (전승에 따르면) 방탕한 성적 유희에 빠졌다. 페렌니스는 효율적으로 통치했지만 무자비했다. 페렌니스는 자신만의 방식으로 공포 정치를 계획했고 적대자들을 남기지 않고 죽였다. 황제는 페렌니스가 자신을 제거할 음모를 꾸민다고 의심하고 세야누스처럼 되려던 그를 원로원에 넘겼고, 원로원은 강력하게 복수하는 역할을 재연했다. 해방 노예였던 클레안드로스가 페렌니스에 뒤이어 근위대장이 되었으며(185년), 부패와 잔인함에서 전임자를 능가했다. 적당한 뇌물만 준다면 어떤 관직도 다 얻을 수 있었으며, 법정의 판결이 어떠하든 뒤집힐 수 있었다. 클레안드로스의 명령에 따라 원로원 의원들과 기사들이 반역과 비판의 혐의로 처형되었다. 190년에 콤모두스가 머물던 빌라를 군중들이 포위하고 클레안드로스의 죽음을 요구했다. 황제는 이들의 요구를 수용했다. 클레안드로스의 후임자인 라이투스는 3년간 권력을 쥐고 있다가 자신의 때가 왔다고 판단했다. 어느 날 라이투스는 자신의 지지자들과 친구들, 그리고 마르키아의 이름이 포함된 처벌 대상자 명부를 우연히 보게 되었다. 192년 마지막 날 마르키아는 콤모두스에게 독을 탄 잔을 주었다. 독의 효과가 너무 늦게 나타나자 콤모두스가 레슬링 상대로 거느리던 건장한 자가 욕조에 몸을 담근 채 휴식 중인 콤모두스를 교살했다. 이 때 콤모두스는 31살의 젊은 나이였다.

마르쿠스가 죽었을 때, 로마는 정점을 찍었으며 이미 쇠락의 길로 접어들었다. 로마의 국경은 다뉴브 강 너머까지, 스코틀랜드와 사하라 사막까지, 카프카즈와 러시아까지, 파르티아의 관문까지 확장되어 있었다. 로마는 수많은 민족과 신앙이 뒤섞여 혼란한 상태에서도 비록 언어와 문화의 통일은 아니지만 적어도 경제와 법의 통일은 달성했다. 로마는 웅대한 국가로 발전했고, 그 안에서 물품의 교환은 전례 없이 풍요하고 자유롭게 이루어졌다. 200년간 로마는 만족의 침입으로부터 거대한 제국을 지켰으며 제국에 안전과 평화를 가져다주었다. 백인의 세계 전체가 로마를 우주의 중심으로, 절대적이고 영원한 도시로 바라보았다. 그처럼 부유하고 화려하며 강력한 나라는 존재한 적이 없었다.

그렇지만 2세기에 로마를 찬란하게 만든 번영의 한 가운데에는 3세기에 이탈리아를 파멸시킬 위기의 씨앗들이 싹트고 있었다. 마르쿠스는 콤모두스를 후계자로 지명하고 황제의 수중에 더 많은 권력을 집중시킨 전쟁을 수행함으로써 이 몰락에 크게 기여했다. 콤모두스는 전시에 아우렐리우스가 획득한 대권을 평시에도 보유했다. 국가의 권한과 기능이 증대되면서 개인과 지역의 독립성과 주도권, 그리고 자부심은 시들었으며, 자기 증식 능력을 지닌 관료제와 그칠 줄 모르는 방어전을 지원하기 위해 세금을 계속 늘리면서 백성들의 부는 고갈되었다. 이탈리아의 광물 자원은 줄어들었고,[70] 페스트와 기근으로 많은 사람이 죽었으며, 노예에 의한 경작 방식은 실패하고 있었다. 게다가 많은 지출과 배급으로 국고는 고갈되고 통화 가치가 낮아졌다. 이탈리아의 제조업은 속주의 경쟁에 직면하여 속주 시장을 잃었고, 힘을 잃어 가는 대외 교역을 국내의 구매력 확대를 통해 벌충할 만한 경제 정책 수단은 출현하지 않았다. 그동안 술라와 폼페이우스, 카이사르, 카시우스, 브루투스, 안토니우스가 자원을 쥐어짜서 고통을 당하던 속주가 기운을 회복했다. 속주의 오랜 기술들이 되살아났고, 제조업은 번창했으며, 속주의 새로운 부는 과학과 철학, 미술에 필요한 자금을 공급했다. 속주의 아들들이 군단을 새로 채웠고 속주 출신의 장군들이 군단을 지휘했다. 곧 이들의 군대가 이탈리아를 좌우하고 자신들의 장군들을 황제로 세우게 된다. 정복의 과정은 완료되었으며 이제 역전되게 된다. 그때 이후로 피정복민이 정복자들을 흡수하게 될 것이다.

안토니누스 시대 말기에 로마의 정신은 마치 이러한 불길한 징조와 문제점을 의식한 것처럼 문화적으로나 정신적으로 피로감에 빠져 있었다. 먼저 민회들이, 다음으로 원로원이 실질적으로 의결권을 빼앗김으로써 자유로운 정치활동과 자유와 권력에 대한 인식에서 오는 정신적 자극이 제거되었다. 황제가 거의 모든 권한을 지녔으므로 시민들은 황제에게 거의 모든 책임을 맡겼다. 점점 더 많은 시민이, 심지어 귀족층조차 가정과 사사로운 일에만 몰두했다. 시민들은 원자로 분해되었고, 사회는 통합이 가장 완전해 보이던 바로 그 시점에 안에서부터 해체되기 시작했다. 민주주의에 대한 환멸에 뒤이어 제정(帝政)에 대한 환멸이 나타났다. 아우렐리우스의 "황금 같은 사상"은 흔히 무거운 사상이기도 했다. 로마의 문제점들은 해결할 수 없으며, 출생률이 떨어지고 무사태평한 종족이 급증하는 야만족들을 더 이상 제어할 수 없다는 의심으로 괴로웠던 것이다. 스토아 철학은 처음에는 강함을 설교했지만 종국에는 체념을 설교했다. 거의 모든 철학자들이 종교와 화해했다. 400년 동안 스토아 철학은 상층 부류의 사람들에게 종교의 대용물이었다. 이제 그 대용물은 제거되었고, 통치 계층은 철학자들의 책을 버리고 신들의 제단으로 돌아갔다. 하지만 이교 신앙 또한 죽어 가고 있었다. 이탈리아처럼 이교 신앙도 국가의 지원이 있어야만 활력을 유지했으며 힘이 거의 다 소진되었다. 이교 신앙이 철학을 정복했지만, 그 신전의 경내에서는 이미 로마로 밀려들어 오는 신들의 이름이 경건하게 울렸다. 이 시대를 지배한 것은 속주들의 부활과 그리스도의 믿을 수 없는 승리였다.

제국

기원전 146~서기 192년

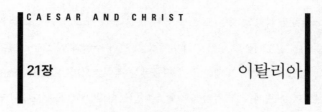

21장   이탈리아

1. 도시들의 명부

불안한 절정에서 잠시 멈춰, 로마 제국이 로마보다 더 위대했음을 실감해 보자. 우리는 로마라는 화려한 중심에서 지나치게 오래 머물렀다. 그래서 마치 로마가 시골 사람들을 매혹시켰듯이 역사가들도 최면에 걸린다. 실제로 이 위대한 왕국의 활력은 이제 타락하고 죽어 가는 수도에 머무르지 않았다. 도시 로마에 남은 활력과 힘, 아름다움의 대부분, 그리로 정신 생활의 대부분은 속주와 이탈리아에 있었다. 우리는 도시 로마를 떠나 로마 제국 세계를 구성한 수천 개 도시들을 돌아보지 않고는 로마의 의미와 로마가 조직과 평화 유지에서 거둔 놀라운 성취를 조금도 알 수 없다.

대(大)플리니우스는 이탈리아에 대한 설명을 시작하면서 이렇게 질문을 던졌다.

"이 일을 어떻게 시작할 것인가? 장소도 너무 많다. 누가 그 모든 장소를 다 열거할 수 있겠는가? 그 도시들의 명성도 대단하다!"[1] 로마 주변과 남쪽에 라티움이 있다. 라티움은 일찍이 로마의 모태였고 그 다음에는 적이었으며 곡창 지대였고 교회의 낙원이었으며, 재력과 미적 감각을 지닌 로마인들의 빌라였다. 수도에서 남쪽과 서족으로 가면 잘 닦인 도로와 테베레 강을 따라 티레니아 해의 서로 경쟁 관계에 있는 두 항구 포르투스와 오스티아에 이른다. 오스티아는 2세기와 3세기에 화려한 시절을 보냈다. 상인들과 부두 노동자들이 거리에 북적이고 극장을 채웠으며, 그들의 주택과 아파트는 오늘날 로마에 있는 것들과 놀랍도록 유사했다. 15세기에도 어느 피렌체 여행객은 그 도시의 부와 호화로운 장식에 감탄했다. 남아 있는 몇몇 기둥과 우아한 도안에 섬세한 꽃무늬 돋을새김이 새겨진 제단은 상업에 종사한 이 도시의 주민들도 아름다움에 대한 고전적 개념을 흡수했음을 보여 준다.

해안에서 남쪽으로 내려가면 안티움(안치오)이 나오는데, 그곳에는 가장 부유한 로마인들과 많은 황제들, 그리고 인기 있는 신들의 궁이나 신전이 지중해까지 빈틈 없이 늘어서 있다. 약 3마일에 달하는 잔해에서 「보르게세의 검투사」와 「벨베데레의 아폴로」 같은 걸작 조각품이 발견되었다. 근처에 현존하는 한 기념비는, 지금은 1900년간이나 잠들어 있는 "훌륭한 시민들"에게 11명의 검투사들이 10마리의 사나운 곰과 싸워 죽는 것을 지켜보는 즐거움을 만끽했음을 연상시킨다.[2] 북쪽으로는 해안의 언덕 너머로 아퀴눔에서 에우베날리스가 태어났으며, 아르피눔은 마리우스와 키케로의 고향이다. 로마에서 약 20마일 떨어진 곳에 옛 도시 프라이네스테(팔레스트리나)가 있고, 산기슭에 계단식으로 깎은 대지에는 예쁜 주택들이 서 있는데, 이곳 정원은 장미로 유명하다. 높은 곳에는 여신 포르투나 프리미게니아에 바치는 유명한 신전이 서 있다. 여신은 여인들에게 출산의 행운을 주었으며 돈을 받고 신탁을 내렸다. 로마에서 약 10마일 떨어진 투스쿨룸에도 마찬가지로 정원과 빌라가 많았다. 대(大)카토가 이곳 태생이며, 키케로는 이곳에서 『투스쿨룸 논의』를 내놓았다.* 로

---

* 투스쿨룸 인근에 세워진 프라스카티는 지금도 이탈리아 부자들의 휴양지이다. 그곳에 빌라 알도브란디니, 빌라 토를로니아, 빌라 몬드라고네 등이 있다.[3]

마의 교외에서 가장 유명한 곳은 티부르(티볼리)인데, 하드리아누스가 그곳에 별장을 세웠고 팔미라의 여왕 제노비아는 그곳에서 포로 생활을 했다.

로마의 북쪽에서는 에트루리아가 원수정(元首政) 시절에 조심스럽게 부활을 경험했다. 페루시아(페루자)는 대부분 파괴되었으나 아우구스투스가 일부를 복원했다. 아우구스투스의 미술가들이 그곳의 오래된 에트루리아 아치를 아름답게 꾸몄다. 아레티움(아레초)은 로마에 마이케나스를 주었고 세상에는 도기를 주었다. 피사이(피사)는 이미 세월의 때가 많이 묻었다. 피사이의 이름과 기원은 펠로폰네소스 반도의 피사에서 온 그리스인들의 식민시까지 거슬러 올라가며, 아르누스(아르노) 강을 따라 목재 사업을 체계화하면서 생계를 꾸렸다. 아르누스 강을 따라 상류로 더 올라가면 세워진 지 오래 되지 않은 로마의 식민시 플로렌티아(피렌체)가 있다. 이 도시는 아마도 그 미래를 과소 평가했을 것이므로 도시 중에서도 드문 사례이다. 에트루리아의 북서쪽 끝에는 카라라 채석장이 있다. 그곳에서 로마 최고의 대리석이 루나 항구로 운반되어 배편으로 수도로 들어갔다. 게누아(제노바)는 오랫동안 북서 이탈리아 상품의 출구 역할을 했다. 오래전인 기원전 209년 카르타고인들이 가혹한 상업 전쟁에서 게누아를 파괴했다. 게누아는 그때 이후로 여러 차례 파괴되었으며, 그때마다 항상 더 나은 모습으로 재탄생했다.

알프스 아래에는 아우구스타 타우리노룸(토리노)이 있다. 갈리아의 타우리니족이 건설한 이 도시는 아우구스투스가 로마의 식민시로 만들었으며, 토리노의 거리 밑에는 고대의 포장도로와 배수구가 지금도 남아 있다. 또한 아우구스투스 시절의 육중한 성문이 남아 있어서 이 도시가 한때 북쪽의 침입자들을 막기 위한 요새였음을 짐작게 한다. 코티우스 알프스에서 발원하여 느리게 흐르는 파두스 강(포 강)이 이곳에서 동쪽으로 방향을 틀어 약 250마일을 흐르면서 북부 이탈리아를 공화국 초기에 갈리아 트란스파다나와 갈리아 키스파다나로 알려진 곳으로 분할한다. 반도 전역에서 포 강 유역은 가장 비옥하고 인구가 많으며 번창한 지역이었다. 알프스 기슭에는 지금의 우리는 물론 당시 세대에서도 사람들의 눈과 영혼을 즐겁게 해 주던 호수, 즉 베르바누스(마조레) 호, 라리우스(코모) 호, 베나쿠스(가르다) 호가 자리 잡고 있다. 소(小)플리니우스의 코뭄에서 남쪽의 메디올라눔(밀라노)으로 주요 교역로가 이어졌다. 기원전 5세기에 갈리아인들이 정착했던 메디올라눔은 베르길리우스 시절에 이미 대도시이자 교육의 중심지였다. 서기 286년 무렵이 되면 메디올라눔은 로마를 제치고 서부 제국의 수도가 된다. 베로나는 브렌너 고개를 넘나드는 교역을 장악하고 2만 5000명의 관객을 수용할 수 있는 원형 극장을(최근에 복원되었다.) 갖출 만큼 매우 부유했다. 구불구불한 포 강을 따라 플라켄티아(피아첸차)와 크레모나, 만투아(만토바), 그리고 페라라가 세워졌다. 이들 도시는 원래 갈리아인을 견제하기 위해 설계된 변경도시였다.

포 강 북쪽과 아디제 강 동쪽에는 베네티아(베네찌아)가 있었다. 이 지역은 일리리아에서 넘어온 초기 이주자들인 베네티족에서 이름을 따왔다. 헤로도토스는 이 부족의 지도자들이 어떻게 매년 자신들의 마을에서 결혼 적령기의 젊은 여자들을 모았고, 이들의 미모에 따라 값을 매겨 그 값을 치른 남자에게 혼인시켰으며, 그 돈을 덜 매력적인 소녀들을 위한 지참금으로 썼는지 설명해 준다.[4] 베네찌아 자체는 아직 모습을 드러내지 않았지만, 이스트리아 반도의 폴라, 테르게스테(트리에스테), 아퀼레이아, 파타비움(파두아)에서 실질적인 도시들이 아드리아 해의 고지대에 자리 잡았다. 폴라에는 아직도 로마 시대의 장중한 아치와 아름다운 신전, 그리고 인상적인 면모에서 모범이 되었던 콜로세움에만 뒤지는 원형 경기장이 남아 있다. 포 강 남쪽으로는 플라켄티아에서 시작하여 파르마와 무티나(모데나), 보노니아(볼로냐), 파벤티아(파엔체)를 거쳐 아리미눔(리미니)까지 중요한 도시들이 줄지어 늘어섰다. 여기 아리미눔에 로마의 토목 기사들이 건설한 수많은 다리 중에서도 보존 상태가 가장 완벽한 다리가 있다. 이 다리는 로마 문자처럼 강력하고 위압적인 아치를 통해 플라미니아 가도(街道)를 도시 안으로 이끈다. 지선 도로가 보노니아에서 라벤나로 이어진다. 라벤나는 로마 시대의 베네찌아로서, 아드리아 해로 흘러들어 가는 여러 강이 만들어 놓은 습지에 말뚝을 박아 세운 도시였다. 스트라본은 라벤나를 "교량들과 나룻배들로 통행하는" 곳이라고 기술한다.[5] 아우구스투스는 라벤나에 아드리아 해 함대를 배치했으며, 5세기의 여러 황제들은 라벤나를 공식 거처로 삼았다. 북부 이탈리아의 우월한 비옥함, 상대적으로 건강에 더 좋고 더 상쾌한 기후, 광물 자원, 다양한 제조업, 그리고 비용이 적게 드는 수상 교역은 그 지역을 서기 1세기에는 중부 이탈리아보다 경제적으로 더 우세한 곳으로, 서기 3세기에는 정치적 지도력에서 더 우세한 곳으로 만들었다.

아리미눔 남부의 동쪽 해안은 바위가 많고 폭풍이 잦으며 항구가 없어서 브룬디시움(브린디시) 북쪽으로는 중요한 도시가 거의 발달하지 않았다. 그렇지만 움브리아와 피케눔, 삼니움, 아풀리아에는 폼페이를 조사해야만 부와 미술을 제대로 판단할 수 있는 작은 마을들이 많았다. 아시시움(아시시)은 성 프란체스코의 출생지이자 프로페르티우스의 출생지이며, 사르시나는 플라우투스의 출생지이고, 아미테르눔은 살루스티우스, 술모(술모나)는 오비디우스, 베누시아(베노사)는 호라티우스의 출생지이다. 베네벤툼(베네벤토)은 피로스 왕의 승리뿐 아니라 트라야누스와 하드리아누스가 그곳에 세운 거대한 개선문으로도 유명했다. 트라야누스는 개선문의 힘찬 돋을새김들로 전시와 평시에 이룬 자신의 업적을 이야기했다. 남동쪽 해안에서는 브룬디시움이 달마티아와 그리스, 그리고 동방과의 교역을 지배했다. 이탈리아 반도의 발뒤꿈치 부분에서는 한때 자부심 강한 도시 국가였던 타렌툼(타란토)이 로마의 부호와 귀족들이 찾는 겨울 휴양지로 쇠락하고 있었다. 남부 이탈리아에서는 대농장이 토지를 대부분 흡수하여 초지로 바꾸었고, 도시들은 농민의 후원을 상실했으며, 도시 사업가들의 힘은 약해졌다. 앞선 시절에 사치스럽게 부를 누리던 그리스 사회는 이방인의 침투와 제2차 포에니 전쟁으로 파멸하여 작은 도시들로 축소되었으며, 그 안에서는 라틴어가 그리스어를 서서히 밀어내고 있었다. 반도의 발가락 부분에서는 레기움이 훌륭한 항구를 갖추고 시칠리아, 아프리카와 교역하여 번창했다. 서쪽 해안을 따라 올라가면 나오는 벨리아에서는, 파르메니데스와 제논이 그곳을 엘레아처럼 형이상학적 시와 장난스러운 역설로 놀라게 하던 시절을 거의 기억할 수 없었다. 웅장한 신전들로 지금도 방문객을 깜짝 놀라게 하는 포세이도니아는 파이스툼이라는 로마 식민지로 개명되었으며, 도시의 그리스 혈통은 시골에서 이방인(이 경우에는 이탈리아인) 피가 유입되면서 서서히 사라졌다. 이탈리아에서 그리스 문명이 살아남은 곳은 캄파니아뿐이었다.

캄파니아는 지리적으로 보면(나폴리 주변의 산악 지대와 해안) 삼니움의 일부였지만, 경제적으로나 문화적으로는 독립적인 세계였다. 제조업은 로마보다 더 발달했고, 재정은 튼튼했으며, 정치적 소란과 문학 경연, 풍부한 미술 작품, 쾌락주의적 향락, 흥미로운 공개 경기의 강렬한 삶을 작은 공간 안에 채워 넣었다. 비옥한 땅은 이탈리아에서 가장 좋은 올리브와 포도를 생산했다. 수렌툼(소렌토) 포도주와 팔레르눔(팔레르노) 포도주가 유명한 이유가 바로 여기에 있다. 바로(Varro)가 세상에 도전했을 때 아마도 캄파니아를 생각하고 있었을 것이다. "많은 나라를 유랑했던 그대, 그대는 이탈리아보다 더 잘 개간된 곳을 본 적이 있는가? …… 이탈리아는 많은 과실수로 가득하여 하나의 거대한 과수원처럼 보이지 않는가?"[6] 캄파니아의 남단에서는 살레르눔(살레르노)에서 수렌툼으로 가파른 반도가 이어진다. 빌라들이 구릉지 위의 포도원과 과수원 사이에 둥지를 틀고 해변을 수놓았다. 수렌툼은 지금의 소렌토만큼 아름다웠다. 대(大)플리니우스는 수렌툼을 "자연의 기쁨"이라고 불렀다. 자연이 수렌툼에 모든 선물을 다 주었다는 것이다.[7] 2000년 동안 그곳은 조금도 변하지 않은 것 같다. 주민들과 관습은 아마도 똑같을 것이고, 그들이 숭배하는 신들도 거의 똑같을 것이다. 그리고 절벽은 바다의 끝없는 포위 공격을 여전히 견뎌 내고 있다.

이 곳을 마주보고 풍파에 시달리는 작은 섬 카프레아이(카프리)가 자리 잡고 있다. 나폴리 만의 남쪽 편에는 베수비오스 산이 연기를 내뿜었고, 폼페이와 헤르쿨라네움은 용암 밑에 잠들어 있었다. 그 다음으로 나오는 것이 네아폴리스(나폴리)이며, "새로운 도시"라는 뜻의 네아폴리스는 트라야누스 시절 이탈리아 도시 중에서 가장 그리스적이었다. 네아폴리스의 게으름에서 사랑과 스포츠, 그리고 미술에 대한 오래된 탐닉을 볼 수 있다. 주민들은 이탈리아인이었지만 문화와 관습, 그리고 경기는 그리스적이었다. 네아폴리스에는 멋진 신전과 궁전, 극장 들이 있었다. 이곳에서는 5년마다 음악과 시의 경연이 열렸으며, 스타티우스가 이 경연에서 상을 받았다. 나폴리 만의 서쪽 구석에는 푸테올리(포추올리) 항구가 있는데, 유황 층에서 나는 냄새 때문에 그런 이름이 붙었다.[8] 푸테올리는 로마의 교역과 철, 도기, 유리 제조로 번성했다. 푸테올리에 있는 어느 원형 극장에는 지하 통로가 잘 보존되어 있어서 검투사들과 짐승들이 어떻게 투기장 안으로 들어갔는지 알 수 있다. 푸테올리 항구 건너편에는 산과 바다 사이에 자리를 잡아 매력이 배가된 바이아이(바이아)의 빌라들이 광채를 발하고 있다. 이곳에서 카이사르와 칼리굴라와 네로가 여유롭게 지냈고 류머티즘에 걸린 로마인들이 몰려들어 광천욕을 했다. 이곳은 도박과 풍기문란이라는 평판 때문에 이득을 보았다. 바로는, 이곳의 처녀들이 공유 재산이며 많은 소년들이 동성애자라고 전한다.[9] 클라우디우스는 키케로가 그곳에 한 차례 간 적이 있어 돌이킬 수 없는 불명예를 안았다고 생각했다.[10] 세네카는 묻는다. "그대들은, 카토가 쾌락의 궁전에 거한 적이 있다고, 그래서 배를 타고 지나가는 음란한 여인들과 온갖 빛깔로 채색된 거룻배들, 그리고 호숫가에 향기롭게 핀 장미들을 헤아릴 수 있었을지 모른다고 생각하는가?"[11]

바이아이에서 북쪽으로 몇 마일 떨어진 곳, 사화산의 분화구에서는 아베르누스(아베르노) 호수가 유황 연기를 내뿜었다. 전하는 이야기에 따르면 새가 살아서 그 위를 날아갈 수 없을 정도로 그 위력이 강력했다고 한다. 인근에는 아이네이아스가, 베르길리우스의 서사시에서 타르타로스(지옥)로 쉽게 내려간 동굴이 있었다. 아베르누스 호수 북쪽에는 옛 도시 쿠마이가 있었는데, 식민시인 네아폴리스의 우월한 매력과 더 훌륭한 항구인 푸테올리와 오스티아, 그리고 카푸아의 제조업 때문에 쿠마이는 서서히 저물어 갔다. 카푸아는 내륙으로 약 30마일 떨어진 곳에 있었으며, 비옥한 지대라서 때로는 한 해에 네 번을 수확하기도 했다.[12] 그리고 카푸아의 청동 제품과 철제품은 이탈리아에서 경쟁상대가 없었다. 카푸아는 한니발을 도왔다는 이유로 로마로부터 가혹한 처벌을 받아 200년 동안 복구되지 못했으며, 키케로는 이를 두고 "정치적 사망자들의 거처"라고 일컬었다.[13] 카이사르는 새로이 수많은 사람을 식민하여 카푸아를 재건했고, 트라야누스 시절에 카푸아는 다시 번성했다.

이와 같은 고전기 이탈리아의 주요 도시들은 이처럼 빠르게 언급하고 지나가면 그저 이름에 지나지 않는다. 우리는 이 도시들을 지도 위의 낱말로 오인하며, 이러한 도시들이 음식과 음료, 그리고 여자들과 금을 간절히 추구하던 예민한 남자들의 소란스러운 거처였다고 생각하지 못한다. 로마인들이 살던 특정한 장소의 재를 뒤엎고 기이하게 보존된 흔적으로부터 고대의 거리들을 떠돌아다니던 삶의 움직임을 포착해 보자.

2. 폼페이

폼페이는 이탈리아의 소도시 중 하나로 라틴 문헌에서는 생선 소스와 양배추, 그리고 장례식을 빼놓고는 거의 언급되지 않았다. 로마만큼 이른 시기에 오스카인이 건설하고 그리스인 이민자들이 정착한 뒤에 술라가 점령하여 로마의 식민시로 만든 폼페이는 서기 63년 지진으로 일부가 파괴되었으며, 재건 중에 베수비오스 화산의 폭발로 다시 파괴되었다. 베수비오스는 79년 8월 24일 폭발하여 자욱한 연기와 섬광을 내뿜고 하늘 높이 재와 바위를 토해 냈다. 폭우가 쏟아져 분출한 화산 물질들이 진흙과 돌의 급류로 바뀌었는데, 이로 인해 6시간 만에 폼페이와 헤르쿨라네움은 8피트에서 10피트에 이르는 깊이로 뒤덮었다. 그날 하루와 이튿날 내내 땅이 흔들리고 건물들이 연이어 무너졌다. 극장의 폐허에 관객들이 묻혔고,[14] 먼지와 연무로 많은 사람들이 질식했으며, 해일이 일어 바다를 통해 탈출하는 길이 봉쇄되었다. 대(大)플리니우스는 당시 푸테올리 인근 미세눔에서 서부 함대를 지휘하고 있었다. 그는 도움의 요청도 있었고 그 현상을 더 가까이에서 관찰하고 싶은 호기심도 있었으므로 작은 배에 올라 나폴리 만의 남쪽 해변에 상륙해 몇 사람을 구했다. 그러나 우박이 쏟아지고 연기가 몰려오면서 일행이 도망치자 늙은 과학자 대(大)플리니우스는 맥을 못 추고 가던 길에서 쓰러져 죽었다.[15] 이튿날 아침 그의 아내와 조카는 필사적으로 탈출하는 군중에 섞여 해변을 따라 내려갔다. 그동안 나폴리에서 소렌토까지 계속 화산이 폭발하여 낮이 밤처럼 암흑 속에 빠져들었다. 어둠 속에서 남편과 아내, 그리고 아이들과 헤어진 많은 피난민들의 탄식과 비명으로 공포는 더욱 악화되었다. 어떤 이들은 여러 신들에게 도와 달라고 기도했고, 어떤 이들은 신들은 모조리 죽었으며 오래전에 예언된 세상의 종말이 다가왔다고 외쳤다.[16] 셋째 날 마침내 하늘이 맑아졌을 때, 용암과 진흙이 지붕만 남기고 폼페이의 모든 것을 뒤덮었으며 헤르쿨라네움은 완전히 사라졌다.

대략 2만 명의 폼페이 주민 중에서 약 2000명이 목숨을 잃었을 것으로 추정된다. 여러 구의 시신이 화산재로 미라가 되어 보존되었다. 이들 위로 떨어진 비와 부석이 시멘트가 되어 마르면서 굳어진 것이다. 이러한 즉석 주형을 채운 내용물은 섬뜩한 석고상이 되었다. 소수의 생존자들은 폐허를 파고 귀중품을 되찾았다. 이후 폼페이 땅은 버려졌으며 세월이 흐르면서 서서히 퇴적물로 덮였다. 1709년 어느 오스트리아인 장군이 헤르쿨라네움에 수직 통로를 팠는데, 석회층이 너무 두꺼웠으므로(약 65피트 되는 곳도 있었다.) 많은 비용을 들여 가며 천천히 굴착해야 했다. 폼페이의 발굴은 1749년에 시작되었고 이후 중단과 재개를 반복하여 진행되었다. 오늘날 고대 도시 폼페이의 대부분이 발굴되어 많은 집과 물건, 그리고 비문들이 드러났다. 그래서 지금 우리는 어느 면에서는 고대 로마보다 고대 폼페이를 더 잘 안다고 할 수 있다.

거의 모든 이탈리아 도시와 마찬가지로 폼페이에서도 생활의 중심은 포룸이었다. 포룸은 분명 장날에 농부들이 생산물을 갖고 모이는 장소였을 것이다. 그곳에서 경기도 열렸고 연극도 상연되었을 것이다. 시민들은 포룸에 자신들의 신들에게 바치는 신전을 건립했다. 한쪽 끝에는 유피테르에게, 다른 쪽 끝에는 아폴로에게, 그리고 포룸 근처에 도시의 수호신인 베누스 폼페이아나에게 바치는 신전이 있었다. 그러나 폼페이 시민들은 종교적인 사람들이 아니었다.

이들은 제조업과 정치, 경기와 호색으로 너무 바빠서 예배에 많은 시간을 할애할 수 없었다. 심지어는 예배할 때에도 자신들의 디오니시우스 제례의 절정으로서 남근 상에 경의를 표하기까지 했다.[17] 경제 문제와 국사의 규모와 중요성이 커지면서, 포럼 주변에 행정과 협상, 교환을 위한 큰 건물들이 들어섰다.

행상인들의 외치는 소리와 구매자와 판매자 사이의 다툼, 낮에는 물건 만드는 시끄러운 소리, 그리고 밤에는 술 마시고 흥청망청 떠드는 소리가 어떻게 인접 거리들을 떠들썩하게 만들었는지는 현대의 이탈리아 도시들을 보면 판단할 수 있을 것이다. 발굴자들은 상점의 폐허에서 숯이 되고 돌처럼 단단히 굳은 견과류와 빵 덩어리, 그리고 과일 몇 개를 발견했다. 이것은 간발의 차이로 구매자의 손을 벗어난 것들이었다. 거리를 따라 더 내려가면 선술집과 도박장, 그리고 유곽이 있다. 각각 세 가지 역할을 다하기를 간절히 원하던 것들이다.

폼페이 시민들이 공공 건물의 벽에 자신들의 생각을 남기지 않았다면, 폼페이 생활의 강렬함을 짐작하기는 어려웠을 것이다. 그러한 낙서(graffiti)의 탁본이 3000개가 남아 있으며, 아마도 낙서는 수천 개가 더 있을 것이다. 이따금 낙서한 사람들은 지금도 사람들이 즐겨 하듯이 단순히 자기 이름 또는 대담하리만큼 외설스러운 행위를 새겨 넣었고, 때로는 "사미우스가 코르넬리우스에게, 가서 목매 죽어라."처럼 적에게 바라는 바를 지시하기도 했다. 새긴 글들은 상당수가 사랑의 전언으로 운문의 형태를 띠는 경우가 대부분이었다. 로물라는 자신이 "이곳에서 스테필루스와 묵었다."라고 적고 있다. 어느 헌신적인 젊은 이는 이렇게 쓴다. "안녕, 빅토리아. 당신은 어디에 있든 유쾌하게 코웃음을 쳐도 되오."[18]

이러한 글처럼 공적 행사나 개인적으로 물건을 판다는 내용을 새기거나 그려서 알리는 공고문이 다수를 차지했다. 여관 주인들은 빈방이 있다고 광고했고, 물건을 잃어버린 사람들은 무엇을 잃어버렸는지 설명했으며, 조합과 여타 단체들은 시 선거 운동에서 자신들이 믿을 수 있는 후보라고 알렸다. 예를 들면 이렇다. "어부들이 조영관(造營官)에 포피디우스 루푸스를 천거했다.", "벌목꾼들과 석탄 판매자들은 마르켈리누스를 뽑아 달라고 권유한다."[19] 어떤 낙서는 검투사 경기를 알렸고, 다른 낙서는 켈라두스 같은 유명한 검투사들의 용맹함, "처녀들의 한숨", 그렇지 않으면 좋아하는 배우에 대한 강한 애착을 표현했다. "악티우스, 대중이 가장 사랑하는 자여, 빨리 돌아오라."[20] 폼페이는 살아남아 즐거움을 주었다. 폼페이에는 공중 목욕장 세 개, 체육관 하나, 2500석 규모의 작은 극장 하나, 5000명을 수용할 수 있는 큰 극장 하나, 2만 명이 죽음의 고통을 감정 이입하여 즐길 수 있는 원형 극장이 하나 있었다. 어느 비문에는 이렇게 씌어 있다. "2두(頭) 정치가가 제공한 30쌍의 검투사들이 …… 11월 24일, 25일, 26일에 폼페이에서 싸울 것이다. 사냥이 있을 것이다. 마이우스 만세! 잘한다, 파리스!" 마이우스는 2두 정치가, 즉 시장이었고, 파리스는 주요 검투사였다.

실내 장식의 유물을 통해 진정한 안락함과 다채로운 미술이 깃들인 삶이 있었음을 짐작할 수 있다. 창문은 드물었으며 중앙난방도 귀했다. 부유한 집에서는 욕실을 갖추었고, 소수의 주택은 줄기둥으로 둘러싸인 정원에 실외 수영장을 갖추었다. 바닥은 시멘트나 돌로 이루어졌고 모자이크로 된 경우도 있었다. 돈 버는 재주가 있던 어느 사람은 솔직하게 자신의 집 마루에 "이익이여 어서 오라."라고 새겨 넣었고, 다른 이는 "이익은 기쁨이다."라고 새겨 넣었다.[21] 고대의 가구는 남아 있는 것이 전혀 없다. 거의 전부가 나무로 만들어졌으므로 사라진 것이다. 그러나 대리석이나 청동으로 된 탁자와 침상, 의자, 램프는 몇몇이 남아 있다. 폼페이와 나폴리의 박물관에서는 펜과 잉크병, 저울, 부엌세간, 화장실 물품, 악기 같은 가내 생활의 잡다한 물건들을 볼 수 있다.

폼페이와 그 인근에서 캐낸 미술품은 빌라에 살던 귀족뿐 아니라 그 도시의 상인들도 삶의 문화적 액세서리를 향유했음을 시사한다. 헤르쿨라네움에서 발굴된 개인 도서관에서는 책과 두루마리가 1756개 발견되었다. 보스코레알레의 잔이나 훌륭한 경치, 폼페이의 집들 벽에 그려진 우아한 여인들에 관하여 얘기한 것을 되풀이할 필요는 없다. 많은 집들이 뛰어난 조각품들을 갖추었고, 포룸에는 150개의 조각상이 있었다. 유피테르 신전에서 발견된 유피테르 신의 두상은 페이디아스가 직접 제작했을지도 모른다. 무성하게 자란 곱슬머리와 수염을 바탕으로 힘과 정의가 표현되어 있기 때문이다. 아폴로 신전에는 머리 뒤편에 구멍이 난 디아나의 조각상이 있는데, 안에 숨은 신전의 봉사자가 그 구멍을 통해 신탁을 전했을 것이다. 헤르쿨라네움의 어느 빌라에서는 최상의 청동 제품들이 나폴리 박물관의 유명한 전시실을 가득 채울 만큼 많이 발견되었다. 「휴식하는 메르쿠리우스」, 「나르키소스」, 아니면 「디오니소스」, 「술에 취한 사티로스」, 「춤추는 파우누스」같이 이곳에 소장된 걸작들은 아마도 그리스에서 가져왔거나 그리스인들이 제작했을 것이다. 기술이 뛰어났을 뿐 아니라 건강한 신체에 표현된 부끄러움 없는 환희가 프락시텔레스 미술의 특징을 나타내고 있기 때문이다. 그러나 이들 걸작 중 하나로 사실주의적 묘사가 뛰어난 청동 흉상은 폼페이의 경매인 카이킬리우스 유쿤두스의 대머리와 날카롭지만 무섭지 않은 얼굴을 보여 준다. 폼페이에 있는 이 경매인의 집에서는 134개의 밀랍 판에 새겨진 계산서들이 발견되었다. 상스러움과 지성, 지혜와 사마귀가 뒤섞여 지극히 인간적인 이 작품은 당대인(아마도 이탈리아인)의 조각품으로, 나폴리 박물관에서 그것을 에워싸고 있고 매끈하고 평온한 용모로써 자신들이 결코 살아 있던 적이 없음을 자백하는 반반한 신들과 여신들을 돋보이게 한다.

3. 도시 생활

공적인 삶과 사생활, 개인의 삶과 집단적인 삶 모두 고대 이탈리아보다 더 강렬한 적은 없었다. 하지만 우리 시대의 사건은 매우 중요하고 흥미로워서 황제들이 다스리던 시절 시 조직의 세세한 내용에 관심을 가질 여유가 없다. 혼란스러울 정도로 다양한 시(市) 규약과 질투심을 불러일으킨 차등 선거권은 이제 우리의 모체이자 주제인 살아 있는 과거의 한 부분이 더 이상 아니다.

로마 제국의 기본적인 특징은, 제국이 비록 속주들로 분할되어 있지만 각각 넓은 배후지를 갖는 비교적 독립적인 도시 국가들의 집합으로 조직되어 있다는 것이다. 애국심은 제국에 대한 사랑이 아니라 자신이 살고 있는 도시에 대한 사랑을 뜻했다. 각 지역 사회의 자유민들은 일반적으로 순수하게 지역적인 선거권을 행사하는 데 만족했다. 그리고 로마 사람이 아니면서 로마 시민권을 획득한 자들이 로마로 투표하러 가는 경우는 드물었다. 폼페이의 사례가 보여 주듯이, 수도의 민회들이 부패했다고 해서 제국 내 도시들에서도 유사한 타락이 동반된 것은 아니었다. 대부분의 이탈리아 도시들은 법령을 제정하는 원로원, 즉 쿠리아(curia)와(제국 동부의 도시들은 협의회, 즉 불레(boulé)를 갖추었다.) 행정관을 선출하는 민회(코미티아(comitia), 에클레시아(ekklesia))를 보유했다. 각 행정관은 도시에 봉사하는 특권을 위해 자기 도시에 상당한 액수를 내야 했으며, 관습에 따라 공익 사업이나 공개 경기에 기부금을 내야 했다. 관직에는 급여가 지불되지 않았으므로, 자유민들의 민주 정치나 귀족 정치는 거의 어디에서나 부와 권력을 가진 자들의 과두 정치를 낳았다.

아우구스투스에서 아우렐리우스까지 200년 동안 이탈리아의 도시들은 번창했다. 물론 도시 주민의 대다수는 가난했다. 천성과 특권이 그렇게 만들었다. 하지만 역사상 그 이전이나 이후로나 부자들이 가난한 사람들에게 그렇게 많은 것을 베푼 적은 없었다. 도시 운영비와 연극과 구경거리, 경기의 비용, 신전과 극장, 경기장, 체육관, 도서관, 바실리카, 수도교, 교량, 목욕장의 건축비, 그리고 이것들을 아치와 주랑 현관, 그림, 조각상으로 장식하는 비용은 실질적으로 거의 전부 재력가들의 부담이었다. 제국이 출발한 뒤 200년간 마치 애국심을 경쟁하기라도 하듯 이러한 자선이 행해졌으며, 몇몇 경우에는 기부한 가문이나 기부를 받아 유지한 도시가 파산하기도 했다. 기근이 닥치면 부자들이 식량을 구매하여 가난한 사람들에게 무상으로 분배하는 것이 보통이었다. 부자들은 때로 모든 시민에게, 때로는 모든 거주자에게 기름이나 포도주를 무료로 제공하고 공개 연회를 열거나 선물을 주었다. 그렇게 너그러운 행위를 기념하는 비문들이 지금까지도 많이 남아 있다. 어느 백만장자는 베네티아의 알티눔에 공중 목욕장을 지으라고 160만 세스테르티우스를 기부했다. 어느 부유한 부인은 카시눔에 신전과 원형 극장을 지어 주었고, 데수미우스 툴루스는 타르퀴니(타르퀴니아)에 500만 세스테르티우스의 비용이 들어간 목욕장을 지어 주었다. 베스파시아누스의 군대가 파괴한 크레모나는 시민들의 기부로 신속히 재건되었고, 의사 두 명은 전 재산을 나폴리에 내놓았다. 인구가 많은 오스티아에서 루킬리우스 게말라는 거주민 전체를 저녁 식사에 초대했고, 길고 넓은 가도를 포장했으며, 7개의 신전을 보수하거나 재건했고, 시의 목욕장을 개축했으며, 시 재정에 300만 세스테르티우스를 기부했다.[22] 부자들이 자기 생일에, 관직에 선출되었을 때, 딸의 결혼식에, 아들이 성년이 되어 토가(toga)를 입을 때, 그리고 자신이 지역 사회에 선물한 건물의 헌당식 때 상당수의 시민들을 초대하여 연회를 베푸는 것은 일반적인 관행이었다. 도시는 그러한 친절의 대가로 기부자에게 관직을 주거나 조각상을 만들어 주거나 헌사나 비문을 바쳤다. 가난한 사람들은 이 모든 선물에도 크게 감격하지 않았다. 이들은, 부자들이 착취한 것으로 자선을 베푼다고 비난했으며, 화려한 장식의 건물들은 줄이고 곡가를 더 낮추며 조각상은 덜 만들고 경기는 더 많이 열라고 요구했다.[23]

이렇게 개인이 사사로이 아낌없이 베푼 것 말고도 황제들이 도시에 준 기부금, 황실 자금으로 세워진 건물들과 완화된 재난, 시 재정으로 집행된 공공사업과 제전을 덧붙이면, 원수정 시절 이탈리아 도시들의 호화로움과 자부심을 느끼게 된다. 거리는 포장되었고 배수 시설이 갖춰졌으며, 치안이 유지되었고 아름답게 장식되었다. 가난한 사람들에게는 무료로 의료 혜택이 제공되었으며, 각 가정은 적은 비용만 부담하고 수도관을 통해 깨끗한 물을 공급받았다. 공중 목욕장은 개인이 내놓은 보조금으로 흔히 무료였으며, 궁핍한 가정에는 자녀들에게 급양하는 대책이 마련되었다. 학교와 도서관이 건립되었고 연극이 상연되었다. 또한 음악회가 열렸고 분별없이 로마를 모방하느라 경기들이 준비되었다. 이탈리아 도시들의 문명은 수도의 문명만큼 물질주의적이지는 않았다. 도시들은 경쟁적으로 원형 극장을 건립했지만, 이따금 로마에서 가장 좋은 것에 견줄 만한 고귀한 신전들도 세웠으며 그림처럼 아름다운 종교 축제로 연중 즐거운 생활이 가능하게 했다. 도시들은 미술 작품에 아낌없이 돈을 썼고 강사와 시인, 소피스트, 수사학 교사, 철학자, 음악가에게 회관을 제공했다. 도시들은 시민들에게 건강과 청결, 휴양, 활발한 문화 생활을 위한 시설을 공급했다. 위대한 라틴 작가들 대다수는 로마가 아니라 이탈리아 도시 출신이었으며, 나폴리의 「니케」와 켄툼켈라이(치비타베키아)의 「에로스」, 오트리쿨룸(오트리콜리)의 「제우스」처럼 오늘날 박물관에 전시된 최고의 걸작 조각품 몇몇도 이탈리아 도시들에서 출토되었다. 이탈리아 도시들은 20세기 이전 근대에 그 자리에 있던 도시들만큼 많은 인구를 부양했으며, 그 도시들에 못지않게 전쟁을 막아 냈다. 기원 후 처음 200년은 위대한 이탈리아 반도의 절정을 목도했다.

22장   서방의 문명화

1. 로마와 속주들

이탈리아의 번영에 흠을 남긴 것은, 고대 국가에 공통된 노예 제도를 제외하면, 속주의 착취에 어느 정도 의존했다는 사실이다. 이탈리아는 세금을 면제받았다. 속주에서 약탈한 것과 속주가 바치는 공납이 매우 많았기 때문이다. 이탈리아 도시에서 만개한 부의 일부는 속주에서 가져온 것이다. 카이사르 이전의 로마는 속주를 정복한 영토로 분류했다. 속주의 모든 주민은 로마의 예속민이었고, 소수만이 로마의 시민이었다. 속주의 땅은 전부 로마 국가의 재산이었으며, 소유자들이 당국으로부터 승인을 받아 보유했다. 승인은 취소될 수 있었다. 로마는 반란 가능성을 줄이기 위해 정복한 지역을 작은 국가로 분할했고, 어디에서나 하층민보다 사업가들을 옹호했다. "분할하여 통치하라."는 로마 지배의 비결이었다.

키케로는 베레스를 신랄하게 비난하면서 공화국 시절에 지중해 국가들이 황폐했다고 묘사했다. 아마도 이것은 과장이었을 것이다. "모든 속주가 한탄하며, 모든 자유로운 민족이 울부짖으며, 모든 왕국이 우리의 잔인함과 탐욕에 항의하고, 한 바다에서 다른 바다까지 아무리 깊이 숨어 있거나 외진 곳에 떨어져 있어도 우리의 욕망과 죄악을 느끼지 못한 곳이 없다."[1] 원수정은 속주를 좀더 느슨하게 다루었지만 아량을 베풀었다기보다 절약 차원의 조치였다. 세금은 견딜 만했고, 현지 종교와 언어와 관습은 존중되었으며, 언론의 자유도 주권에 대한 공격만 아니라면 허용되었다. 그리고 현지 법률은 로마의 이익 및 지배권과 충돌하지 않는 한 유지되었다. 현명한 융통성은 종속 국가들 사이에서 또 그 국가들 내부에서 다양하게 유용한 지위와 특권을 낳았다. 아테네와 로도스 같은 몇몇 도시는 "자유 도시"였다. 이들 도시는 공납을 바치지 않았고, 속주 총독의 지배를 받지 않았으며, 사회 질서와 평화를 유지하는 한 로마의 간섭을 받지 않고 내부의 일을 처리했다. 누미디아와 카파도키아 같은 몇몇 오래된 왕국은 자신들의 왕을 보존해도 좋다는 허락을 받았지만, 이들은 로마의 "피보호자"로서 로마의 보호와 로마의 정책에 예속되어 로마의 요청에 따라 인력과 물자를 지원해야 했다. 속주에서는 총독(proconsul 또는 propraetor)이 입법권과 행정권, 사법권을 모두 행사했다. 총독의 권한은 자유 도시, 황제에 상고할 수 있는 로마 시민의 권리, 그리고 속주의 재무관이나 징세관이 행사하는 재정 감독에 의해서만 제한되었다. 그처럼 거의 전능에 가까운 권한은 남용을 초래했다. 그리고 원수정 시절 총독의 임기 연장, 총독의 넉넉한 급여와 수당, 황제에 부담해야 할 재정적 책임이 부정을 상당히 줄였지만, 1세기 말에도 여전히 강탈과 부패가 드문 일이 아니었음을 플리니우스의 편지와 타키투스의 글에서[2] 알 수 있다.

과세는 총독과 측근들의 주된 사업이었다. 제국 시절에는 토지세와 재산세를 사정하기 위해 모든 속주에 대해 호구 조사를 시행했다. 재산에는 가축과 노예도 포함되었다. 생산을 장려하기 위해 고정된 세금이 아니라 10분의 1세를 거두었다. 세금 징수원들은 이제 이러한 세금을 거두지 않았고, 그 대신 항구세를 거두고 국유림과 국유 광산, 공공사업을 관리했다. 속주는 새로운 황제가 즉위할 때마다 황금 관(冠)을 바쳐야 했고, 속주 관리의 비용을 지불해야 했으며, 몇몇 경우에는 로마로 많은 곡물을 실어 보내야 했다. 공공 봉사의 옛 관습은 동부에서 유지되어 서부로 확산되었고, 그로써 지방 정부와 로마의 제국 정부는 부자들에게 전쟁과 해군이 쓸 선박, 공공건물, 기아에 허덕이는 자들을 위한 식량, 그리고 축제와 연극의 합창단을 위한 비용을 제공하라고 요구할 수 있었다.

키케로는 유력자들에게 합류한 자로서 속주들이 납부하는 세금으로는 행정과 방위의 비용을 거의 충당하지 못한다고 주장했다.[3] 방위에는 반란의 진압이 포함되었고, 행정에는 대단히 많은 로마의 백만장자들이 제공한 기부가 필요했을 것이다. 안전을 유지하고 질서를 확립하는 권력은 어떤 것이든 세금 징수원을 파견하여 실제로 필요한 비용보다 더 많이 거두게 할 가능성이 있다는 점을 인정하지 않으면 안 된다. 원수정 시절의 속주들은 그렇게 많은 세금을 내야 했지만 번성했다. 황제와 원로원은 속주 관리들을 더욱 꼼꼼히 감독했고 지위에 넘치게 착복한 자들을 엄히 처벌했다. 속주에서 취한 잉여는 최종적으로 그들의 이익을 위해 다시 쓰였으며, 결국은 그렇게 지탱된 제조업 덕분에 속주들은 위태롭게 기생하는 이탈리아보다 더 강해졌다. 플루타르코스는 통치 조직이라면 대중에게 다른 무엇보다도 자유와 평화라는 두 가지 혜택을 주어야 한다고 말했다. 플루타르코스는 이렇게 썼다. "평화에 관해 말하자면 그렇게 마음 쓸 필요는 없다. 전쟁은 모두 멈추었기 때문이다. 자유에 관해 말하자면 우리에겐 정부(로마)가 주는 만큼의 자유가 있다. 그리고 우리가 더 많은 자유를 갖게 되면 아마도 상황은 좋지 않을 것이다."[4]

2. 아프리카

코르시카와 사르디니아는 이탈리아의 일부가 아니라 한데 묶여 하나의 속주로 분류되었다. 코르시카는 대체로 산이 많은 황무지로서 개들을 풀어 원주민을 사냥해서 노예로 팔았다.[5] 사르디니아는 노예와 은, 구리, 철, 곡물을 공급했는데, 긴 도로와 카랄레스(카글리아리)라는 훌륭한 항구가 있었다. 시칠리아는 거의 순수하게 농업 속주로 전락하여 로마의 "밀 공급자"가 되었다. 시칠리아의 경작지는 대부분 라티푼디움이 점령하여 소를 키웠고, 그곳에서 일하는 노예들은 의복과 음식이 너무 형편없어 주기적으로 반란을 일으키거나 탈출하여 산적 떼가 되었다. 시칠리아 섬의 인구는 아우구스투스 시절에 약 75만 명이었다.(1930년 시칠리아 인구는 397만 2000명이었다.) 섬 안에 있는 65개 도시 중에서 크게 번성한 도시는 카타니아, 시라쿠사, 타우로메니움(타오르미나), 메사나, 아그리겐툼, 파노르무스(팔레르모)였다. 시라쿠사와 타우로메니움에는 근사한 그리스 극장들이 있었으며 지금도 사용되고 있다. 시라쿠사는 베레스가 총독일 때 황폐해졌음에도 불구하고 인상적인 건축물과 유명한 조각품, 그리고 관광 업계의 전문 안내인들이 북적이는 역사 유적지로 가득했다.[6] 키케로는 시라쿠사가 세상에서 가장 멋진 도시라고 생각했다. 부유한 도시 가구들은 대부분 교외에 농장이나 과수원을 소유했으며, 시칠리아의 농촌 전체는 지금처럼 과실수와 포도원으로 좋은 향기가 넘쳐났다.

시칠리아가 로마의 지배를 통해 잃은 것은 전부 아프리카가 가져갔다. 아프리카는 내키지 않았지만 점차 시칠리아를 대체하여 로마를 위한 곡창 지대가 되었다. 하지만 그 대신에 로마의 군인과 이주민, 사업가, 기술자가 아프리카를 도저히 믿을 수 없을 정도로 풍요한 곳으로 발달시켰다. 새로운 정복자들은 도착했을 때 특정 지역이 번성하고 있음을 확실하게 알아보았다. 지중해를 불쾌한 얼굴로 바라보는 산맥과 사하라 사막을 가로막은 아틀라스 산맥 사이로 아열대의 분지가 이어졌으며, 이곳은 바그라다스(메제르다) 강과 두 달간의 우기로 물을 충분히 공급받아 마고(Mago)가 가르치고 마시니사가 시행한 농업의 인내에 보답했다. 그러나 로마는 찾아낸 것을 개선하고 확장했다. 로마의 기술자들은 남쪽의 구릉지에서 흘러내리는 강들에 댐을 건설했고, 우기에 남아도는 물을 저수지에 저장했다가 건기에 강물이 마를 때 관개 수로를 통해 흘려보냈다.[7] 로마는 토착 족장들이 부과한 것보다 더 무거운 세금을 요구하지 않았지만, 로마의 군단과 요새는 산악 지대의 유목민 침입자들을 더 잘 막아 냈다. 사막과 미개한 지역에서 조금씩 새로운 땅을 획득하여 경작하고 그곳에 정착했다. 분지는 매우 많은 올리브기름을 생산했으며, 7세기에 아랍인들이 그곳에 와서 트리폴리부터 탕헤르까지 말을 타고 올리브 나무 그늘 밖으로 벗어나지 않고 이동할 수 있음을 알고 크게 놀랄 정도였다.[8] 마을과 도시의 숫자가 크게 늘어났으며, 건축이 그러한 도시들의 품격을 높였고, 문학은 새로운 표현을 얻었다. 지금은 불모의 폐허에 있는 로마의 포룸과 신전, 수도교, 그리고 극장의 유적은 로마가 지배한 아프리카의 크기와 부를 보여 준다. 벌판이 쇠퇴하여 죽은 모래가 된 것은 기후 변화가 아니라 통치 조직의 변화, 다시 말해 경제적 안정과 질서, 규율을 주었던 국가가 혼란과 부주의 때문에 도로와 저수지, 그리고 수로를 파괴한 조직으로 바뀐 변화 때문이었다.

이 회복된 번영의 선두에 부활한 도시 카르타고가 있었다. 악티움 해전 이후 아우구스투스는 가이우스 그라쿠스와 카이사르의 실패한 계획을 재개하여 카르타고로 병사들을 보냈다. 이주민으로서 건너간 병사들에게 아우구스투스는 충성과 승리에 대한 보상으로 토지를 주려고 했다. 카르타고가 자리 잡은 터의 지리적 이점, 완벽한 항구, 비옥한 바그라다 강 삼각주, 그리고 로마의 기술자들이 개설하거나 복원한 훌륭한 도로 덕분에 카르타고는 곧 우티카로부터 지역 내 수출입 교역을 되찾았다. 카르타고는 재건된 지 백 년이 못 되어 서부 속주 가운데 가장 큰 도시가 되었다. 부유한 상인과 지주들은 역사적인 성채 비르사에 저택을 짓거나 꽃피는 교외에 빌라를 지었다. 반면에 농민들은 라티푼디움의 경쟁에 밀려 땅에서 쫓겨나고, 지독한 가난 때문에 그리스도교의 평등주의적 복음을 환영하게 되는 도시 빈민층이나 노예에 합류했다. 주택은 6층에서 7층 높이로 솟았고, 공공건물은 대리석으로 번쩍였으며, 거리와 광장은 훌륭한 그리스 양식의 조각상으로 가득했다. 카르타고의 신들에게 바치는 신전들이 다시 건립되었고, 멜카르트는 서기 2세기까지도 살아 있는 아이들을 제물로 바쳤다.[9] 사치품과 화장품, 보석, 머리 염색, 전차 경주, 그리고 검투사 경기에 대한 열정에서 주민들은 로마인에 뒤지지 않았다. 도시의 전경에는 마르쿠스 아우렐리우스가 선사한 거대한 공중 목욕장이 있었다. 수사학과 철학, 의학, 법학을 가르치는 강당과 학교들이 있었다. 카르타고는 학교 도시로서는 아테네와 알렉산드리아에만 뒤질 뿐이었다. 아풀레이우스와 테르툴리아누스는 모든 것을 카르타고에서 공부했으며, 성 아우구스티누스는 학생들의 못된 장난과 부도덕한 행위에 놀랐다. 학생들이 좋아하는 자선 활동은 강의실에 난입하여 교사와 학생들을 해산시키는 것이었다.[10]

카르타고는 지금의 서부 튀니지에 해당하는 속주 "아프리카"의 수도였다. 그 남쪽으로 동부 해안에는 상업으로 1200년 만에 부가 되살아나던 하드루메툼(수스)과 렙티스 미노르, 탑수스, 타카파이(가베스) 같은 도시가 자리를 잡고 있었으며, 기원후에 접어들면서 전쟁에 휩싸였다. 동쪽으로 더 나아간 곳의 지중해 연안에는 세 도시, 즉 기원전 900년에 페니키아인들이 세운 도시인 오이아(트리폴리)와 사브라타, 그리고 렙티스 마그나(레브다)가 합쳐져 트리폴리스라는 이름이 붙은 지역이 있었다. 이 마지막 도시에서 황제 셉티미우스 세베루스가 태어났다.(서기 146년) 셉티미우스 세베루스는 이 도시에 바실리카와 공중 목욕장을 세워 보답했으며, 그 유적은 지금도 관광객이나 군인들을 깜짝 놀라게 한다. 포장도로는 이들 항구를 내륙의 촌락과 연결하는 낙타 대상으로 북적였다. 여기에서 내륙의 촌락이란 지금은 거대한 로마 신전의 잔해만 남아 있는 작은 마을인 수페툴라, 6만 석 규모의 원형 경기장을 보유했던 티스드루스(엘젬), 그리고 우아한 코린토스식 줄기둥이 있는 극장의 유적이 시민들의 부와 취향을 증언하는 투가(두가)를 말한다.

카르타고의 북쪽에는 고대의 모시이자 화해할 수 없는 경쟁자이던 우티카(위티크)가 있었다. 기원전 46년 로마인 은행업자들과 도매상 300명이 그곳에 지점을 냈다는 사실은 그 풍족함에 대한 실마리를 제공한다.[11] 우티카의 영토는 북으로 지금의 비제르테인 히포 디아리투스까지 펼쳐졌고, 그곳에서 서쪽으로 해안을 따라 조만간 아우구스티누스의 주교구가 되는 히포 레기우스(보네)까지 길이 이어졌다. 남쪽 내륙으로는 속주 누미디아의 수도인 키르타(콘스탄티나, 카산티나)가 있다. 서쪽으로는 타무가디(팀가드)가 있으며, 거의 폼페이만큼이나 보존 상태가 좋아서 줄기둥이 딸린 포장도로와 덮개가 있는 하수구, 우아한 개선문, 포룸, 원로원 회관, 바실리카, 여러 개의 신전과 목욕장, 극장, 도서관, 그리고 많은 가정집들이 남아 있다. 포룸의 포장한 바닥에는 이러한 말과 더불어 장기판이 새겨져 있다. "사냥하고 목욕하고 놀고 웃는 것, 이것이 사는 것이다."[12] 타무가디는 서기 117년경 아프리카 속주들의 유일한 수비대인 제3군단이 세운 도시였다. 123년경 제3군단은 서쪽으로 몇 마일 더 떨어진 곳에 항구적인 사령부를 정하여 도시 람바이시스(랑베즈)를 세웠다. 병사들은 그곳에서 결혼하고 정착했으며, 병영보다는 자기 집에서 살았다. 그러나 그들의 막사조차 장식을 갖춘 위엄 있는 건축물로서 내부의 목욕장은 아프리카의 여느 목욕장만큼이나 훌륭했다. 병영 밖에서 병사들은 신전, 개선문, 그리고 싸움과 죽음이 평화로운 삶의 단조로움을 덜어 줄 원형 경기장 등의 건설을 도왔다.

단 하나의 군단이 내륙 부족들의 습격으로부터 북아프리카 전체를 지킬 수 있었던 것은 도로망 덕분이었다. 군사적 목적으로 건설되었으나, 결국 상업 용도로 쓰인 도로망은 카르타고와 대서양을 연결하고 사하라 사막과 지중해를 연결했다. 간선 도로는 키르타를 거쳐 서쪽으로 마우레타니아의 수도인 카이사레아까지 이어졌다. 이곳에서 누미디아 왕 유바 2세는 속주의 옛 이름과 현재 이름의 기원인 마우리인, 즉 무어인에게 문명을 전수했다. 탑수스 전투에서 사망한 유바 1세의 아들인 유바 2세는 카이사르의 개선식을 장식할 아이로서 로마로 끌려갔다. 유바 2세는 목숨을 건졌고 학생으로 지내다가, 결국 당대의 가장 박식한 학자의 반열에 올랐다. 아우구스투스는 유바 2세를 누미디아의 왕으로 삼고, 그가 그토록 열심히 습득한 고전 문화를 주민들에게 전파하라고 명령했다. 유바 2세는 성공했고 48년이라는 오랜 기간 동안 재위할 수 있었다. 유바 2세의 신민들은 사람이 책을 쓰면서도 그렇게 잘 통치할 수 있다는 사실에 놀라워했다. 유바 2세의 후계자인 아들은 로마로 보내졌으나 칼리굴라가 굶겨 죽였다. 클라우디우스는 누미디아 왕국을 병합한 뒤 두 개의 속주, 즉 마우레타니아 카이사리엔시스와 마우레타니아 팅기타나로 분할했다. 마우레타니아 팅키타나는 수도로 오늘날의 탕헤르인 팅기스에서 이름을 땄다.

이러한 아프리카 도시에는 부자는 물론 가난한 사람도 들어갈 수 있는 학교가 많았다. 물론 속기에 대한 이야기도 전해 오고 있으며,[13] 에우베날리스는 아프리카를 법률가들의 유모라고 불렀다.[14] 아프리카는 이 시기에 한 명의 일류 작가와 한 명의 이류 작가, 즉 프론토와 아풀레이우스를 탄생시켰다. 아프리카 문학은 그리스도교 시대에 들어서야 문학계를 주도하게 된다. 루키우스 아풀레이우스는 기이하고도 재미있는 인물로 몽테뉴보다 훨씬 더 "요동치고 다양했다." 마다우라의 지위 높은 가문에서 태어난(124년) 아풀레이우스는 그곳과 카르타고, 그리고 아테네에서 공부했다. 그는 많은 상속 재산을 분별없이 탕진했으며, 도시에서 도시로, 신앙에서 신앙으로 방황하면서 갖가지 비의(秘儀) 종교에 빠졌다. 또한 마술을 즐기고, 신학에서 치약까지 여러 주제에 관해 많은 글을 쓰는 한편, 로마와 여타 장소에서 철학과 종교에 관해 강연하고, 아프리카로 돌아온 뒤 트리폴리에서 자신보다 훨씬 더 부자인데다가 나이도 많은 여성과 결혼했다. 이 여인의 친구들과 추정 상속인들은 아풀레이우스가 마술을 걸어 과부를 설득했다고 고발하며 결혼 무효 소송을 제기했다. 아풀레이우스는 법정에서 『변론』으로 자신을 변호했는데, 이 책은 손질된 형태로 지금까지 전해 온다. 아풀레이우스는 소송에서 승리하고 신부를 얻었지만 사람들은 계속 그가 마법사라고 믿었다. 비그리스도교 신자인 후손들은 아풀레이우스의 기적들을 열거함으로써 그리스도를 하찮은 인물로 만들려 했다. 아풀레이우스는 마다우라와 카르타고에서 법률과 의학, 문학과 수사학에 종사하며 남은 생애를 보냈다. 아풀레이우스의 글은 대부분 과학과 철학의 주제에 관한 것이다. 아풀레이우스의 고향 도시는 그를 기리기 위해 기념물을 세우고 "플라톤 철학자(Philosophus Platonicus)"라는 이름을 붙였다. 아풀레이우스가 다시 살아 돌아올 수 있다면 자신이 단지 『황금 당나귀』로만 기억되고 있음을 알고 섭섭해 할 것이다.

『황금 당나귀』는 페트로니우스의 『사티리콘』과 유사한 작품이며 훨씬 더 기괴하다. 원래 제목이 『11권의 변신 이야기(Metamorphoseon Libri XI)』인 이 책은 파트라스의 루키우스가 당나귀로 변한 남자에 관해 말하는 이야기를 환상적으로 펼쳐 냈다. 책은 모험담과 묘사, 그리로 아무 관계도 없는 일화들을 느슨히 결합한 것으로 마법과 공포, 상스러운 농담이 뒤섞여 있고 경건함과는 거리가 멀었다. 이야기의 주인공 루키우스는 자신이 어떻게 테살리아까지 가게 되었으며, 여러 처녀들과 즐기고 주변의 모든 곳에서 마법의 분위기를 감지했는지 말하고 있다.

> 밤이 지나가고 새로운 날이 샘처럼 터지자마자, 나는 우연히 잠에서 깨어났고 반쯤은 정신이 나간 채로, 기이하고 놀라운 것들을 정말로 알고 싶고 보고 싶은 마음이 간절하여 침상 밖으로 나왔다. …… 내가 보았던 것과 똑같은 것이라고 믿기 어려운 것들만 있었고, 모든 것이 내게는 마법의 사악한 힘에 의하여 다른 모양으로 변한 것처럼 보였다. 내가 걸려 넘어질 수도 있던 돌들이 그러한 형태로 바뀌어 굳어진 사람처럼 생각되고 내가 울음소리를 들었던 새들과 나무들과 흐르는 물이 그러한 깃털과 잎사귀, 샘물로 바뀐 무엇처럼 생각될 정도였다. 나아가 조각상들과 초상들이 조금씩 움직이는 것처럼 보였고, 벽이 말하는 듯했으며, 암소와 다른 짐승들이 말을 하고 기이한 소식들을 전하는 것 같았고, 내가 곧 하늘과 태양 광선이 내린 신탁을 들어야 할 것 같았다.[15]

이제 어떤 모험에도 준비가 된 루키우스는 마법의 연고를 몸에 바르면서 새로 변하라고 간절히 빌었다. 그러나 루키우스는 연고를 발랐을 때 완전한 당나귀가 된다. 이후로 이야기는 "인간의 감각과 이해력"을 지닌 당나귀의 시련을 기록한다. 루키우스의 유일한 위안은 "멀리 떨어진 곳의 소리도 다 들을 수 있는 긴 귀"에 있었다. 루키우스는 장미를 찾아 먹으면 인간의 모습을 되찾을 수 있다는 얘기를 듣는다. 루키우스는 오랜 시간 변화무쌍하게 당나귀의 삶을 경험한 끝에 이 소망을 달성한다. 삶에 질린 루키우스는 먼저 철학에 빠지고 다음으로는 종교에 귀의하며 그리스도교도가 성모 마리아에게 바치는 것과 놀랍도록 유사한 감사의 기도문을 지어 이시스에 바쳤다.[16] 루키우스는 머리를 빡빡 밀고 이시스교 입문자의 제3수도회에 입회를 허락받으며, "신들 중에서 가장 위대한 신" 오시리스가 집으로 돌아가 법률업에 종사하라고 명령하는 꿈을 드러냄으로써 현실 세계로 돌아가는 길을 준비한다.

　어떤 책에도 이처럼 허황된 이야기가 많지는 않지만, 이렇게 이야기를 유쾌하게 표현한 책은 더욱 적다. 아풀레이우스는 온갖 양식을 시도하며 전부 성공리에 다루었다. 아풀레이우스는 풍부하고 기발한 글쓰기를 매우 좋아하여 두운과 유운, 생생한 속어와 고풍스러운 화법, 감상적 지소사(指小辭), 운율이 있어 때로는 시적이기도 했던 산문을 능란하게 이용했다. 여기에서 동방적인 따뜻한 색채는 동방적인 신비주의와 관능성을 동반한다. 아마도 아풀레이우스는 자신의 경험으로부터 관능적 탐닉이 사람의 정신을 빼앗아 짐승으로 변하게 하는 효소이며, 지혜와 경건이라는 장미를 통해서만 우리가 다시 인간이 될 수 있다고 말하고 싶었는지도 모른다. 아풀레이우스는 여러 곳을 떠돌아다니면서 뛰어난 귀로 우연히 알아낸 이야기에서 가장 뛰어나다. 그래서 어느 늙은 여인은 큐피드와 프시케의 연애 이야기로써, 다시 말해 어떻게 베누스의 아들이 작은 소녀와 사랑에 빠졌고, 그녀에게 자신을 보는 즐거움 말고는 모든 즐거움을 주었으며, 어머니를 잔인한 질투심에 사로잡히게 했고, 하늘에서 행복한 결말을 맞게 되었는지 이야기함으로써 납치된 처녀를 위로한다.[17] 어떤 미술가의 붓도, 아무리 노력해도, 잔소리가 많은 백발 여인보다 옛날이야기를 더 잘하지 못했다.

3. 스페인

탕헤르에서 해협을 건너면 로마가 가장 최근에 획득한 속주에서 가장 먼저 획득한 속주들로 가게 된다. 전략적으로 지중해의 입구에 자리를 잡았고, 그 땅을 탐욕의 피로 적신 귀중한 광물이 매장되어 있어 축복과 저주를 동시에 받았으며, 교통과 동화와 통합을 방해한 산맥들이 가로지른 스페인은 구석기 시대 예술가들이 알타미라 동굴 벽에 들소를 그리던 시절부터 작금의 혼란한 시기까지 삶의 열기를 온전히 느꼈다. 스페인 사람들은 3000년 동안 자부심 강한 전사 민족이었다. 말랐지만 강인하고 자제력 강한 용기를 보여주었으며, 열정적이고 완강했으며, 냉정하면서도 우울했고, 소박하고 친절했으며, 정중하고 의협심이 있었으며, 쉽게 흥분하여 증오에 빠지지만 사랑에는 더 쉽게 빠지는 사람들이었다. 로마인들이 스페인에 왔을 당시에도 스페인 주민은 구분하기 어려울 정도로 다양했다. 아프리카에서 온 이베리아인(?), 이탈리아에서 온 리구르인, 갈리아에서 온 켈트인이 있었으며 상층부에 카르타고인들이 있었다. 이들을 정복한 자들의 말을 믿을 수 있다면, 로마 지배 이전의 스페인 사람들은 미개한 상태에 가까웠다. 일부는 도시에서 주택에 살았지만 일부는 작은 마을의 오두막이나 동굴에 살면서 마루나 땅바닥에서 잠을 잤고, 정성 들여 묵힌 소변으로 이를 닦았다.[18] 남자들은 검은 외투를 입었고, 여자들은 "긴 외투에 밝은색 가운"을 입었다. 스트라본은 비난하듯 이렇게 덧붙인다. 몇몇 지역에서는 "여성들이 남자들의 손을 잡고 뒤섞여 춤을 춘다."[19]

일찍이 기원전 2000년경 남동부 스페인(타르테소스(페니키아어로 '타르쉬시'))의 주민들은 청동 제조업을 발전시켜 지중해 전역에 청동 제품을 팔았다. 이를 기반으로 타르테소스는 기원전 6세기에 6000년의 역사를 자랑하는 문학과 미술을 발전시켰다. 몇몇 조야한 조각상과 「엘체의 부인」이라는 이름이 붙은 이상한 다채색 흉상을 제외하면 남아 있는 것이라곤 거의 없다. 사암으로 된 이 흉상은 켈트인의 강인하고도 유려한 양식에 따라 그리스인 모형들을 새겼다.

기원전 1000년경부터 페니키아인들은 스페인의 풍부한 광물을 개발했고, 기원전 800년에는 카디즈와 말라가를 점령하여 거대한 신전들을 세웠다. 기원전 500년경 그리스 이주민들은 북동 해안을 따라 정착했다. 거의 같은 시기에 카르타고인들은 반란 진압을 도와 달라는 페니키아인 동족의 권고에 따라 타르테소스와 남부 스페인, 그리고 동부 스페인 전역을 정복했다. 제1차 포에니 전쟁과 제2차 포에니 전쟁 사이에 카르타고인들이 반도를 빠르게 이용하면서 로마인들도 "이베리아"라고 부르던 그곳의 자원에 눈을 뜨게 되었고, 한니발의 이탈리아 진출은 결국 스키피오 부자의 스페인 이동으로 무색해졌다. 통합되지 못한 부족들은 독립을 위해 맹렬히 싸웠다. 여인들은 로마인의 수중에 장악되느니 차라리 죽는 것이 낫다고 자식들을 죽였으며, 포로가 된 원주민들은 십자가에 매달려 죽으면서도 투쟁가를 불렀다.[20] 정복은 200년이 걸렸지만 일단 완료되자 대다수 다른 속주들의 정복보다 더 중요했음이 입증되었다. 그라쿠스 형제와 카이사르, 그리고 아우구스투스는 공화정의 무자비한 정책을 호의와 동정의 정책으로 바꾸어 지속적으로 좋은 결과를 얻었다. 로마화가 급속히 진행되었다. 라틴어가 채택되어 현지에 맞게 수정되었으며, 경제가 팽창하고 번성했으며, 스페인은 머지않아 로마에 시인과 철학자, 원로원 의원, 그리고 황제 들을 제공하게 된다.

세네카에서 아우렐리우스까지 스페인은 제국의 경제적 버팀목이었다. 스페인의 광물 자원은 이전에 티레와 카르타고를 풍요하게 했듯이 이제 로마를 풍요하게 했다. 스페인과 이탈리아의 관계는 훗날 멕시코와 페루가 스페인과 맺었던 관계와 같았다. 금과 은, 구리, 주석, 철, 납이 새로이 철저하게 채굴되었다. 리오 틴토 광산에서는 지금도 매우 깊은 곳까지 파 내려간 수갱을 단단한 석영을 통해 볼 수 있으며, 구리 성분이 놀랍도록 적게 남은 로마 시대의 광물 용재를 볼 수 있다.[21] 이러한 광산에서는 노예와 죄수들이 매일 일했고 많은 경우에 몇 달 동안 햇빛을 보지 못하는 경우도 있었다.[22] 광산 근처에는 거대한 야금 제조업이 나타났다. 그동안 스페인 땅은 산지와 불모의 황무지를 포함하고는 있었지만 새끼줄과 동아줄, 바구니, 침구, 샌들에 쓸 아프리카 풀을 생산했다. 또한 좋은 양들을 기르고 유명한 모직 제조업을 키웠으며, 고대 세계에서 최고의 품질을 자랑하는 올리브와 기름, 포도주를 제국에 공급했다. 과달퀴비르 강과 타구스 강, 에브로 강, 그리고 기타 작은 하천은 로마의 도로망을 통해 들어온 스페인 물품을 로마의 여러 항구와 헤아릴 수 없이 많은 도시로 운반했다.

로마의 지배가 가져온 가장 놀랍고도 특징적인 결과는 다른 곳과 마찬가지로 이곳에서도 도시의 급증과 팽창이었다. 속주 바이티카(안달루시아)에는 카르테이아(알헤키라스), 문다, 말라카, 이탈리카(트라야누스와 하드리아누스의 출생지), 코르도바, 히스팔리스(세빌리아), 가데스(카디즈)가 있었다. 코르도바는 기원전 152년에 건설되었으며, 수사학 학교들로 유명한 문학의 중심지였다. 이곳에서 루카누스와 세네카 부자, 그리고 사도 바울을 재판한 갈리오가 태어났다. 이러한 학문 전통은 암흑기를 지나도록 지속되어 코르도바를 유럽에서 가장 학구적인 도시로 만들었다. 가데스는 스페인에서 인구가 가장 많은 도시였으며 부유하기로 유명했다. 과달퀴비르 강어귀에 자리를 잡은 가데스는 서아프리카와 스페인, 갈리아, 그리고 브리타니아와 교역하는 대서양 교역을 지배했다. 그 도시의 감각적인 무희들은 도시의 유명세에 어느 정도 기여했다.

로마는 포르투갈을 속주 루시타니아로 알았고, 리스본은 올리시포라고 불렀다. 아랍인들이 알칸타라('다리')라는 현재의 이름을 주었던 노르바 카이사리나에서 트라야누스의 기술자들은 타구스 강을 가로질러 현존하는 로마의 다리 중에서 가장 완벽한 다리를 건설했다. 너비 100피트에 강 위로 높이 180피트인 웅장한 아치들은 지금도 번잡한 4차선 도로를 지탱하고 있다. 루시타니아의 수도는 에메리타(메리다)였으며, 많은 신전과 수도교 3개, 그리고 경기장과 극장, 모의 해전장, 그리고 2500피트 길이의 다리가 하나씩 있었다. 동쪽으로 더 가면 속주 타라코넨시스가 나오며, 세고비아는 지금도 트라야누스 재위 때 건설된 수도교를 통해 맑은 물을 공급받는다. 남쪽에는 로마 시대에 제철소로 유명하던 톨레툼(톨레도)이 있다. 동쪽 해안에는 광물과 생선, 그리고 교역으로 풍요로웠던 대도시 노바 카르타고(카르타헤나)가 세워져 있었다. 지중해 바다에는 발레아레스 제도가 있었으며, 그곳의 팔마와 폴렌티아는 세워진 지 오래된 번성하는 도시였다. 해안에서 북쪽으로 가면 발렌티아와 타라코(타라고나), 바르키노(바르셀로나)가 있고 피레네 산맥 바로 밑에는 오래된 그리스 도시 엠포리아이가 있었다. 배를 타고 산맥의 동쪽 끝을 돌아 조금만 가면 갈리아가 나온다.

4. 갈리아

모든 선박이 흘수가 보통이던 그 시절에는 대양을 항해하는 배들도 론 강을 따라 마르세유에서 리옹까지 항해할 수 있었다. 작은 배들이 올라갈 수 있는 곳에서 라인 강 상류까지는 불과 30마일이 채 되지 않았다. 이어 평평한 땅 위로 배를 끌어올리면 수백 개의 도시와 수천 개의 빌라를 거쳐 북해까지 상품을 가져갈 수 있었다. 비슷한 육로 이동으로 론 강과 사온 강에서 루아르 강과 대서양까지, 오드 강에서 가론 강과 보르도까지, 사온 강에서 센 강과 영국 해협까지 갈 수 있었다. 교역은 이러한 물길을 따라 이루어졌으며 만나는 지점에 도시들을 만들었다. 프랑스는 이집트처럼 그러한 하천들이 준 선물이었다.

프랑스 문명은 어떤 의미에서는 기원전 3만 년 "오리냐크인"과 더불어 시작되었다고 할 수 있다. 몽티냐크의 동굴들이 증언하듯이 그때에도 짙은 색채와 선명한 선을 이용할 수 있는 예술가들이 존재했다. 사냥과 목축으로 살아가던 구석기 시대에서 프랑스는 기원전 1만 2000년경에 신석기 시대로 넘어가 정착하여 농경 생활을 시작했으며, 1만 년이라는 오랜 세월이 흐른 뒤 청동기 시대로 접어들었다. 기원전 900년경 둥근 머리를 가진 새로운 종족 "알프스인"이 게르마니아에서 침투하여 프랑스를 거쳐 브리튼과 아일랜드까지, 그리고 남쪽으로 스페인까지 퍼져 나갔다. 이 "켈트인"들은 오스트리아의 할슈타트 철기 문화를 가져왔으며, 기원전 550년경 스위스에서 라텐의 더 발달한 철기 기술을 수입했다. 로마가 프랑스의 존재를 의식하게 되었을 때 켈티카(Celtica)라는 이름을 붙여 주었다. 이는 카이사르 시대에 들어서야 갈리아로 바뀐다.

이주자들은 일부 원주민 집단을 내쫓고 독립적인 부족으로서 정착했다. 그들의 이름은 지금도 그들이 세운 도시들에 남아 있다.* 카이사르는 갈리아인이 키가 크고 근육질의 강인한 자들이라고 말했다.[23] 갈리아인은 풍부한 금발을 머리 뒤로 목덜미 아래까지 빗어 넘겼다. 어떤 이들은 턱수염을 길렀으며, 많은 사람들이 입가에서 구불거리는 짙은 콧수염을 길렀다. 갈리아인은 동방에서, 아마도 고대 이란인으로부터, 짧은 바지를 입는 관습을 들여왔을 것이다. 갈리아인은 이것 말고도 여러 색으로 염색하고 꽃을 수놓은 튜닉과 어깨에 매단 줄무늬 외투를 입었다. 갈리아인은 보석을 좋아했고 전쟁에서 금 장신구로(다른 것은 없을지라도) 치장했다.[24] 고기와 맥주, 희석하지 않은 포도주를 많이 즐겼으며, 아피아누스를 믿을 수 있다면 "폭음과 폭식의 성향을 타고났다."[25] 스트라본은 이렇게 썼다. 갈리아인은 "단순하고 기운이 넘쳤으며 자랑이 심했고 …… 승리했을 때는 기쁨을 주체할 수 없었지만 패배했을 때는 정신을 잃고 두려움에 빠졌다."[26] 그러나 적들이 책을 집필해야 했다는 것이 늘 좋은 일은 아니다. 포세이도니우스는 갈리아인이 적들의 머리를 잘라 자신들이 타고 다니는 말의 목에 매단 것을 보고 충격을 받았다.[27] 갈리아인은 쉽게 흥분하여 논쟁하고 싸우며, 때로는 연회에서 즐기느라 결투를 벌여 죽음에 이르기도 했다. 카이사르는 이렇게 말한다. "그들은 용맹함과 호전적인 열정에서 우리와 견줄 수 있는 자들이다."[28] 암미아누스 마르켈리누스는 갈리아인을 이렇게 묘사한다.

어느 연령에서나 군역에 적합하다. 그 노인은 한창 나이의 자들에 못지않게 용감

---

* 아미엥의 암비아니, 보베의 벨로바키, 부르주의 비투리게스, 샤르트르의 카르누테스, 파리의 파리시이, 푸아티에의 픽토네스, 랭스의 레미, 상스의 세노네스, 수아송의 수에시오네스 등.

하게 전투에 나선다. …… 실제로 갈리아인이 보통은 남편보다 더 힘이 세고 더 사나운 그의 아내를 불러온다면, 특히 그녀가 흥분하여 목을 부풀리고 이를 악물며 거대한 두 팔을 펼치면서 투석기에서 날아오는 포탄처럼 연거푸 주먹을 휘두르고 발길질을 해대면, 이방인의 한 무리 전체도 갈리아인 한 사람을 대적할 수 없을 것이다.[29]

갈리아인은 다양한 신을 믿었으며, 지금은 너무 쓸모없어 익명의 신들에 관심을 가질 수 없다. 사후의 유쾌한 삶에 대한 믿음은 매우 강렬했으며, 카이사르는 이것을 갈리아인의 용맹함의 중요한 원천으로 평가했다. 발레리우스 막시무스는 그 용맹함의 힘에 관해 사람들이 천국에서 받기로 하고 돈을 빌려 주었다고 말한다. 포세이도니우스는 갈리아인들이 장례식에서 저승에 있는 친구들에게 편지를 써서 사망자가 이를 전달할 수 있도록 화장 장작더미 속에 던지는 것을 보았다고 주장했다.[30] 우리는 이러한 로마인의 이야기에 대한 갈리아인의 견해를 들어 보아야 한다. 드루이드교 신관들은 교육을 감독하고 종교적 믿음을 활발히 전파했다. 이들은 신전보다는 성스러운 숲에서 다채로운 의식을 수행했다. 이들은 신들을 달래려고 범죄를 저질러 사형을 선고받은 사람들을 인간 제물로 바쳤다. 이러한 관습은 전기 의자 처형을 목격하지 못한 사람들에게는 야만스러운 짓으로 보일 것이다. 드루이드교 신관들은 갈리아인 사회에서 유일한 식자층이요, 아마도 유일하게 글을 읽고 쓸 줄 아는 사람들이었을 것이다. 이들은 찬가와 시를 쓰고 역사를 기록했으며, "별들과 그 운동, 우주와 지구의 크기, 자연의 질서"를 연구하고[31] 사용할 수 있는 달력을 만들었다. 이들은 재판관 역할을 했으며, 부족 왕들의 법정에서 큰 영향력을 행사했다. 중세의 갈리아처럼 로마 지배 이전의 갈리아도 신정 정치의 옷을 입은 정치적 봉건사회였다.

켈트인의 갈리아는 이러한 왕들과 신관들 밑에서 기원전 4세기에 전성기를 구가했다. 라텐 기술의 생산성에 힘입어 인구가 팽창했으며, 그 결과 땅을 확보하기 위한 일련의 전쟁이 벌어졌다. 기원전 400년경 갈리아뿐 아니라 중부 유럽의 대부분을 이미 장악하고 있던 켈트인은 브리타니아와 스페인, 그리고 북부 이탈리아를 점령했다. 390년 켈트인은 남쪽의 로마로 밀고 내려왔다. 기원전 278년 그들은 델포이를 약탈하고 프리기아를 점령했다. 백 년 후 켈트인들의 활력은 쇠퇴하기 시작했다. 부와 그리스적인 생활 방식에 영향을 받아 약해지기도 했을 뿐 아니라 봉건적 귀족들의 정치적 원자주의(原子主義) 때문이기도 했다. 중세 프랑스에서 왕들이 귀족의 권력을 무너뜨리고 국가를 통합한 것과는 반대로, 카이사르 이전 백 년 동안에는 장원을 소유한 영주들이 왕들의 권력을 무너뜨리고 갈리아를 이전보다 더 많은 조각으로 분할했다. 켈트인의 전선은 아일랜드를 제외하면 어디에서나 후퇴했다. 카르타고인은 스페인에서 켈트인을 굴복시켰으며, 로마인은 이탈리아에서 켈트인을 몰아냈고, 게르마니아와 남부 갈리아에서는 킴브리족과 테오토네스족이 켈트인을 괴멸시켰다. 기원전 125년 로마인은 스페인으로 가는 길을 간절히 지배하고 싶었으므로 남부 갈리아를 정복하여 로마의 속주로 만들었다. 기원전 58년 갈리아의 지도자들은 카이사르에게 게르만족의 침입을 격퇴할 수 있게 도와 달라고 간청했다. 카이사르는 이에 응했고 자신이 원하는 보상을 이야기했다.

카이사르와 아우구스투스는 갈리아를 네 개의 속주로 개편했다. 로마인에게는 프로빈키아(provincia)로, 우리에게는 프로방스(Provence)로 알려져 있는 남쪽의 갈리아 나르본은 지중해 해안에 그리스인이 정착하여 대체로 그리스화했다. 남서쪽의 아퀴타니아는 주민들이 주로 이베리아인이었으며, 중앙부의 갈리아 루그두넨시스는 켈트인이 압도적으로 많았고, 북동부의 벨기카는 게르만족이 우세했다. 로마는 이들이 연합하여 반란을 일으키지 못하도록 이러한 민족적 구분을 승인하고 부추겼다. 부족의 구역은 행정 단위로 유지되었고, 재산 소유자들이 행정관으로 선출되었으며, 로마는 하층민들에 반대하여 이들을 지원함으로써 충성을 얻어 냈다. 로마의 시민권은 충성스럽고 쓸모 있는 갈리아인들에게 상으로 주어졌다. 모든 구역에서 선출된 대표자들의 속주 민회가 해마다 리옹에서 열렸다. 회의는 처음에는 조심스럽게 황제 숭배의 의식만 거행했지만 곧 로마의 총독들에게 요구 사항을, 그 다음 건의 사항을 전달했다. 민회는 드루이드교 신관들에게서 사법 집행권을 빼앗고 그들을 억압했으며, 프랑스는 로마법을 받아들였다. 거의 백 년 동안 갈리아는 새로운 지배에 평화롭게 복종했다. 서기 68년에, 그리고 71년에 다시 빈덱스와 키빌리스의 지휘로 반란의 불길이 타올랐으나 주민들은 이러한 움직임을 크게 지원하지 않았으며, 자유에 대한 사랑이 번영과 안전과 평화의 향유에 굴복했다.

로마의 평화 시기에 갈리아는 제국에서 가장 부유한 곳에 속했다. 로마는 클라우디우스 치세에 원로원에 진입한 갈리아 귀족들의 부에 깜짝 놀랐으며, 백 년 뒤 플로루스는 갈리아의 꽃피는 경제를 이탈리아의 쇠락과 대비시켰다.[32] 숲을 개간하고 습지를 간척했으며, 농업은 기계 수확기를 쓸 정도로 개선되었다.[33] 포도와 올리브가 갈리아의 전 구역으로 보급되었다. 이미 1세기에 플리니우스와 콜루멜라는 부르군트와 보르도의 포도주를 칭찬했다. 중세 봉건 영주의 선구자들이 농노와 노예를 부려 경작하는 큰 영지가 있었고, 더불어 소농도 많았으며, 현대 프랑스에서도 그렇지만 고대 갈리아에서도 어느 문명 국가의 통치 체제에서보다 더 부가 균등하게 분배되었다. 특히 제조업 분야에서의 발전이 빠르게 이루어졌다. 서기 200년경 갈리아의 도공과 제철공들은 이탈리아로부터 게르마니아와 서유럽의 시장을 가로채고 있었고, 갈리아의 직공들은 제국에서 가장 큰 직물 사업을 꾸리고 있었으며, 리옹의 작업장들은 상업용 유리뿐 아니라 예술적으로 훌륭한 제품을 만들어 내고 있었다.[34] 제조업 기술은 아버지에게서 아들로 전수되었고, 고대 유산의 귀중한 부분을 이루었다. 로마의 토목 기사들이 건설하고 개선한 약 1만 3000마일에 달하는 도로가 운송과 교역으로 분주했다.

이렇게 팽창한 경제로 부유해진 고대 켈티카의 촌락들은, 로마가 지배한 갈리아의 도시가 되었다. 아퀴타니아의 수도 부르디갈라(보르도)는 대서양에서 가장 번화한 항구 중 하나였으며, 리모눔(리모주)과 아바리쿰(부르주), 그리고 아우구스토네메툼(클레르몽페랑)은 이미 부유한 곳이었다. 아우구스토네메툼은 제노도투스에

메르쿠리우스 신의 거상을 세울 비용으로 40만 세스테르티우스를 지불했다.[35] 갈리아 나르본에는 도시가 너무 많아 플리니우스가 "속주라기보다는 이탈리아에 가깝다."라고 묘사할 정도였다.[36] 서쪽 끝에는 학교들로 유명하던 톨로사(툴루즈)가 있었다. 속주 톨로사의 수도 나르보(나르본)는 서기 1세기에 갈리아에서 가장 큰 도시였으며, 갈리아의 상품이 이탈리아와 스페인으로 가는 주요 항구였다. 시도니우스 아폴리나리스는 이렇게 말한다. "이곳에는 성벽과 산책길, 선술집, 개선문, 주랑 현관, 포룸 하나, 극장 하나, 신전, 목욕장, 시장, 풀밭, 호수, 다리 하나, 그리고 바다가 있다."[37] 동쪽 끝에는 스페인에서 이탈리아로 가는 도미티아 가도에 네마우수스(님 (Nîmes))가 있었다. 네마우수스의 아름다운 메종 카레는 아우구스투스와 시 당국이 아우구스투스의 손자 루키우스 카이사르와 가이우스 카이사르를 기념하기 위해 세웠다. 내부의 줄기둥은 애석하게도 성상 안치소의 벽 속으로 박혔지만, 자유로운 코린토스식 줄기둥은 로마에 있는 그 어느 것 못지않게 아름답다. 2만 석 규모의 원형 경기장은 지금도 이따금씩 화려한 볼거리의 무대가 된다. 님에 맑은 물을 공급하던 로마의 수도교는 머지않아 퐁 뒤 가르(Pont du Gard), 즉 가르 강의 다리가 되었다. 퐁 뒤 가르는 지금은 땅이 울퉁불퉁한 도시 밖 시골에 거대한 폐허로 서 있지만, 하부의 육중한 아치들은 상부의 상대적으로 작은 아치들과 뚜렷하게 대비되어 로마의 공학 기술을 인상 깊게 증언해 준다.

동쪽으로 지중해 해안 론 강어귀에 카이사르는 반항적인 마살리아 대신 조선소와 항구 역할을 해 주기를 바라는 마음에서 아렐라테(아를)를 세웠다. 마살리아(마르세유)는 카이사르가 태어났을 때 이미 오랜 역사를 지닌 도시였고, 카이사르가 죽을 때까지 그리스어를 사용했고 그리스 문화를 유지했다. 마살리아의 항구를 통해서 그리스 지역의 농업과 수목 재배법, 포도 재배법, 문화가 갈리아로 들어왔다. 특히 이곳에서 서유럽은 자신들의 상품과 고전 세계의 상품을 교환했다. 마살리아는 제국의 큰 학교들, 특히 법학으로 유명한 중심 학교였다. 마살리아는 카이사르 사후 쇠퇴했지만 속주 총독의 간섭을 받지 않는 자유 도시라는 예전의 지위를 유지했다. 동쪽으로 더 가면 포룸 이울리이(프레쥐스)와 안티폴리스(앙티브), 니카이아(니스)가 작은 속주에 자리를 잡고 있다. 아렐라테에서 론 강을 따라 올라가면 아베니오(아비뇽)와 아라우시오(오랑주)에 도달한다. 오랑주에는 아우구스투스 치세에 건립된 감동적인 개선문이 남아 있고, 그곳의 거대한 극장에서는 지금도 고대의 연극이 상연된다.

갈리아 속주 중 가장 큰 것은 갈리아 루그두넨시스이며, 그 이름은 수도인 루그두눔(리옹)에서 따왔다. 론 강과 사온 강의 합류 지점과 아그리파가 세운 큰 간선 도로의 교차점에 자리 잡은 이 도시는 부유한 지역의 교역 중심지이자 갈리아 전체의 수도가 되었다. 제철업과 유리 제조업, 그리고 요업은 서기 1세기에 20만 명의 인구를 부양하는 데 도움이 되었다.[38] 북쪽으로 가면 카빌로눔(샬롱쉬르사온), 카이사로두눔(투르), 아우구스토두눔(오툉), 케나붐(오를레앙), 루테티아(파리)가 있다. 율리아누스 황제는 이렇게 쓰고 있다. "나는 우리의 소중한 루테티아에서 겨울을 보냈다. 왜냐하면 갈리아인들이 파리시족이 사는 작은 마을, 강의 작은 섬에 이름을 붙였듯이 그곳에서 좋은 포도주가 나기 때문이다."[39]

프랑스의 일부와 스위스를 포함한 벨기카는 거의 전부가 농업 지대였으며, 셀 수 없을 정도로 많이 남은 빌라의 유적들은 안락하고 호화롭던 귀족들의 생활을 엿보게 한다. 아우구스투스는 벨기카에 오늘날 수아송, 생캉탱, 상리스, 보베, 트레브(트리어)로 알려진 도시들을 건립했다. 트레브는 라인 강을 방어하는 군대의 사령부로 중요해졌다. 또한 디오클레티아누스 치세에 리옹을 대신하여 갈리아의 수도가 되었으며, 5세기에는 알프스 이북에서 가장 큰 도시였다. 이 도시에는 지금도 로마 시대 성벽의 문이었던 포르타 니그라와 성 바르바라의 목욕장, 이겔 근처에 있는 세쿤두스 가문의 묘, 그리고 인근의 노이마겐에 있는 성채 벽돌의 조잡한 돋을새김 등 고대의 유적이 풍부하다.

이러한 도시 안팎의 삶은 서서히 변화하여 환경도 바꾸었다. 갈리아인은 자신들의 성격을 유지하고 계속 짧은 바지를 입었으며, 300년 동안 자신들의 언어를 사용했다. 라틴어는 6세기에 들어서 승리했다. 이것은 주로 로마 가톨릭

교회가 라틴어를 썼기 때문이다. 그러나 라틴어는 이미 프랑스어에 침투하여 조금씩 밀고 들어가고 있었다. 로마는 갈리아에 문명을 전파하는 데 큰 성공을 거두었다. 쥘리앙(Jullian)과 펑크브렌타노(Funck-Brentano) 같은 프랑스의 위대한 역사가들은[40] 로마의 정복이 없었다면 프랑스가 더 잘되었을 것이라고 생각했지만, 더 위대한 어느 역사가는 로마의 정복이 게르만족의 갈리아 정복을 피할 유일한 대안이었다고 믿었다. 몸젠(Mommsen)은 이렇게 말한다. 카이사르가 갈리아를 획득하지 못했다면,

> 민족 대이동이 실제보다 400년 앞서 이루어졌을 것이며, 이탈리아 문명이 갈리아나 다뉴브 강 유역, 아프리카, 스페인에 이식되기 전에 그곳으로 이주했을 것이다. 위대한 로마의 장군이자 정치인이었던 자가 게르만 부족들에서 로마·그리스 세계의 적수를 한눈에 확실히 알아보았고, 공격적 방어라는 새로운 체계를 세세한 부분까지 확립하고 병사들에게 강과 인공 보루로써 제국의 국경을 지키는 방법을 가르쳤으므로 …… 그는 그리스·로마 문화로 하여금 서부에 문명을 전파하는 데 필요한 시간적 여유를 벌어다 주었다.[41]

라인 강은 고전 문명과 원시 문명 사이의 경계였다. 갈리아는 그 변경을 지킬 수 없었지만 로마는 지켜 냈다. 바로 이 사실이 유럽의 역사를 결정했고 오늘날까지 그 영향이 지속되는 것이다.

5. 브리타니아

기원전 1200년경 켈트족의 한 무리가 갈리아에서 바다를 건너 잉글랜드에 정착했다. 이들이 도착했을 때 잉글랜드에는 이베리아인일 가능성이 높은 짙은 색 머리의 사람들과 연한 색 머리를 가진 스칸디나비아인이 뒤섞여 살고 있

었다. 켈트인들은 이 원주민을 정복하고 이들과 통혼했으며 잉글랜드와 웨일스 전역으로 퍼져 나갔다. 기원전 백 년경 (역사를 자기중심적으로 축소하면 수많은 사건이 일어난 몇백 년을 단축하며 많은 일로 붐비는 기억 속에서 매우 중요한 세대들을 지워 버린다.) 다른 켈트인 무리가 유럽 본토에서 건너와 브리타니아의 남부와 동부에서 동족을 몰아냈다. 카이사르가 도착했을 때 이 섬에는 영토를 확장하려는 왕들이 다스리는 여러 부족이 독립적으로 살고 있었다. 카이사르는 영국 해협 양안에 같은 부족이 거주한다고 생각하고, 이 주민들 전체에 해협 남쪽에 살던 갈리아 부족의 이름인 브리탄니(Britanni)라는 이름을 붙였다.

켈트족의 브리타니아는 관습과 언어, 종교에서 켈트족의 갈리아와 본질적으로 유사했으나, 그 문명의 수준은 더 낮았다. 켈트족의 브리타니아는 갈리아보다 300년 뒤진 기원전 6세기경 청동기 시대에서 철기 시대로 이행했다. 마살리아의 탐험가 피테아스는 기원전 350년경 배를 타고 대서양을 건너 잉글랜드로 향해, 이미 농업과 교역으로 번성하던 켄트의 칸티족을 발견했다. 토양은 풍부한 강수량 덕에 비옥했고 구리와 철, 주석, 납의 광석을 많이 포함했다. 카이사르 시대에 국내 제조업은 부족 간에, 그리고 유럽 본토와 활발히 진행되는 상업에 물품을 공급할 수 있었으며, 동전과 금화가 주조되었다.[42] 카이사르의 침입은 정찰을 목적으로 한 것이었다. 카이사르는 부족들이 단합하여 저항할 수 없으며 식량은 때만 잘 맞추면 침입하는 군대를 먹이기에 충분하다는 확신을 갖고 돌아왔다. 백 년 뒤(서기 43년) 클라우디우스는 규율과 무장, 그리고 전투 기술에서 원주민을 능가하는 4만 명의 병력을 이끌고 영국 해협을 건넜다. 브리타니아는 로마의 속주가 되었다. 61년 브리타니아의 부족 여왕인 보우디카는, 로마의 장교들이 자신의 딸들을 강간하고 자신의 왕국을 약탈하고는 많은 자유인들을 노예로 팔아 버렸다고 주장하며 격렬한 반란을 이끌었다. 로마의 총독 파울리누스가 만(Man) 섬을 정복하느라 여념이 없는 상황에서 보우디카의 군대는 자신들에게 맞선 단 한 개 군단을 격파하고서는, 타키투스의 말에 따르면 이미 "상인들의 주요 거주지요 거대한 상업 중심지였던" 론디니움으로 진군했다.[43] 론디니움과 베룰라미움(세인트 알반스)에서 눈에 띄는 로마인은 전부 살해되었다. 파울리누스와 그의 군단들이 반란군을 덮치기 전에 7만 명에 달하는 로마인과 이들의 협력자들이 학살당했다. 보우디카는 딸들과 함께 전차에 서서 영웅적으로 싸웠지만 패배했다. 보우디카는 독약을 마셨고, 8만 명의 브리튼족은 죽음을 당했다.

타키투스는 자신의 장인 아그리콜라가 브리타니아 총독으로서(78~84년) 학교를 세우고 라틴어를 보급하고 도시들과 부자들에게 신전과 바실리카, 공중 목욕장을 건립하라고 권고함으로써 "미개하고 분열되어 있는 호전적 주민들"에게 문명을 전수해 주었음을 설명하고 있다. 이 신랄한 역사가는 이렇게 말한다. "브리타니아 주민들은 차츰 악덕의 매력을 가슴 속에 받아들였다. 목욕장, 주랑 현관, 그리고 우아한 연회가 유행했고, 실제로는 굴종을 얻어 내는 역할만 했을 뿐인 새로운 예법을 의심 없는 브리튼족은 세련된 인간들의 기술이라고 불렀다."[44] 아그리콜라는 신속한 전투로 이러한 기술과 로마의 지배를 클라이드 강과 포스 강까지 확장하고 3만 명의 스코트족 군대를 격파했으며, 더 멀리 전진하고 싶었지만 도미티아누스의 소환 명령으로 돌아갔다. 하드리아누스는 의심이 없지 않은 스코트족을 막을 방어 시설로서 솔웨이 만에서 타인 강어귀까지 섬을 가로질러 70마일에 달하는 장벽을 건설했다.(122~127년) 20년 뒤 롤리우스는 클라이드 만에서 포스 만까지 33마일에 달하는 안토니누스 장벽을 세웠다. 이들 장벽은 200년간 로마를 위해 브리타니아를 안전하게 지켰다.

로마의 지배는 안정을 확보하면서 좀 더 관대해졌다. 도시들은 원주민의 원로원과 민회, 그리고 행정관이 관리했다. 농촌은 갈리아의 경우와 마찬가지로 로마의 감독에 복종하는 부족장들에게 맡겨졌다. 브리타니아는 이탈리아와 같은 도시 문명은 아니었고 갈리아처럼 부유하지도 않았지만, 대다수 영국 도시들은 로마의 자극과 보호를 받아 형태를 갖추었다. 그중 카물로두눔과 린둠, 에보라쿰, 글레붐 네 곳은 로마의 식민시로 자유민들은 로마 시민권을 받았다. 카물로두눔(콜체스터)은 브리타니아의 첫 번째 로마 수도였으며, 속주 협의회가 열리는 장소였다. 린둠은 현대의 이름 링컨(Lincoln)으로 고대의 특권을 표시한다. 에보라쿰(요크)은 중요한 군사 주둔지였다. 글레붐의 현재 이름 글로스터(Gloucester)는 글레붐(Glevum)에 앵글로색슨어로 마을을 뜻하는 체스터(chester)를 결합한 것이다.* 체스터와 윈체스터, 도체스터, 치체스터, 레스터, 실체스터는 로마의 지배에 들어간 이후 200년간 세워진 것으로 보인다. 이들 도시는 인구 6000명 내외의 작은 규모였지만 배수 시설을 한 포장도로와 석조 기초, 지붕에 기와를 얹은 포럼과 바실리카, 신전, 주택이 있었다. 비로코니움(록시터)에는 6000명을 수용할 수 있는 바실리카와 수백 명이 동시에 목욕할 수 있는 공중 목욕장이 있었다. 오늘날의 배스(Bath)인 아쿠아이 살리스(Aquae Salis, '소금물')의 온천은 지금도 남아 있는 목욕장이 증언하듯이 그 도시를 고대의 매력적인 휴양지로 만들었다. 론디니움은 템스 강변에 있다는 점과 방사상으로 퍼진 도로 덕분에 경제적으로나 군사적으로 중요해졌다. 론디니움은 인구 6만 명의 도시로 성장했고, 곧 카물로두눔을 제치고 브리타니아의 수도가 된다.[46]

로마 시대 런던의 집은 대부분 벽돌과 벽토로 지었고, 더 작은 도시들은 나무로 지었다. 구조는 기후가 결정했다. 눈과 비를 막기 위해 맞배지붕을 달았으며, 햇빛을 최대로 들이기 위해 창문을 많이 냈다. 스트라본은 이렇게 말한다. "맑은 날에도 태양은 서너 시간밖에 볼 수 없다."[47] 그렇지만 실내 장식은 로마의 양식을 따라서 바닥에는 모자이크를 하고, 커다란 욕실과 그림이 그려진 벽, 벽과 바닥에 뜨거운 공기가 지나는 도관(導管)을 쓰는 중앙난방 시설을 갖추었다.(난방 시설은 이탈리아보다 더 많은 주택에 설치되었다.) 노천광에서 캐낸 석탄은 주택 난방뿐 아니라 납을 제련하는 제조업 공정에도 이용되었다. 고대 영국의 광산은 분명 국가가 소유했지만 사유 업체에 임대되었다.[48] 배스에는 철제 무기를 만드는 작업장이 있었고,[49] 도기와 벽돌과 기와 제조는 아마도 공장 생산 단계에 도달했을 것이다. 하지만

---

* 하버필드(Haverfield)는 그렇게 말하고 있다.[45] 더 널리 받아들여지는 어원은 라틴어로 요새를 뜻하는 카스트룸(castrum)이나 숙영지를 뜻하는 카스트라(castra)이다. 로마 시대 브리타니아의 도시들은 대부분 로마 숙영지의 그림판 위에서 계획되었다.

대부분의 공업은 가정과 작은 작업장, 빌라에서 이루어졌다. 5000마일에 달하는 로마의 도로와 헤아릴 수 없이 많은 수로는 제국 내부의 활발한 교역의 동맥이었다. 소규모의 대외 교역은 오늘날 영국의 관행과는 달리 제조업 상품에 쓸 원료를 수출했다.

로마 문명이 400년에 걸친 지배로 브리타니아의 삶과 영혼에 얼마나 깊이 침투했는가? 라틴어는 정치와 법률, 문학, 그리고 교육받은 소수의 언어가 되었다. 그러나 농촌에서, 그리고 도시의 많은 노동자들 사이에서는 켈트어가 살아남았다. 지금도 웨일스와 만 섬에서는 켈트어가 유지되고 있다. 브리타니아의 로마 학교들은 문자 해독 능력을 확산시켰고 로마자 형태의 영어 자모를 확정했다. 그래서 영어에 라틴어 낱말들이 홍수처럼 쏟아져 들어왔다. 로마의 신들을 모시는 신전들이 건립되었지만, 보통 사람들은 켈트인의 신들과 축제를 소중히 간직했다. 심지어 도시에서도 로마는 깊이 뿌리내리지 못했다. 주민들은 자신들에게 평화를 가져와 결실을 맺게 한 지배에 무심결에 복종했다. 이러한 지배가 가져온 번영은 그들이 제조업 혁명을 맞이하기까지는 다시 경험할 수 없는 것이었다.

6. 야만족

게르마니아 정복을 시도하지 않겠다는 아우구스투스와 티베리우스의 결정은 유럽사의 중대 사건 중 하나였다. 게르마니아가 정복되어 갈리아처럼 로마화되었다면, 러시아 서쪽의 유럽은 거의 전부 하나의 조직과 하나의 통치 체제, 하나의 고전 문화, 그리고 아마도 하나의 언어를 가졌을 것이다. 그리고 중부 유럽은 게르만족을 압박하여 이탈리아를 침입하게 만든 동양의 유목민을 막아 내는 완충 지대 역할을 했을 것이다.

우리는 이들을 게르만족(Germans)이라고 부른다. 그러나 이들은 그러한 이름을 쓴 적이 없으며, "게르만"이라는 말이 언제 처음 나왔는지 아는 사람도 없다.* 게르만족은 고대에 라인 강과 비스툴라 강 사이, 다뉴브 강과 북해와 발트 해 사이의 유럽을 점유하고 있는 독립적인 부족이 뒤섞인 집단이었다. 게르만족은 아우구스투스 치세에서 아우렐리우스 치세까지 200년에 걸쳐 사냥하고 가축을 치는 방랑 생활에서 벗어나 마을에 정착하여 농사를 짓는 생활로 점차 변화했다. 그러나 게르만족은 계속 유목 생활을 했으므로 경작지의 지력을 빠르게 소모시켰으며, 칼로써 새로운 땅을 정복하러 이동했다. 타키투스의 말을 믿는다면, 전쟁은 게르만족이 대단히 즐기는 것이었다.

땅을 갈고 정기적인 계절 생산물을 기다리는 것은 게르만족의 처세법이 아니다. 적을 공격하고 전장에서 명예로운 상처를 얻으라고 설득하는 편이 더 쉬울 것이다. 피로써 얻을 수 있는 것을 이마에 흐르는 땀으로 얻는 것은 게르만족이 생각할 때 전사에게 어울리지 않는 나태한 원리이다.[50]

로마의 역사가 타키투스는 로마인들이 사치와 평화 속에 타락하고 있다고 개탄하면서 게르만족의 상무 정신, 그리고 여인들이 남자들을 전투로 몰아넣고 때로 남자들과 나란히 싸울 때 보여 주는 열의를 도덕주의자의 과장된 표현으로 묘사했다. 적을 피해 도망치는 것은 평생의 수치였으며 많은 경우에 자살로 이어졌다. 스트라본은 게르만족이 "갈리아인보다 더 거칠고 더 컸다."라고 묘사했으며,[51] 세네카는 마치 타키투스의 글을 읽기라도 한 듯이 이렇게 불길한 결론을 내렸다. "그 강건한 신체에, 쾌락과 사치와 부를 모르는 영혼에 약간의 전술적 기술과 규율을 더하라. 더는 말하지 않겠다. 그대(로마인)들은 조상들이 지녔던 미덕을 회복해야만 이들에 맞서 자신을 지킬 수 있을 것이다."[52]

---

* 로마는 같은 부모에게서 난 자들을 지칭하는 데 형용사 게르마누스(germanus, '자손'이라는 뜻의 게르멘(germen)의 형용사)를 썼으며, 이것을 게르만족에 적용하면서 테우토네스족의 혈족 조직을 염두에 두었다.

타키투스는 게르만 전사들이 평시에는 게을렀다고 전한다. 남자들은 다량의 고기로 식사를 하고, 맥주를 강물 퍼마시듯 마셔대면서 시간을 보냈으며(아마도 사냥이나 수확을 한 뒤의 일이었을 것이다.), 여자들과 아이들은 가사를 돌보았다.[53] 게르만족은 아내를 그녀의 아버지에게서 가축이나 무기를 주고 사왔으며, 부족 회의의 승인이 필요하기는 했지만 아내와 아이들의 생사 여탈권을 쥐고 있었다. 그렇지만 여자들은 존중받았으며 종종 부족의 분쟁을 결정해 달라는 요청을 받았고 남자들만큼이나 자유롭게 이혼할 수 있었다.[54] 몇몇 족장은 여러 명의 아내를 두었지만, 보통의 게르만족 가족은 일부일처제였고 높은 수준의 혼인 윤리를 지녔다.(우리는 그렇게 확신한다.) 간통은 "좀처럼 들을 수 없는" 이야기였고, 여성의 머리카락을 자르고 발가벗긴 채 거리로 내몰아 매질을 하는 처벌을 했다. 결혼한 여자는 원하면 낙태를 해도 되었지만,[55] 보통은 자녀를 많이 낳았다. 아이가 없는 남자는 매우 드물어서 유언장은 작성되지 않았다. 가족의 재산은 세대를 거쳐 아버지에게서 아들에게로 상속된 것으로 추정된다.[56]

주민은 네 부류로 구성되었다. 첫째는 예속민이다. 예속민의 일부는 노예였고 대부분은 토지에 결박되어 있었으며, 지주에게 생산물을 납부할 의무가 있는 농노였다. 둘째는 자유민이지만 투표권이 없는 소작인이다. 셋째는 지주이자 전사인 자유민이다. 넷째는 귀족 지주로서, 이들은 신들의 후손이었지만 실제의 권력 기반은 상당한 세습 재산과 무장 호위병(종사단(comites), 동료들)에 있었다. 부족 회의는 귀족과 호위병, 자유민으로 구성되었는데, 이들은 무장을 한 채 참석했다. 또한 부족 회의에서느 족장, 즉 왕을 선출했으며 제출된 안건을 창을 부딪쳐 승인하거나 대다수의 투덜거리는 소리로 거부했다. 두 번째와 세 번째 부류는 수공예나 야금에 어느 정도 종사했으며, 게르만족은 그러한 일에 탁월한 능력을 발휘했다. 네 번째 부류는 봉건적이었던 게르마니아에 영주와 기사와 기사도를 제공했다.

이렇게 단순한 사회 조직에 덧붙일 문화적 상부 구조는 매우 적었다. 당시에 종교는 자연 숭배에서 인격화된 신들에 대한 예배로 바뀌는 순간이었다. 타키투스는 이 신들을 마르스, 메르쿠리우스, 그리고 헤르쿨레스라고 불렀는데, 아마도 티우

(Tiu, 티르(Tyr)), 워딘(Wodin, 오딘(Odin)), 그리고 도나르(Donar, 토르(Tor))였을 것이다. 우리는 지금도 의식하지도 못한 채 이들과 사랑의 신 프레야(Freya)를 일주일에 네 번 기념한다. 하늘 신이 임신시키는 처녀 신 헤르타(Hertha, 어머니 대지)가 있었다. 모든 상상력과 필요한 것은 요정과 엘프(꼬마 요정), 닉스(물의 요정), 요툰(거인), 드베르(난쟁이족) 등 다양한 집단이 제공했다. 오딘에게는 인간 제물을 바쳤고, 다른 신들에게는 더 맛있는 동물을 바쳤던 것 같다. 예배는 산림이나 작은 숲의 개방된 곳에서 거행했다. 게르만족은 자연의 영혼을 인간의 손으로 지은 거처에 가두는 것이 불합리하다고 생각했기 때문이다. 갈리아나 브리타니아의 드루이드교 신관처럼 강력한 성직자 집단은 없었지만 남녀 신관이 있어서 종교 의식을 관장했고, 형사 범죄의 재판에서 판사 역할을 했으며, 백마의 움직임과 울음소리를 연구하여 미래를 예언했다. 갈리아의 경우와 마찬가지로 부족의 전설과 역사를 조잡한 시구로 노래하는 음유 시인들이 있었다. 소수의 사람들이 글을 읽고 쓸 줄 알았으며, 라틴 문자를 고쳐 자신들의 자모로 쓰인 룬 문자(runes)를 만들었다. 미술은 원시적이었지만, 금세공에 뛰어났다.

로마는 게르마니아에서 군단을 철수하면서 라인 강 유역을 발원지에서 강어귀까지 계속 통제했고, 그 장대한 유역을 게르마니아 수페리오르와 게르마니아 인페리오르 두 개의 속주로 분할했다. 게르마니아 인페리오르는 홀란드와 남쪽으로 콜로뉴까지 라인란트를 포함했다. 로마인들에게 콜로니아 아그리피넨시스로 알려진 콜로뉴는 한때 아름다운 도시였으며, 그곳에서 태어난 네로의 어머니를 기념하여 식민시가 되었다.(서기 50년) 반세기가 지나고 콜로니아 아그리피넨시스는 라인 강 유역에서 가장 부유한 정주지가 되었다. 게르마니아 수페리오르는 라인 강을 따라 남쪽으로 모군티아쿰(마인츠)과 아쿠아이 아우렐리아이(바덴바덴), 아르겐토라툼(스트라스부르), 아우구스타 라우리코룸(아우크스트)를 거쳐 빈도니사(빈디슈)까지 이어졌다. 이들 도시는 거의 전부 신전과 바실리카, 극장, 목욕장, 공공 조각상으로 치장했다. 로마가 라인 강을 방어하기 위해 파견한 많은 군단은 주둔지 밖에서 살면서 게르만족 처녀들과 결혼했는데, 복무 기간이 만료된 후에도 시민으로 남았다. 라인란트는 19세기 이전까지, 그 어느 때보다도 로마 시대에 가장 인구가 많았고 가장 풍요로웠을 것이다.

주지하다시피 라인 강과 다뉴브 강 사이에는 로마의 공병단이 약 9마일마다 성채가 있는 요새화된 도로와 약 300마일에 달하는 요새를 건설했다. 이 장성은 백 년 동안 로마를 방어했지만 로마의 출생률이 게르만족의 출생률 이하로 하락하면서 거의 쓸모가 없어졌다. 다뉴브 강은 국경으로서는 더 취약했다. 고대인들이 그 강을 세상에서 가장 길다고 생각했기 때문이다. 다뉴브 강 남쪽에는 부분적으로 야만적이었던 속주인 라에티아와 노리쿰, 그리고 판노니아가 있었으며, 오늘날의 젊은이들이 오스트리아-헝가리, 그리고 세르비아로 알고 있는 곳과 대략 일치한다. 오늘날의 아우크스부르크('아우구스투스의 마을') 자리에 로마인들은 이탈리아에서 브렌너 고개를 넘어 다뉴브 강으로 이어지는 길의 주요 역으로서 식민지 아우구스타 빈델리코룸을 세웠다. 로마인들은 강가에 두 개의 요새 도시를 세웠다. 하나는 지금의 비엔나인 빈도보나였고, 다른 하나는 부다(Buda)가 페슈트(Pesth)를 내려다보는 고지에 세운 아퀸쿰이었다. 남동부 판노니아에는 벨그라데 서쪽 사베 강가에 도시 시르미움(미트로비카)이 세워졌으며, 이곳은 디오클레티아누스 치세에 제국의 네 개 수도 중 하나였다. 판노니아 남쪽 속주 달마티아에서는 그리스인과 로마인, 그리고 원주민의 상업적 활력이 아드리아 해에 살로나(스팔라토)와 아폴로니아(발로나 인근), 디라키움(두라초) 같은 항구들을 만들었다. 이러한 속주로부터 다뉴브 강 아래쪽으로 가면 로마 제국의 가장 억센 병사들, 그리고 3세기에 200년 동안 이민족의 쇄도를 저지할 용감한 황제들이 나타난다. 판노니아 동쪽에는 다키아(루마니아)가 있으며, 수도인 사르미제게투사는 지금은 사라지고 없다. 모에시아(구 유고슬라비아와 루마니아, 불가리아의 일부)의 남쪽과 동쪽에는 다뉴브 강가에 신기두눔(벨그라데)과 트로에스미스(이글리차) 두 도시가 자리를 잡았다. 하나는 이스케르 사르디카(소피아)에 가깝다. 그리고 흑해 연안에는 세 개의 큰 도시 이스트루스, 토미(콘스탄차), 오데수스(바르나)가 있다. 쉴 새 없이 공격을 당한 이들 정착지에서 그리스 문명과 로마의 군대는 거대한 강 북쪽에서 생육하고 유랑하던 고트족과 사르마티아인, 훈족, 그리고 여타 이민족에 맞서 자신들을 지키려고 분투했지만 결과적으로 수포로 돌아갔다.

로마의 몰락을 초래한 것은 로마가 이 다뉴브 강 남쪽의 속주들을 문명으로 이끌지 못했기 때문이다. 그 과제는 노년으로 힘들어 하는 민족이 수행하기에는 너무도 버거웠다. 정복자 종족의 생명력은 불임의 안락함으로 퇴조했지만, 북쪽의 부족들은 무모할 정도의 활력으로 전진해 오고 있었다. 트라야누스가 평화를 유지하려고 사르마티아인들에게 보조금을 주었을 때, 그것은 종말의 시작이었다. 마르쿠스 아우렐리우스가 수많은 게르만족을 정착민으로서 제국에 들였을 때, 방벽이 무너졌다. 게르만족 병사들은 로마 군대에서 환영받았으며 지휘관의 위치에 올랐다. 이탈리아에서 게르만족의 가족은 숫자를 늘렸지만, 이탈리아 가족은 사라져 갔다. 이 과정에서 로마화 운동은 역전되었다. 야만족이 로마를 야만족화하고 있었던 것이다.

그럼에도 서유럽을, 북유럽은 아닐지라도, 획득해 고대 문명의 유산을 전파한 것은 위대하고 소중한 성취였다. 적어도 그곳에서는 전쟁의 고통으로부터 평화의 기술이 출현했고, 남자들은 검을 녹여 쟁기의 보습을 만들면서도 도시의 안락함이나 빈민가로 퇴락하지 않을 수 있었다. 이민족의 쇄도가 약해질 때 스페인과 갈리아의 흙냄새 나는 기운으로부터 새로운 문명이 등장하게 된다. 수 세기에 걸쳐 전제 군주들이 뿌린 씨앗이, 무자비한 군단들이 로마의 법과 그리스의 밝은 빛을 가져다준 땅에서 결실을 맺고 용서를 얻게 될 것이다.

23장　　　로마 시대의 그리스

1. 플루타르코스

로마는 그리스에 관대하려고 무척 노력했고 이 점에서 크게 실패하지 않았다. 새로운 속주 아카이아에는 수비대가 전혀 주둔하지 않았다. 세금도 이전의 수취인들이 요구한 것보다도 더 적게 거두었다. 도시 국가들에는 예전의 헌법과 법률에 따른 자치가 허용되었고, 아테네와 스파르타, 플라타이아, 델포이 등 상당수가 "자유 도시"로서 대외 전쟁이나 계층 간의 싸움을 수행할 권리를 제외한 모든 규제를 면제받았다.

그렇지만 구래의 자유를 갈망했고 로마의 장군들과 대부업자들, 그리고 싸게 구매하여 비싸게 파는 데 능했던 사업가들에게 피를 빨린 그리스는 미트리다테스의 반란에 합류했다가 혹독한 대가를 치렀다. 아테네는 포위 공격을 받아 폐허가 되었다. 델포이와 엘리스, 그리고 에피다우로스는 성소의 보고를 약탈당했다. 한 세대 후 카이사르와 폼페이우스가, 그 다음으로는 안토니우스와 브루투스가 그리스 땅에서 결투를 벌였고, 그리스인들을 징집하고 그리스의 곡물과 금을 징발했으며, 20년 동안 부과할 세금을 2년 만에 거둬들이는 등 도시들을 빈곤한 상태로 만들었다. 아우구스투스 치세에 그리스의 아시아는 회복되었지만 그리스 자체는 계속 가난했고, 로마의 정복보다는 스파르타의 질식할 것만 같은 전제 정치와 아테네의 혼돈스러운 자유, 땅과 인간의 메마른 불모와 불임 때문에 황폐해졌다. 가장 진취적인 그리스의 아들들은 더 새롭고 부유한 곳을 찾아 떠났다. 이집트와 카르타고와 로마에서 새로운 권력이 출현하고 헬레니즘 세계의 동방에서 제조업이 발달하면서 고전 정신의 고향은 구식이 되어 버렸으며 버려졌다. 로마는 그리스에 찬사를 늘어놓았지만 그리스의 미술품을 약탈했다. 스카우루스는 3000개의 조각상을 가져와 자신의 극장을 장식했고, 칼리굴라는 정부(情婦)의 남편에게 그리스를 뒤져 조각상들을 찾아오라고 명령했으며, 네로는 혼자서만 델포이의 조각품 절반을 가져왔다. 하드리아누스 치세에 와서야 아테네는 다시 웃게 된다.

에피로스는 마케도니아 전쟁에서 로마의 분노의 예봉을 정면으로 받아 냈다. 원로원은 에피로스를 병사들의 강탈에 내맡겼고, 15만 명의 에피로스인이 노예로 팔려갔다. 아우구스투스는 인근의 악티움 해전에서 얻은 승리를 기념하기 위해 니코폴리스에 에피로스의 새로운 수도를 건설했다. 문명은 틀림없이 니코폴리스에 어느 정도 존중을 표했을 것이다. 그 승리의 도시가 에픽테투스에게 독자와 집을 주었기 때문이다.(니코폴리스의 뜻이 '승리의 도시'인데, 에픽테투스는 니코폴리스로 여행을 갔다가 그곳에 학교를 세우고 제자를 가르쳤다. - 옮긴이) 마케도니아는 충성스러운 이웃보다도 운이 좋았다. 마케도니아는 광물 자원과 목재가 풍부했고, 아폴로니아와 디라키움에서 비잔티움까지 마케도니아와 트라키아에 걸쳐 있던 에그나티아 가도 덕분에 마케도니아의 상업은 활기를 띠었다. 아직도 일부가 남아 있는 이 거대한 간선 도로에 에데사와 펠라, 그리고 테살로니키 같은 속주의 주요 도시가 있었다. 우리에게는 살로니카로, 현대 그리스인들에게는 고대의 지명('테살로니아의 승리')으로 알려진 테살로니카는 속주 마케도니아의 수도였고, 속주 협의회가 열리는 장소였으며, 발칸 반도와 아시아 사이의 교역을 이어 주는 큰 항구 중 하나였다. 동쪽으로 더 나아간 곳에 위치한 트라키아는 농업과 목축과 광산에 전념했지만, 세르디카(소피아)와 수도 필리포폴리스, 하드리아노폴리스, 페린토스, 비잔티움(이스탄불) 같은 중요한 도시가 있었다. 그 황금 곳에서 상인들과 어부들은 부자가 되었고, 배후지의 그리스인 정착민들은 조금씩 잠식해 들어오는 야만족에 자리를 내주었다. 내륙의 곡물은 전부 비잔티움의 부두로 모였고, 스키타이와 흑해의 상업은 전부 이곳을 지날 때 통행세를 지불했으며, 물고기들은 좁은 보스포루스 해협에 쇄도할 때면 거의 그물로 뛰어드는 것이나 마찬가지였다. 머지않아 콘스탄티누스는 이곳이 고전 세계의 핵심 도시 자리임을 알아보게 된다.

마케도니아 남쪽의 테살리아는 밀과 훌륭한 말이 특산물이었다. 보이오티아처럼 양질의 소가 나는 곳이라는 옛 이름을 지녔던 큰 섬 에우보이아는, 디오 크리소스토무스가[1] 서기 2세기에 미개한 상태로 돌아갔다고 묘사한 곳이다. 다름 아닌 이곳에서 토지와 부가 몇몇 가문의 수중에 집중되면서 가난한 사람들이 낙담했고, 오르기만 하는 세금과 공공 봉사에 부자들이 실망했으며, 이기적인 부와 절망적인 빈곤에 혈통이 희망을 잃으면서 한때 번영했던 농업 인구와 칼키스와 에레트리아의 성벽 안에서 풀을 뜯던 소떼들이 일소되었다. 보이오티아는 술라의 원정으로 떠안은 죽음과 세금에서 회복하지 못했다. 스트라본은 이렇게 말한다. 테베는 일찍이 카드메아(Cadmea), 즉 성채였던 곳으로 쑤셔 넣어진 "작은 마을일 뿐이다." 그렇지만 백 년간의 평화로 플라타이아에는 약간의 번영이 찾아왔고, 필리푸스와 술라가 플라타이아 평원에서 제국을 획득했던 카이로네아는 가장 유명한 시민인 플루타르코스를 붙잡아 두기에 충분한 매력을 유지했다. 플루타르코스는 카이로네아가 너무 작아져서 자신까지 떠나 더 작게 만들 수 없었다고 말한다.[2] 우리는 플루타르코스의 조용한 생애와 인정 많은 배려에서 음침한 풍경의 밝은 측면을, 다시 말해 시민적 헌신과 따뜻한 우정, 부모의 사랑을 보여 줄 수 있는, 그리고 고대의 미덕을 고수하는 품위 있는 중간 계층을 발견한다. 지금의 이야기에서 카이로네아의 플루타르코스보다 더 유쾌한 인물은 없다.

플루타르코스는 서기 46년경 카이로네아에서 태어나 126년경에 그곳에서 사망했다. 네로가 그리스에서 승리를 거두고 있을 때 플루타르코스는 아테네에서 공부하던 학생이었다. 플루타르코스는 이집트와 소아시아와 이탈리아를 두 번 여행했으므로 분명히 수입이 꽤 많았을 것이다. 플루타르코스는 로마에서 그리스어로 강의했는데, 조국을 위해 모종의 외교적 역할을 했던 것으로 보인다. 플루타르코스는 위대한 수도 로마와 신귀족의 훌륭한 예절, 그리고 명예로운 삶을 좋아했다. 또한 그는 로마인의 금욕적인 규범을 찬양했으며 도덕성과 위인이 로마를 세웠다는 엔니우스의 견해에 동의했다. 플루타르코스는 살아 있는 귀족들과 죽었지만 고결했던 자들을 조용히 관조하면서 로마의 영웅들과 그리스의 영웅들을 비교해 보자는 생각을 하게 됐다. 플루타르코스는 역사적 모범을 들어 역사를, 나아가 전기를 쓸 뿐 아니라 미덕과 영웅적 행위를 가르치려고 했다. 플루타르코스의 『영웅전』도 그의 마음속에서는 도덕론이었다. 플루타르코스는 언제나 교사였고 이야기에 도덕을 엮어 넣을 기회를 결코 놓치지 않았다. 하지만 그 일을 플루타르코스보다 더 우아하게 해낸 이가 있는가? 플루타르코스는 「알렉산드로스전(傳)」에서 자신은 역사보다 위인에 관심이 더 많다고 말한다. 플루타르코스는 위대한 로마인들과 위대한 그리스인들을 짝지어 비교함으로써 독자에게 도덕적 자극과 영웅적 충동을 전해 주고 싶어 한다. 플루타르코스는 자신도 그렇게 오랫동안 출중한 사람들과 교제하여 더 나은 사람이 되었다고 솔직하게 고백함으로써 사람들의 경계심을 풀어 주고 있다.[3]

플루타르코스에게서 정식 역사가의 양심과 정확성을 발견하리라고 기대해서는 안 된다. 플루타르코스는 인명과 지명과 날짜에서 많은 오류를 범했는데, 이따금 (판단을 해 보자면) 사건들을 오해한다. 심지어 한편으로는 주제가 되는 인물의 성격을 끌어내고, 다른 한편으로는 유전과 환경, 처지를 고려하며 성장과 책임, 위기로써 성격의 형성 과정을 보여 준다는 전기 작가의 두 가지 주된 과제에서 실패한다. 헤라클레이토스의 경우와 마찬가지로 플루타르코스에게서도 한 인간의 성격은 그의 운명이다. 하지만 『영웅전』을 읽은 사람이라면 누구도 그 결점을 느낄 수 없다. 플루타르코스의 결함은 생생한 이야기와 흥미로운 삽화, 매혹적인 일화, 현명한 논평, 그리고 유려한 문체에 가려 보이지 않는다. 1500쪽에 달하는 이 글에서 필요 없는 문장은 단 한 줄도 없으며, 전부 다 다 가치가 있다. 장군과 시인, 그리고 철학자 등 수많은 유명 인사들이 그 책을 증언했다. 롤랑(Roland) 부인은 이렇게 말했다. "그것은 위대한 영혼들이 뛰어노는 목장이다."[4] 몽테뉴는 이렇게 썼다. "나는 플루타르코스 없이는 지낼 수 없다. 그 책은 나의 성무일도서(聖務日禱書)이다."[5] 셰익스피어는 『영웅전』에서 많은 이야기를 끌어다 쓰며, 브루투스에 대한 셰익스피어의 견해는 플루타르코스를 통해 로마의 귀족들까지 거슬러 올라간다. 나폴레옹은 어디를 가나 『영웅전』을 들고 다녔다. 하이네는 『영웅전』을 읽은 뒤 감정을 주체하지 못하고 말에 올라타 프랑스를 정복하러 앞으로 내달렸다. 그리스가 남겨 준 책 중에서 이보다 더 귀한 것은 없다.

지중해 세계를 돌아본 플루타르코스는 카이로네아로 돌아와 아들 넷과 딸 하나를 키우며 강연하고 글을 썼으며, 이따금 아테네로 여행했지만 평생 대부분의 시간을 고향에서 단순한 생활로 보냈다. 플루타르코스는 자신이 학문적으로 추구하는 것과 공직을 결합하는 것을 의무로 여겼다. 플루타르코스의 동료 시민들은 그를 건물 준공 검사관으로, 이어 최고 행정관으로, 그 다음에는 보이오타르크(Boeotarch, 국가 협의회 위원)로 선출했다. 플루타르코스는 시의 의식과 축제를 주재했으며, 여가에는 회복된 델포이 지성소(至聖所)의 신관 역할을 했다. 플루타르코스는 옛 신앙을 지적으로 신뢰할 수 없다는 이유로 거부하는 것은 현명하지 못한 처사라고 생각했다. 중요한 것은 신조가 아니라, 그 신조가 사람들의 약한 도덕성을 뒷받침하는 힘과 가족이나 국가의 구성원들과 세대들을 엮어 강하게 만드는 유대였다. 종교적 감동의 전율은 플루타르코스가 판단할 때 삶의 가장 심오한 경험이었다. 경건하면서도 너그러웠던 플루타르코스는 자신의 작품에서 비교 종교를 연구하며 늘 로마와 이집트의 예배 의식을 그 토대로 삼았다.[6] 플루타르코스는 모든 신은 시간의 제한을 받지 않고 형언할 수 없는 하나의 최고 존재가 지닌 여러 모습이며, 그 최고 존재는 지구상의 세상사에서 너무나 멀리 떨어져 있으므로 매개 신령들(다이모네스(daimones))이 이 세계를 창조하고 통제해야 한다고 주장했다. 악한 신령들도 있는데, 이것들은 자연과 인간 속에 들어 있는 모든 혼돈과 비합리성, 그리고 사악함의 원천이자 정수인 어떤 대장 악마가 집결시켰다. 플루타르코스는 사람의 불멸성, 상을 주는 천국과 영혼을 정화하는 연옥, 그리고 벌을 주는 지옥의 존재를 믿는 것이 좋다고 생각했다. 플루타르코스는 연옥에 체류하면 네로까지도 정화될 수 있으며, 오직 소수만이 영원한 지옥의 벌로 고통당하리라는 가능성에 위안을 얻었다.[7] 플루타르코스는 미신의 두려움을 무신론보다 더 나쁘다고 비난했으나, 점과 신탁, 강신술(降神術), 꿈이 지닌 예언의 힘을 받아들였다. 플루타르코스는 독창적인 철학자인 체하지 않았다. 아풀레이우스와 그 연령대의 다른 많은 사람들처럼 플루타르코스도 플라톤을 번안한 사람으로 자처했다. 플루타르코스는 에피쿠로스학파가 지옥에 대한 두려움을 영혼 소멸의 암흑으로 대체했다고 비난했으며, 스토아 철학의 "모순"을 비판했지만 마치 스토아 철학자처럼 "신을 따르고 이성에 복종하는 것은 동일한 것"이라고 주장했다.[8]

플루타르코스의 강연과 시론은 『도덕론』이라는 제목으로 편집되었으며, 대부분은 삶의 지혜에 관한 간단하고 친절한 설교이다. 이 글들은 노인을 공직에 앉히는 것의 타당성부터 닭이 먼저인가 달걀이 먼저인가 하는 문제까지 모든 것을 논하고 있다. 플루타르코스는 자신의 장서를 좋아했지만 좋은 책보다 건강이 더 소중하다고 인정한다.

어떤 사람들은 폭식 습관에 이끌려 마치 포위 공격을 받을 경우를 대비하여 식량을 저장하는 것처럼 술잔치에 달려든다. …… 돈이 덜 드는 음식이 언제나 더 유익하다. …… 아르타크세르크세스 멤논은 조급히 퇴각할 때 보리빵과 무화과 열매밖에 먹을 것이 없자 이렇게 소리쳤다. "이 어찌 된 호사인가, 이전에는 전혀 나의 식사가 아니지 않았는가?"…… 포도주는 물이 좋기도 해야겠지만 경사스러운 때와 잘 어울린다면 가장 유익한 음료이다. …… 특별히 두려운 일은 고기를 먹고 소화 불량에 걸리는 것인데, 처음에는 기운을 빼앗고 나중에는 유독한 찌꺼기를 남기기 때문이다. 몸이 다른 음식 이외에 고기를 요구하지 않는 데 익숙하도록 만드는 것이 제일 좋다. 땅이 영양은 물론 편안함과 즐거움까지 주는 많은 것들을 풍부하게 생산하기 때문이다. 그러나 습관이 일종의 비자연적인 제2의 천성이 되었으므로 음식의 지주이자 버팀목으로서 고기를 먹어야 한다. 자연과 더 많은 조화를 이루며 추론의 능력을 덜 무디게 하는 …… 다른 음식을 먹어야 한다. 추론의 능력은, 말하자면 소박하고 가벼운 음식이 키워 주기 때문이다.[9]

플루타르코스는 플라톤을 따라 여성에 동등한 기회를 줄 것을 옹호했고, 고대의 교양 있는 여성들의 사례를 여럿 들었다.(플루타르코스 서클에도 몇 명 있었다.) 하지만 플루타르코스가 남성에 의한 간통을 보는 시각은 이교도 남성답게 매우 너그러웠다. 즉

쾌락을 추구함에 절제가 없고 방탕한 어떤 남자가 사생활에서 정부(情婦)나 하녀와 작은 과오를 저질렀다면, 그의 아내는 분노하거나 화를 내서는 안 되며, 남편이 음탕함을 다른 여인과 나누게 된 것이 자신을 존중하기 때문이라는 점을 논리적으로 이해해야 한다.[10]

그렇지만 우리는 이러한 매혹적인 글에서 인정 많고 본질적으로 건전하며 완벽한 인간이 주는 따뜻함도 느낀다. 그의 사상의 평범함이 불쾌지도 않다.

플루타르코스의 절제는 우리 시대의 이데올로기적 히스테리에는 고마운 해독제이며, 그의 분별력과 상쾌한 유머, 매력적인 설명은 우리로 하여금 진부함이라는 장애를 개의치 않게 하며 나아가 이를 극복한다. 현명할 뿐 아니라 행복하기도 한 철학자를 발견하는 것은 기분 좋은 일이다. 플루타르코스는 우리에게 삶이 주는 흔한 혜택과 자비에 감사하고, 이것들이 끝없이 주어진다는 사실에 특히 기뻐하라고 조언한다. 즉

> 우리는 다른 많은 사람들과 함께 나누는 축복과 위로를 잊지 말아야 하지만, 또한 …… 우리가 살아 있고 건강하고 햇빛을 볼 수 있다는 사실에 기뻐해야 한다. …… 선한 사람은 매일이 축제라고 생각하지 않을까? …… 왜냐하면 이 세상은 모든 신전 중에서 가장 존엄한 신전이며 그 주인들 중에서 가장 가치 있는 주인이기 때문이다. 사람은 탄생함으로써 이 신전 안으로 들어온다. 사람의 손으로 만들어져 움직이지 않는 조각상들 앞이 아니라 신성한 정신이 우리의 감각에 드러낸 것들 …… 해와 달과 별들, 늘 맑은 물을 토해 내는 강들, 식량을 생산하는 대지의 세상에 들어가는 것이다. …… 이 삶이 가장 숭고한 불가사의에 입문하는 가장 완벽한 형태이므로, 우리는 언제나 좋은 기분과 기쁨으로 충만해야 한다.[11]

2. 평온한 시기

플루타르코스는 당대의 두 가지 운동, 즉 종교로의 회귀와 그리스 문학과 철학의 일시적인 부활을 보여 준다. 종교로의 회귀는 보편적인 현상이었고, 그리스 문학과 철학의 부활은 아테네와 그리스 문화권인 동부에 국한되었다. 펠로폰네소스 반도에서 여섯 도시가 번성했지만 그리스 사상에 기여한 바는 없다. 서부의 상업과 분주한 직물 제조업은 로마 시대와 중세를 거쳐 지금에 이르기까지 파트라이를 북적이게 했다. 올림피아는 페이디아스의 「제우스」와 올림피

아 경기를 보러 오는 관광객들이 남긴 부스러기로 번영했다. 4년마다 열리는 이 경기가 기원전 776년부터 서기 394년까지 지속되었다는 사실은 그리스 역사의 여러 유쾌한 측면 중 하나이다. 프로디코스와 헤로도토스의 시절에 그랬듯이, 철학자들과 역사가들은 이 축제를 위해 모인 군중에게 열변을 토했다. 디오 크리소스토무스는 잠시 머무를 청중에게 "자신들의 하찮은 작품"을 낭독하는 저자들과 자신들의 시를 음송하는 시인들, 허공에 대고 소리치는 수사학 교사들, "마치 화려한 공작(孔雀)처럼" 군중에 바람을 일으키려 몰려든 "수많은 소피스트들"을 묘사한다.[12] 디오 크리소스토무스도 다른 사람 못지않게 말이 많았다. 에픽테투스는 그늘도 없는 관람석에서 비좁게 앉아 햇볕에 그을리고 비에 흠뻑 젖지만 승부나 경주가 매번 끝날 때마다 벌어지는 소동과 고함소리에서 모든 것을 잊는 구경꾼들을 묘사한다.[13] 오래된 네메아 경기와 이스트미아 경기, 피티아 경기, 그리고 판아테나이아 경기는 계속되었다. 하드리아누스의 판헬레니아 같은 새로운 것이 추가되었고, 이들 중 상당수가 시나 연설 또는 음악의 경연을 포함했다. 루키아노스의 어느 등장인물은 이렇게 묻는다. "그 성대한 축제에서 울려 퍼지는 모범적인 음악 소리가 들리지 않는가?"[14] 검투사 시합은 코린토스에 있던 로마의 식민시가 그리스에 들여왔고, 이후로 다른 도시들까지 확산되어 디오니소스 극장까지도 도살로 더럽혀졌다. 디오 크리소스토무스와 루키아노스, 그리고 플루타르코스 같은 많은 그리스인들은 신성 모독에 항의했다. 키니코스학파의 철학자 데모낙스는 아테네인들에게 혁신을 받아들이려거든 먼저 아테네에서 피에타의 제단을 무너뜨리라고 권유했다.[15] 그러나 로마의 경기들은 그리스도교가 지배할 때까지 그리스에서 계속되었다.

스파르타와 아르고스는 여전히 어느 정도는 활발했고, 에피다우로스는 아스클레피오스의 묘소를 찾는 아픈 육신들과 영혼들의 방문으로 부유해졌다. 코린토스는 이스트모스를 가로지르는 교역을 통제하여 카이사르가 재건한 지 반백 년 만에 그리스에서 가장 부유한 도시가 되었다. 대부분 태어난 곳에서 쫓겨나고 그곳의 도덕에서 벗어난 자들인 로마인과 그리스인, 시리아인, 유대인, 이집트인의 이질적인 주민들은 상업주의와 에피쿠로스의 쾌락주의, 그리고 부도덕으로 악명이 높았다. 아프로디테 판데모스의 옛 신전은 코린토스 매춘부들의 성지이자 중심지로서 거래가 줄지 않았다. 아풀레이우스는 코린토스에서 파리스(Paris)의 심판을 상연하는 화려한 무용극을 보고 이렇게 묘사했다. "베누스는 예쁘고 아름다운 허리에 얇은 비단 속옷만 가볍게 걸쳤을 뿐 완전히 벗고 등장했다. 그리고 음탕한 바람에 이것마저도 이리저리로 휘날렸다."[16] 코린토스는 아스파시아 이래로 그 습관을 고치지 않았던 것이다.

메가라를 지나 아티카로 들어가면 농촌의 풍경은 심한 가난을 보여 준다. 산림은 헐벗었고 토양은 침식되었으며 광물 자원은 고갈되었다. 여기에 전쟁과 이주, 세금, 출생률 저하에 따른 인구 감소가 더해져 로마의 평화 시절 황무지가 되었다. 아티카에서 번영한 도시는 둘뿐이었다. 엘레우시스는 신성한 비의(秘儀) 제전 덕분에 사람들을 끌어들여 돈을 벌었고, 아테네는 고대 세계의 교육과 지식의 중심지였다. 협의회와 민회, 그리고 아르콘 같은 구래의 제도들은 여전히 그 기능을 수행했으며, 로마는 재판의 장소이자 재산권의 요새이던 아레오파고스의 초창기 권위를 회복시켰다. 안티오코스 4세와 헤롯 대왕, 아우구스투스, 하드리아누스 같은 통치자들이 그 도시에 베푼 기부는 헤로데스 아티코스 같은 백만장자에 뒤지지 않았다. 헤로데스는 펜텔리코스 산을 없애 가며 대리석으로 경기장을 재건하고 아크로폴리스의 발치에 오데온(odeon), 즉 음악당을 세웠다. 하드리아누스는 올림피에온(올림포스 제우스 신전)을 완성할 자금을 제공했고, 발이 하나밖에 없던 무덤 속의 제우스는 카사노바 같은 청춘에 어울리는 집을 얻었다.

한편 문학과 철학, 그리고 교육에서 타의 추종을 불허하던 아테네의 명성은 학교들에 부유한 청년들과 필요한 학자들을 줄줄이 끌어들였다. 아테네 학교는 도시나 황제가 부여한 열 개의 교수직과 일단의 비공식 강사들과 개인 교사들로 구성되었다. 문학과 언어학, 수사학, 철학, 수학, 천문학, 의학, 법학이 대체로 체육관이나 극장, 때로는 신전이나 가정에서 교육되었다. 연설과 법을 제외하면 교육 과정은 학생들에게 생계를 유지하는 능력을 갖추게 하려는 의도가 전혀 없었으며, 정신을 연마하고 이해를 심화하며 도덕률을 제공하는 것을 목표로 삼았다. 이러한 교육 과정으로 훌륭한 지식인이 많이 배출되었지만 철학과 종교를 논쟁적인 이론의 미궁으로 바꾸어 버린 공리공론에 빠져 있는 사람들을 양산하기도 했다.

아테네는 수입의 상당 부분을 학생들에게 의존했으므로 웃고 떠드는 학생들의 버릇을 참을성 있게 감내했다. 신입생은 이따금 시민들에게 해를 끼치는 못된 장난으로 신고식을 치렀다. 경쟁 관계에 있는 교수들의 학생들은 열렬한 지지자가 되어 이따금 오늘날 젊은이들의 "학급 대항 패싸움" 같은 소동을 벌이며 서로를 공격했다. 어떤 학생들은 어느 철학 교사보다 도시의 창부와 노름꾼에게서 더 많은 것을 배울 수 있다고 생각했다. 우리는 알키프론으로부터 이 여인들이 교사들을 지루하고 무능한 경쟁자로 보았음을 짐작할 수 있다.[17] 그러나 배우는 자와 가르치는 자는 종종 유쾌한 우호 관계를 유지했다. 많은 교사들이 학생들을 저녁 식사에 초대하고 독서를 지도하고 아픈 학생들을 병문안하고, 부모들에게 학생의 학습 진척 사항에 관하여 잘못된 정보를 전달했다. 강사들은 대부분 학생이 지불하는 수업료로 생계를 꾸렸다. 소수의 교사들은 국가로부터 급여를 받았고, 네 개 철학 학교의 교장은 황제의 금고에서 매년 1만 드라크마(6000달러)를 받았다.

이러한 자극으로 "2기 소피스트" 시대가 열렸다. 더 많은 보수의 제안으로 도시에서 도시로 떠돌아다니며 강연하고 학생을 가르치고, 법정 소송에서 변론하며 부잣집에서 정신적인 상담자로 살아가는, 그리고 때로는 고향 폴리스의 명예 대사로 활동하는 웅변가─철학자가 부활한 것이다. 이러한 움직임은 제국 전역에 퍼졌지만, 특히 서기 300년간 그리스 세계에서 번성했다. 디오의 말에 따르면 그때 철학자는 구두장이만큼이나 많았다고 한다.[18] 새로운 소피스트들은 옛 소피스트들처럼 공통의 학설이 없었으며 설득력 있게 가르쳤고, 많은 청중을 끌어모았으며, 많은 경우에 높은 사회적 지위나 황제의 호의, 아니면 큰 부를 획득했다. 이들은 종교나 도덕에 거의 이의를 제기하지 않았다는 점에서 앞선 시대의 소피스트와 달랐다. 이들은 세상의 신앙과 도덕을 뒤흔든 큰 질문보다는 형식과 문체에, 그리고 연설의 기술과 솜씨에 더 많은 관심을 두었다. 실제로 새로운 소피스트들은 고대 신앙을 진심으로 옹호했다. 필로스트라투스는 이 시대의 주요 소피스트들의 삶을 우리에게 전한다. 한 가지 사례만으로도 충분할 것이다. 티레의 아드리아노스는 아테네에서 수사학을 공부하고 수사학 주임 교사가 되었다. 아드리아노스는 다음과 같이 자랑스러운 말로 취임 연설을 했다. "학문은 또다시 페니키아에서 왔다." 아드리아노스는 은제 마구를 갖춘 마차를 타고 화려한 복장에 매달린 보석을 번쩍이며 강의하러 다녔다. 마르쿠스 아우렐리우스는 아테네를 방문했을 때 아드리아노스에게 어려운 주제를 주어 즉흥 연설을 하라고 요구하며 시험했다. 아드리아노스가 이 문제를 매우 잘 처리하자 마르쿠스는 그에게 명예, 은과 금, 그리고 집과 노예를 안겨 주었다. 로마의 수사학 교수로 승진한 아드리아노스는 비록 그리스어로 강의했지만 무척 매혹적이어서 원로원 의원들은 회의를 연기하고 대중은 무언극을 보다가 뛰쳐나와 강의를 들었다.[19] 그러한 경력은 거의 철학의 사망을 선언하는 것일 수 있다. 철학이 수사학의 바다에 가라앉았으며 말하기를 배우자마자 사고하기를 중단했기 때문이다.

다른 쪽 극단에는 키니코스학파가 있다. 다른 데서 설명한 대로 이들은 누더기 외투를 입고 텁수룩하게 머리와 수염을 길렀으며, 지갑과 지팡이를 휴대했고, 삶을 단순함으로, 그리고 이따금 음란함으로 격하시켰다. 키니코스학파는 탁발 수사들처럼 살면서 초심자와 선배가 있는 위계 조직을 갖추었으며,[20] 결혼과 노동을 회피하고 문명의 관습과 인위적 성격을 경멸했다. 게다가 모든 통치 체제를 도둑이자 불필요한 존재로 비난하고 모든 신탁과 비의(秘儀), 그리고 신들을 조롱했다. 누구나 키니코스학파에 빈정거렸으며, 루키아노스가 가장 잔인했다. 하지만 루키아노스조차 데모낙스는 칭찬했다. 교양 있는 키니코스학파인 데모낙스는 철학을 위해 부를 버리고 빈곤한 삶을 택했다. 데모낙스는 백 년에 걸친 자신의 삶을(50~150년) 다른 사람들을 돕고 서로 적대하는 개인과 도시를 화해시키는 데 바쳤다. 모든 것을 조롱하던 아테네도 데모낙스를 존경했다. 데모낙스는 아테네 법정에서 신들에 대해 제사 올리기를 거부했다는 죄목으로 기소되었으며, 단순히 신들에게는 제물이 필요 없으며 종교란 모두에게 친절하게 대하는 것이라고 말함으로써 석방되었다. 아테네 민회가 당파 싸움에 휩싸였을 때, 데모낙스의 등장만으로도 다툼은 가라앉았고, 그 뒤에 데모낙스는 단 한마디 말도 하지 않고 떠났다. 노년의 데모낙스는 초대받지 않았음에도 습관처럼 아무 집에나 들어가 먹고 자곤 했으며, 아테네의 모든 집이 그러한 영예를 얻으려 했다. 루키아노스는 페레그리노스에 대해 동정적으로 말하지 않는다. 그에 따르면 페레그리노스는 그리스도교를 받아들였다가 키니코스학파의 지배를 위해 이를 버렸으며, 로마를 비난했고, 그리스 전체에 반란을 선동했으며, 자신의 화장 장작더미를 만들어 불을 붙이고 그 안에 뛰어들어 화염 속에서 불타 죽음으로써 올림피아에 모인 회중을 크게 놀라게 했다고 한다.(165년)[21] 키니코스학파는 그렇게 부와 삶을 경멸함으로써 그리스도교 교회의 수도사들을 위한 길을 준비했다.

베스파니아누스, 하드리아누스, 마르쿠스 아우렐리우스는 아테네에 철학 강좌를 설치했을 때 키니코스학파와 회의론자들을 무시한 채 네 학파, 즉 플라톤의 아카데메이아와 아리스토텔레스의 리케이온, 스토아학파, 그리고 에피쿠로스학파만을 인정했다. 아카데메이아는 이성에 대한 플라톤의 당당한 믿음을 카르네아데스에 대한 보편적인 의심으로 희석시켰다. 하지만 카르네아데스가 사망한 뒤 플라톤 학파는 정통으로 되돌아갔고, 아스칼론의 안티오코스는 아카데메이아에서 키케로를 가르쳤던 사람으로(기원전 79년) 이성과 불멸, 조물주에 대한 플라톤의 관념을 다시 받아들였다. 리케이온은 테오프라스토스의 전통에 따른 자연과학이나 아리스토텔레스 저작에 대한 경건한 주석에 전념했다. 에피쿠로스학파는 이러한 종교적 시대에 쇠락하고 있었다. 감히 그 신조를 외교적 고려 없이 솔직하게 고백하는 사람은 거의 없었다. 그리스 세계의 아시아 대부분의 지역에서 에피쿠로스학파, 무신론, 그리고 그리스도교도라는 낱말은 혐오와 신성 모독을 표현하는 동의어였다.[22]

지배적인 철학은 오랫동안 스토아 철학이었다. 초기 스토아 철학의 엄격한 완벽주의는 둘 다 로도스의 시민이었던 파나이티오스와 포세이도니우스에 의해 부드러워졌다. 스키피오의 사망(기원전 129년) 이후 아테네로 돌아온 파나이티오스는 이제 스토아학파의 우두머리였다. 그는 신을 모든 사물에 스며 있으며 식물에서는 성장의 힘으로, 동물에서는 혼(psyche), 인간에게는 이성(logos)으로 나타나는 질료상의 영혼이나 숨(pneuma)으로 규정했다. 파나이티오스의 후배들은 이렇게 모호한 범신론을 좀 더 명확한 종교 철학으로 발전시켰다. 스토아 철학의 도덕률 이론은 키니코스학파의 금욕주의에 더 가깝게 이동했다. 서기 2세기에 키니코스학파가 스토아학파와 달랐던 점은, 어느 평자가 말했듯이 찢어진 외투뿐이었다. 마르쿠스 아우렐리우스의 경우처럼, 에픽테투스에게서도 우리는 두 움직임이 그리스도교를 향해 전진하는 것을 본다.

3. 에픽테투스

에픽테투스는 서기 50년경 프리기아의 히에라폴리스에서 노예였던 여인의 아들로 태어났고, 따라서 그 자신도 노예였다. 에픽테투스는 교육의 기회를 갖지 못하고 주인과 도시를 바꿔 가며 떠돌다가 네로의 궁정에서 일하는 해방 노예로 유력자였던 에파프로디토스의 재산이 되었다. 에픽테투스는 연약했고 다리를 절었는데, 분명 주인 중 한 사람의 잔인함 때문이었을 것이다. 그러나 에픽테투스는 정상적으로 70세를 살았다. 에파프로디토스는 에픽테투스에게 무소니우스 루푸스의 강의를 들을 수 있게 했고 나중에는 자유를 주었다. 에픽테투스는 확실히 로마에서 교사로 자리를 잡았던 것으로 보인다. 도미티아누스가 철학자들을 추방했을 때 에픽테투스도 도망간 사람들 중에 있었기 때문이다. 에픽테투스는 니코폴리스에 정착했는데, 여러 지역에서 온 학생들이 그의 강의를 들었다. 그중 한 사람으로 나중에 카파도키아의 총독이 되는 니코메디아의 아리아노스는 아마도 속기로 에픽테투스의 강의를 받아 적어 탁본, 즉 사본을 뜻하는 『디아트리바이(*Diatribai*)』라는 제목으로 발표했다. 이 책은 『강연』이라는 제목으로 세계 최고의 책들을 담은 목록에 모조리 올라 있다.* 이 책은 결코 따분한 정식 작품이 아니며, 간결한 화법과 솔직한 유머의 모범으로서 점잖고 상냥하지만 날카롭고 활발한 성격을 세밀하게 표현한다. 에픽테투스는 즐거운 풍자를 자신과 타인들에게 공평하게 적용했으며, 자신의 난폭한 스타일을 유쾌하게 조롱했다. 그 늙은 미혼 남자가 결혼을 권한다는 말을 듣고 데모낙스가 빈정대듯이 딸을 달라고 청했을 때, 에픽테투스는 아무런 불평을 하지 않았다. 에픽테투스는 지혜를 가르치는 것은 "사자코를 가진 아이 두세 명"을 낳는 것만큼이나 훌륭한 일이라는 근거를 들며 변명했다.[23] 훗날 에픽테투스는 유기된 유아를 구해 돌보려고 아내를 얻었다. 그 시절 에픽테투스의 명성은 제국 전역에 퍼졌으며, 하드리아누스는 그를 친구로 여겼다.

에픽테투스는 다른 많은 점에서도 그렇거니와 물리학이나 형이상학에 대한 관심이 너무 적어서 사고 체계를 구축할 수 없었다는 점에서도 소크라테스를 닮았다. 에픽테투스가 지닌 한 가지 주제와 열망의 대상은 선한 삶이었다. 에픽테투스는 이렇게 묻는다. "기존의 모든 사물이 원자나 …… 불이나 흙으로 구성되어 있든 그렇지 않든 무슨 상관인가? 선과 악의 진정한 본질을 아는 것으로 충분하지 않은가?"[24] 철학은 지혜에 관한 책을 읽는 것이 아니라 지혜의 실천을 훈련하는 것을 뜻한다. 문제의 본질은 인간이 자신의 행복을 외부에 있는 것에 최대한 적게 의존하는 방식으로 삶과 행위를 만들어야 한다는 데 있다. 그

---

* 아리아노스는 나중에 이 책을 개관한 에픽테투스의 『엔케이리디온(*Encheiridion*)』을 펴냈다.

러기 위해 은자의 고독이 필요한 것은 아니다. 오히려 그 반대이다. "에피쿠로 스학파와 불한당들"은 사람들을 공무에서 벗어나게 했기에 비난받아야 한다. 선한 사람은 공무에서 자신의 역할을 할 것이다. 하지만 운명의 모든 부침, 즉 가난과 사별, 굴욕, 고통, 예속, 투옥, 아니면 죽음을 침착하게 받아들일 것이며, "참아 내고 포기하는" 법을 알 것이다.

그 무엇에 대해서도 "나는 그것을 잃었다."라고 말하지 마라. 다만 "나는 그것을 돌려주었다."라고 말하라. 그대의 아이가 죽었는가? 그 아이를 되돌려준 것이다. 당신의 아내가 죽었는가? 그녀를 돌려보낸 것이다. "나는 내 농장을 빼앗겼다." 좋다. 이 또한 되돌려준 것이다. 신이 그대에게 그것을 주었다면 그동안 당신 것이 아니라고 생각하고 돌봐라. …… "아, 슬프도다. 다리 하나로 절룩거려야 하는구나." 노예여! 그렇다면 그대는 하찮은 다리 하나 때문에 온 우주를 비난하는가? 그것을 전체에 거저 붙은 선물로 만들지 않으려나? …… 나는 망명을 해야 한다. 내가 웃으면서 차분한 마음으로 가지 못하도록 막을 자가 있는가? …… "나는 너를 감옥에 가둘 것이다." 그대가 가두는 것은 나의 몸일 뿐이다. 나는 죽을 것이다. 그렇다고 불평을 늘어놓으며 죽어야 하는가? …… 이러한 것들은 철학이 되풀이하여 말하고 날마다 쓰고 실천해야 하는 교훈들이다. …… 연단이나 감옥은 장소이다. 하나는 높고 다른하나는 낮다. 그러나 그대의 도덕적 목적은 어느 곳에서나 똑같을 수 있다.[25]

노예는 디오게네스처럼 영적으로 자유로울 수 있고, 죄수는 소크라테스처럼 자유로울 수 있으며, 황제는 네로처럼 노예가 될 수 있다.[26] 선한 사람의 삶에서는 죽음조차 대수롭지 않은 사건이다. 선한 사람은 악이 선을 너무나 심히 짓누른다는 사실을 알게 되면 죽음의 도래를 앞당길 수 있다.[27] 어쨌든 선한 사람은 죽음을 자연의 은밀한 지혜의 일부로서 평온하게 받아들일 것이다. .

곡식의 머리가 감정을 지닌다면, 이것들은 절대로 수확되는 일이 없게 해 달라고 기도해야 하는가? …… 나는 결코 죽지 않는 것은 저주라고 그대에게 알려 주려 한다. …… 배가 가라앉는다. 그렇다면 나는 무엇을 해야 하는가? 내가 할 수 있는 일이 무엇이든 …… 나는 두려움 없이, 위축되지도 않고 소리 높여 신에 항의하지도 않고, 그렇지만 태어난 것은 죽는다는 사실을 인식하면서 익사한다. 왜냐하면 나는 한 시간이 하루의 일부이듯이 전체의 일부이기 때문이다. 나는 분명히 그 시간처럼 등장하여 한 시간처럼 사라진다.[28] …… 그대 자신을 옷을 만드는 실 전체의 단 한 가닥으로 여겨라.[29] …… 그대에게 일어난 일들이 그대가 원하는 대로 일어나기를 희구하지 말고 있는 그대로 일어나기를 원하라. 그러면 그대는 평온함을 얻을 것이다.[30]

에픽테투스는 종종 자연을 비인격적 힘으로 설명하지만 자신의 생각 속에 개성과 지성, 사랑을 빈번히 주입한다. 에픽테투스 철학은 그 시대에 만연한 종교의 분위기 덕분에 따뜻해졌고, 곧 그의 글을 읽고 그의 사상을 답습하게 되는 스토아 철학자 황제의 경우와 비슷하게 자신을 버리는 경건함에 이르렀다. 에픽테투스는 시간과 공간 속에 널리 퍼진 장엄한 질서와 자연 속에 들어 있는 구상의 증거를 세련된 능변으로 이야기하지만 이렇게 설명하기도 한다. "신은 어떤 동물들은 잡아 먹히라고 창조했고, 다른 동물들은 농업에 종사하라고, 또 다른 동물들은 치즈를 생산하라고 창조했다."[31] 에픽테투스는 인간 정신 자체는 매우 놀라운 도구여서 오직 창조주만이 만들어 낼 수 있었을 것이라고 생각한다. 실로 우리는 이성을 보유하는 한 세계 이성의 부분이라는 것이다. 최초의 인간에 이를 때까지 조상을 추적할 수 있다면 신이 배태한 최초의 인간을 만날 것이다. 그러므로 신은 말 그대로 우리 모두의 아버지이며, 모든 인간은 형제이다.[32]

일찍이 이 세상의 관리를 관찰하고 이해했으며 가장 거대하고 가장 포괄적인 공동체는 인간들과 신의 세계(시스테마(systema), '함께 서 있기')라는 점과 모든 사물, 특히 합리적 존재들이 발생하는 씨앗은 신으로부터 온다는 점을 배워 알고 있는 사람이 있다면, 그가 자신을 이 세계의 시민이라고 …… 아니, 신의 아들이라고 부르지 못할 이유가 어디에 있는가? …… 어떤 사람이 이러한 신조에 마음과 영혼을 바칠 수만 있다면 …… 내가 보기에 그는 자신 속에 천하고 비열한 생각은 조금도 품지 않을 것이다. …… 그렇다면 언제 그대는 먹는지, 먹는 그대는 누구인지, 그대가 살게 하는 것은 누구인지, 그대가 여인들과 함께 산다면 그러한 그대는 누구인지 명심하라. …… 불쌍하고 가여운 그대여, 그대 주변에 신을 두고 있으면서도 그 사실을 모르는구나![33]

에픽테투스는 마치 사도 바울이 썼음직한 문구를 통해 학생들에게 신을 믿고 따를뿐더러 인간 세계에서 신의 사도가 되라고 간곡히 권고한다.

신은 말한다. "가서 나의 증인이 돼라."[34] …… 이렇게 말할 수 있다는 것이 어떤지 생각해 보라. "신은 나를 이 세상에 보내 그의 군사이자 증인이 되게 했고, 사람들에게 슬픔과 두려움이 헛되며 선한 사람에게는 그가 살아 있든 죽었든 해악은 닥치지 않는다는 사실을 말하게 했다. 신은 나를 어떤 때에는 이곳에, 다른 때에는 저곳에 보내신다. 신은 나를 가난하게 하고 감옥에 가두어 단련시켜 다른 이들보다 더 나은 증인이 되게 한다. 그러한 임무를 맡았으니 나는 어디에 있든지 어떤 동료와 함께 있든지 그들이 나에 관하여 무슨 말을 하든지, 더 염려할 필요가 있겠는가? 아니, 다시 말하자면, 나의 온전한 성질이 신과 그의 법과 계율을 추구하지 않는가?"[35]

에픽테투스로 말하자면 그는 사물의 신비와 장려함이 주는 경외심과 감사로 가득하며, 창조주에게 이교의 마그니피카트(Magnificat, 성모 마리아 찬가)를 읊조린다. 그것은 종교의 역사에서 최고의 한 구절로 꼽는다.

신의 모든 일을 찬양하는 데에는 어떤 말이 적합한가? …… 우리에게 이해력이 있다면, 우리는 공적으로나 사적으로나 신을 찬미하고 찬양하고 신의 은혜를 상세히 말하는 것 말고 다른 일을 하고 있어야 하는가? 땅을 파고 쟁기질을 하고 음식을 먹을 때 신에게 찬미의 노래를 바치지 말아야 하는가? …… 그 다음엔 무엇인가? 그대들 대부분은 눈이 멀었으니, 그대들을 위해, 신에게 찬미의 노래를 바치는 모든 사람들을 위해 이 임무를 이행할 다른 사람이 있으면 안 되는가?[36]

여기에 불멸을 표현하는 낱말이 없고 이 모든 생각의 기원은 스토아학파와 키니코스학파까지 거슬러 올라가지만, 우리는 이러한 글에서 초기 그리스도교의 여러 태도와 놀랍도록 유사한 점을 발견한다. 에픽테투스는 이따금 그리스도교를 넘어서기도 한다. 이를테면 에픽테투스는 노예제를 고발하고 극형을 비난하며 범죄자들을 환자처럼 대우하기를 원한다.[37] 에픽테투스는 날마다 양심을 돌아볼 것을 옹호하고[38] 일종의 황금률을 선언한다. "그대가 당하고 싶지 않은 것을 다른 사람이 당하게 하지 마라."[39] 그리고 이렇게 덧붙인다. "어느 사람이 그대를 욕했다는 얘기를 들으면 항변하지 말고 이렇게 말하라. '그 사람은 나의 다른 허물은 알지 못했다. 그렇지 않았다면 이것만 언급하지는 않았을 것이다.'"[40] 에픽테투스는 사람들에게 악을 선으로 갚으라고[41], "욕설을 들으면 감수하라."고[42], 때때로 단식하라고, "그대가 원하는 것들을 삼가라."고[43] 조언한다. 에픽테투스는 이따금 은둔 수도자처럼 사나운 말로 육체를 경멸한다. "육체는 모든 것 중에서 가장 불쾌하고 가장 불결하다. …… 우리가 날마다 그렇게 이상한 의식을 행해야 하는 몸을 사랑해야 한다는 것은 놀라운 일이다. 나는 이것을 채우고, 그 다음 비운다. 이보다 더 귀찮은 일이 어디 있는가?"[44] 아우구스티누스의 경건함과 뉴먼(Newman)의 능변을 발산하는 구절도 있다. "오, 신이여, 지금부터 원하시는 대로 나를 쓰소서. 당신의 마음이 곧 나의 마음입니다. 나는 당신의 것입니다. 당신이 보시기에 좋은 것에서는 그 무엇에서도 벗어나지 않기를 바랍니다. 당신의 의지대로 나를 인도하소서. 어떤 옷을 원하시든 그것으로 나를 입히소서."[45] 그리고 마치 예수처럼 에픽테투스는 제자들에게 내일을 염려하지 말라고 명한다.

> 창조자이자 아버지, 인도자로서 신을 갖는 것, 슬픔과 두려움에서 벗어나는 데에는 이로써 충분하지 않은가? 사람들은 묻는다. 가진 것이 없는데 무엇으로 배를 채우나요? 그렇지만 우리는 동물들에 대해서 …… 어떻게 이야기할 것인가? 모든 동물은 자족하며 적당한 음식도 적절한 삶의 방식도 부족하지 않고 자연과 조화를 이루지 않는가?[46]

성 요한 크리소스토무스와 아우구스티누스 같은 그리스도교도가 에픽테투스를 찬미하고 그의 『엔케이리디온』을 약간의 수정을 가하여 수도자의 삶을 위한 규칙과 지침으로 채택한 것이 이상한 일인가?[47] 에픽테투스가 예수의 말을 어떤 형태로든 읽었다거나 또는 알지도 못한 채 그리스도교로 개종했는지 누가 알겠는가?

4. 루키아노스와 회의론자들

그렇지만 헬레니즘 문화의 이 마지막 국면에 프로타고라스의 모든 의심을 떠올리게 하는 회의론자들과 아리스티포스의 오만함과 플라톤이 가진 것에 가까운 매력으로 믿음을 조롱한 루키아노스라는 사람이 있다. 피론의 학교는 아직 사라지지 않았다. 서기 1세기 알렉산드리아에서 크노소스의 아이네시데모스가 지식을 불가능하게 만든 유명한 「10명제(命題)」, 즉 모순율을 제시함으로써 피론의 판단 유보를 다르게 표현했다.* 2세기 말경 섹스투스 엠피리쿠스는

---

* 몇 가지를 들자면 다음과 같다. (1) 상이한 동물들의 감각 기관은(예를 들면 눈), 심지어는 서로 다른 사람들의 감각 기관도 형태나 구조가 다르며, 따라서 세상을 다양한 상으로 보여 줄 것이다. 어느 상이 진짜인지 어떻게 알겠는가? (2) 감각은 물체의 극미한 부분, 말하자면 색과 소리, 냄새의 제한된 범위만을 전달할 뿐이다. 우리가 물체를 보

지금 세 권이 남아 있는 여러 권의 파괴적인 책을 써서 회의론 철학을 최종적으로 명확한 계통을 세워 설명했다. 섹스투스는 온 세상을 적으로 삼는다. 섹스투스는 철학자들을 여러 종류로 구분하고 하나씩 차례대로 죽여 버린다. 섹스투스는 사형 집행인에 꼭 필요한 강력한 힘과 고대 철학의 특징인 정연한 질서와 명료함, 이따금 보이는 풍자 가득한 유머, 그리고 매우 음산하게 난도질하는 논리로써 글을 쓴다.

섹스투스는 이렇게 말한다. 모든 논거에는 대등한 논거를 대립시킬 수 있고, 그래서 결국에는 추론만큼 불필요한 것도 없다. 연역은 구체적인 귀납을 토대로 하지 않으면 신뢰할 수 없다. 그러나 완벽한 귀납은 불가능하다. 언제 "부정적인 사례"가 나타날지 알 수 없기 때문이다.[49] 원인은 단순히 일상적으로 반복된 선례일 뿐이며(훗날 흄(Hume)이 이러한 논지를 되풀이한다.), 모든 지식은 상대적이다.[50] 마찬가지로 객관적인 선이나 객관적인 악은 없다. 도덕은 국경을 지날 때마다 바뀌며,[51] 덕의 정의는 시대마다 다르다. 신이 존재하는지 여부는 알 수 없다는 19세기의 모든 주장이 여기에서 다 언급되며, 자비로운 전능함과 이승의 고통 사이의 모순도 전부 언급된다.[52] 하지만 섹스투스는 불가지론자들보다 더 완벽한 불가지론자이다. 왜냐하면 그는, 우리가 알 수 없는 것은 알 수 없다고 단언하기 때문이다. 불가지론은 일종의 독단이다.[53] 하지만 섹스투스는 확실성이 꼭 필요한 것은 아니라고 우리를 위로한다. 실제로는 개연성으로 충분하며, 철학적 질문에서 판단 유보(에포케(epoché), 보류; 아파시아(aphasia), 아무것도 말하지 않기)는 마음을 어지럽히는 것이 아니라 근심 없는 마음의 평정(아타락시아(ataraxia))를 가져다준다.[54] 한편 아무것도 확실하지 않으므로, 현재 이

고 얻는 관념은 분명히 부분적이고 신뢰할 수 없다. (3) 하나의 감각은 때로 다른 감각과 모순된다. (4) 우리의 신체적 상태와 정신적 상태, 이를테면 깨어 있거나 잠들어 있고 움직이고 있거나 휴식하고 있고 배고프거나 포만한 상태이고 증오에 빠졌거나 사랑하고 있는 따위의 상태는 우리의 지각을 채색하고 변색시키는 영향을 끼친다. (6) 물체의 외양은 주변 환경, 즉 빛과 공기, 냉기, 열기, 습기 등의 상태에 따라 달라진다. 어느 모습이 진짜인가? (8) 저절로 알려지거나 절대적으로 알려지는 것은 없다. 다만 다른 것과 맺는 관계 속에서 드러날 뿐이다. (10) 개인의 믿음은 그가 자라난 관습과 종교, 제도, 법에 의존한다. 어떤 개인도 객관적으로 생각할 수 없다.[48]

곳의 관습과 신앙을 받아들이고 겸손하게 구래의 신들을 예배하자.[55]

루키아노스는 현명했기에 자신의 판단에 꼬리표를 붙여 족쇄를 채우는 일은 하지 않았다. 만약 그렇게 했더라면 그는 회의론 학파에 속했을 것이다. 동정심만 빼고 모든 점에서 볼테르를 닮은 루키아노스는 철학서를 매우 훌륭하게 써서 누구도 그가 철학서를 쓰고 있다고 생각하지 못할 정도였다. 루키아노스는 마치 헬레니즘의 전파를 증명하기라도 하듯이 외진 곳인 코마게네의 사모사타에서 태어났다. 루키아노스는 이렇게 말한다. "나는 유프라테스 강에서 온 시리아 사람이다." 루키아노스의 모어는 시리아어였고 혈통은 셈족이었을 것이다.[56] 루키아노스는 조각가 수업을 받았지만 수사학자로 전향했다. 루키아노스는 안티오크에 머물며 변호사로 일했다가 "종속된 학자"(루키아노스가 쓴 글 중 하나의 제목이다. – 옮긴이)의 길에 들어서서, 특히 로마와 갈리아에서 강의하며 살았다. 이후(165년) 루키아노스는 아테네에 정착했다. 말년에 루키아노스는 신앙심이 깊었지만 관대했던 마르쿠스 아우렐리우스 덕에 가난에서 벗어났다. 마르쿠스 아우렐리우스가 회의론자인 루키아노스를 어울리지 않게 이집트의 공직에 임명했기 때문이다. 루키아노스는 그곳에서 죽었다. 사망 시기는 알려지지 않는다.

루키아노스가 쓴 작은 저작물 중에 76권이 남아 있는데, 대부분은 오늘날에도 1800년 전에 그가 직접 친구들과 청중에게 읽어 주는 것처럼 신선하고 적절하다. 루키아노스는 다양한 형식에 손을 대다가 마침내 대화체에서 마음에 드는 수단을 찾아냈다. 루키아노스의 『헤타이라이의 대화』는 매우 자유로워서 많은 독자를 확보했다. 그러나 루키아노스는 적어도 작품에서는 헤타이라이(hetairai, 고급 창부)보다는 신들에 더 몰입했다. 루키아노스는 신들을 결코 잘못 취급하지 않는다. 그의 메니푸스는 이렇게 말한다. "나는 소년이었을 때 신들, 다시 말하자면 간통하는 신들, 강탈하는 신들, 폭력적이고 논쟁을 일삼으며 근친상간하는 신들에 관한 호메로스와 헤시오도스의 이야기를 듣고는 그 모든 이야기가 매우 타당하며 실로 온 신경을 빼앗을 정도로 흥미롭다고 생각했다.

그러나 인간의 시대가 왔을 때 나는, 법이 시인들과 모순되어 간통과 강탈을 금지하는 것을 알게 되었다." 당혹한 메니푸스는 철학자들에게 가서 해명을 요구했지만, 철학자들은 자신들끼리 서로 논박하느라 여념이 없어서 메니푸스를 더욱 혼란스럽게 했을 뿐이다. 그래서 메니푸스는 날개를 만들어 달고 하늘로 올라가 혼자 힘으로 문제를 고찰했다. 제우스는 아량을 베풀어 메니푸스를 받아들였고, 올림포스의 작동 방식을 지켜볼 수 있게 했다. 제우스는 "우물 덮개 같은 뚜껑이 있는 일련의 통로"를 거쳐 들어오는 기도를 듣고 있었다. "바다에 있는 통로들에서 어떤 이는 북풍을, 어떤 이는 남풍을 바라는 기도를 올렸다. 농부는 비를 원했고 천을 바래고 다듬는 직공은 햇빛을 원했다. …… 제우스는 난처해 보였다. 제우스는 어떤 기도를 들어주어야 할지 몰랐으며, 피론에게나 어울릴 유보와 균형을 드러내며 진정으로 학문적인 판단 유보를 경험했다."[57] 이 위대한 신은 어떤 청원들은 거부하며 다른 것들은 허용하고, 그렇게 한 뒤에 그날의 날씨를 정하여 스키타이에는 비를 내리고 그리스에는 눈을 내리며 아드리아 해에는 폭풍을 보내고 "카파도키아에는 엄청난 양의 우박을 쏟아부었다." 제우스는 자신의 판테온에 잠입한 새로운 외국 신들 때문에 마음이 혼란스러웠다. 제우스는 올림포스가 여러 언어를 쓰는 외부인들로 북적여 넥타르(nectar)의 값이 치솟고 구래의 참된 신들은 밀려나고 있기 때문에 실태를 조사할 7인 위원회를 설치한다는 법령을 발포한다. 「반대 심문 당하는 제우스」에서는 어느 에피쿠로스학파 철학자가 제우스에게 이렇게 묻는다. 신들도 운명의 지배를 받는가? 친절한 제우스는 그렇다고 대답한다. 철학자가 묻는다. "그렇다면 인간은 왜 당신에게 제물을 바쳐야 하는가? 운명이 인간과 신들을 지배한다면, 우리는 왜 우리의 행동에 책임을 져야 하는가?" 제우스는 말한다. "나는 그대가 그 저주받을 종자들, 즉 소피스트들과 함께 있었다는 사실을 안다."[58] 「비극 배우 제우스」에서는 이 신의 기분이 우울하다. 아테네에 엄청난 군중이 모여 에피쿠로스학파 철학자 다미스는 부정하고 스토아학파 철학자 티모클레스는 긍정하는 신들의 존재와 염려에 관한 얘기를 듣는 것을 보기 때문이다. 티모클레스는 실패하고 도망치며, 제우스는 그의 미래에 관하여 절망한다. 헤르메스가 제우스를 위로한다. "믿는 사람들은 아직도 많습니다. 대다수 그리스인과 보잘것없는 주민 대부분, 이방인 전부."[59] 루키아노스가 이러한 작품으로도 고발당하지 않았다는 사실은 그 시대의 관용 또는 그리스 신들의 황혼을 증명한다.

그러나 루키아노스는 옛 종교를 믿지 않는 것만큼이나 수사학과 철학에 대해서도 회의적이었다. 루키아노스의 「죽은 자들의 대화」에서 카론은 자신이 저승으로 배를 태워 데려가는 어느 수사학자에게 따르지 않으면 배가 침몰할 것이라면서 "그대를 둘러싼 무한한 문장들과 그 대구들, 대조 어구들을 벗겨내라." 하고 명령한다.[60] 「헤르모티모스(Hermotimus)」에서는 어느 학생이 열정적으로 철학 연구에 입문하여 철학이 신앙을 대신할 수 있기를 희망한다. 그러나 이 학생은 서로 경쟁하는 교사들의 허영심과 탐욕에 충격을 받고 이들이 서로 주고받는 논박에 지적으로나 도덕적으로 무방비 상태가 된다. 그래서 그는 이런 결론에 도달한다. "나는 미친개에서 도망치듯 철학자를 떠날 것이다."[61] 루키아노스 자신은 철학을 "모든 방향을 내려다볼 수 있는 고지를 확보하려는"[62] 시도라고 정의한다. 그러한 고지에서 바라볼 때 루키아노스에게 삶은 어리석은 혼란함으로, 다시 말해 "감독이 하나씩 전부 무대에서 내쫓을 때까지"[63] 모든 무용수들이 저마다 마음대로 움직이고 서로에게 소리쳐대는 무질서한 합창단으로 비친다. 루키아노스는 천체의 어느 정점에서 초인의 눈으로 확인한 인간 세계의 어두운 모습을 그린다. 쟁기를 갈고 땀 흘려 일하며 언쟁하고 법정에서 소송하며 이자를 받고 돈을 빌려 주며 속고 속이며 금과 쾌락을 추구하는 인간들의 머리 위에는 희망과 공포, 어리석음, 증오의 구름이 드리워지며, 그 위로 운명의 여신들이 각각의 인간 원자를 위한 생명의 거미줄을 잣고 있다. 한 사람이 군중 속에서 높이 들렸다가 큰소리를 내며 추락한다. 각각 사람들이 차례로 죽음의 사자에 끌려간다. 카론은 펠로폰네소스 반도에서 싸우는 두 군대를 목격한다. 그는 이렇게 논평한다. "바보들! 누가 펠로폰네소스 반도 전체를 차지해도 결국에는 땅 한 조각을 얻을 뿐인 것을 모르다니."[64] 루키아노스는 자연처럼 공평하다. 루키아노스는 부자들의 탐욕과 가난한 자들의 질투, 철학자들의 혼란, 신들의 존재하지 않음을 풍자한다. 결국 루키아노스는, 사람은 누구나 자신의 정원을 가꾸어야 한다는 볼테르의 결론에 도달한다. 메니푸스는 하계에서 테이레시아스를 발견하고는 이렇게 묻는다. 최고의 삶은 무엇인가? 그 늙은 예언자는 이렇게 답한다.

평범한 사람의 삶을 사는 것이야말로 가장 훌륭한 선택이자 가장 신중한 선택이다. 형이상학적 사변, 시작과 끝에 대한 탐구, 이런 어리석은 일은 그만두라. 이 모든 재기 넘치는 잡담이려니 여기고, 단 한 가지 목적, 다시 말해 그대의 손이 찾은 할 일을 어떻게 할 것인지 그 한 가지만 염두에 둘 일이다. 그런 뒤에는 단 한순간도 격정에 이끌리지 말고 늘 미소를 머금은 채 그대의 갈 길을 가라.[65]

기원후 처음 200년간의 그리스 사상을 요약한다면, 루키아노스가 있긴 해도 종교적 색채가 지배적이라는 사실을 알게 된다. 사람들은 한때 신앙에 대한 확신을 잃었고 논리에 의지했지만, 이제 논리에 대한 확신을 잃고 다시 신앙으로 몰려들었다. 그리스 철학은 초기 소피스트들의 회의론과 데모크리토스의 무신론, 화해를 부추기는 플라톤의 감언, 아리스토텔레스의 자연주의, 스토아학파의 범신론을 거쳐 다시 신비주의와 복종, 경건으로 돌아갔다. 플라톤 학파는 설립자의 공리주의적 신화에서 카르네아데스의 회의론을 거쳐 플루타르코스의 학문적 헌신으로 넘어갔다. 플라톤 학파는 곧 플로티노스의 천상의 상상에서 절정에 달한다. 피타고라스의 과학적 성취는 잊혔지만, 환생이라는 그의 관념은 살아남았다. 신피타고라스학파는 숫자의 신비를 탐구했고, 날마다 양심을 돌아보는 일을 실천했으며, 최소한의 화신(化身)을 거친 뒤에는 필요하다면 연옥을 거쳐서라도 신과 합일하는 축복을 받기를 갈구했다.[66] 스토아 철학은 이제 귀족들의 거만하고 경멸스러운 철학이 아니었으며, 최종적으로 한 명의 노예인 에픽테투스에게서 가장 감동적인 대변자를 발견했다. 세상의 마지막 대재난이라는 학설과 육체의 모든 쾌락의 거부, 그리고 신의 감춰진 의지에 겸손히 복종함은 그리스도교의 신학과 윤리를 준비했다. 동방적 분위기가 유럽의 성채를 장악하고 있었다.

24장　　　　　　　　　　헬레니즘의 부활

1. 로마 제국의 이집트

이집트는 가장 행복한 땅이었어야 했다. 왜냐하면 나일 강이 대지에 넉넉하게 자양분을 공급했을 뿐 아니라 지중해 연안 전체에서 자급자족 능력이 가장 뛰어난 나라로서 곡식과 과일이 풍부했고, 일 년에 수확을 세 번 거두었으며, 제조업에서 다른 곳에 뒤지지 않았고, 많은 나라에 수출했으며, 대외전쟁이나 내전으로 교란되는 일이 거의 없었기 때문이다. 그럼에도 불구하고 요세푸스에 따르면, 아마도 이런 이유 때문에, "이집트인들은 그들의 전 역사에서 단 하루도 자유를 누리지 못한 것처럼 보인다."[1] 5000년 동안 줄곧 폭군이나 정복자들이 이집트인들의 부에 이끌렸으며, 아열대의 나른함에 상처를 입혔다.

로마는 이집트를 속주가 아니라 황제의 재산으로 분류했으며, 오로지 황제에게

만 책임을 지는 장관을 통해 통치했다. 현지 출신의 그리스인 관리들이 하부 이집트와 중부 이집트, 상부 이집트로 나뉜 세 지역과 서른여섯 개 주(州)를 관리했고, 공식 언어는 그리스어였다. 주민을 도시화하려는 시도는 전혀 없었다. 이집트가 제국에서 맡은 역할이 로마의 곡창이었기 때문이다. 신관들로부터 빼앗은 거대한 땅덩어리는 로마나 알렉산드리아의 자본가들에게 양도되었으며, 무자비한 착취에 익숙해진 농부들에 의해 대농장으로 경작되었다. 프톨레마이오스 왕조의 국가 자본주의가 약해진 형태로 지속되었다. 국가가 경작 과정의 모든 단계를 계획하고 통제했다. 급격하게 늘어나던 관료들이 어떤 작물의 씨를 얼마만큼 뿌릴지 결정했고, 매년 필요한 씨앗을 분배했으며, 생산물을 국고로 거두어들였다. 그리고 로마가 쓸 몫을 수출하고 현물로 세금을 거둔 뒤 나머지는 시장에 내다팔았다. 곡물과 아마는 씨앗부터 판매까지 국가가 독점했다. 적어도 파이윰에서는 벽돌과 향수, 그리고 참기름도 국가의 독점 품목이었다.[2] 다른 분야에서는 사유 업체가 허용되었지만 어디에서나 규제를 받았다. 광물 자원은 전부 국가의 소유였으며, 대리석과 보석의 채굴은 당국의 특권이었다.

이집트에서는 이미 오래된 가내 공업이 이제 프톨레마이스와 멤피스, 테베, 옥시링쿠스, 사이스, 부바스티스, 나우크라티스, 헬리오폴리스 같은 도시에서 팽창했다. 알렉산드리아의 가내 공업은 활기 넘치는 수도에서 삶의 절반을 차지했다. 제지업은 확실히 자본주의 단계에 도달했던 것 같다. 스트라본이, 파피루스 농장 소유주들이 가격을 올리기 위해 어떻게 생산을 제한했는지 말하고 있기 때문이다.[3] 신관들은 신전 구역을 작업장으로 사용하여 자신들이 사용하고 또한 시장에 내다팔기 위해서 훌륭한 리넨을 생산했다. 이집트에서 노예는 집안일을 하는 자들을 제외하면 거의 없었다. 헐벗고 굶주리는 것만 겨우 면할 정도의 급료를 받는 자유민 노동자들이 있었기 때문이다. 자유민 노동자들은 이따금 파업을 벌였다. 다시 말하자면 일을 하지 않고 신전의 성소를 점거했으며, 그곳에서 굶주림과 감언이설에 넘어갔다. 가끔은 임금이 인상되었지만 물가가 상승하여 상황은 이전과 마찬가지였다. 조합은 허용되었지만 대체로 상인과 관리자들의 조합이었다. 당국에서는 조합을 대리자로 삼아 세금을 수취했고 제방과 운하, 그리고 기타 공공 토목 공사에 사용할 노동력을 강제로 동원했다.

국내 상업은 활기를 띠었지만 발전이 더뎠다. 도로는 형편없었고 육상 운송은 아프리카에서 말을 대신하여 견인 동물의 역할을 한 사람이나 당나귀, 그리고 낙타에 의존했다. 많은 수송이 내륙 수로를 이용했다. 트라야누스 치세에 완공된 너비 150피트의 거대한 운하가 나일 강과 홍해를 통해 지중해와 인도양을 이어 주었고, 홍해의 항구 아르시노에, 미오스호르모스, 그리고 베레니케에서 매일 아프리카나 인도를 향해 선박들이 출항했다. 생산과 교역에 자금을 공급한 은행 제도는 당국에서 완전히 통제했다. 각 주의 수도에는 국영 은행이 있어 세금 수납자와 공공 자금 보관소 역할을 했다. 당국과 신관, 민간 대부업체가 농민과 제조업, 상업에 대부했다.[4] 신관은 신전 기금으로 대부했다. 모든 생산물과 공정, 판매, 교역에, 심지어 묘지와 장례식에도 세금이 부과되었으며, 시시때때로 가난한 사람들에게는 현물로, 부자에게는 공공 봉사로 추가 사정액이 부과되었다. 아우구스투스 치세부터 트라야누스 치세까지 이집트는, 아니면 그 지배자들은 번성했다. 이집트는 정점에 도달한 뒤 끝없는 공물과 세금으로 인한 실망과 피로감에, 그리고 통제된 경제의 무기력에 굴복했다.

알렉산드리아와 나우크라티스를 벗어나면 이집트는 음울하고 조용했다. 나일 강어귀를 넘어서면 로마 문화가 닿은 곳은 거의 없었다. 서기 2세기에 그리스 도시 중에서 가장 컸던 알렉산드리아까지도 동방 대도시의 성격과 언어, 그리고 향기를 갖고 있었다. 850만 명에 달하는 이집트 인구에서 수도의 인구가 약 80만 명이었으며,[5] (1930년에 57만 3000명이었다.) 이것은 오직 로마에만 뒤지는 수치였다. 제조업과 상업에서는 이집트와 견줄 상대가 없었다. 하드리아누스가 쓴 것이 분명한 어느 편지를 보면 알렉산드리아 사람은 누구나 바빴다고 한다. 누구나 직업이 있었고, 심지어 불구자나 맹인도 할 일이 있었다.[6] 알렉산드리아에서는 많은 품목 중에서도 유리와 종이, 그리고 리넨이 대량으로 생산되었다. 알렉산드리아는 당대에 의류와 패션의 중심지로서 유행을 결정하고 제품을 생산했다. 알렉산드리아의 거대한 항구에는 약 9마일에 달하는 부두가 있었으며, 이곳으로부터 알렉산드리아의 상인들은 여러 바다로 거미줄같이 뻗은 상업 네트워크를 구축했다. 알렉산드리아는 관광의 중심지이기도 했으므로 피라미드와 테베의 장엄한 신전들을 구경하러 온 방문객들을 위해 숙박업소와 안내인, 그리고 통역을 갖추었다. 너비 약 67피트에 이르는 중심가는 약 3마일에 걸쳐 줄기둥과 아케이드, 그리고 고대 수공예의 가장 화려한 제품을 진열한 상점들이 줄지어 늘어섰다. 여러 교차로에 플라테아이(plateai, '넓은')라는 이름이 붙은 넉넉한 공간의 사각형 또는 원형 광장이 있었다.(플라테아이는 이탈리아어의 피아차(piazza)와 영어의 플라자(plaza), 장소(place)의 어원이 된다.) 중심 가도는 거대한 극장과 시장, 포세이돈과 카이사르, 그리고 사투르누스의 신전들, 유명한 세라페이온(세라피스 신전), 세상에 무세이온, 즉 "무사(Mousa, 영어로 뮤즈(Muse))의 집"으로 알려진 일군의 학교 건물들처럼 위압적인 건축물이 장식했다. 도시는 다섯 개 구역으로 나뉘었는데, 그중 한 곳은 거의 전부가 궁전과 정원, 그리고 이제는 로마의 행정 장관이 사용하는 프톨레마이오스 왕조의 행정기관 건물들로 채워졌다. 이곳의 멋진 영묘(靈廟)에 이 도시의 건설자인 알렉산드로스 대왕이 꿀로 보존 처리가 되어 유리 상자 속에 누워 있었다.

알렉산드리아에는 그리스인과 이집트인, 유대인, 이탈리아인, 아랍인, 페니키아인, 페르시아인, 에티오피아인, 시리아인, 리비아인, 킬리키아인, 스키타이인, 인도인, 누비아인 등 지중해에 인접한 곳에 살던 거의 모든 민족이 살았다. 이들은 감정적으로 쉽게 격해지고 흥분하는 혼성 집단으로서 자주 다투고 무질서했으며, 지적으로 영리하고 재치가 많았지만 불손하며 창피한 줄 모르고 추잡한 말을 내뱉었다. 그리고 회의적이고 미신을 믿으며 도덕관념이 약하고 쾌활하며 연극과 음악, 공개 시합을 광적으로 좋아했다. 디오 크리소스토무스는 알렉산드리아의 삶을 "무용수들과 밀고자들, 살인자들의 …… 끊임없는 술잔치"라고 묘사한다.[7] 운하는 밤중에 곤돌라를 타고 카노푸스의 교외에 있는 환락가로 약 5마일의 뱃길 여행에 나선 흥겨운 사람들로 북적였다. 말 경주만큼이나 흥분을 자아내고 박수갈채를 가져오던 음악 경연이 있었다.

필론을 믿는다면,[8] 알렉산드리아 주민의 40퍼센트가 유대인이었다. 알렉산드리아의 유대인은 대부분 제조업과 상업에 종사했으며 매우 가난했다.[9] 많은 사람이 상인이었으며 소수는 대부업자였고 일부는 부자여서 선망의 대상인 관직을 얻기도 했다. 유대인은 원래 도시 인구의 5분의 1을 넘지 않았지만 이제 5분의 2를 차지할 만큼 불어났다. 유대인은 자신들의 법과 장로들의 지배를 받았다. 프톨레마이오스 왕조는 유대인에게 자신들의 종교와 충돌하는 법령은 무시해도 된다는 특권을 부여했으며, 로마는 이를 재확인했다. 유대인은 장엄한 중앙 회당을 자랑했다. 주랑이 딸린 바실리카인 이 회당은 매우 거대하여 성소에서 너무 멀리 떨어져 있는 탓에 신관의 말을 들을 수 없는 예배자들로부터 적절한 때에 적절한 반응을 확보하기 위해 신호 체계를 사용했다.[10] 요세푸스의 말에 따르면 알렉산드리아에 사는 유대인들의 도덕적인 삶은 이교도 주민들의 성적 자유로움과 가장 잘 비교된다고 한다.[11] 이들은 활발한 지적 문화를 보유했고 철학과 역사, 그리고 과학에 크게 기여했다. 여러 경우에 인종 차별주의적 적대감이 도시를 흔들어댔다. 요세푸스가 반유대주의 지도자 아피온을 겨냥해 쓴 『아피온에 대한 반론』에는 오늘날 유대인과 비유대인 사이의 관계를 교란하는 원인과 주장, 그리고 전설이 전부 들어 있다. 서기 38년 일단의 그리스인 폭도가 유대인 회당에 침입하여 각 회당 안에 칼리굴라 조각상을 신으로 안치하라고 강요했다. 로마의 장관인 아빌리우스 플락쿠스는 유대인의 시민권을 취소하고 원래의 유대인 구역 밖에 사는 자들에게 며칠 내에 구역 안으로 복귀하라고 명령했다. 기한이 지나자 그리스인 주민들은 유대인 가옥 400채를 불태우고 게토 밖에서 유대인을 살해하거나 곤봉으로 내리쳤으며, 유대인 장로회 위원 38명이 체포되어 극장에서 공개리에 채찍질을 당했다. 수많은 유대인이 집과 사업과 저축한 재산을 잃었다. 플락쿠스의 후임자는 이 일을 황제에 맡겼고, 5명의 그리스인과 5명의 유대인으로 구성된 2개의 별개 대표단이 로마로 가서(서기 40년) 칼리굴라 앞에서 자신들을 변호했다. 칼리굴라는 판결을 내리지 못하고 사망했다. 클라우디우스는 알렉산드리아 유대인들의 권리를 회복시키고 이들의 알렉산드리아 시민권을 승인했으며, 두 당파에 평화를 유지하라고 엄히 명령했다.

2. 필론

칼리굴라를 찾아간 유대인 대표단의 지도자는 알렉산드리아에서 유대인의 수출 교역을 관리하던 세관원의 동생 철학자 필론이었다. 에우세비우스는 필론이 유서 깊은 신관 가문에서 태어났다고 설명한다.[12] 필론의 삶에 관해 알려진 바는 거의 없지만, 필론이 그리스 세계에 유대교를 설명하기 위해 쓴 여러 저작에는 신앙심 깊고 고결한 그의 성격이 두드러진다. 신관 집안의 분위기에서 성장하고 민족에 대한 충성심이 강했으면서도 그리스 철학에 매혹된 필론은 성서와 유대인의 관습을 그리스 사상, 특히 "가장 신성한" 플라톤 철학과 조화를 이루게 하는 것을 삶의 목표로 삼았다. 필론은 이를 위해 구약 성서의 모든 사건과 인물, 교리, 율법이 문자 그대로의 의미뿐 아니라 비유적인 의미도 가지며 도덕적인 진리나 심리적인 진리를 상징적으로 표현한다는 원리를 채택했다. 필론은 이러한 방법을 써서 무엇이든 증명할 수 있었다. 필론은 히브리어로도 글을 썼지만 그리스어로 매우 잘 썼다.[13]

필론은 철학자라기보다는 신학자였고, 깊은 신앙심으로 플로티노스와 중세 정신의 전조가 된 신비주의자였다. 필론에게 신은 세상의 필수적인 존재로서 육체를 갖지 않으며 영원하고 형언할 수 없는 존재이다. 이성은 신의 존재를 알 수 있지만 신의 성질을 추정할 수 없다. 왜냐하면 어떤 성질을 부여해도 충분하지 않기 때문이다. 신이 인간의 형상을 하고 있다고 생각하는 것은 인간의 감각적인 상상력에 양보하는 것이다. 신은 어디에나 있다. "신이 존재하지 않는 장소를 인간이 찾을 수 있는가?"[14] 그러나 신이 모든 것은 아니다. 질료는 영원하며 본래부터 존재하는 것이지만, 신성한 힘이 주입되지 않으면 생명도 운동도 형상도 갖지 못한다. 질료에 형상을 부여하여 이 세계를 창조하고 인간과 어떤 관계를 맺을지 설정하기 위해 신은 일단의 매개 존재들을 이용했다. 이를 유대인은 천사로, 그리스인은 다이몬으로, 플라톤은 이데아로 불렀다. 필론은 이러한 매개 존재들이 실제로는 신의 정신 안에서만 신의 생각과 권능으로서 존재하지만, 일반적으로는 인간으로 생각될 수 있다고 말한다.[15] 이러한 권능이 다 합하여 스토아 철학자들이 말하는 이른바 로고스, 즉 이 세상을 창조하고 인도하는 신의 이성을 이룬다. 필론은 철학과 신학 사이에서, 그리고 관념과 인격화 사이에서 동요하면서 이따금 로고스를 인간으로 생각한다. 필론은 어느 시적인 순간에 로고스를 "신의 첫째 아들",[16] 즉 신이 지혜라는 동정녀[17]에게서 낳은 아들이라고 부르며, 신은 로고스를 통해 인간에게 자신을 드러낸다고 말한다. 영혼은 신의 일부이므로 이성을 통해 신까지는 아니라 하더라도 로고스의 신비로운 모습으로 상승할 수 있다. 우리는 질료와 감각의 폐해에서 벗어날 수 있다면, 고행의 실천과 오랜 명상으로써 잠시라도 순수한 영혼이 될 수 있다면, 무아지경의 순간에 신을 직접 볼 수 있을지도 모른다.[18]

필론의 로고스는 사상사에서 영향력이 가장 큰 관념 중 하나였다. 헤라클레이토스와 플라톤, 그리고 스토아학파에는 그 선구가 되는 관념이 분명하게 드러난다. 아마도 필론은 신의 지혜를 세상의 창조주로 뚜렷하게 의인화한 유대인의 최근 문헌을 알았을 것이다. 그리고 필론은 다음과 같이 지혜가 말하는 잠언(8장 22절)의 글귀에 틀림없이 감명을 받았을 것이다. "야훼께서 만물을 지으려던 처음에 모든 것에 앞서 나를 지으셨다. 땅이 생기기 전 그 옛날에 나는 모습을 갖추었다." 필론은 예수와 동시대 사람이었다. 필론은 분명히 예수에 관한 이야기를 듣지 못했지만 부지불식간에 그리스도교 신학을 공유했다. 유대교 율법 학자인 랍비들은 필론의 비유적 해석이 율법을 문자 그대로 준수하지 않는 핑계로 이용될 가능성이 있다며 불쾌한 내색을 했다. 랍비들은 로고스

교리가 일신론에서 후퇴하는 것이라고 의심했으며, 필론이 그리스 철학에 품은 열정에서 뿔뿔이 흩어진 유대인들의 문화적 동화와 민족성의 희석, 그에 따른 소멸의 징조를 발견했다. 그러나 교부(教父)들은 유대인 필론의 명상에 몰두한 모습을 칭찬했고, 구약 성서의 비판자들에 응수하기 위해 필론의 비유적 원리를 풍부하게 이용했으며, 그노시스파와 신플라톤학파에 합류하여 신을 인간 기획의 정점으로 보는 신비주의적 해석을 받아들였다. 필론은 헬레니즘과 유대교를 중재하려 했다. 필론은 유대교의 관점에서 보면 실패했지만 역사적인 관점에서 보면 성공했다. 그 결과는 요한복음의 첫 장이었다.

3. 과학의 발달

과학 분야로 보면 알렉산드리아는 헬레니즘 세계의 우두머리로 도전 상대가 없었다. 클라우디우스 프톨레마이오스는 분명 고대에서 영향력이 가장 큰 천문학자에 속할 것이다. 코페르니쿠스가 등장하기는 했지만 세상은 아직도 프톨레마이오스의 언어를 쓰고 있기 때문이다. 프톨레마이오스는 나일 강가의 프톨레마이스에서(그의 이름은 여기서 따왔다.) 태어났으며 생애의 대부분을 알렉산드리아에서 보냈다. 프톨레마이오스는 이곳에서 127년부터 151년까지 관측을 했다. 세상이 프톨레마이오스를 기억하는 것은, 주로 지구가 태양 주위를 회전한다는 아리스타르코스의 이론을 거부했기 때문이다. 영원히 남을 이 오류는 프톨레마이오스의 『마테마티케 신탁시스(*Mathematiké Syntaxis*)』, 즉 천체의 "수학적 정리"에 기술되어 있다. 아랍인들은 이 책을 그리스어의 최상급을 붙여 『알메기스테(*Almegisté*)』, 즉 "가장 위대한 것"이라고 불렀으며, 중세에 『알마게스트(*Almagest*)』로 전와(轉訛)되어 오늘날 역사에는 이 이름으로 알려져 있다. 『알마게스트』는 코페르니쿠스가 세상을 뒤엎을 때까지 하늘을 지배했다. 그러나 프톨레마이오스는 앞선 시대의 천문학자들, 특히 히파르코스의 저작과 관찰을 종합했을 뿐 그 이상을 했다고는 말하지 않았다. 프톨레마이오스는 우주가 구체이며 정지 상태에 있는 구체인 지구 둘레를 매일 회전한다고 설명했다. 이러한 견해가 우리에게는 이상하게 보이지만(우리의 현재의 프톨레마이오스에게 훗날의 어떤 코페르니쿠스가 나타나 무슨 말을 할지는 알 수 없다.), 당시의 천문학 지식 수준에서 지구 중심설은 태양 중심설보다 항성과 행성의 위치를 더 정확하게 계산할 수 있게 했다.[19] 프톨레마이오스는 한 걸음 더 나아가 편심(偏心) 궤도 이론을 제시하여 행성의 궤도를 설명하고 달의 출차(出差), 즉 궤도 이탈을 발견했다. 프톨레마이오스는 지금도 쓰이고 있는 시차법(視差法)으로 지구에서 달까지의 거리를 측정하여 지구 반지름의 59배로 계산했다. 이는 현재 우리의 계산과 대략 일치한다. 그러나 프톨레마이오스는 포세이도니우스를 따라 지구의 지름을 실제보다 작게 계산했다.

『마테마티케 신탁시스』가 고대의 천문학을 최종적인 형태로 집대성했듯이, 프톨레마이오스의 『지리학』도 지구 표면에 관한 고대의 지식을 개괄한 것이다. 이 책에서 프톨레마이오스는 주요 도시들의 위도와 경도를 열심히 표로 만들었지만 포세이도니우스의 조심스러운 계산을 수용한 탓에 결과는 엉망이었다. 그렇지만 콜럼버스는 프톨레마이오스가 전한 이 잘못된 측정치에 고무되어 서쪽으로 항해하면 가능한 시간 안에 인도에 닿을 수 있다고 믿게 되었다.[20] 프톨레마이오스는 지리학에서 위선(緯線)과 경선(經線)이라는 용어를 처음 사용한 사람이었으며, 자신이 만든 지도에서 평면에 구체를 투영하는 데 성공했다. 그러나 프톨레마이오스는 천문학자나 지리학자라기보다 수학자였다. 프톨레마이오스의 작업은 주로 수학적 공식을 세우는 것이었다. 『마테마티케 신탁시스』에서 프톨레마이오스는 훌륭한 화음표를 작성했다. 그는 지구의 반지름을 60개의 파르테스 미누타이 프리마이(partes minutae primae, '첫 번째 작은 부분들')로 나누었고, 이것들을 각각 60개의 파르테스 미누타이 세쿤다이(partes minutae secundae, '두 번째 작은 부분들')로 세분했다. 이제 전자는 분(分)이 되었고 후자는 초(秒)가 되었다.

프톨레마이오스는 비록 많은 실수를 했지만 진정한 과학자가 지녀야 할 기질과 인내심을 갖추었다. 프톨레마이오스는 무엇이든 관찰을 토대로(자신이 직접 수행한 관찰인 경우는 매우 드물었지만) 결론을 내리려 했다. 프톨레마이오스는 한 가지 분야에서는 일련의 많은 실험을 했다. 굴절에 관한 연구인『광학(Optica)』은 "고대의 가장 뛰어난 실험적 연구"[21]로 인정받고 있다. 자기 시대의 가장 위대한 천문학자요 지리학자이자 수학자였던 그가, 항성(恒星)들이 인간의 삶을 통제한다는 내용의『테트라비블리오스(Tetrabiblios)』, 즉 "네 권의 책"을 썼다는 사실은 의미가 있다.

한편 또 한 명의 아르키메데스 같은 사람이 고대 세계에 일종의 제조업 혁명을 실행할 기회를 다시 주고 있었다. 우리에게는 헤론이라는 이름 하나로 알려진 뛰어난 발명가이자 편찬자가 이 시기에* 알렉산드리아에서 수학과 물리학에 관하여 일련의 글을 연이어 발표했는데, 그중 여러 편이 아랍어 번역본으로 보존되어 있다. 헤론은 자신이 제시한 공리와 발명품들이 반드시 자신의 것이라고는 할 수 없으며, 수백 년에 걸친 축적의 결과라고 독자에게 솔직하게 알렸다. 헤론은『디옵트라(Dioptra)』에서 경위의(經緯儀) 같은 도구를 설명했으며 닿을 수 없는 지점까지 이르는 거리를 측량하여 계산하는 원리를 세웠다. 헤론은『메카니카(Mechanica)』에서 바퀴와 굴대, 지레, 도르래, 쐐기, 나사 같은 간단한 장치의 용도와 조합법을 고찰했다. 그리고『네우마티카(Pneumatica)』에서는 78가지 실험으로 공기 압력을 연구했는데, 여기에 소개된 대부분의 실험은 우스꽝스러운 장난이었다. 예를 들면 헤론은 바닥에 작은 구멍이 난 주전자를 둘로 나누어 포도주나 물을 넣고 위에 뚫린 공기 구멍을 닫아 이 액체를 흘러나오게 할 수 있는 방법을 보여 주었다.

헤론은 이러한 놀이에서 시작하여 결국 밀펌프, 피스톤과 밸브를 갖춘 소방 펌프, 물시계, 수압 오르간, 그리고 증기 기관을 만들기에 이르렀다. 마지막의

* 헤론의 연대에 관해서는 논란이 있다. 파울리 비소바(Pauly-Wissowa) 백과사전은 기원전 50년경, 헤이베르(Heiberg)와 딜스(Diels), 그리고 히스(Heath)는 서기 225년경으로 소개한다.[22]

기묘한 장치에서는 끓는 물에서 나온 증기가 관을 통해 구체로 들어간 뒤 반대편의 굽은 배출구로 빠져나와 구체(球體)가 증기가 배출되는 반대쪽 방향으로 회전한다. 헤론의 예리한 유머 감각 탓에 그의 발명은 제조업 용도로 발전하지 못했다. 헤론은 증기를 이용하여 공중에 공을 띄웠으며, 노래하는 기계 새와 나팔 부는 조각상을 만들었다. 『카톱트리카(*Catoptrica*)』에서 헤론은 빛의 굴절을 연구해 사람이 자신의 등을 볼 수 있고 거꾸로 선 모습이나 눈이 3개, 코가 2개 등 여러 모습으로 보이는 거울을 만드는 방법을 보여 주었다. 그는 마술사들에게 장치를 숨겨 속임수를 쓰는 방법도 가르쳤다. 헤론은 구멍으로 동전을 넣으면 물통에서 물이 뿜어져 나오게 했다. 또한 보이지 않는 곳에서 가열된 물이 넘쳐 양동이로 쏟아져 무거워지면 도르래를 통해 신전의 문이 열리도록 고안된 기계를 만들었다. 이러한 발명품을 통해서, 그리고 그 밖의 수많은 방식으로 헤론은 성공적인 마술사가 되었지만 또 한 명의 제임스 와트(James Watt)가 되지는 못했다.

알렉산드리아는 오래전부터 의학 교육의 중심지였다. 마르세유와 리옹, 사라고사, 아테네, 안티오크, 코스, 에페소스, 스미르나, 페르가몬에도 유명한 의학교가 있었다. 그러나 모든 속주에서 의학을 공부하려는 학생들이 이집트의 수도인 알렉산드리아로 몰려들었다. 심지어 이집트가 쇠퇴하던 4세기에도 암미아누스 마르켈리누스는 이렇게 썼다. "누군가 알렉산드리아에서 교육을 받았다고 말할 수 있다면 의사의 기술을 권하는 것으로 충분하다."[23] 전공이 분화 중이었다. 필로스트라투스는 이렇게 말했다.(225년경) "누구도 일반의가 될 수 없다. 외상과 발열, 눈, 그리고 폐병을 다룰 전문의가 있어야 한다."[24] 알렉산드리아에서는 시체 해부가 실행되었고, 인간의 생체 해부 사례들도 있었던 것 같다.[25] 서기 1세기 알렉산드리아에서 발전한 수술의 수준은 19세기 이전 유럽 어느 곳과 견주어도 손색이 없었을 것이다. 여자 의사도 드물지 않았다. 여의사인 메트로도라는 자궁 질환에 관하여 방대한 글을 썼다.[26] 위대한 이름들이 이 시대 의학사를 장식했다. 눈의 해부학적 구조를 묘사한 에페소스의 루푸스는 운동 신경과 지각 신경을 구분했으며 수술 중에 혈류를 중단시키는 방법을 개선했다. 알렉산드리아의 마리누스는 두개골 수술로 유명했으며, 안틸루스는 당대의 가장 뛰어난 안과 의사였다. 킬리키아의 디오스코리데스(서기 40~90년)는 600가지 약용 식물을 과학적으로 기술한 『약물에 관하여』를 썼다. 이 책은 설명이 매우 훌륭하여 르네상스 시대까지 그 주제에 관한 주된 전거였다. 디오스코리데스는 약을 넣은 페서리를 피임 수단으로 추천했으며,[27] 디오스코리데스가 외과 수술용 마취를 위해 처방한 흰독말풀로 만든 포도주는 1874년에도 성공리에 이용되었다.[28]

에페소스의 소라누스는 116년경 여성 질환과 아이의 출생과 보호에 관한 저술을 발표했다. 이 저술이 차지하는 지위는 방대한 고대의 의학 저작 중에서도 히포크라테스 선집과 갈레노스의 저작들에만 뒤질 뿐이다. 소라누스는 자궁 검사경과 산부인과 의자를 설명하고 훌륭한 자궁 해부도를 보여 주며 신생아의 눈을 기름으로 씻는 것처럼[29] 식이 요법과 수술에서 현대적이라고 할 만한 조언을 제공했다. 그리고 대체로 질 내 약물 투입이었지만 50가지 피임법을 제시하며[30] (히포크라테스와는 달리) 분만 때문에 산모의 생명이 위험하다면 유산을 허용한다.[31] 소라누스는 고대 최고의 산부인과 의학자였다. 1500년 이후 파레(Paré)가 등장할 때까지 소라누스를 뛰어넘는 진전은 없었다. 소라누스가 남긴 40편의 작품이 지금까지 현존한다면, 그는 아마도 갈레노스와 같은 반열에 올라 있을 것이다.

이 시대의 가장 유명한 의사는 페르가몬의 어느 건축가의 아들이었다. 이 건축가는 아들이 엄마를 닮지 않기를 바라는 마음에서, 다시 말해 조용하고 평화롭다는 뜻의 갈레노스라는 이름을 붙여 주었다.[32] 갈레노스는 14살 청년 때 철학에서 첫사랑을 찾았다. 갈레노스는 철학의 위험한 매력에서 결코 벗어나지 못했다. 17살 때 갈레노스는 의학으로 방향을 틀어 킬리키아, 페니키아, 팔레스티나, 키프로스, 크레테, 그리스, 그리고 알렉산드리아에서 공부했다.(이것은 고대 학자들의 전형적인 이동이다.) 그 뒤 페르가몬의 검투사 학교에서 외과의로 일했고, 한때(164~168년) 로마에서 개업했다. 갈레노스는 그곳에서 치료로 이름을 떨치며 부자 고객을 많이 확보했으며, 저명인사들이 그의 강의를 들으러 왔다. 갈레노스의 명성은 크게 높아져 모든 속주에서 의학적 조언을 구하는 편지가 날아들었는데, 갈레노스는 확신을 갖고 편지로 처방을 보냈다. 갈레노스의 훌륭한 아버지는 아들 이름의 의미를 잊고 갈레노스에게 어떤 종파나 당파에도 합류하지 말고 늘 진실을 말하라고 조언했다. 갈레노스는 아버지의 권고를 따라 로마의 많은 의사들이 무지하고 돈에 좌우된다고 폭로했으며, 그 결과 몇 년 안에 적들을 피해 도주해야 했다. 마르쿠스 아우렐리우스는 갈레노스를 다시 불러 젊은 콤모두스를 치료하게 했고(169년) 마르코만니족 원정에 데려가려 했다. 하지만 갈레노스는 영리했으므로 곧 로마도 돌아왔다. 이후로 갈레노스에 관해 알려진 것은 그의 저작 말고는 없다.

갈레노스는 아리스토텔레스만큼이나 많은 글을 썼다. 갈레노스의 저작으로 알려진 500권 중에서 약 118권이 남아 있으며, 2만 쪽 분량에 의학의 모든 분야와 철학의 여러 분야를 망라했다. 그의 저작은 오늘날 의학적으로 중요하지 않지만 부차적인 정보로 가득하며 정력적이고 논쟁적인 정신의 활력이 넘쳐난다. 갈레노스는 철학을 좋아한 탓에 작은 귀납적 결론에서 큰 연역적 결론을 끌어내는 나쁜 습관을 얻었다. 갈레노스는 자신의 지식과 능력에 대한 믿음에 종종 배반당하여 과학에 종사하는 사람에게는 있을 수 없는 독단론에 빠졌으며, 그의 대단한 권위 때문에 중대한 오류들이 몇백 년 동안 생명을 연장했다. 그렇지만 갈레노스는 정확한 관찰자이자 고대에서 실험 정신이 가장 뛰어난 의사였다. "내가 평생 동안 어떤 질병 때문에 고통스러웠음을 자백한다. 그것은 할 수만 있다면 직접 시험해 볼 때까지는 어떤 진술도 …… 신뢰하지 않는 것이었다."[33] 나라에서 사람의 몸은 살아 있든 죽었든 해부하지 못하게 했으므로, 갈레노스는 동물의 사체와 생체를 해부했다. 그리고 때로는 너무 쉽게 원숭이와 개, 암소, 돼지의 연구를 토대로 인간의 해부학적 구조에 대한 결론을 내렸다.

갈레노스는 약점을 가지고 있었지만 고대의 어느 관찰자보다 해부학에 더 큰 기여를 했다. 갈레노스는 두개와 척추의 뼈, 근육계, 암죽관(粥管), 혀샘과 턱밑샘의 맥관(脈管), 그리고 심장의 판막을 정확하게 기술했다. 갈레노스는 절제된 심장이 인체 밖에서도 박동을 계속할 수 있음을 증명했으며, 동맥이 공기가 아니라 피를 담고 있음을 입증했다.(알렉산드리아 학교는 400년 동안 공기가 들어 있다고 가르쳤다.) 갈레노스는 하비(Harvey)를 앞지를 뻔했다. 대부분의 혈액은 정맥에서 양방향으로 흐르며 나머지는 폐에서 공기와 결합하여 동맥을 오간다고 생각했던 것이다. 갈레노스는 호흡 과정을 처음으로 설명했으며, 우리가 숨 쉬는 공기의 주요 성분이 연소에 반응하는 것과 동일하다는 점을 훌륭하게 추측해 냈다.[34] 갈레노스는 늑막염과 폐렴을 구분하고 동맥류와 암과 결핵을 설명하고 결핵의 전염성을 인지했다. 갈레노스는 특히 실험 신경학을 창시했다. 갈레노스는 척수의 실험적 절개를 최초로 수행하고 각 체절(體節)의 지각 기능과 운동 기능을 측정했으며, 교감 신경계를 이해하고 12쌍의 뇌신경 중 7개를 확인했다. 게다가 후두 신경을 절단함으로써 마음대로 실어증을 유도했다. 갈레노스는 뇌의 한쪽이 손상되면 신체의 반대쪽에 장애가 나타난다는 사실을 입증했다. 갈레노스는 소피스트인 파우사니아스의 왼손 넷째 손가락과 다섯째 손가락의 감각 이상을, 손가락들을 지배하는 척골 신경이 분기(分岐)하는 팔 신경얼기를 자극하여 치료했다.[35] 갈레노스는 증후학(症候學)에서 솜씨가 매우 뛰어나 환자에게 질문하지 않고 진단하기를 좋아했다.[36] 갈레노스는 식이 요법과 운동, 안마를 많이 이용했지만 약품에 관해서도 전문가였으며, 희귀한 약을 구하려고 먼 곳까지 여행하기도 했다. 갈레노스는 동시대의 일부 의사들에게 여전히 인기 있던 썩은 고기와 오줌 치료법 처방을 비난하고[37] 복통에는 말린 매미를 권했고, 종창(腫脹)에는 염소 똥을 발랐으며, 테리아카(theriaca)로 치료할 수 있는 질병의 긴 목록을 제시했다. 테리아카는 미트리다테스 대왕을 위해 뱀의 살을 포함하여 만든 항독제로서, 마르쿠스 아우렐리우스가 매일 복용한 유명한 약이다.[38]

갈레노스는 조급하게 이론을 토해 냄으로써 실험주의자의 이력에 오점을 남겼다. 갈레노스는 마법과 주술을 조롱했고, 꿈의 징조를 받아들였으며, 달의 위상이 환자의 상태에 영향을 준다고 생각했다. 갈레노스는 히포크라테스의 4가지 체액(혈액, 점액, 흑쓸개즙, 황쓸개즙)이라는* 개념을 취하여 피타고라스의 4원소(흙, 공기, 불, 물) 학설을 약간 가미한 다음 모든 질병을 이러한 체액과 원소들의 장애로 환원시키려 했다. 갈레노스는 확고한 생기론자(生氣論者)로서 프네우마(pneuma), 즉 생명의 유지에 꼭 필요한 생기나 영혼이 신체에 구석구석 스며들어 움직이게 한다고 확신했다. 생물학의 기계론적 해석은 여러 의사들이 제시했다. 예를 들면 아스클레피아데스는 생리학을 물리학의 한 분야로 취급해야 한다고 주장했다. 반면 갈레노스는 기계는 부품들의 총합일 뿐이지만 유기체에서는 전체가 부분들을 합목적적으로 통제해야 한다고 이의를 제기했다. 갈레노스에 따르면 목적만으로도 각 기관의 발생과 구조, 그리고 기능을 설명할 수 있듯이, 우주도 신의 계획의 표현이자 도구로만 이해할 수 있다. 그러나 신은 오직 자연법칙을 통해서만 일한다. 기적은 없으며 최고의 계시는 자연 그 자체이다.

갈레노스는 목적론과 일신론 덕분에 그리스도교도의 호의를 얻었고 훗날 이슬람교도들의 호의를 얻었다. 갈레노스의 저술은 유럽에서는 이민족 침입때 거의 전부 소실되었다. 그러나 동방에서는 아랍의 학자들이 보존했으며, 11세기부터 아랍어에서 라틴어로 번역되었다. 갈레노스는 당시 어느 누구도 비판하지 못하는 권위자가 되었다. 말하자면 그는 중세 의학의 아리스토텔레스였던 것이다.

그리스 과학의 마지막 창조적 시대는 프톨레마이오스와 갈레노스로 끝났다. 실험은 중단되었고 독단론이 지배했다. 수학은 기하학의 되풀이로, 생물학은 아리스토텔레스로, 자연과학은 플리니우스로 퇴보했다. 의학은 중세의 아랍인 의사들과 유대인 의사들이 가장 숭고한 과학으로서 의학을 부활시킬 때

---

* 현대 의학의 분비선 작용에 대한 강조를 참조하라.

까지 제자리걸음을 했다.

4. 사막의 시인들

이집트에서 홍해를 건너면 아라비아가 나온다. 파라오나 아케메네스 왕조, 셀레우코스 왕조, 프톨레마이오스 왕조, 그리고 로마조차 이 신비로운 반도를 점령할 수 없었다. 아라비아 사막은 오로지 아랍 유목민들만 알았다. 그러나 남서쪽에는 산맥과 개울들이 있어 아라비아 펠릭스(Arabia Felix, '비옥한 아라비아'), 즉 오늘날의 예멘에 더 온화한 기후와 결실이 풍부한 식물을 허용했다. 이 외진 곳에 작은 왕국 사바(Saba)가 숨어 있었다. 성서에 시바(Sheba)로 나오는 사바 왕국에는 유향(乳香)과 몰약(沒藥), 계피와 육계(肉桂), 알로에와 센나, 고무, 그리고 보석이 매우 풍부하여 사바 사람들은 마리아바 등지에 신전과 궁전, 줄기둥을 뽐내는 도시들을 건설할 수 있었다.[39] 아랍 상인들은 아랍 생산물을 높은 가격에 팔았을 뿐 아니라 북서아시아와 대상 교역을 수행했으며, 이집트, 파르티아, 인도와 활발한 해상 교역을 했다. 기원전 25년 아우구스투스는 아일리우스 갈루스를 파견하여 사바 왕국을 제국에 흡수하려 했다. 그러나 군단들은 마리아바를 점령하는 데 실패하고 질병과 더위 탓에 병력에 큰 손실을 입은 채 이집트로 돌아왔다. 아우구스투스는 아다나(아덴)의 아랍 항구를 파괴하여 이집트와 인도 사이의 교역을 통제하는 데 만족했다.

마리아바에서 북쪽으로 이어지는 주요 교역로는 아라비아 반도의 북서쪽 모퉁이를 지나 이어진다. 이 지역은 고대인들에게 아라비아 페트라이아(Arabia Petraea)로 알려졌으며, 예루살렘 남쪽으로 약 40마일 떨어진 수도 페트라(Petra)에서 이름을 따왔다. 이 도시는 가파른 바위산들이 원형으로 에워싸 전략적으로 유리한 곳에 자리를 잡았으므로 페트라(바위)라는 이름을 얻었다. 기원전 2세기 이곳에서 나바테아 아랍인들이 왕국을 세웠다. 이 왕국은 이곳을 통과하는 대상 덕분에 부유해졌으며, 결국 홍해 연안의 레우케코메에서 팔레스티나의 동쪽 경계를 따라 게라사와 보스트라를 거쳐 다마스쿠스까지 지배를 확대했다. 나바테아 왕국은 아레타스 4세 때(기원전 9년~서기 40년) 전성기에 도달했다. 페트라는 헬레니즘 도시가 되었다. 언어는 아람어를 썼고 미술은 그리스 미술이었으며 거리의 화려함은 알렉산드리아 같았다. 도시 밖의 암벽을 새겨 조각한 거대한 묘지들 가운데 가장 아름다운 것이 이 시기에 만들어졌다. 그리스식 줄기둥이 2단으로 세워진 조잡하지만 감동적인 정면은 높이가 100피트에 이른다. 트라야누스가 아라비아 페트라이아를 제국에 병합한 뒤(106년) 보스트라는 속주 아라비아의 수도가 되어 부와 권력을 상징하는 건축물들이 세워졌다. 보스트라와 팔미라가 사막 대상들이 지나는 교차로가 되면서 페트라는 쇠퇴하고, 그 거대한 묘지들은 "유목민 무리가 밤을 지새우는 마구간"으로 전락했다.[40]

이 거대한 제국의 가장 현저한 특징은 사람들로 혼잡한 수많은 도시들이었다. 20세기가 되기까지 도시화가 그렇게 두드러진 적은 없었다. 루쿨루스와 폼페이우스, 카이사르, 헤롯, 헬레니즘 왕국의 왕들, 그리고 로마의 황제들은 새로운 도시를 건설하고 옛 도시를 아름답게 꾸미는 데 자부심을 느꼈다. 그래서 지중해 동부 해안을 따라 북쪽으로 올라가면 대략 20마일마다 도시 하나를 만난다. 열거하자면 이렇다. 라피아(라파), 가자, 아스칼론, 조파(자파), 아폴로니아, 사마리아세바스테, 카이사레아. 이 도시들은 팔레스티나에 있었지만 주민은 절반이 그리스인이었고 언어와 문화와 제도는 그리스 것이 지배적이었으며, 이교도의 유대 침입에서 헬레니즘의 교두보 역할을 했다. 헤롯은 카이사레아를 아우구스투스에 어울리는 곳으로 만드는 데 거액을 쏟아부었다. 아우구스투스의 이름을 붙인 도시였기 때문이다. 헤롯은 카이사레아를 멋진 항구와 높은 신전, 극장, 원형 경기장, "화려한 궁전들과 흰 돌로 만든 많은 건물"로[41] 치장했다. 내지로 더 들어가면 그리스적인 팔레스티나 도시, 즉 리비아스, 필라델피아, 게라사(예라시), 가다라(카트라)가 기다린다. 게라사에는 수많은 줄기둥이 중심 도로에 늘어서 있고, 신전들과 극장, 목욕장, 그리고 수도교(水道橋)의 유적들이 서기 2세기 그 도시의 풍요를 증명하고 있다.

남아 있는 극장 두 곳의 유적에서 그리스 연극의 추억이 울려 퍼지는 가다라는 학교들과 교수들, 그리고 작가들로 유명했다. 기원전 3세기 이곳에 메니푸스가 살았다. 키니코스학파의 철학자요 유머 작가인 메니푸스의 풍자시는 올곧은 삶을 빼고는 모든 것이 헛되다고 가르쳤으며, 루킬리우스와 바로와 호라티우스에게 모범이 되었다. 예수가 태어나기 몇백 년 전 당대의 아나크레온이던 멜레아그로스는 「시리아의 아테네인들」에서 아름다운 여인들과 잘생긴 소년들에게 풍자시를 바쳤다. 펜은 사랑을 노래하느라 닳아 없어졌다.

> 그 술잔은 화사하게 미소를 보내고 있네, 그곳에
> 제노필라의 달콤한 입술이 머문 뒤부터, 그토록 소중한 사랑에
> 그 여인은 자신의 장밋빛 입술의 자리를 찾아내고
> 긴 포옹으로 나의 영혼을 다 마셔 버리니 얼마나 큰 축복을 받는가.[42]

곧 꺼지고 마는 이 불꽃 중 하나는 멜레아그로스의 기억, 즉 그가 티레에서 사랑했던 헬리오도라와의 추억 속에서 특별히 밝게 타올랐다.

> 나는 흰 제비꽃을 엮으리라, 그리고 초록 도금양(myrtle, 떨기나무의 한 종류로, 잎에 윤기가 돌고 분홍색이나 흰색의 꽃이 피며 암청색의 열매가 달린다. ─옮긴이)을
> 수선화를 엮으리라. 그리고 빛나는 백합을
> 나는 향기로운 크로커스를 엮으리라, 그리고 푸른 히아신스를,
> 그리고 마지막으로 진정한 사랑의 징표인 장미를 엮으리라
> 이 모든 것이 아름다운 화환이 되어
> 나의 헬리오도라의 긴 머리를 탐스럽게 장식하겠지.[43]

이제 "하데스가 그녀를 낚아챘고 먼지가 그녀의 활짝 핀 꽃을 더럽혔도다. 오, 어머니 대지여, 당신께 비노니 그녀를 당신의 품에 따뜻하게 안아 주소서."[44]

멜레아그로스는 사포에서 자신에 이르기까지 그리스의 애가를 모아 시 선집을 만들어 불후의 명성을 얻었다. 이와 같이 모든 시 작품이 합쳐져 『그리스 사화집(詞華集)』이 되었다.* 이 책에 보석처럼 세련된 그리스 최고의 풍자시와 겉치레처럼 무의미한 최악의 풍자시가 있다. 이 4000송이의 꽃을 가지에서 꺾어 내 이렇게 시들어 가는 시 선집을 만든 것은 현명하지 못했다. 몇 편의 시는 잊힌 위인이나 유명한 조각상 또는 죽은 친척을 기념했다. 어떤 시들은, 말하자면 세쌍둥이 때문에 죽은 여인이 "이 다음에 여인들에게 자식들을 위해 기도하게 하라."고[45] 간결하게 말을 할 때처럼 자동으로 붙는 어구였다. 어떤 시들은 의사와 잔소리 심한 여자, 사업가, 교육자, 바람난 아내를 둔 남자, 아니면 기절했다가도 조금이라도 돈 냄새를 맡으면 깨어나는 구두쇠, 아니면 손자가 연속적으로 남성과 여성과 중성의 세 개의 성 전부를 과시하던 문법학자[46], 아니면 은퇴하여 결혼한 뒤 경기장에서 맞은 것보다 더 많은 매를 맞은 권투 선수, 아니면 모기에 채어 가면서 가니메데스(제우스가 신들의 술 시중을 들게 하기 위해 데려간 트로이의 미소년 – 옮긴이)의 유괴를 당하고 있다고 생각하는 난쟁이를 겨냥한 신랄한 비판이었다. 한 편의 풍자시는 "단 한 명의 남자하고만 동침한 저 유명한 여인"을 기린다. 다른 시들은 신들에게 제물을 바친다. 라이스는 자신의 모습을 이전처럼 보여 주지 않아 쓸모없는 거울을 매달아 두며, 니키아스는 50년간 인간들을 섬긴 뒤에 자신의 편안한 허리띠를 베누스에게 넘긴다. 어떤 연은 포도주의 동맥 확장이 금언보다 더 좋다고 찬미한다. 어느 시는 배가 난파되어 정부(情婦)의 팔에 안겨 죽은 어느 간부의 지조 있는 일부일처주의에 경의를 표한다. 몇몇 시는 인생의 짧음에 대한 이교적 비가이며, 어떤 시는 행복한 부활에 대한 그리스도교적 확신을 노래한다. 물론 대부분의 시는 여성과 소년의 아름다움에 축배를 들며 사랑의 고통스러운 희열을 노래한다. 훗날의 문

---

* 멜레아그로스의 시 선집은 사르디스의 스트라본이 기원전 50년경에 편집한 동성애 관련 작품집인 『무사 파이디케(Musa Paidiké)』와 서기 6세기에 합쳐졌다. 이후에도 덧붙여진 작품들이 있는데 주로 그리스도교적 시가였다. 『그리스 사화집』은 920년경에 콘스탄티노플에서 현재의 형태를 얻었다.

학이 사랑의 열망에 대해 말해 오던 모든 것이 여기에서 간략하면서도 빠짐없이, 엘리자베스 시대에 볼 수 있는 것보다도 더 큰 자부심으로 이야기된다. 멜레아그로스는 모기 편에 자신의 현재 연인에게 연락을 취함으로써 모기를 뚜쟁이로 삼는다. 키케로의 철학적 스승으로 멜레아그로스와 동향 사람이었던 필로데무스는 크산토에게 우울한 곡조를 노래한다.

> 흰색의 창백한 뺨, 온화한 향기가 풍기는 젖가슴,
>
> 무사(Mousa, 영어로 뮤즈(Muse))의 보금자리인 그윽한 눈,
>
> 완전한 쾌락을 가져오는 달콤한 입술
>
> 내게 그대의 노래를 불러 주오, 창백한 크산토, 노래하오.
>
> 음악은 너무 빨리 끝나네. 다시
>
> 다시 그 슬프고 감미로운 선율을 되풀이하오.
>
> 향내 나는 손가락으로 현을 켜오.
>
> 오 사랑의 기쁨을, 창백한 크산토, 노래하오.[47]

5. 시리아인들

해안을 따라 북쪽으로 올라가면 페니키아의 고대 도시들이 나온다. 페니키아는 팔레스티나와 더불어 속주 시리아의 일부였다. 수공예에 능한 페니키아의 근면한 노동자들, 전통적인 교역항이라는 유리한 위치, 그리고 사방으로 선박과 직원을 파견하던 부유하고 명민한 상인들 덕분에 그 도시들은 천 년간의 부침을 견디고 살아남았다. 티레(수르)의 건물은 로마 건물보다 높았으며[48], 도시의 빈민가는 로마의 빈민가보다 덜 열악했다. 티레는 염색 시설의 악취를 풍겼지만 전 세계가 자신들이 만든 풍부한 색채의 직물, 특히 자줏빛 비단을 구매한다는 생각에 자위했다. 시돈은 아마도 유리에 바람을 불어넣는 기술을 개발

했을 것이며, 유리와 청동 제품을 전문적으로 다루었다. 베리토스(베이루트)는 의학과 수사학, 그리고 법률을 가르치는 학교들로 유명했다. 위대한 법률학자 울피아누스와 파피니아누스는 이곳의 학교에서 공부하고 로마로 갔을 가능성이 매우 높다.

제조업과 번영에서 제국의 어느 속주도 시리아를 능가하지 못했다. 지금은 300만 명의 주민이 불안정한 생존을 유지하고 있지만 트라야누스 시대에는 1000만 명이 살았다.[49] 50여 개의 도시가 맑은 물과 공중 목욕장, 지하 하수 시설, 청결한 시장, 체육관과 레슬링 학교, 강의와 음악, 학교와 신전과 바실리카, 주랑 현관과 아치, 그리고 조각상과 그림을 전시하는 공공 미술관을 갖추었다. 이는 서기 1세기 헬레니즘 도시들의 특징이었다.[50] 가장 오래된 도시는 시돈에서 레바논 산악 지대를 넘어가면 나오는 다마스쿠스인데, 이곳은 사막으로 둘러싸인 요새로서 "황금의 강"이라고 부르는 강의 지류들로 마치 정원 같은 곳이다. 많은 대상길이 이곳에서 합류하여 세 대륙의 산물을 시장에 토해 냈다.

현대의 여행객은 동(東)레바논 산악 지대를 넘어 흙먼지 길을 통해 북쪽으로 가면 바알베크라는 작은 마을에서 두 개의 장엄한 신전과 입구 하나를 발견하고 깜짝 놀란다. 이는 한때 그리스, 로마, 시리아의 태양의 도시 헬리오폴리스의 자랑거리였다. 아우구스투스가 이곳에 작은 식민시를 건설했는데, 이 도시는 바알 신(神)의 성스러운 소재지이자 다마스쿠스와 시돈, 베이루트로 가는 길이 만나는 교차 지점으로 성장했다. 안토니누스 피우스와 그 후임자들의 시대에 로마와 그리스, 그리고 시리아의 건축가들과 기술자들은 페니키아의 옛 바알 신전 터에 유피테르 헬리오폴리타누스에 바치는 위압적인 신전을 세웠다. 그 신전은 약 1마일 떨어진 곳의 채석장에서 가져온 거대한 돌덩이로 건축되었으며, 돌덩이 하나는 62피트×14피트×11피트였고 넓은 사원을 짓기에 충분한 석재였다. 너비 150피트의 대리석 계단 51개를 올라가면 코린토스식 주랑 현관인 입구가 나타난다. 줄기둥이 늘어선 앞마당과 안뜰 너머로 신전 본관이 서 있으며, 62피트 높이의 돌기둥 58개가 아직도 우뚝 서 있다. 근처에는 제각기 베누스, 바쿠스, 그리고 데메테르의 것이었던 더 작은 신전의 유적들이 있다. 기둥 19개와 섬세하게 조각된 멋진 입구가 남아 있다. 구름 없는 대낮이면 고독한 장엄함에 눈부시게 빛나는 이곳의 신전 기둥들은 현존하는 인간의 작품 중 최고로 손꼽힌다. 이 유적을 보고 있으면 로마의 위대함을 이탈리아에 있을 때보다 더 잘 느끼며, 여러 곳에 산재한 많은 도시에 사람이 붐비는 수도에 있는 것보다 더 크고 더 장엄한 신전들을 건축할 수 있었던 부와 용기, 기술과 심미안을 느낀다.

고대의 에메사이던 홈스에서 사막을 건너 동쪽의 타드모르로 향하는 여행객은 비슷한 풍경을 만난다. 그리스인들은 타드모르를 무수히 많은 야자나무의 도시라는 뜻의 팔미라로 번역했다. 타드모르는 에메사와 다마스쿠스에서 유프라테스 강으로 이어지는 길 위 샘 주변의 기름진 땅에 운 좋게 자리 잡았다. 덕분에 풍요롭게 성장하여 동방의 주요 도시가 되었으며, 다른 부락에서 멀리 떨어진 덕분에 명목상으로는 셀레우코스 왕조나 로마 황제에 충성을 바쳤지만 실질적인 독립을 유지했다. 타드모르의 넓은 중심 가도는 양 측면에 454개 줄기둥으로 이루어진 그늘진 주랑 현관을 갖추었다. 4곳의 주 교차로에는 웅장한 아치가 있었으며, 그중 하나가 남아 있어서 나머지가 어떠했는지 짐작할 수 있다. 이 도시의 자랑거리는 벨(바알)과 야르히볼(태양), 아글리볼(달)의 세 최고신에게 바쳐진 태양 신전이었다. 신전은 아시리아 시대의 전통을 이어받아 엄청난 규모를 자랑했다. 제국에서 가장 규모가 컸던 안뜰에는 4000피트 길이의 비할 데 없는 줄기둥이 늘어서 있었는데, 대부분은 4열로 이어진 코린토스식 기둥이었다. 안뜰과 신전 안에는 많은 그림과 조각이 있었으며, 현존하는 작품들은 팔미라가 파르티아에 지리적으로 가까웠을 뿐 아니라 미술에서도 유사했음을 알려 준다.

팔미라에서 동쪽으로 이어지는 주요 도로는 두라에우로포스에서 유프라테스 강과 만났다. 그곳에서(서기 100년) 상인들은 그리스 양식과 인도 양식을 절반씩 섞어 놓은 신전을 세워 자신들의 이익을 팔미라의 세 최고신과 나누었다. 동방의 어느 화가는 비잔티움 제국 미술과 초기 그리스도교 미술의 동방 기원을 생생하게 보여 주는 프레스코화로 벽면을 장식했다.[51] 이 큰 강을 따라 북쪽으로 더 올라가면 도로의 교차점에 타프사쿠스와 제우그마라는 중요한 도시가 있었다. 타프사쿠스에서 서쪽으로 방향을 틀면 베로이아(알레포)와 아파메이아(아파메아)를 거쳐 지중해에 면한 라오디케아로 이어진다. 라오디케아는 라타키아로 지금도 옛 이름을 유지하고 있는 활발한 항구이다. 라타키아와 아파메이아 사이에 오론테스 강이 북쪽으로 흘러 시리아의 수도인 안티오크(안타키아)로 이어진다. 강기슭은 부유한 영지들이 차지하고 있었다. 오론테스 강과 엄청난 도로망을 통해 동방의 물품이 안티오크로 왔으며, 반면 강 하류로 약 14마일 떨어진 곳에 있는 안티오크의 지중해 항구 셀레우키아 피에리아는 서방의 산물을 들여왔다. 도시의 대부분은 산비탈에 솟아 있었고 그 발치에 오론테스 강이 흘렀다. 안티오크는 그림 같은 곳에 자리를 잡았으므로 헬레니즘 세계 동방에서 로도스를 제치고 가장 아름다운 도시가 되었다. 안티오크는 가로등 체계를 갖추어 밤에도 안전하고 환했다. 약 5마일에 달하는 중심 가도는 화강석으로 포장되었고 양쪽에 덮개가 있는 주랑을 갖추어 도시의 한쪽 끝에서 다른 쪽 끝까지 비나 햇빛을 피하면서 걸어갈 수 있었다. 모든 가정에 맑은 물이 풍부하게 공급되었다. 그리스인, 시리아인, 유대인이 뒤섞인 60만 명의 주민은 쾌활하기로 소문났다. 이들은 지나치리만큼 쾌락을 추구했으며, 자신들을 통치하러 온 거만한 로마인들을 조롱했고, 서커스와 원형 경기장, 유곽과 목욕장을 오갔으며, 교외의 유명한 공원인 다프네를 마음껏 이용했다. 수없이 많은 축제가 열렸으며, 아프로디테는 모든 축제와 관계가 있었다. 당대의 어떤 사람에 따르면 12월 거의 내내 이어진 브루말리아 축제 중에는 도시 전체가 마치 선술집 같았고, 거리는 밤새 노래와 술판으로 시끄러웠다고 한다.[52] 수사학과 철학과 의학을 가르치는 학교가 있었지만, 안티오크가 학문의 중심지는 아니었다. 안티오크 주민은 열정적으로 하루를 살았으며, 종교가 필요하면 점성가와 마술사, 기적을 행하는 자들, 그리고 협잡꾼들에게로 몰려들었다.

로마가 지배하던 시리아의 전체적인 모습은 여느 속주보다 더 지속적인 번영의 모습이었다. 노동자들은 가사 종사자들을 제외하면 대부분 자유민이었다. 상류층은 헬레니즘에 동화되었고, 하층민은 동방적 성격을 유지했다. 같은 도시에서 그리스인 철학자들이 신전의 매춘부들과 거세된 신관들과 가깝게 어울렸으며, 하드리아누스 치세 때까지도 아이들이 이따금 신들에게 제물로 바쳐졌다.[53] 조각과 회화는 얼굴과 윤곽에서 절반은 동방식이고 절반은 중세적이었다. 행정과 문학에서는 그리스어가 우세했지만, 대중들은 주로 아람어인 모국어를 사용했다. 학자들은 많았고 순간의 명성을 세상에 떨쳤다. 다마스쿠스의 니콜라우스는 안토니우스와 클레오파트라, 그리고 헤롯에게 조언했을 뿐 아니라 보편사를 쓰는 따분한 작업도 수행했다. 니콜라우스의 말에 따르면 이는 헤라클레스라도 피했을 고역이었다.[54] 그의 모든 작품은 덧없는 세월 속에 잊혔다. 때가 되면 우리가 한 일도 묻힐 것이다.

6. 소아시아

시리아의 북쪽에는 나중에 속주가 되는 속국 콤마게네가 있다. 인구가 많은 수도 사모사타는 루키아노스가 어린 시절을 보낸 고향이다. 유프라테스 강을 건너면 작은 왕국 오스로에네가 있다. 로마는 그 수도인 에데사(우르파)를 파르티아에 맞서는 기지로서 요새화했다. 에데사에 관해서는 그리스도교 시대에 가서 들을 얘기가 더 있다. 시리아에서 서쪽으로 가면 알렉산드리아 이시(알렉산드레타)에서 킬리키아(지금의 터키)로 들어간다. 키케로의 속주였던 킬리키아는 소아시아 남쪽 해안을 따라 이어진 곳으로 문명의 수준이 높았지만 타우루스 산악 지대의 구릉지로 가면 여전히 미개했다. 수도 타르수스는 그곳에서 태어난 사도 바울의 말을 빌리자면 "전혀 초라한 도시가 아니었다." 오히려 학교들과 철학자들로 명성이 자자했다.

킬리키아 앞쪽 지중해에는 키프로스 섬이 아득한 옛날부터 구리를 채굴하고 삼나무를 벌목하며 선박을 건조하고 일련의 정복자들을 참을성 있게 견뎌 내고 있었다. 이윤이 많이 남는 광산은 로마의 재산으로 노예들이 일을 했다. 갈레노스는 자신이 살아 있을 때 그곳의 한 광산이 붕괴하여 수백 명의 노동자들이 매몰된 사건을 설명한다. 광산의 붕괴는 인간의 안락함과 힘의 지질학적 토대에서 주기적으로 발생하는 사건이다.

킬리키아 북쪽에는 건조한 산악 지대인 카파도키아가 있다. 이 지역은 귀금속을 채굴하고 밀과 소와 노예를 수출했다. 카파도키아 서쪽의 리카오니아는 사도 바울이 데르베와 리스트라, 그리고 이코니온을 방문하면서 역사를 시작한다. 다시 북쪽으로 가면 갈라티아가 나오며, 기원전 3세기에 갈리아인들이 정착하여 그러한 이름을 붙였다. 갈라티아의 가장 유명한 산물은 키벨레의 상징인 페시누스의 흑석으로서 로마로 보내졌다. 갈라티아의 주요 도시는 앙키라(앙카라)로 3500년 전 히타이트인들의 수도였으며, 지금은 터키의 수도이다. 킬리키아 서쪽은 속주 피시디아이며, 그 경계 내에 크산토스와 아스펜두스 같은 멋진 도시가 있었다. 크산토스는 브루투스에게 당한 대량 학살에서 회복 중이었고, 아스펜두스에는 극장이 잘 보존되어 자리를 가득 메우고 메난드로스나 에우리피데스의 목소리를 듣는 구경꾼들을 상상할 수 있을 것만 같다.

피시디아의 서쪽과 북쪽은 속주 "아시아"로 프리기아, 카리아, 리디아, 미시아로 나뉘었다. 필로스트라투스는 이오니아 문명이 천 년이 지난 후에도 여전히 건재한 이곳에 500개의 도시가 있었고, 오늘날 그 지역이 부양하는 것보다 더 많은 주민이 살았다고 전한다. 농촌은 비옥하고 수공업 기술은 해를 거듭하며 발전했으며, 항구들은 이탈리아, 아프리카, 스페인, 갈리아의 부유한 시장들이 성장하면서 이익을 얻었다. 프리기아는 산지였지만 아파메이아 켈라이나이와 라오디케아 같은 대도시를 자랑했다. 아파메이아 켈라이나이는 스트라본이 "아시아"에서 에페소스 다음가는 도시로 꼽았고, 라오디케아는 인정 많은 철학자들과 백만장자들이 있어 복 받은 도시였다. 크니도스는 로마와 동맹을 맺을 정도로 아직도 매우 중요했다. 그러나 할리카르나소스는 헤로도토스에서 디오니시오스로 쇠락했다. 디오니시오스는 문학 평론가로서는 훌륭했지만 역사가로서는 판단력이 부족했다. 밀레토스는 여전히 활발한 항구였지만 이제 전성기를 지났으며, 디디마 인근의 신전에 있는 아폴로 신탁소는 계속해서 질문에 수수께끼로 답하고 있었다. 그리고 그 지역의 이야기꾼들은 호색한에 악한이 등장하는 "밀레토스 이야기"를 짜내고 있었다. 이 이야기들은 곧 그리스의 소설이 된다. 프리에네는 작은 도시였으나 주민들은 도시를 멋진 건물로 아름답게 꾸몄다. 이곳에서 기원전 2세기에 필레라는 여인이 최고위 행정관직에 선출되었으며, 부와 로마의 영향력은 헬레니즘 세계에서 여성의 지위를 높이고 있었다. 마이안드로스 강가의 마그네시아는 아시아에서 가장 완벽하다고 할 수 있는 신전이 있었다. 아르테미스에 바친 이 신전은(기원전 129년) 당대 최고의 건축가인 헤르모게네스가 설계했다. 미칼레에는 해마다 이오니아의 총회이자 종교 연합회로서 코이논(koinon)이 열렸다.

카리아 해변 근해의 섬 중에서는 코스(Cos)가 비단 제조업과 히포크라테스의 전통이 풍부한 의학 학교로 번창했다. 로도스('장미')는 쇠락하고 있었는데도 그리스 세계에서 가장 아름다운 도시였다. 아우구스투스가 내전 후에 채무를 전부 말소하여 동부 도시들의 곤궁을 덜어 주었을 때, 로도스는 그 편법에 편승하기를 거부하고 모든 채무를 성실히 이행했다. 그 결과 로도스는 에게 해 교역에 자금을 공급하는 은행의 역할을 빠르게 되찾고, 다시금 아시아와 이집트 사이를 오가는 선박들의 기착 항구가 되었다. 로도스는 쓰러진 거상과 훌륭한 건물, 유명한 조각상, 깨끗하게 정돈된 거리, 유능한 귀족정 통치 체제, 이름난 수사학 학교와 철학 학교로 널리 알려졌다. 이곳에서 아폴로니오스 몰론이 카이사르와 키케로에게, 그들을 통해 후대의 라틴어 산문 전체에 영향을 끼치게 되는 그 문체를 가르쳤다.

이 시기에 가장 유명한 로도스인은 고대 세계의 위대한 종합적 인물로는 마지막이었던 포세이도니우스였다. 시리아의 아파메이아에서 태어난(기원전 135년) 포세이도니우스는 먼저 장거리 달리기 선수로 명성을 얻었다. 포세이도니우스는 아테네에서 파나이티우스에게 배운 뒤 로도스를 거처로 삼아 행정관과 대사로 일하고 여러 속주를 여행했으며, 로도스로 돌아와 폼페이우스와 키케로 같은 사람들을 자신의 스토아 철학 강의에 끌어들였다. 포세이도니우스는 83살에 로마로 가서 살다가 한 해 뒤에 죽었다. 기원전 144년부터 기원전 82년까지 로마와 그 영토를 다룬 포세이도니우스의 『보편사』는 지금 전하지 않지만 고대 학자들은 폴리비오스의 저작과 동급으로 평가했다. 갈리아 여행을 기록한 작품인 『대양(大洋)론』은 스트라본의 기본 사료였다. 포세이도니우스는 태양에서 지구에 이르는 거리를 5200만 마일로 계산했는데, 이는 고대의 다른 학자들이 계산한 것에서부터 근대의 계산에 이르기까지 그 어느 것보다 더 실제 거리에 가까웠다. 포세이도니우스는 카디즈로 가서 조류(潮流)를 연구했하 조류를 해와 달의 상호 작용으로 설명했다. 포세이도니우스는 대서양을 가로지르는 거리를 짧게 계산했으며, 스페인에서 배를 타고 떠나면 약 8000마일 지나 인도에 도착할 것이라고 예상했다. 포세이도니우스는 자연과학에 두루 지식이 있었지만 다이몬(daimon)과 점, 점성술, 영감, 신과 신비롭게 합일할 수 있는 영혼의 능력 같은 당대의 여러 심령주의적 개념을 수용했다. 포세이도니우스는 신을 세상의 생명력으로 규정했다. 키케로도 포세이도니우스를 가장 위대한 스토아 철학자로 꼽았다. 우리는 포세이도니우스를 신플라톤학파의 선구자로, 제논을 플로티노스와 이어 주는 다리로 볼 수 있다.

카리아에서 북쪽으로 아시아 해안을 따라가면 리디아와 위대한 도시 에페소스로 들어간다. 에페소스는 그 어느 때보다도 로마 시대에 번창했다. "아시아"의 공식 수도는 페르가몬이었지만 에페소스는 로마의 속주 총독과 그 참모진의 소재지가 되었으며, 속주 아시아의 주요 항구이자 속주 민회의 집회 장소였다. 22만 5000명에 달하는 에페소스의 다민족 주민은 인정 많은 소피스트를 비롯해 미신에 사로잡힌 시끄러운 하층민에 이르기까지 매우 다양했다. 거리는 잘 포장되었고 가로등으로 환했으며 수 마일에 이르는 그늘진 주랑 현관을 갖추었다. 박물관, 즉 과학 센터, 의학교, 정면에 기이한 장식을 한 도서관, 5만 6000석의 극장처럼 흔한 건물이 서 있었으며, 몇몇은 비교적 최근인 1894년에 발굴되었다. 이곳에서 조각가 데메트리오스는 군중을 선동하여 사도 바울에 맞서게 했다.(신약 성서 사도행전 19장에 나오는 내용 – 옮긴이) 도시의 중심(주(主)은행)은 아르테미스 신전으로 각각이 전부 왕의 선물인 128개의 기둥으로 둘러싸였다. 환관 신관들이 처녀 신녀들과 일단의 노예들의 시중을 받았고, 예배식은 동방식과 그리스식이 뒤섞였으며, 아르테미스 여신을 표현한 야만스러운 조각상에는 다산을 상징하는 여분의 젖가슴이 2열로 달려 있었다. 아르테미스 축제는 5월 한 달을 환희와 축연, 경기의 달로 만들었다.

스미르나는 어부들이 있는 곳이었지만 공기가 더 좋았다. 두루 널리 여행하던 티아나의 아폴로니오스는 스미르나를 "해 아래 가장 아름다운 도시"라고 불렀다.[55] 스미르나의 자랑거리는 곧게 뻗은 긴 거리와 2층으로 된 주랑, 도서관, 학교였다. 스미르나가 배출한 가장 유명한 인물로 꼽히는 아일리우스 아리스티데스(서기 117~187년)가 이 도시를 묘사하며 썼던 표현은 로마·헬레니즘 도시들의 화려함을 드러낸다.

동쪽에서 서쪽으로 가라. 그러면 그 이름(황금길)보다 더 아름다운 거리를 따라 신전에서 신전으로, 언덕에서 언덕으로 지나갈 것이다. 아크로폴리스에 서보라. 발밑에 바다가 흐르고, 주변에 교외가 펼쳐져 있으며, 도시는 세 곳의 사랑스러운 전망을 통해 그대 영혼의 술잔을 채운다. …… 해변까지 이어진 모든 것이 한결같이 빛난다. 체육관과 시장, 극장 …… 어디에서 목욕을 해야 할지 모를 정도로 너무 많은 목욕장 …… 분수와 공공 산책길, 모든 집으로 들어가는 수돗물. 이 도시의 장관과 경연, 진열품의 풍요와 다양한 수공업은 형언할 수 없다. 편안하게 살고 싶고 교활하지 않은 철학자가 되고 싶은 자들에게는 그 어느 곳보다도 이 도시가 더 잘 어울린다.[56]

아일리우스는 자자한 명성으로 헬라스 전역의 학생들을 스미르나로 끌어들이던 여러 수사학자와 소피스트 중 하나였다. 필로스트라투스의 말에 따르면 아일리우스의 스승 폴레몬은 매우 위대해서 "도시민을 열등한 자로 대하고 황제를 윗사람을 대하지 않으며 신들을 동등한 자로 대하며 이야기했다."라고 한다.[57] 폴레몬이 아테네에서 강의할 때 화려한 웅변에서 그의 가장 큰 경쟁자였던 헤로데스 아티쿠스는 학생으로 참석하여 찬사를 보냈다. 헤로데스는 강의를 듣는 특혜의 값으로 폴레몬에게 15만 드라크마(9만 달러)를 보냈다. 폴레몬이 헤로데스에게 사의를 표하지 않자, 한 친구는 폴레몬이 충분히 받지 못했다고 생각했다는 견해를 넌지시 밝혔다.

헤로데스는 10만 드라크마를 더 보냈고, 폴레몬은 이를 자신의 정당한 권리로 조용히 받아들였다. 폴레몬은 제2의 고향인 스미르나를 아름답게 꾸미는 데 재산을 썼고, 시 행정 기관에 참여하여 시의 대사로 활동했으며, 파벌들의 화합을 이끌기도 했다. 전승에 따르면 폴레몬은 관절염의 고통을 참을 수 없게 되자 라오디케아에 있는 조상들의 묘지로 들어가 56살의 나이로 굶어 죽었다고 한다.[58]

리디아의 왕 크로이소스의 옛 수도였던 사르디스는 스트라본 시대에도 여전히 "거대한 도시"였다. 키케로는 미틸레네의 화려함과 세련된 아름다움에 감명을 받았고, 3세기에 롱구스는 미틸레네를 베네찌아를 연상시키는 말로 묘사했다.[59] 페르가몬은 아탈로스 왕조가 국가 소유의 숲과 밭, 광산, 작업장에서 노예 노동으로 살찌운 국고로 세운 거대한 제단과 사치스러운 건물로 번쩍였다. 아탈로스 3세는 로마의 팽창과 사회 혁명을 예상하고 기원전 133년 왕국을 로마에 양도했다. 에우메네스 2세가 첩에게서 낳은 아들 아리스토니쿠스는 왕국의 양도가 강요된 것이라고 비난하며 노예와 자유민 빈민을 모아 반란을 일으켜 로마 군대를 격파하고(132년) 여러 도시를 점령했으며, 그라쿠스 형제의 스승이던 블로시우스의 도움을 받아 사회주의적 국가 수립을 계획했다. 이웃 나라 비티니아와 폰토스의 왕들과 점령된 도시의 사업가들이 로마에 합세하여 반란을 진압한 뒤 아리스토니쿠스는 로마의 지하 감옥에서 사망했다. 이러한 반란과 미트리다테스 전쟁 때문에 페르가몬의 문화 생활은 반백년 동안 중단되었으며, 안토니우스는 카이사르의 체류 중에 불타 없어진 알렉산드리아 도서관의 장서를 보충하려고 페르가몬의 유명한 도서관을 약탈했다. 대(大)플리니우스가 페르가몬을 아시아에서 가장 화려한 도시라고 판단했으므로, 페르가몬은 베스파시아누스 치세에 회복되었음이 분명하다. 페르가몬은 안토니누스 황가 시절에 새로운 건설 호황기를 경험했으며 아스클레피에이온에 의학교를 조성했다. 이 학교 출신으로 세상을 치료해 나가던 인물이 갈레노스였다.

북쪽으로 더 올라가면 아우구스투스가 로마의 뿌리가 트로이라는 전승을 기념하여 세운 로마의 식민시 알렉산드리아 트로아스가 나온다. 로마의 기원이 트로이에 있다는 추정 덕분에 로마는 그 지역 전체에 대한 권리를 쉽게 주장할 수 있었다.

인근의 구릉지 히살리크에는 옛 트로이가 새로이 일리온으로 재건되어 관광객들의 행선지가 되었다. 안내인들은 『일리아드』에 나오는 모든 위업의 정확한 지점, 파리스가 헤라와 아프로디테와 아테나를 심판한 동굴을 가리킨다. 프로폰티스 해에 면한 키지코스에서는 선박이 건조되었고, 로도스의 선단만이 견줄 수 있는 상선단이 출항하여 곳곳을 누볐다. 이곳에 하드리아누스는 아시아의 자랑거리 중 하나인 페르세포네 신전을 건립했다. 디오 카시우스에 따르면 신전 기둥은 지름이 6피트였고 높이가 75피트였으며, 전체가 하나의 돌덩이였다고 한다.[60] 언덕에 솟아 있는 페르세포네 신전은 너무 높아서 아일리우스는 항구의 등대가 필요 없다고 생각했다.

로마의 평화 중에 홍해에서 흑해까지 수많은 도시가 번성했다.

7. 미트리다테스 대왕

소아시아 북쪽 해안을 따라 비티니아와 폰토스가 넓은 지역에 걸쳐 있다. 이지역은 내륙으로는 산악 지대이지만 목재와 광물이 풍부했다. 이곳에는 트라키아인, 그리스인, 이란인이 뒤섞인 주민이 고대의 히타이트인을 압도했다. 그리스, 트라키아 계통의 왕들이 비티니아를 통치했으며 니코메디아(이스니크미드)에 수도를, 그리고 프루사와 니카이아(이스니크)에 주요 도시를 건설했다. 기원전 302년경 경건하게 미트리다테스라고 부르는 어느 페르시아 귀족이 카파도키아와 폰토스에서 땅을 떼어 내 자신만의 왕국을 세우고 코마나 폰티카와 시노페를 수도로 삼아 왕조를 건설했다. 그 왕조의 군주들은 힘차게 그리스화를 추진한다. 이들의 통치는 로마의 경제적, 정치적 이익과 충돌할 때까지 확대되었다. 그 결과 미트리다테스 전쟁이 발발했다. 전쟁의 명칭을 아시아 서부와 유럽 쪽 그리스를 결합하는 데 성공했더라면 역사의 면모를 바꾸었을지도 모를 반란으로 이끈 가공할 왕의 이름인 미트리다테스에서 따온 것은 적절하다.

미트리다테스 6세는 11살 소년이었을 때 폰토스 왕위를 물려받았다. 미트리다테스 6세의 어머니와 후견인들은 그를 왕좌에서 밀어내기 위해 살해를 시도했다. 미트리다테스 6세는 궁정에서 피신하여 신분을 속이고 7년간 가죽옷을 입은 채 숲에서 살았다. 기원전 115년경 쿠데타가 발생하여 미트리다테스 6세의 어머니가 폐위되고 미트리다테스 6세가 권좌에 복귀했다. 미트리다테스 6세는 동방 궁정의 특징인 음모에 둘러싸였지만 매일 소량의 독을 마셔 대비했고, 마침내 가까운 자들이 구할 수 있는 온갖 독약들 대부분에 맞설 수 있는 면역력을 얻었다. 미트리다테스는 실험 중에 여러 가지 해독제를 발견했다. 이러한 경험으로부터 미트리다테스 6세는 의학으로 관심을 넓혀 의학에 관한 자료를 수집했다. 그 자료는 매우 귀중하여 폼페이우스가 라틴어로 번역했다. 미트리다테스 6세는 거칠고 가혹한 삶을 산 덕분에 의지는 물론 신체도 강건했다. 체격이 놀라울 정도로 크게 성장한 미트리다테스 6세는 자신의 갑옷과 투구 상자를 델포이로 보내 참배객들에게 웃음을 주었다. 그는 숙련된 기수이자 전사였고, 사슴을 따라잡을 만큼 빠르게 달릴 수 있었으며(우리는 그렇게 확신한다.), 16마리 말이 끄는 전차를 몰았고, 하루에 약 120마일을 주파했다.[61] 미트리다테스 6세는 그 어느 남자보다도 더 많이 먹고 많이 마실 수 있다는 데 자부심을 느꼈으며 수많은 후궁을 거느렸다. 로마의 역사가들은 미트리다테스 6세가 잔인하고 믿을 수 없는 인간이었을 뿐 아니라 자신의 어머니와 남동생, 세 아들, 세 딸을 살해했다고 전한다.[62] 그러나 로마는 이 이야기에서 그의 편을 들어줄 이야기는 전하지 않았다. 미트리다테스 6세는 어느 정도 교양을 갖추었고, 22개 언어를 말할 수 있었으며 한 번도 통역을 쓰지 않았다.[63] 또한 그리스 문학을 공부하고 그리스 음악을 좋아했으며, 그리스 신전들을 장식하고 자신의 궁정에 그리스인 학자들과 시인들과 철학자들을 두었다. 미트리다테스 6세는 미술품을 수집하고 매우 훌륭한 동전을 발행했다. 그러나 어느 정도 야만적이었던 환경의 관능성과 상스러움을 공유했으며 당대의 미신을 받아들였다. 미트리다테스 6세는 훌륭한 장군이나 정치인의 선견지명이 있는 책략이 아니라 궁지에 몰린 동물의 즉흥적인 용기로써 로마에 맞서 자신을 지켰다.

그러한 인물이라면 어머니가 포기한 축소된 왕국에 만족할 수 없었다. 미트리다테스 6세는 그리스인 장교들과 용병들의 도움을 받아 아르메니아와 카프카즈를 정복하고 쿠반 강을 건너 케르치 해협을 지나 크리메아 반도로 들어갔으며, 흑해 동부와 북부, 그리고 서부의 모든 그리스 도시들을 지배했다. 이들 지역 사회는 그리스의 군사력이 붕괴함에 따라 배후의 이민족에 무방비 상태로 노출되었으므로 미트리다테스 6세의 그리스인 방진(方陣) 보병들을 구원자로 받아들였다. 시노페(시노브), 트라페주스(트레비존드), 판티카파이온(케르치), 그리고 비잔티움이 미트리다테스의 지배를 받는 도시에 포함되었다. 그러나 비티니아가 헬레스폰토스(다르다넬스) 해협을 장악했으므로 폰토스의 지중해 교역은 적대적인 왕들에 좌우되었다. 비티니아의 니코메데스 2세가 사망하자(기원전 94년) 두 아들이 왕위를 다투었다. 왕으로 즉위한 장남은 로마의 지원을 얻으려 했고, 동생 소크라테스는 폰토스의 왕에게 도움을 청했다. 미트리다테스 6세는 이탈리아에서 당파 싸움이 벌어진 틈을 타 비티니아를 침공해서 소크라테스를 왕위에 앉혔다. 보스포루스 해협이 적의 수중에 들어가는 꼴을 볼 수 없었던 로마는 미트리다테스 6세와 소크라테스에게 비티니아에서 물러날 것을 명령했다. 미트리다테스 6세는 이에 응했으나 소크라테스는 거부했다. 로마의 아시아 총독은 소크라테스를 쫓아내고 니코메데스 3세를 복위시켰다. 니코메데스 3세는 로마의 전(前)집정관 마니우스 아퀼리우스의 격려에 용기를 얻어 폰토스를 침공함으로써 제1차 미트리다테스 전쟁이 시작되었다.(기원전 88~84년)

미트리다테스 6세는 자신이 살 길은 헬레니즘 세계의 동방을 자극하여 이탈리아의 상위 주군에 반기를 들도록 하는 것뿐이라고 생각했다. 미트리다테스 6세는 헬라스의 해방자를 자처하며 군대를 파견했다. 필요하다면 무력을 써서라도 아시아의 그리스 도시들을 해방하겠다는 것이었다. 그는 도시들의 사업가 계층이 반대하자 사회주의적 성격의 개혁을 약속하며 민주주의에 우호적인 정파들의 환심을 사려 했다. 그동안 400척에 달하는 미트리다테스 6세의 해군은 로마의 흑해 함대를 궤멸시켰으며, 29만 명의 육군은 니코메데스 4세와 아퀼리우스의 군대를 완파했다. 승리한 미트리다테스 6세는 로마의 탐욕을 능멸하고자[64] 금을 녹여 포로가 된 아퀼리우스의 목구멍에 부었다. 아퀼리우스는 시칠리아에서 반란을 일으킨 노예들에게 승리를 거두고 막 도착한 참이었다. 소아시아의 그리스 도시들은 로마의 보호를 잃었으므로 성문을 열고 미트리다테스 6세의 군대를 받아들이고 그의 큰 뜻에 충성한다고 선언했다. 이들은 미트리다테스 6세의 제안에 따라 날을 정하여 자신들의 성벽 안에 있는 이탈리아인 전부, 즉 남녀노소 합하여 8만 명을 학살했다.(기원전 88년) 아피아누스는 이렇게 쓴다.

에페소스 사람들은 아르테미스 신전에 피신하여 여신의 조각상들을 끌어안고 있던 도망자들을 떼어내 학살했다. 페르가몬 사람들은 아스클레피오스 신전의 성소로 도주한 로마인들에게 화살을 쏘았다. 아드라미티온 주민들은 헤엄쳐 도망치던 사람들을 쫓아 바다로 뛰어들어 그들을 죽이고 그 자녀들을 익사시켰다. 카리아에 있는 카우누스의 주민들은 베스타 조각상 근처에 피신해 숨어 있던 이탈리아인들을 추적하여 어머니가 보는 앞에서 아이들을 살해하고 이어서 그 여인들을, 다음으로 남자들을 살해했다. …… 이로부터 미트리다테스에 대한 두려움만큼이나 로마인에 대한 증오도 이러한 잔학 행위를 재촉했음이 분명해진다.[65]

물론 로마 지배의 예봉을 받아 내던 빈곤층이 이 광란의 학살극을 주도했다. 유산 계층은 오랫동안 로마의 보호를 받았으므로 거친 복수의 폭동에 분명히 전율을 느꼈을 것이다. 미트리다테스 6세는 그리스 도시들에 5년간의 세금을 면제해 주고 완전한 자치를 허용하여 부자들을 달래려 했다. 그러나 아피아누스에 따르면[66] 미트리다테스 6세는 "채무의 말소를 선언하고 노예를 해방했으며, 많은 재산을 몰수하고 토지를 재분배했다.” 지역 사회의 주요 인사들은 미트리다테스 6세에 반대하는 음모를 꾸몄으나 발각되어 1600명이 살해되었다. 하층민들은 학자 및 교사들의[67] 지원을 받아 많은 그리스 도시에서, 심지어 아테네와 스파르타에서도 권력을 장악하고 로마와 부자들에게 전쟁을 선포했다. 델로스의 그리스인들은 미친 듯이 자유를 만끽하며 하루에만 2만 명의 이탈리아인을 학살했다. 미트리다테스 6세의 함대는 키클라데스 제도를 점령했는데, 그의 육군은 에우보이아, 테살리아, 마케도니아, 트라키아를 점령했다. 부유한 “아시아”의 이탈은 로마 국고에 유입되던 공물과 로마인 투자자들의 이익을 중단시켰으며, 사투르니누스와 킨나의 혁명적 운동에서 비롯된 이탈리아의 재정 위기를 심화시켰다. 이탈리아 자체도 분열되었다. 삼니움 주민과 루카니아 주민이 폰토스 왕에게 동맹을 제안했기 때문이다.

　도처에서 전쟁과 혁명의 위협에 처한 상태에서 원로원은 로마의 신전들에 쌓아둔 금과 은을 팔아 술라의 군대에 필요한 자금을 공급했다. 술라가 어떻게 아테네를 점령하고 반군을 격파했으며, 로마를 위해 제국을 구하고 미트리다테스 6세와 자비롭게 강화를 맺었는지는 다시 말할 필요가 없다. 미트리다테스 6세는 왕국의 수도로 돌아가 조용히 육군과 함대를 조직했다. 로마의 아시아 총독 무레나는 미트리다테스 6세가 더 강해지기 전에 공격하기로 결정했다. 제2차 미트리다테스 전쟁에서(기원전 83~81년) 무레나가 패하자, 술라는 조약을 위반했다는 이유로 무레나를 강하게 질책하면서 교전을 중단하라고 명령했다. 6년 뒤 니코메데스 3세는 비티니아를 로마에 헌납했다. 미트리다테스 6세는 이미 보스포루스 해협을 장악하고 있는 로마의 힘이 파플라고니아와 폰토스의 경계에 이르면 자신의 왕국도 곧 점령될 것임을 깨달았다. 제3차 미트리다테스 전쟁에서 미트리다테스 6세는 혼신의 힘을 다하여 12년간 루쿨루스와 폼페이우스에 맞서 싸웠지만 동맹자들과 측근의 배신으로 크리메아 반도로 도주했다. 그곳에서 이제 69살이 된 늙은 전사는 군대를 준비하여 발칸 반도를 지나 북쪽에서 이탈리아를 침공하려 했다. 미트리다테스 6세의 아들 파르나케스가 아버지의 권위에 맞서 반란을 일으켰고 군대는 모험을 거부했다. 버림받은 왕은 자결하려 했다. 미트리다테스 6세가 지니고 있던 독은 그가 이미 단련되어 있었으므로 효력이 없었고, 그의 두 손은 너무 약해서 칼끝으로 급소를 찌를 수 없었다. 파르나케스로부터 아버지를 죽이라는 임무를 받은 미트리다테스 6세의 친구들과 부하들이 검과 창으로 그의 삶을 끝냈다.

8. 산문

소아시아의 도시들이 간헐적으로 발생해 온 이러한 전쟁의 열병에서 그토록 신속히 회복했다는 사실은 로마의 지배가 유효했음을 증명한다. 니코메디아는 속주 비티니아·폰토스의 수도가 되었고, 훗날 디오클레티아누스 치세에는 제국 동부의 수도가 되었다. 니카이아는 그리스도교 교회 역사상 가장 중요한 공의회로 불후의 명성을 얻게 된다. 두 도시는 경쟁적으로 건물을 세워 트라야누스가 소(小)플리니우스를 보내 파산하지 않도록 제어하기에 이르렀다. 니코메디아는 플라비우스 아리아노스를 통해 문학에 공헌했다. 아리아노스는 에픽테투스의 강의를 기록한 니코메디아의 아리아노스이다. 카파도키아 총독으로 6년, 아테네의 아르콘으로 1년을 보낸 아리아노스는 아직도 많은 역사를 쓸 시간이 있었지만, 그중 남아 있는 것은 『알렉산드로스 원정기』와 일종의 부록인 『인디카(*Indica*)』뿐이다. 책은 명료하고 평이한 그리스어로 씌었다. 그는 삶뿐 아니라 문체에서도 크세노폰을 모범으로 삼았기 때문이다. 아리아노스는 고대인의 대담한 자만심으로 이렇게 말한다. "내게 이 작품은 젊었을 때부터 줄곧 고향, 가족, 공직과 동등했고 지금도 그러하다. 그러므로 나는 나 자신이 그리스어로 글을 쓴 가장 위대한 작가들과 어깨를 나란히 할 가치가 없다고 생각하지 않는다."[68]

흑해 연안의 다른 도시에는 멋진 건물과 유명한 학자가 많았다. 미를레아의 주민은 32만 명이었다.[69] 아마스트리스(아마스라)는 플리니우스에게 "깨끗하고 사랑스러운 도시"라는 인상을 준 곳으로 아름다운 회양목이 유명했다. 시노페는 어업의 중심지이자 주변 농촌에서 생산되는 목재와 광물의 출구로 번성했다. 아미소스(삼순)와 트라페주스는 바다 건너 스키타이(남부 러시아)와 교역하여 생계를 꾸렸으며, 아마세아(아마시아)는 고대의 가장 유명한 지리학자를 배출했다.

스트라본은 부유한 집안 출신인데, 자기 스스로 확인한 바에 따르면 폰토스의 왕들과 친척이었다고 한다. 스트라본은, 지금까지 그의 이름으로 알려진 특이한 사시(斜視)로 고통을 겪었다.[70] 스트라본은 외견상 외교 임무를 띠고 널리 여행했는데, 기회가 있을 때마다 지리 자료나 역사 자료를 수집했다. 스트라본은 폴리비오스의 뒤를 이어 역사를 썼지만 지금은 전하지 않는다. 기원전 7년 스트라본은 위대한 저서인 『지리학』을 발표했으며, 17권 거의 전부가 전해 오고 있다. 아리아노스처럼 스트라본도 우선 자기 작품의 장점을 찬미한다.

독자들에게 용서를 구하건대, 고대의 유명한 일들에 관한 지식을 진심으로 갈구하는 자들보다 나 자신에 관한 논의를 길게 끄는 것을 나무라지 마라. …… 이 글에서 나는 작은 것은 내버려 두고 고귀하고 거대한 것 …… 유용하거나 기억할 만하거나 즐거운 것에 몰두해야 한다. 그리고 우리가 거대한 조각상들의 장점을 판단할 때 각 부분을 세세히 조사하지 않고 전체적인 효과를 고려하듯이 …… 내 책도 이와 같이 판단되어야 한다. 왜냐하면 이 책도 철학자에 어울리는 …… 거대한 작품이기 때문이다.[71]

스트라본은 폴리비오스와 포세이도니우스를 드러내고, 에라토스테네스를 그보다는 덜 노골적으로 모방하고, 이들 모두의 오류를 날카롭게 지적하고, 자신의 오류는 자료 탓이라는 암시를 준다.[72] 그러나 스트라본은 드물게 보는 솔직함으로 자신의 전거를 인정하며 보통은 신중하게 선택한다. 스트라본은 로마 제국의 팽창으로 지리 지식이 확대되었다고 적고 있지만 아직도 알려지지 않은 대륙이 아마도 대서양에 있을 것이라고 믿는다. 스트라본은 지구가 회전 타원체이며(이 낱말의 의미는 '둥근'일 것이다.) 스페인에서 서쪽으로 항해하면 곧 인도에 닿을 것이라고 믿는다. 또한 해안선이 침식이나 화산 폭발로 늘 변한다고 설명하며 지하의 요란이 언젠가 수에즈를 끊어 두 바다가 이어질 것으로 추측한다. 스트라본의 저작은 지구에 관한 당대의 지식을 훌륭하게 요약한 것인데, 이는 고대 과학의 주된 업적으로 평가되어야 한다.

그 시대에 스트라본보다 훨씬 더 유명하던 이가 디오 크리소스토무스, 다시 말해 "능변의 디오"였다.(서기 40~120년) 디오 크리소스토무스의 가문은 프루사에서 오랫동안 유명한 집안이었다. 그의 할아버지는 비티니아의 도시인 프루사에 재산을 전부 기부한 뒤에 다시 재산을 모았다. 그의 아버지도 똑같은 일을 했고, 디오도 그 길을 따랐다.[73] 디오 크리소스토무스는 웅변가이자 소피스트가 되어 로마로 갔고, 무소니우스 루푸스에 이끌려 스토아 철학으로 전향했으며, 도미티아누스에 의해 이탈리아와 비티니아에서 추방되었다. 재산이나 소득의 사용을 금지당한 디오는 13년간 무일푼의 철학자로서 이 나라에서 저 나라로 떠돌아다니며 강연의 대가를 거부하고 대체로 노동으로 생계를 꾸렸다. 도미티아누스를 뒤이어 네르바가 황제가 되자 디오의 망명 생활은 영광으로 바뀌었다. 네르바와 트라야누스는 디오를 돌봐 주었고 디오의 요청에 따라 그의 도시에 많은 혜택을 베풀었다. 디오는 프루사로 돌아와 도시를 아름답게 꾸미는 데 재산의 대부분을 바쳤다. 어느 철학자가, 디오가 공금을 횡령했다며 고발했는데, 디오는 플리니우스의 재판을 받았으나 결백했음이 입증되었던 것 같다.

디오는 80편의 연설을 남겼다. 오늘날 우리에게 볼 때, 그의 연설은 알맹이보다 허풍이 더 많이 들어 있다. 디오의 연설은 무의미한 부연과 거짓 유추, 수사학적 속임수로 병들었으며, 불완전한 착상을 50쪽 분량으로 늘린다. 싫증난 어느 청취자가 이렇게 불평한 것도 무리가 아니다. "당신은 해가 지도록 지루한 질문을 늘어놓는군요."[74] 그러나 디오는 매력이 있었고 달변가였다. 그렇지 않았더라면 결코 그 시대의 가장 유명한 웅변가가 되지 못했을 것이다. 사람들은 디오의 연설을 듣기 위해서라면 전쟁까지도 멈췄을 것이다. 솔직한 인간이었던 트라야누스는 이렇게 말했다. "나는 그대의 말이 무슨 뜻인지 모르지만 그대를 나 자신처럼 사랑한다."[75] 보리스테네스(드니에페르) 강 유역의 이민족들은 올림피아에 모인 그리스인이나 흥분하기 쉬운 알렉산드리아 사람들처럼 즐거이 디오의 연설을 경청했다. 네르바에 맞서 반란을 일으키려던 군대는 이 반벌거숭이 망명객의 즉흥 연설을 듣고 진정되어 네르바를 받아들였다.

디오가 사람들을 끌어들인 힘은 아마도 그의 세련된 아티카 지방 그리스어가 아니라 용감한 고발이었을 것이다. 그리스도교 시대 이전의 고대에서는 거의 유일하게 디오만이 매춘을 비난했으며, 그 시절에 노예제를 그렇게 공공연히 공격한 작가는 거의 없었다.(그러나 디오는 자신의 노예들이 도망친 것을 알고는 약간 짜증을 냈다.)[76] 디오가 알렉산드리아 주민들에게 행한 연설은 사치와 미신, 그리고 악습에 대한 견책이었다. 디오는 일리온을 연설의 무대로 삼아 트로이는 결코 존재한 적이 없으며 "호메로스는 역사상 가장 대담한 거짓말쟁이이다."라고 주장했다. 디오는 로마의 한복판에서 도시에 반대하는 농촌의 주장을 상세히 설명하고 농촌 빈곤의 애처로운 상황을 생생히 묘사했으며, 땅이 방치되고 문명의 농업적 기반이 무너지고 있다고 청중에게 경고했다. 디오는 올림피아에서 광적인 속세인들에게 둘러싸여 그 시대의 무신론자들과 에피쿠로스학파를 비난했다. 디오는 다음과 같이 말했다. 신에 대한 대중들의 관념이 불합리할지라도 현명한 인간은 순박한 사람에게는 단순한 생각과 그림 같은 상징이 필요하다는 점을 이해할 것이다. 실제로 신의 형상을 상상할 수 있는 사람은 없으며, 페이디아스의 고귀한 조각상조차 신을 별이나 나무와 동일시하는 원시적인 관념만큼이나 보증할 수 없는 신인 동형론(神人同形論)의 가정일 뿐이다. 우리는 신이 무엇인지 알 수 없지만 신이 존재한다는 내면의 확신을 갖고 있으며 종교 없는 철학은 어둡고 암울한 것이라고 생각한다. 단 하나의 진정한 자유는 지혜, 다시 말해 무엇이 옳고 무엇이 그른지를 아는 것이다. 자유에 이르는 길은 정치나 혁명이 아니라 철학을 통해 이어진다. 그리고 진정한 철학은 책을 읽고 사색하는 것이 아니라 마음 속 깊은 곳의 목소리가 명령하는 대로 명예와 덕을 충실히 실천하는 데에 있다. 그 목소리는 어떤 신비적인 의미에서 인간의 마음속에 있는 신의 말씀이라고 할 수 있다.[77]

9. 동방의 조류

페리클레스 시대와 헬레니즘 시대의 모든 학문적 회의론이나 저급한 회의론을 통해 때를 기다리고 뿌리를 살찌우던 종교는, 서기 2세기에 인간의 바람에 끝없는 좌절을 맞이한 철학이 한계를 자인하고 권위를 포기하면서 먼 옛날에 지녔던 영향력을 되찾았다. 사람들은 신앙을 잃은 적이 없었다. 대부분은 호메로스가 기술한 사후 세계를 대체로 수용했고,[78] 항해를 떠나기 전에 종교 의식을 치렀으며, 여전히 죽은 사람의 입에 스틱스 강을 건너는 뱃삯으로 1오볼을 넣어 두었다. 로마의 통치 기술은 기성 성직자들의 도움을 환영하고 지역의 신들에 바치는 신전을 화려하게 건축하여 대중의 지지를 구했다. 팔레스티나와 시리아, 그리고 소아시아 전역에서 성직자의 부는 계속 늘어났다. 하다드와 아타르가티스는 여전히 시리아 사람들의 숭배를 받았으며, 히에라폴리스에 장엄한 사원이 있었다. 시리아의 도시들은 아직도 탐무즈 신의 부활을 "아도니스(즉 하느님)가 부활한다."라는 외침으로 환영하며, 탐무즈 축제의 마지막 무대에서 그의 승천을 축하했다.[79] 카파도키아에서 이오니아와 이탈리아로 여신 마(Ma)의 숭배가 확산되었다. 마의 신관들은(파눔(fanum, 신전)에 소속되었다고 해서 파나티키(fanatici)라고 불렀다.) 나팔과 북소리에 맞춰 어지럽게 춤을 추고 칼로 자신들을 베었으며, 여신과 열성 신도들에게 자신들의 피를 뿌렸다.[80] 계속해서 새로운 신들이 부지런히 만들어졌다. 카이사르와 황제들, 지역 유지들,

그리고 지역의 신관들이 살아 있을 때에나 죽어서 신격화되었다.(다시 말해 성인으로 추앙되었다.) 만신전(萬神殿)은 교역과 전쟁이라는 이질적인 요소의 결합으로 도처에서 번창했으며, 희망을 품은 사람들이 무수히 많은 언어로 무수히 많은 신들에게 기도를 올렸다. 이교 신앙은 하나의 종교가 아니라 상호 경쟁하는 신조들의 밀림으로서 종종 서로 합체하여 절충주의적 혼란에 빠졌다.

키벨레 숭배의 근거지는 리디아와 프리기아, 이탈리아, 아프리카 등지였다. 신관들은 이전과 마찬가지로 키벨레가 사랑한 아티스를 모방하여 스스로 거세했다. 키벨레의 봄 축제에는 숭배자들이 단식하고 기도하며 아티스의 죽음을 애도했으며, 거룩한 행진이 젊은 신 아티스를 무덤까지 운반했다. 그러나 이튿날이면 사람들이 아티스의 부활과 대지의 소생을 축하하는 기쁨의 환호 소리가 거리를 가득 메웠다. 신관들은 이렇게 외쳤다. "용기를 내라, 오, 신비주의자들이여, 신이 구원을 받았도다. 그러니 그대들도 구원을 얻을 것이다."[81] 축제의 마지막 날에 군중은 위대한 어머니의 조각상을 의기양양하게 운반하며 환호로써 맞이한다. 로마에서는 이 신을 노스트라 도미나(Nostra Domina), 즉 "우리의 성모"라고 부른다.[82]

키벨레보다 한층 더 널리 존경받은 것은 슬퍼하는 어머니이자 다정한 위안자이며 영생의 선물을 전하는 자인 이집트 여신 이시스였다. 지중해 연안의 모든 민족이 이시스의 배우자 오시리스가 어떻게 죽고 사자(死者)의 세계에서 다시 살아났는지 알고 있었다. 유서 깊은 지중해에 면한 대도시는 거의 전부 이 행복한 부활을 화려한 구경거리로 기념했으며, 기쁨에 찬 숭배자들은 이렇게 노래를 불렀다. "우리는 오시리스를 되찾았다."[83] 이시스는 역시 신이던 아들 호루스를 팔에 안고 있는 모습의 그림과 조각상으로 표현되었으며, 경건한 기도송은 이시스를 "하늘의 여왕", "바다의 별", "신의 어머니"로 찬양했다.[84] 이시스 신앙은 아름다운 이야기와 세련된 의식, 엄숙하면서도 즐거운 예배, 저녁 기도의 감동적인 음악, 흰옷을 입고 삭발한 신관들의 성실한 봉사,[85] 기회가 있을 때마다 여인들을 존중하며 기쁘게 하고 위로한 것, 그리고 민족과 계층을 불문하고 누구나 보편적으로 환영한 것에서 다른 어느 이교보다도 그리스도교에 가까웠다. 이시스교는 기원전 4세기에 이집트에서 그리스로, 기원전 3세기에 시칠리아로, 기원전 2세기에 이탈리아로, 그리고 이어서 제국 전역으로 퍼져갔다. 이시스의 조각상은 다뉴브 강, 라인 강, 센 강 유역에서 발견되었고, 런던에서 이시스의 신전이 발굴되었다.[86] 지중해 사람들은 여성의 신성한 창조력과 모성의 염려에 대한 숭배를 결코 중단하지 않았다.

한편 페르시아에서 로마의 가장 외진 국경까지 남성적인 미트라 숭배가 확산되고 있었다. 후기 조로아스터 신학에서 미트라는 빛의 신 아후라마즈다의 아들이었다. 역시 빛의 신이었던 미트라는 진리와 순수, 그리고 명예의 신이기도 했다. 미트라는 이따금 태양과 동일시되어 어둠의 세력에 맞서 우주 전쟁을 지휘하고 늘 자신의 아버지와 자신의 추종자들을 중재했으며, 악과 거짓말, 부정함, 그리고 마왕 아리만의 다른 활동에 맞선 사투에서 추종자들을 보호한다. 폼페이우스의 병사들이 카파도키아에서 유럽으로 이 종교를 들여왔을 때, 어느 그리스인 미술가는 황소의 등에 무릎을 꿇고 그 목에 비수를 찌르는 미트라를 그렸다. 이 그림은 미트라 신앙의 보편적 상징이 되었다. 매주 마지막 날은 태양신에 바치는 날로 지켰다. 12월 말에는 추종자들이 "무적의 태양신" 미트라의 탄생을 축하했다. 미트라는 해마다 동짓날에 어둠의 세력에 승리를 거두며 하루하루 지날 때마다 더 긴 낮을 허락한다.[87] 테르툴리아누스는 "대(大)제사장"이 있는 미트라교의 성직과 신을 섬기는 독신자들과 처녀들에 관해 이야기한다. 미트라의 제단에는 매일 제물을 바쳤고, 숭배자들은 한데 모여 축성된 빵과 포도주를 먹고 마셨으며, 종소리가 의식의 절정을 알렸다.[88] 젊은 신이 황소를 쓰러뜨리는 모습으로 표현된 토굴 앞에는 불꽃이 끝없이 타오르고 있었다. 미트라교는 높은 도덕성을 설교했으며 "병사들"에게 온갖 형태의 악에 맞서 평생 전쟁을 치르겠다는 서약을 받았다. 미트라교 신관들은, 모든 사람은 죽은 뒤에 미트라의 심판의 자리 앞에 서야 한다고 말했다. 부정한 영혼은 아리만에게 넘겨져 영원한 고통에 처할 것이며, 순결한 영혼은 일곱 영역을 거치며 각 영역마다 죽음의 요소를 벗어던지고 마침내 아후라마즈다가 직접 이들을 천국의 완전한 빛 속으로 영접한다.[89] 사람의 기운을 북돋는 이 신화는 서기 2세기와 3세기에 서부 아시아와 유럽에 확산되었고(그리스는 건너뛰었다.) 북쪽 멀리 하드리아누스 성벽까지 예배소가 건설되었다. 그리스도교의 교부들은 자신들의 종교와 미트라교 사이에 비슷한 점이 너무 많다는 사실을 알고 충격에 빠졌다. 교부들은, 이렇게 유사한 점들이 그리스도교에서 훔쳐간 것이라거나 혼란을 초래하는 사탄(아리만의 한 형태)의 계략이라고 주장했다. 어느 쪽이 모방했는지는 말하기 어렵다. 아마도 양쪽 모두 당시 동방의 종교적 분위기에 널리 퍼진 관념을 흡수했을 것이다.

지중해 지역의 큰 종파는 전부 "신비로운 의식"을 갖고 있었다. 이는 일반적으로 정화와 희생, 입회, 계시, 갱생의 의식으로서 그 중심은 신의 죽음과 부활이었다. 키벨레 숭배에서 신입 회원들은 황소를 죽인 곳 아래의 파인 구덩이에 발가벗고 들어감으로써 입회를 허락받았다. 제물이 된 동물의 피가 후보자에 떨어지면 그는 죄가 씻겨 나가고 영적으로 새로운 영생을 얻는다. 신성한 번식력을 상징하는 황소의 생식기는 축성된 용기에 담겨 키벨레 여신에게 바쳐졌다.[90] 미트라교에도 유사한 의식이 있었는데, 고대 세계에는 타우로볼리움(taurobolium), 즉 황소 내던지기로 알려졌다. 아풀레이우스는 이시스 예배에 입문하는 단계를 무아경에 빠져 묘사했다. 금식과 금욕, 기도로 오랜 기간 수련해야 했고, 성수에 침수하여 죄를 정화해야 했으며, 마지막으로 영원한 행복을 주는 여신의 신비로운 환상을 보아야 했다. 후보자는 엘레우시스에서 죄를 자백해야 했고(네로는 이것에 실망했다.), 한동안 특정 음식을 삼가야 했으며, 육체의 정결은 물론 영혼의 정화를 위해서도 사로니코스 만에 뛰어들어 목욕해야 했다. 그리고 이어서 제물을 바쳐야 했다. 제물은 보통 돼지였다. 후보자들은 데메테르 축제 기간 중에는 데메테르의 딸이 하데스로 끌려간 것을 사흘 동안 애도했으며, 그동안 축성된 케이크, 밀가루와 물, 박하가 섞인 신비의 음식을 먹으며 지냈다. 셋째 날 밤 종교적 연극이 페르세포네의 부활을 표현했고, 집전을 많은 신관은 모든 정화된 영혼들에게 유사한 부활을 약속했다.[91] 힌두교와 피타고라스주의의 영향을 받아 이 주제를 변형한 오르페우스교는 그리스 전역에서 영혼은 죄 많은 육신에 연이어 갇혔다가 무아지경에서 디오니소스와 합일함으로써 비천한 윤회에서 해방될 수 있다고 가르쳤다. 오르페우스교 신봉자들은 집회에서 죽음으로써 속죄하는 구원자에게 바친, 그리고 그 희생자와 동일시된 황소의 피를 마셨다. 축성된 음식이나 음료를 공동으로 먹고 마시는 일은 이러한 지중해 지역 신앙에서 흔히 볼 수 있는 공통의 특징이었다. 종종 그 음식은 축성 과정을 통해 신의 권능을 띠었으며, 신의 권능은 마법처럼 영성체 참여자에게 전달되는 것으로 여겨졌다.[92]

모든 종파는 마법의 가능성을 가정했다. 마기(Magi)들은 동방 도처에 자신들의 기술을 퍼뜨렸고 옛 마술에 새로운 이름을 주었다. 지중해 세계는 마법사, 기적을 행하는 자, 예언자, 점성가, 고행하는 성인, 그리고 꿈을 과학적으로 해석하는 자 등으로 넘쳤다. 진기한 일들은 모두 미래에 일어날 사건을 알려 주는 신성한 전조로 널리 환영받았다. 그리스인들이 신체의 단련을 가리키는 데 쓰던 말, 즉 아스케시스(Askesis)는 이제 육체의 영적인 단련을 의미하게 되었다. 사람들은 제 몸에 채찍질을 하거나 수족을 절단하거나 굶거나 특정한 장소에 제 몸을 사슬로 묶었다. 이들 중 일부는 자기 고문이나 극기의 와중에 사망했다.[93] 마레오티스 호수 인근 이집트 사막에서는 일단의 유대인과 비유대인 남녀들이 외진 곳의 작은 집에 거하며 성관계를 회피한 채 안식일에 모여 공동으로 기도했으며, 자신들을 영혼의 치유자라는 의미의 테라페우타이(Therapeutae)라고 불렀다.[94] 수많은 사람들이 오르페우스와 헤르메스, 피타고라스, 그리고 무녀들이 썼다는 글들을 신이 구술한 것을 받아 적었거나 신의 영감을 받아서 썼다고 믿었다. 신의 감화를 받았다고 주장하는 설교자들이 도시에서 도시로 여행하며 얼핏 보면 기적 같은 치료를 행하고 다녔다. 아보노테이쿠스의 알렉산드로스는 뱀을 길들여 자신의 팔로 그 머리를 숨기고 꼬리에 인간의 얼굴 가면을 붙이고는, 그 뱀이 예언자로 봉사하기 위해 지구에 내려온 아스클레피오스 신이라고 알렸다. 알렉산드로스는 가짜 머리에 집어넣은 갈대의 흔들리는 소리를 해석하여 큰 재산을 모았다.[95]

이러한 사기꾼 이외에 이교 신앙을 전파한 신실한 설교자들이 수없이 많았을 것이다. 3세기 초 필로스트라투스는 티아나의 『아폴로니오스의 삶』에서 그러한 사람의 이상적인 모습을 그렸다. 아폴로니오스는 16살에 피타고라스학파의 엄격한 규칙을 채택하여 결혼과 육식, 포도주를 거부하며 수염을 깎지 않고 5년간 묵언 수행을 했다.[96] 아폴로니오스는 친척들에게 상속 재산을 나누어 주고 무일푼의 수도승이 되어 페르시아와 인도, 이집트, 서아시아, 그리스, 이탈리아를 돌아다녔다. 아폴로니오스는 마기승과 브라만, 그리고 이집트 고행자들의 지식을 흡수했다. 그는 어떤 신조를 가진 종교의 신전이든 온갖 신전을 방문했고, 태양을 숭배했으며, 여러 신들을 받아들였고, 그 신들의 배후에 실체를 알 수 없는 단 하나의 최고신이 있다고 가르쳤다. 아폴로니오스의 자기희생적이고 경건한 삶에 대해서 추종자들은 그가 신의 아들이라고 주장했지만, 아폴로니오스는 자신이 그저 아폴로니오스의 아들일 뿐이라고 했다. 전승에 따르면 아폴로니오스는 여러 차례 기적을 행했다고 한다. 닫힌 문을 통과하고 모든 언어를 다 이해하고 귀신을 내쫓고 죽은 소녀를 되살렸다는 것이다.[97] 그러나 아폴로니오스는 마법사라기보다는 철학자였다. 아폴로니오스는 그리스 문학을 알았고 사랑했으며 단순하지만 엄격한 도덕을 상세히 설명했다. 아폴로니오스는 신들에게 이렇게 기도했다. "내가 적게 소유하고 아무것도 바라지 않도록 허락하소서." 어느 왕이 선물을 주겠으니 어떤 것을 원하는지 골라 보라고 청하자 아폴로니오스는 "말린 과일과 빵"이라고 답했다.[98] 환생을 믿던 아폴로니오스는 추종자들에게 생물에 해를 입히지 말고 고기를 먹지 말라고 명령했다. 아폴로니오스는 추종자들에게 원한과 중상, 시기, 증오를 피하라고 강력히 권고했다. 아폴로니오스는 이렇게 말했다. "우리가 철학자라면 동료 인간을 미워할 수 없다."[99] 필로스트라투스는 이렇게 말한다. "때로 그는 공산주의를 논했고 사람들은 서로 도와야 한다고 가르쳤다."[100] 아폴로니오스는 선동과 마법의 혐의로 고발되어 자진해 로마로 가서 도미티아누스 앞에서 이러한 혐의를 해명했으며 투옥되었고 탈출했다. 아폴로니오스는 서기 98년 고령으로 사망했다. 아폴로니오스의 추종자들은 그가 죽은 뒤에 자신들 앞에 나타났고 이어 육신의 몸으로 승천했다고 주장했다.[101]

이러한 새로운 신앙은 어떤 특징을 지녔기에 로마의 절반, 제국의 절반을 획득했는가? 계층과 민족을 초월한 성격이 한몫했다. 이들 신앙은 모든 민족, 모든 자유인, 모든 노예를 받아들였으며 위로하는 마음으로 혈통과 부의 불평등을 무시했다. 이들의 신전은 널찍하게 지어져 신을 모시는 것뿐 아니라 사람들을 맞이하기에도 충분했다. 키벨레와 이시스는 슬픔에 익숙한 어머니·여신으로서 가족을 잃은 수많은 여인들과 함께 애통해 했다. 두 여신은 로마의 신들이 좀처럼 알지 못하던 것, 즉 패자의 공허한 마음을 이해할 수 있었다. 어머니에게 돌아가려는 욕구는 아버지에게 의존하려는 충동보다 더 강하다. 매우 기쁠 때에나 큰 곤경에 처했을 때 자연스럽게 터져 나오는 말은 어머니라는 이름이다. 그러므로 여자는 물론 남자도 이시스와 키벨레에게서 위안을 얻고 두 신에 의지했다. 심지어 오늘날에도 지중해 지역의 숭배자들은 성부나 성자보다 성모 마리아에 더 자주 호소한다. 이들이 가장 빈번히 반복하는 고상한 기도는 동정녀 마리아가 아니라 그 태내의 자식으로 축복받은 성모 마리아를 향한 것이다.

새로운 신앙들은 사람들의 마음속에 더욱 깊이 들어간 데에서 멈추지 않았다. 이들 신앙은 슬픔과 기쁨을 오가는 행렬과 영창(詠唱)으로, 그리고 단조로운 삶으로 지루해진 영혼들에게 새로운 용기를 가져다준 인상적인 상징의 의식으로 상상력과 감각에 더 다채롭게 호소했다. 새로운 신관들은 이따금 신관복을 입는 정치인이 아니라 고행하는 수련 기간을 거쳐 지속적으로 봉사하는 모든 신분의 남녀가 채웠다. 자신의 악행을 알고 있는 사람은 이들의 도움으로 정화될 수 있었고, 때로는 감명을 주는 말이나 의식에 힘입어 질병으로 고통받는 육신이 치유될 수 있었으며, 이들이 집전하는 신비로운 의식은 죽음까지도 극복할 수 있다는 희망의 상징이었다.

　이전에는 사람들이 위대함과 영속성에 대한 동경을 자신의 가족과 씨족, 나아가 자신들의 창조물이자 집단적 자아였던 국가의 영광과 생존으로 승화시켰다. 이제 옛 씨족 가문은 평화로운 시대의 새로운 이동성 속에 서서히 사라졌고, 황제의 국가는 힘없는 대중은 포함되지 않는 지배 계층만의 정신적인 화신이었다. 최상층부의 군주제는 시민의 국사 참여를 좌절시킴으로써 밑바닥의 대중 사이에 개인주의를 조장했다. 개인의 불멸에 대한 약속, 종속과 빈곤, 시련, 고생의 삶 뒤에 끝없는 행복을 누릴 수 있다는 약속은 동방의 신앙들이 지닌, 그리고 이러한 신앙들을 흡수하고 정복하여 요약한 그리스도교의 저항할 수 없는 마지막 매력이었다. 온 세상이 협력하여 그리스도를 위한 길을 준비하는 것만 같았다.

25장

로마와 유대
기원전 132~서기 135

1. 파르티아

　폰토스와 카프카즈 지역 사이에는 아르메니아의 거친 산악 지대가 솟아 있다. 전하는 바에 따르면 그 산마루 위에서 노아의 방주가 정박했다고 한다. 비옥한 계곡으로는 파르티아와 메소포타미아에서 흑해로 이어지는 도로가 달린다. 로마 제국이 아르메니아를 얻으려 했던 이유가 바로 여기에 있다. 주민들은 인도유럽 어족으로 히타이트인과 프리기아인과 동족이었지만 아나톨리아로 돌출된 넓은 땅을 결코 포기하지 않았다. 아르메니아인은 강건한 종족으로 근면하게 농사를 지었으며 수공예에 능했고 장사의 재능에서 누구에게도 뒤지지 않았다. 아르메니아인들은 불리한 환경을 최대한 이용했으며, 많은 부를 축적하여 자신들의 왕들에게 계속 권력을 주지는 못했지만 호화롭게 살게 했다. 베히스툰 비문(기원전 521년)에 보면 다리우스 1세는 아르메니아를 페르시아의 속주 중 하나로 언급했다. 이후 아르메니아는 겉으로는 셀레우코스 왕조에, 그 다음에 파르티아와 로마에 번갈아 충성을 바쳤다. 하지만 아르메니아는 외진 곳에 떨어져 있었으므로 사실상 독립을 유지했다. 아르메니아의 가장 유명한 왕 티그라네스 대왕(티그라네스 2세, 기원전 94~56년)은 카파도키아를 정복하고 아르탁사타에 더하여 또 다른 수도 티그라노케르타를 세웠으며 미트리다테스 6세와 합세하여 로마에 대항했다. 티그라네스 대왕은 폼페이우스가 자신의 사죄를 받아들이자 승리한 폼페이우스 장군에게 6000탈렌트(2160만 달러), 로마 군대의 각 백인대장(百人隊長)에게 1만 드라크마, 그리고 각 병사에게 50드라크마를 주었다.[1] 카이사르와 아우구스투스, 그리고 네로 시절에 아르메니아는 로마의 종주권을 인정했으며 트라야누스 치세에는 한동안 로마의 속주였다. 그렇지만 문화는 이란계 문화였고 일반적인 지향은 파르티아를 향했다.

파르티아인들은 카스피 해 남쪽 지역을 아케메네스 왕조의 신민으로, 그 다음 셀레우코스 왕조의 신민으로 수백 년 동안 점유했다. 파르티아인들은 스키타이-투란 계열이었다. 다시 말하자면 종족적으로 남부 러시아와 투르케스탄의 민족들에 속했다. 기원전 248년경 스키타이 족장 아르사케스가 셀레우코스 왕조에 반기를 들어 파르티아를 주권 국가로 만들고 아르사케스 왕조를 세웠다. 안티오코스 3세가 로마에 패한 탓에 약해진 셀레우코스 왕조 왕들은 미개인에 가까운 파르티아인들의 마구잡이 침입에 영토를 지킬 수 없었고, 기원전 2세기 말경 메소포타미아와 페르시아 전체가 새로운 파르티아 제국으로 통합되었다. 계절에 따라 바뀌는 세 개의 수도가 새로운 왕을 환영했다. 파르티아에는 헤카톰필로스, 메디아에는 엑바타나, 그리고 티그리스 강 하류지역에는 크테시폰이 있었다. 크테시폰에서 티그리스 강을 건너면 셀레우코스 왕조의 옛 수도 셀레우키아가 있는데, 셀레우키아는 수백 년 동안 파르티아 왕국 내 그리스 도시로 남았다. 아르사케스 왕조의 통치자들은 셀레우코스 왕조가 구축한 행정 구조를 유지했지만, 이것에 아케메네스 왕조 왕들에게서 시작된 봉건 제도를 덧씌웠다. 주민의 다수는 농업에 종사하는 농노와 노예였다. 제조업은 후진적이었으나 파르티아의 제철공들은 순도 높은 강철을 만들었고, "양조업은 큰 이익을 남겼다."[2] 국부(國富)는 한편으로는 유프라테스 강과 티그리스 강을 따라 이루어지는 교역에서, 다른 한편으로는 아시아 먼 곳과 서유럽을 잇는 길로 파르티아를 가로지르는 대상에게서 나왔다. 파르티아가 카라이에서 크라수스를 격파한 기원전 53년부터 마크리누스가 아르타바누스 5세에게 돈을 주고 평화를 산 서기 217년까지, 로마는 이 교역로와 홍해를 장악하기 위해 전쟁을 거듭했다.

파르티아인들은 문학에 빠지기에는 너무 부유하거나 너무 가난했다. 어느 시대에나 마찬가지였지만 귀족들은 예술의 삶보다는 처세술을 더 좋아했고, 농노는 지나치게 무식했으며, 장인들은 너무 바빴고, 상인들은 돈벌이만 생각했다. 그래서 이들은 위대한 미술 작품이나 훌륭한 책을 남기지 못했다. 주민들은 팔라비어를 말했으며 글은 양피지에 설형 문자를 대체한 아람어로 썼다. 하지만 파르티아 문학은 단 한 줄도 남아 있지 않다. 우리는 셀레우키아는 물론 크테시폰에서도 사람들이 그리스 연극을 즐겼다는 사실을 알고 있다. 그곳에서 에우리피데스의 「바카이(바쿠스의 여인들)」가 상연될 때 크라수스의 머리가 역할을 담당했기 때문이다. 팔미라와 두라에우로포스, 그리고 아슈르에서 발견된 그림과 조각은 아마도 이란인 미술가들의 작품이었을 것이다. 그리스 양식과 동방 양식을 조잡하게 혼합한 이들의 방식은 중국에서 비잔티움에 이르기까지 훗날의 미술에 영향을 끼쳤다. 말에 탄 궁수의 생생한 돋을새김은 지금까지 전해져서 더 많은 작품이 남아 있었다면 파르티아 미술을 더 높이 평가할 수도 있으리라는 암시를 준다. 모술 인근의 하트라에는 파르티아 왕의 아랍인 가신이 아치와 둥근 천장의 방 7개를 갖춘 석회석 궁전을 감동적이면서도 조잡한 양식으로 건설했다.(기원전 88년?) 무늬가 조각된 은제품과 보석 같은 훌륭한 파르티아 작품들이 남아 있다.

파르티아인은 사람들이 좋아하는 미술, 즉 신체의 장식에 탁월했다. 남녀를 가리지 않고 머리를 곱슬곱슬하게 말았다. 남자들은 곱슬곱슬한 턱수염과 늘어진 구레나룻을 길렀고, 튜닉과 헐렁한 바지를 입었으며, 대개는 그 위에 여러 가지 색깔의 긴 겉옷을 걸쳤다. 여자들은 섬세하게 자수를 놓은 천으로 몸을 감싸고 꽃으로 머리를 장식했다. 파르티아의 자유민은 사냥을 즐기고 넉넉하게 먹고 마셨으며, 말을 탈 수 있을 때는 절대로 걷지 않았다. 파르티아인은 용맹한 전사이자 존경할 만한 적이었고, 포로를 관대하게 대했으며, 외국인을 고위직에 등용했고, 도망자에게 피난처를 제공했다. 하지만 이따금 죽은 적의 사지를 절단했고, 증인을 고문했으며, 사소한 범죄도 채찍으로 다스렸다. 그리고 재산에 따른 일부다처제의 관습을 지녔고, 여인들을 면사포를 씌워 격리했으며, 아내의 부정에 가혹한 처벌을 내렸다. 하지만 남녀 불문하고 거의 마음대로 이혼할 수 있었다.[3] 파르티아 장군 수레나(Surena)는 군대를 이끌고 크라수스에 맞섰을 때 200명의 첩과 자신의 짐을 운반할 낙타 1000마리를 대동했다.[4] 이들은 아케메네스 왕조의 페르시아인보다 덜 개화되었고 로마인보다는 더 존경할 만한 신사라는 인상을 준다. 파르티아인은 종교의 다양성을 인정하여 자신들과 함께 사는 그리스인과 유대인, 그리고 그리스도교도에게 방해받지 않고 그들의 예배를 올리게 했다. 파르티아인은 정통 조로아스터교에서 이탈하여 해와 달을 숭배했고, 그리스도교도들이 야훼보다 그리스도를 더 좋아했던 것만큼 아후라마즈다보다 미트라를 더 좋아했다. 마기승은 아르사케스 왕조의 후대 왕들에 무시당했으며, 왕조의 전복을 선동했다.

볼로가세스 4세가 죽은 뒤(서기 209년) 아들인 볼로가세스 5세와 아르타바누스 4세가 왕위를 두고 싸웠다. 아르타바누스 4세가 승리한 뒤 니시비스에서 로마를 격파했다. 두 제국 사이의 300년에 걸친 전쟁은 파르티아의 제한적인 승리로 끝났다. 메소포타미아 평원에서는 로마의 군단이 파르티아의 기병대에 불리했다. 아르타바누스 4세는 대신 내전에 빠졌다. 페르시아의 봉건 영주이던 아르다시르(아르타크세르크세스)가 파르티아를 정복하고 왕 중의 왕이 되었으며(서기 227년) 사산 왕조를 세웠다. 조로아스터교가 부활했으며, 페르시아는 위대한 시대로 진입했다.

2. 하스몬 왕조

기원전 143년 시몬 마카베오는 파르티아와 셀레우코스 왕조, 이집트인들, 그리고 로마인들 사이의 싸움을 이용하여 셀레우코스 왕조로부터 유대의 독립을 얻어냈다. 대중의 집회는 시몬을 제2 성전 시대(기원전 142년~서기 70년)의 장군이자 대제사장으로 지명하고 대제사장직을 하스몬 가문의 세습직으로 만들었다. 유대는 다시 사제와 왕을 겸한 하스몬 왕가의 신정(神政) 국가가 되었다. 가족과 국가에서 영적 권위와 세속 권력을 긴밀히 결합하는 것은 셈족 사회의 특징이었다. 셈족 사람들에게 주권자는 오직 신뿐이었다.

작은 왕국의 약점을 인식한 하스몬 왕조는 두 세대 동안 외교와 무력으로 국경을 확대했다. 기원전 78년경 하스몬 왕조는 사마리아, 에돔, 모아브, 갈릴리, 이두메아, 트란스요르다니아, 가다라, 펠라, 게라사, 라피아, 가자를 점령하고, 팔레스티나를 솔로몬 시대만큼이나 넓게 확대했다. 종교의 자유를 위해 싸웠던 용감한 마카베오 형제들의 후손인 하스몬 왕조는 유대교와 할례를 무력으로 새로운 신민에게 강요했다.[5] 동시에 하스몬 왕조는 종교적 열정을 잃어버리고 바리사이파의 극심한 항의를 무릅쓰고 주민들 중 헬레니즘 문화에 동화하는 구성원들에게 점차 더 많이 굴복했다. 여왕 살로메 알렉산드라(기원전 78~69년)는 이러한 추세를 역전시켰으며 바리사이파와 화평을 유지했지만, 여왕이 죽기 직전에 그녀의 아들인 히르카누스 2세와 아리스토불루스 2세가 왕위 계승 전쟁을 벌였다. 두 당파는 승리한 군단들을 이끌고 다마스쿠스에 주둔하고 있던(기원전 63년) 폼페이우스에게 자신들의 주장을 전했다. 폼페이우스가 히르카누스 2세의 편을 들자 아리스토불루스 2세는 군대로 예루살렘을 방어했다. 폼페이우스는 수도를 포위하여 공격하고 하부 예루살렘을 장악했지만, 아리스토불루스 2세의 추종자들은 성벽으로 둘러싸인 예루살렘 성전의 경내로 피신했다. 전하는 바에 따르면 이들의 신앙심 덕분에 폼페이우스가 승리할 수 있었다고 한다. 이들이 안식일에 싸우지 않을 것임을 감지한 폼페이우스는 안식일마다 병사들을 시켜 아무런 방해를 받지 않고 다음날 공격에 쓸 둑을 쌓고 공성 망치를 준비했다. 그 사이에 사제들은 평상시처럼 성전 안에서 기도하고 제물을 올렸다. 성벽이 무너지자 1만 2000명의 유대인이 학살당했다. 저항하는 자들은 거의 없었고 단 한 명도 항복하지 않았으며, 많은 사람들이 성벽 아래로 뛰어내려 죽음을 맞이했다.[6] 폼페이우스는 병사들에게 성전의 보물에 손대지 말라고 명령했지만, 유대 민족으로부터 1만 탈렌트(360만 달러)의 배상금을 강제로 거두었다. 하스몬 왕조가 정복한 도시들은 유대 세력권에서 로마의 세력권으로 넘어갔다. 히르카누스 2세는 유대의 대제사장 겸 명목상의 통치자가 되었지만 로마를 지원하던 안티파트로스의 피후견인이었다. 독립 군주국은 사라졌으며, 유대는 로마의 속주 시리아의 일부가 되었다.

기원전 54년 크라수스는 크테시폰에서 펜테우스의 역할을 수행하러 가던 도중에 폼페이우스가 남겨 둔 예루살렘 성전의 보물을 약탈했다. 약탈한 보물의 가치는 약 1만 탈렌트에 달했다. 크라수스가 전투에서 패하고 사망했다는 소식이 전해지자, 유대인들은 자유를 되찾을 기회를 잡았다. 크라수스를 이어 시리아 총독으로 부임한 롱기누스는 반란을 진압한 뒤 3만 명의 유대인을 노예로 팔아 버렸다.(기원전 43년)[7] 같은 해, 안티파트로스가 사망했다. 파르티아인들은 사막을 휩쓸고 유대로 진입하여 하스몬 왕조의 마지막 왕인 안티고노스를 꼭두각시 왕으로 세웠다. 안토니우스와 옥타비아누스는 안티파트로스의 아들 헤롯을 유대의 왕으로 지명하고, 그의 유대인 군대에 로마의 자금을 공급하는 것으로 맞섰다. 헤롯은 파르티아인들을 몰아내고 예루살렘의 약탈을 막았으며, 안티고노스를 안토니우스에게 보내 처형당하게 했다. 그리고 꼭두각시 왕을 지원하던 유대인 지도자들을 전부 학살했으며, 역사상 가장 파란만장한 통치 중 하나를(기원전 37~4년) 매우 상서롭게 시작했다.

3. 헤롯 대왕

헤롯은 도덕은 없지만 지식은 있고, 양심은 없지만 능력은 있고, 명예는 모르지만 용기는 있는 사람들을 매우 많이 배출한 시대의 전형이었다. 헤롯은 나름대로 유대의 아우구스투스였다. 헤롯은 아우구스투스처럼 자유의 혼란을 독재적 질서로 압도했고, 그리스의 건축과 조각으로 수도를 아름답게 꾸미고 번성하게 했으며, 무기보다는 예리한 통찰력으로써 더 많은 것을 얻었다. 그리고 여러 여인을 맞아 결혼했고, 자식들의 반역으로 상심했으며, 온갖 행운을 맛보았지만 행복하지는 않았다. 요세푸스는 헤롯을 육체적인 용기와 기술이 매우 뛰어난 인물이자 활과 던지는 창의 명수였고, 하루에 들짐승 40마리를 잡는 강력한 사냥꾼이며, "맞설 수 없는 전사"라고 설명한다.[8] 헤롯은 이러한 특성 말고도 약간의 매력적인 인성을 더 가졌음에 틀림없다. 안토니우스와 클레오파트라, 그리고 옥타비아누스에 대해 자신의 평판을 떨어뜨리려 했던 적들을 말로써든 뇌물을 써서든 늘 이겼기 때문이다. 삼두 정치에 위기가 발생할 때마다 헤롯은 이전보다 더 큰 권력과 더 많은 영토를 얻었다. 결국 아우구스투스는 헤롯을 "그렇게 작은 영토를 다스리기에는 너무 위대한 인물"이라고 판단했으며, 하스몬 왕조가 차지했던 팔레스티나의 도시들을 그의 왕국에 되돌려주었고, 헤롯이 시리아와 이집트까지 통치할 수 있기를 바랐다.[9] "이두메아 사람" 헤롯은 잔인하면서도 관대한 인물이었고, 그가 신민에게 베푼 혜택은 그들에게 입힌 손해로 상쇄되었다.

헤롯의 성격을 형성한 것은, 한편으로는 그가 물리친 자들이나 그가 죽인 친척들에 대한 증오였고, 다른 한편으로는 그의 가혹한 전제 정치와 이민족이라는 출신에 분개하던 백성들의 경멸 섞인 적개심이었다. 헤롯은 로마의 지원과 자금으로 왕이 되었으며, 죽을 때까지 백성이 밤낮으로 자유를 되찾기 위해 반란을 모의하여 맞서려던 강국 로마의 친구이자 수하로 남았다. 유대의 평범한 재정은 국부에 어울리지 않는 호화로운 궁정과 건축 계획 때문에 부과된 세금으로 어려움에 처했고 결국은 파산했다. 헤롯은 다양한 방법으로 백성을 달래려 했지만 실패했다. 흉년이 들었을 때에는 세금을 탕감해 주었고, 로마를 설득하여 공납을 줄이게 했으며, 외국에 나가 있는 유대인의 권리를 보장했고, 기근과 여타 재난에 신속하게 대처했다. 그리고 치안을 유지하고 대외 안전을 보장했으며 나라의 천연자원을 개발했다. 산적이 사라지고 교역이 활발해졌으며,

시장과 항구에는 활력이 넘쳤다. 동시에 왕은 느슨한 윤리 의식과 잔혹한 처벌로 인해, 그리고 히르카누스 2세의 종손으로 정당한 왕위 계승자이던 아리스토불루스 3세를 목욕장에서 "우연히" 익사시킨 일로 인해 대중과 소원해졌다. 헤롯에 의해 권력을 빼앗긴 사제들과 헤롯이 임명한 지도자들이 모반을 일으켰으며, 바리사이파는 유대를 헬레니즘 국가로 만들려는 헤롯의 단호한 결의를 혐오했다.

주민에서나 문화에서나 유대의 도시라기보다는 그리스의 도시이던 도시들을 다스리고 헬레니즘 문명의 세련됨과 다양성에 큰 감명을 받은 헤롯은 출신으로 보나 신념으로 보나 유대인이 아니었으므로 당연하게도 그리스적인 생활 방식과 의복, 관념, 문학, 미술을 장려했다. 이렇게 함으로써 왕국의 문화적 통합을 추구했고, 자신의 통치를 위해 위압적인 정면을 가진 건축물을 원했다. 헤롯은 그리스 학자들을 끌어모아 고위직을 맡겼고, 그리스 사람인 다마스쿠스의 니콜라우스를 공식 고문이자 역사가로 삼았다. 헤롯은 엄청난 비용을 들여 예루살렘에 극장과 원형 경기장을 건설하고 아우구스투스와 다른 이교도를 기리는 기념물로 장식했으며, 그리스의 육상 경기와 음악 경연과 로마의 검투사 시합을 들여왔다.[10] 또한 백성에게는 외국의 건축 양식으로 보이는 건물들을 지어 예루살렘을 아름답게 꾸몄으며, 벌거벗고 시합에 등장한 레슬링 선수들만큼이나 유대인을 깜짝 놀라게 했던 그리스 나체 조각상을 공공장소에 세웠다. 헤롯은 명백한 그리스 양식의 궁전을 세워 금과 대리석과 값비싼 가구로 그 안을 채우고 주변에는 로마인 친구들의 양식을 따라 넓은 정원을 두었다. 헤롯은 제루바벨이 500년 전에 세운 성전이 너무 작다는 이유로 허물고 그 자리에 더 큰 성전을 짓자고 제안하여 백성을 충격에 빠뜨렸다. 헤롯은 백성의 항의와 두려움을 뒤로하고 계획을 실천에 옮겼으며, 나중에 티투스가 파괴하게 될 위압적인 성전을 건축했다.

모리아 산에 750제곱피트의 터가 개간되었다. 그 경계를 따라 "진기한 무늬가 새겨진" 삼나무 지붕을 여러 줄의 코린토스식 줄기둥이 지탱하는 수도원들이 세워졌다. 각각의 기둥은 한 덩어리의 대리석으로, 매우 굵어 세 사람이 팔을 벌려야 간신히 둘레를 감쌀 수 있었다. 이 중심 안뜰에 성지 순례자들의 편의를 위해 외국 동전을 성전에서 받을 수 있는 동전으로 교환해 주던 환전상들의 부스가 있었다. 그리고 제물로 바칠 동물을 살 수 있는 외양간, 교사와 학생들이 만나 히브리어와 율법을 공부하는 방이나 주랑 현관, 그리고 동방의 풍경에서는 빼놓을 수 없는 시끄러운 거지들도 이곳에 있었다. 이 "바깥 성전"에서 단의 폭이 넓은 계단을 올라가면 벽으로 둘러싸인 내부 공간이 나온다. 이곳은 유대인이 아닌 사람은 들어갈 수 없었다. 여기에 있는 "여인들의 안뜰"에는 "순결한 남자들이 아내와 함께 들어갔다."[11] 이 두 번째 닫힌 공간에서 다시 계단을 올라가 금과 은을 입힌 문들을 지나면 "사제들의 안뜰"로 들어간다. 그곳에는 야훼에게 번제물(燔祭物)을 올리는 제단이 서 있었다. 한 번 더 계단을 오르면 유명한 황금 가지가 늘어진 높이 75피트, 너비 24피트의 청동 문을 지나 오직 사제들에게만 출입이 허락된 본 성전으로 들어간다. 본 성전은 전체가 흰 대리석으로만 지어졌는데, 상층부로 올라갈수록 좁아지는 양식이며 건물 전면은 금으로 도금되었다. 본 성전 내부는 수를 놓은 푸른색과 자주색, 주홍색의 거대한 장막에 의해 열십자로 구분되었다. 장막 앞에는 일곱 갈래로 갈라진 황금 촛대와 향을 피워 놓은 제단, 사제들이 야훼 앞에 두는 이스트를 넣지 않은 진설병(陳設餠)이 놓여 있는 탁자가 있었다. 장막 뒤는 지성소(至聖所)로 앞선 성전들에는 황금 향로와 언약궤가 있었지만, 요세푸스의 말에 따르면 이 성전에는 "아무것도 없었다." 이곳은 인간의 발이 1년에 오직 한 번 닿는 곳으로 속죄일에 대제사장이 들어갔다. 이 역사적 건축물의 중심 구조는 8년에 걸쳐 완성되었다. 그러나 장식 작업은 8년이 더 소요되어 티투스의 군단들이 도착했을 때 막 완료된 상태였다.[12]

백성은 아우구스투스 시대의 불가사의 중 하나이던 이 거대한 사원을 자랑스러워했다. 건물이 장대했으므로 백성은 성전 입구에서 유대의 적이자 지배자인 로마 권력을 상징하는 주랑 현관의 코린토스식 줄기둥과 황금 독수리를

(형상을 새기는 것을 금하는 유대의 관습을 무시하고 있다.) 용서했다. 한편 그곳을 다녀간 유대인들은 팔레스티나의 다른 도시들을 헤롯이 개조할 때 세운 완전한 그리스적 건물에 관한 얘기를 전했고, 헤롯이 카이사레아의 거대한 항구를 건설하고 다마스쿠스, 비블루스, 베리토스, 티레, 시돈, 안티오크, 로도스, 페르가몬, 스파르타, 그리고 아테네 같은 외국 도시에 아낌없이 기부하느라 어떻게 국부와 (소문에 따르자면) 다윗의 묘에 숨겨진 금을[13] 소비했는지 말했다. 헤롯이 유대의 왕이 되는 것뿐 아니라 헬레니즘 세계의 우상이 되는 것도 원하고 있었음이 분명해졌다. 하지만 유대인들은 자신들의 종교로, 야훼가 언젠가 속박과 압제에서 자신들을 구원해 주리라는 믿음으로 살았다. 통치자의 몸에서 구현된 헬레니즘 정신이 히브리 정신에 대해 승리한 것은 유대인들에게는 안티오코스 4세의 박해만큼이나 엄청난 재앙의 전조였다. 헤롯의 목숨을 노린 음모가 꾸며졌으나 발각되었다. 헤롯은 가담한 자들을 체포하여 고문하고 살해했으며, 몇몇 경우에는 그들의 가족 전부를 처형했다.[14] 헤롯은 백성들 사이에 밀정을 심어 놓고 스스로 변장하고 나가 사람들의 이야기를 엿들었으며, 자신에게 적대하는 말을 한 자들은 전부 처벌했다.[15]

헤롯은 모든 적을 물리쳤지만 아내들과 자식들은 예외였다. 아내는 10명이었고(한때는 한꺼번에 9명), 자식은 14명이었다. 두 번째 아내인 마리암네는 히르카누스 2세의 손녀이자 아리스토불루스 3세의 누이였는데, 둘 다 헤롯에게 살해되었다. 요세푸스의 말에 따르면, 마리암네는 "정숙한 여인이었지만 천성이 다소 거칠었으며, 남편이 자신의 노예가 될 정도로 자신을 좋아한다고 생각했으므로 남편에게 오만하게 굴었다. …… 마리암네는 헤롯의 어머니와 누이를 출생이 천하다는 이유로 드러내 놓고 웃음거리로 삼았으며" 왕가의 "여성들에게는 용서를 모르는 증오가 있었던 만큼 두 사람을 공공연히 불친절하게 대했다." 헤롯의 누이는 헤롯으로 하여금 마리암네가 그를 독살하려는 음모를 꾸미고 있다고 믿게 했다. 헤롯은 회의를 소집하여 아내를 고발했는데, 회의는 유죄 판결을 내려 마리암네를 처형했다. 마리암네의 유죄를 확신하지 못하던 헤롯은 후회로 한동안 실성해 있었다. 헤롯은 마리암네의 이름을 거듭 불러대며 하인들을 내보내 마리암네를 데려오라고 했으며, 공무를 포기하고 사막으로 들어가 "몹시 괴로워했고" 열이 오르고 정신이 나간 채 궁정으로 끌려왔다. 마리암네의 어머니가 다른 사람들과 합세하여 헤롯을 폐위시키려 했다. 헤롯은 돌연 정신을 차리고 왕권을 되찾아 음모자들을 처형했다. 그 직후 첫 번째 아내에게서 낳은 아들 안티파트로스 2세는, 마리암네가 낳은 아들 알렉산드로스와 아리스토불루스 4세의 미수에 그친 음모 증거를 헤롯 앞에 내놓았다. 헤롯은 이 문제를 150명으로 구성된 위원회에 맡겼고, 위원회는 두 청년에게 사형을 선고했다.(기원전 6년) 2년 뒤 다마스쿠스의 니콜라우스는 안티파트로스 2세에게 아버지를 내쫓고 대신 왕이 되려는 계략을 꾸몄다고 유죄를 선고했다. 헤롯은 아들을 데려와 "자식들 때문에 겪어야 했던 불행을 한탄하면서 울음을 터뜨렸다."[16] 헤롯은 자비를 베풀어 안티파트로스 2세를 투옥했다.

그동안 늙은 왕은 질병과 슬픔으로 건강이 악화되었다. 헤롯은 수종, 궤양, 열병, 경련, 메스꺼움 등으로 고생했다. 헤롯은 자신의 목숨을 노린 수많은 시도를 좌절시킨 뒤 자살하려 했지만 성공하지 못했다. 헤롯은 안티파트로스 2세가 간수에게 뇌물을 주어 탈옥하려 했다는 말을 듣고는 아들을 죽여 버렸다. 닷새 뒤에 헤롯은 온 백성의 증오 속에 69살로 사망했다.(기원전 4년) 적들은 헤롯에 대해 이렇게 말했다고 한다. "그는 여우처럼 왕좌를 훔쳤고 호랑이처럼 통치했으며 개처럼 죽었다."[17]

4. 율법과 선지자들

헤롯의 유언에 따라 왕국은 남은 세 아들이 나누었다. 헤롯 필리푸스에게 돌아간 동부 지역에는 베트사이다와 카피톨리아스, 게라사, 필라델피아, 보스트라 같은 도시들이 포함되었다. 헤롯 안티파스는 페라이아(요르단 강 너머의 땅)

와 북쪽의 갈릴리를 차지했으며, 갈릴리에는 에스드라일라와 티베리아스, 나사렛이 있었다. 헤롯 아르켈라오스에게는 사마리티스와 이두메아, 그리고 유대가 돌아갔다. 유대에는 베들레헴과 헤브론, 베르셰바, 가자, 가다라, 엠마오, 얌니아, 요파, 카이사레아, 예리코, 그리고 예루살렘 같은 유명한 도시들이 많았다. 팔레스티나의 몇몇 도시는 주로 그리스 도시였고, 일부는 시리아 도시였다. 가다라는 돼지가 있었다는 사실로 보아(신약 성서 마태, 마가, 누가 복음서에 보면 예수가 가다라 사람들의 땅에서 사람에게 들어간 귀신을 돼지에게로 쫓아내는 내용이 나온다. ─ 옮긴이) 유대인이 아닌 자들이 있었을 것이다. 요파와 얌니아, 그리고 "데카폴리스", 즉 요르단의 열 개 도시를 제외하면 해안가 도시에서는 유대인이 아닌 이방인이 대다수였고, 내지의 촌락은 거의 전부가 유대인의 마을이었다. 로마로서는 싫지 않은 이 종족적 구분에 팔레스티나의 비극이 있다.

헬레니즘 사회의 다신교와 부도덕이 경건한 유대인 사회에 불러일으킨 반발을 이해하려면 잉글랜드의 청교도를 돌아봐야 한다. 유대인에게 종교는 율법과 국가와 희망의 원천이었다. 유대인들의 생각에 헬레니즘의 높은 파고에 자신들의 종교가 사라지도록 내버려 두는 것은 민족의 자살 행위였다. 그러므로 유대인과 비유대인은 집단적으로 서로 증오하게 되었다. 작은 나라 유대는 기복이 없지는 않았지만 종족 투쟁과 정치적 소요, 그리고 주기적인 전쟁으로 열병을 앓았다. 게다가 유대의 유대인은 갈릴리 주민을 무식한 배교자로, 그리고 갈릴리 사람들은 유대인을 율법의 덫에 걸린 노예라고 경멸했다. 유대인과 사마리아인 사이에 끝 모를 적의가 불타올랐다. 사마리아인들이, 야훼가 자신의 거처로 선택한 곳이 시온 산이 아니라 자신들의 땅인 게리짐 산이라고 주장하고 모세 오경을 제외한 성서의 나머지를 전부 무시했기 때문이다.[18] 이 모든 당파들은 로마의 권력을 혐오했다는 점에서는 일치했다. 로마 때문에 평화라는 달갑지 않은 특혜에 너무 큰 대가를 치렀기 때문이다.

이 시기에 팔레스티나의 인구는 약 250만 명이었으며, 대략 10만 명이 예루살렘에 거주했다.[19] 이들은 대부분 아람어를 말했고, 사제들과 학자들은 히브리어를 이해했으며, 관리들과 외국인들, 그리고 대부분의 저자들은 그리스어를 썼다. 주민들 대다수는 농민으로 물을 끌어와 경작하고 과수와 포도를 재배하고 가축을 쳤다. 그리스도 시절에 팔레스티나는 밀을 많이 재배하여 소소한 양이나마 수출을 할 수 있었다.[20] 팔레스티나의 대추야자와 무화과, 포도, 올리브, 포도주, 그리고 기름은 지중해 전역에서 귀한 대접을 받으며 판매되었다. 사람들은 안식년마다 토지를 경작하지 말고 놀려 두라는 옛 율법을 아직 준수하고 있었다.[21] 수공업은 대체로 세습되었고 보통 조합으로 조직되었다. 유대인 여론은 노동자를 존중했으며, 학자들은 대부분 입은 물론 손도 부지런히 움직였다. 노예는 지중해의 다른 어느 나라보다도 적었다. 소규모 상업이 번성했지만, 유대인 중에는 넓은 영역에서 활동하는 재력가 상인이 거의 없었다. 요세푸스는 이렇게 말한다. "우리는 상업에 종사하는 민족이 아니다. 우리는 해안이 없는 땅(동부 유대)에 살며 (외국) 교역을 할 뜻이 없다."[22] 힐렐이, 아마도 헤롯의 제안을 따랐을 것이지만, 안식년에 채무를 탕감하라고 요구하는 신명기의 율법을(15장 1~11절) 폐기할 때까지 금융 조작의 여지는 적었다. 성전 자체가 중앙은행이었다.

성전 안에는 산헤드린(Sanhedrin), 즉 이스라엘 장로들의 집회 장소인 가지트 회당이 있었다. 산헤드린 제도는 아마도 셀레우코스 왕조 시절 때 민수기(11장 16절)에 모세에 조언하는 기구로 언급된 선대의 위원회를 대체했던 것 같다.(기원전 200년경) 산헤드린은 원래 대제사장이 사제 귀족 중에서 선발했지만, 로마 시대에 들어와서는 바리사이파에서 점차 더 많은 사람을, 그리고 소수의 전문적인 율법 학자들을 받아들이게 되었다.[23] 대제사장이 관할하는 71명으로 이루어진 산헤드린은 장소를 불문하고 모든 유대인들에 대해 최고 권한을 갖는다고 주장했고, 정통파 유대인은 어디에서든 그 권위를 인정했다. 그러나 하스몬 왕조와 헤롯, 그리고 로마는 산헤드린의 권위를 오직 유대에 거주하는 유대인이 유대교의 율법을 어겼을 때에만 인정했다. 산헤드린은 유대의 유대인이 종교 범죄를 저질렀을 때 사형을 선고할 수 있었지만, 민간 당국의 인

가 없이는 형을 집행할 수 없었다.[24]

대부분의 경우에 그렇듯이 이 회의체에서도 고위 사제들과 사두가이파가 이끄는 보수파와 바리사이파와 율법 학자들이 이끄는 자유주의파의 두 당파가 지배권을 두고 다투었다. 고위 성직자와 상층 부류의 사람들은 대부분 창설자인 자도크(Zadok)의 이름을 따 명명한 사두가이파(자도킴(Zadokim))에 속했다. 이들은 정치에서는 민족주의적이었고 종교에서는 정통파였다. 보수파는 토라, 즉 성문 율법의 집행을 대변했지만 구전 전통의 추가 법령과 바리사이파의 느슨한 해석은 거부했다. 보수파는 불멸을 의심했고 이승의 행운을 얻는 것에 만족했다.

바리사이파(페루심(Perushim), 분리주의자들)는 의식을 치를 때 요구되는 청결함을 무시함으로써 종교적 불순에 물들었다는 의미로 사두가이파가 그런 이름을 붙였다.[25] 바리사이파는 율법을 가장 엄격하게 준수할 것을 지지한 마카베오 시대의 하시딤(Chasidim), 즉 열성파의 후예였다. 자신도 바리사이파였던 요세푸스는 이 당파를 "다른 사람들보다 더 종교적이며 율법을 더 정확하게 설명한다고 공언한 일단의 유대인들"이라고 규정했다.[26] 이를 위해 바리사이파는 모세 오경의 성문 율법에 인정받은 율법 교사들이 가한 해석과 판례의 구전 전통을 추가했다. 이러한 해석은 바리사이파의 판단으로는 모세 율법의 모호함을 해명하고, 이를 특정한 사례에 구체적으로 적용하고 변화된 삶의 요구와 조건에 맞게 이따금 자구를 수정하는 데 필수적이었다. 바리사이파는 엄격하면서도 느슨하여 이자(利子)에 관한 힐렐의 법령처럼 이곳저곳에서 율법을 완화했지만, 토라는 물론 구전 전통까지도 완벽하게 준수할 것을 요구했다. 바리사이파는 이렇게 완벽하게 준수해야만 유대인이 동화와 소멸을 피할 수 있을 것으로 생각했다. 로마의 지배를 감수한 바리사이파는 신체와 영혼의 불멸에 대한 희망에서 위안을 찾았다. 바리사이파는 단순하게 살았고, 사치를 비난했으며, 빈번히 금식했고, 공들여 씻었다. 그리고 시시때때로 안달한다 싶을 정도로 자신들의 미덕을 자각했다. 그러나 바리사이파는 유대교의 도덕적 장점을 대표했고, 중간 계층의 지지를 얻었으며, 추종자들에게 믿음과 규칙을 부여하여 파국이 닥쳤을 때 해체되지 않게 해 주었다. 예루살렘 성전이 파괴된 후(서기 70년) 사제들은 영향력을 잃었고, 사두가이파는 사라졌으며, 회당이 성전을 대신했다. 그리고 바리사이파는 랍비들을 통해 흩어졌지만 패배하지는 않은 민족의 교사이자 지도자가 되었다.

유대인 종파 중 가장 극단적인 당파는 에세네파였다. 에세네파는 열성파로부터 경건함을 배웠으며, 그 이름은 아마도 칼다이아어(語)(성서 아람어)의 "아스카이(aschai, 입욕자)"에서, 교리와 의식은 기원전 1세기의 세계 전역에 유포되었던 금욕주의의 이론과 섭생법에서 왔을 것이다. 에세네파는 교역로가 교차하는 예루살렘으로 들어온 브라만교와 불교, 파르시파(派), 피타고라스학파, 그리고 키니코스학파의 영향을 받았을 가능성이 있다. 에세네파는 팔레스티나에 약 4000명이 있었는데, 별개의 교단으로 조직되어 성문 율법과 구전 율법을 전부 열정적으로 엄격하게 준수했으며, 서쪽의 사막 한가운데 있는 엔가디의 오아시스에서 땅을 일구며 거의 수도원의 독신 수사들처럼 모여 살았다. 에세네파는 공동체 소유의 집에 거주하면서 침묵 속에 공동으로 식사했으며, 전체 투표로 지도자를 선출하고 물건과 소득을 공동 금고에 모아 "내 것도 그대 것도 다 그대 것이다."[27]라는 열성파의 좌우명을 실천했다. 요세푸스에 따르면, 에세네파의 다수는 "단순한 식사와 규칙적인 생활 덕에 백 살을 넘겨 살았다."라고 한다.[28] 에세네파는 전부 흰색 리넨 옷을 입고고 자신의 변을 덮기 위해 작은 괭이를 휴대했으며, 그 후 마치 브라만처럼 손을 씻었고 안식일에 배변하는 것을 신성 모독으로 여겼다.[29] 소수의 에세네파 신도들은 결혼하고 도시에 살았지만 오로지 아이를 낳기 위해서만 아내와 동거한다는 톨스토이(Tolstoy) 운동의 규칙을 준수했다. 이 종파의 신도들은 모든 육욕의 쾌락을 피했으며, 명상과 기도를 통해 신과 신비로운 합일을 이루려 했다. 에세네파는 경건함과 절제와 묵상을 통해 마술적인 힘을 획득하고 앞날을 내다볼 수 있기를 바랐다. 또한 당대의 대다수 사람들이 그랬듯이 천사와 악마의 존재를 믿고 질병을 악령에 들린 것으로 생각했으며, 마법의 처방으로 악령을 쫓아내려 했다. 카발라(Cabala)의 일부는 이들의 "비밀 교리"에서 유래했다.[30] 에세네파는 지상에 공산주의적이고 평등주의적인 천국을 건설할 메시아의 도래를 간절히 바랐다. 그 왕국에는 흠결 없는 삶을 산 자들만 들어갈 수 있다.[31] 에세네파는 열렬한 평화주의자들이었고 전쟁의 이용을 거부했지만, 티투스의 군단들이 예루살렘과 성전을 공격하자 다른 유대인들과 합세하여 자신들의 도시와 성역을 지키기 위해 종파의 구성원 거의 전부가 죽을 때까지 싸웠다. 요세푸스가 이들의 관습과 고난을 설명하는 것을 보면 그리스도교의 분위기를 느낄 수 있다.

> 이들은 고문을 당하고 억지로 잡아 늘려지고 불에 데워지고 갈가리 찢기는 등 그들의 입법자를 모독하게 하거나 금지된 음식을 먹도록 하려는 온갖 고문을 겪었다. 그러나 이들이 둘 중 어느 것이라도 행하도록 만들 수는 없었다. 이들은 단 한번도 고문하는 자들에게 아첨하거나 한 방울의 눈물도 흘리지 않았다. 대신 이들은 고통 속에서도 미소를 짓고 자신들을 고문하는 자들을 조소했으며, 매우 즐거운 마음으로 마치 다시 받을 것을 기대하는 듯이 영혼을 포기했다.[32]

사두가이파와 바리사이파와 에세네파는 그리스도가 오기 전 세대에 유대의 주요 종파였다. 예수가 매우 자주 바리사이파라고 일괄하여 거론하던 율법 학자들(하카민(Hakamin), 배운 자들)은 종파가 아니라 직업이었다. 이들은 율법을 공부한 학자들로서 회당에서 율법에 관해 강의를 했고, 학교에서 율법을 가르쳤으며, 공적으로나 사적으로 율법에 관해 토론했고, 특정 사건에 관한 판결에 율법을 적용했다. 일부 소수의 율법 학자는 사제였으며 일부는 사두가이파였지만 대다수는 바리사이파였다. 힐렐 이전 200년간의 율법 학자들은 힐렐 이후의 랍비들과 유사했다. 이들은 유대의 법률학자로서, 이들의 법률적 견해는 시대의 선택을 받고 교사의 입에서 나온 말로 학생에게 전달되어 바리사이파가 성문 율법과 더불어 존중하던 구전 전통의 일부가 되었다. 모세 율법은 율법 학자들의 영향을 받아 온갖 상황에 대처하기 위한 수많은 상세한 계율로 급격히 늘어났다.

이러한 속인 율법 교사들 중에서 가장 이른 시기에 뚜렷이 부각된 인물은 힐렐이었으며, 힐렐조차 그를 맹신에 가깝게 좋아하던 후세들이 그의 이름 주위에 짜놓은 전설의 실타래 속에 가려 거의 보이지 않는다. 힐렐은 바빌론의 저명하지만 가난한 집안에서 태어났다고 전해진다.(기원전 75년?) 힐렐은 성인이 되어 예루살렘에 왔는데, 그곳에서 육체노동으로 아내와 자식들을 부양했다. 힐렐은 일당의 절반을 셰마야와 압톨림이라는 두 명의 유명한 대가가 율법을 해설하는 학교의 입장료로 지불했다. 힐렐은 어느 날 돈이 부족하여 입장을 거부당하자 "살아 있는 신의 말을 들을 수 있도록" 창턱 위로 기어 올라갔다. 전하는 이야기에 따르면 추위에 얼어붙은 힐렐은 눈 속으로 처박혀 이튿날 거의 반죽음 상태로 발견되었다고 한다.[33] 힐렐은 그 자신이 존경받는 랍비, 즉 율법 교사가 되었으며 겸손과 인내와 친절로 유명해졌다. 어떤 설명은 힐렐을 화나게 만들 수 있다는 쪽에 내기를 건 사람이 패배한 이야기를 전한다.[34] 힐렐은 삶을 지도할 원칙으로서 인간을 사랑하고 평화를 사랑하며 율법과 율법에 관한 지식을 사랑한다는 세 가지를 제시했다. 유대교로 개종하려는 자가 사람이 한 발로 설 수 있을 만큼의 짧은 시간 안에 율법을 설명해 달라고 요청하자, 힐렐은 이렇게 답했다. "자신에게 싫은 것을 다른 이에게 하지 마라."[35]* 이 말은 오래전에 레위기에서 긍정적으로 표현되던 황금률을 조심스럽게 부정하는 형태였다. 힐렐은 또 이렇게 가르쳤다. "이웃의 처지에 놓이기 전에는 그를 판단하지 마라."[37] 힐렐은 율법을 해석하는 일곱 가지 규칙을 세워 서로 다투는 종파들을 진정시켰다. 힐렐 자신의 해석은 자유로웠다. 특히 힐렐은 돈을 빌려 주는 일과 이혼의 처리를 쉽게 했다. 힐렐은 개혁자가 아니라 평화주의자였다. 힐렐은 그 시대의 청년 모반자들에게 이렇게 조언했다. "회중에서 이탈하지 마라."

---

* 탈무드에 따르면 힐렐의 답변에는 다른 말도 있다. "이것이 율법의 전부이며, 나머지는 주석일 뿐이다."[36]

힐렐은 헤롯을 필요악으로 받아들였고, 헤롯은 힐렐을 산헤드린의 의장으로 임명했다.(기원전 30년) 산헤드린의 과반수를 차지하던 바리사이파는 힐렐을 무척 사랑하여 힐렐은 죽을 때까지(서기 10년) 산헤드린의 수장 자리를 유지했다. 그 직책은 힐렐을 추도하는 뜻에서 400년간 그의 가문으로 세습되었다.

산헤드린은 두 번째로 명예로운 지위를 힐렐의 경쟁자였던 보수파 랍비 샴마이에게 부여했다. 샴마이는 훨씬 더 엄격히 해석한 율법을 가르치고 이혼을 거부했으며, 새로운 상황과 상관없이 토라를 문자 그대로 적용할 것을 요구했다. 힐렐 이전 백 년간 유대인 교사들은 이렇게 보수파와 자유주의파로 분열되어 있었고, 이러한 상황은 예루살렘 성전이 파괴될 때까지 지속되었다.

5. 큰 기대

지금까지 전하는 이 시기의 유대 문헌은 거의 전부가 종교적인 문헌이다. 정통파 히브리인에게 신의 조각상을 만들거나 조형 미술로 신전을 장식하는 것이 신성 모독으로 비쳤듯이, 신을 찬미하고 율법을 미화하는 것 이외의 다른 궁극적 목적을 위해 철학이나 문학을 쓰는 것은 오류였다. 물론 많은 예외가 있었고, 그중 수산나의 아름다운 이야기는 하나의 사례가 될 수 있다. 수산나 이야기는 어느 정당한 유대인 여인이 욕구를 채우지 못한 두 명의 늙은이로부터 부정을 저질렀다는 이유로 거짓 고발을 당했지만 다니엘이라는 청년이 증언을 훌륭하게 대조하여 석방된 이야기이다. 이 소설 같은 이야기도 다니엘서의 일부 판본에 존재한다.

『집회서(書)』로 알려진 『시라크의 아들 요슈아 서(書)』는 바로 이 시기에 씌었을지도 모른다. 이 책은 여러 외경(경외서), 다시 말해 유대교의 구약 정전으로 인정받지 못한 "숨겨진" 책이나 근거가 확실하지 않은 책 중 하나이다. 『집회서』는 아름다운 대목과 지혜가 풍부하여 전도서와 욥기의 분류에서 배제될 이유가 없었다. 『집회서』의 24장에는 잠언 8장에서 그렇듯이 로고스, 즉 육신을 갖춘 말씀이 이렇게 나타난다. "태초에 신이 제일 처음 만든 지혜." 기원전 130년에서 서기 40년 사이에 알렉산드리아의 어느 유대인이(아니면 다수의 헬레니즘 세계 유대인이) 『솔로몬의 지혜(지혜서)』를 간행했다. 이 책은 필론처럼 유대교와 플라톤 철학의 조화를 꾀했고, 이사야 이래로 그 어느 산문만큼이나 훌륭한 산문으로 헬레니즘에 물든 유대인들을 율법으로 돌아오게 하려 했다. 상대적으로 작은 작품인 『솔로몬의 시편』은(기원전 50년경) 이스라엘의 구원자에 대한 기대로 가득하다.

신성한 구원자의 도래를 통해 로마와 속세의 고통에서 구원받는다는 희망은 이 시기 유대 문헌 거의 전부에 울려 퍼지는 주제이다. 많은 작품이 묵시록이나 계시록의 형태를 취했으며, 그 목적은 과거를 신이 일부 선지자에게 보여준 미래의 승리로 이어지는 서막으로 제시함으로써 과거를 이해하고 용서할 수 있도록 하는 것이었다. 기원전 165년경에 유대인의 용기를 북돋아 안티오코스 에피파네스에 대항하게 하려는 목적에서 씌어진 『다니엘서』는, 야훼가 자신들을 오랫동안 이교도의 지배 아래 두었다는 사실을 믿을 수 없는 유대인들 사이에 여전히 유포되고 있었다. 『에녹서』는 기원전 170년에서 기원전 66년 사이에 여러 명이 쓴 작품일 가능성이 높고, 창세기에서 "하느님과 함께 걸었다."는(5장 24절) 족장에게 나타난 환상의 형태를 띠었다. 『에녹서』는 사탄과 그 무리의 타락, 인간의 삶 속으로 침입한 악과 고난, 메시아에 의한 인류의 구원, 천국의 도래를 차례대로 설명했다. 기원전 150년경부터 유대인 작가들은 시빌의 신탁을 출간했다. 책에는 여러 시빌(sibyl), 즉 여자 예언자들이 이교에 맞서 유대교를 지키고 적들에 맞서 유대인의 최종적인 승리를 예언하는 것으로 묘사되었다.

구원하는 신이라는 관념은 아마도 페르시아와 바빌로니아에서 서아시아로 전래되었을 것이다.[38] 조로아스터교의 신조에서 모든 역사와 삶은 신성한 빛의 세력과 악마의 어둠의 세력 사이의 전쟁으로 표현되었다. 종국에는 구원자(샤

오시안트(Shaosyant)나 미트라)가 나타나 모든 이를 심판하고 영원한 정의와 평화의 치세를 열 것이다. 많은 유대인에게 로마의 지배는 악의 일시적인 승리로 보였다. 유대인들은 "이방인" 문명의 탐욕과 배신, 잔인함, 우상 숭배와 에피쿠로스학파 세계의 "무신론적" 쾌락주의를 비난했다. 『솔로몬의 지혜』에 따르면,

신을 믿지 않는 자들은 이렇게 말했다. 우리의 삶은 짧고 지루하며, 사람의 죽음을 막을 방법은 없다. 무덤에서 돌아왔다는 사람도 없다. …… 우리의 콧구멍으로 드나드는 숨은 연기와 같고 우리의 심장을 움직이는 작은 불꽃이므로, 그것이 꺼지면 우리의 육신은 재로 변할 것이며, 우리의 영혼은 가벼운 공기처럼 희미해질 것이며, 우리의 이름은 잊힐 것이고, 우리의 생명은 구름의 자취처럼, 햇빛에 흩어져 없어지는 안개처럼 사라질 것이다. …… 자, 현재의 행운을 즐기자. …… 봄날의 꽃을 하나라도 그냥 지나치지 말자. 장미꽃 봉오리가 시들기 전에 화환을 만들어 쓰자. 사방에 우리의 기쁨의 증거를 남기자.[39]

저자는 말한다. 쾌락은 공허하고 덧없으므로 이러한 쾌락주의자들의 추론은 잘못되었으며, 이들은 그릇된 희망을 품었다고.

신앙이 없는 자들의 희망은 바람에 날리는 쭉정이 같고 폭풍에 흩어지는 가는 흰 서리 같아서 단 하루만 머문 손님의 기억처럼 사라진다. 그러나 의로운 자들은 영원히 살 것이며 이들이 염려하는 바는 가장 높은 존재이다. 그러므로 이들은 영광스러운 왕국을, 주(主)의 손으로부터 아름다운 왕관을 얻을 것이다.[40]

종말론적 서책들에 따르면 악의 치세는 신의 직접적인 개입에 의해서든 신의 아들이나 대리인, 즉 메시아나 기름 부음을 받은 자에* 의해서든 끝날 것이

---

* "메시아(히브리어로 마시아(mashiah)"라는 낱말은 구약 성서에 자주 등장한다. 70인 역을 만든 유대인들은 이 낱말을 그리스어 크리스토스(Christos), 즉 성유(聖油)를 뒤집어쓴 자라는 의미의 기름 부음을 받은 자로 번역했다.

다. 백 년 전 선지자 이사야가 메시아를 예언하지 않았는가?

> 우리를 위하여 태어날 한 아기, 우리에게 주시는 아드님, 그 어깨에는 주권이 메어지겠고, 그 이름은 …… 용사이신 하느님, 평화의 왕이라 불릴 것이다.[41]

많은 유대인이 메시아를 다윗의 왕가에서 태어날 현세의 왕으로 설명하는 이사야서에(11장 1절) 동의했다. 『에녹서』와 『다니엘서』의 저자들처럼 다른 이들은 메시아를 인간의 아들[人子]이라고 불렀고 하늘에서 내려올 것이라고 묘사했다. 『잠언』의 철학자와 『솔로몬의 지혜』의 시인은[42] 아마도 플라톤의 이데아론이나 스토아학파의 아니마 문디(anima mundi, 세상의 영혼)의 영향을 받았을 것이며, 메시아를 신이 처음 낳은 지혜의 화신(化身), 즉 필론의 철학에서 곧 매우 큰 역할을 하게 될 말씀이나 이성(로고스)으로 보았다. 종말론적 저자들은 거의 전부 메시아가 즉시 승리할 것으로 생각했다. 그러나 이사야는 유명한 문장으로 메시아를 이렇게 묘사했다.

> 사람들에게 멸시를 당하고 퇴박을 맞았다. 그는 고통을 겪고 병고를 아는 사람 …… 분명히 그는 우리가 앓을 병을 앓아 주었으며 우리가 받을 고통을 겪어 주었구나. …… 그를 으스러뜨린 것은 우리의 악행이었다. 그 몸에 채찍을 맞음으로 우리를 성하게 해 주었고 그 몸에 상처를 입음으로 우리의 병을 고쳐 주었구나. …… 야훼께서 우리 모두의 죄악을 그에게 지우셨구나. …… 그가 억울한 재판을 받고 처형당하는데 …… 그렇다 그는 인간 사회에서 끊기었다. …… 많은 사람의 죄를 짊어지고 그 반역자들을 용서해 달라고 기도한 때문이다.[43]

하지만 결국 메시아가 이방인을 굴복시키고 이스라엘을 해방하며[44] 예루살렘을 수도로 삼아 만인이 야훼와 모세 율법을 받아들이게[45] 할 것이라는 데에는 모두가 동의했다. 그 이후로는 온 세상에 행복한 "좋은 시절"이 도래할 것이었다. 세상 전체가 비옥해질 것이고 온갖 씨앗이 천 배의 수확을 낼 것이며, 포도주가 넘치고 가난이 사라지며 만인이 건강하고 덕을 행하며 정의와 우정과 평화가 세상을 지배할 것이었다.[46] 몇몇 선지자는 이 기쁨의 시대가 중단될 것이고 어둠과 악의 세력이 행복한 왕국에 최후의 공격을 가할 것이며, 세상은 혼돈과 대화재로 없어질 것이라고 생각했다. 마지막 "신의 날"에 죽은 자들이 일어나 "옛적부터 늘 계셨던 이(야훼)"나 "사람의 아들[人子]"에게 심판을 받고 이어서 이 심판자에게 새로워진 세상, 즉 신의 왕국에 대한 절대적이고 영원한 통치권이 주어질 것이다. 사악한 자들은 지옥으로 말도 못한 채 거꾸로 내던져질 것이지만,[47] 선한 자들은 영원한 행복으로 영접될 것이다.

유대 지역 사상은 본질적으로 당대의 이교 신학과 유사하게 움직였다. 한때 미래를 민족의 운명이라는 관점에서 생각하던 백성은 국가에 대한 신뢰를 잃었고 영적이고 개인적인 관점에서 구원을 바라보았다. 비의(秘儀) 종교는 이러한 희망을 그리스와 헬레니즘 세계의 동방, 그리고 이탈리아에 전파했다. 하지만 그 희망이 가장 진지하고 가장 컸던 곳은 유대였다. 빈곤층이나 가족을 잃은 자들, 그리고 억압당하거나 멸시당한 자들은 자신들을 종속과 고난에서 해방할 신성한 구원자를 기대했다. 묵시록들은 곧 구세주가 나타날 것이고 그의 승리로 정의로운 사람들은 모두, 심지어 무덤 속에 있을지라도, 영원한 기쁨의 천국으로 들려 올라갈 것이라고 말했다. 시메온 같은 늙은 성자와 파누엘의 딸 안나 같은 신비주의적 여성은 성전 근처에서 금식하고 기다리며 죽기 전에 구원자를 볼 수 있기를 기도하며 생을 보냈다. 큰 기대가 사람들의 가슴을 채웠다.

6. 반란

역사상 유대인만큼 집요하게 자유를 위해 투쟁한 민족은 없었고, 그렇게 큰 열세를 딛고 싸운 민족도 없었다. 유다 마카베오부터 시메온 바르 코크바까지, 심지어는 20세기에 와서도, 자유를 획득하려는 유대인의 투쟁은 종종 자신들의 목숨을 많이 앗아 갔지만, 그 정신이나 희망은 결코 꺾이지 않았다.

헤롯 대왕이 죽자, 민족주의자들은 힐렐의 평화주의적인 조언을 무시하고 헤롯의 후계자인 아르켈라오스에 맞서 반란을 선언하고 성전 근처에 진을 쳤다. 아르켈라오스의 군대는 3000명을 학살했는데, 다수는 유월절(逾越節) 축제를 보내려고 예루살렘에 온 자들이었다.(기원전 4년) 이어지는 오순절(五旬節) 축제에 반란자들이 다시 모였지만 한 번 더 큰 살육을 당했다. 성전의 수도원들은 불타 없어지고 성소의 보물은 로마의 군단들에 약탈당했으며, 많은 유대인들이 절망에 빠져 자살했다. 농촌에서는 애국자들이 무리를 이루어 로마를 지지하는 자들의 생명을 위협했다. "갈릴리 사람 유다"가 지도하는 한 무리는 갈릴리의 수도인 세포리스를 점령했다. 시리아의 총독 바루스는 2만 명의 병력을 이끌고 팔레스티나로 진입하여 수백 개 도시를 파괴하고 2000명의 반도를 십자가형에 처했으며, 3만 명의 유대인을 노예로 팔아 버렸다. 유대인 지도자들의 대표단이 로마로 가서 아우구스투스에게 유대의 왕정을 폐지해 달라고 간청했다. 아우구스투스는 아르켈라오스를 폐위하고 유대를 로마의 이류 속주로 만들어 시리아 총독에 책임을 지는 징세관에게 관리를 맡겼다.(서기 6년)

이 분쟁의 땅은 티베리우스 치세에 잠시 평화를 찾았다. 칼리굴라는 제국 전역에서 황제 숭배를 통합의 종교로 삼고 싶어 했으므로 모든 종파에 자신의 조각상 앞에 제물을 올리라고 명하고, 예루살렘 관리들에게는 예루살렘 성전에 자신의 조각상을 세우라고 명했다. 유대인은 아우구스투스와 티베리우스 치세에 야훼에게 황제의 이름으로 제물을 올림으로써 타협했다. 하지만 자신들의 성전에 이방인의 조각상을 세우는 데에는 극심히 반대하여, 전하는 바에 따르면 수천 명의 유대인이 시리아 총독에게 가서 황제의 칙령을 실행에 옮기기 전에 자신들을 처참하게 죽여 달라고 요구했다.[48] 칼리굴라가 사망하면서 상황은 진정되었다. 클라우디우스는 헤롯의 손자 아그리파에게 큰 인상을 받아 그를 팔레스티나 거의 전체의 왕으로 삼았다. 그러나 아그리파의 갑작스러운 죽음으로 다시 소요가 발생하고 클라우디우스는 징세관의 통치를 회복했다.(44년)

해방 노예로 구성된 클라우디우스의 용병들이 징세관 자리에 앉힌 사람들은 대체로 부적격자 아니면 불한당이었다. 타키투스에 따르면 형인 팔라스에 의해 징세관이 된 펠릭스는 "왕의 권력과 노예의 영혼으로 유대를 통치했다."[49] 페스투스는 좀 더 정의롭게 통치했으나 그러다가 죽었다. 요세푸스를 믿을 수 있다면 알비누스는 주도면밀하게 약탈하고 세금을 거두었으며, 대가를 받고 죄수들을 풀어 주어 부자가 되었다. "감옥에는 그에게 아무것도 주지 못한 자들만 남았다."[50] 로마인의 친구이자 찬미자였던 요세푸스에 따르면, 플로루스는 "통치자가 아니라 사형 집행인처럼" 처신하고 모든 도시를 약탈했으며, 자신을 위해 훔쳤을 뿐 아니라 제 몫을 챙길 수 있다면 다른 강도 짓도 묵인했다. 이러한 보고는 전쟁 선전의 기미를 약간 띠고 있다. 징세관들은 유대인을 억압해야 할 매우 성가신 민족이라고 생각했음에 틀림없다.

이러한 실정(失政)에 항의하여 "열심당(熱心黨)"과 "칼잡이들(Sicarii)"이 결성되었다. 그들은 불충한 유대인은 누구든 죽이기로 맹세하고, 거리의 많은 사람들에 뒤섞여 희생자로 지목된 자들을 배후에서 칼로 찌른 뒤에 혼란스러운 군중 속으로 사라졌다.[51] 플로루스가 성전의 금고에서 17탈렌트(6만 1200달러)를 탈취했을 때, 성난 군중이 신전 앞에 모여 플로루스를 해임하라고 외쳐댔다. 몇몇 청년은 가난으로 플로루스가 고통받고 있으므로 그를 위해 보시하라고 바구니를 들고 돌아다녔다. 플로루스의 군단들은 집회를 해산하고 수많은 집을 약탈했으며 점거자들을 학살했다. 반란의 주동자들은 채찍질을 당하고 십자가형을 당했다. 요세푸스는 그날 3600명의 유대인이 살해되었다고 적고 있다.[52] 늙은 히브리인이나 부자 히브리인은 그렇게 강력한 제국에 맞선 반란은 민족적 자살이라고 주장하며 인내할 것을 조언했다. 하지만 젊은 층이나 가난한 사람들은 이들의 묵인과 비겁함을 비난했다. 도시와 거의 모든 가정이 두 당파로 쪼개졌다. 한 당파는 예루살렘의 상부를, 다른 당파는 하부를 장악했고, 각각 가용한 무기를 전부 동원하여 상대를 공격했다. 68년 두 집단 사이에 전면적인 충돌이 일어났다. 과격파가 승리했으며, 거의 모든 부자를 포함해 1만 2000명의 유대인을 살해했다.[53] 반란은 혁명이 되었다. 반군은 마사다의 로마 주둔군을 포위하고 무장 해제를 권유한 뒤 모조리 살해했다. 그날 카이사레아의 이방인들이 종족 학살을 자행하여 유대인 2만 명을 학살했고, 수많은 유대인을 노예로 팔았다. 다마스쿠스의 이방인들은 단 하루에 유대인 1만 명의 목숨을 빼앗았다.[54] 격분한 혁명가들은 팔레스티나와 시리아의 여러 그리스 도시를 폐허로 만들고 일부는 완전히 불태워 잿더미로 만들었으며, 많은 사람들을 살해하고 자신들도 많이 죽었다. 요세푸스는 이렇게 말한다. "그때는 매장되지 않은 …… 시신들로 가득한 도시를 보는 일이 흔했다. 늙은 남자들의 시신이 유아의 시신과 뒤섞였고 그 속에 여인들의 시신이 덮개도 없이 널브러져 있었다."[55] 66년 9월 무렵 혁명은 예루살렘과 팔레스티나 거의 전체를 장악했다. 주화파(主和派)는 신뢰를 잃었으며, 주화파에 속하던 자들도 대부분 반란에 합세했다.

이들 중에 요세푸스라는 사제가 있었다. 그는 당시 서른 살의 젊은이로 정력적이었고 총명했으며, 모든 욕구를 장점으로 바꿀 수 있는 지성을 타고났다. 반란자들로부터 갈릴리를 요새화하라는 임무를 부여받은 요세푸스는 베스파시아누스의 공성(攻城)에 맞서 갈릴리의 성채인 요토파타를 방어했다. 하지만 겨우 마흔 명의 유대인 병사들만 그와 함께 동굴에 숨어 살아남았다. 요세푸스는 항복을 원했지만, 병사들은 항복하려 한다면 죽이겠다고 위협했다. 이들은 포로가 되기다는 죽음을 원했으므로, 요세푸스는 이들을 설득하여 누가 다른 사람의 손에 먼저 죽을지 추첨으로 결정하자고 제안했다. 요세푸스는 병사들이 다 죽고 자신과 다른 한 사람만 남았을 때 그를 권유하여 같이 항복했다. 둘이 사슬에 묶여 로마로 보내질 찰나에 요세푸스는 베스파시아누스가 황제가 되리라고 예언했다. 베스파시아누스는 요세푸스를 석방하고 이후 그를 받아들여 유대인과 싸울 때 유용한 조언자로 이용했다. 베스파시아누스가 알렉산드리아로 떠나자 요세푸스는 티투스와 함께 예루살렘 성을 공격했다.

로마 군단들이 접근하자 예루살렘을 방어하던 자들은 뒤늦게 광적으로 단합했다. 타키투스는 예루살렘에 모인 반란자들을 60만 명으로 추산했다. "도움이 될 수 있는 사람은 전부 무기를 들고 나타났다." 그리고 여자들도 남자 못지않게 용감했다.[56] 로마군의 전열에 서 있던 요세푸스는 포위된 자들에게 항복을 권고했으나, 이들은 요세푸스에게 반역자의 낙인을 찍고 마지막까지 항전했다. 굶주리던 유대인은 식량을 확보하려고 필사적인 돌격을 감행했으나 수천 명이 로마군에게 잡혀 십자가형에 처해졌다. 요세푸스는 이렇게 전한다. "이들의 수가 너무 많아 십자가를 둘 공간이 부족했고 사람을 매달 십자가가 부족했다." 다섯 달에 걸친 포위 공격의 후반부에 이르자 예루살렘 거리는 시체 때문에 다니기가 힘들 정도였고, 잔인한 인간들이 배회하면서 죽은 자들을 칼로 찌르며 약탈했다. 전하는 바에 따르면, 성벽 너머로 11만 6000구의 시신이 내던져졌다. 일부 유대인은 금을 집어삼킨 채 살며시 예루살렘을 빠져나갔다. 로마인이나 시리아인은 유대인을 사로잡으면 그들의 배를 갈라 내장을 뒤져 주화를 찾았다.[57] 티투스는 도시 절반을 장악한 뒤에 반란자들에게 자기 스스로 관대하다고 생각한 조건을 제시했으나 거부당했다. 타오르고 있는 로마군의 횃불로 성전에 화재가 났으며, 그 거대한 건축물은 대부분 목재였으므로 순식간에 다 타 버렸다. 디오는 생존자들이 용감하고 당당하게 싸우다 성전 마당에서 죽었다고 전한다.[58] 어떤 이들은 서로 죽였고, 어떤 이들은 자신의 검 위에 쓰러졌으며, 그리고 어떤 이들은 화염 속으로 뛰어들었다. 승자는 자비를 베풀지 않았고 유대인을 손에 잡히는 대로 모조리 죽였다. 9만 7000명의 도망자가 포로로 잡혀 노예로 팔려 갔으며, 이들 중 다수는 베리토스, 카이사레아 필리피, 그리고 로마에서 축하 행사로 열린 승전 시합에서 제 뜻에 상관없이 검투사로 싸우다 죽었다. 요세푸스는 이러한 포위 공격과 그 여파로 죽음을 당한 유대

인 수를 119만 7000명으로 헤아렸고, 타키투스는 60만 명으로 계산했다.(서기 70년)[59]

저항은 73년까지 곳곳에서 계속되었지만, 예루살렘 성전의 파괴는 본질적으로 반란과 유대인 국가의 종말을 고했다. 반란에 참여한 자들의 재산은 몰수되어 매각되었다. 유대는 유대인을 거의 전부 빼앗겼고, 남은 자들은 기아선상에 놓였다. 이제 극빈층 유대인조차 로마의 이교 신전에 반(半) 셰켈을 바쳐야 했다. 반 셰켈이면 이전에 경건한 히브리인이 예루살렘 성전의 유지비로 매년 납부하던 액수였다. 유대교는 현대에 이르기까지 유지해 오는 형태를 띠었다. 중앙 사원이 없고 주된 성직자단도 없으며 제물을 바치는 의식도 없는 종교가 된 것이다. 사두가이파는 사라졌고, 바리사이파와 랍비가 회당과 희망 이외에는 아무것도 남지 않은 고국 없는 민족의 지도자가 되었다.

7. 이산

백만 유대인이 도피하거나 노예가 되면서 유대인은 지중해 전역으로 더욱 빠르게 퍼져나갔다. 학자들은 이러한 이산(離散, Diaspora)의 시점을 헤롯 성전의 파괴로 잡고 있다. 유대인의 이산이 600년 전 바빌론 유수(幽囚)에서 시작되었고 알렉산드리아 정착으로 재개되었다는 사실은 알려져 있다. 유대인의 신앙심과 율법이 출생률을 제어하고 영아 살해를 엄격히 금했으므로, 유대인이 확산된 이유는 경제적이고 생물학적인 것이었다. 히브리인들은 상업 세계에서는 여전히 매우 작은 역할만 수행했다. 예루살렘 함락 50년 전 스트라본은 반(反)유대주의적 과장을 더하여 이렇게 얘기했다. "세상에 사람이 거주할 수 있는 곳으로 이 종족을 들이지 않은 곳은, 이 종족이 차지하지 않은 곳은 단 한 군데도 찾기 어렵다."[60] 이산 20년 전 필론은 이렇게 묘사한다. "육지는 …… 유대인 정착지로 가득하고 …… 섬들과 바빌로니아 거의 전체도 비슷한 상황이다."[61] 서기 70년 티그리스 강변의 셀레우키아와 여타 파르티아의 도시들에는 수천 명의 유대인이 있었다. 아라비아에도 많은 유대인이 있었고 이들은 에티오피아까지 건너갔다. 시리아와 페니키아에도 유대인이 넘쳐났다. 타르수스와 안티오크, 밀레토스, 에페소스, 사르디스, 스미르나에는 유대인의 큰 거류지가 있었다. 델로스와 코린토스, 아테네, 필리피, 파트라이, 테살로니카에만 유대인의 숫자가 적었다. 서부에는 카르타고와 시라쿠사, 푸테올리, 카푸아, 폼페이, 로마, 심지어 호라티우스의 고향인 베누시아에도 유대인 공동체가 있었다. 제국 내 유대인은 전부 다 해서 약 700만 명으로 추산할 수 있다. 이는 제국 전체 인구의 약 7퍼센트로, 오늘날 미국에서 유대인이 차지하는 비율의 두 배에 이른다.[62]

유대인의 숫자, 의복, 음식, 할례, 빈곤, 야심, 번영, 배타성, 총명함, 조각상에 대한 반감, 그리고 불편한 안식일 준수는 연극에 나타나는 농담과 에우베날리스와 타키투스에게서의 비방에서부터 거리에서 벌어지는 살인과 대규모 종족 학살에 이르기까지 다양한 형태의 반유대주의를 낳았다. 알렉산드리아의 아피온은 이러한 공격의 주요 대변자가 되었고, 요세푸스는 작은 책자를 써서 신랄하게 반박했다.*

예루살렘이 함락된 후 요세푸스는 티투스와 함께 로마로 갔고, 동포를 정복한 티투스를 따라 유대인 포로와 약탈물을 전시한 개선식에 동행했다. 베스파시아누스는 요세푸스에게 로마 시민권과 연금, 궁전 안의 방, 그리고 유대의 좋은 땅을 주었다.[64] 이에 대한 답례로 요세푸스는 베스파시아누스 가문의 이름인 플라비우스를 자기 이름으로 취하고, 『유대인 전쟁사』를 저술하여(75년경) 티투스가 팔레스티나에서 행한 것을 옹호하는 한편, 자신의 변절을 해명했으며 로마의 힘을 설명하여 차후의 반란을 단념시켰다. 말년에 더욱 예민하게 고독을 느끼던 요세푸스는 『유대인의 고대(古代)』를 저술하여(93년경) 이방인들에게 유대인의 업적과 관습, 그리고

* 요세푸스는 아피온이 궤양 때문에 부득이하게 할례를 해야 했다는 소식을 듣고 즐거워했다.[63]

성격을 좀 더 우호적으로 보여 줌으로써 자기 민족의 호의를 되찾으려 했다. 요세푸스의 이야기는 명료하고 설득력이 있으며, 헤롯 대왕에 대한 설명은 플루타르코스의 이야기처럼 매력적이다. 그러나 편견과 목적이 객관성을 해친다. 요세푸스는 여러 해에 걸쳐『유대인의 고대』를 쓰면서 힘을 많이 소진했다. 스무 권 중 마지막 네 권은 서기들이 그의 노트를 보고 썼다.[65] 요세푸스는 이 작품이 나왔을 때 56살에 불과했지만 모험과 논쟁, 그리고 정신적인 외로움으로 가득한 삶을 살아 왔으므로 이미 지쳐 버렸다.

유대인은 그들 특유한 회복력으로 팔레스타나에서 경제와 문화를 조금씩 재건했다. 예루살렘이 포위 공격을 받던 중 힐렐의 나이 많은 제자였던 요하난 벤 자카이는 살육으로 구전 전통의 교사와 전수자가 전부 죽을 것을 염려하여 탈출했으며 지중해 연안의 야브네, 즉 얌니아에서 포도밭에 학교를 세웠다. 예루살렘이 함락되자 요하난은 얌니아에서 사제와 정치인, 그리고 부자가 아닌 바리사이파와 랍비, 즉 율법 교사들로 새로운 산헤드린을 조직했다. 이 "베트딘(Bet Din)", 즉 평의회가 정치 권력은 갖지 못했지만, 팔레스타나의 유대인은 대부분 종교와 도덕에 관한 문제에서는 그 권위를 인정했다. 평의회가 의장으로 선출한 장로가 유대인 공동체의 행정관을 임명했으며 반항하는 유대인을 파문할 권한을 지녔다. 장로 가말리엘 2세의 엄격한 규율은 먼저 평의회를, 그 다음 얌니아의 유대인과 팔레스타나 전체의 유대인을 긴밀히 통합했다.(100년경) 가말리엘의 지도에 따라 힐렐과 샴마이가 남긴 율법에 대한 모순되는 해석이 재검토되어 표결에 붙여졌다. 힐렐의 해석은 대부분 승인되었고 모든 유대인에게 구속력을 갖게 되었다.

이제 율법이 나라 없이 흩어진 유대인을 묶어 주는 데 없어서는 안 될 접착제였으므로, 율법 교육은 이산 지역 도처에서 회당의 주된 업무가 되었다. 회당이 신전을 대체했고, 기도가 제물 올리기를 대신했으며, 랍비가 사제를 대신했다. 탄나임(Tannaim), 즉 해설자들이 유대인의 구전으로 전수된 율법(할라카(Halacha))을 해석하고 보통은 성서를 인용하여 그 해석을 뒷받침했으며, 이따금씩 이야기, 설교, 아니면 기타 자료(하가다(Haggada))를 더하고 이로써 예를 들어 설명했다. 탄나임 중에서 가장 유명한 사람은 랍비 아키바 벤 요셉이었다. 아키바 벤 요셉은 마흔 살에(80년경) 다섯 살 된 아들을 따라 학교에 입학하여 읽기를 배웠는데, 곧 모세 오경을 암기하여 낭송할 수 있었다. 아키바 벤 요셉은 13년간 공부한 뒤 얌니아 인근의 한 마을에서 무화과나무 아래에 자신의 학교를 열었다. 그의 열정과 이상주의, 용기와 해학, 심지어 강력한 독단론조차 많은 학생들을 끌어모았다. 95년 도미티아누스가 새로운 반(反)유대인 조치를 계획하고 있다는 소식이 들렸다. 따라서 아키바가 가말리엘, 그리고 다른 두 사람과 함께 황제에 사사로이 청원하러 갈 자로 선택되었다. 이들이 로마에 있는 동안 도미티아누스는 사망했다. 네르바는 이들의 탄원을 호의적으로 들어주었고, 로마 재건을 위해 유대인에게 부과하던 세금을 폐지했다. 아키바는 얌니아로 돌아오던 길에 할라카를 편찬하는 일생의 과업에 착수했다. 아키바의 제자인 랍비 메이르와 이들을 뒤이은 랍비 유다(예후다 하나시)가 이 과제를 완수했다.(200년경) 할라카는 심지어 이렇게 편찬된 형태로도 일부는 구전 전통으로 남았으며, 학자들과 전문 암기자들(율법의 살아 있는 교과서)에 의해 세대에서 세대로 전수되었다. 아키바의 결론은 논리적이었지만 그 방식은 어리석었다. 아키바는 토라, 즉 성문 율법의 모든 자구(字句)가 신비로운 의미를 지닌다는 이상한 해석으로부터 자유로운 해석을 도출했다. 아키바는 사람들이 신비적인 형태로만 합리적인 것을 받아들일 것이라고 생각한 듯하다. 탈무드에서 마이모니데스까지, 그리고 종국에는 스콜라 철학자들의 방법까지 전해진 신학과 윤리학의 공들인 구성과 해설은 아키바에서 시작했다.

아흔 살이 되어 쇠약해지고 보수적으로 바뀐 아키바는 청년기에 그랬듯이 혁명에 에워싸였다. 115년에서 116년까지 키레네와 이집트, 키프로스, 메소포타미아의 유대인들이 한 번 더 로마에 반기를 들었다. 유대인이 이방인을 학살하고 이방인이 유대인을 학살하는 것은 일상이었다. 디오에 따르면 키레네에서 22만 명, 키프로스에서 24만 명이 살해되었다. 그 수치는 믿기 어렵지만 키레네가 그때 황폐해진 이후로 다시는 회복하지 못했고, 키프로스에서는 이후 수백 년 동안 유대인의 거주가 허락되지 않았음은 분명하다. 봉기들은 진압되었으나, 생존한 유대인들은 예루살렘 성전을 재건하고 자신들로 하여금 승리하여 예루살렘에 입성시켜 줄 메시아에 대한 희망을 놓지 않았다. 로마의 어리석은 짓이 반란을 재차 촉발했다. 130년 하드리아누스는 예루살렘 성전 터에 유피테르에게 바치는 신전을 짓겠다고 선포했다. 131년 하드리아누스는 칙령을 공포해 할례와 유대 율법의 공개 교육을 금지했다.[66] 자신이 메시아라고 주장한 시메온 바르 코크바의 지도에 따라 유대인은 고대에서 마지막으로 고향과 자유를 되찾기 위한 노력을 했다.(132년) 평생 평화를 설교해 오던 아키바는 바르 코크바를 약속된 구원자로 받아들이고 혁명을 축복했다. 반란자들은 3년간 로마의 군단에 맞서 용감하게 싸웠으나 식량과 물자 부족으로 결국 패배했다. 로마는 팔레스티나에서 985개 도읍을 파괴하고 58만 명을 학살했다. 전하는 바로는 훨씬 더 많은 사람이 굶주림과 질병과 화재로 사망했다고 한다. 유대 지방 거의 전체가 폐허로 변했다. 바르 코크바는 베타르 요새를 지키다 쓰러졌다. 너무 많은 유대인이 노예로 팔려 노예 가격이 말 가격으로 떨어졌다. 수많은 유대인이 포로로 잡히는 것을 피해 지하 수로에 숨었으나 로마군에 포위되어 차례로 굶어 죽었고 살아남은 자들은 죽은 자의 시신을 먹었다.[67]

하드리아누스는 유대교의 회복하는 힘을 파괴하기로 단호히 결심하고 할례뿐 아니라 안식일이나 유대인 축제의 준수, 그리고 히브리인 전례(典禮)의 공개적인 이행까지 금지했다.[68] 새롭고 더 무거운 인두세가 모든 유대인에게 부과되었다. 유대인은 매년 정해진 하루에만 예루살렘에 들어갈 수 있었다. 그날이 되면 유대인은 무너진 성전의 폐허 앞에서 통곡했다. 예루살렘 자리에는 이교 도시 아일리아 카피톨리나가 유피테르와 베누스에 바치는 신전과 체육관, 극장, 목욕장을 갖추어 건설되었다. 얌니아의 평의회는 해체되어 불법 단체가 되었다. 더 작고 힘없는 평의회가 리다에 허용되었지만, 율법의 공개 교육은 금지되고 이를 어기면 죽음이 기다리고 있었다. 여러 랍비가 이 명령을 어겨 처형되었다. 이제 95세가 된 아키바는 계속 제자들을 가르치겠다고 고집했다가 3년 간 투옥되었지만 감옥에서도 가르침을 중단하지 않았다. 아키바는 재판을 받고 유죄 선고를 받았으며, 전하는 이야기로는 유대교의 기본적인 교의를 말하며 죽었다고 한다. "들어라, 이스라엘이여! 주는 우리의 하느님이며 주는 한 분이시다."[69]

안토니누스 피우스가 하드리아누스의 칙령들을 완화했지만, 유대인은 수백 년 동안 바르 코크바의 반란으로 초래된 재앙에서 회복하지 못했다. 그 순간부터 유대인은 자신들만의 중세에 접어들었다. 의학 이외의 모든 세속 학문을 포기하고 헬레니즘은 어떤 형태의 것이든 거부했다. 그리고 랍비들과 자신들의 신비적인 시가, 그리고 율법에서만 위로와 통합을 구했다. 유대 민족만큼 그렇게 오랫동안 유랑 생활을 하고 그토록 가혹한 운명을 맞이한 이들은 없다. 유대인은 정작 자신들은 갈 수 없는 성도(聖都)를 먼저 이교에, 이어 그리스도교에 내어 줄 수밖에 없었다. 이들은 여러 속주와 그 너머로 흩어졌고, 빈곤과 굴욕에 처해졌다. 그리고 심지어는 철학자들과 성인들의 도움조차 받지 못하던 유대인들은 공적인 무대에서 벗어나 사사로운 연구와 예배에 전념하며 학자들의 말을 열정적으로 보존하고, 결국 이를 바빌로니아의 탈무드와 예루살렘의 탈무드로 기록했다. 유대교는 공포와 모호함 속에 숨었지만 그 후손인 그리스도교는 밖으로 나와 세상을 정복했다.

초기 그리스도교

기원전 4~서기 325년

26장

예수
기원전 4~서기 30

1. 출처

그리스도는 실존 인물이었는가? 그리스도교 창시자의 생애는 인간의 슬픔, 상상력, 희망의 산물인가? 다시 말하자면 크리슈나, 오시리스, 아티스, 아도니스, 디오니소스, 그리고 미트라의 전설에 견줄 만한 신화인가? 18세기 초에 볼테르(Voltaire)마저 깜짝 놀라게 한 볼링브로크(Bolingbroke) 서클이 은밀하게 예수가 결코 실존 인물이 아니었을 가능성에 대해 논의했다. 볼니(Volney)는 1791년 『제국의 유적』에서 동일한 의문을 제기했다. 1808년에 독일 학자 빌란트(Wieland)를 만난 나폴레옹은 정치나 전쟁의 사소한 문제가 아니라 그가 그리스도의 역사성을 믿는지를 물었다.[1]

현대 지성의 가장 광범위한 활동 중 하나는 성서에 대한 "고등 비판"이었다. 이것은 성서의 신빙성과 진실성에 대한 공격으로, 그리스도교 신앙의 역사적 근거를 지키려는 영웅적인 시도에 의해 저지되었다. 그 결과는 때가 되면 그리스도교 자체만큼 혁명적인 것으로 입증될 것이다. 200년에 걸친 최초의 전투는 함부르크 대학 동방 언어학 교수인 헤르만 라이마루스(Hermann Reimarus)에 의해 조용히 시작되었다. 1768년 그는 미출간한, 그리스도의 생애에 관한 1400쪽 분량의 원고를 남기고 죽었다. 6년 뒤 고트홀트 레싱(Gotthold Lessing)이 친구들의 항의를 받고 라이마루스의 원고 일부를 『볼펜뷔텔 단편(*Wolfenbüttel Fragments*)』으로 펴냈다. 라이마루스는, 예수가 그리스도교의 창시자가 아닌 유대인의 신비적 종말론에서 최후이자 가장 유력한 인물로 간주되고 이해될 수 있을 뿐이라고 주장했다. 즉 그리스도가 새로운 종교를 확립하려 했던 것이 아니라, 사람들을 임박한 세상의 파멸과 인간 모두에 대한 하느님의 최후 심판에 대비하게 하려고 생각했다는 것이다. 1796년에 헤르더(Herder)는 마태오복음, 마르코복음, 그리로 루가복음의 그리스도와 성 요한복음의 그리스도 사이에 화해할 수 없는 차이가 분명히 존재한다고 지적했다. 1828년에 1192쪽 분량으로 그리스도의 생애를 간추려 정리한 하인리히 파울루스(Heinrich Paulus)는 기적에 대한 합리적인 해석을 제시했다. 즉 그는 기적의 발생을 인정했지만 그것을 자연적인 원인과 힘의 탓으로 돌렸다. 획기적인 『예수의 생애』(1835~1836년)에서 슈트라우스(David Strauss)는 이러한 타협을 거부했다. 그는 여러 복음서에 등장하는 초자연적인 요소들이 신화로 분류되어야 하며, 어떤 방식이든 이러한 요소들을 사용하지 않고 그리스도의 실제 생애를 재구성해야 한다고 생각했다. 슈트라우스의 방대한 책은 한 세대 동안 성서 비평을 독일 사상의 핵심 논쟁으로 만들었다. 같은 해에 바우어(Ferdinand Christian Bauer)는 바울의 서간을 공격했다. 즉 바울이 갈라티아인, 코린트인, 그리고 로마인에게 보낸 것을 제외하고 바울의 모든 서간을 확실한 근거가 없는 것으로 거부했다. 1840년에 브루노 바우어(Bruno Bauer)는 예수가 신화적 인물, 즉 2세기에 유대와 그리스, 그리고 로마 신학의 융합으로 발전했던 전례의 인간화된 모습이었음을 입증하기 위한 일련의 열띤 논쟁에 착수했다. 수많은 사람을 합리주의로 놀라게 하고 산문으로 매료시킨,

1863년에 출간된 르낭(Ernest Renan)의『예수의 생애』는 독일의 비평 성과를 모아 전 세계의 교양인들 앞에서 복음서들의 문제를 제기했다. 프랑스 학파는 19세기 말 루아지(Abbé Loisy)에게서 정점에 이르렀다. 그는 신약 성서의 원문을 지나치게 엄격하게 분석했으므로 가톨릭교회는 그와 그 밖의 "근대주의자들"을 파문하지 않으면 안 될 상황까지 이르렀다. 그 사이에 피에르손(Pierson), 나버(Naber), 그리고 마타스(Matthas)로 대표되는 네덜란드 학파는 예수의 역사적 실제를 애써 부정함으로써 가장 먼 지점까지 나아갔다. 독일에서 드레프스(Arthur Drews)는 이러한 부정적인 결론을 명확하게 설명했다.(1906년) 그리고 영국에서 스미스(W. B. Smith)와 로버트슨(J. M. Robertson)은 비슷하게 예수의 역사적 실제를 부정했다. 2세기에 걸친 논의의 결과로 그리스도의 존재는 사라지는 것처럼 보였다.

무엇이 그리스도의 실존을 입증하는가? 요세푸스는『유대인의 고대(古代)』에서 비(非)그리스도교도에 대해 처음으로 언급한다.(서기 93년?)

그때 예수라는 성인이 살았다. 그가 성인이라 불린 이유는 기적을 행했고, 사람들을 가르쳤으며, 진실을 기쁘게 받아들였기 때문이다. 그리고 많은 유대인과 그리스인이 그의 뒤를 따랐다. 그는 메시아였다.[2]

이러한 낯선 구절에는 진짜 핵심 내용이 들어 있을 수 있다. 하지만 유대인 요세푸스가 로마인이건 유대인이건(당시에는 둘 다 그리스도교와 대립하고 있었다.) 일률적으로 만족시키기 위해 예수에게 보낸 높은 찬사는 위의 구절을 의심케 하고, 그리스도교 학자들은 이것을 가필된 것으로 확신하고 거부한다.[3] 탈무드에는 "나사렛의 예수"에 대한 언급이 있지만, 연대가 너무 후기여서 그리스도교 사상에 반대하는 메아리에 머무를 수밖에 없다.[4] 이교도 문헌에서 그리스도에 대한 가장 오래된 언급은 소(小)플리니우스의 서한에서 나타난다.(110년경)[5] 여기에서 그는 그리스도교도의 처리에 대해 트라야누스의 조언을 구하고 있다. 5년 후에 타키투스는[6] 로마에서 네로의 그리스도교도 박해에 대해 말했으며, 제국 전역에서 이미 그리스도교 신자들의 존재를 확인할 수 있다고 묘사했다. 그 구절은 표현 방식과 힘, 그리고 편견에서 지나치게 타키투스풍이어서 모든 성서 비평가들 중에 드레프스만이 신빙성에 의문을 제기한다.[7] 수에토니우스는(125년경) 동일한 박해에 대해 언급하고[8], 클라우디우스가 "그리스도에게 선동되어 사회 불안을 야기하던 유대인들을" 추방한 것(52년경)에 대해 말한다.[9] 그 구절은 "유대인은 로마를 떠나야 한다."라는 클라우디우스의 법령에 대해 말한 사도행전과 일치한다.[10] 이러한 언급들은 그리스도보다는 그리스도교도의 존재를 입증한다. 하지만 우리가 그리스도의 존재를 가정하지 않는다면 예수가 한 세대 동안 날조되었다는 사실 같지 않은 가정에 내몰린다. 더욱이 우리는 로마의 그리스도교 공동체가 52년 이전 어느 때인가 확립되었다고 가정해야 한다. 이럴 경우에 클라우디우스 황제의 법령이 주의를 끌 만하다. 서기 1세기 중반 무렵에 탈루스라는 이교도는, 율리우스 아프리카누스가 보존한 단편에서[11] 그리스도의 죽음에 이어 발생했을 것이라는 이례적인 암흑이 전적으로 자연 현상이자 우연의 일치였다고 주장했다. 이러한 주장은 그리스도의 존재를 당연한 것으로 여겼다. 초기 그리스도교에 가장 신랄했던 이교도나 유대인 적들마저 그리스도의 존재를 결코 부정하지 않았던 것 같다.

그리스도에 대한 그리스도교도의 증거는 사도 바울의 작품으로 알려진 서간으로부터 시작된다. 이러한 서한 중 일부는 원작자가 불확실하다. 서기 64년보다 앞선 시기로 추정되는 몇몇 서한은 대체로 바울의 원저작으로 여겨진다. 어느 누구도 바울의 존재 또는 베드로, 야고보, 그리고 요한과의 잦은 만남에 대해 의문을 품지 않았다. 그리고 바울은 부러워하듯 이들이 그리스도와 아는 사이였다고 인정하고 있다.[12] 일반적으로 인정된 서간들은 최후의 만찬과[13] 십자가에 못 박힌 그리스도의 수난[14]에 대해 자주 말한다.

복음서와 관련해서는 문제가 그렇게 간단하지 않다. 전해져 오는 네 개의 복음서는 처음 2세기 동안 그리스도인들 사이에 퍼져 있던 훨씬 더 많은 복음서

중에 남아 있는 것이다. 영어의 "gospel"(옛날 영어의 'godspel')은 마르코복음의 첫 부분에 나오는 단어인 그리스어 "에우안겔리온(euangelion)"을 번역한 것으로 "기쁜 소식", 즉 메시아가 오셨으며 하느님의 왕국이 가까이에 있다는 의미이다. 마태오, 마르코, 그리고 루가복음은 "공관(共觀) 복음"이다. 내용과 에피소드가 비슷하게 일치하고 "함께 본다."는 의미에서 공관 복음인 것이다. 이러한 공관 복음은 그리스의 대중적 언어인 코이네(koiné)로 씌었으며, 문법이나 문학적 손질의 모범이 아니었다. 그럼에도 불구하고 간결한 문체의 단순 명쾌함과 힘, 유추와 장면의 생생한 힘, 생각의 깊이, 그리고 이야기의 심오한 매력이 투박한 원작들에게마저 독특한 매력을 준다. 매우 부정확하지만 권위 있는 킹 제임스(King James) 흠정 영역 성서에 의해 영어권 세계에서 이러한 매력이 강화되었다.

현존하는 가장 오래된 복음서 사본은 불과 3세기로 거슬러 올라간다. 원본이 서기 60년과 120년 사이에 씌었으므로 필사하는 과정에서 2세기에 걸쳐 오류가 발생할 수 있었고, 필사하는 사람이 속한 종파나 시대의 신학 또는 의도에 맞추기 위해 수정이 가해질 수 있었다. 서기 100년 이전의 그리스도교도 저술가들은 구약 성서를 인용했으며, 신약 성서는 조금도 인용하지 않았다. 150년 이전에 파피아스가 유일하게 그리스도교 복음을 언급할 뿐이다. 135년 무렵 파피아스는 마르코가 베드로에게서 전해 받은 기억에 의존해 복음서를 구성했다고 말하는 정체불명의 "대(大) 요한"에 대해 이야기한다.[15] 파피아스는 여기에 덧붙여 "마태오가 히브리어로 그리스도의 말씀을 필사했다."라고 말한다. 이것은 분명히 초기 아람어로 기록된 그리스도 말씀의 모음집이었다. 아마도 바울은 그러한 기록 일부를 가지고 있었을 것이다. 왜냐하면 비록 그가 복음에 대해서는 어떠한 언급도 하지 않지만, 가끔 예수가 직접 한 말을 인용하고 있기 때문이다.* 원전 연구는 마르코복음을 우선으로 하고 그것의

---

* 1897년과 1903년에 그렌펠(Grenfell)과 헌트(Hunt)는 이집트의 옥시링쿠스 유적에서 복음서의 구절들과 대충 일치하는 12편의 그리스도 말씀을 발견했다. 이러한 파피루스는 서기 3세기보다 더 오래된 것은 아니지만 오래된

연대를 65년과 70년 사이로 추정하는 것에 대체로 일치한다. 마르코복음은 이따금 동일한 문제를 다른 방식으로 반복하기 때문에,[16] 그리스도의 말씀과 원래 마르코 자신이 썼던 것으로 추정되는 또 하나의 초기 서사에 근거했다고 널리 인정되었다. 마르코복음은 일부 사도들이나 그들의 가까운 제자들이 살아 있는 동안 유포되었음에 틀림없다. 따라서 마르코복음이 그리스도에 대한 사도들의 회상, 그리고 해석과 상당히 차이가 있었을 것 같지는 않다.[17] 명석하고 분별력 있는 슈바이처(Schweitzer)를 통해 마르코복음이 본질적으로 "진짜 역사"라고 결론 내릴 수 있을 것이다.[18]

정통 신앙에서는 마태오복음을 최초 복음으로 인정했다. 이레나이우스는[19] 마태오복음이 원래 "히브리어", 즉 아람어로 씌었다고 말하지만 우리에게는 그리스어로만 전해졌다. 이러한 방식에서 마태오복음은 마르코복음을, 게다가 아마도 그리스도의 말씀을 모방한 것이 분명하므로, 원전 연구는 마태오복음을 "세리(稅吏)"인 마태오가 아닌 마태오의 제자가 쓴 것으로 보는 경향이 있다. 하지만 가장 회의적인 학자들마저 마태오복음이 일찌감치 서기 85~90년에 씌었을 것으로 인정한다.[20] 유대인을 개종시킬 의도로 마태오는 다른 복음서 저자들보다도 더 예수가 행한 기적에 의존하고, 미심쩍다는 듯이 수많은 구약 성서의 예언이 그리스도에게서 실현되었다는 것을 입증하고 싶어 한다. 그럼에도 불구하고 마태오복음은 네 개의 복음 중 가장 감동적이며, 부지불식간에 세계 문학의 걸작으로 평가되어야 한다.

대체로 1세기 마지막 10년의 시기에 씌어진 성 루가의 복음은 예수의 초기 이야기를 정리하고 조정하려는 열망과 유대인이 아닌 이교도를 개종하려는 의도를 밝힌다. 아마도 루가 자신은 이교도이자 바울의 친구였으며, 사도행전의 저자였을 것이다.[21] 마태오처럼 루가도 마르코에게서 많은 것을 모방한다.[22] 일반적으로 인정되는 마르코의 원문에서 661편의 시편 가운데 마태오복음에서 600개 이상이, 그리고 루가복음에서 350개 이상이 대부분 같은 말로 재현된다.[23] 마르코복음에 없는 루가

원고의 사본일 것으로 추정된다.

복음의 많은 구절이 거의 같은 말로 마태오복음에서 다시 나타난다. 분명히 루가복음은 마태오복음에서 많은 구절을 모방했고, 아니면 루가복음과 마태오복음은 지금은 유실된 공통의 출처에서 많은 구절을 인용했다. 루가복음은 이러한 노골적인 모방을 어느 정도 문학적인 기교로 정교하게 가다듬는다. 르낭(Renan)은 루가복음을 이제까지 씌어진 책 가운데 가장 뛰어난 작품이라고 생각했다.[24]

네 번째 복음은 예수의 전기임을 자처하지 않는다. 그것은 신학적 관점에서 예수를 신성한 말씀이자 세상의 창조자, 인류의 구원자로 소개하고 있다. 그것은 다수의 세부 사항과 그리스도에 대한 일반적인 묘사에서 공관 복음서들과 모순되지 않는다.[25] 네 번째 복음의 반(半)영지주의적 성격과 형이상학적 생각에 대한 강조는 많은 그리스도교도 학자들로 하여금 복음서의 저자가 사도 요한이라는 것에 의심을 품게 했다.[26] 하지만 오래된 전승이 너무 빨리 거부되어서는 안 된다는 것을 경험이 이야기하고 있다. 우리 조상들이 모두 바보는 아니었다. 최근 연구는 네 번째 복음이 씌어진 시기를 1세기 말 가까이로 되돌리는 경향이 있다. 아마도 네 번째 복음의 저자와 "요한의 서간" 저자를 동일하게 보는 것이 맞을 것이다. 그들은 동일한 문체로 동일한 생각을 말하고 있기 때문이다.

요컨대 여러 복음서 사이에서의 많은 모순, 역사에 대한 많은 모호한 진술, 이교도 신들에 대해 말하는 전설과의 많은 의심스러운 유사점, 구약 성서의 예언 실현을 입증하기 위해 고안된 많은 사건, 그리고 어느 정도 후기의 교회 교리와 전례에 역사적 기초를 확립하려 했던 것으로 보이는 많은 구절이 분명히 존재한다. 복음서 저자들은 키케로, 살루스티우스, 타키투스와 마찬가지로 역사의 개념을 도덕적인 생각을 전달하는 수단으로 받아들였다. 그리고 아마도 복음서에서 전해지는 대화와 이야기는 읽고 쓰지 못하는 기억이라는 약점에 빠지기 쉬웠을 것이고, 게다가 필사하는 사람들이 쉽게 실수하거나 수정했을 것이다.

이 모든 것은 그렇다고 치고 많은 모순이 남는다. 이러한 모순은 본질이 아닌 세부 사항에 관한 것이다. 본질적으로 공관 복음서들은 상당 부분에서 일치하며 그리스도를 일관되게 묘사한다. 그리스도의 일관된 모습을 발견하려는 열정에서 고등 비평은 수많은 고대의 위인, 즉 함무라비, 다윗, 소크라테스가 전설로 사라질 수 있을 정도로 엄격하게 신약 성서의 신빙성을 검사했다.* 편견과 신학적 선입관에도 불구하고 복음서 저자들은 날조한 자들만이 은폐했을 많은 사건, 즉 하느님의 나라에서 중요한 지위를 차지하기 위한 사도들의 경쟁, 예수 체포 이후 사도들의 도망, 베드로의 예수 부정, 갈릴리에서 예수의 기적 실패, 예수의 있을 법한 정신 이상에 대한 일부 사정관들의 언급, 일찍이 자신의 임무에 대한 예수의 반신반의, 미래에 대해 알지 못한다는 예수의 고백, 예수의 비통한 순간들, 그리고 십자가에서 부르짖는 예수의 절망적인 외침을 기록하고 있다. 이러한 장면을 읽는 사람이라면 누구나 복음서 저자들의 배후에 자리 잡은 예수의 실체를 의심할 수 없을 것이다. 몇 명의 보통 사람들이 한 세대 동안 그렇게 강력하고 매력적인 인물, 숭고한 윤리, 대단히 감동적인 인류 형제애의 비전을 만들어 내야 했다는 것은 복음서에서 기록된 그 무엇보다도 훨씬 더 놀라운 기적일 것이다. 2세기에 걸친 고등 비평 이후 그리스도의 생애와 성격, 그리고 가르침의 주요 특징이 상당히 명확해지고 서구인의 역사에서 가장 흥미진진한 특징을 이룬다.

2. 예수의 성장

마태오복음과 루가복음은 둘 다 예수의 탄생을 "헤롯이 유대의 왕이던 시절"[27], 즉 기원전 3년 이전으로 보고 있다. 하지만 루가복음은 요한이 "티베리우스 치세 15년째"인[27a] 서기 28~29년에 예수에게 세례를 주었을 때 예수의

---

* 한 위대한 유대인 학자는 다음과 같이 강력하게 주장한다. "만약 우리가 복음서의 출처처럼 고대의 출처를 알렉산드로스나 카이사르의 역사에서 가졌다면, 추호도 의심해서는 안 된다." Klausner, J., *From Jesus to Paul*, 260.

나이가 "대략 서른 살"이었다고 말한다. 이것은 예수의 탄생을 기원전 2~1년으로 보고 있다. 여기에 덧붙여 루가복음에서는 "퀴리니우스가 시리아의 총독이던 …… 당시에 모두에게 과세해야 한다는 아우구스투스 황제의 법령이 공포되었다."라고 전한다. 퀴리니우스는 서기 6년과 12년 사이에 시리아에서 지방 총독을 지낸 것으로 알려진다. 요세푸스는 그가 유대에서 호구 조사를 했다고 언급하지만, 그 시기를 서기 6~7년으로 보고 있다.[28] 퀴리니우스의 호구 조사에 대한 그 이상의 언급은 없다. 테르툴리아누스는[29] 기원전 8~7년의 시리아 총독 사투르니누스가 유대에서 실시한 호구 조사를 기록하고 있다. 만약 이것이 루가가 생각하던 호구 조사라면, 그리스도가 기원전 6년 이전에 탄생한 것으로 보아야 할 것이다. 그리스도의 구체적인 탄생 일자에 대해서는 알 수 없다. 알렉산드리아의 클레멘트(200년 무렵)는 4월 19일로 추정하는 연대기 학자에서부터 5월 20일로 보는 학자에 이르기까지 그리스도 탄생일에 대한 다양한 견해를 전한다. 클레멘트 자신은 기원전 3년 11월 17일을 그리스도 탄생일로 보았다. 서기 2세기로 거슬러 올라가 동방 그리스도교도들은 1월 6일을 그리스도 탄생일로 축하했다. 354년에 로마 교회를 비롯한 일부 서방 교회들은 12월 25일에 그리스도의 탄생을 축하했다. 당시 이것은 낮 시간이 길어지기 시작하는 동지(冬至)로 잘못 계산되었다. 동지는 이미 미트라교의 중심 축제로서, 정복당하지 않는 태양의 탄생일이었다. 동방 교회들은 한동안 1월 6일을 고수했으며, 서방 교우들의 태양 숭배와 우상 숭배를 비난했다. 하지만 4세기 말경에 12월 25일은 동방에서도 그리스도의 탄생일로 채택되었다.[30]

마태오복음과 루가복음은 예루살렘에서 남쪽으로 5마일 떨어진 곳인 베들레헴에서 그리스도가 태어났으며, 그곳에서 그리스도의 가족이 갈릴리의 나사렛으로 옮겨 갔다고 전한다. 마르코복음은 베들레헴에 대해서는 전혀 언급하지 않고 그리스도를 "나사렛의 예수"라고만 부를 뿐이다.* 그리스도의 부모는

---

* 비평가들은, 예수가 메시아이며 유대의 예언이 주장한 대로 다윗(그의 가족은 베들레헴에서 살았었다.)의 자손이라는 주장을 강화하기 위해 마태오복음과 루가복음이 베들레헴을 선택한 것은 아닌지 의심한다. 하지만 의심하기에

그에게 "야훼의 일꾼"을 뜻하는 예슈아(Yeshu'a)라는 무척 흔한 이름을 지어 주었으며, 이 이름을 그리스인들은 "이에소우스(Iesous)"로, 로마인들은 "이에수스(Iesus)"로 바꾸었다.

그리스도의 가족은 대가족이었음에 분명하다. 그의 권위 있는 가르침에 경탄한 이웃이 "그가 이러한 지혜와 기적을 행하는 힘을 어디서 얻었나요? 그는 목수의 아들이 아닌가요? 그의 어머니의 이름은 마리아이고, 형제의 이름은 야고보, 요셉, 시몬, 그리고 유다가 아닌가요? 그리고 그의 누이들이 이곳에서 우리와 함께 살고 있지 않나요?"라고 물었기 때문이다.[31] 루가복음은 어느 정도 문학적인 기교로 수태 고지(受胎告知)에 대해 이야기하고, 미리암(Miriam, Mary)의 입을 통해 신약 성서에 끼워 넣어진 위대한 시 중 하나인 성모 마리아 송가를 옮긴다.

아들인 그리스도 다음으로 마리아는 이야기에서 가장 감동적인 인물이다. 즉 그녀는 모든 고통을 수반하는 모성의 기쁨으로 그리스도를 양육했고, 청년 시절 그리스도의 학식을 자랑스러워했으며, 나중에 그의 교리와 주장에 놀랐고, 흥분한 다수의 지지자들로부터 그를 끌어내어 평온한 집으로 데려와 치유해 주고 싶었다.("네 아버지와 나는 네가 슬퍼하는 것을 찾아냈다.") 그리고 마리아는 그리스도의 십자가 처형을 무기력하게 바라보았으며 그의 시신을 팔에 안았다. 만약 이것이 역사가 아니라면 최고의 문학이다. 부모와 자식의 관계가 성애(性愛)의 관계보다 더 강력한 극적 사건을 포함하고 있기 때문이다. 켈수스와 다른 사람들이 마리아와 어느 로마 병사에 대해 나중에 유포한 이야기들은 "어설프게 지어낸 이야기"이다.[32] 주로 외전(外典)이나 정경(正經)에 속하지 않는 복음에 포함된 이야기, 즉 동굴이나 마구간에서 그리스도의 탄생, 양치기들과 동방 박사들의 경배, 헤롯 왕의 유아 대학살, 그리고 이집트로의 도망은 그렇게 어설프지 않다. 게다가 사려 깊은 사람은 이러한 전승되는 시가에 분개하

는 증거가 턱없이 부족하다.

지 않을 것이다. 동정녀 탄생은 바울이나 요한에 의해 언급되지 않지만 그것에 대해 말하는 마태오복음과 루가복음은 예수의 기원을 요셉을 통해 다윗까지 거슬러 올라간다. 동정녀 탄생에 대한 믿음이 다윗 혈통에 대한 믿음보다 더 늦게 나타났다는 것은 분명하다.

복음서 저자들은 그리스도의 청년 시절에 대해 아무것도 전하지 않는다. 그리스도는 8일 째 되는 날에 할례를 받았다. 요셉은 목수였고, 그 당시 직업 세습은 흔한 일이어서 예수가 한때 목수였을 것으로 짐작된다. 예수는 자신이 사는 마을의 숙련공과 지주, 집사, 소작인, 그리고 주변 농촌 지역의 노예들을 알고 있었다. 예수의 이야기에는 그들이 여기저기에서 등장한다. 그리스도는 시골의 자연적 아름다움, 꽃의 우아함과 색깔, 그리고 나무가 조용히 맺는 풍부한 결실에 민감했다. 그가 신전에서 학자들에게 질문했다는 것은 믿기 어려운 이야기는 아니다. 예수는 기민하고 호기심이 강했으며, 근동에서 열두 살짜리 사내아이는 이미 성숙한 나이에 도달한다. 하지만 그는 정식 교육을 받지 않았다. 그의 이웃들은 "이 사람은 학교에 다닌 적이 전혀 없는데, 어떻게 읽을 수 있지요?"라고 물었다.[33] 예수는 유대교 회당에 나가 기꺼이 성서 구절을 들었다. 무엇보다도 예언서와 시편이 그의 기억에 깊숙이 스며들었으며, 그의 인격 형성에 도움을 주었다. 아마도 예수는 다니엘서와 에녹서도 읽었을 것이다. 그의 후기 가르침이 메시아, 최후의 심판, 그리고 다가오는 하느님의 나라에 대한 그들의 비전으로 가득 찼기 때문이다.

예수가 호흡하던 공기는 종교적 흥분으로 긴장되었다. 수많은 유대인들이 이스라엘의 구세주를 애타게 기다렸다. 마술과 마법, 악마와 천사, "홀린 상태"와 액막이, 기적과 예언, 그리고 점(占)과 점성술이 도처에서 당연하게 여겨졌다. 아마도 동방 박사의 이야기는 당시의 점성술을 인정하는 데 필요했을 것이다.[34] 마술사들이 기적을 행하면서 마을을 순회하고 다녔다. 팔레스티나의 모든 선한 유대인들이 유월절(逾越節) 축제를 위해 예루살렘에 갔던 연례 여행에서 예수는 에세네파와 불교도에 가까운 그들의 반(半)수도원적인 생활을 알았음에 틀림없다.* 아마도 그리스도는 "나사렛 사람"으로 불리던 종파에 대해서도 들었을 것이다. 그들은 요르단 강 너머 페라이아에 거주했고, 예루살렘 성전 예배를 거부했으며, 유대 율법의 맹목적 구속력을 부정했다.[36] 하지만 마리아의 사촌 엘리자베스의 아들인 요한의 설교가 그리스도에게 종교적 열정을 불러일으켰다.

요세푸스는 어느 정도 상세히 요한의 이야기를 전하고 있다.[37] 세례자 요한은 노인으로 묘사되고는 하지만, 오히려 예수와 같은 나이였음에 분명하다. 마르코복음과 마태오복음은 요한이 마모직(馬毛織) 옷을 입었고, 말린 메뚜기와 벌꿀을 주식으로 했으며, 요르단 강 옆에서 사람들에게 회개할 것을 요구했다고 전한다. 요한은 에세네파와 마찬가지로 금욕 생활을 했지만 세례는 한 번으로 충분하다고 생각했다는 점에서 그들과는 달랐다. "세례자(洗禮者)"라는 그의 이름은 "에세네(Essne, 멱을 감는 사람)"라는 그리스어에 해당될 수 있다.[38] 상징적인 정화 의식에 덧붙여 요한은 위선과 무절제한 생활에 위협적인 비난을 가했고, 죄인들에게 최후의 심판에 대비하도록 경고했으며, 머지않아 하느님의 나라가 도래할 것으로 선언했다.[39] 요한은 유대 전체가 회개하고 죄에서 벗어난다면, 메시아와 하느님 나라가 동시에 나타날 것이라고 말했다.

루가의 말에 따르면 "티베리우스의 치세 15년째"되는 해 또는 직후에 예수가 요한에게 세례를 받으러 요르단 강으로 내려왔다. 이제 "30세쯤" 된 사람이 이러한 결정을 내림으로써[40] 예수가 요한의 가르침을 받아들였음이 밝혀졌다. 그리고 예수 자신의 가르침은 본질적으로 요한의 가르침과 동일한 것이 될 것이다. 하지만 그의 방식과 성격은 달랐다. 즉 예수는 어느 누구에게도 세례를 주지 않았으며,[41] 광야가 아닌 이 세상에서 살려고 했다. 예수와 요한의 만남 이후 곧 갈릴리의 "네 도시의 통치자"인 헤롯 안티파스가 요한의 투옥을 명령했다. 복음서들은 요한이 체포된 이유를, 헤롯이 아내와 이혼하고 자신의 이복동

---

* 아소카 왕은 불교 사절단을 서쪽 멀리 이집트와 키레네까지 파견했다.[35] 따라서 근동으로 파견했을 가능성이 매우 높다.

생인 필립의 아내 헤로디아스와 결혼한 것을 요한이 비판한 것에서 찾고 있다. 요세푸스는 종교 개혁을 가장해 요한이 정치 반란을 선동할 것이라는 헤롯의 두려움에서 요한의 체포 이유를 찾는다.[42] 마르코복음과[43] 마태오복음은[44] 여기에서 헤로디아스의 딸 살로메의 이야기를 전해 준다. 그녀가 헤롯 앞에서 너무 매혹적으로 춤을 추었으므로, 헤롯은 그녀가 원하는 포상을 내리겠다고 제안했다. 어머니의 재촉으로 살로메는 요한의 머리를 요구했고, 네 도시 통치자는 마지못해 그녀의 요구를 받아들였다. 복음서들에서는 요한을 사랑하는 살로메에 대해서, 그리고 요세푸스에게서는 요한의 죽음에 대한 살로메의 역할에 대해서 전혀 언급이 없다.

3. 전도

요한이 투옥되었을 때 예수는 세례자 요한이 하던 일에 착수했으며, 하느님 나라의 도래를 설교하기 시작했다.[45] 루가의 말에 따르면 그는 "갈릴리로 돌아와서 유대교 회당에서 가르쳤다."[46] 자기 차례가 되어 나사렛에 모인 회중에게 성서를 읽어 주고 이사야서의 한 구절을 선택한 젊은 이상주의자 예수가 다음과 같이 인상적으로 묘사되고 있다.

주님께서 나에게 가난한 이들에게 기쁜 소식을 전하도록 기름을 부어 주시니, 주님의 영(靈)이 내 위에 내리셨다. 주님은 상심한 사람들을 치유하라고, 잡혀간 이들에게 해방을 선포하라고, 그리고 맹인들에게는 시력을 회복해 주라고, 탄압받는 사람들은 해방시키라고 나를 보내셨다.[47]

루가는 "유대교 회당에서 모든 사람들의 눈이 그에게 고정되었다. 그리고 그는 그들에게 '이 성서 구절이 오늘 너희들이 듣는 여기에서 실현되었다.'라고 말하는 것으로 시작했다. 그들은 모두 그에 대해 좋게 말했으며, 그의 입에서 나오는 깜짝 놀랄 만한 언사에 놀랐다.”라고 덧붙인다.[48] 요한이 참수되고 그의 추종자들이 새로운 지도자를 찾고 있었다는 소식이 들려 왔을 때, 예수는 짐과 위험을 떠맡았다. 그는 처음에는 조심스럽게 한적한 촌락으로 은둔해 들어가 항상 정치적 논쟁을 삼갔으며, 그 다음에는 점점 더 과감하게 회개와 믿음과 구원의 복음을 선포했다. 그의 말을 경청한 사람들 중 일부는 그가 죽은 자로부터 되살아난 요한이라고 생각했다.[49]

예수를 객관적으로 파악하기란 어렵다. 증거가 그를 경배하던 사람들에게서 나왔을 뿐 아니라, 더욱이 우리 자신의 도덕적 유산과 이상이 그와 너무 밀접한 관계가 있고 그를 모범으로 형성된 것이어서 우리는 그의 성격에서 어떤 결함을 발견하면 상처 입었다고 생각하기 때문이다. 예수의 종교적 감수성은 너무 민감해서 자신의 이상을 함께 나누려 하지 않는 사람들을 혹독하게 비난했다. 그는 믿지 않는 것 말고는 어떠한 잘못도 용서할 수 있었다. 복음서에는 우리가 그리스도에 대해 들었던 그 밖의 것들과 전적으로 부합되지 않는 몇몇 구절이 있다. 그리스도는 믿음이 없는 사람들과 회개하지 않는 죄인들이 꺼지지 않는 불과 만족할 줄 모르는 벌레들로부터 고통 받을 영원한 지옥에 대한 당대의 가장 가혹한 생각을 그대로 이어받은 것처럼 보인다.[50] 예수는 천국에 있는 가난한 사람이 지옥에 있는 부자의 혀에 단 한 방울의 물도 떨어지게 해서는 안 된다는 것에 이의를 달지 않는다.[51] 예수는 “심판받지 않으려면 심판하지 마라.” 하고 당당히 조언하지만, 그의 복음을 받아들이려 하지 않는 사람들과 도시들을, 그리고 열매를 전혀 맺지 않았던 무화과나무를 저주했다.[52] 예수는 자신의 어머니에게 다소 엄격했던 것 같다.[53] 그는 그리스인 현자의 차분함보다는 히브리인 예언자의 엄격한 열정을 가졌다. 그의 신념이 그를 파괴했다. 그리고 정당한 분노가 이따금 그의 고결한 자애에 오점을 남겼다. 예수의 결함은 그로 하여금 세상을 움직이게 할 수 있었던 열정적인 믿음에 대해 치른 대가였다.

그 밖의 사람들에게 예수는 가장 사랑스러운 존재였다. 그에 대한 초상화는 어디에도 없으며, 복음서 저자들도 그를 묘사하지 않는다. 하지만 그는 수많은 남성들은 물론이고 여성들도 매료시킬 만큼 영적인 매력과 단정한 용모를 지니고 있었음에 틀림없다. 여기저기 흩어져 있는 이야기를 수집해 보면[54] 그가 살던 시대와 나라의 다른 남자들처럼 예수도 소매 없는 외투 속에 튜닉을 입었고, 발에 샌들을 신었으며, 아마도 햇빛을 가리기 위해 어깨 위로 늘어진 천으로 만든 머리쓰개를 걸치고 있었을 것이다.[55] 많은 여성들은 예수에게서 마음이 통하는 다정함을 느꼈으며, 그에 대한 헌신적인 사랑이 생겨났다. 요한만이 간통으로 붙잡힌 여성의 이야기를 전하고 있다고 해서 그것이 진실을 말하고 있지 않다는 논거가 될 수는 없다. 그 여성의 이야기는 요한의 신학에 도움이 되지 않으며, 전적으로 그리스도와 어울린다.* 매춘부의 이야기는 비슷하게 아름답고 좀처럼 복음서 저자들의 창작 능력에서 벗어나 있었다. 매춘부는 회개하는 죄인들을 예수가 즉석에서 받아들인 것에 감명을 받았고, 예수 앞에 무릎을 꿇었으며, 그의 발에 귀한 몰약을 발랐다. 그리고 예수의 발에 눈물을 떨어뜨렸으며 자신의 머리카락으로 눈물을 닦아 냈다. 예수는 그녀에게 "그녀가 너무 사랑했으므로" 죄가 용서되었다고 말했다.[57] 예수의 손길을 바라고 어머니들이 아이들을 데려왔으며 "예수는 아이들을 팔로 끌어안으셨고 그들에게 손을 얹어 축복해 주셨다."라고 한다.[58]

예언자들과 에세네파, 그리고 세례자 요한과는 다르게 예수는 고행자가 아니었다. 예수는 결혼식에 충분한 포도주를 제공하고, "세리(稅吏)와 죄인들"과 함께 살며, 마리아 막달레나를 자신의 일행으로 받아들이는 것으로 묘사되고 있다. 예수는 여성에 대한 남성의 성욕에 비생물학적으로 엄격했지만 인생의 소소한 즐거움에 반대하지는 않았다. 이따금 예수는 부자들의 연회에 참석했다. 하지만 보통 그는 빈민들, 그리고 심지어는 사두가이파와 바리사이파가 똑

---

* 요한복음 7장 52절. 이 이야기는 마르코복음과 루가복음의 일부 오래된 원고에서도 발견된다. 그것은 아마도 부도덕을 조장할지도 모른다는 두려움 때문에 후기 텍스트에서 삭제되었을 것이다.[56]

같이 경멸하고 회피하며 손대기조차 싫어하던 암하아레즈(Amhaarez, 성서 시대에 지식인층에 끼일 수 없었던 지적 무산층을 일컫는 말 – 옮긴이)와 함께 있었다. 부자들이 자신을 결코 받아들이지 않을 것으로 생각한 예수는 빈민들과 비천한 사람들을 다가오는 하느님의 나라에서 최고의 존재로 만들어 줄 반전을 바라고 있었다. 그는 하층민들과 함께했고 자비로운 인품을 가졌다는 점에서만 카이사르와 닮았다. 하지만 그 밖의 관점과 성격과 관심사는 그들을 갈라놓기에 충분했다. 카이사르는 제도와 법을 바꾸어 사람들을 개혁하고 싶어 했지만, 그리스도는 사람들을 변화시켜 제도를 다시 만들고 법을 완화시키고 싶어 했다. 게다가 카이사르는 화낼 수 있었지만 그의 감정은 항상 통찰력 있는 지성의 통제 아래에 있었다. 예수는 지성이 없지는 않았다. 그는 바리사이파의 교묘한 질문에 법률가의 기교에 가깝게, 하지만 지혜롭게 대답했다. 어느 누구도 그를 혼란시킬 수 없었다. 그가 죽음에 직면해 있을 때조차 마찬가지였다. 하지만 그의 정신력은 지적이지 않았고, 지식에 의존하지 않았다. 그의 정신력은 인식의 예리함과 감정의 강렬함, 그리고 목적의 단일성에서 비롯되었다. 예수는 전지(全知)를 주장하지 않았고 사건들에 놀라기도 했다. 나사렛과 예루살렘에서처럼 진지함과 열정만이 그에게 자신의 능력을 과대평가하도록 이끌었다. 그럼에도 불구하고 그가 행한 기적을 통해 그의 힘이 특별한 것이었음을 알 수 있다.

아마도 예수의 기적은 대부분 암시의 결과로 감수성이 예민한 사람들에 대한 강력하고 확신에 찬 정신의 힘이었다. 예수의 존재는 그 자체로 힘을 북돋아 주는 것이었다. 그의 낙관적인 접촉으로 약자는 강해졌고 병자는 건강해졌다. 전설과 역사에서[59] 다른 인물들에 대해서도 비슷하게 이야기되어 왔다는 사실이, 그리스도의 기적이 신화였음을 입증하지는 않는다. 몇 개는 예외로 하더라도 그리스도의 기적이 믿을 수 없을 정도는 아니다. 비슷한 현상들이 루르드에서 거의 매일 관찰될 수 있었고, 예수 시대에 고대 세계에서 에피다우로스와 그 밖의 심령 치료 중심지에서 나타났다. 사도들 또한 그러한 치료를 행하고는 했다. 기적의 심리적인 본질은 두 가지 특징으로 나타난다. 즉 그리스도는 자신의 치료가 치료받던 사람들의 "믿음"에 달려 있다고 여겼다. 그리고 그는 나사렛에서 기적을 행할 수 없었다. 그곳 사람들이 그를 "목수의 아들"로 간주하고 그의 특별한 힘을 믿으려 하지 않았기 때문이다. 따라서 그리스도는 "예언자는 자기 고향과 자기 집 말고는 존경을 받지 않는 곳이 없다."라고 말한다.[60] 우리는 "그녀에게서 일곱 명의 악마가 쫓겨났던" 마리아 막달레나의 이야기를 듣는다. 즉 그녀는 신경 질환과 발작으로 고통을 겪었으며(이것은 "홀린 상태"의 이론을 생각나게 한다.), 예수의 면전에서 기세가 약해진 것 같았다. 따라서 그녀는 예수를 자신의 목숨을 되살려 준 사람으로 사랑했으며, 그녀가 온전한 정신으로 돌아오기 위해서는 예수의 접근이 꼭 필요했다. 야이로의 딸의 경우에 그리스도는 그 여자아이가 죽은 것이 아니라 아마도 강직증(强直症) 상태에서 자고 있을 것이라고 솔직히 말했다. 그녀를 깨어나게 하려고 예수는 평상시의 온화함은 온데간데없이 "아이야, 일어나라!" 하고 매섭게 명령했다.[61] 이것은 예수가 자신의 기적을 순전히 자연적인 현상으로 생각했다고 말하는 것이 아니다. 예수는 자신 안에 있는 성령의 도움으로만 기적을 행할 수 있다고 생각했다. 우리는 그가 틀렸는지 알지 못하며, 게다가 인간의 생각과 의지에 잠재되어 있는 힘에 한계를 정할 수 없다. 예수 자신은 기적을 행한 이후 영적으로 기진맥진해진 것처럼 보인다. 예수는 기적을 행하는 것을 망설였고, 자신의 추종자들에게 기적을 알리지 못하게 했으며, "표징(標徵)"을 요구하는 사람들을 꾸짖었다. 그리고 예수는 주로 자신이 행하던 "기적" 때문에 사도들에게 인정받았다는 사실에 유감스러워 했다.

사도들은 세상을 개조하도록 선택될 만한 유형에 전혀 해당되지 않았다. 복음서는 그들의 특징을 구별하고 그들의 결함을 솔직히 드러낸다. 사도들은 실제로 야심에 차 있었다. 그들을 진정시키기 위해 예수는 최후의 심판 때 그들이 열두 개의 왕좌에 앉아 이스라엘의 열 두 부족을 심판할 것이라고 약속했다.[62] 세례자 요한이 투옥되었을 때, 그의 추종자 중 한 명인 안드레는 예수에게 애착을 느꼈으며, 그리스도가 "반석(盤石)"이라고 부르던 동생 시몬을 데리고 왔다. 그리스인들은 그 이름을 페트로스(Petros)로 옮겼다. 베드로는 충동적이고, 진지하며, 관대하고, 질투심 많으며, 그리고 가끔은 용서할 수 있을 정도로 비겁했다. 베드로와 안드레는 갈릴리 호수에서 어부로 살아가고 있었다. 제베데의 두 아들 야고보와 요한도 마찬가지였다. 이들 네 명은 그리스도 가까이에서 핵심적인 측근 세력이 되려고 일과 가족을 버리고 떠났다. 마태오는 카페르나움의 국경 도시의 관세 징수원이었다. 게다가 마태오는 로마를 위해 일하던 "징세관"으로서, 자유를 갈망해 오던 모든 유대인에게 증오의 대상이었다. 가롯의 유다는 사도들 중에 유일하게 갈릴리 출신이 아니었다. 열두 사도는 물질적 재산을 공동으로 관리했으며, 유다에게 공동 기금을 위탁했다. 예수의 전도 여행을 수행했을 때 그들은 가끔씩 자신들이 지나가던 들판에서 음식을 조달하면서, 그리고 개종자들과 친구들의 환대를 받으면서 시골에서 살았다. 열두 사도 말고도 예수는 72명을 제자로 지명했으며, 자신이 방문하려던 각 도시에 2명씩 파견했다. 예수는 그들에게 "돈도 여행 보따리도 신발도 지니지 말도록" 지시했다.[63] 친절하고 신앙심이 두터운 여인들이 사도들과 제자들에게 합류해 그들의 부양에 기여했고, 남자들의 생활에서 최고의 위안이 되었던 가정의 기능을 담당했다. 지위가 낮고 교육을 받지 못한 대단히 적은 무리로 그리스도는 자신의 복음을 세상에 전파했다.

4. 복음

예수는 청중들의 요구대로 평이하게, 자신의 가르침에 이해를 돕기 위해 흥미로운 이야기로, 이성에 의한 논거보다는 신랄한 경구로, 그리고 어떤 문학보다 더 뛰어난 직유와 은유로 가르쳤다. 예수가 사용하던 우화 형식은 동방에서 흔히 볼 수 있었고, 그의 마음을 사로잡는 일부 비유는 아마도 부지불식간에 예언자, 시편 작가, 그리고 율법 학자들로부터 그에게 전해졌을 것이다.[64] 그럼에도 불구하고 말투의 단순 명쾌함, 비유적인 묘사의 선명한 색깔, 그리고 성격의 애정 어린 진정성이 예수의 언사를 가장 영감받은 시로 끌어올렸다. 예수의 말 중 일부는 모호하고, 일부는 첫눈에 부당해 보이며[65], 일부는 풍자와 냉소로 신랄하다. 그리고 거의 모든 말은 간결하고 명쾌하며 호소력이 있다.

예수의 출발점은 다니엘서와 에녹서로 거슬러 올라가던 세례자 요한의 복음이다. 역사에는 비약이 없다. 예수는 하느님의 나라가 가까이에 있다고 말했다. 머지않아 하느님이 지상에서 악의 지배를 종식시킬 것이다. 그리고 사람의 아들이 산 자와 죽은 자 모두를 심판하기 위해 "하늘의 구름을 타고" 올 것이다.[66] 회개의 시간이 다 되어 가고 있었다. 회개하고, 정의롭게 살며, 하느님을 사랑하고, 그리고 하느님의 사자(使者)를 믿던 사람들은 하느님의 나라를 물려받고, 모든 악과 고통과 죽음에서 마침내 해방된 세상에서 힘과 영광으로 들어올려질 것이다.

이러한 생각들은 청중에게 익숙했으므로 그리스도는 그것들을 명확히 설명하지 않았으며, 이제 많은 곤경이 그의 생각을 이해하기 어렵게 만든다. 하느님의 나라로 그리스도는 무엇을 의미하려 했는가? 신의 천국이었는가? 실은 그렇지 않다. 사도들과 초기 그리스도교도들은 만장일치로 지상의 왕국을 기대했기 때문이다. 이것이 그리스도가 물려받은 유대인의 전통이었다. 게다가 그리스도는 자신의 추종자들에게 "하느님의 나라가 임하고, 하늘에서 이룬 것 같이 땅에서도 이루어질 것이다."라고 하느님 아버지에게 기도하라고 가르쳤다. 그러한 희망이 사라진 이후에야 비로소 요한복음은 예수에게 "내 나라는 이 세상에 속하지 않는다."라고 말하게 했다.[67] 예수는 영적인 상태를 의미했는가, 아니면 실체적인 유토피아를 의미했는가? 이따금 예수는 하느님의 나라를 순수하고 죄 없는 사람이 도달하는 영혼의 상태로 간주했다.[68] 즉 "하느님의 나라는 너희 가운데에 있다."[69] 또 어떤 경우에 그는 하느님의 나라를 사도들이 통치하고, 그리스도를 위해 희생하거나 고통을 겪은 사람들이 백배로 보상받을 행복한 미래 사회로 그렸다.[70] 예수는 도덕적 완성을 단지 비유적으로 하느님의 나라로, 하느님의 나라를 위한 준비와 대가로, 그리고 실현된 하느님의 나라에서 구원받은 모든 영혼의 상태로 간주한 것처럼 보인다.[71]

하느님의 나라는 언제 도래할까? 머지않아 도래할 것이다. "내가 포도나무에서 난 것을 하느님 나라에서 새것으로 마시는 날까지 다시 마시지 않겠다."[72] 예수는 자신의 추종자들에게 "이스라엘의 모든 도시를 다 가지고 나서야 비로소 사람의 아들이 올 것이다."라고 말했다.[73] 나중에 예수는 하느님 나라의 도래를 약간 미뤘다. 즉 "여기 서 있는 사람 중에 죽기 전에 사람의 아들이 하느님의 나라에 오는 것을 볼 자도 있을 것이다."[74] 그리고 "이 세대는 이 모든 것이 이루어질 때까지 지나가지 않을 것이다."[75] 더 적절한 순간에 예수는 자신의 사도들에게 "그날과 그때는 아무도 모르니 하늘에 있는 천사들도, 아들도 모르고 아버지만 아신다."라고 경고했다.[76] 어떤 표징들이 하느님의 나라가 도래하기 전에 나타날 것이다. 즉 "전쟁과 전쟁의 소문을 들을 것이다. …… 나라가 나라를 대적해 일어날 것이다. …… 기근과 지진이 있을 것이다. …… 많은 사람이 죄를 짓게 되고 …… 서로 미워할 것이다. 거짓 예언자들이 많이 나타나 많은 사람을 그릇된 길로 인도할 것이다. 그리고 불법이 성행하므로 많은 사람의 사랑이 식을 것이다."[77] 가끔 예수는 인간이 하느님과 정의로 개종할 때 하느님의 나라가 도래할 것이라고 했다. 대체로 그는 하느님 나라의 도래를 하느님의 행위, 즉 갑작스럽고 기적 같은 신의 은총의 선물로 만들었다.

많은 사람이 하느님의 나라를 공산주의 유토피아로 해석했으며, 그리스도에게서 사회 혁명가의 모습을 보았다.[78] 복음서들은 이러한 견해를 뒷받침하는 증거를 제시한다. 그리스도는 돈과 사치품 모으는 것을 인생의 주요 목적으로 삼은 사람들을 분명하게 경멸했다.[79] 그리스도는 부자들에게는 배고픔과 고통을 약속하고, 가난한 사람들에게는 하느님의 나라를 약속하던 팔복(八福)을 가득 채워 주고 위로했다. 계율을 지키는 것 말고 무엇을 해야 하는지 묻는 부유한 청년에게 그리스도는 "재산을 팔아 가난한 이들에게 주어라. 그리고 …… 나를 따라라." 하고 대답했다.[80] 분명히 사도들은 하느님의 나라를 부자와 가난한 사람들 사이의 기존 관계를 혁명적으로 바꾸는 것이라고 해석했다. 사도들과 초기 그리스도교도들은 "모든 것을 공유하던" 공산주의 집단을 형성했다.[81] 예수가 유죄 판결을 받은 혐의는 자신을 "유대인의 왕"으로 만들려는 음모를 꾸몄다는 것이었다.

하지만 보수주의자도 자신의 의도에 따라 신약 성서를 인용할 수 있다. 그리스도는 계속해서 로마 당국의 대리인으로 일하던 마태오와 친구가 되었다. 그리스도는 유대인의 민족 해방 운동에 전혀 가담하지 않았으며, 좀처럼 정치 혁명의 기미가 없는 고분고분한 온순함을 조언했다. 그는 바리사이파에게 "카이사르의 것은 카이사르에게, 하느님의 것은 하느님께 바쳐라." 하고 충고했다.[82] 여행을 떠나기 전에 "자신의 노예들을 방문해서 재산을 맡긴"[83] 사람에 대한 그리스도의 이야기는 이자나 노예제에 어떠한 불평도 하지 않고 이러한 제도들을 당연하게 여긴다. 그리스도는 주인이 맡긴 10미나(600달러)를 투자해서 10미나를 더 벌어들인 노예를 괜찮다고 생각한다. 그리고 그리스도는 맡겨진 1미나를 주인의 귀가에 대비해 이익을 내지 않고 보관해 둔 노예를 못마땅하게 생각한다. 게다가 그리스도는 주인의 입을 빌려 "무릇 있는 자는 받을 것이고 없는 자는 그 있는 것도 빼앗길 것이다."라고 냉혹하게 말한다.[84] 이것은 세계사는 아니라 하더라도 시장 조작을 탁월하게 요약한 것이다. 또 하나의 우화에서 일꾼들이 "그들의 고용주에게 불평했다." 그 고용주는 하루 종일 열심히 일한 사람과 한 시간 일한 한 사람에게 똑같이 지불했다. 그리스도는 고용주에게 "내 것을 가지고 내 뜻대로 하는 것이 적법하지 않다는 것인가?"라고 대답하게 한다.[85] 예수는 가난을 종식시키려고 생각했던 것 같지는 않다. "가난한 자들은 항상 너희와 함께 있다." 예수는 모든 고대인들처럼 노예의 의무가 주인을 잘 섬기는 것임을 당연하게 여긴다. "주인이 돌아와서 볼 때, 맡겨진 의무를 다하는 노예는 복이 있나니."[86] 예수는 기존의 경제 및 정치 제도를 공격하는 데 관심이 없다. 오히려 예수는 "하느님의 나라를 맹공격하려는" 열정적인 사람들을 비난한다.[87] 예수가 추구하던 혁명은 훨씬 더 심오한 것으로, 그것 없이는 개혁이 단지 피상적이고 일시적인 것밖에 될 수 없었다. 만약 예수가 인간의 마음에서 이기적인 갈망, 잔혹함, 욕망을 제거할 수 있다면, 유토피아는 저절로 다가올 것이며, 인간의 탐욕과 폭력으로 생겨난 모든 제도와 그것의 필연적인 결과로서 일어나는 법에 대한 요구가 사라질 것이다. 이것이 모든 혁명 중에 가장 근본적인 혁명이 될 것이고, 그것에 비해 다른 모든 혁명은 계급을 축출하고 이어서 착취하는 쿠데타에 지나지 않게 될 것이므로, 그리스도는 이러한 영적 의미에서 역사상 가장 위대한 혁명가였다.

예수의 성취는 새로운 나라의 도래를 알리는 데 있지 않았고 이상적인 도덕을 개략적으로 설명한 데 있었다. 그의 도덕률은 하느님의 나라가 일찍 도래할 것이라는 주장에 근거하고 있었으며,[88] 사람들이 그곳에 들어가는 데 적합하게 만들려는 것이었다. 여기에서 겸손, 가난, 온유, 그리고 평화를 전례 없이 찬양한 팔복이 유래했다. 다른 뺨을 내놓고 어린아이들처럼 살라고 조언한다. 그리고 결혼보다는 독신을 선호하고 가족의 모든 유대를 포기하라고 명령한다. 즉 이러한 것은 통상적인 삶에 대한 규정이 아니라 하느님에 의해 임박한 하느님의 나라로 선택받으려는 사람들에게 어울리는 반(半)수도원적인 꾸준하고 엄한 훈련이었다. 하느님의 나라에는 법도, 결혼도, 성교도, 재산도, 전쟁도 없을 것이다. 예수는 "집이나 부모, 형제나 아내나 자녀를 버린 사람들", 그리고 심지어는 "하느님의 나라를 위해 스스로 거세한" 사람들까지 칭찬했다.[89] 이것은 분명히 영속하는 집단을 위한 것이 아니라 헌신적인 종교적 소수자를 위해 의도된 것이었다. 이것은 목적에서는 제한되었지만 범위에서는 보편적인 윤리였다. 이웃과 친구들뿐 아니라 외국인과 적에게까지 적용된 형제애의 개념이자 황금률이었기 때문이다. 이것은 사람들이 신전에서가 아니라 "영적이면서 동시에 진실로", 일시적으로 하는 말보다는 행동 하나하나에서 하느님을 경배할 때를 마음에 그렸다.

이러한 도덕적 생각은 새로운 것이었는가? 배치 말고는 새로운 것이라곤 아무것도 없다. 그리스도 설교의 중심 주제인 다가오는 최후의 심판과 하느님의 나라는 백 년 전부터 이미 유대인들 사이에서 전해지던 이야기였다. 유대의 율법은 오래전부터 형제애를 반복해서 가르쳤다. 즉 레위기는 "네 이웃을 너 자신처럼 사랑해야 한다."라고, 그리고 심지어 "너희와 함께 머무르는 이방인을 너희 본토인 가운데 한 사람처럼 여겨야 한다. 그리고 그를 너 자신처럼 사랑해야 한다."라고까지 말했다.[90] 출애굽기는 적에게 선행을 베풀라고 유대인들에게 명령했다. 즉 착한 유대인은 "너희를 미워하는 적"[91]의 길을 잃고 헤매는 소나 나귀를 주인에게 되돌려줄 것이다. 또한 예언자들은 착한 삶을 모든 전례(典禮)보다 낫다고 생각했다. 그리고 이사야서[92]와 호세아서[93]는 야훼를 만군의 주에서 사랑의 하느님으로 바꾸기 시작했다. 공자처럼 힐렐도 황금률을 말했다. 우리는 예수가 그의 백성의 풍부한 도덕적 교훈을 물려받고 사용했다는 이유로 비난해서는 안 된다.

오랫동안 그리스도는 자신을 온전히 유대인으로 생각했다. 그는 예언자들의 생각을 공유했고, 그들의 과업을 계속 이어 나갔으며, 그들처럼 유대인에게만 설교했다. 그리스도는 자신의 복음을 전파하기 위해 유대의 도시에만 사도들을 파견했다. "이교도들에게 가는 길로 가지 말고, 사마리아인들의 도시에도 들어가지 마라."[94] 따라서 그리스도의 죽음 이후 사도들은 이교도 세계에 복음 전하는 것을 망설였다.[95] 우물에서 사마리아인 여성을 만난 그리스도는 그녀에게 "구원은 유대인들에게서 온다."라고 말했다.[96] 하지만 존재하지 않았고 게다가 그 사건이 있은 지 60년 후에 기록한 사람이 그에게 말하도록 시켰던 것으로 그리스도를 판단해서는 안 된다. 한 가나안 여성이 그리스도에게 자신의 딸을 고쳐 달라고 부탁했을 때, 처음에는 "나는 오직 이스라엘의 길 잃은 양에게 파견되었을 뿐이다."라고 말하면서 거절했다.[97] 그리스도는 자신이 치료한 나병 환자에게 "사제에게 가서 …… 모세가 지시한 선물을 바쳐라." 하고 말했다.[98] "서기들과 바리사이인들이 너희에게 말하는 것은 다 실행하고 지켜라. 하지만 그들의 행실은 따라하지 마라."[99] 힐렐처럼 유대 율법의 수정과 완화를 제안하면서 예수는 자신이 유대 율법을 폐지하고 있었다고는 생각하지 않았다. "나는 모세의 율법을 폐지하러 온 것이 아니라 이행하러 왔다."[100] "율법에서 한 획이 빠지는 것보다 하늘과 땅이 사라지는 것이 더 쉽다."[101]*

그럼에도 불구하고 그리스도는 성격과 감정의 힘으로 모든 것을 변화시켰다. 그리스도는 율법에 덧붙여 정의롭고 온화하고 소박한 삶으로 하느님의 나라를 대비하도록 명령했다. 그리스도는 성(性)과 이혼 문제에서 유대 율법을 공고하게 했다.[103] 하지만 더 즉각적인 용서를 위해 율법을 유연하게 했으며[104] 바리사이인들에게 안식일이 사람을 위해 생긴 것임을 상기시켰다.[105] 그리스도는 섭생과 청결의 규범을 완화하고 특정한 단식을 생략했다. 그는 전례로부터 정의로움으로 종교를 되돌려 놓았으며, 이목을 끄는 기도와 보여 주기 위한 자선, 그리고 화려한 장례식을 비난했다. 그는 이따금 하느님의 나라가 도래하면 유대의 율법이 폐지될 것이라는 인상을 남겼다.[106]

에세네파를 제외한 유대인의 모든 종파는 그리스도의 혁신에 반대했다. 특히 죄를 용서하고 하느님의 이름으로 말할 수 있는 권한을 장악한 것에 분노했다. 그들은 그리스도가 미움받는 로마의 고용인들과 평판이 나쁜 여성들과 교제하는 것을 보고 충격을 받았다. 예루살렘 성전의 사제들과 산헤드린의 구성원들이 그리스도의 활동을 의심의 눈으로 바라보았다. 그리고 헤롯이 요한에게서 본 것처럼 그들은 그리스도의 활동에서 정치 혁명 같은 것을 보았다. 게다가 그들은 로마의 총독이 사회 질서를 유지할 책임을 등한시했다는 이유로 자신들을 기소하지 않을까 두려워했다. 그들은 예루살렘 성전을 파괴하겠다는 그리스도의 약속에 다소 놀랐으며, 그 약속이 비유에 불과한 것이었다고 완전히 확신하지는 않았다. 그리스도는 그들을 날카롭고 신랄한 용어로 이렇게 비난했다.

　　　서기들과 바리사이인들이 …… 율법의 무거운 짐을 사람의 어깨에 지우지만, 그

---

* 이러한 구절은 유대인 그리스도교도들이 바울의 평판을 떨어뜨리기 위해 삽입되었을 수도 있다.[102] 하지만 우리는 멋대로 그렇게 생각해서는 안 된다.

들은 이것을 한 손가락으로도 움직이려 하지 않는다. 그들은 모든 행위를 사람에게 보이고자 한다. 그들은 경문(經文) 띠를 넓게 하며 옷자락 술을 길게 늘이고, 만찬의 가장 좋은 자리와 회당의 맨 앞자리를 좋아한다. …… 너희 위선적인 서기들과 바리사이인들이여 …… 눈먼 인도자여! …… 어리석은 맹인들이여! …… 너희는 율법의 더 중요한 정의와 자비와 믿음을 버렸다. …… 너희는 잔과 대접의 겉은 깨끗이 하지만 그 안에는 탐욕과 방탕으로 가득하게 한다. …… 너희 위선적인 서기들과 바리사이인들이여, 회칠한 무덤 같으니! …… 겉으로는 고결해 보이지만, 너희 안에는 위선과 사악함으로 가득하다. …… 너희는 예언자들을 살해한 자들의 자손이다. 가서 너희 조상의 죄의 분량을 채워라! 뱀들아! 독사의 새끼들아! 너희가 어떻게 지옥의 판결을 피하려느냐? …… 세리(稅吏)들과 창녀들은 너희 앞에서 하느님의 나라로 들어간다.[107]

예수는 바리사이인들에게 공정했는가? 아마도 바리사이인 중 일부는 이러한 혹평을 받을 만했으며, 대다수의 바리사이인은 몇 세기 후 셀 수 없이 많은 그리스도교도처럼 내면적인 관대함을 외면적인 경건함으로 대신했다. 하지만 또한 많은 바리사이인들이 율법이 완화되고 인간적으로 되어야 한다는 데 동의했다.[108] 아마도 대단히 많은 바리사이인들이 상당히 예의 바르고 존경할 만큼 진실한 사람들이었을 것이다. 그들은 예수가 무시하던 전례를 전례 그 자체가 아닌 적대적인 세계에 둘러싸인 유대인을 단결시키는 데 공헌한 법규의 일부로 판단해야 한다고 생각했다. 일부 바리사이인은 예수에게 공감했으며, 그를 살해하려는 음모가 진행되고 있음을 경고하려고 왔다.[109] 예수의 옹호자 중 한 명인 니코데무스는 부유한 바리사이인이었다.

결정적인 파국은, 예수가 점점 더 자신이 메시아라는 사실에 확신을 갖고 분명하게 자신을 메시아라고 선언한 데서 비롯되었다. 처음에는 예수의 추종자들이 그를 세례자 요한의 계승자로 간주했다. 점차 그들은 이스라엘을 로마의 속박으로부터 벗어나게 하고 지상에서 하느님의 통치를 수립할 오랫동안 기다려 온 구세주로서 예수를 믿게 되었다. 그들은 예수에게 "주님, 지금이 주님께서 이스라엘에 다시 나라를 일으킬 때입니까?"라고 물었다.[110] 예수는 "하느님 아버지가 정한 시간과 계절을 아는 것은 너희가 아니다."라고 말하면서 그들을 기다리게 했다. 그리고 "오셔야 하는 그분이 당신입니까?"라고 묻는 세례자 요한의 사절들에게 똑같이 모호한 대답을 했다. 자신을 정치적 메시아로 보았던 추종자들의 생각을 바꿔 놓기 위해 예수는 다윗의 자손이라는 모든 주장을 거부했다.[111] 하지만 예수는 점차 추종자들의 강렬한 기대와 자신의 특이한 초자연적 힘을 발견하게 되었다. 따라서 예수는 자신이 유대의 통치권을 되찾기 위해서가 아니라 사람들에게 지상에서 하느님의 통치에 대비하도록 파견되었다는 확신을 갖게 되었던 것처럼 보인다. 그는 (공관 복음서에서) 자신을 하느님 아버지와 동일시하지 않았다. 그는 "어찌하여 선한 일을 내게 묻느냐?"라고 물었다. "선한 이는 오직 한 분, 하느님이시다."[112] 그는 겟세마네에서 "제가 아닌 당신이 원하는 대로 하십시오."라고 기도했다.[113] 그는 "사람의 아들"이라는 구절을 받아들였다. 다니엘[114]은 "사람의 아들"을 메시아와 동의어로 만들었고, 처음에는 분명히 예수 자신을 의미하지 않은 채 사용했으며, "사람의 아들이 안식일의 주인이다."[115]와 같은 진술들에서 "사람의 아들"을 예수 자신에게 적용함으로써 결론을 지었다. 이것은 바리사이인들에게 대단한 신성 모독처럼 보였다. 예수는 가끔 하느님 "아버지"를 전혀 배타적인 의미로 부르지 않았다. 하지만 이따금 그는 "나의 아버지"에 대해 말했다. 이것은 분명히 그가 특별한 방식이나 정도로 하느님의 아들이었음을 나타낸다.[116] 오랫동안 예수는 사도들에게 자신을 메시아로 부르지 못하게 했다. 하지만 예수는 카이사레아 필리피에서 베드로가 그를 "그리스도, 살아 계신 하느님의 아들"로 인정한 것을 받아들였다.[117] 죽기 전 마지막 월요일에 예수가 군중들에게 마지막으로 호소하려고 예루살렘에 접근했을 때, "그의 모든 제자들이" "주님의 이름으로 오시는 왕은 복되시어라." 하는 말로 그를 환영했다. 그리고 일부 바리사이인들이 이러한 인사말을 꾸짖으라고 요구했을 때, 예수는 "내가 너희에게 말한다. 그들이 잠자코 있으면, 돌들이 소리 지를 것이다."라고 대답했다.[118] 요한복음에 따르면 군중들은 그를 "이스라엘의 왕"으로 환영했다고 한다.[119] 예수의 추종자들은 여전히 그를 로마 통치권을 무너뜨리고 유대를 최고의 자리에 앉혀 줄 정치적 메시아로 간주한 것이 틀림없다. 이러한 환호가 그리스도에게 혁명가의 죽음을 운명 지었다.

5. 죽음과 예수의 변형

유월절 축제가 가까워졌고, 엄청나게 많은 유대인들이 성전에 희생 제물을 바치기 위해 예루살렘에 모여들고 있었다. 제단의 바깥뜰은 비둘기와 다른 희생 동물을 파는 행상들로, 그리고 로마 세계의 우상 숭배 주화 대신에 국지적으로 허용되는 통화를 제공하는 환전상들로 소란스러웠다. 예루살렘으로 들어간 이튿날 성전을 방문한 예수는 노점의 시끄러운 소리와 상업주의에 충격을 받았다. 분노가 폭발한 예수와 그의 추종자들은 환전상들과 비둘기를 파는 상인들의 탁자를 뒤엎고 그들의 주화를 땅에 흐트러뜨렸으며, "막대 회초리"로 뜰에서 상인들을 몰아냈다. 그 후 여러 날 동안 예수는 성전에서 방해받지 않고 가르쳤다.[120] 하지만 체포나 암살을 두려워한 예수는 밤에 예루살렘을 떠나 올리브 산에 머물렀다.

민간인이건 사제건, 로마인이건 유대인이건 간에, 로마 당국의 대리인들은 아마도 예수가 세례자 요한이 해 오던 임무에 착수했을 때부터 그를 감시했다. 그들은 대규모 신자들을 확보하는 데 실패한 예수를 무시하려고 했다. 하지만 예수가 예루살렘에서 열렬히 환영받자 유대인 지도자들은 감정적이고 애국적인 유월절 군중에게 효과를 발휘하던 이러한 흥분이 로마 통치권에 대한 때 이른, 그리고 효과 없는 반란으로 타오를지 어떨지, 그리고 유대의 모든 자치 조직과 종교적 자유에 대한 억압을 초래할지 어떨지 궁금해 했던 것처럼 보인다.

고위 사제가 종교 회의를 요구했고, "한 사람이 백성을 위해 죽어서 온 민족이 망하지 않게 해야 한다."라는 견해를 피력했다.[121] 대다수가 고위 사제의 의견에 동의했으며, 종교 회의는 그리스도의 체포를 명령했다.

아마도 종교 회의의 소수파를 통해 이러한 결정 소식 가운데 일부가 예수에게 전해졌을 것이다. 아마도 서기 30년, 유대력의 니산(Nisan) 14일째에(4월 3일)* 예수와 그의 사도들이 예루살렘의 한 친구 집에서 유월절 만찬을 가졌다. 사도들은 예수 그리스도가 기적의 힘으로 체포에서 벗어나기를 기대했다. 하지만 예수는 자신의 운명을 받아들였으며, 아마도 하느님이 자신의 죽음이라는 희생을 통해 백성들의 죄를 대신 속죄한 것으로 받아들여 주기를 바라고 있었을 것이다.[122] 그는 열두 제자 중 한 명이 그를 배신할 음모를 꾸민다는 사실을 알았다. 그리고 최후의 만찬에서 공개적으로 가룟 유다를 비난했다.** 유대인의 전례에 따라 예수는 사도들에게 마시도록 주었던 포도주를 축성했다. 그 다음 그들은 유대인이 전례에서 읽었던 할렐 시편을 함께 노래했다.[125] 요한의 말에 따르면 예수가 사도들에게 함께 있을 시간이 얼마 남아 있지 않다고 말했다고 한다. "너희와 함께 있는 것도 잠시뿐이다. …… 내가 너희에게 새 계명을 준다. 서로 사랑하여라. …… 너희 마음이 고통받지 않게 하라. 주님을 믿고 나를 믿어라. 내 아버지의 집에는 많은 대저택들이 있다. …… 너희들이 있을 장소를 준비하러 간다."[126] 그런 엄숙한 순간에 예수가 자신을 기념하여 (유대인의 관습대로) 정기적으로 이러한 만찬 모임을 갖도록 부탁했다는 것은 설득력이 있어 보인다. 게다가 그가 동방적인 강력한 감정과 비유적인 묘사를 통해 사도들에게 그들이 먹은 빵을 자신의 몸으로, 그들이 마신 포도주를 자신의 피로 생각하도록 부탁했다는 것도 그럴 듯해 보인다.

---

* 그리스도의 전도 기간과 그가 죽은 해에 대해서는 많은 논쟁이 있다. 루가복음은 그리스도의 세례를 28~29년으로 보았다. 갈라디아서 1~2장에서의 진술에 근거한 바울의 연대기, 예수를 심문했던 총독들의 연대기, 그리고 그의 죽음을 64년으로 본 전승은 바울의 개종 시기를 31년으로 요구한다. 27장 참조.
** 유다의 이야기를 반박하는 많은 주장이 제기되었지만,[123] 설득력이 없다.[124]

그날 밤 소규모 무리가 예루살렘 외곽의 겟세마네 동산에 숨어들었다. 그곳에서 성전에서 파견된 경비대 일부가[127] 그들을 발견하여 예수를 체포했다. 예수를 처음에는 한때 대사제였던 안나스의 집으로, 그 다음에는 카이아파스의 집으로 데려 갔다. 마르코에 따르면 "종교 회의"(아마도 산헤드린)가 이미 그곳에서 열린 적이 있었다. 다수의 목격자들이 특히 예루살렘 성전을 파괴하겠다는 예수의 위협을 상기시키면서 그에게 불리한 증언을 했다. 카이아파스가 그에게 "하느님의 아들인 메시아"인지 물었을 때, 예수는 "그렇다."라고 대답했다고 한다.[128] 아침에 산헤드린이 열렸고 예수에게 신성 모독죄(따라서 사형)를 판결했으며, 유월절 군중을 감시하기 위해 예루살렘에 와 있던 로마의 총독에게 데리고 가기로 결정했다.

본디오 빌라도(폰티우스 필라투스)는 나중에 로마에 소환될 냉혹한 사람이었고, 갈취와 잔혹한 행위 때문에 기소되었으며,[129] 관직에서 파면되었다. 그럼에도 불구하고 빌라도에게 온순한 전도자인 예수는 국가에 실제로 위험한 인물인 것 같지는 않았다. 빌라도는 "네가 유대인의 왕인가?"라고 물었다. 마태오의 말에 따르면[130] 예수는 "네 말이 옳다."라고 모호하게 대답했다고 한다. 아마도 소문으로 전해지고 그 사건이 있은 지 한참 뒤에 기록된 그런 상세한 기술은 의심쩍게 생각되어야 한다. 만약 원문을 그대로 받아들인다면 예수가 죽을 결심을 했으며, 바울의 속죄 이론이 그리스도 안에서 어느 정도 증거되었음에 틀림없다. 요한은 이렇게 예수를 추가로 인용한다. "내가 이를 위하여 태어났고 …… 진리에 대하여 증거하려 함이다." 빌라도 총독이 물었다. "진리가 무엇인가?"[131] 이 질문은 아마도 요한복음의 형이상학적 경향에 기인한 것 같지만 로마인의 기교에 치우치고 냉소적인 문화와 유대인의 온화하고 신뢰할 수 있는 이상주의 사이의 간극을 잘 드러낸다. 어쨌든 그리스도의 자백 이후에 법은 유죄 판결을 요구했으며, 빌라도는 마지못해 사형을 선고했다.

십자가형은 유대의 처벌 방식이 아니라 로마의 처벌 방식이었다. 보통은 채찍질이 먼저 이루어졌다. 철저한 채찍질 때문에 몸에 붉은 피멍이 들고 살은 피투성이가 되었다. 로마 병사들이 그리스도에게 면류관을 씌우며 "유대인의 왕"이라는 왕의 신분을 조롱하고, 그의 십자가에 아람어, 그리스어, 라틴어로 "유대인의 왕, 나사렛 예수"라고 새겼다. 그리스도가 혁명가이든 아니든 간에, 그는 분명히 로마에 의해 혁명가로 유죄 선고를 받았다. 타키투스도 그 문제를 그렇게 이해했다.[132] 빌라도의 안뜰에 모여든 소규모 군중이 그리스도의 처형을 요구했다. 하지만 그가 골고다 언덕으로 올라갈 때, 루가의 말대로 [133] "수많은 백성의 무리가 예수를 따라갔으며" 그들 중에는 가슴을 치며 통곡하는 여자들도 있었다. 유죄 선고가 유대 민족의 승인을 받지 못했음에 분명하다.

그러한 끔찍한 광경을 목격하고 싶어 하던 모든 사람들은 거리낌 없이 그렇게 했다. 공포 정치가 필요하다고 생각하던 로마인들은 로마 시민이 아닌 자들이 저지른 사형 죄에 대해서 키케로가 "가장 잔혹하고 소름 끼치는 고문"이라고 부르던 형벌을 선택했다.[134] 죄인의 손과 발이 나무에 묶였고(좀처럼 못에 박히지는 않았다.), 튀어나온 나무틀이 등뼈나 발을 지탱해 주었다. 자비롭게 처형되지 않았을 경우에 희생자는 2~3일 동안 십자가에 매달려 있었다. 그는 움직일 수 없는 고통을 겪었고, 벌거벗은 몸을 먹이로 삼는 벌레들을 털어 낼 수 없었으며, 심장이 정지해서 죽을 때까지 서서히 기력을 잃어 갔다. 로마인들마저 이따금씩 희생자를 동정했고, 그에게 감각을 마취시키는 술을 제공했다. 십자가는 아침 9시에 세워졌다고 전해진다. 마르코가 전하는 바에 따르면 두 명의 강도가 예수와 함께 십자가형을 받았으며, 예수에게 "욕설을 퍼부었다."[135] 루가는 우리에게 그들 중 한 명이 예수에게 기도했다고 확인해 준다.[136] 모든 사도 중에 요한만이 그 자리에 있었으며, 예수 곁에는 세 명의 마리아, 즉 그리스도의 어머니와 이모인 마리아, 그리고 마리아 막달레나가 있었다. "또한 멀리서 몇몇 여인들이 바라보고 있었다."[137] 로마의 관습에 따라[138] 병사들은 죽어가는 사람들의 옷을 나누어 가졌다. 그리고 그리스도의 옷이 하나만 남았을 때, 그들은 제비를 뽑아 결정했다. 아마도 우리는 여기에서 끼워 넣어진 시편 22장

18절을 기억할 것이다. 즉 "그들이 내 겉옷을 저희끼리 나누어 가지고, 내 속옷을 놓고는 제비를 뽑나이다." 시편 22장은 똑같이 "저의 하느님, 저의 하느님, 어찌하여 저를 버리셨습니까?"라는 말로 시작하고 있다. 그러한 고통스러운 순간에 빌라도 앞에서 그를 지탱해 주던 강렬한 믿음이 암울한 의심으로 시들어 버린다는 것이 가능할 수 있을까? 아마도 바울의 신학에 모순된 그러한 말들 대신에 루가는 "아버지, 저의 영을 당신 손에 맡깁니다."라는 말로 바꾸었다. 이 말은 시편 31장 5절에서 의심스러워하면서도 정확하게 반복된다.

그리스도의 갈증을 불쌍히 여긴 어느 병사가 신 포도주를 적신 해면을 그의 입에 대 주었다. 예수는 그것을 마셨으며 "다 이루었다."라고 말했다. 오후 3시에 예수는 "큰소리로 외치셨으며, 숨을 거두었다." 여기에 덧붙여 루가는 다시 유대인 군중의 연민을 드러내면서 "그 광경을 보러 온 모든 군중들이 …… 가슴을 치며 돌아갔다."[139] 인정 많고 영향력 있는 두 명의 유대인이 빌라도의 허락을 받고 예수의 시신을 십자가에서 끌어내려 알로에와 몰약으로 방부 처리했으며, 무덤에 안치했다.

예수는 실제로 죽었는가? 그의 곁에 있던 두 명의 강도는 여전히 살아 있었다. 병사들이 그들의 다리를 부러뜨렸다. 그렇게 하지 않았다면 몸의 무게가 손에 의지하고 있어서 혈액 순환이 저해되어 곧 심장이 정지되었을 것이다. 비록 한 병사가 예수의 가슴을 창으로 찔러 처음에는 피가 흐르고 그 다음에는 체액이 흘렀다고 전해지고는 있지만, 예수의 경우는 다리를 부러뜨리지 않았다. 빌라도는 한 사람이 여섯 시간 동안 십자가에 못 박힌 후에 죽어야 한다는 것에 놀라움을 표했다. 그리고 그는 백인대장이 그리스도의 죽음을 확인한 이후에야 비로소 십자가에서 예수의 시신을 끌어내리게 했다.

이틀 후 마리아 막달레나가 "야고보의 어머니인 마리아, 그리고 살로메"와 함께 예수의 무덤을 방문했다. 그들은 무덤이 텅 비어 있음을 발견했다. "놀랐지만 매우 기뻤던" 그들은 사도들에게 소식을 알리러 달려갔다. 도중에 그들은 예수라고 생각되었던 사람을 만났다. 그들은 그에게 머리를 숙이고 발을 꼭 잡았다. 그들이 전하는 말이 쉽게 믿기지는 않았지만 환영받았을 것으로 짐작된다. 예수가 죽음을 극복했으며, 그 때문에 자신이 메시아이자 하느님의 아들임을 입증했다는 생각이 "갈릴리인들"을 너무 흥분시켰다. 따라서 그들은 어떠한 기적에도, 그리고 어떠한 계시에도 각오가 되어 있었다. 같은 날 그리스도는 엠마오로 가는 길에 두 제자에게 나타나 그들과 이야기를 나누고 식사를 같이 했다고 전해진다. 오랫동안 "그들은 그를 알아보지 못했다." 하지만 "그가 빵을 들고 축성을 하셨을 때, …… 그들의 눈이 열려 그를 알아보았다. 그러나 그는 그들에게서 사라졌다."[140] 제자들은 갈릴리로 돌아갔으며, 곧 "그를 보고 엎드려 경배하였다. 하지만 더러는 의심하였다."[141] 그들이 고기를 잡고 있는 동안 그리스도가 그들과 함께하고 있음을 알았다. 그들은 그물을 던졌고, 엄청나게 많은 고기를 끌어올렸다.[142]

사도행전의 첫머리에 따르면 마리아 막달레나에게 자신의 모습을 드러낸 지 40일 후에 그리스도는 승천했다. 성인의 몸과 생명이 하늘로 "옮겨지는" 것으로 보는 생각은 유대인들에게 잘 알려져 있었다. 그들은 모세, 에녹, 엘리야, 이사야의 승천에 대해 말했다. 예수 그리스도는 그가 왔던 것만큼이나 신비하게 갔다. 하지만 대부분의 제자들은 진심으로 예수가 십자가에 못 박힌 이후 살아서 그들과 함께 있었다고 확신했다. 루가의 말에 따르면[143] "그들은 예수에게 경배하고 나서 크게 기뻐하며 예루살렘으로 돌아갔다. 그리고 줄곧 성전에서 하느님을 찬미하며 지냈다."

27장

사도들
서기 30~95

1. 베드로

그리스도교는 다가오는 하느님의 나라에 대한 유대교의 종말론적이고 비밀스러운 묵시(默示)에서 생겨났으며, 그리스도의 인격과 비전에서 추동력을 끌어냈다. 그리고 그리스도의 부활과 영생의 약속에 대한 믿음에서 힘을 얻었다. 그리스도교는 바울의 신학에서 교리 형태를 받아들였고, 이교 신앙과 전례(典禮)를 흡수하면서 성장했으며, 로마의 조직 방식과 천재성을 상속함으로써 개선(凱旋) 교회가 되었다.

사도들은 만장일치로 곧 그리스도가 지상에 천상의 왕국을 세우기 위해 되돌아올 것으로 믿었음이 분명하다.* 베드로의 첫번째 서간은 "만물의 마지막

---

* 이 기간에 대한 주요 안내서는 사도행전이다. 이 책과 세 번째 복음서의 저자가 동일하다는 것은 보편적으로 인정되고 있다. 하지만 둘 다 바울의 이교도 친구인 루가에 의해 씌었다는 전승은 대체로 훨씬 덜 받아들여지고 있다. 사

이 가까이 왔으므로 너희는 정신을 차리고 근신하며 기도하라."라고 말한다.[3] 요한의 첫번째 서간은 "자녀 여러분, 지금이 마지막 때입니다. 그리스도의 적이 온다고 여러분이 들은 그대로, 지금 많은 그리스도의 적들(네로, 베스파시아누스, 도미티아누스?)이 정말로 나타났습니다. 그래서 우리는 지금이 마지막 때임을 알 수 있습니다."라고 말한다.[4] 메시아의 사명, 육체의 부활, 그리고 그리스도의 지상 세계 복귀에 대한 믿음이 초기 그리스도교의 기본 교리를 이루었다. 이러한 교리는 사도들이 계속해서 유대교 신앙을 받아들이는 것을 막지 못했다. 사도행전에 따르면 "그들 모두는 매일같이 정기적으로 성전에 갔다."라고 한다.[5] 그리고 사도들은 규정식(規定食)과 의례에 관한 율법을 준수했다.[6] 사도들은 처음에는 유대인에게만 자신들의 신앙을 선언했으며, 예루살렘 성전 안마당에서 자주 설교했다.[7]

사도들은 그리스도나 성령으로부터 영감과 치유와 언어의 기적적인 힘을 받았다고 믿었다. 많은 병자와 노약자가 그들에게 왔다. 마르코에 따르면[8] 몇몇 사람들에게 기름을 부어 병을 고쳐 주었다고 한다. 사도행전의 저자는 이러한 초기 그리스도교도가 살았던 신뢰로 가득한 공산주의에 대해 이렇게 감동적으로 묘사한다.

믿는 무리가 한마음과 한뜻이 되어 모든 물건을 서로 통용하고 자기 재물을 조금이라도 자기 것이라 하는 사람이 하나도 없다. …… 그들 중에 가난한 사람이 없으니, 이는 밭과 집을 가진 자는 팔아 그 판 것의 값을 가져다가 사도들의 처분에 맡겼

도행전은 바울의 죽음에 대해서는 전혀 언급하고 있지 않으므로, 원작은 그리스도교와 바울에 대한 로마의 적대감을 누그러뜨리기 위한 노력으로 63년 무렵에 씌었을 것이다. 하지만 사도행전은 나중에 확대되었던 것 같다. 사도행전에는 초자연적 현상이 풍부하게 등장하지만 기본적인 서사는 역사로 받아들여질 수 있다.[1] 2세기에 경외서(經外書)의 "행전(行傳)"과 "서간(書簡)"은 전설과 함께 그리스도 이후 사도들의 이야기를 상세하게 설명했다. 이러한 "행전"은 반드시 속이려는 시도라고는 말할 수 없는 당대의 역사 소설이었다. 교회는 "행전"을 거부했지만 신앙심이 두터운 사람들은 그것을 받아들였으며, 점점 더 그것을 역사와 혼동했다. 원전 연구는 신약 성서에서 열두 명의 사도가 쓴 것으로 알려진 일곱 서간 중에 베드로의 첫 번째 서간을 사실상 진짜로 받아들이고,[2] 요한 서간의 저자를 논쟁의 대상인 네 번째 복음서의 저자와 동일시하며, 나머지 서간을 출처가 의심스러운 것으로 받아들이지 않는다.

기 때문이다. 그 다음 그것들은 각자의 필요에 따라 나누어졌다.[9]

개종자들의 수가 증가하면서 사도들은 안수(按手)를 통해 일곱 명의 부제(副祭)를 임명해 그리스도교 공동체의 업무를 처리하도록 했다. 얼마 동안 유대 당국은 그리스도교를 소규모의 무해한 집단으로 용인했다. 하지만 120명에서 8000명으로 "초기 그리스도교도"의 수가 늘어나자[10] 유대교 제사장들은 놀랐다. 베드로와 그 밖의 사도들이 체포되어 산헤드린의 심문을 받았다. 사두가이파는 그들에게 사형을 선고하도록 원했지만 가말리엘(아마도 바울의 스승이었을 것으로 추정된다.)이라는 바리사이인이 판결을 미룰 것을 권고했다. 타협책으로 죄인들에게 채찍질을 가한 다음 석방했다. 얼마 후(서기 30년?) 임명된 부제 중 한 명인 스테파노가 "모세와 하느님을 모독하는 말을 했다."는 혐의로 산헤드린에 소환되었다.[11] 그는 무모할 정도로 자신을 열정적으로 변호했다.

완고하고 마음과 귀에 할례를 받지 못한 사람들아, 너희도 너희 조상과 같이 항상 성령을 거스르는구나. 너희 조상들이 예언자들 중의 누구를 박해하지 않았느냐? 의인(義人)이 오실 것이라고 예고한 자들을 그들이 죽였고, 이제 너희는 그 의인을 배신한 자요 살인한 자가 될 것이니, 너희는 천사가 전한 율법을 받고도 지키지 아니하였다![12]*

격분한 산헤드린에서는 스테파노를 예루살렘 바깥으로 끌고 가서 돌로 쳐 죽이라는 결정을 내렸다. 사울이라는 젊은 바리사이인이 이 공격을 거들었다. 그 후 사울은 예루살렘의 이집 저집을 돌아다니며 그리스도교 신도들을 붙잡아 감금했다.[13]

---

* 사도행전에서 스테파노, 베드로, 바울, 그리고 그 밖의 사람들의 말은 고대 역사가들의 일반적인 관례에 따라 저자에 의해 고안되었을 것으로 추정된다.

스테파노를 지도자로 섬기면서 그리스식 이름과 문화로 개종한 유대인들은 사마리아와 안티오크로 도망했으며, 그곳에서 강력한 그리스도교 공동체를 설립했다. 여전히 유대 율법을 준수했으므로 이러한 박해에서 해를 입지 않은 대부분의 사도들은 유대적 그리스도교도들과 예루살렘에 남아 있었다. 베드로가 유대의 도시에서 복음을 전하는 사이에 "예수 그리스도의 형제"인 "의인" 야고보가 이제는 쇠약해지고 영락한 예루살렘 교회의 수장이 되었다. 야고보는 유대의 율법을 엄격하게 실천했으며, 에세네파와 어깨를 나란히 할 정도로 금욕적으로 살았다. 그는 고기를 전혀 먹지 않았고 포도주를 한 모금도 마시지 않았으며, 옷은 하나만 걸쳤고, 머리카락이나 수염을 자른 적이 없었다. 11년 동안 그의 지도를 받은 그리스도교도들은 흔들리지 않았다. 41년 무렵 제베데의 아들인 또 한 명의 야고보가 참수형을 당했다. 베드로는 체포되었지만 도망했다. 62년에 의인 야고보는 순교했다. 4년 후에 유대인은 로마에 맞서 반란을 일으켰다. 다가오는 "세상의 종말"을 너무 확신한 나머지 정치에는 관심이 없던 예루살렘의 그리스도교도들은 예루살렘 시를 떠나 요르단 강 건너 저 먼 곳에 위치한 이교적이자 친(親)로마적인 펠라에 정착했다. 그때부터 유대교와 그리스도교가 갈라졌다. 유대인들은 그리스도교도들을 배신과 비겁함을 이유로 비난했으며, 그리스도교도들은 티투스의 예루살렘 성전 파괴를 그리스도의 예언이 실현된 것으로 환영했다. 이 시기에 두 신앙 사이에 증오의 불꽃이 타올랐으며, 그들의 가장 뛰어난 종교 문학 중 일부가 집필되었다.

그 후 유대적 그리스도교는 숫자와 힘이 약해졌고 그리스 정신에 의해 변형된 새로운 종교에 굴복했다. 그리스도가 거의 전 생애를 보냈으며 그를 따른 최초의 무리 중에 있던 막달레나와 다른 여성들이 이제는 잊힌 갈릴리에서, 사람들은 나사렛 사람 예수를 하느님의 아들로 선포했던 설교자들에게 귀를 기울이지 않았다. 자유를 갈망했으며 매일 "주님은 한 분"이라고 스스로 다짐하던 유대인들이 그들의 독립 투쟁을 모른 체했던 메시아에게 거절당했으며, 게다가 그들의 마을 중 한 곳의 동굴이나 마구간에서 신이 태어났다는 선언에 분개했다. 유대적 그리스도교는 에비오님(Ebionim, '가난한 자들')으로 불리던 소규모의 시리아 그리스도교도들 사이에서 5세기 동안 존속했다. 그들은 그리스도교의 빈곤과 유대의 율법 전체를 실천했다. 2세기 말에 교회는 그들을 이단자로 비난했다.

그 사이에 사도와 제자들은 다마스쿠스에서 로마까지[14] 뿔뿔이 흩어진 유대인들에게 복음을 전파했다. 빌립은 사마리아와 카이사레아에서 개종자를 만들었고, 요한은 에페소스에서 강력한 교회를 발전시켰으며, 베드로는 시리아의 도시에서 전도했다. 대부분의 사도들처럼 베드로도 전도를 할 때 자신의 아내와 함께 보좌역으로 일하도록 "여성 신자"를 데려갔다.[15] 그는 병자를 성공적으로 치료했는데, 사마리아에서 마술사인 시몬 마구스가 치료의 기적을 행한 대가로 그에게 돈을 주었다. 요파에서 베드로는 가사 상태에 있던 타비타를 일으켜 세웠다. 그리고 카이사레아에서는 로마의 백인대장을 그리스도교에 입교시켰다. 사도행전에 따르면 환상이 그에게 유대인 개종자들뿐 아니라 이교도들도 받아들여야 한다고 설득했다고 한다. 그리고 그때 이후로 베드로는 약간은 주저하면서 비유대인 개종자들에게 할례를 베풀기보다는 세례를 주는 것에 만족했다. 우리는 베드로의 첫째 서간에서 이러한 초기 전도자들의 열정을 어느 정도 느낄 수 있다.

예수 그리스도의 사도인 베드로가 폰토스, 갈라티아, 카파도키아, 아시아, 비티니아에 흩어진 나그네 살이를 하는 그리스도교도 유대인들에게 인사합니다. …… 하느님의 은총과 평화가 여러분에게 풍성히 내리기를 빕니다. …… 이방인과 나그네로 사는 여러분에게 권고합니다. 이교인들 가운데에 살면서 바르게 처신하십시오. …… 여러분의 착한 행실을 지켜보고 그들은 하느님을 찬양하게 될 것입니다. …… 주님을 위해, 모든 인간 제도에 복종하십시오. …… 자유민처럼 사십시오. 하지만 자유를 악행의 구실로 삼지 마십시오. …… 하인 여러분, 진정 두려워하는 마음으로 주인에게 복종하십시오. 착하고 너그러운 주인뿐 아니라 못된 주인에게도 복종하십시오. 마찬가지로 아내도 남편에게 순종해야 합니다. 그렇게 하여 말씀에 순종하지 않는 남편도 …… 아내인 여러분이 경건하고 정숙하게 처신하는 것을 지켜보다가 그렇게 될 것입니다. 머리를 땋아 올리거나 보석으로 치장하거나 하는 겉치장을 하지 말고 온유하고 정숙한 정신 같은 것으로 치장하십시오. 마찬가지로 남편도 자기보다 연약한 여성인 아내를 존중하면서, 이해심을 갖고 함께 살아가야 합니다. …… 악을 악으로 갚지 마십시오. …… 무엇보다도 서로 변함없이 사랑하십시오. 사랑은 많은 죄를 덮어 주기 때문입니다.[16]

베드로가 언제, 그리고 어느 단계에 로마로 갔는지는 알 수 없다. 히에로니무스(390년 무렵)는 베드로가 로마에 최초로 도착한 연대를 42년 초로 추정한다. 그가 수도 로마에서 그리스도교 공동체를 설립하는 데 주도적인 역할을 수행했다는 전승은 많은 비판에도 불구하고 살아남았다.[17] 락탄티우스는 베드로가 네로 치세 때 로마에 왔다고 말한다.[18] 아마도 베드로는 로마를 여러 차례 방문했을 것이다. 자유로운 상태의 베드로와 수감 중인 바울은 아마도 똑같이 64년에 순교할 때까지 로마에서 개종자들을 얻기 위해 경쟁했을 것이다.[19] 오리게네스는 베드로가 "머리를 아래쪽으로 십자가에 못 박혔다. 그가 그런 식으로 고통받길 원했기 때문이다."라고 전한다.[20] 아마도 그는 그런 자세로 있으면 더 빨리 죽을 것으로 기대했거나, 아니면 그리스도와 똑같은 방식으로 죽을 가치가 없다고 생각했기 때문이었을 것이다. 고대의 텍스트들은 베드로가 아내와 함께 살해되었으며, 아내가 처형당하는 장면을 보지 않으면 안 되었다고 증언한다.[21] 후대의 이야기에서 그의 순교 장소로 바티칸 광장의 네로 원형 경기장이 거명되었다. 그 장소에 성 베드로 성당이 세워졌고, 그의 시신 안치를 주장했다.

소아시아와 로마에서 베드로의 전도는 그리스도교에 많은 유대적 요소를 보존하는 데 도움을 준 것이 틀림없다. 그와 다른 사도들을 통해 그리스도교는 유대인의 일신교, 엄숙주의, 그리고 종말론을 상속했다. 그들과 바울에 의해 구약 성서는 서기 1세기 그리스도교가 알던 유일한 성서가 되었다. 70년까지 그리스도교는 주로 유대교 회당이나 유대인 사이에서 전도되었다. 유대인 신앙의 형식과 의식과 제복이 그리스도교 전례에 전해졌다. 유월절(逾越節) 축제 때 희생된 어린 양이 가톨릭 미사에서 하느님의 어린 양으로 성화되었다. 교회를 운영하기 위해 장로를 임명하는 것은 유대교 회당을 운영하는 유대인의 방식으로부터 채택되었다. 많은 유대교의 축제, 예를 들어 유월절과 오순절은 내용과 날짜는 바뀌었지만 교회력으로 받아들여졌다. 유대인의 이산(離散)은 그리스도교의 급속한 전파를 거들었다. 이 도시에서 저 도시로의 유대인들의 빈번한 이동과 제국 전역에서 그들이 맺은 관계는 그리스도교 신앙을 위한 길을 내기 위해서 상업, 로마의 도로, 그리고 로마의 평화와 협력했다. 그리스도교도와 베드로에게서 그리스도교는 유대적이었고, 바울에게서 반(半)그리스적으로 되었다. 그리고 가톨릭에서 그리스도교는 반(半)로마적으로 되었으며, 신교에서 유대적 요소와 강조가 복원되었다.

2. 바울

1. 박해자 바울

그리스도교 신학의 창시자가 서기 10년경 킬리키아의 타르수스에서 태어났다. 그의 아버지는 바리사이인이었으므로 바리사이파의 강렬한 신념으로 양육되었다. 이교도들의 사도인 바울은 유대의 율법을 거부한 이후에도 한번도 자신을 바리사이인이라고 생각하지 않은 적이 없었다. 또한 아버지는 로마 시민이었으며, 아들에게 귀중한 시민권을 물려주었다. 아마도 바울이라는 이름은 히브리어의 사울에 해당하는 그리스어 이름이었던 것 같다. 따라서 둘 다 유년 시절에 불리던 이름이었다.[22] 바울은 고전 교육을 받지 못했다. 어느 바리사이인도 자신의 아들에게 그렇게 노골적인 헬레니즘을 용인하지 않았을 것이고, 그리스어 훈련을 받은 사람이라면 누구나 사도 서간의 서투른 그리스어를 쓰지 않았을 것이기 때문이다. 그럼에도 불구하고 바울은 아테네 청중에게 연설하기 위해 대단히 유창하게 그리스어로 말하는 방법을 배웠다. 게다가 그는 가끔씩 그리스 문학의 유명한 구절을 언급했다. 우리는 일부 스토아학파의 신학과 윤리가 타르수스의 학교 분위기에서 바울의 그리스도교로 옮겨 갔다고 생각할 수 있다. 그래서 우리는 영어 번역자들이 정신(spirit)으로 부르는 스토아학파의 용어인 프네우마(pneuma)를 사용한다. 대부분의 그리스 도시처럼 타르수스에도 오르페우스교나 다른 비의(秘儀) 종교의 추종자들이 있었다. 그들은 자신들이 숭배하던 신이 그들을 대신해 죽었고, 무덤에서 부활했으며, 강렬한 믿음과 적절한 의식으로 간청한다면 그들을 지옥에서 구해 내어 신의 은총을 입은 영생의 선물을 나누어 줄 것으로 믿었다.[23] 비의 종교들은 그리스인들에게 바울을, 그리고 바울에게 그리스인들을 준비시켰다.

청년 바울이 천막 제조하는 일을 배우고 지방의 유대교 회당에서 교육을 받은 이후에 아버지는 그를 예루살렘으로 보냈다. 바울은 자신이 그곳에서 "유대 율법의 엄격한 방식에 따라 가말리엘의 제자로 교육받았다."라고 말한다.[24] 소문에 따르면 가말리엘은 힐렐의 손자였다. 그는 힐렐을 계승해 산헤드린의 의장이 되었으며, 인류의 나약함을 관대하게 고려하여 율법을 해석하는 전통을 이어 나갔다. 더 엄격한 바리사이인들은 가말리엘이 이교도 여성들마저 호의적으로 바라보는 것을 보고 충격을 받았다.[25] 그는 너무 박식했으므로 유별나게 학자를 존경하는 유대인들은 그를 "최고의 율법 학자"로 불렀으며 그에게 처음으로 랍반(rabban), 즉 "우리의 스승"이라는 칭호를 부여했다. 이 칭호는 가말리엘 이후 여섯 명에게만 부여되었다. 그와 다른 사람들로부터 바울은 탈무드에서 즐길 수 있었던 빈틈없고 섬세한, 그리고 가끔 궤변적이고 정교한 성서 해석 방식을 배웠다. 헬레니즘에 입문한 뒤에도 바울은 끝까지 정신과 기질에서 유대인으로 남았고, 토라의 영감에 아무런 의심도 하지 않았으며, 하느님의 유대인 선택을 인간 구원의 수단이라고 자랑스럽게 주장했다.

바울은 자신을 "외모가 보잘것없는" 사람으로 묘사하고,[26] 여기에 덧붙여

"내가 지나치게 자만하지 않도록 쓰라린 육체적 고통을 주었다."라고 말한다.[27] 그는 더 구체적으로 말하지는 않는다. 전승에 따르면 그는 50세 때 허리가 굽고 대머리에다가 수염을 기른 고행자로서 이마는 넓고, 얼굴은 창백하며, 인상은 험악하고, 눈은 날카로웠다. 뒤러(Dürer)는 이제껏 가장 위대한 그림 중 하나에서 바울을 그렇게 상상하며 그렸다. 하지만 실제로 이러한 묘사는 문학과 미술일 뿐 역사는 아니다.

바울의 기질은 유대인들 사이에서 흔히 볼 수 있는 유형이었다. 즉 그는 온화하고 세련되었다기보다는 예민하고 열정적이었으며, 객관적이고 공정했다기보다는 감정적이고 상상력이 풍부했다. 그는 생각이 편협했으므로 행동은 힘이 있었다. 그는 스피노자 이상으로 훨씬 종교적 열정에 사로잡힌, 즉 "마음속에 신을" 간직한 "신에 중독된 사람"이었다. 그는 자신이 신에게서 영감을 받았으며, 기적을 행하는 능력을 부여받았다고 믿었다. 또한 그는 조바심 내며 꾸준히 그리스도교 공동체를 설립하고 보존해 온 현실적인 사람이기도 했다. 대단히 많은 사람들이 그랬듯이 그의 결점과 미덕은 거의 유사했으며 상호 간에 없어서는 안 되는 것이었다. 바울은 충동적이고 대담했으며, 독단적이고 결단력이 있었으며, 거만하고 정력적이었으며, 열광적이고 창조적이었으며, 사람들 앞에 거만하고 하느님 앞에 겸손했으며, 격렬하게 분노하고 가장 부드러운 사랑을 할 수 있었다. 그는 자신의 추종자들에게 "너희를 박해하는 자들을 축복하라." 하고 권고했지만, 그의 적들이 스스로 거세라도 했으면 좋겠다고 바랐던 것 같다.[28] 바울은 자신의 결점을 알았고, 그것에 맞서 싸웠으며, 개종자들에게 "내가 좀 어리석더라도 참아 주길 바란다."라고 부탁했다.[29] 코린트인들에게 보내는 첫째 서간의 추신에서 바울은 "이 인사말은 나 바울이 직접 덧붙입니다. 누구든지 주님을 사랑하지 않는 사람에게 저주를! 주 예수의 은총이 여러분과 함께하기를! 나는 그리스도 안에서 여러분 모두를 사랑합니다."라고 말한다. 그가 한 것은 하지 않으면 안 되는 것이었다.

바울은 유대교의 이름으로 그리스도교를 공격하는 것으로 시작해서 그리스도의 이름으로 유대교를 거부하는 것으로 끝냈다. 매 순간 그는 사도였다. 스테파노가 유대 율법에 무례한 태도를 보인 것에 충격받은 바울은 그를 살해하는 일에 가담했고, 예루살렘에서 최초의 그리스도교도 박해를 주도했다. 새로운 신앙이 다마스쿠스에서 개종자들을 만들었다는 소식을 들은 바울은 고위 제사장으로부터 그곳에 가서 "그리스도교 신자" 모두를 체포하고, 그들을 사슬에 묶어 예루살렘에 데려올 수 있도록 공식 허가를 받았다.(서기 31년?)[30] 박해에 대한 그의 열정은 은밀한 의심에서 비롯되었을 수 있다. 그는 잔인했지만 인정사정없는 정도는 아니었다. 아마도 돌에 맞아 살해된 스테파노의 환상, 그리고 아마도 젊은 시절 골고다 언덕에서의 짧은 경험마저 그의 기억과 여행을 괴롭혔으며, 그의 상상력을 흥분시켰다. 사도행전에 따르면 그의 일행이 다마스쿠스에 가까워졌을 때,

> 갑자기 하늘에서 빛이 그를 둘러 비추더니 사울이 땅에 엎드린다. 그 때 사울은 "사울아, 사울아, 네가 어찌하여 나를 박해하느냐?" 하는 음성을 들었다. 그는 "주여, 누구십니까?"라고 물었다. 이러자 "나는 예수다." 하는 음성을 들었다. …… 사울과 같이 가던 사람들은 소리만 듣고 아무도 보지 못하고 말을 못한 채 서 있었다. 사울이 땅에서 일어나 눈은 떴지만 아무것도 보지 못했다. 사람들은 그의 손을 잡고 다마스쿠스로 데려갔다. 사흘 동안 그는 보지 못했다.[31]

어떤 자연스러운 과정이 이렇듯 중대한 경험의 기초가 되었는지는 아무도 말할 수 없다. 오랜 여행의 피로, 사막 햇빛의 강렬함, 허약하고 아마도 간질병이 있는 몸에 영향을 끼치는 천둥소리가 나지 않는 번개, 그리고 의심과 죄로 고통받는 정신이 반의식적인 과정을 최고조로 이끌 수 있었다. 이렇게 해서 그리스도를 열렬히 부정하던 사람이 스테파노의 그리스도에 대한 최고의 전도자가 되었다. 그가 태어난 타르수스의 그리스적인 분위기가 인류를 구원한 구세주에 대해 말해 주었다. 그리고 그의 유대교 지식은 다가올 메시아에 대해 말

해 주었다. 어떻게 바울이, 사람들이 그를 위해 죽을 준비가 되어 있던 신비롭고 매력적인 예수를 약속한 사람이 아니라고 확신할 수 있었을까? 여행이 끝나갈 무렵 허약하고 여전히 눈먼 바울이 자신의 얼굴에 개종한 유대인의 다정한 위로의 손길을 느꼈을 때, "그의 눈에서 비늘 같은 것이 떨어져서 다시 보게 되었다. 그는 일어나 세례를 받았고, 약간의 음식을 먹고 기운을 차렸다."[32] 며칠 뒤 바울은 다마스쿠스의 유대교 회당에 들어가서 모인 사람들에게 예수가 하느님의 아들이라고 말했다.

2. 전도자 바울

격분한 유대인들의 재촉으로 다마스쿠스의 총독은 바울을 체포하도록 명령했다. 바울의 새로운 친구들은 그를 다마스쿠스의 성벽 위로 데려다 주었다. 그는 3년 동안 아라비아의 작은 마을들에서 그리스도를 전도했다. 예루살렘으로 돌아와 베드로의 용서를 얻고 우정을 맺었으며, 잠시 그와 함께 살았다. 대부분의 사도가 바울을 불신했지만 최근에 개종한 바나바는 그에게 진심 어린 도움을 주었으며, 예루살렘 교회로 하여금 메시아가 왔으며, 곧 하느님의 나라를 건설할 것이라는 복음의 전도사로 박해자인 바울을 파견하도록 권유했다. 그가 복음을 가져다준 그리스어를 말하는 유대인들이 그를 죽이려 했으며, 그의 열정으로 자신들이 모두 위태롭게 될지도 모른다고 두려워한 사도들이 그를 타르수스로 보냈다.

8년 동안 바울의 이야기는 고향인 타르수스에서 전해 오지 않았다. 아마도 그는 다시 그리스인들 사이에서 인기를 얻던 신비로운 구원 신학의 영향력을 느꼈을 것이다. 그 무렵 바나바가 와서 바울에게 안티오크 교회에서 봉사해 줄 것을 부탁했다. 둘은 함께 일하면서(43~44년?) 수많은 사람을 개종자로 만들었으며, 안티오크는 곧 그리스도교도 숫자에서 다른 모든 도시를 앞서 나갔다. 그곳에서 처음으로 그리스도교도들이 자신들을 일컫던 "신자들", "제자들", "형제들" 또는 "성인들"이 이교도들로부터 아마도 경멸적인 뜻에서 크리스티아노이(Christianoi), 즉 메시아 또는 기름 부은 자의 추종자들이라는 호칭을 얻었을 것이다. 또한 그곳 안티오크에서는 처음으로 이방인들이 새로운 신앙인 그리스도교에 입교했다. 이들 대부분은 "하느님을 경외하는 자들"로서 압도적으로 여성이 많았으며, 이미 유대인들의 일신교와 그들의 전례를 부분적으로 받아들였다.

안티오크의 개종자들은 예루살렘의 개종자들만큼 빈곤하지는 않았다. 상당히 적은 수의 개종자들이 상인 계층에 속해 있었다. 그들은 생기가 넘치고 성장해 가는 운동의 열정을 갖고 복음을 전파하기 위한 자금을 모았다. 교회의 장로들은 바나바와 바울을 "발견했고", 바나바를 지나치게 무시한 나머지 역사에서 "사도 바울의 최초 전도 여행"으로 불리던 것에 그들을 파견했다. (45~47년?) 그들은 키프로스로 항해했는데, 그 섬에 사는 수많은 유대인들 사이에서 고무적인 성공을 경험했다. 그들은 배를 타고 파포스에서 팜필리아의 페르가로 갔으며, 피시디아의 안티오크까지 위험한 산길을 넘어 여행했다. 유대교 회당은 그들이 하는 말을 정중히 들어 주었다. 하지만 그들이 이방인들에게도 전도하기 시작했을 때, 정통파 유대교도들은 시 관리들에게 전도자들을 추방하도록 권유했다. 비슷한 어려움이 이코니움에서 나타났다. 그리고 리스트라에서 바울은 돌팔매질을 당했고, 도시 밖으로 질질 끌려 나왔으며, 죽도록 방치되었다. 여전히 "성령의 기쁨으로 충만한" 바울과 바나바는 데르베에 복음을 전했다. 그 다음 그들은 동일한 경로로 페르가로 돌아왔으며, 배를 타고 시리아의 안티오크로 갔다. 그곳에서 그들은 그리스도교 역사에서 자신들이 가장 중요한 문제에 직면했음을 알게 되었다.

두 전도자가 할례를 요구하지도 않은 채 이방인 개종자들을 받아들였다는 소식을 듣고 예루살렘의 몇몇 지도적인 사도들이 "모세가 규정한 대로 할례를 받지 않으면, 구원받을 수 없다는 것을 형제들에게 가르치기 위해"[33] 안티오크로 왔기 때문이다. 유대인에게 할례란 건강의 의식이라기보다는 옛날 유대 민족이 하느님과 약속한 신성한 상징이었다. 게다가 그리스도교도 유대인이던 바울은 그러한 약속을 깬다는 생각에 소름이 끼쳤다. 바울과 바나바는 안티오크로 온 사도들이 제멋대로 행동한다면, 그리스도교가 상당히 많은 수의 이방인들에게 결코 받아들여질 수 없을 것으로 판단했다. 그러면 그리스도교는 "유대교의 이단"(하이네(Heine)가 그렇게 불렀던 것처럼)으로 남게 될 것이고, 한 세기 안에 사라질 것이다. 그들은 예루살렘으로 가서(50년?) 사도들과 그 문제로 끝까지 싸웠다. 거의 모든 사도가 여전히 예루살렘 성전의 독실한 숭배자들이었다. 야고보는 동의하기를 꺼렸고, 베드로는 두 전도자를 옹호했다. 결국 이교도 개종자들은 방종을 멀리하고 제물로 바쳐지거나 교살당한 동물을 먹지 않아야 한다는 것에만 동의가 이루어졌다.[34] 바울은 안티오크 교회의 넘쳐나는 자금으로 예루살렘의 가난한 그리스도교 공동체를 재정적으로 지원하겠다고 약속함으로써 해결의 실마리를 마련했다.[35]

하지만 그 문제는 너무 중요해서 그렇게 쉽게 해결될 수 없었다. 또 하나의 정통파 유대인 그리스도교도들이 예루살렘에서 안티오크로 와서 이방인들과 식사하는 베드로를 보았으며, 베드로에게 개종한 유대인들과 함께 할례를 받지 않은 개종자들과의 관계를 끊도록 권유했다. 우리는 이 사건에 대한 베드로의 입장을 알지 못한다. 바울은 자신이 안티오크에서 공공연하게 베드로에게 반대하고,[36] 그의 위선을 비난했다고 전하고 있다. 아마도 베드로는 바울처럼 "누구에게나 마음에 들도록 행동하기를" 바랐을 것이다.

아마도 50년에 바울은 두 번째 전도 여행을 떠난 것 같다. 그는 바나바와 언쟁했으며, 바나바는 이제 고향 키프로스의 역사에서 사라졌다. 소아시아에서 자신의 교회를 다시 방문한 바울은 리스트라에서 어린 디모데를 제자로 삼았다. 그는 디모데에게 각별한 애정을 표시했다. 둘은 함께 프리기아와 갈라티아를 경유하여 북쪽 멀리 알렉산드리아 트로아스까지 갔다. 여기에서 바울은 할례 받지 않고 유대교로 개종한 루가와 알게 되었다. 루가는 지적이고 인정 많았으며 아마도 세 번째 복음서와 사도행전의 저자였을 것이다. 바울과 루가는 둘 다 그리스도교 역사를 처음부터 특징지어 오던 논쟁을 완화시킬 작정이었다.

트로아스에서 바울, 디모데, 그리고 또 한 명의 측근인 실라스가 배를 타고 마케도니아로 갔다. 이것은 처음으로 유럽 땅에 발을 내딛은 사건이었다. 안토니우스가 브루투스를 정복했던 필리피에서 바울과 실라스는 평화의 교란자로 체포되었으며, 매질을 당하고 감금되었지만 로마 시민이라는 사실이 알려지면서 석방되었다. 테살로니카로 계속 나아가면서 바울은 유대교 회당에 갔으며, 세 번의 안식일 동안 유대인들에게 전도했다. 소수의 유대인이 바울에게 설득되어 교회를 설립했다. 하지만 그 밖의 유대인은 바울이 새로운 왕을 선포했다는 이유로 테살로니카 사람들을 자극해 바울에 맞서게 했다. 바울의 친구들은 그를 밤중에 몰래 베라이아로 데려가야 했다. 그곳에서 "유대인들이 무척 열심히 계시를 받았다." 하지만 테살로니카 사람들은 바울을 유대교의 적으로 비난하게 되었으며, 그는 낙담한 채 혼자서 배를 타고 아테네로 갔다.(51년?)

이교도의 종교, 과학, 그리고 철학의 중심지인 아테네에서 바울은 자신에게 친구가 없다는 것을 알게 되었다. 그의 말을 들어줄 유대인이 거의 없었다. 그래서 그는 오늘날 도시 군중 사이에서 열변을 토하는 사람처럼 장터에 서서 청중의 관심을 끌기 위해 십여 명의 경쟁자들과 경쟁하지 않으면 안 되었다. 일부 청중은 그와 논쟁했고, 일부는 "저 떠버리가 도대체 무슨 말을 하려는 것인가?" 하고 비웃으며 물었다.[37] 여러 사람이 그의 말에 관심을 가졌으며, 더 조용한 곳에서 경청하기 위해 그를 마르스 신의 언덕인 아레오파고스로 데리고 갔다. 바울은 자신이 어떻게 "알지 못하는 신에게"라고 새겨진 제단을 보게 되었는지 그들에게 말했다. 이러한 봉헌은 확신을 갖지 못하던 신의 도움에 감사하거나 신의 도움을 얻으려는 기증자들의 열망을 표현한 것이었다. 바울은 이것을 하느님의 본질에 대한 무지를 고백한 것으로 해석했다. 그는 능란하게 말을 이어 나갔다.

너희가 알지 못하고 숭배하는 그것을 내가 너희에게 알게 하겠다. 세상과 그 가운데 있는 만물을 만드신 하느님께서는 …… 손으로 지은 신전에는 계시지 않는다.

…… 만민에게 생명과 호흡을 주시는 분이 바로 그분이다. …… 그분은 인류의 모든 족속을 하나의 혈통으로 만드셨다. …… 이는 사람들에게 하느님을 더듬어 찾아 발견하게 함이다. 사실 그는 우리 각자에게서 멀리 떨어져 있지 않다. 여러분의 시인 가운데 몇 사람이 말하였듯이 우리는 그 안에서 살고 움직이며 존재한다. …… 이처럼 우리는 하느님의 자녀이므로, 인간의 기술과 고안으로 빚어 만든 금상이나 은상이나 석상을 신과 같이 여겨서는 안 될 것이다. 알지 못하던 시대에는 하느님이 허물지 않았지만, 이제는 어디든지 사람들에게 모두 회개하라고 명령했다. 이것은 정하신 사람으로 하여금 세상을 심판할 날을 정하였기 때문이다. 저를 죽은 자 가운데에서 다시 살리는 것으로 모든 사람에게 믿을 만한 증거를 주었다.[38]

그리스도교를 그리스 철학과 화해시키려 한 것은 대담한 시도였다. 그럼에도 불구하고 그리스도교는 소수에게만 감명을 주었다. 아테네 사람들은 너무 많은 사상을 들어 오던 터라 어느 것에도 그다지 열정적이지 않았다. 바울은 실망한 채 아테네를 떠나 코린트로 갔다. 그곳에서는 상업이 상당히 많은 유대인을 끌어들이고 있었다. 바울은 그곳에서 18개월 동안 머물면서(51~52년?) 천막을 제조해 생계를 유지하면서 안식일마다 유대교 회당에서 전도했다. 유대교 회당의 지도자가 개종했으며, 이것에 놀란 유대인들이 로마 총독 갈리오에게 "율법을 어기는 방식으로 하느님을 숭배하라고 사람들을 설득한다"는 혐의로 바울을 기소했다. 갈리오는 "문제가 단지 언어와 명칭과 너희 법에 관한 것이므로, 너희 스스로 처리하라. 나는 그러한 일에 결정을 내리지 않겠다."라고 대답했다. 게다가 갈리오는 그들을 재판정에서 몰아냈다. 두 파벌은 주먹다짐까지 벌였다. "하지만 갈리오는 아무런 관심도 갖지 않았다."[39] 바울은 코린트의 이방인들에게 자신의 복음을 전했으며, 그들 중에 많은 개종자를 만들어 냈다. 그리스도교는 그들에게 부활한 구원자에 대해 자주 말하던 신비 종교 중에 받아들일 만한 변형된 형태로 보였을 것이다. 아마도 그리스도교를 받아들일 때 코린트의 이방인들은 이러한 신비 종교에 동화시켰으며, 바울에게 헬레니즘 정신에 정통한 용어로 그리스도교를 해석하도록 영향을 주었던 것 같다.

바울은 "예루살렘 교회에 경의를 표하기 위해" 코린트에서 예루살렘으로 갔다.(53년?) 하지만 곧 세 번째 전도 여행을 떠났다. 이 여행에서 바울은 안티오크와 소아시아의 그리스도교 공동체를 방문했으며, 열정과 자신감으로 그들이 다시 활기를 띠게 했다. 그는 에페소스에서 2년을 보냈으며, 많은 사람이 그를 기적을 행하는 사람으로 간주하던, 그리고 바울이 사용하는 리넨을 병자에게 써서 병을 치료하려고 했던 "놀라운 기적을 행했다." 이교 숭배자들이 아르테미스 신전에서 봉헌하던 조각상을 제작하는 사람들은 자신들의 일이 예전 같지 않게 느슨해지고 있는 것을 알았다. 아마도 바울은 아테네에서처럼 에페소스에서도 우상 숭배에 대해 기소했을 것이다. 경건한 순례자들을 위해 은으로 대규모 신전 모형을 만든 데메트리오스라는 사람이 바울과 새로운 신앙에 항의하는 시위를 조직했으며, 시 극장으로 한 무리의 그리스인들을 데려갔다. 그들이 두 시간 동안 반복해서 외친 슬로건은 "에페소스인들의 아르테미스는 위대하여라!"였다. 지방 관리가 집회를 해산했지만, 바울은 마케도니아로 떠나는 것이 더 용기 있는 행동이라고 생각했다.

바울은 자신이 필리피, 테살로니카, 그리고 베라이아에서 조직한 소규모 회중들과 행복한 몇 달의 시간을 보냈다. 불화와 부도덕이 코린트 교회를 혼란에 빠뜨리고 있다는 소식을 듣고 바울은 여러 서간에서 코린트 교회를 비난했을 뿐 아니라 자신의 명예 훼손자들에게 대담하게 맞서기 위해 직접 코린트 교회로 갔다. 그들은 바울이 전도를 통해 물질적으로 이득을 챙기고 있다고 비난하면서 그의 환상을 조롱했으며, 모든 그리스도교도가 유대 율법을 따라야 한다는 주장을 재개했다. 바울은 동요하는 그리스도교 공동체에 자신이 어디에서든 직접 일을 해서 생계를 이어 갔다는 사실을 상기시켰다. 그리고 물질적 이득에 관해서 말하자면, 도대체 그가 자신의 전도로 고통받지 않은 적이 있었는가? 채찍으로 맞은 것이 여덟 번, 돌팔매질을 당한 것이 한 번, 난파를 당한 것이 세 번, 강도와 동족, 그리고 강물 등으로부터 받아 온 수많은 위험이 있었다.[40] 이러한 혼란 속에서 예루살렘의 약속을 분명히 위반한 "할례당"이 갈라티아로 가서 모든 개종자에게 유대 율법의 완전한 수용을 요구했다는 말이 그에게 전해졌다. 격분한 바울은 갈라티아인들에게 자신이 유대교화한 그리스도교도들과 완전히 관계를 끊었다는 서간을 썼으며, 사람들은 모세 율법의 고수를 통해서가 아니라 인간을 죄로부터 구하는 하느님의 아들인 그리스도에 대한 적극적인 믿음을 통해서 구원받을 수 있다고 선언했다. 그 무렵 더 모진 어떤 고난이 그를 기다리고 있었다는 것을 알지 못한 채 바울은 예루살렘을 향해 떠났다. 그는 사도들 앞에서 자신을 변호하고 싶었고, 성도 예루살렘에서 고대의 오순절 축제를 거행하고 싶었다. 그는 예루살렘에서 로마로, 그리고 심지어 스페인까지 갈 수 있기를 바랐으며, 로마 제국의 모든 속주가 부활한 그리스도의 소식과 약속을 들을 때까지 결코 멈추지 않을 생각이었다.

3. 신학자 바울

예루살렘 성전의 지도자들은 바울을 "충심으로 환영"했지만(57년?), 다음과 같이 은밀하게 충고했다.

> 형제여, 유대인 중에 믿는 자가 수만 명이 있으니, 그들 모두가 율법을 열심히 지키는 자들이다. 그들은 너희가 이교도와 함께 살고 있는 모든 유대인에게 모세를 배반하고, 자식들에게 할례를 하지 말고, 또 옛 관습을 지키지 말라고 하는 것을 들었다. …… 그들은 너희가 온 것을 반드시 들을 것이다. 우리가 말하는 대로 하라. 여기 맹세한 네 사람이 있다. 그들을 데려가 정화 의식을 행하고 그들의 비용을 지불해라. …… 그러면 모든 사람은 그대에 대하여 들은 것이 진실이 아니고 그대도 율법을 지켜 행하는 줄로 알 것이다.[41]

바울은 기분 좋게 충고를 받아들였고, 정화 의식을 행했다. 하지만 성전에서 그를 보았던 몇몇 유대인이 그를 "모든 사람에게 모든 곳에서 유대 민족과 유대 율법에 반대해서 가르치는 사람"이라고 격렬히 항의했다. 폭도들이 그를 붙잡아 성전에서 끌어냈으며, "그를 죽이려 하고 있었다." 그때 한 무리의 로마 병사들이 그를 체포해서 구해 주었다. 바울은 군중을 향해 유대교와 그리스도교를 모두 긍정했다. 군중은 그를 죽이라고 외쳤다. 로마군 장교가 매질하도록 명령했지만, 바울이 로마 시민권자라는 사실을 알고 중지했다. 다음날 로마군 장교는 죄수 바울을 산헤드린에 데리고 갔다. 바울은 연설을 했고 자신을 바리사이파로 공포했으며, 어느 정도 지지를 이끌어 냈다. 하지만 흥분한 적들이 다시 바울을 폭행하려고 했으며, 로마군 장교는 그를 빼내 막사로 데리고 갔다. 그날 밤 바울의 조카가 와서 40명의 유대인이 그를 죽일 때까지 먹거나 마시지 않겠다는 맹세를 했다고 경고했다. 자신이 위태로워질지도 모르는 혼란을 두려워하던 로마군 장교가 밤중에 카이사레아의 총독 펠릭스에게 바울을 보냈다.

닷새 후에 고위 제사장과 몇몇 장로가 예루살렘에서 왔는데, 이들은 바울을 "전 세계 유대인들 사이의 평화를 해치고 교란하는 자"라고 비난했다. 바울은 자신이 새로운 종교를 전도하고 있었음을 인정했지만, "난 유대 율법에서 배운 모든 것을 믿는다."라는 말을 덧붙였다. 펠릭스는 고발자들을 해산시켰다. 그럼에도 불구하고 펠릭스는 아마도 상당한 액수의 뇌물을 기대했는지, 바울을 2년 동안 친구들이 출입을 허용하는 가택 연금을 했다.(58~60년?)

펠릭스를 계승한 페스투스는 바울에게 예루살렘에서 자신에게 재판받도록 제안했다. 예루살렘의 적대적인 분위기를 두려워한 바울은 로마 시민으로서의 권리를 행사했으며, 황제 앞에서의 재판을 요구했다. 카이사레아를 통과하고 있던 아그리파 왕이 다시 한 번 그를 심문해서 "엄청난 학식에 미쳐" 있지만 그 밖의 점에서는 결백하다고 판결했다. 아그리파는 "만약 그가 황제에게 항소하지 않았더라면, 석방되었을 텐데."라고 말했다. 바울은 교역선에 태워졌는데, 교역선이 너무 느리게 항해해서 이탈리아에 도착하기 전에 겨울 폭풍을 만났다. 14일간의 사나운 폭풍우 내내 죽음에 초연하고 구출을 확신한 그의 모습은 선원들과 승객에게 용기를 북돋아 주었다고 전해진다. 배는 몰타의 암초에 산산조각이 났지만 승선자 모두가 안전하게 헤엄쳐 해안가에 도착했다. 3개월이 지나 바울은 로마에 도착했다.(61년?)

로마 당국은 팔레스티나로부터 고발자들을 기다리면서, 그리고 네로가 그 사건을 심리할 수 있는 한가한 시간을 기다리면서 바울을 관대하게 다루었다. 바울은 자신이 선택한 집에서 호위 병사들과 함께 살도록 허락받았다. 그는 자유롭게 돌아다닐 수는 없었지만, 원하는 사람은 누구든지 만날 수 있었다. 그는 로마의 유력한 유대인들을 초대했다. 그들은 그의 말을 인내심을 갖고 들어주었다. 하지만 바울이 유대 율법의 준수가 구원에 필요하지 않다고 판단한다는 것을 알았을 때, 그들은 바울을 만나려 하지 않았다. 그들에게 유대 율법은 유대인 생활에서 없어서는 안 되는 버팀목이자 위안처럼 보였다. 바울은 "그러므로 하느님의 이 구원의 메시지가 이교도들에게 보낸 것으로 알아라. 그들은 그것을 들으리라!" 하고 말했다.[42] 바울의 태도는 로마의 그리스도교 공동체의 비위를 건드리기도 했다. 주로 유대인이었던 로마의 개종자들은 예루살렘에서 전해진 그리스도교를 더 좋아했다. 그들은 할례를 실천했으며, 로마에 의해 정통파 유대교도들과 좀처럼 구별되지 않았다. 그들은 베드로를 환영했지만 바울에게는 냉담했다. 바울은 이방인들 사이에서, 심지어 지위가 높은 사람들까지 몇 명의 개종자를 만들었다. 하지만 쓰라린 좌절감이 투옥으로 인한 그의 고독을 암울하게 했다.

바울은 멀리 떨어져 있는 자신의 회중에게 애정이 담긴 장문의 서간을 보내는 것으로 어느 정도 위안을 찾았다. 바울은 그때 이미 10년 동안 그러한 서간을 써 오던 터였다. 그의 이름으로 전해진 것보다 훨씬 더 많은 서간이 있었던 것이 틀림없다.* 바울의 서간은 그가 직접 쓴 것이 아니었다. 그는 서간을 받아

---

* 그중에서 갈라티아인, 코린트인, 그리고 로마인에게 보낸 서간을 진짜로 볼 수 있다. 아마도 테살로니아인, 필리피인, 콜로시아인, 그리고 필레몬에게 보낸 서간도 진짜로 볼 수 있을 것 같다. 그리고 에페소스인에게 보낸 서간마저도 진짜인 것 같다.[43]

쓰게 했으며, 종종 자필로 추신을 덧붙이고는 했다. 그는 서두에서의 반복과 모호함, 그리고 잘못된 어법에도 불구하고 서간을 수정하지 않은 채 내버려두었다. 그럼에도 불구하고 바울의 서간은 느낌의 깊이와 진정성, 위대한 대의(大義)에 대한 헌신, 그리고 고상하고 기억에 남는 언어의 풍부함 덕분에 문학 전체에서 가장 설득력 있고 감동적인 서간으로 자리매김한다. 키케로의 매력조차 그의 열정적인 신앙에 비하면 하찮은 것처럼 보인다. 바울의 서간에는 그의 교회에서 보호받는 자녀들에 대한 강력한 사랑의 말, 헤아릴 수 없이 많은 적에 대한 공격, 죄인과 타락한 자, 불화를 일으키는 논쟁자에 대한 비난, 그리고 도처에 애정이 담긴 충고가 담겨 있다.

> 감사하는 사람이 되십시오. 그리스도의 말씀이 너희 가운데에 풍성하게 머무르게 하십시오. 지혜를 다하여 서로 가르치고 타이르십시오. 감사하는 마음으로 하느님께 찬미가와 영가(詠歌)를 불러 드리십시오.[44]

여기에 전체 그리스도교 세계가 인용하고 소중히 간직하는 위대한 구절이 있다. 즉 "문자(文字)는 사람을 죽이고 영(靈)은 사람을 살립니다."[45], "나쁜 교제는 선한 행실을 더럽힙니다."[46], "깨끗한 사람들에게는 모든 것이 다 깨끗합니다."[47], "돈을 사랑하는 것은 모든 악의 뿌리입니다."[48] 여기에 그의 결함, 심지어 정치가다운 위선에 대한 솔직한 고백이 있다. 즉

> 내가 스스로 모든 사람의 종이 된 것은 더 많은 사람을 얻으려는 것입니다. 유대인들에게는 내가 유대인과 같이 된 것은 유대인을 얻기 위한 것입니다. …… 율법 아래 있는 자들에게는 내가 율법 아래 있는 자와 같이 되었습니다. …… 내가 여러 사람에게 여러 모양이 된 것은 몇몇 사람을 구원하고자 함입니다. 내가 복음을 위하여 모든 것을 행하는 것은 복음의 축복을 나머지 모든 사람과 나누고자 함입니다.[49]

이러한 서간은 수신자인 회중에 의해 보존되었고, 종종 공개적으로 읽혔다. 1세기 말경 서간 중에 상당수가 널리 알려졌다. 로마의 클레멘트가 97년에, 이그나티우스와 폴리카르푸스가 그 후 곧 서간에 대해 언급한다. 점차 서간은 교회의 가장 민감한 신학을 다루었다. 바울 자신의 우울한 기분과 양심의 가책, 그리고 바뀌어 가는 그리스도에 대한 환상에 사로잡혀, 아마도 물질과 육체를 사악한 것으로 비난하는 플라톤주의자와 스토아주의자의 영향을 받고, 그리고 아마도 사람의 죄를 대신해 "속죄의 염소"를 희생시키는 유대인과 이교도의 관습을 상기하며 바울은 그리스도의 말씀에서 오직 가장 모호한 권능만이 발견될 수 있는 신학을 창조했다. 즉 여자에게서 태어난 모든 남자는 아담의 죄를 상속하고, 하느님 아들의 속죄하는 죽음을 통해서만 영원한 저주로부터 구원받을 수 있다는 것이다.[50]* 그러한 생각은 유대인보다는 이교도들에게 더 적합했다. 이집트, 소아시아, 그리고 헬라스는 훨씬 전에 인류를 죄로부터 구하기 위해 죽었던 신, 즉 오시리스, 아티스, 디오니소스를 믿었다. 소테르(Soter, 구세주)와 엘레우테리오스(Eleutherios, 구조자) 같은 호칭이 이러한 신들에게 적용되었다. 그리고 바울이 그리스도에 대해 사용한 키리오스(Kyrios, 주님)라는 단어는 시리아·그리스의 제례에서 죽으면서 인간을 죄로부터 구하는 디오니소스에게 부여된 용어였다.[52] 예수를 직접 알지 못하던 안티오크와 다른 그리스 도시의 이방인들은 단지 구조자 신들의 방식에 따라서만 그를 받아들일 수 있었다. 바울은 "보라, 내가 너희에게 비밀을 말한다."라고 말했다.[53]

바울은 이러한 대중적이고 위안을 주는 신학에 이미 지혜서와 필론의 철학으로 널리 퍼진 신비로운 개념을 덧붙였다. 바울은 그리스도가 하느님의 첫 번

---

* 고대 유대인은 가나안 사람, 모아브 사람, 페니키아인, 카르타고인, 그리고 그 밖의 민족처럼 하느님의 분노를 가라앉히기 위해 아이, 심지어 가장 사랑하는 아들마저 희생 제물로 바치는 관습을 가지고 있었다. 이 관습은 충분한 시간이 지난 뒤 유죄 선고를 받은 한 죄수로 대체되었던 것 같다. 그는 바빌로니아에서 왕의 아들임을 나타내기 위해 어의를 입었으며, 그 다음 매질을 당하고 교수형에 처해졌다. 비슷한 희생이 크로노스 축제 때 로도스에서 발생했다. 유월절에 새끼 양이나 어린아이의 봉헌은 아마도 고대의 인신 공양이 완화된 형태였던 것 같다. 프레이저(Frazer)의 말대로 "속죄의 날에 유대교 고위 제사장이 양손을 살아 있는 염소의 머리에 대고 이스라엘 자녀들의 모든 죄악을 고백했다. 그리고 그것에 의해 사람의 죄를 짐승에게 전가했으며, 염소를 버려진 땅으로 보냈다."[51]

째 아들로 "하느님의 지혜"[54]라고 말했다. "그가 만물보다 먼저 있고 만물이 그 안에 존재한다. …… 그에게서 만물이 창조되었다."[55] 그리스도는 이스라엘을 예속으로부터 구해 줄 유대인의 메시아가 아니다. 그는 죽음으로써 모든 사람을 구해 줄 하느님의 말씀이다. 이러한 해석을 통해 바울은 자신이 직접 알지 못하던 예수의 실제 삶과 말씀을 무시할 수 있었다. 게다가 그는 예수와 직접 관련이 있는 사도들과 대등한 입장에 설 수 있었다. 사도들은 형이상학적 사색에서 바울의 경쟁 상대가 되지 못했다. 그리고 바울은 모든 영혼과 모든 내세를 포함한 장엄한 극적 사건에서 그리스도의 삶에, 그리고 인간의 삶에 중요한 역할을 할 수 있었다. 더욱이 그는 정작 그리스도가 신이었다면 왜 자신이 사형에 처해지도록 내버려 두었는지 묻는 사람들의 곤란한 질문에 대답할 수 있었다. 즉 그리스도는 아담의 죄로 사탄에게 파괴된 세상을 구하기 위해 죽었다는 것이다. 게다가 그리스도는 하느님의 은총을 받아야 하는 모든 사람에게 죽음의 사슬을 끊고 천국의 문을 열어 주기 위해 죽어야 했다는 것이다.

바울은 두 가지 요인, 즉 신의 선택과 겸손한 신앙이 그리스도의 죽음으로 구원받을 사람을 결정할 것이라고 말했다. 하느님은 당신이 원하는 대로 은총으로 축복할 사람들과 저주할 사람들을 선택한다.[56] 그럼에도 불구하고 바울은 하느님의 은총을 붙잡기 위해 신앙을 일깨우려고 분발했다. 그리고 "바라던 것들의 확신"과 "보이지 않은 것들에 대한 확신"[57]을 통해서만 영혼은 새 사람을 만들고, 믿는 자를 그리스도와 결합하며, 그리스도의 죽음의 열매를 나누어 갖게 하는 심오한 변화를 경험할 수 있다. 바울은 선행을 하고 613개의 유대 율법 전체 계율을 이행하는 것으로는 충분하지 않을 것이라고 말했다. 선행과 계율의 이행이 영혼으로부터 죄를 씻어 낼 수는 없다. 그리스도의 죽음은 율법의 시대에 종언을 고했다. 이제 더 이상 유대인과 그리스인, 노예와 자유민, 남자와 여자가 있어서는 안 된다. "예수 그리스도와 함께 있으면 너희는 모두 하나이기" 때문이다.[58] 바울은 신앙과 결합된 선행을 반복해서 가르치는 데 전혀 싫증을 내지 않았다. 사랑에 대해 바울이 이제까지 말해 오던 가장 유명한 구절에서 바울은 이렇게 정리한다.

내가 사람의 언어와 천사의 언어로 말한다 할지라도, 나에게 사랑이 없으면 나는 요란한 징이나 울리는 꽹과리에 지나지 않습니다. 내가 설교할 능력이 있고 모든 신비와 모든 지식을 이해하고 산을 움직이게 할 수 있는 모든 믿음이 있다고 할지라도, 나에게 사랑이 없으면 나는 아무것도 아닙니다. 내가 가진 것 모두를 나누어 주고 내 몸까지 자랑스럽게 넘겨준다고 할지라도 나에게 사랑이 없으면 나에게는 아무 소용이 없습니다. 사랑은 오래 참고 친절합니다. 사랑은 시기하지 않고 자랑하지 않습니다. …… 사랑은 무례하지 않고 …… 사랑은 결코 시들지 않습니다. 그러므로 믿음과 희망과 사랑, 이 세 가지는 계속됩니다. 그중에 제일은 사랑입니다.[59]

성애(性愛)와 결혼에 대해 바울은 가장 비관적으로 묵인하고 있다. 다음 구절은[60] 그가 결혼했음을 암시하지만 입증하지는 못한다. 즉 "우리(그와 바나바)는 다른 사도들과 주님의 형제들, 그리고 베드로처럼 그리스도교도 아내를 데리고 다닐 권리가 없다는 말입니까?" 하지만 다른 한 구절에서는[61] 바울이 자신을 독신으로 부르고 있다. 예수처럼 그도 육체적 욕망에 찬성하지 않았다.[62] 바울은 성적인 난잡한 행위와 성도착에 대해 들었을 때 소름끼쳐 했다.[63] 그는 코린트인들에게 물었다. "여러분의 몸이 여러분 안에 있는 성령의 성전임을 모릅니까? …… 여러분의 몸으로 하느님을 영광스럽게 하십시오."[64] 동정은 결혼보다 낫지만 결혼은 강한 성욕보다 낫다. 다른 종족 간의 결혼 이후를 제외하고는 이혼한 사람들의 결혼은 금지된다. 여성은 남편에게, 노예는 주인에게 복종해야 한다. "저마다 부르심을 받았던, (즉 그리스도교로 개종한) 상태대로 지내야 합니다.", "너희가 종으로 있을 때 부르심을 받으면, 염려하지 마라, 하지만 너희가 자유를 얻을 수 있다고 하더라도, 너희의 현 상태를 최대한 활용해라. 왜냐하면 주님 안에서 부르심을 받은 자는 노예라도 주님에게 속한 자요, 또 이와 같이 자유민으로 있을 때에 부르심을 받은 자는 그리스도의 종이기 때문이다."[65] 세상이 머지않아 종말을 고한다면 자유와 예속은 아무런 의미가 없다. 같은 이유로 국가의 자유는 중요하지 않았다. "사람은 누구나 위에서 다스리는 권세에 복종해야 한다. 왜냐하면 하느님에게서 나오지 않은 권세는 존재하지 않으며, 모든 권세는 다 하느님께서 정하신 바이기 때문이다."[66] 로마가 그렇게 잘 협조하는 철학자를 죽이려 하는 것은 불경한 짓이었다.

4. 순교자 바울

디모데에게 보낸 확실하지 않은 두 번째 서간에 따르면,

> 너는 서둘러 내게로 오라. 데마스는 이 세상을 사랑하여 나를 버렸고 …… 크레스켄스는 갔고 티투스도 갔다. 루가만 나와 함께 있다. …… 내가 처음 법정에 나왔을 때, 아무도 나를 거들어 주지 않았다. 모두가 나를 저버렸다. …… 하지만 주님께서는 내 곁에 계시면서 나를 굳세게 해 주셨다. 그것은 나로 말미암아 선포된 말씀이 온전히 전파되어 모든 이교도가 듣게 하려는 것이었다. 그래서 나는 사자의 입에서 구출되었다. …… 나의 삶은 이미 빛을 받고 있고, 내가 떠날 시간이 왔다. 나는 큰 싸움에 관여해 왔다. 나는 나의 길을 달려왔고, 신앙을 지켜 왔다.[66a]

바울은 용감하게 말했지만 고독했다. 고대의 전승에 따르면 그는 석방되어 아시아와 스페인으로 가서 다시 전도했으며, 한 번 더 로마에서 투옥되었다고 한다. 하지만 그는 결코 석방되지 않았던 것 같다. 위로해 줄 아내나 자녀들이 없었고, 한 명 말고는 친구들 모두가 죽어 버려 바울을 지탱해 줄 수 있는 것은 신앙뿐이었다. 게다가 신앙 또한 흔들린 것 같다. 당대의 다른 그리스도교도처럼 바울도 그리스도의 부활을 기대하면서 살았다. 그는 필리피인에게 "우리는 주 예수 그리스도를 간절히 기다리고 있습니다. …… 주님은 곧 오십니다."라고 썼다.[67] 그리고 코린트인에게는 "예정된 시간이 단축되었습니다. 이제부터 아내 있는 자들은 없는 자같이 살아야 하며 …… 어떤 것을 사는 자들

은 소유하지 않은 것처럼 해야 합니다. …… 왜냐하면 이 세상의 현재 모습은 사라져 가기 때문입니다. …… 주여, 빨리 오십시오!"라고 썼다.[68] 하지만 테살로니아인들에게 쓴 두 번째 서간에서 바울은, 그들이 그리스도의 이른 강림을 기대하면서 이 세상의 일을 등한시한다는 이유로 비난했다. 그리스도의 강림은 "적(敵)", 즉 사탄이 "나타나서 자신을 하느님이라고 주장할 때"까지 늦춰질 것이다.[69] 그의 마지막 서간들을 통해 투옥되어 있는 동안 바울이 자신의 초기 신앙을 그리스도 재림의 오랜 지체와 화해시키려고 노력했음을 짐작할 수 있다. 점점 더 그는 저승에 희망을 두었으며, 스스로를 위로하기 위해 그리스도교를 구했던 위대한 해법을 찾아냈다. 여기에서 말하는 해법이란 그리스도가 지상으로 복귀할 것이라는 믿음을 사후에 천상에서 그리스도와 결합한다는 희망으로 바꾸는 것이었다. 바울은 다시 재판받고 유죄 판결을 받았다. 카이사르와 그리스도가 맞닥뜨렸으며 카이사르가 하루 동안 승리했다. 바울의 정확한 혐의는 알려 진 바 없다. 아마도 테살로니카에서처럼 "황제의 칙령에 불복종하고 예수라고 불리는 다른 누군가가 왕이라고 주장했다."는 이유로 기소되었던 것 같다.[70] 이것은 죽음으로 처벌될 수 있는 모반죄였다. 재판에 대한 고대의 기록은 전혀 남아 있지 않다. 하지만 200년 무렵에 테르툴리아누스는 바울이 로마에서 참수되었다고 전하고 있다. 그리고 220년 무렵에 오리게네스는 "바울이 네로 치하의 로마에서 순교했다."라고 전한다.[71] 아마도 로마 시민이었던 바울은 별도로 사형 집행을 당하는 명예를 누렸던 것 같다. 그는 64년 대화재 사건 이후 십자가형을 당한 그리스도교도들과 섞이지 않았다. 전승에 따르면 비록 각각이지만 바울과 베드로는 동시에 순교했다. 게다가 한 감동적인 전설은 위대한 맞수인 두 사람이 죽음을 향해 가는 길에서 우정 어린 만남을 가졌다고 전한다. 3세기에 바울이 평화를 찾았다고 믿었던 오스티아 가도(街道) 위에 교회가 예배당을 세웠다. 더 멋진 형태로 개조된 예배당은 현재 산 바올로 푸오리 레 무라 성당('성벽 밖의 성 바울 성당')으로 자리 잡고 있다.

이 성당은 바울의 승리에 어울리는 상징물이다. 그에게 형을 선고한 네로 황제는 겁쟁이처럼 죽었으며, 그리고 곧 바울의 과도한 저작은 아무것도 남아 있지 않았다. 하지만 교회의 눈부신 조직이 바울과 베드로에게서 비롯되었던 것처럼, 그리스도교의 신학적 구조는 패배한 바울에게서 비롯되었다. 바울은 유대 율법에 갇힌 유대교 종말론의 꿈을 발견했다. 그는 유대 율법을 자유롭게 하고 외연을 확대함으로써 세상을 움직일 수 있는 신앙으로 만들었다. 정치가의 인내로 바울은 유대인의 윤리를 그리스인의 형이상학과 섞었으며, 복음서의 예수를 신학의 그리스도로 바꾸어 놓았다. 그는 새로운 불가사의, 즉 부활이라는 새로운 극적인 드라마를 만들어 냈다. 그것은 나머지 모든 것을 흡수하고 살아남을 것이다. 바울은 덕의 기준을 행위에서 신앙으로 바꾸어 놓았고, 그러한 의미에서 중세가 시작되었다. 그것은 비극적인 변화였지만, 아마도 인간애가 그것을 명령했던 것 같다. 몇 안 되는 성인들만이 그리스도를 모방할 수 있었지만, 많은 사람들은 영생을 기대하며 신앙을 갖고 용기를 낼 수 있었다.

바울이 남긴 영향은 즉시 느껴지지 않았다. 그가 설립한 그리스도교 공동체들은 이교도라는 바다에 떠 있는 작은 섬들이었다. 로마 교회는 베드로의 교회로 그에 대한 기억에 충실했다. 바울의 죽음 이후 한 세기 동안 바울은 거의 잊혔다. 하지만 그리스도교 제1세대 사람들이 죽었을 때, 그리고 사도들의 구전이 희미해지기 시작했을 때, 그리고 수많은 이단들이 그리스도교 정신을 혼란시켰을 때 바울의 서간은 신앙 체계를 안정시킬 수 있는 틀을 제공했다. 이 틀은 흩어진 회중을 강력한 교회 안으로 결합시켰다.

그렇다 하더라도 그리스도교를 유대교로부터 분리시킨 바울은 여전히 강렬한 기질과 엄격한 도덕에서 본래 유대인이었다. 따라서 이교 신앙을 화려한 가톨릭 신앙으로 받아들인 중세는 그에게서 중세와 유사한 정신을 발견하지 못했고, 그를 위해 어떤 교회도 세워 주지 않았으며, 그의 조각상을 조각하거나 그의 이름을 전혀 사용한 적이 없었다. 루터가 바울을 종교 개혁의 선구자로 만들고, 캘빈이 바울에게서 예정설의 엄숙한 원문을 발견하기 전에 1500년의 시간이 경과했다. 신교는 바울이 베드로에게 승리한 것이었으며, 그리스도교 근본주의는 바울이 그리스도에게 승리한 것이다.

3. 요한

역사의 우연한 사건은 비교적 명백하게 바울에 대해 알려 주었지만, 사도 요한을 모호하고 신비로운 상태로 남겨 놓았다. 세 개의 서간 이외에 두 개의 주요 저작이 그의 이름으로 전해졌다. 원전 연구는 불확실한 채로 계시록이 69~70년에,[72] 그리고 파피아스에 의해 언급된(135년) 장로인 또 한 명의 요한에 의해 씌어진 것으로 보고 있다.[73] 순교자 유스티누스(135년)는 이러한 강력한 계시록을 "가장 사랑받는" 사도의 작품으로 여기고 있지만,[74] 4세기 초에 에우세비우스는[75] 일부 학자들이 계시록의 신빙성을 의심했다는 사실에 주목했다. 저자는 상당히 유명한 인물이었음에 틀림없다. 왜냐하면 그는 위협적인 권위의 말투로 아시아의 교회에 설교하기 때문이다. 만약 사도 요한이 계시록을 썼다면(우리는 잠정적으로 계속해서 그렇게 생각할 것이다.), 우리는 왜 그가 자신의 형 야고보처럼 천둥의 아들로 불렸는지 이해할 수 있다. 에페소스, 스미르나, 페르가몬, 사르디스, 그리고 소아시아의 다른 도시에서 베드로나 바울보다는 오히려 요한이 교회의 최고 우두머리로 간주되었다. 에우세비우스가 전하는 전승에 따르면[76] 요한은 도미티아누스에 의해 파트모스로 추방되었으며, 에게 해의 작은 섬 파트모스에서 네 번째 복음서와 계시록을 썼다고 한다. 그는 대단히 오래 살았으므로 사람들은 그가 절대로 죽지 않을 것이라고 말했다.

형식에서 요한 계시록은 다니엘서와 에녹서를 닮았다. 그렇게 예언을 상징하는 환상은 당대의 유대인들이 자주 쓰던 문학적 장치였다. 다른 많은 계시 문학이 있었지만 요한 계시록은 유창한 달변에서 나머지 모두를 능가했다. 사탄의 지배와 악의 절정에 뒤이어 하느님의 나라가 도래할 것이라는 통상적인 믿음으로부터 시작해서 저자 요한은 네로의 원수정을 정확히 이러한 사탄의 시대로 묘사하고 있다. 하느님에게 반란을 일으킨 사탄과 그의 추종자들은 미카엘 천사의 군대에게 격퇴당하고, 지상으로 내던져진다. 그리고 그곳에서 이교도 세계를 이끌고 그리스도교를 공격한다. 예수가 하느님에게서 유래한 것처럼 네로는 사탄에게서 유래한 메시아로 요한 계시록의 짐승이자 적(敵)그리스도이다. 로마는 "거대한 바다에 앉아 있는 매춘부로 지상의 왕들이 간음을 행하던 존재"로 묘사되고 있다. 로마는 모든 부정, 부도덕, 타락, 우상 숭배의 원천이고 중심이며 정점인 "바빌론의 매춘부"이다. 로마에서는 불경스럽고 피로 얼룩진 황제들이, 그리스도교도들이 그리스도를 위해 준비해 두어야 하는 경배를 요구한다.

일련의 환상에서 요한은 로마와 로마 제국에 닥칠 처벌을 본다. 메뚜기 떼의 습격이 이마에 그리스도의 표지를 가지고 있는 14만 4000명의 유대인을 제외한 모든 주민을 다섯 달 동안 몹시 괴롭힐 것이다.[77] 다른 천사들은 지상에 "하느님의 진노의 호리병을" 쏟아 사람들을 고통스러운 상처로 괴롭히고 바다를 죽은 자의 피처럼 피로 바꾸어 놓는다. 따라서 "바다의 모든 생명체가" 죽을 것이다. 다른 천사가 회개하지 않은 모든 사람에게 태양열을 가득 쏟을 것이다. 또 한 천사는 지상을 암흑으로 덮을 것이다. 그리고 네 천사가 "1만의 2만 배에 달하는" 기사들을 이끌고 인류의 3분의 1을 학살할 것이다. 네 명의 기병이 "칼과 굶주림과 죽음과 지상의 야생 동물로 사람을 죽이려고" 말을 타고 돌진할 것이다.[78] 엄청난 지진이 지구를 폐허로 만들어 버릴 것이다. 그리고 거대한 우박이 살아남은 이교도들의 머리 위로 쏟아질 것이고, 로마는 철저하게 파괴될 것이다. 지상의 왕들은 하느님에게 최후의 저항을 하기 위해 아마겟돈의 평야에 집결할 것이다. 하지만 그들은 궤멸되어 죽을 것이다. 도처에서 패한 사탄과 그의 군대는 지옥에 처넣어질 것이다. 진실한 그리스도교도들만이 이러한 재앙에서 구원받을 것이다. 그리고 그리스도를 위해 고통을 겪던 사람들, 즉 "어린 양의 피로 씻긴" 사람들은[79] 많은 보상을 받을 것이다.

천 년 후에 사탄은 다시 풀려나 인류를 괴롭힐 것이다. 죄악이 믿지 않는 세상에서 다시 증가할 것이다. 그리고 악의 세력이 하느님의 일을 망쳐 놓으려는 마지막 시도를 할 것이다. 하지만 악의 세력은 한 번 더 타도될 것이고, 이번에는 사탄과 그의 추종자들이 영원히 지옥으로 내던져질 것이다. 그 다음 최후의 심판이 다가올 것이다. 그때 모든 죽은 자가 무덤에서 일어나고, 익사한 자는 바다에서 끌어올려질 것이다. 그 무서운 날에 "생명의 책에 이름이 기록되어 있지 않은 사람"은 모두 "불과 유황이 타오르는 못에 던져질" 것이다.[80] 믿음이 충만한 사람들이 "하느님의 큰 잔치에 모여 왕들의 몸과 장군들의 몸과 용사들의 몸을 …… 모든 자유민들이나 노예들, 신분이 높은 사람이나 낮은 사람들의 몸을 먹을 것이다."[81] 그들은 그리스도의 부르심에 유념하지 않던 사람들이었다. 새로운 하늘과 땅이 만들어질 것이고, 새로운 예루살렘이 하느님의 손에서 내려와 지상에 천국이 될 것이다. 새로운 예루살렘은 기초는 보석으로, 건물은 반투명의 은이나 금으로, 성벽은 벽옥(碧玉)으로, 그리고 각 성문은 단 하나의 진주로 만들어질 것이다. 새로운 예루살렘을 관통해 "생명수의 강"이 흐를 것이고, 강둑 위에 "생명의 나무"가 자랄 것이다. 악의 지배가 영원히 종식될 것이다. 그리스도를 믿는 사람들은 지상을 물려받을 것이다. "다시는 죽음도, 밤도, 어떤 슬픔이나 고통도 없을 것이다."[82]

요한 계시록의 영향은 즉각적이었고, 지속적이었으며, 심각했다. 충실한 신자들을 위한 구원과 적들의 처벌에 대한 요한 계시록의 예언은 박해받는 교회를 유지하는 데 필요했다. 요한 계시록의 천년 왕국 이론은 그리스도 재림의 오랜 지체를 한탄하던 사람들에게 위안을 주었다. 요한 계시록의 생생한 묘사와 멋진 구절은 그리스도교 왕국에 대한 대중적이고 문학적인 언어 모두와 관계가 있었다. 1900년 동안 사람들은 역사의 사건을 요한 계시록의 환상의 실현으로 해석했다. 그리고 백인(白人) 세상의 몇몇 구석진 곳에서 요한 계시록은 여전히 그리스도의 교의에 암울한 색깔과 쓰디쓴 맛을 부여한다.

계시록과 네 번째 복음의 출처가 동일한 사람이어야 마땅했다는 것은 믿기 어려워 보인다. 계시록은 유대의 시(詩)이고, 네 번째 복음서는 그리스의 철학이다. 아마도 사도 요한이 네로의 박해 이후에 정당한 분노의 표현으로 계시록을, 그리고 노년의(서기 90년?) 원숙한 형이상학적 표현으로 복음서를 썼을 것이다. 예수 그리스도에 대한 요한의 기억은 이 무렵 예수를 언젠가 잊을 수 있을 정도까지 다소 약해졌을 수 있다. 그리고 요한은 이오니아의 섬들과 도시들에서 그리스의 신비주의와 철학을 몇 차례 반복해 들었다. 플라톤이 신의 이데아를 만물이 형성되는 방식으로 묘사함으로써 하나의 주제를 설정했다. 그리고 스토아 철학자들은 이러한 이데아를 씨앗을 품은 말씀과 결합시켰다. 신피타고라스주의자들은 이데아를 신의 위격(位格)으로 만들었다. 그리고 필론은 이데아를 두 번째 신의 원리인 하느님의 말씀이나 이성으로 바꾸었다. 그것을 통해 하느님이 세상을 창조했고 세상에 연결되었다. 만약 우리가 이 모든 것을 마음속에 간직하고 네 번째 복음서의 유명한 머리말을 다시 읽는다면, 우리는 요한이 철학자들과 합류했음을 즉시 알게 된다. 즉

> 태초에 말씀이 있었다. 말씀은 하느님과 함께 있었으며, 말씀이 하느님이셨다. …… 만물이 그분을 통해 만들어졌고, 그분 없이 만들어진 것은 아무것도 없었다. 그분을 통해 만물이 존재하게 되었다. …… 그래서 말씀이 살과 피가 되어 우리 가운데 사셨다.

그리스의 사색에 정통한 필론이 논리를 사랑하는 그리스인들의 마음에 드는 형태로 유대교를 고쳐 표현할 필요를 느낀 것처럼, 헬레니즘의 분위기에서 두 세대 동안 살던 요한도 하느님의 지혜가 생령(生靈)이라는[83] 신비로운 유대교의 교리와 예수가 메시아라는 그리스도교의 교리에 그리스의 철학적 색깔을 입히려고 노력했다. 의식적이든 그렇지 않든 간에, 요한은 바울의 뒤를 이어 그리스도교를 유대교에서 분리시키는 일을 계속했다. 그리스도는 더 이상 유대 율법하에 살고 있는 유대인으로 표현되지 않았다. 그는 "너희"에게처럼 유대

인에게 설교하게 되었으며 "너희의 율법"처럼 유대의 율법에 대해 말하게 되었다. 그는 "이스라엘의 잃어버린 양을 구하기 위해" 보내진 메시아가 아니라 영원히 공존하는 하느님의 아들이었다. 그리고 그는 인류의 미래에 대한 심판자이자 태고의 우주 창조자였다. 이러한 관점에서 인간 예수의 유대인의 삶이 배경으로 바뀌고 거의 영지주의자의 이단에서처럼 사라질 수 있었다. 그리고 신으로서의 그리스도가 헬레니즘 정신의 종교적, 철학적 전통에 동화되었다. 이제 이교도 세계, 심지어 반(反)유대주의 세계조차 그리스도를 그 자체로서 받아들일 수 있었다.

그리스도교는 이교 신앙을 파괴하지 않고 받아들였다. 사멸해 가던 그리스 정신이 교회의 신학과 전례에서 다시 살아났다. 수 세기 동안 철학 위에 군림해 오던 그리스어가 그리스도교 문학과 전례의 전달 수단이 되었다. 그리스의 비의가 미사의 장엄한 성사(聖事)에 전해졌다. 다른 이교 문화들은 싱크리티즘(syncretism, 제설혼합주의)에 기여했다. 이집트에서 삼위일체, 최후의 심판, 개인적인 상벌의 영원성 개념 등이 유래했다. 그리고 어머니와 아이에 대한 경배, 게다가 신플라톤주의와 영지주의를 만들고 그리스도교 교의를 모호하게 만든 신비로운 신지학(神智學)이 이집트에서 유래했다. 또한 그리스도교 수도원 제도의 본보기와 출처가 유래된 곳도 이집트였다. 프리기아에서는 대모신(大母神)의 숭배가, 시리아에서는 아도니스의 부활 드라마가, 그리고 아마도 트라키아에서는 죽어 가면서 구원하는 신 디오니소스의 의식이 유래했다. 페르시아에서는 천년 왕국주의, "세상의 시대들", "최후의 화재", 사탄과 하느님의 어둠과 빛의 이원론이 유래했다. 이미 네 번째 복음서에서 그리스도는 "어둠 속에서 빛이 비치고, 어둠은 빛을 결코 끄지 못했다."[84] 미트라교의 전례는 미사의 성체 성사와 너무 유사해서, 그리스도교 교부들은 사탄이 허약한 인간들을 속이려고 이러한 유사한 것들을 날조해 낸다고 비난했다.[85] 그리스도교는 고대 이교 세계의 마지막 위대한 창조물이었다.

28장

교회의 성장
서기 96~305

1. 그리스도교도

그리스도교도는 개인 방이나 작은 예배당에서 만났으며, 유대교 회당을 본 떠서 조직되었다.[1] 각 회중은 "에클레시아(ekklesia)"로 불렸는데, 이것은 시 당 국이 대중 집회를 부르던 그리스의 용어였다. 이시스교와 미트라교에서처럼 노예들은 환영받았다. 그들을 해방하려는 시도는 전혀 이루어지지 않았지만, 그들 모두는 자유로워질 수 있는 하느님 나라의 약속으로 위로받았다. 초기 개 종자들은 주로 무산자들이었으며 소수의 하층 중산 계층과 이따금씩 부자들이 섞여 있었다. 그럼에도 불구하고 그들은 켈수스의 주장처럼 결코 "쓰레기 같은 사람들"이 아니었다. 그들은 대부분 순종적이고 근면한 삶을 살았고, 전도 자 금을 공급했으며, 궁핍한 그리스도교 공동체들을 위한 자금을 모았다. 아직까 지 농촌 주민들을 끌어들이기 위한 노력은 거의 이루어지지 않았다. 농촌 주민은 마지막으로 교회에 들어왔으며, 이러한 특이한 점 때문에 그들을 부르던 명칭인 "파가니(pagani, 촌락민, 농민)"는 그리스도교도가 되기 이전의 지중해 국가 주민들에게 사용되었다.

여성들은 회중에 받아들여졌고, 그다지 중요하지 않은 역할에서 어느 정도 두드러졌다. 하지만 교회로서는 정숙한 순종과 은둔의 삶으로 이교도들을 망신 주기 위해 여성들이 필요했다. 여성들은 베일을 쓴 채 예배 드리러 와야 했다. 그들의 머리카락은 특히 유혹적으로 간주되었는데, 천사들마저 예배 동안에 머리카락 때문에 혼란스러워할 수 있기 때문이었다.[2] 성 히에로니무스는 머리카락을 모조리 잘라야 한다고 생각했다.[3] 또한 그리스도교도 여성들은 화장과 보석, 그리고 특히 가발을 피해야 했다. 다른 사람의 머리에서 나온, 죽은 머리카락을 쓴다면 사제가 축복을 내릴 때 어떤 머리가 축복할 머리인지 좀처럼 알 수 없기 때문이다.[4] 바울은 자신의 공동체에 다음과 같이 엄하게 지시했다.

여자들은 교회에서 조용히 해야 한다. 그들은 종속적인 지위를 차지해야 한다. 만약 여자들이 무언가를 알고 싶다면, 집에서 남편에게 물어야 한다. 왜냐하면 여자가 교회에서 말하는 것은 수치스러운 행위이기 때문이다. …… 남자는 교회에서 머리에 무엇을 써서는 안 된다. 왜냐하면 남자는 하느님의 형상과 영광인 반면에, 여자는 남자의 영광이기 때문이다. 왜냐하면 남자는 여자에게서 나온 것이 아니라 여자가 남자에게서 나왔기 때문이다. 또한 남자가 여자를 위하여 창조된 것이 아니라, 여자가 남자를 위하여 창조되었기 때문이다. 그러므로 여자는 자신이 종속되어 있음을 나타내기 위해 머리 위에 무언가를 써야 한다.[5]

이것은 로마인의 여성관이 아닌 유대인과 그리스인의 여성관이었다. 아마도 그것은 성장하고 있는 자유의 가치를 떨어뜨리던 일부 여성들의 방종에 대한 반발이었을 것이다. 이러한 질책으로부터 우리는 보석과 향수가 없음에도 불구하고 베일의 도움으로 그리스도교 여성들이 매력을 뽐낼 수 있었으며, 미묘한 방식으로 예로부터 지니고 있던 그들의 힘을 행사했다고 생각할 수 있다. 교회는 미혼 여성이나 과부가 된 여성들이 할 수 있는 유용한 일을 많이 찾아냈다. 그들은 "자매(sisters)"로 조직되어 관리나 자선 업무를 수행했으며, 결국에는 다양한 수녀 교단을 창설했다. 수녀 교단의 마음에서 우러나온 온정이야말로 그리스도교가 가장 고귀하게 구현된 형태이다.

160년 무렵 루키아노스는 "어리석은 자들", 즉 그리스도교도들을 "현세의 것을 경멸하고 이것을 모두 공동으로 소유하는 자들"로 묘사했다.[6] 한 세대가 지난 뒤에 테르툴리아누스는 "우리(그리스도교도)는 아내를 제외하고 모든 것을 공동으로 소유한다."라고 선언했다. 또한 여기에 덧붙여 특유의 신랄함으로 "우리가 동반자 관계를 해소한 바로 그 시점에 나머지 사람들은 동반자 관계를 유효한 것으로 만든다."라고 말했다.[7] 우리는 이러한 진술을 문자 그대로 받아들여서는 안 된다. 다른 한 구절에서 테르툴리아누스가 암시한 것처럼,[8] 이러한 공산주의에서는 단지 각 그리스도교도가 자신의 재력에 따라 회중의 공동 기금에 기부했을 뿐이다. 기존 질서가 일찍 종말을 맞이할 것이라는 기대 때문에 기부가 촉진되었음에 틀림없다. 그리고 더 부유한 사람들은 설교를 통해 최후의 심판이 부로 무장하고 있는 자신들을 불시에 덮치게 해서는 안 된다는 것을 알고 있었다. 몇몇 초기 그리스도교도들은 자신의 잉여를 분배하지 않는 부유한 사람은 도둑이라는 에세네파의 견해에 동의했다.[9] "주님의 동생" 야고보는 신랄하게 부를 공격했다.

들어라, 부자들이여, 너희에게 닥칠 고통으로 인해 큰소리로 울고 통곡하라! 너희 재물은 썩었고, 너희 옷은 좀먹었으며, 너희 금과 은은 녹슬었다. …… 이 녹이 너희 살을 먹을 것이다. 왜냐하면 너희가 최후의 날을 위해 불을 쌓아 두었기 때문이다. 너희 밭에서 추수하던 일꾼들에게 주지 않은 품삯이 크게 소리 지르며, 추수하던 자의 우는 소리가 만군의 주의 귀에 들렸느니라. …… 주 예수 그리스도는 가난한 자를 선택하여 약속하신 나라를 상속받게 하지 아니하였느냐?[10]

야고보는 여기에 덧붙여 하느님의 나라에서는 부자가 작렬하는 태양 아래에서 풀꽃처럼 시들 것이라고 말한다.[11]

공동 식사의 관습이 공산주의의 한 요소가 되었다. 그리스와 로마의 조합들이 이따금 함께 식사하기 위해 모인 것처럼, 초기 그리스도교도들은 보통 안식일 저녁에 아가페(agapé), 즉 애찬(愛餐)을 자주 함께했다. 저녁 식사는 기도와 성서 읽기로 시작하고 끝났으며, 사제가 빵과 포도주에 축성했다. 신자들은 빵과 포도주가 그리스도의 몸과 피였거나 몸과 피를 나타낸다고 생각한 것 같다.[12] 디오니소스와 아티스, 그리고 미트라의 숭배자들은 그들이 식사하던 연회에서의 믿음처럼 신들이 불가사의하게 구현하고 있거나 상징하고 있는 것들을 받아들였다.[13] 애찬의 마지막 의식은 "사랑의 입맞춤"이었다. 일부 회중에서는 남자가 남자에게만, 그리고 여자가 여자에게만 사랑의 입맞춤을 했다. 그러나 일부 회중에서는 이렇게 엄격한 규제가 강제되지 않았다. 많은 참석자들이 즐거운 의식에서 비신학적인 기쁨을 발견했다. 게다가 테르툴리아누스와 그 밖의 사람들은 사랑의 입맞춤이 성적 탐닉의 원인이 되었다고 비난했다.[14] 교회는 입을 맞출 때 입술이 열려서는 안 되며, 입맞춤이 쾌락을 초래한다면 반복되어서는 안 된다고 충고했다.[15] 3세기에 애찬은 점차 사라졌다.

그러한 사건과 회중에게 완벽함을 요구하는 설교자들의 통렬한 비난에도 불구하고 초기 그리스도교도의 도덕은 이교 세계에 대해 비난하는 모범이었다. 고대 신앙들의 약화가 그들의 허약한 지지를 도덕적인 생활로 제거하고 자연스러운 윤리에 가까워지려는 스토아주의의 시도가 최선자(最善者)들 말고는 모두에게 실패한 뒤에야, 새로운 초자연적인 윤리가 자유롭고 용해력이 있는 지식인들에게 어떤 희생을 치르더라도 인간의 생존 경쟁의 본능을 실행 가능한 도덕으로 통제할 수 있었다. 다가오는 하느님의 나라에 대한 희망은 그것과 함께 모든 행동을 보았다. 그리고 인간의 모든 생각을 알고 교묘히 피하거나 속일 수 없는 심판자에 대한 믿음을 낳았다. 이러한 신의 감시에 상호 감시가 더해졌다. 즉 이러한 소규모 집단에서 죄가 은신처를 찾기란 쉬운 일이 아니었다.

그리고 그리스도교 공동체는 새로운 도덕률을 위반한 구성원들을 공개적으로 징계했다. 이교 사회를 뿌리채 흔들던 낙태와 유아 살해는 그리스도교도에게 살인과 같은 행위로 금지되었다.[16] 많은 경우에 그리스도교도는 유기된 아이들을 구해서 세례를 주고 공동체 기금의 도움으로 그들을 양육했다.[17] 교회는 극장이나 공적 경기, 그리고 이교 휴일의 축제 때 그리스도교도가 참석하는 것을 금지하는 데 그다지 성공하지 못했다.[18] 대체로 그리스도교는 곤경에 처한 유대인들의 엄격한 도덕주의를 이어받았으며 지나칠 정도로 높게 평가했다. 독신과 순결은 이상적인 것으로 권장되었다. 결혼은 난잡함을 억제하는 수단으로서, 그리고 인류를 존속시키는 어리석은 수단으로서만 용인되었다. 남편과 아내에게는 성관계를 자제하도록 권고했다.[19] 이혼은 이교도가 개종자와의 결혼을 취소하고자 했을 때에만 허용되었다. 과부나 홀아비의 재혼은 반대되었고, 동성애 관습은 고대에는 드물게 격렬하게 비난받았다. 테르툴리아누스는 "성(性)에 관한 한 그리스도교도는 아내에게 만족한다."라고 말했다.[20]

이렇듯 까다로운 규범 대부분은 그리스도의 빠른 복귀에 근거를 두었다. 그러한 희망이 사라지면서 육욕의 목소리가 다시 나타났고, 그리스도교 도덕이 느슨해졌다. 익명의 소책자인 『헤르마스의 목자(牧者)』(110년 무렵)는 그리스도교도 사이에 탐욕, 속임수, 입술연지, 염색 머리, 짙게 화장한 눈꺼풀, 술 중독, 그리고 간음이 재발한 것을 맹렬히 비난했다.[21] 그럼에도 불구하고 이 시기에 일반적으로 묘사된 그리스도교 도덕은 확고한 신앙을 바탕으로 한 경건함, 상호 간의 신의, 부부간의 정절, 그리고 평온한 행복이었다. 소(小)플리니우스는 트라야누스에게 그리스도교도가 평화롭고 모범이 되는 삶을 살고 있다고 보고하지 않으면 안 되었다.[22] 갈레노스는 그리스도교도가 "자기 수양과 …… 결코 진정한 철학자들보다 못하지 않은 도덕적 우월을 얻기 위한 강렬한 열망에서 지금까지는 앞서 있다."라고 말했다.[23] 모든 인류가 아담의 타락으로 죄에 오염되었으며, 머지않아 세상은 영원한 처벌과 보상의 심판으로 종말을 고할 것이라는 믿음으로 죄의식이 새롭게 강화되었다. 많은 그리스도교도가 그런 끔찍한 심판에 죄를 고백하려고 애쓰느라 여념이 없었다. 그들은 모든 감각의 쾌락에서 사탄의 유혹을 보았고, "현세와 육욕"을 비난했으며, 단식과 다양한 징벌로 욕망을 억누르려고 노력했다. 그들은 음악, 흰 빵, 외국산 포도주, 온욕 또는 면도를 의심의 눈초리로 바라보았다. 즉 이것들은 하느님의 분명한 의지를 비웃는 것처럼 보였다.[24] 심지어 보통의 그리스도교도에게서도 삶은 이따금 지하 신들을 달래기 위한 "액땜"을 제외하고 이교 신앙보다 더 음울한 색깔을 띠었다. 유대교 안식일의 엄숙함이 2세기에 그것을 대신하던 그리스도교의 주일에 전해졌다.

주일(主日)에 그리스도교도는 매주 전례(典禮)를 위해 모였다. 그들의 성직자는 성서를 읽어 주고, 그들을 기도로 인도하며, 교리의 가르침과 도덕적 훈계, 그리고 종파적 논쟁에 대해 설교했다. 초기에 회중의 구성원, 특히 여성들에게는 황홀경 상태에서 신성한 해석을 통해서만 의미를 알 수 있는 말들을 "예언"할 수 있게 했다. 이러한 의식들이 극도의 흥분과 신학적 혼란을 초래하게 되자 교회는 그것들을 단념시켰고 결국에는 억압했다. 매 단계에 성직자는 미신을 야기하는 것이 아니라 통제하지 않으면 안 된다는 것을 알게 되었다.

2세기 말경 이러한 주례 의식들이 그리스도교의 미사 형태를 취했다. 미사는 부분적으로 유대교의 성전(聖殿) 의식에 기초했고, 그리고 부분적으로 죄를 정화하고, 대신 희생하며, 영적 교감을 통해 죽음을 극복하는 신의 힘에 참여하는 그리스의 신비 의식에 기초했다. 이러한 미사는 기도, 찬송, 독서, 설교, 응답식 암송, 그리고 무엇보다도 그리스도교에서 옛 종교들의 피를 흘리는 제물을 대신하던 "하느님의 어린 양"이라는 상징적인 속죄 제물을 통해 서서히 내용이 풍부해졌다. 신의 제단 앞에 놓인 선물로 여겨지던 빵과 포도주가 이제 사제의 축성을 통해 그리스도의 몸과 피로 바뀌는 것으로 생각되었으며, 십자가 위에서 예수의 자기희생을 재현하는 것으로서 하느님께 바쳐졌다. 그 다음 강렬하고 감동적인 의식에서 신자들은 구세주의 삶 자체와 실체를 함께했다. 그것은 시간이 경과하면서 오랫동안 축성된 개념이었다. 이교도는 그러한 개념을 받아들이는 훈련이 전혀 필요하지 않았다. 그리스도교는 "미사의 성찬식"에서 그것을 구체화함으로써 최후의 가장 위대한 비의(秘儀) 종교가 되었다. 미사의 성찬식은 시작은 보잘것없었지만[25] 훌륭한 관습으로 성장해 나갔다. 그리고 미사의 성찬식 채택은, 교회가 당대의 상징들과 신도들의 필요에 적응하던 심오한 지혜의 일부였다. 다른 어떤 의식도 본래 고독한 영혼에게 적대적인 세계에 맞서 싸우도록 그렇게 강하게 용기를 북돋을 수 없었다.*

성체 성사(聖體聖事), 즉 빵과 포도주의 "축성(祝聖)"은 그리스도교의 일곱 개의 "성사" 가운데 하나였다. 일곱 개의 성사는 신의 은총을 알리는 것으로 믿어지던 신성한 전례였다. 또한 여기에서 교회는 사람의 삶을 위로하고 고귀하게 하기 위해, 그리고 인간이 겪는 역경의 매 단계에 기운을 북돋는 신의 기운을 새롭게 하기 위해 상징으로 이루어진 시를 사용했다. 서기 1세기에 세 개의 의식만이 성사로 여겨졌다. 즉 세례 성사(洗禮聖事), 성체 성사, 그리고 신품 성사(神品聖事)가 바로 그것이었다. 하지만 이미 회중의 관습에서는 나머지 성사의 싹들이 피어나고 있었다. 세례에 "안수례(按手禮)"를 더하는 것이 초기 그리스도교도의 관행이었음이 분명하다. 안수를 통해 사도나 사제가 신자들에게 성령을 전했다.[28] 곧 안수는 세례로부터 분리되어 견진 성사(堅振聖事)가 되었다.[29] 성인(成人) 세례가 점차 유아(幼兒) 세례로 대체되면서, 사람들은 얼마 후에 영적으로 정화되어야 할 필요성을 느꼈다. 죄의 공식 인정이 사도들이나 그들의 계승자들에게서 고해를 부과하고 죄를 용서할 수 있는 권리를 부여받았다고 주장한 사제에게 개인적으로 고백하는 것으로 바뀌었다.[30] 고해 성사(告解聖事)는 용서를 쉽게 함으로써 남용의 가능성이 있는 제도였다. 하지만 고해 성사는 죄인에게 죄를 교정할 수 있는 힘을 주었으며, 근심 많은 사람들로 하여

---

* 미트라 비의에서는 숭배자들이 축성된 빵과 물을 제공받았다.[26] 스페인의 정복자들은 멕시코와 페루의 인디언들 사이에서 비슷한 의식을 발견하고 충격을 받았다.[27]

금 죄책감의 신경증을 피하게 해 주었다. 이 당시에 결혼은 여전히 세속의 의식이었다. 하지만 교회의 승인을 추가하고 요구함으로써 교회는 결혼을 일시적인 계약의 수준에서 신성한 맹세의 거룩한 의무로 끌어올렸다. 200년 무렵 안수가 신품 성사의 모습을 취했다. 신품 성사를 통해 주교들이 성사를 유효하게 거행할 수 있는 사제들을 임명할 수 있는 배타적인 권리를 차지했다. 마침내 교회는 야고보의 서간으로부터(5장 14절) "병자 성사(病者聖事)", 즉 마지막 축복을 끌어냈다. 병자 성사를 통해 사제는 죽어 가는 그리스도교도의 감각 기관과 사지에 기름을 발랐고, 그의 죄를 다시 사해 주었으며, 그의 하느님을 만나도록 준비시켰다. 이러한 성사들을 문자 그대로의 주장으로 판단하는 것은 가장 천박한 어리석음이 될 것이다. 그리고 인간적인 격려와 영감이라는 관점에서 보면 이러한 성사들은 영혼에 대한 가장 지혜로운 약제(藥劑)였다.

그리스도교도의 매장은 그리스도교도의 삶에서 궁극적인 명예였다. 새로운 신앙은 정신의 부활뿐 아니라 육체의 부활도 선언했으므로 망자(亡者)에게 세심한 주의를 기울였다. 사제가 매장을 주관했으며, 각각의 시신은 개인 무덤에 매장되었다. 백 년경에 로마의 그리스도교도들이 시리아와 에트루리아의 전통에 따라 망자를 지하 묘지인 카타콤에 매장하기 시작했다. 이것은 은폐하기 위해서가 아니라 공간과 경비를 절약하기 위한 것으로 보인다. 인부들이 여러 층에 기다란 통로를 팠고, 시신은 이러한 통로의 측면을 따라 층을 이룬 지하 묘지에 매장되었다. 이교도와 유대인은 아마도 장례 조합의 편의를 위해 동일한 방식으로 매장되었을 것이다. 일부러 꾸불꾸불하게 만든 것처럼 보이는 일부 통로는 박해 때 은신처로 사용되었음을 짐작할 수 있다. 그리스도교의 승리 이후 지하 묘지 매장의 관습이 쇠퇴했다. 그리고 지하 묘지는 숭배와 순례의 대상이 되었다. 9세기 무렵 지하 묘지는 봉쇄되어 잊혔으며, 우연히 1578년에 발견되었다.

초기 그리스도교 미술에서 살아남은 것은 대부분 지하 묘지의 프레스코화와 돌을새김에 보존되어 있다. 180년경 이곳에서 그리스도교에서 대단한 주목할 만한 상징, 즉 현세의 감옥에서 해방된 영혼을 나타내는 비둘기, 죽음의 재에서 솟아오르는 불사조, 승리를 알리는 종려나무 가지, 평화를 나타내는 올리브나무 가지, 그리고 물고기가 나타난다. 그리스어로 물고기를 나타내는 이크투스(i-ch-th-u-s)는 "예수 그리스도, 하느님의 아들, 구세주(Iesous Christos theou uios soter)"라는 구절의 앞 글자를 구성했으므로 선택되었다. 여기에는 염소를 안고 가는 타나그라의 메르쿠리우스 조각상을 노골적으로 본뜬 선한 목자의 유명한 주제가 있다. 가끔 이러한 구상은 성 도미틸라 묘지의 천장을 장식한 꽃, 덩굴, 그리고 새에서처럼 특정한 폼페이의 우아함에 영향을 받는다. 대체로 그것은 동방의 모호함으로 고전적인 선의 선명함을 변질시킨 이류 숙련공들의 눈에 띄지 않는 작품이다. 이 시기의 그리스도교는 내세에 너무 몰두한 나머지 현세를 장식하는 데 전혀 관심을 갖지 않았다. 그리스도교는 유대교를 계승해 조각상을 혐오했고, 조각상과 우상 숭배를 혼동했으며, 조각과 그림이 너무 자주 나체상을 자랑스러워한다는 이유로 비난했다. 결국 그리스도교가 성장하면서 조형 예술은 쇠퇴했다. 모자이크는 더 인기가 있었다. 바실리카와 세례당의 벽과 마루에는 쪽매붙임으로 된 잎과 꽃, 파스카 축제 때 희생되는 어린 양, 그리고 구약 성서와 신약 성서의 그림 등이 박아 넣어졌다. 유사한 장면들이 투박한 돋을새김으로 석관에 새겨졌다. 그 사이에 건축가들은 그리스·로마의 바실리카를 그리스도교 예배의 필요에 적응시키고 있었다. 이교 신들을 모시던 소규모 신전들은 전체 회중을 에워싸도록 설계된 교회의 모형이 될 수 없었다. 바실리카 양식 교회당의 널따란 본당 회중석과 통로는 이러한 목적에 적합했으며, 후진(後陣)은 당연히 성소가 되도록 예정되어 있었던 것 같다. 이와 같이 새로운 예배당에서 그리스도교 음악은 그리스의 악보, 선법(旋法), 그리고 음계를 이어받았다. 많은 신학자들이 교회 또는 실제로 어떤 공공장소에서 노래 부르는 여성들에게 눈살을 찌푸렸다. 여성의 목소리는 언제나 흥분을 잘 하는 남성에게 무언가 불경스러운 관심을 불러일으킬 수도 있기 때문이다.[31] 그럼에도 불구하고 회중은 종종 찬송가로 그들의 희망, 감사, 그리고 즐거움을 표현했다. 그리고 음악은 그리스도교 신앙의 가장 매력적인 장식품 중 하나이자 가장 섬세한 봉사자 중 하나가 되기 시작했다.

대체로 더 이상 매력적인 종교는 일찍이 인류에게 나타나지 않았다. 그리스도교는 무제한적으로 모든 개인과 계층과 국가에 헌신했다. 그리고 그리스도교는 유대교처럼 한 민족에게 제한되지 않았을뿐더러 그리스와 로마의 공식 제례처럼 한 국가의 자유민들에게도 제한되지 않았다. 모든 사람에게 죽음에 대한 그리스도의 승리를 계승하게 함으로써, 그리스도교는 사람들의 기본적인 평등을 선언했으며, 현세의 모든 신분의 차이를 일시적으로 하찮은 것으로 만들었다. 극빈자, 불구자, 유족, 낙담한 사람, 그리고 굴욕을 당한 사람에게 그리스도교는 새로운 미덕인 연민과 품위를 높여 주는 위엄을 가져다주었다. 그리스도교는 사람들에게 영감을 불러일으키는 그리스도의 형상과 이야기와 윤리를 전했다. 게다가 그리스도교는 다가오는 하느님의 나라와 내세에서의 영원한 행복에 대한 희망으로 사람들의 삶을 밝게 해 주었다. 그리스도교는 가장 흉악한 죄인들에게조차 용서를 약속했고, 그들을 구원받은 자들의 공동체에 완전히 받아들일 것을 약속했다. 해결할 수 없는 태생과 운명, 악과 고통의 문제로 시달리는 사람들에게 그리스도교는 가장 보잘것없는 사람이 마음의 평정을 찾을 수 있는 교리 체계를 가져왔다. 빈곤과 고된 노동의 일상에 갇힌 남녀에게 그리스도교는 마치 한 편의 시와 같은 성사의 미사를 가져왔다. 이것은 삶의 모든 주요 사건을 하느님과 인간의 감동적인 드라마에서 중대한 장면으로 만들던 전례였다. 사멸해 가는 이교 신앙의 도덕적 공백에, 스토아주의의 냉담과 에피쿠로스주의의 타락에, 잔인성과 무자비함과 억압과 성적 무질서의 세계에, 그리고 더 이상 남성의 힘이나 전쟁의 신들이 필요해 보이지 않던 평화가 회복된 제국에 그리스도교는 형제애, 온정, 예의 바름, 그리고 평화의 새로운 도덕규범을 가져왔다.

그렇게 사람들의 필요에 맞추어 만들어진 새로운 신앙은 신속하게 확산되었다. 혁명가의 열정으로 거의 모든 개종자가 직접 선교의 임무를 맡았다. 제국의 도로, 강, 해안, 교역로와 상업 시설이 대부분 교회 성장의 방향을 결정했다. 즉 동쪽으로 예루살렘에서 다마스쿠스, 에데사, 두라, 셀레우키아, 크테시폰까지, 남쪽으로 보스트라와 페트라를 경유해 아라비아까지, 서쪽으로 시리아를 경유해 이집트까지, 북쪽으로 안티오크를 경유해 소아시아와 아르메니아까지, 에게 해를 가로질러 에페소스와 트로아스에서 코린트와 테살로니카까지, 에그나티아 가도를 횡단하여 디르하키움까지, 아드리아 해를 가로질러 브룬디시움까지, 아니면 스킬라와 카리브디스를 경유해 푸테올리와 로마까지, 시칠리아와 이집트를 경유해 북아프리카까지, 지중해나 알프스 너머로 스페인과 갈리아까지, 그리고 거기에서 브리타니아까지 그리스도교가 확산되었다. 즉 서서히 십자가가 파스케스(fasces, 막대기 다발 속에 도끼를 끼운 집정관의 권위 표지 — 옮긴이)의 뒤를 따랐으며, 로마 제국의 군기가 그리스도를 위해 길을 닦았다. 이 시기에 소아시아는 그리스도교의 중심지였다. 게다가 300년경 에페소스와 스미르나의 주민 대부분은 그리스도교도였다.[32] 새로운 신앙인 그리스도교는 북아프리카에서 성공했다. 카르타고와 히포가 그리스도교 학문과 논쟁의 가장 중요한 중심지가 되었다. 이곳에서 라틴 교회의 위대한 교부인 테르툴리아누스와 키프리아누스, 그리고 아우구스티누스가 나타났다. 그리고 이곳에서 미사의 라틴어 원문과 신약 성서의 최초 라틴어 번역본이 형태를 갖추었다. 로마에서 그리스도교 공동체는 3세기 말경 10만여 개에 달했으며, 다른 회중에게 재정적 도움을 보낼 수 있었다. 훨씬 전에 로마의 그리스도교 공동체는 로마의 주교에 대해 교회의 최고 권한을 주장했다. 300년경 동방에서는 대체로 인구의 4분의 1, 그리고 서방에서는 인구의 12분의 1이 그리스도교도였던 것으로 추정된다. 테르툴리아누스는(200년경) 이렇게 말했다. "사람들은 국가가 우리를 포위하고 있다고 한다. 모든 연령, 신분, 그리고 계층이 우리에게 다가오고 있다. 불과 얼마 전이지만 이미 세상은 우리로 가득 차 있다."[33]

2. 교리 투쟁

다른 전통과 환경의 지배를 받은 상대적으로 독립적인 많은 그리스도교 중심지에서 다양한 관습과 교리를 발전시키는 데 실패했다면, 놀라운 일이 아닐 수 없을 것이다. 특히 그리스의 그리스도교는 형이상학적이고 논쟁적인 그리스의 성향 때문에 이단으로 넘쳐날 운명을 안고 있었다. 그리스도교는 이러한 이단과 관련해서만 이해될 수 있다. 이단을 무찌르는 경우에도 그리스도교는 어느 정도 이단의 색깔과 형식을 취했기 때문이다.

그리스도가 하느님의 아들이고, 자신의 나라를 설립하려고 지상으로 돌아올 것이며, 그를 믿는 모든 사람이 최후의 심판에서 영원한 천국의 기쁨으로 보상받을 것이라는 믿음이 흩어진 회중을 하나로 결합시켰다. 하지만 그리스도교도들은 재림 시기에 관해서 의견이 상이했다. 네로가 죽고 티투스가 예루살렘 성전을 파괴했을 때, 그리고 재차 하드리아누스가 예루살렘을 파괴했을 때, 많은 그리스도교도는 이러한 재난을 재림의 표징으로 환영했다. 2세기 말에 혼란이 제국을 위협했을 때, 테르툴리아누스와 그 밖의 사람들은 세상의 종말이 가까웠다고 생각했다.[34] 심지어 시리아 주교는 도중에 그리스도를 만나려고 자신의 회중을 이끌고 사막으로 나갔으며, 폰토스에서 어느 주교는 그리스도가 일 년 안에 돌아올 것이라고 선언함으로써 자신의 공동체 생활을 정리했다.[35] 모든 표징이 실현되지 않았고, 게다가 그리스도도 오지 않았으므로 현명한 그리스도교도는 그의 재림 시기를 재해석함으로써 실망감을 완화하려고 애썼다. 바나바가 쓴 것으로 여겨지는 한 서간에서는[36] 그리스도가 천 년 후에 올 것이라고 말했다. 가장 신중한 사람들은 유대 민족이 완전히 절멸할 때 아니면 복음이 모든 이방인에게 전도될 때 그리스도가 올 것이라고 말했다. 그런데 요한복음은 그리스도가 자신을 대신해서 성령(聖靈)을 보낼 것이라고 말했다. 마침내 하느님의 나라는 지상에서 천국으로, 현세에서 내세의 천국으로 옮겨 갔다. 천년 왕국, 즉 천년 후에 예수가 돌아올 것이라는 믿음마저 교회에 의해 단념되었으며, 결국은 폐기되었다. 재림에 대한 믿음이 그리스도교를 확립했으며, 천국에 대한 희망이 그리스도교를 보존했다.*

　이러한 기본적인 교리들과는 별개로 처음 3세기 동안 그리스도의 추종자들은 다수의 교리로 나누어졌다. 만약 우리가 성장하는 교회를 공략하려 했지만 실패했던, 그리고 분열을 초래하는 이단으로 교회가 잇따라서 낙인찍어야 했던 다양한 신앙을 열거하게 된다면, 과거를 통해 현재를 조명하는 역사의 역할에 대한 판단을 잘못 내릴지도 모른다. 신비로운 수단을 통해 하느님과 같은 지식(그노시스(gnosis))을 추구하는 영지주의(靈智主義)는 이단이라기보다는 경쟁자였다. 영지주의는 그리스도교보다 앞섰으며 그리스도가 태어나기 전에 구세주 이론을 선언했다.[37] 베드로가 "성직 매매"를 이유로 비난한, 앞서 말한 사마리아의 마법사 시몬은 아마도 『대주해(大註解)』의 저자였을 것이다. 이 책에서 그는 인간의 마음을 만물에 대한 영적인 이해로 인도할 수 있었던 복잡한 단계들에 대해 종잡을 수 없이 복잡한 동방의 생각을 한데 모았다. 알렉산드리아에서 필론의 하느님 말씀의 철학과 결합한 오르페우스교, 신피타고라스주의, 신플라톤주의의 전통이 바실리데스(117년), 발렌티누스(160년), 그리고 그 밖의 사람들을 자극해 신의 감화와 의인화된 세상의 "영겁(aeon)"이라는 불가사의한 체계를 만들어 냈다. 에데사에서 바르데사네스는(200년) 산문과 시에서 이러한 영겁을 묘사함으로써 문학적인 시리아어를 창조했다. 갈리아에서 영지주의자인 마르쿠스는 여성들에게 그들의 수호천사 비밀을 밝히겠다고 말했다. 그의 알랑거리는 계시는 여성들의 몸을 보상으로 받아들였다.[38]

　초기 이단자들 중에 가장 위대한 이단자는 영지주의자가 아니라 이단자들의 신

---

*실제로 그리스도교를 실천하고 있는 많은 사람들을 포함해 무수히 많은 그리스도교도는 오늘날의 혼란을 그리스도의 이른 복귀에 대한 예견된 징후로 해석하고 있다. 무수한 그리스도교도, 비그리스도교도, 그리고 무신론자들은 여전히 전쟁과 사악함이 사라질 지상의 천국이 임박해 있다고 믿는다. 역사적으로 천국에 대한 믿음과 유토피아에 대한 믿음은 한 우물 안에 들어 있는 비슷한 보상의 물통이다. 즉 하나가 내려가면 다른 하나가 올라온다. 고전적인 종교들이 쇠퇴했을 때 공산주의적인 소요가 발생했고(기원전 430년), 로마에서는 혁명이 발생하기 시작했다.(기원전 133년) 이러한 운동이 실패했을 때, 그리스도교에서 절정에 이르렀던 부활 신앙들이 뒤를 이었다. 18세기에 그리스도교 신앙이 약화되었을 때, 공산주의가 다시 나타났다. 이러한 관점에서 종교의 미래는 확실하다.

화에 영향을 받은 사람이었다. 140년경 시노페의 부유한 청년 마르키온은 그리스도교를 유대교로부터 분리시키는 바울의 과업을 완성하겠다는 다짐을 하고 로마에 왔다. 마르키온의 말에 따르면 복음서의 그리스도는 자신의 아버지를 다정함, 용서, 그리고 사랑의 하느님으로 묘사했다고 한다. 하지만 구약 성서의 야훼는 무자비한 정의, 압제, 전쟁의 가혹한 신이었다. 이러한 야훼가 온화한 그리스도의 아버지가 될 수는 없었다. 마르키온은 어떤 선한 신이 사과를 먹었다는 이유로, 아니면 지식을 갈망했다는 이유로, 아니면 여성을 사랑했다는 이유로 모든 인류를 불행하도록 운명지울 수 있단 말인가, 하고 물었다. 야훼는 존재하며 세상의 창조자이다. 하지만 그는 물질로 사람의 살과 뼈를 만들었으며, 그렇게 해서 사람의 영혼을 사악한 틀에 가두었다. 사람의 영혼을 이러한 틀에서 구하기 위해 더 위대한 신이 자신의 아들을 지상에 보냈다. 그리스도는 이미 서른 살의 나이에 실재하지 않는 환영의 몸으로 나타났으며, 죽음으로써 선한 사람들을 위해 순수하게 영적인 부활의 특권을 얻었다. 마르키온의 말에 따르면 선한 사람은 바울을 따라 야훼와 유대 율법을 포기하고, 유대의 성서를 거부하며, 결혼과 모든 감각적인 향락을 피한, 그리고 엄격한 고행으로 육욕을 극복한 사람들이다. 이러한 생각을 널리 퍼뜨리기 위해 마르키온은 루가복음과 바울의 서간으로 이루어진 신약 성서를 펴냈다. 교회는 그를 파문했으며, 그가 로마에 오자마자 교회에 건넸던 상당한 금액을 돌려주었다.

영지주의자와 마르키온파가 동방과 서방에서 모두 빠른 속도로 확산되는 동안에 새로운 이단파 지도자가 미시아에서 나타났다. 156년 무렵 몬타누스는 점점 늘어나는 그리스도교도의 속된 마음과 교회 주교들의 심해지는 전횡을 비난했다. 그리고 그는 원시 그리스도교의 소박함과 검소함으로 돌아갈 것을 요구하고, 회중의 구성원들에게 예언 능력을 복원하기를, 즉 영감을 받아서 말을 하도록 요구했다. 두 여성인 프리스킬라와 막시밀라가 몬타누스의 말을 곧이곧대로 믿었고 종교적 황홀경에 빠져들었다. 그리고 그들이 하는 말은 몬타누스파의 살아 있는 신탁이 되었다. 몬타누스는 청중을 사로잡는 무아의 경지로 프리기아인 추종자들이 한때 디오니소스를 낳은 똑같은 종교적 열정으로 자신을 그리스도가 약속하던 성령으로 환영했다고 선언했다. 몬타누스는 하느님의 나라가 가까이에 있으며, 요한 계시록의 새로운 예루살렘이 머지않아 천상에서 인접한 평원으로 내려올 것이라고 선언했다. 그가 미리 운명 지워진 지점으로 수많은 무리를 이끌고 갔으므로 몇몇 도시에서는 인구가 줄어들었다. 초기 그리스도교 시절처럼 결혼과 태생은 중요하지 않은 것으로 여겨졌고, 재물은 공산주의적으로 공유되었으며, 금욕 생활에 몰두함으로써 그리스도를 위한 영혼을 준비했다.[39] 190년경 총독 안토니우스가 소아시아에서 그리스도교를 박해했을 때, 천국을 갈망하던 다수의 몬타누스파가 그의 법정 앞에 모여들어 순교를 요구했다. 안토니우스는 그들의 요구를 모두 받아들일 수는 없었다. 그는 일부를 처형했지만 "가엾은 녀석들, 너희들이 죽기를 원한다면 밧줄과 절벽이 있지 않느냐?"라고 말하며 대부분의 몬타누스파들을 해산시켰다.[40] 교회는 몬타누스주의를 이단으로 금지했고, 6세기에 유스티니아누스 황제는 몬타누스주의의 절멸을 명령했다. 일부 몬타누스주의자들이 그들의 교회에 모여 불을 질렀으며, 산 채로 불에 타 죽었다.[41]

그다지 중요하지 않은 이단들은 헤아릴 수 없이 많았다. 금욕주의파는 자진 고행을 실천하고 결혼을 죄악으로 비난했다. 가현설(假現說) 신봉자들은 그리스도의 몸이 인간의 육체가 아닌 환영에 불과하다고 가르쳤다. 양자론자(養子論者)들과 사모사타의 바울 추종자들은 그리스도가 인간으로 태어났지만 도덕적 완벽함을 통해 신성을 획득했다고 생각했다. 양태론자(樣態論者), 사벨리우스파(Sabellians), 그리고 단일신론자(單一神論者)는 성부와 성자에서 단일 위격(位格)만을, 단성론자(單性論者)는 단일 본질만을, 단의론자(單意論者)는 단일 의지만을 인정했다. 교회는 우월한 조직력과 강인한 교리, 그리고 사람들의 습관과 필요에 대한 더 나은 이해로 그들을 압도했다.

3세기에 동방에서 새로운 위험이 나타났다. 샤푸르 1세가 즉위했을 때(242년) 페르시아의 젊은 신비주의자인 크테시폰의 마니가 스스로를 참 하느님이 인류의 종교와 도덕 생활을 개혁하도록 지상에 파견한 메시아라고 선언했다. 조로아스터교, 미트라교, 유대교, 그리고 영지주의를 차용한 마니는 세상을 암흑과 빛의 경쟁 영역으로 나누었다. 지상은 암흑의 나라에 속했고, 사탄이 인간을 창조했다. 그럼에도 불구하고 빛의 나라 천사들이 은밀하게 인간에게 빛을 이루고 있는 일부 요소, 즉 정신, 지성, 이성을 소개했다. 마니의 말에 따르면 여성마저 자신 안에 일부 빛의 광채를 가지고 있다고 한다. 하지만 여성은 사탄이 만든 걸작이자 남성에게 죄를 저지르도록 유혹한 사탄의 대리인이다. 만약 남성이 성교, 우상 숭배, 그리고 마법을 삼가고 채식과 단식의 금욕적인 생활을 영위한다면, 그에게서 빛의 요소들이 사탄의 충동을 극복할 수 있고 온화한 빛처럼 그를 구원으로 이끌 수 있다. 30년간의 성공적인 전도 이후에 마니는 조로아스터교 성직자의 제안으로 십자가형에 처해졌으며, 짚으로 채워 넣어진 그의 살갗이 수사(Susa)의 성문에 매달렸다. 순교는 신앙에 불을 붙여 광란의 열정으로 이끌었다. 마니교는 서(西)아시아와 북(北)아프리카로 확대되었고, 10년 동안 아우구스티누스를 입교시켰으며, 디오클레티아누스의 박해와 이슬람의 정복에도 살아남았다. 그리고 칭기즈 칸이 등장할 때까지 천 년 동안 계속 쇠퇴했다.

옛 종교들은 여전히 대다수의 제국 주민들을 필요로 했다. 유대교는 영락한 망명자들을 흩어져 있는 유대교 회당에 모았으며, 탈무드에 유대교의 신앙심을 쏟아부었다. 시리아인들은 계속해서 헬레니즘 이름으로 그들의 바알(Baal) 신을 숭배했으며, 이집트 신관들은 동물 형상의 모든 신을 충실하게 섬겼다. 키벨레, 이시스, 미트라는 4세기 말까지 광신적인 신자들을 거느리고 있었다. 아우렐리아누스 치하에서 변화된 미트라교가 로마 국가를 공략했다. 고전 신들에게 바치는 공물이 여전히 신전으로 왔고, 입문자와 지원자가 엘레우시스를 여행했으며, 제국 전역에서 야심 있는 시민들이 제국의 종교 의식 활동을 수행했다. 하지만 생활은 고전적인 교리에서 벗어났다. 더 이상 고전적인 교리가 종교에 생명을 불어넣는, 마음에서 우러나는 신앙심을 불러일으키지 못했다. 그것은 그리스인과 로마인이 한때 매력적이거나 엄숙했던 신앙을 포기했다는 의미가 아니었다. 그들은 오히려 살려는 의지를 포기했으며, 과도한 산아 제한, 아니면 극도의 생리적인 소모, 아니면 파괴적인 전쟁으로 인해 숫자가 급감했으므로, 신전은 점차 농장과 함께 경작자를 잃어버렸다.

아우렐리우스가 다뉴브 강에서 마르코만니족과 싸우던 178년 무렵 이교 신앙은 스스로를 방어하기 위해 그리스도교에 맞서려고 시도했다. 우리는『켈수스를 논박함』이라는 오리게네스의 저술과 켈수스의『진정한 말씀』으로부터 오리게네스가 무모하게 인용한 어구들을 통해서만 이교신앙을 알 뿐이다. 우리가 이야기하는 두 번째 켈수스는 사색적인 철학자라기보다는 현세의 교양 있고 점잖은 사람이었다. 그는 자신이 누리던 문명이 로마의 옛 신앙과 밀접한 관계가 있다고 생각했다. 게다가 그는 이제 가장 도발적인 적이었던 그리스도교를 공격함으로써 로마의 옛 신앙을 지키려고 결심했다. 켈수스가 새로운 종교를 너무 상세하게 연구한 나머지 학구적인 오리게네스는 그의 박식함에 깜짝 놀랐다. 켈수스는 성서의 진실성, 야훼의 지위, 그리스도 기적의 중요성, 전능한 신성과 그리스도 죽음의 불일치를 공격했다. 그는 최후의 대화재, 최후의 심판, 그리고 육체의 부활에 대한 그리스도교도의 믿음을 이렇게 조롱했다.

요리사처럼 하느님이 불을 일으키고, 나머지 인류가 불에 탈 것이며, 그리스도교도만이 살아남을 것이라는 가정은 어리석다. 즉 살아 있는 사람뿐 아니라 오래전에 죽은 사람들도 그들이 전에 가졌던 동일한 몸으로 지상에서 되살아날 것이다. 정말로, 이 얼마나 한심스러운 인간들의 희망인가! …… 죄인이 누구이건 …… 신에게 버림받은 바보가 누구이건 그리스도교도가 설득할 수 있는 것은 얼간이, 비천한 사람, 어리석은 사람, 즉 노예와 여자, 아이들, 양모를 마름질하는 사람들, 그리고 구두 수선공과 축융공(縮絨工), 가장 배운 것이 없는 사람과 평민뿐이다.[42]

켈수스는 그리스도교의 확산, 이교 신앙과 군역(軍役), 그리고 국가에 대한 그리스도교의 냉소적인 적대감에 놀랐다. 만약 제국의 주민들이 그러한 평화주의적인 철학에 굴복한다면, 어떻게 국경 도처에서 배회하는 야만족들로부터 제국을 방어할 수 있을까? 켈수스는 훌륭한 시민이란 그리스도교의 불합리한 점들을 공개적으로 비판하지 말고 자신이 속한 나라와 시대의 종교에 순응해야 한다고 생각했다. 이것은 그다지 중요하지 않았다. 중요한 것은 도덕성과 시민의 충성을 지탱해 주는 통합적인 신앙이었다. 따라서 켈수스는 그리스도교도들에게 자신이 그들에게 가해 온 모욕적인 언동을 잊고 옛 신들에게 돌아가서 수호자로서의 황제의 비범한 능력을 숭배하도록, 위험에 처한 국가의 방어에 합류할 것을 호소했다. 어느 누구도 그에게 그다지 관심을 기울이지 않았다. 이교 문학은 그를 언급하지 않는다. 만약 오리게네스가 그를 논박하는 일에 착수하지 않았더라면, 그는 완전히 잊혔을 것이다. 콘스탄티누스는 켈수스보다 더 현명했으며, 생명을 잃어버린 신앙이 로마를 구할 수 없으리라는 사실을 잘 알고 있었다.

3. 플로티노스

종교의 기초인 초감각적인 힘에 대한 의식이 더 오만한 사회의 물질주의와 결정론을 전반적으로 압도하고 있었다. 철학은 과학의 영역인 감각 경험에 대한 해석을 포기하고 있었고, 보이지 않는 세계에 대한 연구에 몰두하고 있었다. 신피타고라스주의자들과 신플라톤주의자들은 피타고라스의 윤회 이론과 신의 이데아에 대한 플라톤의 생각을 금욕주의로 발전시켰다. 이러한 금욕주의는 육체적 감각을 차단함으로써 영적인 직관을 날카롭게 하고, 자기 정화를 통해 영혼이 천상에서 인간으로 강등되었던 계단을 다시 오르려는 시도였다.

플로티노스는 이러한 신비한 신지학(神智學)의 정점에 있었다. 203년에 리코폴리스에서 태어난 그는 로마식 이름을 갖고 그리스 교육을 받은 콥트 말을 쓰는 이집트인이었다. 스물여덟 살에 그는 철학을 발견했고, 만족을 하지 못한 채 이 선생에서 저 선생으로 옮겨 다녔으며, 마침내 알렉산드리아에서 자신이 찾던 사람을 발견했다. 이교로 개종한 그리스도교도인 암모니우스 삭카스가 그의 제자인 오리게네스가 했던 것처럼 그리스도교와 플라톤주의를 조화시키려 하고 있었다. 10년 동안 암모니우스의 지도를 받은 뒤에 플로티노스는 직접 마기승과 브라만들의 지혜를 배운다는 기대로 페르시아로 출정하는 군대에 들어갔다. 그는 메소포타미아에 도착해서 안티오크로 돌아와 로마로 갔으며, 죽을 때까지 그곳에 머물렀다. 그의 철학 학파는 너무 인기가 많아서 갈리에누스 황제가 그를 궁정으로 불러들였고, 캄파니아에 공화국의 원리에 따라 통치되는 플라톤의 이상 국가를 설립하는 데 도움을 주는 것에 동의했다. 나중에 갈리에누스는 아마도 플로티노스가 불명예스러운 실패를 겪지 않아도 되도록 자신의 동의를 철회한 것 같다.

플로티노스는 로마의 사치스러운 생활 한복판에서 성인(聖人)처럼 살아감으로써 철학의 평판을 복원시켰다. 그는 자신의 몸을 돌보지 않았다. 포르피리우스의 말에 따르면 실제로 "그는 자신의 정신이 육체를 가졌다는 것을 부끄러워했다."[43] 그는 육체가 그에게서 가장 중요하지 않은 부분이라는 이유로 자신의 초상을 그리지 못하게 했다. 이것은 그가 정신을 추구하려 했음을 암시한다. 그는 고기를 전혀 먹지 않았고 빵을 거의 먹지 않았으며, 검소하고 온화했다. 그는 모든 성관계를 피했지만 비난하지는 않았다. 그의 겸손은 부분을 전체의 관점에서 보는 사람에게 어울리는 것이었다. 오리게네스가 그의 수업에 들어왔을 때, 플로티노스는 얼굴을 붉히면서 "청중들이 그로부터 배울 것이 아무것도 없다고 느낄 때 웅변가의 열정은 점점 식어간다."라고 말하며 자신의 강연을 끝내고 싶어 했다.[44] 그는 청중을 사로잡는 웅변가는 아니었지만 주제에 대한 몰입과 열중하는 진정성이 훌륭하게 웅변을 대신해 주었다. 마지못해, 그리고 단지 말년에 플로티노스는 자신의 이론을 글로 적어 두었다. 그는 한번도 초고를 수정하지 않았으며, 포르피리우스의 편집에도 불구하고 『엔네아드(Enneads)』는 철학사에서 가장 무질서하고 난해한 저작 중 하나로 남아 있다.*

---

* 포르피리우스는 54편의 글을 9편(ennea)으로 정리했다. 이것은 피타고라스의 이론에서 숫자 9가 완전한 숫자라는 이유에서였다. 9는 3의 제곱이고 3은 완전한 조화를 이루는 삼위일체이기 때문이다.[45]

플로티노스는 물질의 존재를 정중하게 인정한 관념론자였다. 하지만 물질 자체는 형태의 비물질적인 가능성일 뿐이다. 물질이 취하는 모든 형태는 물질의 내적 에너지와 영혼(psyche)에 의해 제공된다. 자연은 세상의 모든 형태를 만들어 내는 에너지와 영혼의 총합이다. 하등의 실체는 고등의 실체를 만들지 못한다. 고등의 존재인 영혼이 하등의 존재, 즉 형체가 주어진 형태를 만든다. 초창기에 자궁에 머물면서 기관이 서서히 형성되고 마침내 완전히 성숙할 때까지 개개인의 성장은 영혼의 작품이다. 육체는 영혼의 열망과 지시에 따라 서서히 형성된다. 만물은 영혼을 가지고 있다. 즉 영혼은 외적 형태를 창조하는 내적 에너지이다. 물질은 완성된 형태를 받아들이지 않은 한에 있어서만 악하다. 물질은 성장이 억지된 발전이다. 그리고 악은 선의 가능성이다.

우리는 관념, 즉 감각, 지각, 생각을 통해서만 물질을 안다. 흄이 말한 것처럼, 이른바 물질이란 관념의 묶음에 지나지 않는다. 기껏 해야 물질은 이해하기 어려운 가설에 근거한 것으로 우리의 신경 말(末)판을 누르고 있다.(밀(Mill)이 말하는 물질은 "감각으로 언제든지 확인할 수 있는 것"이다.) 관념은 물질이 아니다. 공간 확대의 개념은 분명히 관념에는 적용할 수 없다. 관념을 갖고 사용하는 능력은 이성(nous)이다. 이성은 인간의 육체, 영혼, 정신 세 가지가 하나로 일치되어 정점에 이른 것이다. 이성은 감각에 의존하는 한에서 결정된다. 그리고 이성은 창조적인 영혼의 최고 형태인 한에서 자유롭다.

육체는 영혼의 기관이자 감옥이다. 영혼은 육체보다 한층 높은 수준의 실체라고 생각한다. 영혼은 더 커다란 영혼, 즉 우주의 창조적인 생명과 힘에 친근감을 느낀다. 그리고 생각이 완성된 다음에 영혼은 최상의 정신적 실체와 하나가 될 수 있기를 갈망한다. 영혼은 최상의 정신적 실체로부터 태고의 대참사와 불명예에 빠져든 것처럼 보인다. 플로티노스는 여기에서 두서없이 그가 거부할 것이라고 공언한 영지주의에 빠져들고, 천상에서부터 육체를 가진 인간에 이르기까지 여러 단계를 통한 영혼의 하락을 묘사한다. 대체로 그는 영혼이 각각의 전생에서 쌓은 미덕과 악덕에 따라 하등 생명체에서 고등 생명체로, 아니면 고등 생명체에서 하등 생명체로 윤회한다는 힌두교의 개념을 받아들인다. 가끔씩 그는 피타고라스주의자처럼 이렇게 농담처럼 말한다. 즉 음악을 지나치게 사랑한 사람은 다음 분신(avatar)에서 고운 소리로 우는 새가 될 것이며, 지나치게 사색적인 철학자는 독수리로 변할 것이다.[46] 영혼이 더 발전하면 할수록 영혼은 부모를 놓치고 헤매는 아이처럼, 아니면 집을 찾아 헤매는 방랑자처럼 더 집요하게 신의 근원을 찾는다. 만약 영혼이 미덕, 아니면 진정한 사랑, 아니면 뮤즈 신들에 대한 봉헌, 아니면 끈기 있는 철학을 감당할 수 있다면, 영혼은 자신이 타고 내려온 사다리를 찾아서 신에게로 올라갈 것이다. 그때 영혼이 스스로 정화하도록 하고, 영혼이 보이지 않는 실재를 열심히 갈망하게 하며, 영혼이 명상에 열중하게 하라. 아마도 감각의 모든 소음이 조용해지고 물질이 정신의 문을 더 이상 두드리지 않게 되는 어느 순간에 갑자기 영혼은 정신적인, 그리고 최후의 실체인 존재의 대양에 빠져 있는 자신을 느낄 것이다.(소로(Thoreau)는 "가끔 월든 호수에서 한가로이 표류하며, 나는 사는 것을 그만 두고 존재하기 시작했다."라고 썼다.) 플로티노스는 이렇게 말한다.

　　이러한 일이 일어나면 영혼은 법적으로 인정된 한에서 신성을 볼 것이다. …… 그리고 영혼은 스스로 빛이 나는 것을 볼 것이다. 아니, 좀 더 정확히 말하면 영혼은 스스로가 근심의 무거운 짐을 지지 않고 활기찬, 그리고 신이 되어 가는 순수한 빛이라는 것을 깨달을 것이다.[47]

하지만 신이란 무엇인가? 신 또한 절대적 통일성, 이성, 영혼의 3자가 하나로 일치된 것이다. "존재 너머에 일자(一者, the One)가 있다."[48] 복잡한 현세의 표면적인 혼돈을 통일적인 생명이 관통한다. 우리는 신의 존재 말고는 거의 아무것도 모른다. 신에게 어떤 절대적인 형용사나 편향된 대명사를 적용하는 것은 부당한 제한이 될 것이다. 우리는 단지 신을 일자 및 첫 번째 것이라고 부르고 선(善, Good)을 우리의 궁극적 갈망의 대상으로 부른다. 이러한 절대적 통일성에서 플라톤의 이데아, 즉 사물을 형성하는 모형이자 지배적인 법칙에 해당하는 세계 이성이 나온다. 말하자면 플라톤의 이데아는 신의 생각, 일자의 이성, 세계의 질서이자 합리성이다. 물질이 일시적인 형태들의 만화경인 반면에 이러한 이데아는 지속되는 것이므로, 이데아는 유일한 진짜 또는 영속적인 실체이다. 하지만 절대적 통일성과 이성은 비록 그것들이 우주를 결합하기는 하지만 창조하지는 못한다. 이러한 창조 역할은 신의 세 번째 모습, 즉 만물을 가득하게 하고 만물에 힘과 예정된 형태를 부여하는 생기를 불어넣는 원리에 의해 수행된다. 원자에서 행성까지 만물은 그 자체로 세계-영혼의 일부인 작동시키는 영혼을 가지고 있다. 우주가 신이다. 개개의 영혼은 별개의 특징으로서가 아니라 생명력이나 에너지로서만 영원하다.[49] 불멸은 개성이 살아남는 것이 아니라 영혼이 불멸의 것들에 흡수되는 것이다.[50]

덕(德, Virtue)은 영혼이 신을 향해 움직이는 것이다. 아름다움은 플라톤과 아리스토텔레스가 생각한 것처럼 조화이자 비율일 뿐 아니라 사물 속에 살아 있는 영혼이나 보이지 않는 신성이다. 그리고 아름다움은 육체에 대한 영혼의 우위이자 물질에 대한 형태의 우위이며, 사물에 대한 이성의 우위이다. 그리고 예술은 이러한 합리적 또는 영적인 아름다움을 다른 매개물로 바꾸는 것이다. 영혼은 물질적이거나 인간적인 형태에서 아름다움을 추구하는 것에서 자연과 자연의 법칙, 과학, 그리고 미묘한 질서에 숨겨진 영혼에서 아름다움을 구하는 것으로 향상되도록 단련할 수 있다. 마침내 이러한 숨겨진 영혼은 싸우고 대립하는 것들까지 포함해 만물을 숭고하고 경탄할 만한 조화로 끌어안는 신의 절대적 통일성에서 드러난다.[51] 결국 아름다움과 덕은 하나이고, 부분이 전체와 통일을 이루고 협력한다.

네 자신에게로 물러나서 보아라. 만약 네 자신이 아름답다는 것을 발견하지 못하면, 조각상을 만드는 사람처럼 행동하라. …… 그는 사랑스러운 얼굴이 자신의 작품을 점점 지배할 때까지, 여기를 잘라 내고, 저기를 매끄럽게 하며, 이 선을 더 우아하게, 다른 선을 더 순수하게 만든다. 너도 그렇게 하라. 즉 과도한 것은 모두 잘라 내고, 굽은 것은 모두 일직선으로 하라. …… 그리고 흠 없는 신전에 설치된 완벽한 신을 볼 때까지 …… 계속해서 너의 조각상을 조각하라.[52]

이러한 철학에서 우리는 동시대의 그리스도교에서와 똑같은 영적인 분위기를 느낀다. 즉 미숙한 사람들이 시민적인 관심으로부터 종교로 물러나고, 국가로부터 신에게로 도피한다. 플로티노스와 오리게네스가 동료 제자이자 친구였고, 클레멘트가 알렉산드리아에서 그리스도교 플라톤주의를 발전시킨 것은 우연이 아니었다. 플로티노스는 최후의 위대한 이교도 철학자로서 에픽테투스와 아우렐리우스처럼 그리스도 없는 그리스도교도이다. 그리스도교는 그의 구절을 거의 모두 받아들였으며, 아우구스티누스는 많은 지면에서 탁월한 신비주의자인 플로티노스의 무아경을 반복했다. 필론, 요한, 플로티노스, 아우구스티누스를 통해 플라톤은 아리스토텔레스를 정복했으며, 가장 심오한 교회 신학의 일부를 이루었다. 철학과 종교 사이의 간극이 메워지고 있었으며, 천 년 동안 이성은 신학의 하녀가 되었다.

4. 신앙의 옹호자들

이제 교회는 제국에서 가장 세련된 사람들 중 일부의 지지를 얻어 냈다. 안티오크의 주교 이그나티우스는 사도(使徒) 시대 이후인 "교부(教父)들"의 강력한 왕조를 시작했다. 교부들은 그리스도교에 철학을 넘겨주었고, 그리스도교의 적들을 논쟁으로 압도했다. 신앙 철회를 거절한 이유로 야수에게 던져지는 형을 선고받은(108년) 유스티누스는 로마로 가는 도중에 여러 편의 서간을 썼다. 그의 열정적인 신앙심은 그리스도교도가 목숨을 걸 수 있었던 정신을 드러낸다.

만약 너희가 가로막지 않는다면, 난 기꺼이 하느님을 위해 죽겠다고 모든 사람에게 명한다. 난 너희가 나에게 어울리지 않는 친절을 베풀지 말기를 간청한다. 내가 야수들에게 먹히도록 내버려두어라. 그렇게 해야 난 하느님에게 도달할 수 있다. …… 차라리 야수들이 나의 무덤이 될 수 있도록 유인하라. 그리고 내 시신의 흔적을 남기지 마라. 그렇게 해야 내가 잠들 때 어느 누구에게도 짐이 되지 않는다. …… 나를 위해 준비된 야수들을 간절히 바란다. …… 그곳에서 내가 불에 타고 십자가에 못 박히고, 야수들과 싸우고, 갈기갈기 잘리고 찢기며, 뼈가 뒤틀려지고, 사지가 짓이겨지며, 온몸이 밟혀 으깨어지며, 악마의 잔인한 고문을 받도록 내버려두어라. 그렇게 해야 예수 그리스도에게 도달할 수 있지 않겠는가![53]

콰드라투스, 아테나고라스, 그리고 그 밖에 많은 사람들이 그리스도교를 위한 "변증"을 썼다. 이러한 변증은 보통 거의 키케로의 대화체로 미누키우스 펠릭스 황제에게 보내졌고, 황제는 카이킬리우스에게 이교 신앙을 훌륭하게 방어하게 했다. 하지만 옥타비우스로 하여금 그에게 너무 정중하게 답하게 했고 카이킬리우스는 하마터면 그리스도교도가 될 뻔했다. 안토니누스 치세에 사마리아의 유스티누스는 로마에서 그리스도교 철학 학교를 열었으며, 두 개의 감동적인 "변증"에서 황제이자 "진리를 가장 사랑하는 철학자"에게 그리스도교도가 충성스러운 시민으로서 지체 없이 세금을 납부했으며, 우호적인 대우를 받으면 국가에 소중한 지지자가 되리라는 것을 확신시키려 애썼다. 몇 년 동안 그는 방해받지 않고 가르쳤다. 하지만 그의 예리한 말투는 적을 만들었으며, 166년에 그와 경쟁 관계에 있는 철학자가 당국에 그와 여섯 명의 추종자를 체포해서 모두를 사형에 처하도록 재촉했다. 20년 후에 리옹의 주교 이레나이우스는 모든 이단자들을 맹렬하게 공격한 『이단 논박』에서 교회의 통일에 가세했다. 이레나이우스의 말에 따르면 그리스도교가 수많은 종파로 분열되는 것을 막는 유일한 방법은 모든 그리스도교도가 교리상 하나의 권위, 즉 교회의 주교회 명령을 겸허하게 받아들이는 것이었다.

이 시기에 그리스도교를 위해 싸운 가장 용감한 투사는 카르타고의 퀸투스 셉티미우스 테르툴리아누스였다. 그곳에서 160년경에 로마 백인대장의 아들로 태어난 그는 아풀레이우스를 가르치던 같은 학교에서 웅변술을 공부했다. 그 다음 10년 동안은 로마에서 변호사 개업을 했다. 그는 생애 중간쯤에 그리스도교로 개종하고 그리스도교도와 결혼했으며, 이교 신앙의 모든 쾌락을 포기했고, (히에로니무스의 말대로) 사제로 임명되었다. 그가 웅변술과 법으로부터 배운 모든 기교와 요령이 이제 개종자의 열정에 의해 강화된 그리스도교 변증론에 기여했다. 그리스의 그리스도교는 신학적, 형이상학적, 신비주의적이었다. 그리고 테르툴리아누스는 라틴 그리스도교를 윤리적, 법률적, 실용적으로 만들었다. 그는 키케로의 활력과 신랄함을, 에우베날리스의 풍자적인 상스러움을 가졌다. 그리고 이따금 그는 하나의 구절에 매섭게 집중하는데, 이는 타키투스에 견줄 수 있었다. 이레나이우스는 그리스어로 썼다. 미누키우스와 테르툴리아누스에게서 서방의 그리스도교 문학은 라틴 문학이 되었고, 라틴 문학은 그리스도교 문학이 되었다.

카르타고의 로마 행정 장관들이 불충 혐의로 그리스도교도들을 재판하던 197년에 테르툴리아누스는 가상 법정에 자신의 작품 중 가장 감동적인 『변증론』을 보냈다. 그는 로마인들에게 그리스도교도들이 "모든 황제를 위해, 그리고 안전한 왕조, 용감한 군대, 충실한 원로원, 그리고 평화로운 세계를 위해 항상 기도하고 있다."라는 점을 확신시켰다.[54] 그는 일신교의 위대함을 찬양했으며, 일신교의 전조를 그리스도교 이전 작가들에게서 찾았다. 그는 멋지게 들어맞는 한 구절에서 "천성적으로 그리스도교도인 사람의 증언을 주시하라!" 하고 외쳤다.[55] 1년 뒤 보기 드물게 신속하게 설득력 있는 방어에서 격렬한 공격으로 넘어간 테르툴리아누스는 로마의 극장을 음란함의 제단으로, 그리고 원형 경기장을 인간에 대한 인간의 무자비함이 정점을 이루는 것으로 조롱하듯 묘사하는 『구경거리들에 관하여』를 펴냈다. 그리고 그는 통렬한 위협으로 이렇게 마무리했다.

다른 구경거리, 즉 영원한 최후 심판의 날이 도래할 것이다. …… 그때 모든 낡은 세계와 세대가 한 번의 불로 파괴될 것이다. 그날의 구경거리는 얼마나 엄청날까! 아마도 천상으로 받아들여진 수많은 왕들이 암흑의 심연에서 신음하는 것을 보는 것은, 예수의 이름을 박해한 행정 장관들이 그리스도교도들에게 불붙인 것보다 더 무시무시한 불길 속에서 녹아 가는 것을 보는 것은, 현인들과 철학자들이 그들의 제자 앞에서 얼굴 붉히는 것을 보는 것은 …… 그리고 어느 때보다 지금 그들 자신의 비극에서 마구 지껄이는 비극 배우들을 보는 것은, 불 속에서 훨씬 더 유연한 선수들의 손과 발을 보는 것은, 그리고 불길에 휩싸인 바퀴에서 발갛게 타고 있는 전차 기사들을 보는 것은 얼마나 놀랍고, 웃음 나고, 즐겁고, 기쁜 일일까![56]

비정상적일 정도로 강렬한 그러한 상상은 정통파 신앙에 도움이 되지 않는다. 테르툴리아누스는 나이가 들면서 젊은 시절에 쾌락을 얻고자 애쓰던 활력이 이제 똑같이 믿음과 희망에 대한 위안 말고는 모든 위안을 격렬히 비난하는 것으로 바뀌었다. 그는 거친 용어로 여자를 "악마가 들어가는 문"이라고 불렀으며, 여자에게 "너희를 위해 예수 그리스도가 죽었다."라고 말했다.[57] 예전에는 철학을 사랑했고 스토아주의의 형이상학을 그리스도교에 적용한 『영혼에 관하여』와 같은 작품을 썼지만, 이제 그는 계시와 관계없는 모든 추론을 단념하고 자신의 신앙의 터무니없음에 기뻐했다. "하느님의 아들은 죽었다. 그것은 터무니없으므로 정확히 믿을 수 있다. 그는 묻혔고 부활했다. 그것은 불가능하므로 확실하다."[58] 까다로운 엄격주의에 빠진 58세의 테르툴리아누스는 정통파 교회로부터 지나치게 세속의 방식에 더럽혀졌다는 이유로 거부당했으며, 그리스도의 가르침을 더 철저하게 적용하기 위해 몬타누스주의를 받아들였다. 그는 병사, 예술가 또는 관리가 된 모든 그리스도교도를, 딸에게 베일을 씌우지 않은 모든 부모를, 그리고 회개한 죄수들을 교단에 복귀킨 모든 주교를 비난했다. 마지막으로 그는 교황을 "간음자들의 목자"라고 불렀다.[59]

테르툴리아누스의 이러한 행동에도 불구하고 교회는 아프리카에서 번성했다. 키프리아누스처럼 유능하고 헌신적인 주교들이 카르타고의 주교 관구를 거의 로마의 주교 관구만큼 부유하고 영향력 있게 만들었다. 이집트에서 교회의 성장은 더 느리게 진행되었으며, 초기 단계는 역사에서 자취를 찾아볼 수 없다. 돌연 2세기 말에 알렉산드리아에서 "문답(問答) 학교"가 등장해서 그리스도교를 그리스 철학과 맺어 주었으며, 두 명의 뛰어난 교부를 낳았다. 클레멘트와 오리게네스는 둘 다 이교 문학에 정통했으며, 자신들의 방식으로 그것을 좋아했다. 만약 그들의 정신이 확산되었더라면, 고전 문화와 그리스도교 사이에 파괴적인 단절이 덜했을 것이다.

오리게네스 아다만티우스가 열일곱 살이었을 때(202년) 아버지가 그리스도교도로 체포되어 사형에 처해졌다. 그는 아버지와 함께 감옥에서 순교하고 싶었다. 갖은 방법으로 아들의 뜻을 막는 데 실패한 어머니는 아들의 옷을 전부 숨겼다. 오리게네스는 아버지에게 격려의 편지를 보냈다. 그는 아버지에게 "우리를 위해 아버지의 생각을 바꾸지 마십시오."라고 말했다.[60] 아버지는 참수되었고, 오리게네스가 어머니와 여섯 명의 아이들을 돌보아야 했다. 그가 목격해 온 수많은 순교 덕에 신앙심이 한층 고무된 오리게네스는 금욕적인 생활을 몸에 익혔다. 그는 자주 단식하고, 맨땅 위에서 자고, 신발을 전혀 신지 않고, 추위에 노출되었다. 결국 마태오복음 19장 12절을 엄격히 해석한 그는 스스로 거세했다.* 203년에 그는 클레멘트의 뒤를 이어 문답 학교의 교장이 되었다. 비록 그가 열여덟 살에 불과했지만 그의 학식과 유창한 연설은 그리스도교도뿐 아니라 이교도까지 많은 학생들을 끌어들였다. 그의 명성은 그리스도교 세계 전역으로 확산되었다.

일부 고대인들은 그가 6000권의 책을 저술했다고 주장한다. 물론 많은 책이 짤막한 소책자였다. 심지어 히에로니무스마저도 "우리 중에 누가 그가 쓴 모든 책을 읽을 수 있을까?"라고 물었다.[62] 유년 시절의 암기를 통해 그의 정신의 일

---

* 기번은 "성서를 비유적 의미로 해석하는 것이 오리게네스에게는 흔한 일이었으므로, 단지 이 경우에만 그가 문자 그대로 해석해야 했다는 것은 불행해 보인다."라고 말한다.[61]

부가 되어 버린 성서에 대한 사랑으로 오리게네스는 20년의 세월을 보냈다. 그는 일단의 속기사와 필경사를 고용해 유사한 칼럼에서 구약 성서의 히브리어 원문, 원문에 대한 그리스어 음역(音譯), 그리고 원문에 대한 70인역 성서, 아퀼라, 심마쿠스, 그리고 테오도티온에 의한 그리스어 번역을 대조 확인했다. 그는 성서의 모든 책에 이따금 상당히 길게 주석을 덧붙였다.『제일(第一) 원리들』에서 오리게네스는 그리스도교 교리에 대해 최초로 정돈되고 철학적인 해설을 했다.『잡문집(雜文集)』에서 그는 이교도 철학자들의 저작으로부터 모든 그리스도교 교리를 입증하는 일에 착수했다. 그는 자신의 일을 가볍게 하기 위해 이교도 철학자들이 호메로스를 이성과 일치시킨, 그리고 필론이 유대교를 그리스 철학과 화해시킨 비유적인 방식을 사용했다. 오리게네스는 문자 그대로의 성서의 의미가 선택되고 교육받은 소수만이 이해할 수 있었던 두 개의 보다 깊은 의미, 즉 도덕적 의미와 정신적 의미를 덧씌웠다고 주장했다. 그는 창세기의 진실이 문자 그대로 이해되었다고 의심했다. 즉 그는 마음에 들지 않은 야훼와 이스라엘의 관계를 상징으로 잘 해명했다. 그리고 그는 사탄이 예수를 높은 산으로 데리고 가서 현세의 왕국을 제안했다는 이야기를 전설로 폐기했다.[63] 이따금 그는 성서의 이야기들이 어떤 영적인 진실을 전달하기 위해 날조되었다고 넌지시 말했다.[64] 그는 이렇게 물었다.

어떤 사리 분별 있는 사람이 첫째 날, 둘째 날, 셋째 날, 그리고 저녁과 아침이 해나 달이나 별 없이 존재했다고 생각하겠는가? 농부처럼 하느님이 에덴동산에 정원을 가꾸고 생명의 나무를 심고 …… 그래서 과일을 맛본 사람이 생명을 얻었다고 믿을 만큼 어리석은 사람이 있을까?[65]

오리게네스가 계속해서 말을 이어 나가는 것을 보면 그는 스토아주의자이자, 신피타고라스주의자이며, 플라톤주의자이자, 영지주의자임이 분명해진다. 그럼에도 불구하고 그는 그리스도교도가 되기로 결심한다. 신앙을 위해 수많은 책을 편집하고 자신의 남성성을 내팽개친 사람에게 신앙을 포기하라고 요구하는 것은 지나친 일일지도 모른다. 플로티노스처럼 그도 암모니우스 삭카스 밑에서 공부했는데, 이따금 그의 철학을 그들의 철학과 구분하기 어렵다. 오리게네스에게 하느님은 야훼가 아니라, 만물의 제일 원리이다. 그리스도는 신약 성서에서 묘사된 인간의 모습이 아니라 세상을 조직하는 말씀(로고스) 또는 이성이다. 그래서 그리스도는 하느님 아버지에 의해 창조되었고, 그에게 종속된다.[66] 플로티노스와 마찬가지로 오리게네스에게서도 영혼은 연속되는 단계와 체현을 통과해 육체로 들어간다. 그리고 죽은 뒤에 영혼은 비슷한 연속되는 과정을 통과해 하느님에게 도달한다. 가장 순수한 영혼마저도 잠시 연옥에서 고통을 겪을 것이다. 하지만 결국 모든 영혼은 구제될 것이다. "최후의 대화재" 이후에 또 하나의 세계가, 그리고 그 다음 또 하나의 세계가, 그리고 또 하나의 세계가 오랫동안 존속할 것이다. …… 각각의 세계는 앞선 세계를 능가할 것이다. 그리고 이렇게 연속되는 전체 과정을 통해 서서히 하느님의 구상이 실현될 것이다.[67]

알렉산드리아의 주교 데메트리오스가 자신의 교구에 광채를 더하고 황제들과 서신을 왕래해 오던 탁월한 철학자 오리게네스를 어느 정도 의심스럽게 바라보았다는 것은 전혀 이상할 게 없다. 그는 거세를 이유로 오리게네스를 사제직에 임명하기를 거부했다. 하지만 오리게네스가 근동을 여행하던 동안에 두 명의 팔레스타인 주교가 그를 임명했다. 데메트리오스는 자신의 권한이 침해당했다고 항의했다. 그는 자신의 성직자들로 구성된 회의를 소집했다. 회의에서는 오리게네스의 임명을 취소하고, 그를 알렉산드리아에서 추방했다. 오리게네스는 카이사레아로 이동해서 교사 일을 계속했다. 그곳에서 그는 그리스도교를 옹호하는 유명한 『켈수스를 논박함』을 썼다.(248년) 그는 켈수스의 주장이 갖는 힘을 인정했을 정도로 도량이 넓었다. 하지만 그는 난해하고 사실 같지 않은 그리스도교 교리에 비해 이교 신앙은 훨씬 더 믿을 수 없다고 응수했다. 그는 그리스도교와 이교가 둘 다 터무니없지는 않으며, 그리스도교 신앙이 사멸해 가는 우상 숭배의 신앙에서 비롯될 수 있는 것보다 더 고상한 생활 방식을 제공했다고 결론지었다.

250년에 데키우스 황제의 박해가 카이사레아에 이르렀다. 65세인 오리게네스는 체포되어 고문대에 눕혀졌고, 쇠사슬과 쇠 목줄이 채워졌으며, 여러 날 동안 투옥되었다. 하지만 데키우스가 먼저 죽었고, 오리게네스는 풀려났다. 그는 3년 더 살았다. 고문이 이미 끊임없는 금욕 생활로 허약해진 몸에 치명적인 손상을 초래했다. 그는 가르치는 일을 시작했을 때만큼 빈궁하게 죽었으며, 당대의 가장 유명한 그리스도교도였다. 그의 이단이 더 이상 소수 학자들만의 비밀이 아니었으므로, 교회는 그와의 관계를 끊는 것이 필요하다고 생각했다. 아나스타시우스 교황은 400년에 그의 "신성 모독적인 견해"를 비난했으며, 553년에 콘스탄티노플 공의회는 그에게 파문을 선언했다. 그럼에도 불구하고 거의 모든 후기 그리스도교 학자들은 수 세기 동안 그에게서 배웠으며, 그의 저작에 의존했다. 그리고 그의 그리스도교 옹호는 어떠한 "변증"도 이전에는 행해지지 않았으므로 이교도 사상가들에게 깊은 인상을 심어 주었다. 그와 더불어 그리스도교는 단지 위안만을 주는 신앙에서 벗어나, 성서로 뒷받침되었지만 당당하게 이성에 의존하는 성숙한 철학이 되었다.

5. 권위의 조직

교회는 오리게네스를 비난한 것에 대해 용서를 받았을 것이다. 즉 그의 비유적 해석의 원리는 무엇이든 입증 가능하도록 했을 뿐 아니라, 일거에 성서의 이야기와 그리스도의 현세의 삶을 없애 버렸다. 그리고 교회는 신앙을 옹호하도록 제안하는 동안에 개별적인 판단을 복원했다. 당국의 강력한 적대 행위에 직면한 교회는 통일의 필요성을 느꼈다. 교회는 도처에서 불어오는 지성의 바람에 의해, 그리고 불충한 이단자와 무아지경의 예언자 또는 뛰어난 신자들에 의해 수많은 허약한 부분으로 쪼개어지도록 내버려둘 수 없었다. 켈수스는 그리스도교도들이 "줄곧 수많은 파벌과 자신의 파벌을 갖고자 갈망하는 각각의 개인으로 쪼개졌다."라고 빈정대며 말했다.[68] 187년경에 이레나이우스는 스무 개의 서로 다른 그리스도교를, 그리고 384년경에 에피파니우스는 여든 개를 열거했다. 매 순간 외국의 사상이 그리스도교 신앙에 몰래 다가가고 있었으며, 그리스도교 신자들은 새로운 종파로 전향하고 있었다. 교회는 실험적인 초기가 끝나 가고 성숙기가 가까워지고 있다는 것을 느꼈다. 이제 교회는 용어를 정의하고 회원 자격을 선언해야 한다. 세 가지 어려운 단계, 즉 성서 경전의 성립, 교리의 확정, 권위의 조직이 필요했다.

2세기에 그리스도교 문학은 복음서, 서간, 묵시록, 그리고 "행전(行傳)"에 많이 있었다. 그리스도교도는 이것들을 그리스도교 신앙의 권위적인 표현으로 받아들이거나 거부하는 데서 현저하게 달랐다. 서방 교회들은 요한 계시록을 받아들였지만 동방 교회들은 대체로 거부했다. 동방 교회들은 히브리인을 통해 복음과 야고보의 서간을 받아들였지만, 서방 교회들은 그것들을 포기했다. 알렉산드리아의 클레멘트는 1세기 후반의 작품 『열두 사도의 가르침』을 경전으로 인용한다. 마르키온의 신약 성서 간행은 교회의 역할을 강제했다. 현재의 신약 성서가 언제 정전(正典)으로, 즉 신뢰할 수 있고 계시를 받은 것으로 결정되었는지는 알 수 없다. 1740년에 무라토리에 의해 발견되고 그의 이름을 따서 명명된, 그리고 대체로 180년경으로 추정되는 라틴어 단편을 통해 그 무렵에 정전이 결정되었다고 말할 수 있을 뿐이다.

교회 회의는 2세기에 점점 더 자주 열렸다. 3세기에 교회 회의는 주교들로 제한되었으며, 3세기 말경에는 "보편적인" 그리스도교 신앙의 최후 중재자로 인정되었다. 동방 정교는 논쟁을 완화하고 의심을 가라앉힐 수 있는 분명한 신앙에 대한 욕구를 충족시켜 주었고 교회의 지원을 받았으므로 이단을 이기고 살아남았다.

조직의 문제는 조직력의 중심을 결정하는 데 있었다. 예루살렘의 모(母)교회가 약화되고 나서 다른 공동체에 의해 설립되거나 보호받지 않았다면, 개개의 회중들이 독립적인 권위를 행사한 것처럼 보인다. 하지만 로마 교회는 베드로에 의해 설립되었다고 주장했으며, 예수의 말을 인용하면서 "너는 베드로다. 내가 이 반석 위에 내 교회를 세울 것이니, 지옥의 문이 교회에 승리하지 못할 것이다. 내가 하느님 나라의 열쇠를 네게 줄 것이니, 네가 땅에서 무엇이든지 매면 하늘에서도 매일 것이요, 네가 땅에서 무엇이든지 풀면 하늘에서도 풀릴 것이다."라고 말했다.[69] 이 구절은 삽입된 것으로, 그리고 셰익스피어만이 감히 하곤 했던 말장난으로 의심되었다. 하지만 만약 그가 로마에 그리스도교 교회를 세우지 않았다면, 베드로가 로마 교회에 설교하고 주교를 임명했을 가능성은 남는다.[70] 이레나이우스는(187년) 베드로가 "리노스의 손에 주교직을 위임했다."라고 썼고, 테르툴리아누스는(200년) 이러한 전승을 확인했다. 그리고 로마의 강력한 경쟁자인 카르타고의 주교 키프리아누스는(252년) 전체 그리스도교도에게 로마 주교 관구의 최고권을 받아들이도록 촉구했다.[71]

가장 일찍 "베드로의 옥좌", 즉 교황의 자리를 차지한 사람들은 역사에 전혀 흔적을 남기지 않았다. 세 번째 교황* 클레멘트는 96년경 코린트 교회에 현존하는 서간을 쓴 것으로 주목을 끈다. 이 서간에서 클레멘트는 교회 신자들에게 조화와 질서를 유지할 것을 호소했다.[72] 베드로가 사망한 지 불과 한 세대가 지나 코린트에서 로마의 주교가 멀리 떨어져 있는 회중의 그리스도교도들에게 권위를 갖고 말한다. 다른 주교들은 베드로의 정통 계승자로서 로마 주교의 "최고권"을 인정하면서도 그들 자신의 결정을 억누르려는 그의 권한에 번번이 도전했다. 동방 교회들은 유대력의 니산(Nisan)월(月) 14일째에, 요일과 상관없이 부활절을 기념했다. 서방 교회들은 부활절 축제를 다음에 오는 주일로 연기했다. 156년경에 로마를 방문한 스미르나의 주교 폴리카르푸스는 로마의 주교 아니케투스에게 동방의 날짜를 서방에서 지켜주도록 설득했지만 실패했다. 그리고 스미르나로 돌아와 동방의 교회가 서방의 날짜를 받아들여야 한다는 교황의 제안을 거부했다. 교황 빅토르는(190년) 아니케투

---

* 아버지를 뜻하는 "파파(papa)"라는 용어는 영어로 교황을 뜻하는 "pope"가 되었으며, 처음 3세기 동안 모든 그리스도교 주교에게 적용되었다.

스의 요청을 명령으로 바꾸어 말했다. 팔레스티나의 주교들은 복종했지만, 소아시아의 주교들은 거부했다. 빅토르는 그리스도교 회중에게 반항하는 교회는 파문하겠다는 서한을 보냈다. 수많은 주교들, 심지어 서방의 주교들마저 그렇게 가혹한 조처에 항의했으며, 빅토르는 분명히 강요하지 않았다.

빅토르를 계승한 제피리누스는(202~218년) "단순하고 교육을 받지 못한 사람"이었다.[73] 확대해 가는 로마의 주교직 관리를 돕기 위해 제피리누스는 부주교직에 도덕성보다는 지능이 덜 의심스러운 사람을 임명했다. 적대자들이 전하는 말에 따르면 칼리스투스는 노예로 시작해서 은행업자가 되었고, 그에게 맡겨진 자금을 횡령했으며, 중노동의 형을 선고받았다. 그리고 석방되어 유대교 회당에서 폭동을 일으켰고, 사르디니아의 광산에서 일하는 형을 선고받았으며, 자신의 이름을 사면받는 죄수들의 목록에 몰래 끼워 넣어 도망했고, 그 다음 고통스러운 평화 속에서 안티움에서 10년 동안 살았다. 제피리누스가 교황청 묘지의 관리를 맡겼을 때, 그는 아피아 가도에 자신의 이름을 가진 지하 묘지에 교황청 묘지를 옮겼다. 제피리누스가 죽고 칼리스투스가 교황으로 선출되었을 때, 히폴리토스와 다른 몇몇 사제들이 그를 부적격자로 비난했으며, 경쟁적인 교회와 교황직을 창설했다.(218년) 교리의 차이가 분열을 두드러지게 했다. 즉 칼리스투스는 세례 이후에 죽을죄(간음, 살인, 배교)를 저지르고 회개하는 사람들을 교회가 다시 허용해야 한다고 생각했다. 히폴리토스는 특별히 회개에 주목하면서 그러한 관대함이 파멸을 초래한다고 생각했으며, 『모든 이단에 대한 반론』을 썼다. 칼리스투스는 히폴리토스를 파문하고 로마 교회를 능숙하게 관리했으며, 전체 그리스도교 세계에 로마 주교 관구의 최고 권위를 강력하게 주장했다.

히폴리토스의 분열은 235년에 종료되었다. 하지만 코르넬리우스 교황 치세에(251~253년) 그의 이단이 두 명의 사제인 카르타고의 노바티스와 로마의 노바티아누스를 통해 부활했다. 그들은 세례 후 죄인들을 무자비하게 배제하는 종파 분립교회를 설립했다. 키프리아누스 지배하의 카르타고 교회 회의와 코르넬리우스 지배하의 로마 교회 회의는 두 집단 모두를 파문했다. 코르넬리우스의 지지에 대한 키프리아누스의 호소는 교황직을 강화시켰다. 하지만 교황 스테파노 1세가(254~257년) 이단 종파로부터 개종한 자들은 다시 세례를 받을 필요가 없다고 규정했을 때, 키프리아누스는 아프리카 주교들로 이루어진 교회 회의를 이끌어 교황의 규정을 거부했다. 제2의 카토처럼 스테파노는 교회의 포에니 전쟁에서 그들을 파문했다. 그가 시기적절하게 일찍 죽음으로써 불화는 사라지고 강력한 아프리카 교회의 분리가 저지되었다.

무리수와 좌절에도 불구하고 로마 주교 관구는 거의 10년마다 영향력을 증가시켰다. 부(富)와 그리스도교회 전체를 대표하는 자선 행위가 로마 주교 관구의 위신을 높였다. 그리스도교 세계는 모든 중요한 문제에 대해 로마 주교 관구의 조언을 구했다. 로마 주교 관구는 이단을 부정하고 이단과 싸우는 데, 그리고 성서의 정전을 정의하는 데 주도권을 잡았다. 로마 주교 관구에는 학자가 부족했으며, 테르툴리아누스, 오리게네스, 키프리아누스와 같은 사람을 자랑할 수 없었다. 로마 주교 관구는 이론보다는 오히려 조직에 유의했다. 그리고 건설하고 통치했으며, 다른 사람들에게 쓰고 말하게 했다. 키프리아누스는 반발했다. 하지만 『가톨릭교회의 통일에 관하여』에서 베드로의 주교 관구를 그리스도교 세계의 중심이자 정상으로 인정하고, 가톨릭교회의 본질이자 중심인 결속, 일치, 지속성의 원리를 세상에 선언한 사람은 다름 아닌 키프리아누스였다.[74] 3세기 중반 즈음에 교황직의 지위와 부가 너무 강력해서 데키우스 황제는 교황보다는 차라리 로마에서 경쟁자 황제를 갖고 싶다고 단언했다.[75] 제국의 수도가 자연스럽게 교회의 수도가 되었다.

유대가 그리스도교에 윤리를 부여하고 그리스가 그리스도교에 신학을 부여한 것처럼 이제 로마는 그리스도교에 조직을 부여했다. 이 모든 것이 흡수되고 경쟁하는 다수의 신앙과 함께 그리스도교에 통합되었다. 그것은 교회가 단순히 그리스도교 이전 로마에서 흔히 볼 수 있는 일부 종교적 관습과 형식을 이어받았다는 의미는 아니다. 여기에서 말하는 종교적 관습과 형식에는 이교도 성직자의 스톨(stole, 어깨에 걸쳐 무릎까지 떨어뜨린 성직자의 예복 – 옮긴이)과 그 밖의 예복, 정화 의식 때 사용하는 향과 성수, 제단 앞에서 타고 있는 양초와 영구적으로 계속 타오르는 불꽃, 성인의 숭배, 바실리카의 건축, 교회법의 기초로서 로마법, 교황을 대신한 대(大)신관의 칭호, 그리고 4세기에 가톨릭 전례의 장엄하고 영속적인 수단으로서의 라틴어가 있다. 로마의 선물은 무엇보다도 거대한 통치 조직이었으며, 이것은 세속의 권위가 쇠퇴하면서 교회 지배의 구조가 되었다. 머지않아 로마의 행정 장관보다는 오히려 주교들이 도시에서 질서의 출처이자 권력의 본거지가 될 것이다. 그리고 대주교들이 속주 총독들을 밀어내고 대신한 것은 아니라 하더라도 그들을 지원할 것이다. 게다가 주교들의 회의체가 속주 협의회를 계승할 것이다. 로마 교회는 로마 국가의 뒤를 따랐다. 그리고 로마 교회는 속주를 정복하고 수도를 장식했으며, 국경 지역 전체의 규율과 통일성을 확립했다. 로마는 교회를 탄생시키고 사멸했다. 그리고 교회는 로마의 책무를 상속하고 받아들임으로써 성장해 갔다.

29장

제국의 붕괴
서기 193~305

1. 셈족 왕조

193년 1월 1일 콤모두스가 암살되고 몇 시간이 지나 원로원은 행복해 어쩔 줄 몰라 했으며, 가장 존경받는 동료 의원들 중 한 명을 황제로 선출했다. 시 행정 장관으로서의 통치 경험만을 갖고 있던 그는 안토니누스 황실의 훌륭한 전통을 지속시켰다. 페르티낙스는 추락이 곧바로 치명적인 상처가 될 황제로 서의 고귀한 명예를 마지못해 받아들였다. 헤로디아누스의 말에 따르면[1] 그는 "스스로 보통 사람처럼 처신했고", 철학자들의 강연에 참석했으며, 문학을 권장했고, 국고를 가득 채웠으며, 세금을 감면했다. 그리고 콤모두스가 황궁을 가득 채운 금과 은, 자수 제품과 비단옷과 훌륭한 노예들을 경매에 붙였다. 디오 카시우스의 말처럼 "사실 그는 훌륭한 황제에게 요구되는 모든 것을 했다."[2] 페르티낙스의 절약으로 부수입을 잃게 된 해방 노예들이 규율 회복을 마땅치 않게 여기는 친위대와 공모했다. 3월 28일 300명의 병사들이 궁정으로 돌진해 페르티낙스를 살해했으며, 그의 머리를 창에 꿰어 막사로 가져갔다. 대중들과 원로원은 숨어서 애도했다.

친위대 지휘관들은 그들에게 가장 많은 기증을 제안하는 로마인에게 황제의 자리를 내어 주겠다고 선언했다. 디디우스 율리아누스가 아내와 딸의 권유로 식사를 중단하고 옥좌를 차지하기 위한 입찰 경쟁에 뛰어들었다. 그는 친위대의 막사에서 옥좌에 대한 보답으로 각 병사에게 5000드라크마(3000달러)를 제공하겠다는 경쟁자를 발견했다. 친위대의 대리인들이 두 명의 대부호 사이를 옮겨 다니며 입찰 가격을 높여 가고 있었다. 친위대는 각 병사에게 6250드라크마를 약속한 율리아누스를 황제로 선언했다.

이렇게 무례한 방식으로 황제의 자리를 차지한 것에 분노한 로마 대중은 브리타니아, 시리아, 판노니아의 군단에 율리아누스를 폐위해 줄 것을 호소했다. 기증에서 배제된 것에 분노한 군단들이 그들 각자의 장군을 황제로 칭하며 로마로 진군했다. 판노니아 사령관인 루키우스 셉티미우스 세베루스 게타가 대담함과 기민함, 그리고 매수(買收)로 원수(元首)의 지위를 차지했다. 그는 자신이 황제의 지위를 차지하면 각 병사에게 1만 2000드라크마를 주겠다고 약속했다. 그리고 병사들을 이끌고 한 달 동안 다뉴브 강으로부터 로마에서 70마일 이내까지 진격했다. 그는 자신을 저지하기 위해 파견된 병력을 자기편으로 끌어들였으며, 지휘관들을 인도하면 사면해 주겠다는 약속으로 친위대를 제압했다. 그는 전례 없이 병사들을 완전 무장시킨 채 수도에 입성했지만, 자신은 민간인 복장을 함으로써 전통과 타협했다. 호민관이 궁전에서 눈물을 흘리며 공포에 떨고 있는 율리아누스를 발견하고 욕실로 데려가 목 졸라 죽였다.(193년 6월 2일)

셉티미우스는 당시 가장 유능한 그리스도교 옹호자들을 배출해 내던 아프리카에서 태어나(146년) 조기 교육을 받았다. 그는 카르타고어를 말하는 페니키아인 가문에서 자랐고 아테네에서 문학과 철학을 공부했으며 로마에서 변호사 개업을 했다. 셈족의 라틴어 억양에도 불구하고 셉티미우스는 당대에 최상의 교육을 받은 로마인 중 한 명이었으며, 시인과 철학자들과 함께 어울리는 것을 좋아했다. 하지만 그는 철학 때문에 자신의 전쟁이 방해받지 않도록 또는 시(詩) 때문에 자신의 기질이 나약해지지 않도록 했다. 그는 이목구비가 반듯했고, 체격이 강건했으며, 소박한 옷을 입었고, 고통을 겪는 중에도 강인했다. 게다가 그는 전략이 치밀했고, 전투 중에 겁이 없었으며, 승리를 거두었을 때는 무자비했다. 그는 기지로 대화했고, 통찰력으로 판단했으며, 거리낌 없이 거짓말했고, 명예 이상으로 돈을 사랑했으며, 잔혹하고 유능하게 통치했다.[3]

원로원은 셉티미우스의 경쟁자인 알비누스를 지지하는 실수를 저질렀다. 셉티미우스는 원로원에 자신의 제위 계승을 승인하도록 설득했다. 그 다음 다수의 원로원 의원을 처형했으며, 너무 많은 귀족의 농장을 몰수한 나머지 이탈리아 반도의 절반을 소유하는 지주가 되었다. 대량 학살된 원로원은 황제가 임명한 새로운 구성원으로 충원되었다. 이들은 주로 군주정을 지지하는 동방에서 왔다. 당대의 가장 위대한 법학자인 파피니아누스와 파울루스, 그리고 울피아누스는 절대 권력을 옹호하는 주장들을 한데 모았다. 셉티미우스는 지시 내릴 때를 제외하고는 원로원을 무시했다. 그리고 여러 기금을 완전히 장악했고, 노골적으로 군대를 기반으로 통치했으며, 원수정(元首政)을 세습적인 군사 군주정으로 만들었다. 군대는 규모가 확대되었고, 병사들의 급료가 올라 국고를 고갈시키는 부담이 되었다. 병역은 의무였지만, 이탈리아 주민들은 병역을 면제받았다. 이제부터는 통치할 불굴의 용기를 잃어버린 로마 군단을 대신해 속주 군단들이 황제를 선출할 것이다.

실질적인 전사인 셉티미우스는 점성술을 믿었고, 전조(前兆)와 꿈의 해석에 탁월한 능력을 발휘했다. 제위를 계승하기 6년 전에 첫 번째 아내가 죽었을 때, 그는 별점에서 황후의 자리를 약속받은 부유한 시리아 여성에게 구혼했다. 율리아 돔나는 에메사에서 태양신 엘라가발의 부유한 신관의 딸이었다. 훨씬 전 그곳에 운석이 떨어져 화려한 신전에 안치되었는데, 이 운석은 화신(化身)은 아니라 하더라도 엘라가발 신의 상징으로 숭배되었다. 율리아는 셉티미우스에게 두 명의 아들 카라칼라와 게타를 낳아 주었으며, 약속받은 황후의 자리에 올랐다. 그녀는 너무 아름다워서 한 명의 남편에게만 만족할 수 없었다. 하지만 셉티미우스는 질투할 시간도 없을 정도로 바빴다. 그녀는 자신의 주위에 문필가들을 모여들게 했고, 미술을 후원했으며, 필로스트라투스에게 티아나의 아폴로니오스의 생애를 쓰고 장식하도록 설득했다. 그녀의 강인한 기질과 영향력은 엘라가발루스 치하에서 도덕적으로, 그리고 디오클레티아누스 치하에서 정치적으로 정점에 도달한 동방적 군주정을 촉진했다.

셉티미우스는 18년간의 재위 기간 중에 12년을 전쟁에 소모했다. 그는 전투 중에 신속하고 잔인하게 경쟁자들을 살해했다. 그리고 4년의 포위 공격 후에 비잔티움을 철저히 파괴했으며, 그로 인해 밀려들어 오는 고트족을 막아 낼 방벽이 낮아졌다. 셉티미우스는 파르티아를 침략했고, 크테시폰을 점령했으며, 메소포타미아를 병합했고, 더욱이 아르사크 왕조의 몰락을 앞당겼다. 노년에 통풍으로 고통받았지만 5년의 평화 동안 줄곧 자신의 군대가 질적으로 저하되지 않도록 노심초사하던 셉티미우스는 원정군을 이끌고 칼레도니아로 갔다. 스코트족에 맞서 막대한 희생을 치르고 승리한 후에 브리타니아로 철수한 뒤 요크로 퇴각해 죽었다.(211년) 그는 "나는 모든 것을 가졌지만, 아무 쓸모가 없다."라고 말했다.[4] 헤로디아누스의 말에 따르면 카라칼라는 "아버지의 죽음이 너무 질질 끌고 있다고 짜증을 냈다. …… 그리고 의사들에게 가능한 모든 수단을 동원해 아버지를 죽이도록 간청했다."[5] 셉티미우스는 아우렐리우스가 제국을 콤모두스에게 양도했다는 이유로 비난했다. 이제 그가 제국을 카라칼라와 게타에게 유증하면서 냉소적으로 "너희 병사들을 부유하게 하라. 그 밖의 다른 일로 고민하지 마라." 하고 조언했다.[6] 그는 80년의 기간 동안 자연사한 마지막 황제였다.

콤모두스처럼 카라칼라도* 한 인간에게 부여된 활력이 자신의 생애와 자손 모두에게서 좀처럼 발휘되지 않는다는 사실을 입증하려 한 것처럼 보인다. 소년기에 그는 매력적이고 순종적이었지만 성년기에는 사냥과 전쟁에 푹 빠진 이방인이 되었다. 그는 멧돼지를 포획했고, 한 손으로 사자와 싸웠으며, 궁전에서 항상 사자들을 가까이에 두었다. 그리고 가끔씩 사자와 식사를 같이하고 잠자리마저 함께했다.[7] 그는 특히 검투사를 비롯해 병사들과 어울리는 것을 즐겼으며, 동료들을 위해 음식과 술을 준비하는 동안 원로원 의원들을 대기실에서 기다리다 못해 지치게 하곤 했다. 황제의 권력을 동생과 나누는 것을 마음 내켜 하지 않은 카라칼라는 212년에 게타를 암살하게 했다. 젊은 게타는 어머니의 팔에 안겨 참살되었으며, 자신의 피로 어머니의 옷을 흠뻑 적셨다. 카라칼라는 2만 명의 게타 추종자와 수많은 시민, 그리고 간통으로 고발당한 네 명의 베스타 신전 신녀들에게 사형을 선고했다고 전해진다.[8] 군대가 게타의 살해에 투덜대자, 카라칼라는 셉티미우스가 모든 기금을 끌어모은 총액에 상당하는 기증으로 군대의 입을 다물게 했다. 그는 기사 집단과 귀족에 맞서 병사와 빈민의 편을 들었다. 아마도 디오 카시우스를 통해 전해진 그에 관한 이야기는 원로원 의원의 복수였을 것이다. 더 많은 세입을 거둬들이기를 열망한 카라칼라는 상속세를 두 배인 10퍼센트까지 올렸다. 그리고 상속세가 로마 시민에게만 적용된다는 점에 주목하고 로마 시민권을 제국의 모든 자유민 성인 남성에게로 확대했다.(212년) 그들이 시민권을 획득한 시기는 정확히 시민권의 의무를 최대화하고 권한을 최소화하던 때였다. 그는 로마를 장식하면서 지금도 서 있는 셉티미우스 세베루스 개선문과 거대한 유적을 통해 고대의 장엄함을 엿볼 수 있는 공중 목욕장을 추가했다. 하지만 카라칼라는 민간 통치를 주로 어머니에게 맡기고 자신은 전투에 몰두했다.

카라칼라는 어머니인 율리아 돔나를 청원서 담당과 서신 담당 비서로 만들

---

*그는 자신이 입고 지내던 기다란 갈리아 튜닉 때문에 스스로를 그렇게 불렀다. 그의 진짜 이름은 바시아니우스였다. 황제로서 그는 자신을 마르쿠스 아우렐리우스 안토니누스 카라칼라로 불렀다.

었다. 그녀는 고위 인사나 외국 고관을 맞이할 때 카라칼라와 함께하기도 하고 대신하기도 했다. 그녀가 근친상간으로 카라칼라를 조종했다는 소문이 퍼졌다. 알렉산드리아의 현자들이 그녀와 그의 관계를 요카스타와 오이디푸스의 관계로 간주함으로써 카라칼라를 미치게 했다. 부분적으로는 이러한 모욕에 대한 복수로, 부분적으로는 그가 파르티아와 싸우는 동안 이집트가 반란을 일으킬지도 모른다는 두려움 때문에 카라칼라는 알렉산드리아 시를 방문했고, 무기를 휴대할 수 있는 모든 알렉산드리아인을 학살하도록 지시했음에 틀림없다.[9]

그럼에도 불구하고 카라칼라에게 알렉산드리아의 건설자인 알렉산드로스는 본보기이자 선망의 대상이었다. 카라칼라는 1만 6000명의 병력을 이른바 "알렉산드로스의 방진(方陣)"으로 조직해 고대 마케도니아의 무기로 무장시켰으며, 알렉산드로스가 페르시아를 정복한 것처럼 파르티아를 정복하는 꿈을 꾸었다. 그는 훌륭한 군인이 되기 위해서 노력했다. 자신의 군대와 음식, 노고, 그리고 행군을 함께했고, 군대를 도와 도랑을 파고 다리를 건설했으며, 교전 중에 용감하게 행동했고, 적군과 종종 일대일로 싸웠다. 하지만 카라칼라만큼 그의 부하들이 파르티아 전투를 열망하지는 않았다. 그들은 전투보다 전리품을 더 열렬히 원했다. 그리고 크라수스가 패배했던 카라이에서 그들은 카라칼라를 칼로 찔러 죽였다.(217년) 친위대장 마크리누스가 스스로를 황제로 선언했으며, 주저하는 원로원에게 카라칼라를 신으로 만들도록 명령했다. 안티오크로 추방된 지 6년이 지나지 않아 제국과 남편과 아들들을 잃은 율리아 돔나는 식사를 거부하다가 죽었다.[10]

율리아 돔나에게는 그녀 자신만큼 유능한 여동생 율리아 마이사가 있었다. 에메사로 돌아온 제2의 율리아는 그곳에서 두 명의 전도유망한 손자를 발견했다. 한 명은 그녀의 딸인 율리아 소아이미아스가 낳은 바알 신의 어린 사제, 바리우스 아비투스였다. 그는 엘라가발루스, 즉 "창조적인 신"이 될 것이다.* 다

---

* 라틴 작가들에 의해 헬리오가발루스, 즉 "태양신"으로 잘못 변형되었다.

른 한 명은 마이사의 딸인 율리아 마마이아가 낳은 열 살의 사내아이로 알렉시아누스로 불렸다. 그는 알렉산드로스 세베루스가 될 것이다. 비록 바리우스가 바리우스 마르켈루스의 아들이었다고는 하지만, 마이사는 그가 카라칼라의 친아들이라는 소문을 퍼뜨렸으며 그에게 바시아누스라는 이름을 주었다. 제국은 마이사의 딸의 평판에 상당하는 가치가 있었으며, 마르켈루스는 죽었다. 시리아의 로마 병사들은 이미 반쯤 시리아의 제례를 따르고 있었으며, 열네 살의 사제에게 경건한 존경심을 느꼈다. 더욱이 마이사는 만약 엘라가발루스를 황제로 만들어 준다면, 그들에게 상당한 액수를 기증하겠다고 제안했다. 병사들은 확신에 찼고, 마이사의 제안에 동의했다. 마이사가 제공한 금은 마크리누스가 파견한 군대를 그녀의 대의 안으로 끌어들이기에 충분했다. 마크리누스가 엄청난 병력을 거느리고 나타났을 때, 시리아 용병들은 동요했다. 하지만 마이사와 소아이미아스가 전차로 뛰어올라 나약해진 군대를 승리로 이끌었다. 시리아의 남자들은 여자들 같았고, 여자들이 남자들 같았다.

219년 봄에 엘라가발루스는 금으로 수놓아진 자줏빛 비단옷을 입고 로마에 입성했다. 뺨은 선홍색으로 물들여져 있었고, 눈은 일부러 꾸며 밝게 빛났으며, 팔에는 값비싼 팔찌를 찼고, 목둘레에는 진주 목걸이를 찼다. 그리고 예쁘장한 머리에는 보석으로 장식한 관을 쓰고 있었다. 그의 옆에서 할머니와 어머니가 호사스럽게 말을 타고 지나갔다. 원로원에 처음 모습을 드러낸 그는, 어머니가 자신의 옆에 앉아 토의에 참석할 수 있게 해 달라고 요구했다. 소아이미아스는 물러날 때를 알 만한 정도의 분별력은 있었으며, 하드리아누스의 사비나가 창설하고 여성용 옷, 보석류, 서열, 그리고 예법의 문제를 다루던 여자들의 작은 원로원을 주재하는 것에 만족했다. 할머니인 마이사에게는 국가를 통치하는 일이 맡겨졌다.

어린 황제인 엘라가발루스에게는 어느 정도 매력적인 요소가 있었다. 그는 마크리누스의 지지자들에게 어떠한 보복도 가하지 않았다. 그는 음악을 사랑했고, 노래를 잘 불렀으며, 피리와 오르간과 뿔피리를 연주했다. 제국을 통치하기에는 너무 어렸던 엘라가발루스는 허락을 받아서만 제국을 통치할 수 있었다. 그에게는 바알이 아닌 쾌락이 신이었고, 성별과 형태를 가리지 않고 쾌락을 숭배하기로 결심했다. 그는 모든 계층의 자유민을 궁전에 초대했다. 이따금 그들과 먹고 마시고 즐겁게 떠들며 놀곤 했다. 그는 자주 그들에게 가구가 비치된 집에서 한 움큼의 파리에 이르기까지 복권 상품을 나누어 주곤 했다. 그는 손님에게 장난치는 것을 좋아했다. 즉 이내 터지도록 준비된 부푼 방석 위에 손님을 앉게 했다. 게다가 포도주로 손님을 멍하게 만들고는 해치지 않는 표범과 곰, 그리고 사자에 둘러싸여 있는 손님을 깨우게 했다. 람프리디우스는 엘라가발루스가 친구들을 위한 연회에 10만 세스테르티우스(1만 달러)(그리고 가끔 300만 세스테르티우스)보다 적게 지출한 적은 결코 없었다고 말했다. 엘라가발루스는 금 조각에 완두콩을, 줄무늬 마노에 편두(扁豆)를, 진주에 쌀을, 호박(琥珀)에 콩을 섞곤 했다. 그리고 그는 경품으로 말이나 전차 또는 환관을 증정하곤 했다. 종종 그는 손님 각각에게 저녁 식사에 사용한 은 쟁반과 술잔을 집에 가져가게 했다. 자신은 최고의 것만을 갖곤 했다. 수영장의 물은 장미 향수의 향기로 가득 찼으며, 욕실 시설은 줄무늬 마노나 금으로 만들어졌다. 그가 먹는 음식은 값비싼 진품이었음에 틀림없으며 옷은 왕관에서 신발까지 보석 장식이 박혀 있었다. 소문에 따르면 그는 결코 똑같은 반지를 두 번 낀 적이 없었다고 한다. 그가 여행에 나설 때면 짐과 매춘부를 나르는 데 600대의 전차가 필요했다. 점쟁이에게서 고통스럽게 죽을 것이라는 말을 들은 엘라가발루스는 경우에 따라 어울리는 자살 방법, 즉 자줏빛 비단 끈, 금으로 만든 칼, 사파이어나 에메랄드에 넣어진 독을 준비했다.[11] 그는 화장실에서 살해되었다.

아마도 원로원의 적대자들이 이러한 이야기 중 일부를 날조하거나 과장했던 것 같다. 분명히 그에 관한 성적 타락의 이야기는 믿을 수 없을 정도이다. 어쨌든 그는 자신의 정욕을 경건함의 향기로 가득 채웠으며, 로마인들 사이에 시리아의 바알 신 숭배를 확산하려고 계획했다. 그는 스스로 할례를 했으며, 바알 신에게 경의를 표하기 위해 스스로 거세하려고 생각했다. 그는 에메사에서 엘라가발 신의 상징으로 숭배하던 원뿔 모양의 검은 돌을 가져왔다. 그리고 그것을 넣어두기 위해 화려한 신전을 건립했다. 보석으로 표면이 장식된 검은 돌은 여섯 마리의 흰 말이 끄는 전차에 실려 신전으로 옮겨졌다. 그 사이에 어린 황제는 말문이 막힌 채 숭배하는 검은 돌 앞에서 뒷걸음쳤다. 그는 기꺼이 다른 모든 종교를 인정하려 했다. 그는 유대교를 보호했고, 그리스도교를 합법화하겠다고 제안했다. 단지 그는 뛰어난 충성심으로 자신의 검은 돌이 신들 중에 가장 위대하다고 주장했을 뿐이다.[12]

불륜에 정신을 빼앗긴 엘라가발루스의 어머니는 호색적인 광대극을 관대하게 바라보았다. 하지만 딸의 행동을 통제하는 데 실패한 율리아 마이사는 이러한 주목할 만한 시리아 여성들의 왕조를 무너뜨릴 수도 있는 대재앙을 미연에 방지하기로 결심했다. 그녀는 엘라가발루스에게 사촌인 알렉산드로스를 후계자이자 부황제로 받아들이도록 설득했다. 그녀와 마마이아는 어린 알렉산드로스를 황제의 직무를 수행할 수 있도록 훈련시켰으며, 온갖 책략을 동원해 원로원과 대중으로 하여금 알렉산드로스를 사제 호색가에 대한 바람직한 대안으로 간주하도록 유도했다. 당시 로마는 사제 호색가인 엘라가발루스가 유피테르를 시리아의 바알 신에게 종속시킨 것에 분노하고 있었다. 소아이미아스는 음모를 알아채고서 친위대에게 자신의 여동생과 조카에 맞서 싸우도록 선동했다. 마이사와 마마이아는 더 많은 논거를 제시했다. 친위대는 엘라가발루스와 그의 어머니를 살해한 뒤에 그의 시신을 거리 구석구석과 원형 경기장 주위로 질질 끌고 다니다가 테베레 강에 내던졌다. 친위대가 알렉산드로스를 황제로 선언하고 원로원이 승인했다.(222년)

전임 황제인 엘라가발루스처럼 마르쿠스 아우렐리우스 세베루스 알렉산드로스도 열네 살의 나이에 제위에 올랐다. 어머니는 헌신적으로 그의 신체와 정신을 훈련시켰다. 그는 일과 운동으로 체력을 강화했고, 매일 한 시간 동안 차가운 작은 못에서 헤엄쳤으며, 매 식사 전에 1파인트(0.47리터)의 물을 마셨고, 가장 간소하게 식사했다. 그는 키 크고 힘이 세고 잘생긴 청년으로 자랐으며,

모든 운동과 병법에 능숙했다. 그는 그리스와 라틴 문학을 공부했고, 마마이아의 강요에 못 이겨 그리스와 라틴 문학에 대한 사랑을 완화했을 뿐이다. 마마이아는 다른 사람들에게 문화의 품위를 양도하고 세계 국가를 조직해 평화롭게 통치하도록 스스로 단련할 것을 로마인들에게 요구하던 베르길리우스의 시를 그에게 인용했다. 그는 "탁월한 솜씨로" 그림을 그리고 노래를 불렀으며, 오르간과 리라를 연주했다. 하지만 자신의 가족 말고는 어느 누구도 이러한 연주를 보지 못하게 했다. 그는 수수하게 옷을 입고 행동했으며, "절제해 가며 사랑을 즐겼으므로 남색의 상대가 된 미소년들과는 아무런 관계도 없었을 것이다."[13] 그는 원로원에 높은 경의를 표했고, 원로원 의원들을 자신의 동등자로 취급했으며, 그들을 궁정에서 대접했다. 또한 종종 그들과 함께 그들의 집을 찾아가기도 했다. 친절하고 상냥한 성격의 그는 계층의 차별 없이 병자들을 방문했고, 신망이 두터운 시민이라면 누구나 즉시 알현케 했으며, 적대자들을 용서하는 데 시간을 지체하지 않았고, 14년의 치세 동안 한 명의 민간인도 죽이지 않았다.[14] 그의 어머니는 "네가 너무 관대하게 통치해서 제국의 권위가 덜 존중받고 있다."라고 말하며 아들의 온화함을 꾸짖었다. 그는 "어머니 말씀이 맞아요. 하지만 전 제국을 더 지속적이고 안전하게 만들었어요."라는 말로 응수했다.[15] 그는 현세의 거친 관습을 견디어 내는 데 필요한 불순물이 전혀 섞이지 않은 순수한 사람이었다.

알렉산드로스는 유피테르를 엘라가발로 대체하려는 사촌 엘라가발루스의 노력이 어리석었다는 것을 인정하고, 어머니와 협력해서 로마의 신전과 제례를 복원했다. 하지만 그의 철학적 사고에 따르면 모든 종교는 서로 다른 방식으로 하나의 최고 권력에 기도하는 것처럼 보였다. 그는 모든 거짓 없는 신앙을 공경하고 싶어 했다. 그리고 그가 매일 아침 기도를 드리던 개인 예배당에는 유피테르, 오르페우스, 티아나의 아폴로니오스, 아브라함, 그리고 그리스도의 성상이 있었다. 그는 "네가 원하지 않은 일을 다른 사람에게 행하지 말라."는 유대적 그리스도교의 조언을 자주 인용했다. 게다가 그는 이 구절을 궁전의 벽과 수많은 공공건물의 벽에 새기게 했다. 그는 로마인에게 유대인과 그리스도교도의 도덕을 권장했다. 감명받지 않은 안티오크와 알렉산드리아의 현자들은 그를 "유대교 회당의 우두머리"로 간주했다. 알렉산드로스의 어머니는 그리스도교도에게 호의를 보였고, 오리게네스를 보호했으며, 그를 불러들여 그의 유연한 신학을 설명하게 했다.

알렉산드로스가 제위를 계승한 지 얼마 지나지 않아 율리아 마이사가 죽자 알렉산드로스의 개인 교사인 울피아누스와 마마이아가 함께 알렉산드로스의 행정 정책을 결정하고 개혁을 시도했다. 그녀는 권력의 화려한 행사보다는 황실의 성공에 더 주의를 기울이며 지혜롭게, 그리고 절제 있게 통치했다. 그리고 위대한 법률가와 어린 황제에게 치세의 업적에 대한 찬사를 양보했다. 그녀와 울피아누스는 황실 자문 위원회의 역할을 하도록 열여섯 명의 뛰어난 원로원 의원을 선발했다. 이러한 자문 위원회의 승인 없이는 어떤 중요한 정책도 시행되지 못했다. 그녀는 아들에 대한 사랑 말고는 모든 것을 억제할 수 있었다. 아들이 결혼해서 아내를 편애하자 마마이아는 며느리를 추방하게 했으며, 선택을 강요받은 알렉산드로스는 어머니에게 굴복했다. 알렉산드로스는 나이가 들어가면서 좀 더 적극적으로 행정에 관여하기 시작했다. 그의 고대 전기 작가의 말에 따르면 "그는 동트기도 전에 공식 업무에 집중했으며, 밤이 이슥해질 때까지 업무를 계속했다. 그는 결코 지치거나 짜증 내지 않았으며 항상 기운이 넘치고 차분했다."[16]

알렉산드로스의 기본 정책은 원로원과 귀족의 영향력을 복원해 군대의 파괴적인 지배력을 약화시키는 것이었다. 그에게는 혈통에 의한 지배가 금전, 신화 또는 칼에 의한 지배를 실제로 대신할 수 있는 유일한 대안처럼 보였다. 그는 원로원의 협력으로 다수의 경제 정책을 수행하는 한편, 궁정과 행정 관청과 속주 통치에서 필요 이상의 인원을 해고했다. 그는 대부분의 황실 보석을 팔아서 국고 수입으로 적립했으며, 아마도 더 적은 원로원의 승인으로 노동자와 상인의 조합을 합법화하고 권장하고 재조직했다. 그리고 "그들 자신의 집단에서 중재인을 뽑도록 허용했다."[17] 그는 공중도덕에 대해 엄격한 검열을 실시하면서 매춘부의 체포와 동성애자의 추방을 명령했다. 세금을 줄이는 반면에 콜로세움과 카라칼라 욕장을 복원했고, 공공 도서관과 14마일 길이의 수로와 새로운 지방 도시 목욕장을 설립했으며, 제국 전역에 목욕장, 수로, 교량, 도로를 건설하는 데 자금을 공급했다. 채무자를 괴롭히던 이자율을 강제로 낮추기 위해 공금을 4퍼센트 이자로 빌려 주었으며, 빈민들에게 농지를 구입하도록 이자를 전혀 받지 않고 자금을 융자했다. 제국 전체가 번영했고 박수갈채를 보냈다. 신앙심이 깊었던 아우렐리우스가 현세로 돌아와 권력을 잡은 것처럼 보였다.

하지만 페르시아인과 게르만족이 철학자 왕을 이용한 것처럼 이제 그들은 성인(聖人) 황제를 이용했다. 페르시아에 사산 왕조를 건립한 아르다시르가 230년에 메소포타미아를 침입하여 시리아를 위협했다. 알렉산드로스는 그의 폭력을 비난하고 "모두가 자신의 영역에 만족하고 있어야 한다."라고 주장하는 철학자다운 서신을 보냈다.[18] 아르다시르는 알렉산드로스를 유약한 사람으로 판단하고, 시리아 전체와 소아시아를 요구하는 것으로 응수했다. 어린 황제 알렉산드로스는 어머니를 동반하고 전장에 나섰으며, 정교함보다는 용기로 승패의 결말이 나지 않는 전투를 감행했다. 그의 승리와 패배에 관해서는 잘 알려져 있지 않다. 어쨌든 아르다시르는 동부 전선에 대한 공격에 맞서기 위해 메소포타미아에서 철수한 것 같다. 그리고 233년의 로마 주화에는 승리의 여신에게서 왕관을 수여받는, 그리고 티그리스 강과 유프라테스 강을 발밑에 둔 알렉산드로스의 모습이 새겨졌다.

그 사이에 라인 강과 다뉴브 강 주둔군이 시리아 군단의 증원군으로 파견되면서 세력이 약화되었다는 것을 알아챈 알레만니족과 마르코만니족이 로마의 장성을 돌파해서 동부 갈리아를 파괴했다. 페르시아에서의 승리를 축하한 뒤에 알렉산드로스는 다시 어머니 마마이아를 동반하고 자신의 군대에 복귀해 병사들을 이끌고 마인츠로 갔다. 그는 어머니의 충고를 받아들여 평화를 유지하기 위해 매년 일정한 금액을 지불하겠다고 제안하고 적과 협상했다. 병사들은 그의 유약함을 비난하며 반란을 일으켰다. 병사들은 황제의 절약과 규율, 그리고 원로원과 한 여성의 지배에 자신들을 종속시키려는 조치를 결코 그냥 넘기지 않았다. 그들은 판노니아 군단 사령관 율리우스 막시미누스를 황제로 선언했다. 막시미누스의 병사들이 알렉산드로스의 천막으로 밀고 들어가 그와 어머니와 친구들을 살해했다.(235년)

2. 무정부 상태

3세기에 군대가 최고 권력을 가진 것은 역사의 변덕이 아니었다. 다양한 내부 원인이 국가를 약화시켰으며 모든 전선에 국가를 노출시켰다. 트라야누스 이후, 그리고 재차 셉티미우스 세베루스 이후 팽창의 중단은 공격을 위한 신호였다. 그리고 로마가 국가들을 분할시켜 정복한 것처럼 이제는 이방인들이 연합해 동시 공격함으로써 로마를 정복하기 시작했다. 방어의 필요성 때문에 무력의 힘과 군대의 명성이 높아졌다. 장군들이 철학자들을 대신해서 제위에 올랐으며, 귀족들의 마지막 통치가 되살아난 무력 통치에 굴복했다.

막시미누스는 트라키아 농부의 강인한 아들로 훌륭한 병사 그 이상은 아니었다. 그의 키는 8피트였고 아내의 팔찌를 반지로 착용할 정도로 엄지손가락이 굵었다고 한다. 교육을 전혀 받지 않은 그는 교육을 경멸하면서도 부러워했다. 황제로서 3년 동안 로마를 방문하지 않았으며, 다뉴브 강이나 라인 강의 진영에서 생활하는 것을 더 좋아했다. 그가 자신의 전투를 지원하고 병사들을 달래기 위해 부자들에게 부과한 세금 때문에 그의 통치에 반대하는 상층 부류의 반란이 조직되었다. 부유하고 박식한 아프리카 총독 고르디아누스가 군대의 지명을 받아들여 막시미누스와 경쟁하는 황제가 되었다. 80세였던 그는 죽음을 초래하는 직무에 아들을 참여시켰다. 그들은 막시미누스가 파견한 병사들에게 패배했다. 아들은 전투 중에 사망했고, 아버지는 자살했다. 막시미누스는 귀족들을 거의 파괴시킬 정도로 추방과 몰수로 보복했다. 헤로디아누스는 "매일 우리는 어제까지 가장 부유하던 사람들이 오늘 거지로 변한 것을 볼 수 있었다."라고 말한다.[19] 세베루스에 의해 재건되고 활력을 회복한 원로원은 용감하게 저항했다. 원로원은 막시미누스를 무법자로 선언한 뒤에 원로원 의원 중 두 명인 막시무스와 발비누스를 황제로 선출했다. 막시무스가 막시미누스와 맞서기 위해 즉석에서 군대를 조직했다. 막시미누스는 알프스를 넘어 내려와 아퀼레이아를 포위 공격했다. 막시미누스는 더 뛰어난 장군으로 더 뛰어난 군대를 지휘했다. 원로원과 유산 계층의 운명은 확실해 보였다. 하지만 막시미누스의 잔인한 처벌로 고통을 겪던 한 무리의 병사들이 그를 병영에서 살해했다. 막시무스는 의기양양하게 로마로 돌아왔지만 발비누스와 함께 친위대에게 암살당했다. 친위대는 고르디아누스 3세를 황제로 만들었으며, 원로원은 그 선택을 받아들였다.

여기에서는 이러한 무정부 상태의 황제들 이름과 전투, 그리고 죽음을 너무 상세하게 반복하지는 않을 것이다. 알렉산드로스 세베루스와 아우렐리아누스 사이에 35년 동안 37명이 황제로 선언되었다. 고르디아누스 3세는 페르시아인들과 싸우는 동안 자신의 병사들에게 살해되었다.(244년) 그를 계승한 아랍인 필리푸스는 베로나에서 데키우스에게 패배하고 살해되었다.(249년) 데키우스는 부유하고 교양 있는 일리리아인이었으며, 로마에 대한 그의 헌신적인 사랑은 고대의 이야기에서 우대를 받아 마땅했다. 데키우스는 고트족과의 전투 사이에 로마의 종교, 도덕, 기질을 회복하기 위한 야심찬 계획을 세웠고, 그리스도교를 파괴하도록 명령했다. 그 다음 다뉴브 강으로 돌아가 고트족과 마주쳤고, 동행한 아들이 살해당하는 것을 보았으며, 동요하는 병사들에게 어느 한 개인의 죽음은 중요하지 않다고 말했다. 그리고 그는 적을 맹렬히 공격했으며, 로마 역사에서 최악의 패배 중 하나로 기록된 전투에서 자살했다.(251년) 데키우스를 계승한 갈루스는 자신의 병사들에게 살해되었으며(253년), 갈루스를 계승한 아이밀리아누스도 마찬가지 방식으로 살해되었다.(253년)

이미 60세로 프랑크족, 알레만니족, 마르코만니족, 고트족, 스키타이족, 그리고 페르시아인과 동시에 전쟁에 직면한 새로운 황제 발레리아누스는 아들 갈리에누스를 서방 제국의 통치자로 만들었다. 그리고 자신은 동방을 통치했으며, 군대를 이끌고 메소포타미아로 갔다. 그는 자신의 과업을 수행하기에는 너무 연로했으며, 곧 죽었다. 이제 서른다섯 살의 갈리에누스는 용기 있고 지적이며 교양 있는 인물로서 당시의 야만적 전쟁의 세기와는 좀처럼 어울리지 않은 것처럼 보였다. 그는 서방에서 민간 행정을 개혁했고, 제국의 적들과 잇따른 전쟁에서 군대를 승리로 이끌었으며, 게다가 철학과 문학을 즐기고 후원할, 그리고 고전 예술의 일시적인 부활을 장려할 시간을 발견했다. 하지만 그의 다양한 재능마저 당대의 늘어 가는 악에 압도되었다.

254년에는 마르코만니족이 판노니아와 북부 이탈리아를 침공했다. 255년에는 고트족이 마케도니아와 달마티아를, 스키타이족과 고트족이 소아시아를, 페르시아인이 시리아를 침공했다. 257년에는 고트족이 보스포루스 왕국의 함대를 나포했고, 흑해 해안의 그리스 도시들을 약탈했으며, 트라페주스를 불태우고 그곳 주민을 노예로 만들었으며, 폰토스를 침공했다. 258년에는 고트족이 칼케돈, 니코메디아, 프루사, 아파메아, 니카이아를 점령했다. 같은 해에 페르시아인이 아르메니아를 정복했으며, 포스투무스가 자신을 갈리아의 독립적인 통치자로 선언했다. 259년에는 알레만니족이 이탈리아를 침입했지만 밀라노에서 갈리에누스에게 패배했다. 260년에는 발레리아누스가 에데사에서 페르시아인들에게 제압당한 뒤, 알려지지 않은 시간과 장소에서 포로가 되어 죽었다. 샤푸르 1세와 그의 기병이 시리아를 경유해 안티오크로 진격해 한창 경기에 몰두하던 주민들을 기습 공격하여 시를 약탈했으며, 수천 명을 살해하고 수천 명을 노예로 끌고 갔다. 타르수스가 점령되어 황폐화되었고, 킬리키아와 카파도키아는 침략을 받았으며, 샤푸르는 전리품을 가득 싣고 페르시아로 돌아왔다. 10년 이내에 세 번의 불명예스러운 비극이 로마를 불시에 덮쳤다. 즉 로마 황제가 처음으로 패배했고, 또 한 명의 황제는 적에게 포로로 잡혔으며, 로마의 통일을 희생해서 여러 전선에 대한 동시다발적인 공격에 맞서야 했다. 이러한 타격을 받고, 황제가 군대에 의해 무법적으로 즉위하고 암살당함으로써 황제의 위엄이 땅에 떨어졌다. 시간이 지나면서 습관적이고 의심할 여지없는 권위를 만들어 내던 심리적인 힘은 사라지고 로마의 적들에 대한, 그리고 심지어 로마의 예속민과 시민에 대한 장악력마저 상실해 버렸다. 반란이 도처에서 일어났다. 즉 시칠리아와 갈리아에서는 억압받은 소농들이 반란을 일으켰고, 판노니아에서는 인게누우스가 자신을 동부 속주들의 통치자로 선언했다. 263년에는 고트족이 이오니아 해안 아래로 항해해 에페소스를 약탈했으며, 거대한 아르테미스 신전을 잿더미로 만들었다. 헬레니즘 동방 전체가 공포에 휩싸였다.

예기치 않은 동맹자가 아시아에서 로마 제국을 구했다. 로마의 신하로서 팔미라를 통치하던 오데나투스가 페르시아인들을 메소포타미아 너머로 몰아내고 그들을 크테시폰에서 무찔렀으며(261년), 자신을 시리아, 킬리키아, 아라비아, 카파도키아, 아르메니아의 왕으로 선언했다. 그는 266년에 암살당했다. 어린 아들이 그의 칭호를, 그리고 미망인이 그의 권력을 계승했다. 그녀가 자신의 혈통으로 주장하던 클레오파트라처럼 제노비아는 아름다운 몸에 정치가다운 역량과 지성을 겸비했다. 그녀는 그리스 문학과 철학을 공부하고 라틴어와 이집트어와 시리아어를 배웠으며, 동방의 역사를 썼다. 정절과 활력을 동시에 갖춘 그녀는 모성을 위해 필요로 하던 성관계에만 자신을 허락했다.[20] 그녀는 고통과 피로에 익숙해졌고, 사냥의 위험을 즐겼으며, 그녀의 군대 선두에 서서 수 마일을 걸어서 행군했다. 그녀는 엄격하고 지혜롭게 통치했다. 또한 철학자 롱기누스를 재상으로 만들었으며, 궁정에 학자, 시인, 예술가를 불러들였다. 그리고 그녀는 수도를 그리스, 로마, 아시아의 궁정들로 장식했다. 오늘날 사막 여행자들은 이러한 궁전의 유적에 깜짝 놀란다. 제국이 붕괴되고 있다고 느낀 그녀는 새로운 왕조와 왕국을 계획하고 카파도키아, 갈라티아, 비티니아 대부분을 자신의 통제 아래 두었으며, 대규모 육군과 함대를 갖추었고, 이집트를 정복했다. 그리고 주민의 절반을 살해한 포위 공격 이후에 알렉산드리아를 점령했다. 이 간교한 "동방의 여왕"은 계속해서 로마 당국의 대리인 역할을 해 오고 있는 척했다. 하지만 세상 사람들은 그녀의 승리가 로마 멸망이라는 거대한 드라마를 구성하는 하나의 막이라는 사실을 알고 있었다.

제국의 부와 약점을 간파하고 있던 야만족들이 발칸 반도와 그리스로 쇄도해 들어왔다. 사르마티아인이 재차 흑해 연안 도시들을 약탈하는 사이에 고트족의 한 분파가 500척의 배를 이끌고 헬레스폰토스 해협을 지나 에게 해로 항해하면서 닥치는 대로 섬을 점령했으며, 피라이오스 항구에 닻을 내려 아테네, 아르고스, 스파르타, 코린트, 테베를 약탈했다.(267년) 그들의 해군이 일부 약탈자들을 흑해로 다시 데려다 주는 사이에 또 한 무리가 다뉴브 강의 본국을 향해 육상으로 싸우며 나아갔다. 갈리에누스가 트라키아의 네스투스 강에서 그들과 마주쳤으며, 많은 희생을 동반한 승리를 거두었다. 하지만 갈리에누스는 1년 뒤에 자신의 병사들에게 살해되었다. 269년에는 또 한 무리의 고트족이 마케도니아로 내려와 테살로니카를 포위 공격하고 그리스, 로도스, 키프로스, 이오니아 해안을 약탈했다. 황제 클라우디우스 2세가 테살로니카를 구했고, 고트족을 바르다르 계곡으로 몰아냈으며, 지금의 니시인 나이수스에서 궤멸시켰다.(269년) 만약 그가 이 전투에서 패배했더라면, 어떤 군대도 고트족과 이탈리아 사이에 개입하지 못했을 것이다.

3. 경제적 쇠퇴

정치적 무정부 상태가 경제적 붕괴를 가속화했으며, 경제적 쇠퇴가 정치적 부패를 촉진했다. 각각은 다른 것의 원인이자 결과였다. 로마의 정치적 수완은 이탈리아를 위한 건전한 경제생활을 알지 못했다. 아마도 이탈리아 반도의 좁은 평야가 이탈리아 국가의 원대한 목표에 적합한 기초를 제공하지 못한 것 같다. 곡물 생산이 시칠리아, 아프리카, 그리고 이집트에서 유입된 값싼 곡물의 경쟁으로 방해받았으며, 대규모 포도밭이 속주의 포도주에 시장을 빼앗기고 있었다. 농민들은 높은 세금 때문에 수익이 나지 않고 배수로와 용수로를 손질해 둘 수 없다고 불평했다. 수로가 메워지고 습지는 확대되었으며, 말라리아가 캄파니아 평원과 로마의 주민들을 약화시켰다. 대규모의 비옥한 지역을 주거지로 사용하기 위해 경작이 중단되었다. 노예제 대농장의 부재지주들은 인내가 허락하는 한도까지 일꾼과 토양을 착취했으며, 도시에서의 자선 행위로 용서받았다. 시골이 황폐해져 가는 동안에 도시의 건축과 경기는 이익을 보았다. 많은 소자작농과 자유민 농촌 노동자들이 농장을 버리고 도시로 왔다. 따라서 이탈리아 농업은 대부분 마음 내키지 않는 노예들이 배치된 노예제 대농장에 맡겨졌다. 하지만 노예제 대농장은 로마의 평화, 즉 1세기와 2세기의 정복 전쟁 부족과 이로 인한 노예의 공급 저하 및 비용 증가로 황폐화되었다. 자유민 노동자를 다시 토지로 유인해야만 했던 대지주들은 자신들의 소유지를 소작인에게 임대했다. 그들은 소작인에게서 소액의 화폐 지대(地代) 또는 생산물의 10분의 1을, 그리고 지주의 별장이나 개인 소유지에서 일정 기간의 무급 노동을 요구했다. 많은 경우 지주들은 노예를 해방해 소작인으로 바꾸는 쪽이 자신들에게 더 유익하다는 사실을 알았다. 3세기에 침략과 도시에서의 반란에 시달린 지주들은 점점 더 별장 생활에 몰두했다. 별장은 성으로 요새화되었으며, 점점 중세의 성으로 변형되었다.*

　노예의 부족이 농업뿐 아니라 제조업에서도 자유민 노동자의 지위를 잠시 강화시켰다. 하지만 부자들의 재력이 전쟁과 통치로 소모된 반면에, 빈민들의

---

* "예속 소작제"는 아우렐리우스가 포로인 게르만인들을 황제령에 정착시켰을 때, 그리고 그들에게 1년마다의 세금과 군역, 그리고 국가의 승인 없이 할당지에서 떠나지 않겠다는 약속을 조건으로 세습적인 점유권을 부여했을 때 중요한 출발점이 되었던 것 같다. 유사한 조건이 국경 지방의 토지, 특히 다뉴브 강과 라인 강을 따라 10분의 1세를 납부하는 경작지를 받은 로마의 퇴역병들에게 부과되었다.[21] 이러한 예속 소작제는 셉티미우스 세베루스 치하에서 나타났다. 셉티미우스는 자신 전유(專有)하던 토지를 돈이나 현물로 세금을 납부하는 소작인들이 경작하는 분할지로 나누었다. 셉티미우스가 프톨레마이오스 왕가를 모방했듯이 사적인 지주들이 그를 모방했다. 예속 소작제는 군주들과 함께 시작해서 군주정을 약화시킨 봉건제를 낳았다.

빈곤은 줄어들지 않았다.[22] 20세기 초 미국의 임금과 물가에 비교해 볼 때 임금은 6에서 11퍼센트, 물가는 대략 33퍼센트 수준이었다.[23] 계층 간의 싸움이 더 격렬해졌다. 왜냐하면 속주 빈민으로부터 모집된 군대가 종종 부자에 대한 공격에 가담했고, 국가에 대한 군대의 공헌이 기부금에 대한 가혹한 과세, 즉 부자에 대해 좀 더 직접적인 약탈을 정당화했다고 느꼈기 때문이다.[24] 교역이 쇠퇴하면서 제조업이 피해를 입었다. 속주가 고객에서 경쟁자로 바뀌면서 이탈리아의 수출 교역이 감소했다. 야만족의 침입과 해적질이 교역로를 폼페이우스 이전만큼 불안하게 만들었다. 가치가 저하된 통화와 변덕스러운 물가가 장기적인 사업을 단념시켰다. 국경의 확대가 중단되면서 이탈리아는 더 이상 팽창하는 왕국을 공급하거나 개발하는 것으로는 번영할 수 없었다. 예전에는 이탈리아가 정복지의 엄청난 금을 징수하고 약탈함으로써 부자가 되었지만, 이제는 산업화된 헬레니즘 속주들로 더 많은 돈이 옮겨 가고 있었다. 소아시아의 부가 늘어나고, 로마가 동방의 수도와 교체될 수밖에 없는 상황으로 치달으면서 이탈리아는 더 궁핍해졌다. 이탈리아 제조업은 어쩔 수 없이 국내 시장에 기댈 수밖에 없었으며, 사람들은 그들이 생산할 수 있었던 물건을 구입하기에는 너무 빈곤하다는 것을 알았다.[25] 국내 상업은 노상강도, 치솟는 세금, 노예 부족으로 인한 도로의 악화로 방해받았다. 물물 교환이 화폐 거래와 경쟁했으며, 해마다 대규모 생산이 주로 지방 수요를 공급하는 소규모 작업장으로 대체되었다.

재정 궁핍이 나타났다. 귀금속이 고갈되어 가고 있었다. 즉 트라키아의 금광과 스페인의 은광이 생산량을 줄였으며, 다키아는 그곳의 금과 함께 머지않아 아우렐리아누스에 의해 포기될 것이었다. 엄청난 양의 금과 은이 미술과 장식에 소모되었다. 전쟁이 거의 끊이지 않고 이어지자 금과 은의 부족에 직면한 셉티미우스 세베루스 무렵부터 황제들이 국가 경비와 군수품에 지출하기 위한 목적으로 반복해서 통화 가치를 저하시켰다. 네로 치하에서 데나리우스의 순도는 10퍼센트, 콤모두스 치하에서는 30퍼센트, 그리고 셉티미우스 치하에서는 50퍼센트였다. 카라칼라는 데나리우스를 50퍼센트의 은을 함유한 안토니니아누스(antoninianus)로 대체했다. 260년경에는 은 함유량이 5퍼센트로 낮아졌다.[26] 화폐 주조소에서는 가치가 저하된, 전례 없이 많은 양의 주화를 발행했다. 많은 경우에 국가는 이러한 주화를 실질 가치 대신에 액면 가치로 받아들이도록 강제했다. 반면에 세금은 현물이나 금으로 납부하게 했다.[27] 물가는 가파르게 올랐다. 팔레스티나에서 물가는 1세기와 3세기 사이에 1000퍼센트 상승했다.[28] 그리고 이집트에서는 인플레이션이 통제 불능 상태가 되었다. 따라서 1세기 때 한 분량의 밀을 사려면 8드라크마를 지불했으나, 3세기 말에는 12만 드라크마를 지불해야만 했다.[29] 다른 속주들은 훨씬 덜 고통을 겪었지만 인플레이션으로 인해 중산 계층 대부분이 파멸했고, 신탁 기금과 자선단 체들이 무력화되었으며, 모든 사업이 실망스럽게도 위태로워졌다. 그리고 제국의 경제생활이 의존하던 교역 자본과 투자 자본의 상당 부분이 쓸모없게 되었다.

페르티낙스 이후의 황제들은 귀족과 중산 계층의 약화에 기분이 상하지 않았으며, 그들의 이방인 혈통과 군사 독재정, 그리고 가혹한 세금에 대한 원로원 의원과 대(大)상인의 적대감을 감지했다. 네르바에서 아우렐리우스까지 중단되어 온 원로원과 황제의 싸움이 재개되었다. 그리고 기부금, 공공사업, 자선금을 통해 통치자들은 의도적으로 자신들의 권력 기반을 군대와 무산자와 소농 계층에 두었다.

제국은 이탈리아에 비해 고통을 덜 겪었을 뿐이다. 침입자들에게서 가장 멀리 떨어져 있는 카르타고와 북부 아프리카는 번성했다. 하지만 이집트는 파괴적인 파벌 싸움, 카라칼라의 대학살, 제노비아의 정복, 높은 세금, 마음 내키지 않는 강제 노동, 그리고 매년 로마가 강제로 징수하는 곡물 때문에 쇠퇴했다. 소아시아와 시리아는 침입과 약탈을 견뎌 내면서 그들의 오래된, 그리고 끈기 있게 유지되어 온 제조업은 모든 시련에도 살아남았다. 그리스, 마케도니아, 트라키아는 야만족에 의해 황폐화되었으며, 비잔티움은 셉티미우스의 포위 공격으로부터 회복하지 못했다. 전쟁으로 로마의 주둔군과 병참이 게르만 국경에 도착하면서 새로운 도시, 즉 비엔나, 칼스부르크, 스트라스부르, 마인츠가 강들을 따라 생겨났다. 갈리아는 게르만의 공격으로 혼란에 빠졌고 낙담했다. 갈리아의 도시 중 60곳이 약탈당했다. 대부분의 갈리아 마을과 도시가 새로운 성벽의 범위 안으로 움츠러들고 있었으며, 로마가 설계한 넓은 일직선 거리를 포기하고 있었다. 왜냐하면 고대 초기와 중세의 들쭉날쭉한 좁은 길이 방어에 더 쉬웠기 때문이다. 또한 브리타니아에서 도시는 더 작아지고 빌라는 더 커지고 있었다.[30] 계층 간의 싸움과 높은 과세로 부가 파괴되거나 시골로 숨어들었다. 제국은 도시화와 문명으로 시작했으며, 재차 전원생활로 회귀하고 야만 상태로 끝나 가고 있었다.

4. 이교의 황혼기

3세기 문화의 그래프는 부와 권력이 기우는 느슨한 곡선을 따르고 있다. 그럼에도 불구하고 이러한 비극적인 세기에 우리는 기수법(記數法) 대수학의 발전, 위대한 로마법 학자들, 가장 세련된 고대 문학 비평의 실례, 가장 웅장한 로마의 몇몇 건축물, 가장 오래된 낭만 소설들, 그리고 가장 위대한 신비주의 철학을 만날 수 있다.

『그리스 사화집(詞華集)』은 알렉산드리아의 디오판투스의 생애를 대수학적 유머로 요약하고 있다.(서기 250년) 즉 그의 소년 시절은 생애 6분의 1동안 지속되었고, 그의 수염은 12분의 1년이 더 지난 후에 자랐으며, 다른 7분의 1년이 지난 뒤에 결혼했고, 그의 아들은 5년 뒤에 태어나 아버지의 나이 절반까지 살았으며, 아버지는 아들이 죽고 나서 4년 뒤, 즉 여든네 살의 나이에 죽었다.[31] 그의 저작 중에 전해지는 주요 저작은 대수학에 관한 『산수론(算數論)』이다. 이것은 1차 결정 방정식과 2차 결정 방정식, 그리고 6차까지의 부정 방정식을 풀고 있다. 우리가 x로 표시하고 그가 수(數, arithmos)라고 부르던 미지의 양(量)에 대해서 그는 그리스어

시그마(Σ)를 사용했다. 그리고 다른 힘들에 대해서는 그리스 알파벳 문자들을 사용했다. 디오판투스 이전에는 기호 없는 대수학이 존재했다. 즉 플라톤은 젊은이의 지성을 훈련시키고 즐겁게 하려고 여러 사람들 사이에 일정한 비율로 사과를 분배하는 것과 같은 문제들을 추천했다.[32] 아르키메데스는 기원전 3세기에 퍼즐처럼 문제를 냈다. 그리고 이집트인과 그리스인 모두 대수학의 기호법 없이 대수학 방식으로 기하학 문제를 풀었다. 아마도 디오판투스는 이미 당대에 친숙한 방식들을 체계화했던 것 같다.[33] 시간의 우연이 그를 지켜 주었다. 게다가 우리는 아랍인들 덕분에 세상의 모든 양적인 관계를 공식화하고 싶어 하는 대담하고 난해한 기호 체계의 유래를 그에게서 찾는다.

로마법의 정점을 이루는 3인조인 파피니아누스, 파울루스, 울피아누스는 모두 셉티미우스 세베루스 치하에서 권세를 얻었다. 이들 모두는 친위대장으로서 제국의 총리였으며, 대중이 그들의 주권을 황제에게 위임했다는 이유로 절대 군주정을 정당화했다. 파피니아누스의 『질의록』과 『해답록』은 명료함과 인간애, 그리고 공정함이 너무 뛰어나서 유스티니아누스의 법률 모음집은 이러한 저작에 크게 의존했다. 게타를 살해한 카라칼라는 파피니아누스에게 자신의 행위를 법률적으로 변호하는 글을 쓰라고 명했다. 파피니아누스는 "게타 살해를 정당화하는 것보다 형제 살해 죄를 저지르는 것이" 더 쉽다고 말하며 거절했다. 카라칼라는 그를 참수형에 처하도록 명령했으며, 한 병사가 황제의 면전에서 도끼로 형을 집행했다. 도미티우스 울피아누스는 법학자와 인도주의자로서 파피니아누스가 하던 일을 계속했다. 그의 법률적 견해에 따르면 노예는 선천적으로 자유롭고, 여성은 남성과 똑같은 권리를 부여받았다.[34] 법률의 역사에서 대부분의 대사건처럼 그의 저작은 본질적으로 전임자들의 저작과 일치했다. 하지만 그의 법적 견해는 너무 완벽해서 거의 3분의 1이 유스티니아누스의 『학설 휘찬』에 남아 있다. 람프리디우스는 "알렉산드로스 세베루스가 그렇게 뛰어난 황제였던 것은 주로 울피아누스의 조언에 따라 통치했기 때문이다."라고 말했다.[35] 하지만 울피아누스는 그의 일부 적대자들을 사형에 처하게 했다. 그리고 결국 228년에는 친위대의 적대자들이 덜 합법적으로, 그리고 똑같이 효과적으로 그를 살해했다. 디오클레티아누스는 법률 학교를 원조하고 자금을 공급했으며, 그레고리아누스 법전에서 트라야누스 이후 법률을 성문화하도록 위임했다. 그 후 학문으로서의 법학은 유스티니아누스 때까지 활동을 멈추었다.

3세기에 폼페이와 알렉산드리아 스타일의 회화 예술이 계속되었다. 전해져 내려오는 많지 않은 회화 작품은 동방적이고 조잡하며, 시간이 지나면서 거의 지워져 형체를 알아보기 힘들다. 조각은 번성했다. 왜냐하면 많은 황제들이 조각되어야 했기 때문이다. 조각은 초기의 정면 표현으로 경직되었지만, 놀라울 정도로 정확한 흉상에서 이후 어떤 시대도 3세기를 능가하지 못했다. 조각가에게 현재 나폴리 박물관에서 곱슬머리를 하고 얼굴을 찌푸리고 있는 냉혈한처럼 자신을 조각하게 지시한 것은 카라칼라에게 명예가 되는 것이거나, 아니면 그가 우둔하다는 증거이다. 두 개의 거대한 조각상, 즉 「파르네세의 황소」와 「파르네세의 헤라클레스」는 이 시기에 속하는 것으로 둘 다 과장되고 불편할 정도로 부자연스럽지만, 기술적 숙련이 저하되지 않았음을 보여 준다. 조각가들이 여전히 고전 양식으로 작업할 수 있었다는 것은 알렉산드로스 세베루스의 석관 돋을새김과 루도비시의 대석관 돋을새김의 소박함에서 나타난다. 하지만 로마의 셉티미우스 세베루스 개선문의 돋을새김은 거칠고 사실적인 남성다움을 표현하기 위해 고전적인 소박함과 우아함을 거부했다. 이것은 이탈리아가 야만 상태로 되돌아가는 것을 예시하는 것이나 다름없었다.

이제 로마에서의 건축은, 웅장함에 대한 로마인의 천부적 재능이 크기를 통해 완성되었다. 셉티미우스는 팔라티누스 언덕의 동쪽 날개 부분에 7층 높이의 마지막 황궁인 셉티초니움 궁전을 세웠다. 율리아 돔나가 베스타 신전의 안뜰과 지금도 포럼에 우뚝 서 있는 멋진 베스타 신전을 짓도록 자금을 제공했다. 카라칼라는 이시스의 배우자인 세라피스를 위해 거대한 신전을 건립했으며, 멋진 파편 몇 개가 아직까지 남아 있다. 알렉산드로스 세베루스 치하에서 완공된 카라칼라 욕장은 세상에서 가장 장엄한 유적 중 하나이다. 이것은 본질적으로 트라야누스 욕장 양식을 따른 것으로 건축학에 아무것도 추가하지 않았다. 하지만 카라칼라 욕장의 위압적인 크기는 게타와 파피니아누스의 살해자를 잘 표현했다. 벽돌과 콘크리트로 만든 중심 구역은 영국의 의사당과 웨스트민스터 홀을 합친 것 이상인 27만 제곱피트에 걸쳐 있었다. 나선 모양의 계단 길은 내벽의 정상 부분으로 이어졌다. 그곳에 앉아서 셸리(Shelley)는 『사슬에서 풀려난 프로메테우스』를 썼다. 내부에는 수많은 조각상이 배치되었고, 화강암, 설화 석고, 반암으로 만든 200개의 원주가 내부를 떠받치고 있었다. 대리석 바닥과 내벽에는 모자이크 모양의 장면이 수놓아져 있었다. 은으로 만든 거대한 입구에서 1600명이 동시에 목욕할 수 있는 탕 속으로 물이 쏟아져 나왔다. 갈리에누스와 데키우스도 비슷한 욕장을 건립했다. 데키우스의 경우에 로마의 공학자들은 10각형 건물에 원형 돔을 설치해 10각형의 모퉁이에 버팀벽을 세워 지지했다. 이것은 예전에는 전혀 볼 수 없었지만 대단히 유망한 공법이었다. 295년에 막시미아누스는 11개의 황제 욕장 중에 가장 규모가 큰 것을 건립하기 시작했으며, 매우 겸손하게 디오클레티아누스 욕장이라고 불렀다. 여기에는 한 번에 3600명을 수용할 수 있는 목욕 시설, 체육관, 음악당과 강연장이 있었다. 속주에는 단지 규모가 더 작은 구조물들이 세워졌다. 디오클레티아누스는 니코메디아, 알렉산드리아, 안티오크에 대규모로 구조물을 건립했고, 막시미아누스는 밀라노를, 갈레리우스는 시르미움을, 콘스탄티우스는 트레브를 장식했다.

문학은 덜 번성했다. 왜냐하면 문학은 황제의 수중에 모인 부를 얻어 낼 수 없었기 때문이다. 도서관은 수와 크기에서 증가했다. 3세기의 한 의사는 6만 2000권을 소장했으며, 울피아누스 도서관은 역사적 공문서로 유명했다. 디오클레티아누스는 알렉산드리아에 학자들을 보내 고전 원문을 필사해서 로마 도서관에 사본을 가져오게 했다. 학자들은 수가 많았고 인기가 있었다. 필로스트라투스는 『소피스트들의 생애』에서 학자들을 훌륭하게 기념했다. 포르피리우스는 플로티노스의 견해를 계속 이어 나갔고, 그리스도교를 공격했으며, 세상 사람들에게 채식을 요구했다. 이암블리코스는 플라톤주의와 이교 신학을 조화시키려고 노력했으며, 율리아누스 황제에게 영감을 주는 데 충분히 성공했다. 디오게네스 라에르티오스는 매혹적인 인용과 일화에서 철학자들의 생애와 생각을 종합했다. 알렉산드리아의 도서관을 섭렵하던 나우크라티스의 아테나이오스는 『저녁 식탁의 소피스트들』을 썼다. 이것은 음식, 소스, 매춘부, 철학자, 그리고 말에 대한 따분한 대화로 여기저기에서 꽤 많은 고대 관습에 대한 폭로나 위인들에 대한 회상에 의해 밝아진다. 팔미라 출신으로 추정되는 롱기누스는 「숭고함에 관하여」라는 세련된 에세이를 썼다. 문학이 가져다주는 독특한 즐거움은 강한 확신과 진실한 성격에서 기인하는 작가의 설득력이 독자에게 가져다주는 "무아의 경지"에 기인한다.* 비티니아의 니카이아 출신 디오 카시우스 코케이아누스는 명예로운 관직의 코스를 거친 뒤 55세에 『로마사』를 쓰기 시작했다.(210년?) 그는 74세에 로물루스에서 자신의 시대까지를 이야기하는 『로마사』를 완성했다. 『로마사』 80권 중에 남아 있는 것은 절반에 못 미치지만 8권에 실질적인 내용이 가득 차 있다. 디오 카시우스의 『로마사』는 양질의 책이라기보다는 오히려 귀족의 시야에서 바라본 책이다. 여기에는 반드시 진부하거나 보수적이라고는 할 수 없는 생생한 서사와 의미심장한 이야기와 철학적 여담이 있다. 하지만 그의 『로마사』는 리비우스처럼 "전조(前兆)들" 때문에 가치가 훼손되고, 타키투스처럼 원로원의 저항을 위한 기다란 요약이며, 로마의 모든 역사서처럼 마치 천 년 동안의 생활이 세금과 죽음에 불과했던 것처럼 정치와 전쟁의 변화에 집착한다.

3세기에 지성을 지닌 역사가에게 이러한 고귀한 사람보다 더 의미 있는 것은 낭만 소설의 등장이다. 낭만 소설은 크세노폰의 『키로스의 교육』, 칼리마코스의 연애시, 알렉산드로스 대왕에 관해 모아 놓은 전설, 그리고 기원전 2세기와 그 후 아리스티데스와 그 밖의 사람들에 의해 이야기되던 『밀레토스 이야기』에서 오랜 준비 기간을 거쳤다. 이러한 모험과 연애 이야기는 전통에서 매우 고전적이지만 분위기에서 매우 동방적인, 아마도 지금은 혈통에서 동방적인 이오니아 주민들을 기쁘게 했다. 로마에서 페트로니우스, 아프리카에서 아풀레이우스, 그리스에서 루키아노스, 시리아에서 이암블리코스가 연애를 특별히 강조하지 않고 다양한 방식으로 악

---

* 가장 오래된 원고는 더 이상의 실마리를 제공하지 못한 채 에세이의 저자를 어떤 경우에는 "디오니시오스 롱기누스"로, 다른 경우에는 "디오니시오스 또는 롱기누스"로 보고 있다. 고대에 우리에게 알려진 유일하게 문학적인 롱기누스는 제노비아의 재상인 카시우스 롱기누스이다. 그는 학식 때문에 제국 전역에서 유명했다. 에우나피우스는 그를 "살아 있는 도서관"이라 불렀고, 포르피리우스는 그를 "비평가 중 으뜸"으로 평가했다.[36]

한(惡漢) 소설을 발전시켰다. 처음 기원후 몇 세기 동안 아마도 늘어나는 여성 독자층에 부합해 모험 소설이 낭만 소설과 융합되었을 것이다.

현존하는 가장 오래된 실례는 에메사의 헬리오도루스가 쓴 『이집트 이야기』이다. 이 작품의 연대에 대해서는 많은 논쟁이 있지만 잠정적으로 3세기로 볼 수 있을 것 같다. 이것은 이렇게 시작한다.

하루가 기분 좋게 미소 지으며 시작했으며, 태양은 이미 언덕 꼭대기를 밝게 비추고 있었다. 그때 무장하고 외관상 해적인 한 무리의 사람들이 나일 강어귀의 헤라클레오 시가 내려다보이는 언덕의 꼭대기에 올라가 잠시 쉬면서 바다를 둘러보았다. 약탈할 배가 전혀 없다는 것을 알게 된 그들의 눈은 언덕 아래 해안가로 향했다. 이것이 그들이 보았던 것이다.[37]

우리는 부유하고 잘생긴 청년 테아게네스와 사랑스럽고 눈물 많은 공주 카리클레아를 만난다. 그들은 해적에게 붙잡혔다. 그리고 그들에게 재난, 오해, 전투, 살인, 그리고 재결합이 뒤섞인 잡다한 사건이 일어난다. 페트로니우스와 아풀레이우스에게서는 처녀들의 순결이 일시적인 관심사인 반면에. 여기에서는 이야기의 본질이자 중심축이다. 헬리오도루스는 스무 번의 구사일생으로 카리클레아의 순결을 지켜 내고, 여성의 미덕이 갖는 아름다움과 필요성에 대해 설득력 있게 훈계한다. 여기에서는 그리스도교의 영향이 어느 정도 있었던 것 같다. 실제로 전통에 따라 작가인 헬리오도루스는 테살로니카의 그리스도교 주교가 되었다. 이집트 이야기는 부지불식간에 일련의 모방 작품을 끝없이 만들어 냈다. 여기에는 세르반테스의 『페르실레스와 시히스문다』, 타소의 『해방된 예루살렘』에서 클로린다의 이야기, 그리고 스퀴데리(Scudéry)의 연애 소설이 있다. 여기에는 사랑의 묘약, 징후, 신음, 기절, 그리고 수많은 즐거운 이야기의 행복한 결말이 있다.

고대 산문 작품에서 가장 유명한 낭만 소설은 『다프니스와 클로에』였다. 이 작품의 작가에 대해서는 롱구스라는 이름만이 알려질 뿐이다. 게다가 그의 활동 시기가

3세기였다는 것만 짐작할 수 있을 뿐이다. 다프니스는 태어나면서 버려지고 구조되어 양치기의 손에서 자란다. 그리고 결국 양치기가 된다. 시골을 묘사하는 뛰어난 구절은 롱구스가 자신의 시적 본보기인 테오크리투스처럼 도시에 오래 거주한 후에 시골을 발견했음을 짐작게 해 준다. 다프니스는 자신과 마찬가지로 갓난아기 때 유기되어 구조된 농부의 딸과 사랑에 빠진다. 그들은 아름다운 동료애를 발휘해 양 떼를 돌보고, 천진난만하게 벌거벗고 함께 목욕하며, 서로에게 도취되어 셀 수 없이 많이 입 맞춘다. 나이 든 한 이웃이 그들에게 그들의 사랑에 대해 설명하고, 자신이 젊은 시절 경험한 낭만적인 사랑의 병에 대해 다음과 같이 말한다. "난 먹을 것과 마실 것에 관심이 없었지. 난 쉴 수 없었고 잠이 사라져 버렸어. 내 영혼은 슬픔으로 무거워졌고, 심장은 빠르게 박동했으며, 사지는 견딜 수 없는 한기를 느꼈어."[38] 결국 이제는 부유한 그들의 아버지가 그들을 발견하고 부유하게 만든다. 하지만 그들은 부를 무시하고 소박한 목가적 생활로 돌아간다. 이야기는 세련된 기교로 평이하게 이어진다. 이 작품은 아미요(Amyot)에 의해 유연한 프랑스어로 번역되었으며(1559년), 수많은 회화, 시, 음악 작품에 영감을 주었다.

『다프니스와 클로에』와 유사한 것이 「베누스의 전야제」로 알려진 시의 한 부분이다. 누가 또는 언제 그 시를 썼는지는 아무도 모른다. 아마도 3세기에 씌어진 것으로 보인다.[39]

내일은 사랑하지 않았던 자를 사랑하게 하라
내일은 전에 사랑하지 않았던 자를 사랑하게 하라
새로운 봄이 찾아와 사랑의 노래를 부르네
세상이 새로 태어나고 봄에 피는 사랑이 새들을
짝 짓게 하네. 봄을 기다리는 모든 숲이 어린 가지를
봄의 소나기에 풀어헤치네.
내일은 사랑하지 않았던 자를 사랑하게 하라
내일은 전에 사랑하지 않았던 자를 사랑하게 하라.

시는 계속된다. 대지를 기름지게 하는 비에서, 꽃의 모양에서, 즐거운 축제의 노래에서, 갈망하는 청춘의 서투른 시도에서, 자주 가는 숲속에 둘러싸인 소심한 밀회에서 사랑을 찾는다. 그리고 각 연이 끝나면 사랑하지 않았던 자는 사랑하게 하며, 사랑하던 자는 더욱 사랑하게 하라는 의미심장한 약속이 돌아온다. 여기 이교적인 마지막 위대한 서정시에서 중세 찬송가의 강약격 운율과 음유 시인의 선율적인 예감을 들을 수 있다.

5. 동방적 군주정

클라우디우스 2세가 수많은 고트족과 로마인을 똑같이 죽게 만든 전염병으로 사망했을 때, 군대는 일리리아 농부의 아들을 후계자로 선출했다. 도미티우스 아우렐리아누스는 체력과 의지력으로 최하층민에서 출세했다. 그의 별명은 "칼에 대고 있는 손"이었다. 그것은 자신에게처럼 다른 사람에게 엄격한 규율을 강제하는 사람을 황제로 선출할 정도로 군대가 분별력을 되찾았다는 표시였다.

아우렐리아누스의 지휘로 로마의 적들이 다뉴브 강을 제외하고 모든 장소에서 격퇴되었다. 그는 다뉴브 강에서 고트족에게 다키아를 양도하면서, 그들이 로마 제국과 강 저편의 약탈자 무리 사이에서 방벽 역할을 해 줄 수 있기를 바랐다. 아마도 이러한 양도에 자극받아 알레만니족과 반달족이 이탈리아를 침입했을 것이다. 하지만 세 번의 전투에서 아우렐리아누스는 그들을 압도하고 쫓아 버렸다. 원거리 전투를 생각하면서 자신의 부재중에 로마가 공격받을까 두려워하던 그는 수도 로마 주위에 새로운 성벽을 쌓을 수 있도록 원로원에는 자금 제공을, 조합에는 성벽 건립을 권유했다. 제국 도처에서 도시 성벽들이 건립되었다. 이것은 제국의 힘이 약화되고 로마의 평화가 종식되었음을 나타내는 신호였다.

방어보다는 공격을 선호하던 아우렐리아누스는 동방에서 제노비아를 공격함으로써, 그리고 다음에는 갈리아의 통치권을 강탈한 포스투무스를 계승한 테트리쿠스를 공격함으로써 제국을 재건하기로 결심했다. 프로부스 장군이 제노비아의 아들에게서 이집트를 되찾는 사이에 아우렐리아누스는 발칸 반도를 지나 진격하고, 헬레스폰토스 해협을 건너 에메사에서 여왕 제노비아의 군대를 무찔렀다. 그리고 제노비아의 수도를 포위 공격했다. 여왕은 도망해서 페르시아의 지원을 받으려 했지만 붙잡혔다. 수도는 함락되었고 용서받았지만 롱기누스는 사형에 처해졌다.(272년) 아우렐리아누스 황제가 군대를 지휘해서 헬레스폰토스 해협으로 다시 나아가는 사이에 팔미라에서 반란이 일어나 황제가 그곳에 두고 온 주둔군이 학살당했다. 아우렐리아누스는 카이사르의 속도로 방향을 돌려 팔미라를 다시 포위 공격해 곧 점령했다. 이제 그는 자신의 군대가 팔미라를 약탈하도록 내버려두었고, 성벽을 철저히 파괴했으며, 교역 경로를 변경했고, 팔미라를 예전과 오늘날처럼 사막 마을이 되게 했다. 제노비아는 로마에서 거행된 아우렐리아누스의 개선식을 금 사슬로 빛냈으며, 티부르에서 여생을 비교적 자유롭게 보낼 수 있었다.

274년에 아우렐리아누스는 샬롱에서 테트리쿠스를 무찔렀으며, 갈리아와 스페인과 브리타니아를 제국으로 되돌려놓았다. 제국의 지배권을 회복한 것에 기뻐한 로마는 승리자인 아우렐리아누스를 세계의 재건자로 환영했다. 평화의 과업에 착수한 아우렐리아누스는 로마의 화폐 제도를 개혁함으로써 어느 정도 경제 질서를 회복했다. 그리고 군대를 재건한 것과 같은 엄한 규율을 적용해 통치 조직을 재정비했다. 로마의 도덕적, 정치적 혼란을 어느 정도 종교적 분열의 탓으로 돌리고, 동방에서 종교의 정치적 봉사에 감명받은 아우렐리아누스는 태양신과 지상에서 태양신의 대리자로서 황제에 대한 일신교 신앙에서 옛 종교와 새로운 종교를 결합하려고 애썼다. 그는 의심 많은 군대와 원로원에 자신을 황제로 만든 것은 그들의 선택이나 인준이 아닌 신이었다고 알렸다. 그는 로마에 화려한 태양신의 신전을 세우고 에메사의 바알 신과 미트라교의 신이 융합되기를 바랐다. 군주정과 일신교는 나란히 발전해 가고 있었고, 각각은 상대편이 보좌해 주기를 바라고 있었다. 아우렐리아누스의 종교 정책은 국가의 권력이 약화되어 가는 반면에, 종교의 권력이 증대되어 가고 있음을 암시했다. 이제 왕들은 신의 은총을 받은 존재들이었다. 이것은 이집트, 페르시아, 그리고 시리아에서 오래된 동방적인 통치 개념이었다. 그것을 받아들임으로써 아우렐리아누스는 엘라가발루스와 함께 시작되고 디오클레티아누스와 콘스탄티누스에게서 완성될 군주정의 동방화를 촉진했다.

아우렐리아누스가 페르시아와의 문제를 해결하기 위해 군대를 이끌고 트라키아로 가로질러 가던 275년에 한 무리의 장교들이 자신들이 처형될 것으로 오해하여 아우렐리아누스를 암살했다. 쌓여 가는 자신들의 범죄에 충격을 받은 군대는 원로원에 제위 계승자를 임명할 것을 요구했다. 어김없이 죽음을 예고하던 황제의 명예를 어느 누구도 원치 않았다. 결국 75세의 타키투스가 황제 직을 맡는 데 동의했다. 그는 역사가의 후예임을 주장했으며, 말 수 적은 비관주의자인 역사가 타키투스가 훈계하던 모든 미덕을 설명했다. 하지만 그는 제위를 차지한 지 여섯 달이 지나 극도의 피로감으로 사망했다. 자신들의 회개를 후회한 병사들은 폭력의 특권을 다시 행사했으며, 황제로서 프로부스에게 경의를 표했다.(276년)

그것은 탁월한 선택이자 이에 상응하는 평판을 얻었다. 왜냐하면 프로부스는 용기와 성실함에서 두드러졌기 때문이다. 그는 갈리아에서 게르만족을 몰아냈고, 일리리쿰에서 반달족을 일소했으며, 라인 강과 다뉴브 강 사이에 방벽을 세웠고, 말 한마디로 페르시아인을 놀라게 했다. 그리고 로마 세계 전체에 평화를 가져다주었다. 곧 그는 로마인들에게 어떠한 무기도, 군대도, 그리고 전쟁도 없을 것이며 법치가 온 세상을 뒤덮을 것이라고 약속했다. 이러한 유토피아의 전주곡으로 자신의 병사들에게 황무지를 개간하게 하고, 늪지에 배수 설비를 하게 했으며, 포도나무를 심게 하고, 그 밖의 공공 토목 공사를 수행하게 했다. 군대는 이러한 순화된 통치에 분개해 프로부스를 살해하고(282년) 그의 죽음을 애도했으며, 그를 기억하기 위해 기념비를 세웠다.

이제 군대는 달마티아의 해방 노예 아들인 디오클레스라는 사람을 황제로 맞이했다. 그는 자신을 디오클레티아누스라고 불렀으며, 뛰어난 재능과 유연한 양심의 가책으로 집정관, 총독, 그리고 친위대장으로 출세했다. 그는 정치적 수완보다는 전쟁에서 덜 유능한 천재였다. 그는 그라쿠스 형제에서 안토니우스까지 활개 치던 것보다 더 심각한 무정부 상태를 일정 기간 겪은 뒤에 제위에 올랐다. 아우구스투스처럼 그도 모든 파벌을 달래고 모든 국경을 방어했으며, 정부의 역할을 확대하고 종교의 원조와 지지를 기반으로 통치했다. 아우구스투스는 제국을 만들고 아우렐리아누스는 제국을 구했으며, 디오클레티아누스는 제국을 재조직했다.

디오클레티아누스의 첫 번째 중대한 결정은 제국 전체의 상태와 로마의 쇠퇴를 드러냈다. 그는 수도로서의 로마 시를 포기하고 비잔티움에서 남쪽으로 몇 마일 떨어진 소아시아의 니코메디아를 제국의 본거지로 정했다. 원로원은 계속해서 로마에서 모임을 가졌고, 집정관들은 그들의 의식을 치렀으며, 경기의 요란한 소리가 계속 귓전을 울렸고, 거리는 여전히 불쾌한 악취로 넘쳐나고 있었다. 하지만 권력과 지도력은 경제적, 도덕적 쇠퇴의 중심지인 로마로부터 떠났다. 디오클레티아누스는 자신의 조치를 군사적 필요성에 기초를 두었다. 즉 유럽과 아시아가 방어되어야 하지만 알프스에서 남쪽으로 꽤 멀리 떨어진 로마에서는 방어될 수 없었다. 따라서 그는 유능한 장군 막시미아누스를 자신의 공동 통치자로 임명해(286년) 서방에 대한 방어를 맡겼다. 그리고 막시미아누스는 로마가 아닌 밀라노를 수도로 삼았다. 6년 후 행정과 방어를 더 용이하게 하려고 두 명의 정(正)황제가 각각 자신의 보좌역이자 계승자인 부(副)황제를 선출했다. 즉 디오클레티아누스는 시르미움(사베 강에 인접한 미트로비카)를 수도로 정하고 다뉴브 속주들에 대한 책임을 떠맡은 갈레리우스를 부황제로 선택했다. 그리고 막시미아누스는 아우구스타 트레비로룸(트레브)를 수도로 정한 콘스탄티우스 클로루스를 부황제로 임명했다. 각각의 정황제는 부황제를 위해 20년 후에 은퇴하겠다는 서약을 했다. 그때가 되면 정황제가 된 부황제는 결국 자신을 돕고 계승할 부황제를 임명할 것이다. 각각의 정황제는 자신의 딸을 부황제와 결혼시킴으로써 법적인 결속에 혈연에 의한 결속이 더해졌다. 디오클레티아누스는 이렇게 하면 제위 계승 싸움을 피할 수 있고, 통치가 연속성을 회복할 것이며, 제국이 국내 반란과 외부 공격에 맞서 네 개의 전략적 지점에서 방어될 것으로 기대했다. 그것은 탁월한 중재안으로, 통합과 자유를 제외한 모든 장점을 지니고 있었다.

　제권(帝權)은 쪼개어졌지만 절대적이었다. 통치자 각각의 법은 전체 네 명의 이름으로 공포되었으며, 제국 전체에 법적으로 유효했다. 통치자들의 칙령은 로마에서 원로원의 승인 없이 즉시 법이 되었다. 모든 관리는 통치자에 의해 임명되었으며, 거대한 관료정이 국가 곳곳에 영향력을 확대했다. 관료정을 더 강화하기 위해 디오클레티아누스는 황제의 비범한 능력에 대한 예찬을 지상 세계에서 유피테르의 화신으로서 황제 자신에 대한 개인숭배로 발전시켰다. 반면에 막시미아누스는 자신을 헤라클레스에 비유하는 겸손함을 보였다. 지상에 질서와 평화를 회복하도록 천상에서 지혜와 힘이 전해졌다. 디오클레티아누스는 진주가 촘촘히 박힌 넓은 흰색 머리띠 장식과 비단과 금으로 만든 옷을 착용했다. 신발에는 값비싼 보석이 박혀 있었다. 그리고 자신의 궁정에서 떨어져 있었으며, 방문자들은 무릎을 꿇고 그의 옷단에 입을 맞춰야 했다. 디오클레티아누스는 산전수전 다 겪었으며, 이러한 신화와 형식에 남몰래 미소 지었음에 틀림없다. 하지만 그의 제위는 시대의 정당성을 결여했다. 따라서 그는 대중의 동요와 군대의 반란을 저지하기 위해 자신에게 신성과 경외심을 부여함으로써 정당성을 뒷받침하고 싶어 했다. 아우렐리우스 빅토르의 말에 따르면 "그는 스스로를 주인(dominus)이라고 불렀지만, 아버지처럼 행동했다."[40] 노예의 아들인 디오클레티아누스가 신과 왕을 동일시하는 동방적 전제정을 채택한 것은, 고대의 공화정 체제가 최종적으로 실패했음을 의미했다. 즉 이것은 마라톤 전투의 성과를 포기하는 것이었다. 그리고 그것은 알렉산드로스의 동방적 전제정처럼 아케메네스 왕실과 이집트 왕실, 프톨레마이오스 왕조와 파르티아 왕조 그리고 사산 왕조 왕들의 형식과 이론으로 복귀하는 것이었다. 프랑스 혁명까지 비잔티움과 유럽 왕국들의 구조는 이러한 동방화한 군주정에서 비롯되었다. 이제 필요한 모든 것은 동방의 수도에서 동방의 군주를 동방의 신앙과 결연시키는 것이었다. 비잔티움 양식이 디오클레티아누스와 함께 시작되었다.

6. 디오클레티아누스의 사회주의

디오클레티아누스는 카이사르의 활력으로 통치 조직의 모든 부문을 개조하는 일에 착수했다. 솔직히 말하면 제국은 중앙 집권 국가로서 지방 자치를 민주주의처럼 호사스러운 안전과 평화로 생각했으며, 실제적인 또는 임박한 전쟁의 필요에 따라 독재권을 너그럽게 용인했다. 전쟁은 빛나는 승리로 끝났다. 콘스탄티우스는 반란을 일으킨 브리타니아를 되찾았다. 그리고 갈레리우스에게 결정적인 패배를 당한 페르시아인들은 메소포타미아와 티그리스 강 너머 다섯 개의 속주를 양도했다. 한 세대 동안 로마의 적들이 저지되었다.

몇 년 간의 평화 동안 디오클레티아누스는 자신의 측근과 함께 경제적 쇠퇴의 문제에 대담하게 맞섰다. 불경기를 극복하고 반란을 저지하기 위해 그는 수요와 공급 법칙 대신에 관리 경제를 채택했다.[41] 그는 금화에 고정된 중량과 순도를 보증함으로써 건전한 통화를 확립했다. 이것은 1453년까지 동로마 제국에서 유지되었다. 디오클레티아누스는 시장가의 절반 또는 무상으로 빈민에게 식량을 분배했으며, 실업자들을 달래기 위해 광범한 공공 토목 공사에 착수했다.[42] 도시와 군대에 생활필수품을 확실하게 공급하기 위해 곡물 수입을 시작으로 많은 분야의 제조업을 국가 통제 아래 두었다. 그리고 나라에서 고용 안정과 수익을 보장해 줌으로써 이러한 일에 종사하는 선주(船主), 상인, 그리고 선원 들에게 국가의 통제를 받아들이도록 설득했다.[43] 국가는 오래전부터 대부분의 채석장, 염전, 그리고 광산을 소유해 왔다. 당국에서는 이제 이탈리아로부터 소금, 철, 금, 포도주, 곡물 또는 기름의 수출을 금지했으며, 이러한 물품의 수입을 엄격히 규제했다.[44] 또한 계속해서 군대와 관료 또는 법정을 위해 생산하는 시설을 통제했다. 군수 작업장, 직물 작업장, 제빵 작업장에 당국은 최소한의 제품을 요구했고, 이것을 자체 가격으로 구매했으며, 제조업자들의 조합에 책임지고 주문과 명세서에 따르게 했다. 만약 이러한 조치가 충분치 않은 것으로 입증되면, 당국에서는 이러한 작업장을 완전히 국영화해서 예속 노동자를 배치했다.[45] 점차 아우렐리아누스와 디오클레티아누스 치세에 이탈리아에서 대부분의 제조업 시설과 조합이 국가의 통제 아래 놓였다. 푸주한, 제빵업자, 석공, 건축업자, 유리 부는 직공, 철공, 조각가 등이 세부적으로 당국의 규제를 받았다.[46] 로스토프체프(Rostovtzeff)의 주장에 따르면 "여러 조합은 그들의 소유자보다는 국가를 위한 자신들의 사업에서 그다지 중요하지 않은 감독자에 더 가까웠다. 그들은 여러 부문의 관리와 다양한 군부대의 지휘관에게 속박되어 있었다."[47] 상인과 숙련공의 조합은 국가로부터 다양한 특권을 부여받았으며, 종종 국가 정책에 압력을 행사하기도 했다. 대신에 그들은 국가 행정 기관으로서의 역할을 수행했고, 노동자를 엄격히 통제하는 데 도움을 주었으며, 국가를 대신해 조합원으로부터 세금을 징수했다.[48] 이와 유사한 통제 방식이 3세기 말과 4세기 초에 속주의 군수 제조업과 식량 제조업, 그리고 의류 제조업으로 확대되었다. 폴 루이(Paul-Louis)는 "모든 속주에서 특별한 지방 징세관이 제조업 활동을 감독했다. 모든 대도시에서 국가는 개인 생산업자들보다 훨씬 뛰어난 …… 강력한 고용주가 되었다. 어쨌든 개인 생산업자들은 과세 때문에 몰락했다."라고 주장한다.[49]

이러한 제도는 가격 통제 없이는 작동할 수 없었다. 301년에 디오클레티아누스와 그의 동료들은 최고 공정 가격령을 공포했다. 이것은 제국의 모든 물품이나 용역에 대해 최고 법정 가격이나 임금을 규정했다. 최고 공정 가격령의 전문에서는 "희소성의 경제"에서 가격을 올리기 위해 시장에서 물건을 장기간 보유하던 독점자들을 이렇게 공격한다.

터무니없이 높은 가격이 우리의 도시 시장에 널리 퍼져 있으며, 이익에 대한 열망이 풍부한 공급이나 몇 년간의 풍작에도 감소되지 않는다는 것을 모를 만큼 아무런 생각이 없는 사람이 있을까? 그래서 …… 사악한 사람들은 풍요로워지면 자신들의 손실을 계산한다. 전반적인 번영을 억제하고 …… 고리대로 터무니없는 수익 추구를 목표로 하는 사람들이 있다. …… 탐욕이 온 세상에서 맹위를 떨치고 있다. …… 우리의 군대가 공동의 안전을 위해 가지 않으면 안 되는 모든 곳에서 폭리를 취하는 자들이 정상 가격의 네 배 또는 여덟 배 또는 어떤 말로도 묘사할 수 없을 만큼 엄청난 가격을 요구한다. 이따금 병사는 자신의 급료와 상여금을 한 번의 구입으로 다 써 버려야 한다. 따라서 군대를 부양하기 위해 전 세계에서 징수되는 세금이 증오할 만한 도둑들의 수익으로 돌아간다.[50]*

최고 공정 가격령은 지금까지 경제 법칙을 당국의 포고령으로 대체하려는 가장 유명한 시도였다. 최고 공정 가격령은 신속하게, 그리고 철저하게 실패했다. 상인들은 상품을 숨겼고 생활 물자 부족이 예전보다 더 심각해졌으며, 디오클레티아누스는 물가 상승을 묵인했다는 이유로 기소되었고,[52] 소요가 발생했다. 그리고 최고 공정 가격령은 생산과 분배를 회복하기 위해 완화되지 않으면

---

* 최고 공정 가격령에서 확정된 일부 "최고 한도" 금액을 통해 301년의 물가와 임금의 수준을 알 수 있다. 밀, 편두, 완두콩은 1부셸당 3.50달러, 보리, 호밀, 콩은 1부셸당 2.10달러, 포도주는 1파인트당 21~26센트, 올리브유는 1파인트당 10.5센트, 돼지고기는 1파운드당 10.5센트, 소고기나 양고기는 7센트, 닭은 52.5센트에 2마리, 동면 쥐류는 35센트에 10마리, 최상 등급의 양배추나 양상추는 3.5센트에 5개, 골파는 3.5센트에 25개, 최상급 달팽이는 3.5센트에 20개, 커다란 사과나 복숭아는 3.5센트에 10개, 무화과는 3.5센트에 25개, 동물 털은 1파운드당 5센트, 신발은 1켤레에 62센트에서 1.38달러로. 농장 노동자의 임금은 식비를 더해 하루 23~46센트, 석공, 목수, 대장장이, 제빵사는 식비를 더해 46센트, 이발사는 1인당 1.75센트, 서기는 100줄당 23센트, 초등 교사는 매달 학생당 46센트, 그리스 문학이나 라틴 문학 또는 기하학 교사는 매달 학생당 1.84달러, 변호사는 소송 사건 하나에 대한 변론으로 7.36달러를 받았다.[51]

안 되었으며,[53] 결국 콘스탄티누스에 의해 폐지되었다.

이러한 관리 경제의 약점은 관리 비용에 있었다. 필요한 관료가 너무 엄청나서 락탄티우스는 인구의 절반으로 추정할 정도였다.[54] 관료들은 성실함을 발휘하기에는 그들의 업무가 너무 방대하고, 종잡을 수 없는 사람들의 교묘함에 비해 그들의 감독이 너무 산발적이라는 것을 알았다. 관료, 법정, 군대, 건축 계획, 그리고 자선을 지원하기 위해 전례를 찾아볼 수 없을 정도로 도처에서 연속적으로 과세가 증대했다. 국가가 아직까지는 낭비를 은폐하고 수지 계산을 연기하기 위한 공공 차입 계획을 알지 못했으므로, 매년 운영비는 해마다 거둬들이는 세입으로 충당되어야 했다. 통화 가치의 저하를 통한 수익을 피하기 위해 디오클레티아누스는 가능하다면 어디에서든 세금을 현물로 징수하도록 지시했다. 즉 납세자들은 세금 할당량을 당국의 창고로 보내야 했으며, 그곳에서 최종 목적지로 상품이 도착하도록 많은 시간과 노력을 요하는 조직이 만들어졌다.[55] 각 자치 시에서 시 참사 위원이나 관리가 그들의 공동체에 부과된 세금 납부의 부족분에 대해 재정적으로 책임을 졌다.[56]

모든 납세자가 탈세를 시도했으므로 국가는 모든 사람의 재산과 소득을 조사하기 위해 특별히 세무 경찰력을 조직했다. 세대에서 은닉한 재산이나 소득을 알아내기 위해 아내, 아이들, 노예들에게 고문이 행해졌다. 더욱이 탈세에 대해서는 엄한 처벌이 가해졌다.[57] 3세기 말경과 4세기에는 제국에서 세금 회피가 훨씬 더 만연하다시피 했다. 부자는 재산을 은닉했고, 지방 귀족은 시 관리에 선출되지 않으려고 스스로를 하층민으로 재분류했으며, 숙련공은 생업에서 이탈했고, 많은 촌락과 일부 도시가(예를 들어 팔레스티나의 티베리아스) 높은 과세액 때문에 버림받았다.[58] 마침내 4세기에 수많은 시민들이 야만족들 사이에서 피난처를 찾기 위해 국경 너머로 도망했다.[59]

디오클레티아누스가 실제로 경작지와 작업장, 그리고 조합에서 농노제를 확립한 여러 수단에 의존했다는 것은 아마도 큰 손실을 초래하는 이러한 이동을 저지하고, 군대와 도시로 식량이, 그리고 국가로 세금이 적절히 유입되도록 하려는 것이었다. 지주가 현물로 할당된 세금을 통해 소작인의 생산성을 책임 지도록 규정하고, 소작인으로 하여금 체납한 채무나 수확물의 10분의 1인 소작료를 납부할 때까지 토지에 머물러 있어야 한다고 규정했다. 이러한 역사적인 칙령이 언제 공포되었는지는 알 수 없다. 하지만 332년에 콘스탄티누스는 소작인을 경작지에 묶어 두는 원적(原籍) 귀속령을 공포했다. 그리고 소작인은 지주의 동의 없이는 토지를 떠날 수 없었고, 소작인과 그의 가족은 토지와 함께 매각되었다.[60] 소작인들은 전혀 저항하지 않았다. 아마도 332년의 법은 오늘날 독일에서처럼 소작인의 안전을 보장해 준 것 같다. 이러저러한 방식으로 농업은 3세기에 노예제에서 자유를 거쳐 농노제로 옮겨 갔으며, 중세로 들어갔다.

안정을 강제하기 위한 비슷한 수단이 제조업에서도 사용되었다. 노동자는 직업에 "고정되었고", 당국의 동의 없이는 일터를 옮길 수 없었다. 각 조합은 조합의 일과 지정된 업무에 묶여 있었고, 어느 누구도 등록된 조합에서 떠날 수 없었다.[61] 상업과 제조업에 종사하는 사람은 누구나 조합에 의무적으로 가입해야 했다. 그리고 아들은 아버지의 직업을 세습해야 했다.[62] 누군가가 자신의 일이나 직업을 그만두고 싶을 때, 국가는 그에게 이탈리아가 야만족으로부터 포위 공격을 받는 상황이어서 모두가 자신의 일자리에 머물러 있어야 한다는 점을 상기시켰다.

니코메디아와 밀라노에서의 인상적인 의식을 통해 305년에 디오클레티아누스와 막시미아누스는 권력을 양도했고, 갈레리우스와 콘스탄티우스 클로루스가 각각 동방과 서방의 황제가 되었다. 당시 55세에 불과한 디오클레티아누스는 스팔라토의 거대한 궁전에 칩거해 남은 8년의 생을 그곳에서 보냈으며, 내전으로 인해 네 명의 황제 통치가 붕괴되어 가는 것을 조용히 바라보았다. 막시미아누스가 권력에 복귀해 내전을 종식시키도록 권유하자 디오클레티아누스는 만약 막시미아누스가 자신이 정원에서 재배하는 멋진 양배추를 보았더라면, 그러한 만족감을 희생하면서까지 권력에 대한 추구와 관심을 요구하지 않았을 것이라고 응답했다.[63]

디오클레티아누스는 자신의 양배추와 휴식을 즐길 만한 자격이 있었다. 그는 반세기의 무정부 상태에 종지부를 찍었고, 통치와 법률을 재확립했으며, 제조업에 안정을 가져오고 상업에 안전을 회복했다. 그리고 페르시아를 복종시키고 야만족들을 달랬으며, 몇 번의 살인에도 불구하고 대체로 진지한 입법자이자 공정한 재판관이었다. 사실 그는 비용이 많이 드는 관료정을 확립했고, 지방 자치를 끝냈으며, 반대 세력을 가혹하게 처벌했고, 그의 치유 작업에서 유익한 동맹자가 될 수 있었던 교회를 박해했다. 그리고 제국의 주민들을 한쪽 끝에 무식한 소농, 그리고 다른 한쪽 끝에 절대 군주가 자리 잡은 폐쇄적 계급 사회로 바꾸어 놓았다. 하지만 로마가 직면한 상황들은 관대한 정책을 허용하지 않았다. 마르쿠스 아우렐리우스와 알렉산드로스 세베루스는 관대한 정책을 시도했지만 실패했다. 사방에서 적들에 직면한 로마 국가는, 모든 국가가 중대한 전쟁에서 해야 하는 것을 했다. 로마 국가는 강력한 지도자의 독재권을 받아들이고 감당할 수 없을 정도로 과세했으며, 집단의 자유가 확보될 때까지 개인의 자유는 제쳐 두었다. 단지 더 어려운 상황에서 더 많은 희생을 치르며 디오클레티아누스는 아우구스투스의 성취를 되풀이했다. 그의 동시대인과 후손은 그들이 벗어난 것을 마음에 새겨 잊지 않으면서 그를 "황금시대의 아버지"라고 불렀다. 콘스탄티누스는 디오클레티아누스가 세운 집으로 들어갔다.

30장 그리스도교의 승리
서기 306~325

1. 교회와 국가의 전쟁: 서기 64~311년

그리스도교 이전 시기에 로마 당국은 대부분 정통 이교 신앙의 경쟁자들에게 관용을 베풀었으며, 결국에는 그들도 로마의 공식적인 제례와 황제의 숭배에 관용을 나타냈다. 새로운 신앙의 추종자들에게는 이따금 국가의 신과 우두머리에 대한 숭배의 표시를 제외하고는 아무것도 요구되지 않았다. 황제들은 그들의 지배를 받는 모든 이단자 중에 그리스도교도와 유대인만이 그들의 비범한 재능에 경의를 표하려 들지 않는다는 것을 알고 분노했다. 황제의 조각상 앞에 향을 피우는 것은 오늘날 시민권에 요구되는 충성의 서약처럼 제국에 대한 충성의 표시였다. 제국의 언저리에서 교회는, 종교가 국가에 종속되어 있다는 로마인의 생각에 분개했다. 그리고 교회는 황제 숭배에서 다신교와 우상 숭배의 행위를 보았으며, 신도들에게 어떤 희생을 치르더라도 황제 숭배를 거부하도록 지시했다. 로마 당국은 그리스도교가 기존 질서를 전복하려고 교묘하게 기획된 급진적인, 아마도 공산주의 운동일 것이라고 결론을 내렸다.

네로 이전에는 교회와 국가 두 세력이 싸우지 않고서 같이 살아갈 수 있다고 생각했다. 법률은 유대인의 황제 숭배를 면제해 주었고, 처음에는 유대인과 혼동된 그리스도교도 동일한 특권을 부여받았다. 하지만 베드로와 바울을 처형하고, 네로의 경기를 밝게 비추기 위해 그리스도교도를 화형에 처하면서 서로를 경멸하던 관용이 끊임없는 적대감과 간헐적인 전쟁으로 바뀌었다. 그러한 도발 이후에 그리스도교도가 모든 무기를 로마로 향하게 했다는 것은 놀랄 만한 일이 아니다. 그리스도교도는 로마의 부도덕과 우상 숭배를 비난했고, 로마의 신들을 조롱했으며, 로마의 재난에 기뻐했고,[1] 가까운 장래에 로마가 멸망할 것으로 예측했다. 불관용으로 인해 완고해져 신앙에 열중한 그리스도교도는 그리스도를 받아들일 기회가 있었지만 거부하는 사람은 모두 영원한 고통을 선고받을 것이라고 선언했다. 수많은 그리스도교도는 모든 그리스도교 이전 세계나 비(非)그리스도교 세계가 동일한 운명을 맞이할 것으로 예측했다. 하지만 일부 그리스도교도는 소크라테스를 제외했다. 여기에 응수해서 이교도들은 그리스도교도를 "쓰레기 같은 인간들"과 "무례한 야만인들"이라고 불렀고, "인류에 대한 증오"를 이유로 비난했으며, 제국의 불행을 제국에 살도록 허용받은 그리스도교도에게 욕을 먹던 이교 신들의 분노 탓으로 돌렸다.[2] 상대방을 중상하는 수많은 전설들이 양편에서 나타났다. 그리스도교도는 악마의 마법을 행하고 은밀하게 음란한 행위를 저지르며, 파스카 축제에서 인간의 피를 마시고,[3] 나귀를 숭배한다는 이유로 고발되었다.

하지만 싸움은 단순한 호전적 태도보다도 더 심각했다. 이교 문명은 국가를 기반으로, 그리고 그리스도교 문명은 종교를 기반으로 세워졌다. 로마인에게 종교는 통치 조직과 의식의 일부였으며, 로마인의 도덕은 애국심에서 정점에 도달했다. 그리스도교도에게 종교는 정치 사회와 분리된, 그리고 우위에 있는 무엇이었으며, 그리스도교도의 궁극적인 충성은 카이사르가 아닌 그리스도를 향해 있었다. 테르툴리아누스는 부당하다고 생각되는 법에는 복종할 필요가 없다는 혁명적인 원칙을 세웠다.[4] 그리스도교도는 로마의 행정관보다는 주교를, 심지어는 사제조차 공경했다. 그는 동료 그리스도교도와의 법적 분쟁을 국가의 관리들보다는 오히려 교회 당국에 제소했다.[5] 세속의 문제에 대한 그리스도교도의 냉담은 이교도에게 시민의 의무를 저버리는 행위로, 그리고 국가의 본질과 의지를 약화시키는 것으로 보였다. 테르툴리아누스는 그리스도교도에게 병역을 거부하도록 조언했다. 병역 거부를 중지해 달라는 켈수스의 호소와 그리스도교도가 제국을 위해 싸우지는 않겠지만 기도하겠다는 오리게네스의 응답을 통해 상당수의 그리스도교도가 테르툴리아누스의 조언을 따랐음을 알 수 있다.[6] 그리스도교도 지도자들은 비그리스도교도를 피하도록, 그들의 축제 경기를 야만적인 것으로 보고 피하도록, 그리고 그들의 극장을 음란한 유곽으로 보고 피하도록 권고했다.[7] 비그리스도교도와의 결혼은 금지되었다. 그리스도교도 노예는 주인의 아이나 아내를 개종해 가족의 불화를 초래했다는 이유로 고발되었다. 게다가 그리스도교는 가정을 해체했다는 이유로 고발되었다.[8]

새로운 종교에 대한 반대는 국가가 아닌 오히려 대중에게서 비롯되었다. 행정관들은 종종 교양 있고 관용적이었지만, 대부분의 이교도 주민은 그리스도교도의 냉담, 교만, 그리고 확신에 분노했으며, 이러한 "무신론자들"을 신들에 대한 모욕죄로 처벌할 것을 당국에 요구했다. 테르툴리아누스는 "우리에게 감지되는 전반적인 증오"에 주목한다.[9] 네로 시대부터 로마법은 그리스도교 신앙 고백에 대해 사형 죄로 낙인찍었던 것처럼 보인다.[10] 하지만 대부분의 황제 치하에서 이 법령은 의도적으로 소홀하게 집행되었다.[11] 고발된 그리스도교도는 보통 황제의 조각상에 향을 바침으로써 석방될 수 있었다. 그 다음 그는 분명히 자신의 신앙을 조용히 재개할 수 있었다.[12] 이러한 복종을 거부하던 그리스도교도는 투옥 또는 채찍질을 당할 수 있었고, 아니면 추방되거나 광산 노동을 선고받을 수 있었다. 하지만 사형에 처해지는 경우는 드물었다. 도미티아누스는 몇몇 그리스도교도를 로마에서 추방한 것 같다. 하지만 테르툴리아누스의 말처럼 "어느 정도 인간적이었던 그는 곧 자신이 시작한 것을 중지했으며, 추방된 자들을 복귀시켰다."[13] 트라야누스에게 보낸 서한으로 판단컨대, 플리니우스는 거들먹거리는 거만함으로 그리스도교도의 신앙 고백을 사형 죄로 다스리는 법령을 집행했다.(111년)

나에게 그리스도교도로 고발된 사람들을 관찰하는 방식은 이렇다. 난 그들이 그리스도교도인지 아닌지를 질문했다. 만약 그들이 그리스도교도라고 고백하면, 재차 두 번 그 질문을 되풀이했다. 여기에 사형 위협을 추가했다. 만약 그들이 주장을 굽히지 않는다면, 그들을 처형하도록 명령했다. …… 거의 방치되다시피 하던 신전들에 이제 사람들이 자주 모이기 시작한다. …… 그리고 얼마 전까지 구매자들이 거의 없던 희생제에 바칠 동물들을 찾는 일이 많아졌다.

트라야누스는 이렇게 응답했다.

친애하는 플리니우스, 그리스도교도로 고발된 사람들에 대한 소송 사건을 엄밀히 조사하는 데 사용하는 그대의 방식은 적절한 것이 틀림없습니다. …… '이들에게는 어떠한 조사도 이루어져서는 안 됩니다.' 그들이 고발되어 유죄가 입증되면 처벌해야 합니다. 하지만 피고인이 그리스도교도임을 부정하고 …… 우리의 신들을 숭배한다고 증명하면 사면되어야 합니다. …… 원고의 이름이 날인되지 않은 정보는 어느 누구에게도 불리한 증거가 되어서는 안 됩니다.[14]

여기에서 따옴표 안에 있는 구절은 트라야누스가 단지 마지못해 기존의 법령을 실시했음을 암시한다. 그럼에도 불구하고 우리는 그의 원수정에서 두 명의 걸출한 순교자인 예루살렘 교회의 수장 시메온과 안티오크 주교 이그나티우스에 대해 듣게 된다. 아마도 덜 유명한 다른 순교자들도 있었을 것이다.

모든 신념에 개방적이었던 회의론자 하드리아누스는 자신의 피임명자들에게 그리스도교도들을 철저히 의심하도록 지시했다. 더 종교적이었던 안토니누스는 더 많은 박해를 허용했다. 스미르나에서 주민들은 "아시아 속주의 제사장" 빌립에게 그리스도교도의 신앙 고백을 사형 죄로 다스리는 법률을 집행하도록 요구했다. 그는 이러한 요구에 따라 원형 경기장에서 열한 명의 그리스도교도를 처형했다.(155년) 이것으로 군중의 피에 대한 갈망이 완화되기보다는 더 자극되었다. 젊은 시절에 사도 바울을 알았다고 전해진 86세의 성스러운 주교 폴리카르푸스에 대한 처형이 요구되었다. 그는 교외 은신처에서 로마 병사들에게 발견되어 경기장에 있는 아시아 속주의 제사장 앞에 아무런 저항 없이 끌려왔다. 빌립은 "맹세하고 그리스도를 비방해라, 그러면 석방해 주겠다." 하고 윽박질렀다. 『순교자 행전』 중에 가장 오래된 것에 따르면, 폴리카르푸스는 "86년 동안 난 그분을 섬겨 왔는데, 그동안 그분은 나를 한번도 부당하게 대우한 적이 없소. 그런데 내가 어떻게 나를 구원하신 나의 왕을 모독할 수가 있겠소."라고 대답했다. 군중들은 그를 산 채로 불에 태우라고 소리쳤다. 『순교자 행전』에 따르면 불길이 그를 태우기를 거부했지만, "그는 구워지고 있는 빵처럼 불길 안에 있었다. 그런데 우리는 향이나 다른 값비싼 향신료에서 나올 법한 향기로운 냄새를 감지했다. 마침내 무법자들이 사형 집행인에게 그를 찌르도록 명령했다. 그를 찌르자 비둘기 한 마리가 나왔고, 너무 많이 흘린 피로 불이 꺼졌으며, 모든 군중이 소스라치게 놀랐다."라고 한다.

아우렐리우스 치하에서 박해가 재개되었다. 한때 행복했던 치세를 기아, 홍수, 전염병, 그리고 전쟁이 압도하자, 로마의 신들을 무시하고 부정했으므로 이러한 재난이 발생했다는 확신이 널리 퍼졌다. 아우렐리우스는 대중의 공포를 공유했거나, 아니면 그것에 굴복했다. 177년에 그는 새로운 교리의 여세로 "균형이 잡히지 않은 사람들의 마음을 자극함으로써" 혼란을 초래한 종파들을 처벌하도록 명령했다. 같은 해에 비엔나와 리옹에서 그리스도교도에 분노한 이교도 주민들이 들고 일어났으며, 그들을 향해 집에서 돌을 던졌다. 황제의 특사가 리옹의 주요 그리스도교도를 체포하도록 명령했다. 90세의 포티누스 주교가 고문 후유증으로 감옥에서 사망했다. 남아 있는 죄수들의 처리와 관련해 황제의 조언을 구하려고 로마에 사절이 파견되었다. 마르쿠스 아우렐리우스는 그리스도교를 부정하는 사람은 석방해야 하지만, 그리스도교 신앙을 고백하는 사람은 법률에 따라 처형해야 한다고 응답했다.

해마다 열리는 아우구스탈리아 축제가 이제 리옹에서 열리게 되었고, 갈리아 전체에서 온 사절들이 속주 수도인 리옹을 가득 채웠다. 경기가 정점에 도달했을 때 고발된 그리스도교도들이 원형 경기장에 끌려 나와 심문받았다. 그리스도교 신앙을 부정하는 사람들은 풀려났다. 하지만 주장을 굽히지 않은 47명은 다양하고 야만적인 고문으로 처형되었다. 단지 이단 심문만이 이러한 고문에 견줄 수 있었다. 그리스도교 공동체에서 포티누스에 이어 2인자인 아탈로스는 빨갛게 달군 쇠 의자에 앉아 구워진 채로 죽어야 했다.[15] 소녀 노예 블란디나는 하루 종일 고문당했으며, 그 다음 가방에 싸여 황소에게 받혀 죽도록 경기장에 내던져졌다. 그녀의 무언의 인내는 수많은 그리스도교도로 하여금 그리스도가 자신의 순교자들에게 고통에 무감각하도록 만들어 주었다고 믿게 했다. 똑같은 결과가 황홀경과 공포로부터 비롯될 수 있었다. 테르툴리아누스의 말에 따르면 "그리스도교도는 사형을 선고받을 때조차도 고마워했다."[16]*

콤모두스 치하에서 박해는 시들해졌다. 셉티미우스 세베루스는 심지어 세례를 범죄로 만들 정도까지 박해를 재개했다. 203년에 많은 그리스도교도가 카르타고에서 순교했다. 그들 중 한 명인 페르페투아라는 젊은 엄마가 자신의 감옥 시절과 자신에게서 그리스도교를 포기시키려는 아버지의 간청이라는 감동적인 이야기를 남겼다. 그녀와 또 한 명의 젊은 엄마는 내던져져 황소에게 받혔다. "우리가 언제 내던져질까?"라는 그녀의 나중 질문에 공포와 황홀경이 가져오는 마비 효과가 암시되어 있다. 이야기는 그녀를 죽여야 했던 망설이는 검투

---

*리옹의 박해에 대해 우리가 아는 지식은 "갈리아의 루그두눔과 비엔나에서 아시아와 프리기아의 교우들에게 보내는 그리스도의 종들"의 서한에서 유래한다. 이것은 에우세비우스의 『교회사』 5권 1장에 수록되어 있다. 어느 정도 과장되었을지도 모른다.

사의 단검을 어떻게 그녀가 자신의 목으로 안내했는지를 말해 준다.[17] 셉티미우스를 추종하던 시리아의 황후들은 로마의 신들에 전혀 관심이 없었으며, 그리스도교에 무관심한 관용을 베풀었다. 알렉산드로스 세베루스 치하에서 모든 경쟁 신앙 사이에서 평화가 확립되었던 것처럼 보였다.

야만족의 공격이 재개되면서 이러한 휴전은 막을 내렸다. 데키우스(또는 아우렐리우스) 치하에서의 박해를 이해하려면 심각한 패배에 흠칫 놀라고 적의 침입을 예상하면서 전쟁의 최고 흥분 상태에 있었던 국가를 상상해야 한다. 249년에 고조된 종교적 감정이 제국을 휩쓸고 지나갔다. 남녀를 불문하고 모두가 신전에 모여들어 기도로 신들을 괴롭혔다. 애국심과 공포의 열병에 둘러싸인 그리스도교도들은 여전히 병역(兵役)에 분개하고 반대하면서,[18] 로마의 신들을 조롱하면서, 그리고 제국의 붕괴를 "바빌론"의 파멸과 그리스도의 재림에 대한 예견된 전조로 해석하면서 거리를 두었다. 대중의 정서를 제국민(帝國民)들의 열광과 통일을 강화하기 위한 기회로 이용한 데키우스는 제국의 모든 주민에게 로마의 신들을 달래기 위해 경의를 표하도록 요구하는 칙령을 공포했다. 분명히 그리스도교도에게는 자신들의 신앙을 포기하도록 요구하지 않았지만, 널리 실시되고 있는 신들에게 바치는 감사제에 함께할 것을 명령했다. 주민들은 신들이 위기에 처한 로마를 자주 구해 주었다고 믿고 있었다. 대부분의 그리스도교도는 동의했다. 알렉산드리아 주교 디오니시오스에 따르면 알렉산드리아에서 "배교(背敎)는 흔히 볼 수 있는 일이었다."[19] 카르타고와 스미르나에서도 마찬가지였다. 아마도 이러한 그리스도교도들은 감사제를 형식적인 애국 행위로 생각했던 것 같다. 하지만 예루살렘과 안티오크의 주교는 감옥에서 죽었고, 로마와 툴루즈의 주교는 처형당했다.(250년) 수많은 로마의 그리스도교도가 지하 감옥을 가득 채웠다. 일부는 참수형을 당했고, 일부는 말뚝에 결박되어 화형에 처해졌으며, 소수는 휴일 축제에서 짐승들에게 내던져졌다. 1년 후에 박해가 줄어들었으며, 251년 부활절 무렵 박해는 사실상 막을 내렸다.

6년 뒤 또 한 차례의 침입과 공포의 위기 속에서 발레리아누스는 "모든 사람이 로마의 의식을 따라야 한다."라고 명령했고, 어떠한 그리스도교 집회도 허용하지 않았다. 교황 식스투스 2세가 저항했지만 네 명의 부제와 함께 처형당했다. 카르타고의 주교 키프리아누스는 참수형에 처해졌고, 타라고나의 주교는 산 채로 불에 태워졌다. 페르시아인들이 발레리아누스를 제거한 이후인 261년에 갈리에누스는 그리스도교를 허가받은 종교로 인정하고, 그리스도교도에게서 빼앗은 재산을 되돌려주는 관용령을 최초로 공포했다. 그다지 중요하지 않은 박해가 다음 40년 동안 나타났지만, 대부분 이 기간은 그리스도교에게는 수십 년간의 전례 없이 평온하고 급속한 성장의 시기였다. 3세기의 혼란과 공포 속에서 사람들은 약화된 국가로부터 벗어나 종교에서 위안을 찾았으며, 그리스도교의 경쟁자들보다는 그리스도교에서 더 많은 위안을 찾았다. 교회는 이제 많은 개종자를 만들었고, 화려한 성당을 건립했으며, 신자에게 현세의 즐거움을 같이 나누도록 했다. 사람들 사이에서 신학자 간의 증오가 수그러들었다. 그리스도교도들은 이교도들보다 더 자유롭게 섞였으며, 심지어 이교도들과 결혼까지 했다. 디오클레티아누스의 동방적 군주정은 정치적 안전과 평화뿐 아니라 종교적 안전과 평화도 강화하도록 되어 있는 것처럼 보였다.

하지만 갈레리우스는 그리스도교에서 절대 권력에 대한 마지막 장애물을 보았으며, 자신의 상관인 디오클레티아누스에게 로마의 신들을 되살려 로마의 복원을 완성하도록 촉구했다. 디오클레티아누스는 망설였다. 그는 불필요한 위험을 싫어했으며, 로마 복원 과업의 중요성을 갈레리우스보다 더 정확히 평가하고 있었다. 하지만 그리스도교도들이 사악한 악마들을 피하기 위해 황제의 희생 제물에 성호를 긋는 사건이 발생했다. 복점관들이 희생 제물로 봉헌된 동물의 간에서 해석하려 했던 흔적을 발견하지 못했을 때, 불경스럽고 믿음이 없는 사람들이 참석했기 때문이라고 비난했다. 디오클레티아누스는 모든 참석자가 희생 제물을 바쳐야 하고 그렇지 않을 경우에는 채찍으로 맞아야 하며, 군대의 모든 병사도 마찬가지로 희생 제물을 바쳐야 하고 그렇지 않을 경우에는 퇴역시킬 것을 명령했다.(302년) 이상하게 들릴지 모르지만 그리스도교도 저술가들은 이교도 사제들과 의견이 일치했다. 즉 락탄티우스의 말에 따르면[20] 그리스도교도의 기도는 로마의 신들과 거리를 두었다. 그리고 한 세대 전에 디오니시오스 주교가 동일한 취지로 쓴 적이 있었다. 기회 있을 때마다 갈레리우스는 새로운 군주정에 대한 버팀목으로 종교적 통일의 필요성을 역설했다. 그리고 마침내 디오클레티아누스가 굴복했다. 303년 2월에 네 명의 통치자가 모든 그리스도교 교회의 파괴, 그리스도교 서적의 소각, 그리스도교 회중의 해산과 재산 몰수, 그리스도교도의 공직 배제, 그리고 종교 집회에서 발각된 그리스도교도의 처형을 명령하는 칙령을 공포했다. 한 무리의 병사들이 니코메디아의 성당을 전소시키는 것으로 박해에 착수했다.

그리스도교도들은 이제 보복을 감행할 만큼 충분히 수적으로 증가했다. 혁명적인 운동이 시리아에서 발생했으며, 니코메디아에서는 방화범들이 두 차례에 걸쳐 디오클레티아누스 궁정에 불을 질렀다. 갈레리우스는 그리스도교도들을 방화로 고발했고, 그들은 그를 비난했다. 수많은 그리스도교도가 체포되어 고문을 당했지만, 유죄는 결코 확정되지 않았다. 9월에 디오클레티아누스는 투옥된 그리스도교도가 로마의 신들을 숭배할 경우에는 석방하지만, 거부할 경우에는 로마에 알려진 모든 고문을 받도록 명령했다. 냉소적인 저항에 격분한 디오클레티아누스는 속주의 모든 행정관에게 그리스도교도를 모조리 색출하고 신들을 달랠 수 있는 모든 방법을 강구하도록 지시했다. 그 다음 아마도 이러한 끔찍한 계획을 자신의 계승자들에게 맡기는 것에 만족했는지 제위에서 물러났다.

막시미아누스는 이탈리아에서 군사적으로 철저하게 디오클레티아누스의 지시를 실행에 옮겼다. 정황제가 된 갈레리우스는 동방에서 박해를 격려했다. 순교자들의 명부가 갈리아와 브리타니아를 제외하고 제국의 모든 지역에서 증가하고 있었다. 갈리아와 브리타니아에서는 콘스탄티우스가 소수의 교회를 불태우는 것에 만족했다. 분노로 인한 과장된 표현이었을 것으로 추정되는 글에서 에우세비우스는 이렇게 말한다. 살이 껍질과 함께 뼈에서 도려내어질 때까지 사람들이 채찍으로 맞았고, 소금이나 식초가 상처에 쏟아부어졌으며, 살이 조금씩 잘려 나가 기다리고 있던 동물들에게 제공되었고, 그렇지 않으면 십자가에 결박된 사람들이 굶주린 야수들에게 조금씩 먹혔다. 일부 희생자에게는 날카로운 갈대가 손톱 밑을 관통하게 했고, 일부에게는 눈을 도려냈으며, 일부에게는 한 손이나 한 발로 매달리도록 했다. 그리고 일부에게는 용해된 납을 목으로 쏟아부었고, 일부에게는 참수형을 처하거나, 아니면 십자가에 못 박거나, 아니면 곤봉으로 죽을 때까지 때렸다. 그리고 일부는 잠깐 구부러진 나뭇가지에 결박된 채 갈기갈기 찢겼다.[21] 이러한 사건에 대한 이교도의 이야기는 전해지지 않는다.

박해는 8년 동안 계속되었고, 정통이든 이단이든 대략 1500명의 그리스도교도가 죽었으며, 셀 수 없이 더 많은 사람들에게 다양한 고통이 가해졌다. 수많은 그리스도교도가 신앙을 부정했다. 전승에 따르면 로마의 주교 마르켈리누스마저 공포와 고통의 강압 아래에서 자신의 신앙을 부정했다고 한다. 하지만 박해받은 사람들 대부분은 단호한 태도를 보였다. 그리고 고문을 받으면서도 영웅적으로 신앙을 지켜 나간 사람들에 대한 광경이나 소문이 동요하는 사람들의 신앙을 강화시켜 주었으며 쫓기는 회중에게 새로운 신도를 맞이할 수 있게 해 주었다. 잔혹 행위가 늘어나면서 이교도 주민들의 연민이 자극되었다. 선량한 시민들이 용기를 내어 로마 역사상 가장 잔혹한 억압에 반대하는 목소리를 냈다. 예전에는 대중이 국가에 그리스도교를 파괴하도록 촉구했지만, 이제는 대중이 당국과 거리를 두었으며, 많은 이교도들이 죽음을 무릅쓰고 폭풍우가 지나갈 때까지 그리스도교도들을 숨겨 주거나 보호해 주었다.[22] 불치병으로 고통을 받으며, 실패를 확신한, 그리고 그리스도교도의 불패의 하느님과 화해하라는 아내의 간청으로 갈레리우스는 311년에 관용령을 공포했다. 관용령은 그리스도교를 합법적인 종교로 인정하고, 그리스도교도의 기도를 "우리의 가장 관대한 자비"와 맞바꾸도록 요구했다.[23]

디오클레티아누스의 박해는 교회가 경험한 가장 커다란 시험이자 승리였다. 박해가 방해받지 않고 반세기에 걸쳐 확대되는 사이에 그리스도교에 가입하거나 아니면 성장하던 신자들의 자연스러운 변절로 잠시 그리스도교가 약화되었다. 하지만 곧 중도 이탈자들이 회중에 다시 가입할 수 있도록 회개하고 탄원하고 있었다. 죽었던 순교자들, 아니면 고통을 겪었던 "그리스도교 신앙 고백자들"의 충절에 대한 이야기 덕분에 신앙이 이 공동체에서 저 공동체로 확산되었다. 그리고 강력한 과장과 매력적인 전설로 『순교자 행전』이 그리스도교 신앙을 불러일으키고 견고하게 하는 데 역사적인 역할을 수행했다. 테르툴리아누스는 "순교자들의 피가 씨앗이 되었다."라고 말했다.[24] 계속되는 황제들의 멸시와 억압을 받은 소수의 그리스도교도가 모든 시련을 격렬할 정도로 완강하게 견뎌 내는 광경을 보는 것보다 더 극적인 각본은 인간의 기록 어디에서도 찾아볼 수 없다. 그리스도교도는 조용히 수를 늘려 나갔고, 적들이 혼란을 일으키는 동안 질서를 구축했으며, 말로써 칼과 싸우고, 희망으로 잔혹함과 싸웠다. 그리고 마침내 역사상 가장 강력한 국가를 무찔렀다. 카이사르와 그리스도가 경기장에서 마주쳤고, 그리스도가 승리했다.

2. 콘스탄티누스의 등장

자신의 달마티아 궁정에서 평화롭게 지내면서 디오클레티아누스는 그리스도교 박해와 4제(四帝) 통치가 모두 실패했음을 목격했다. 그의 퇴위에 뒤이은 제국의 혼란은 좀처럼 전례를 찾아보기 힘들었다. 갈레리우스는 자신이 세베루스와 막시미누스 다자(Maximinus Daza)를 부황제로 임명할 수 있도록 콘스탄티우스를 설득했다.(305년) 즉시 세습의 원칙이 주장되었다. 즉 막시미아누스의 아들 막센티우스가 아버지의 권한을 계승하고 싶어 했으며, 마찬가지로 이것은 콘스탄티누스의 결심에도 자극을 주었다.

플라비우스 발레리우스 콘스탄티누스는 모에시아의 나이수스에서 콘스탄티우스와 그의 법률상의 첩으로 비티니아 출신의 술집 여자 헬레나 사이에서 서자로 태어났다.[25] 콘스탄티우스가 부황제가 되자마자 디오클레티아누스는 그에게 헬레나와 이혼하고 막시미아누스의 의붓딸 테오도라를 아내로 맞이할 것을 요구했다. 콘스탄티누스는 변변찮은 교육을 받았을 뿐이다. 그는 일찍이 군 생활을 시작했으며, 이집트와 페르시아에 맞선 전쟁에서 용맹을 입증해 보였다. 갈레리우스는 디오클레티아누스를 계승하자마자 콘스탄티우스가 얌전하게 처신하도록 젊은 장교 콘스탄티누스를 볼모로 잡아 두었다. 콘스탄티우스가 갈레리우스에게 콘스탄티누스를 돌려보낼 것을 요구했을 때, 갈레리우스는 교묘하게 질질 끌었다. 하지만 콘스탄티누스는 감시자들의 눈을 피해 도망쳤으며 밤낮으로 말을 달려 유럽을 지나 불로뉴에서 아버지와 합류해 브리타니아 전투에 참가했다. 인간적인 콘스탄티우스에게 충성을 다한 갈리아 군대가 잘생기고, 용감하고, 활력 넘치는 그의 아들을 사랑하게 되었다. 그리고 아버지가 요크에서 죽었을 때(306년), 병사들이 콘스탄티누스를 부황제로서뿐만 아니라 "정황제"로서 선언했다. 그는 배후에 군대가 없으면 자신의 목숨이 안전하지 못할 것이라는 핑계를 대며 부황제 칭호를 받아들였다. 너무 멀리 떨어져 있어 개입할 수 없었던 갈레리우스는 그를 부황제로 승인했다. 콘스탄티누스는 침입하는 프랑크족에 맞서 승리했으며, 갈리아의 원형 경기장에서 야수들에게 야만족 왕들을 먹이로 던져 주었다.

그 사이 로마에서 친위대는 고대의 수도 로마가 지도력을 되찾기를 갈망하면서 막센티우스를 황제로 맞이했다.(306년) 세베루스는 그를 공격하려고 밀라노에서 내려왔다. 혼란을 잠재우기 위해 막시미아누스는 아들의 요청에 따라 다시 황제의 자리에 올라 전투에 합류했다. 세베루스는 병사들에게 버림받고 처형되었다.(307년) 커져 가는 혼란에 직접 대담하게 맞서기 위해 연로한 갈레리우스는 새로운 정황제로 플라비우스 리키니우스를 임명했다. 이 소식에 접한 콘스탄티누스는 정황제의 지위를 차지했다.(307년) 1년 뒤에 막시미누스 다자가 황제의 칭호를 받아들였다. 따라서 디오클레티아누스가 계획하던 두 명의 정황제 대신에 이제 여섯 명의 정황제가 있었다. 어느 누구도 고작 부황제가 되는 것에 관심을 갖지 않았다. 막센티우스는 아버지와 말다툼을 했으며, 막시미아누스는 콘스탄티누스의 도움을 받으려 갈리아로 갔다. 콘스탄티누스가 라인 강에서 게르만족과 싸우는 사이에 막시미아누스는 갈리아 군대의 사령관으로 그를 대체하려고 시도했다. 콘스탄티누스는 갈리아를 가로질러 진격했고, 마르세유에서 권력 찬탈자인 막시미아누스를 포위 공격해 사로잡았으며, 그가 자살할 수 있도록 호의를 베풀었다.(310년)

갈레리우스의 죽음으로(311년) 음모와 전쟁 사이의 마지막 장벽이 제거되었다. 막시미누스가 막센티우스와 공모해 리키니우스와 콘스탄티누스를 타도하려 했으며, 리키니우스와 콘스탄티누스도 그들을 타도하기 위해 음모를 꾸몄다. 주도권을 장악한 콘스탄티누스가 알프스를 넘어 투린(지금의 토리노) 근처의 군대를 격파했고, 신속한 움직임과 병사들을 통제하는 규율로 로마를 향해 진격했다. 이것은 루비콘 강에서 진격한 카이사르를 생각나게 했다. 312년 10월 27일에 콘스탄티누스는 로마에서 북쪽으로 9마일 떨어진 붉은 돌산(삭사 루브라(Saxa Rubra))에서 막센티우스의 군대와 마주쳤다. 그리고 탁월한 전략으로 막센티우스에게 테베레 강을 등지고 싸우도록 했으며, 밀비우스 다리 위 말고는 후퇴할 수 없게 했다. 에우세비우스의 말에 따르면[26] 전투가 있기 전 오후에 콘스탄티누스가 그리스어로 "이 표지로서 승리하리라."고 씌어진 하늘에서 불타고 있는 십자가를 보았다고 한다. 에우세비우스와 락탄티우스에 따르면[27] 이튿날 아침 일찍 콘스탄티누스는 자신의 병사들 방패에 문자 X와 그것을 통과하는 직선의 가장 윗부분이 고리 모양이 되도록 새기라는 목소리를 꿈에서 들었다고 한다. 이 표지는 그리스도를 상징하는 것이었다. 콘스탄티누스는 일어나자마자 꿈에서 일러준 대로 했으며, 그 다음 그리스도의 머리글자가 새겨져 있는 십자가를 들고 군기를 뒤로 한 채 전투의 선봉에 서서 진격했다. 막센티우스가 무적의 태양신 깃발을 펼쳤을 때, 콘스탄티누스는 자신의 군대에서 다수를 이루고 있었고 그 전투를 종교의 역사에서 하나의 전환점으로 만든 그리스도교도들과 운명을 같이했다. 십자가가 콘스탄티누스 군대의 미트라 숭배자들을 화나게 할 수는 없었다. 그들은 오랫동안 미트라의 빛의 십자가가 그려져 있는 군기 아래에서 싸워 왔기 때문이다.[28] 여하튼 콘스탄티누스는 밀비아누스 다리 전투에서 승리했고, 막센티우스는 자신의 수많은 병사들과 함께 테베레 강에서 죽었다. 승리한 콘스탄티누스는 이론의 여지없는 서방의 지배자로 환영받으며 로마에 입성했다.

313년 초에 콘스탄티누스와 리키니우스는 그들의 통치를 조정하기 위해 밀라노에서 만났다. 모든 속주에서 그리스도교도의 지지를 강화하기 위해 콘스탄티누스와 리키니우스는 "밀라노 칙령"을 공포했다. 밀라노 칙령은 갈레리우스가 공포한 종교적 관용을 확인했고, 종교적 관용을 모든 종교로 확대했으며, 최근의 박해로 강탈된 그리스도교도 재산의 반환을 명령했다. 실제로 이교의 패배를 인정한 이러한 역사적인 선언 이후에 콘스탄티누스는 갈리아를 방어하기 위해 돌아갔으며, 리키니우스는 막시미누스를 제압하기 위해 동쪽으로 이동했다.(313년) 막시미누스의 죽음으로 곧 콘스탄티누스와 리키니우스는 누구의 도전도 받지 않는 제국의 통치자가 되었다. 리키니우스는 콘스탄티누스의 여동생과 결혼했으며, 전쟁에 지친 대중은 평화를 기대하며 기뻐했다.

하지만 정황제 중 어느 누구도 단일 지배권에 대한 희망을 완전히 포기하지는 않았다. 314년에 콘스탄티누스와 리키니우스 사이의 높아 가는 적대감이 전쟁 국면에 도달했다. 콘스탄티누스는 판노니아를 침입해 리키니우스를 무찔렀으며, 트라키아를 제외한 로마령 유럽 전체의 양도를 요구했다. 리키니우스는 아시아와 이집트에서 박해를 재개함으로써 콘스탄티누스의 그리스도교도 지지자들에게 복수했다. 그는 자신의 니코메디아 궁정에서 그리스도교도를 몰아냈고, 모든 병사에게 이교 신들을 숭배하도록 요구했으며, 그리스도교 예배에 남성과 여성의 동시 참석을 금지했고, 마지막으로 도시 성벽 내부에서 모든 그리스도교 예배의식을 금지했다. 반항하는 그리스도교도는 지위, 시민권, 재산, 자유 또는 목숨을 빼앗겼다.

콘스탄티누스는 동방의 그리스도교도를 구조하고 동방을 자신의 지배 영역에 포함시키기 위한 기회를 엿보았다. 야만족들이 트라키아를 침입하고 리키니우스가 그들을 향해 진격하는 데 실패했을 때, 콘스탄티누스는 테살로니카에서 자신의 군대를 이끌고 리키니우스의 속주를 구하러 갔다. 야만족들이 격퇴된 이후에 리키니우스는 콘스탄티누스의 트라키아 입성에 항의했다. 게다가 어떤 통치자도 평화를 원치 않았으므로 전쟁이 재개되었다. 13만 병력의 그리스도교 옹호자인 콘스탄티누스가 16만 명 병력의 이교 옹호자인 리키니우스와 처음에는 아드리아노플에서, 그리고 다음에는 크리소폴리스(스쿠타리)에서 싸워 승리함으로써 단일 황제가 되었다.(323년) 리키니우스는 관용을 약속받고 항복했다. 하지만 이듬해 리키니우스는 모반을 재개했다는 혐의로 처형당했다. 콘스탄티누스는 추방된 그리스도교도를 소환했으며, 모든 "신앙 고백자"에게 그들이 상실한 특권과 재산을 되돌려주었다. 여전히 모두에게 신앙의 자유를 선포했지만 이제 그는 자신이 그리스도교도임을 분명하게 선언했으며, 신민들에게 그와 함께 새로운 신앙을 받아들이자고 요구했다.

3. 콘스탄티누스와 그리스도교

콘스탄티누스의 개종은 진심에서 우러난 것이었는가? 다시 말하자면 그것은 종교적 신념의 행위였는가, 아니면 순전히 돌발적인 정치적 지혜였는가? 아마도 후자였을 것이다.[29] 콘스탄티누스의 어머니 헬레나는 콘스탄티우스가 그녀와 이혼했을 때 그리스도교에 의지했다. 아마도 그녀는 아들에게 그리스도교도가 걷는 길의 우월성을 숙지시켰을 것이다. 그리고 콘스탄티누스가 그리스도의 깃발과 십자가 아래에서 거둔 승리에 깊은 감명을 받았다는 사실에는 의심의 여지가 없다. 하지만 그리스도교를 믿지 않은 사람만이 종교적 인간애의 감정을 그렇게 교묘하게 이용했을 것이다. 『로마 황제 열전』은 "한 인간을 황제로 만드는 것은 운명의 여신이다."라고 말한 콘스탄티누스의 말을 인용한다.[30] 하지만 그의 말은 운명보다는 오히려 겸손을 받아들인 것이었다. 콘스탄티누스는 자신의 갈리아 궁정에서 이교도 학자들과 철학자들에게 둘러싸여 있었다.[31] 개종 이후에 그는 좀처럼 그리스도교 예배의 의식 요건에 따르지 않았다. 그는 그리스도교 주교들에게 보낸 서한에서 그리스도교 세계를 뒤흔들던 신학적인 차이에 전혀 관심이 없다는 점을 분명하게 밝히고 있다. 하지만 그는 제국의 통일을 위해서 기꺼이 의견의 차이를 억누르려고 했다. 그는 재위 기간 내내 주교들을 정치적 보좌역으로 대우했다. 그리고 그는 주교들을 소환하고 그들의 회의를 주재했으며, 그들 대다수가 공식화하는 견해는 무엇이든 시행하는 데 동의했다. 진정한 신자라면 먼저 그리스도교도가 되고 나중에 정치가가 되었을 것이다. 하지만 콘스탄티누스에게서 상황은 역전되었다. 그리스도교는 그에게 목적이 아니라 수단이었다.

콘스탄티누스는 자신의 생애에 세 번의 박해에 실패했다. 박해에도 불구하고 그리스도교가 성장했다는 것이 그에게 효과가 없지는 않았다. 그리스도교 신자들은 여전히 소수에 지나지 않았지만, 상당히 단합되어 있었고, 용감했으며, 강했다. 반면에 대다수를 차지하고 있던 이교도들은 많은 종파로 나뉘어 있었다. 그리스도교도는 막센티우스 치하의 로마와 리키니우스 치하의 동방에서 특별히 다수를 이루고 있었다. 콘스탄티누스의 그리스도교 지지는 막센티우스와 리키니우스에 맞선 전쟁에서 열두 개 군단에 상당하는 가치가 있었다. 그는 그리스도교도 품행에서 상대적 질서와 도덕성, 피를 흘리지 않아도 되는 그리스도교 전례(典禮)의 아름다움, 성직자에 대한 그리스도교도의 복종, 그리고 내세에서의 행복에 대한 기대로 현세의 불평을 받아들이는 겸허한 마음가짐에 깊은 감명을 받았다. 아마도 이러한 새 종교가 로마의 도덕을 정화하고, 결혼과 가족을 복원하고, 계층 간의 전쟁의 열병을 가라앉힐 것이다. 혹독한 억압에도 불구하고 그리스도교도는 좀처럼 국가에 맞서 반란을 일으키지 않았다. 설교자들은 민간 권력에 대한 복종심을 심어 주었으며, 왕들의 신성한 권리를 가르쳤다. 콘스탄티누스는 절대 군주정을 갈망했다. 그러한 통치는 종교적 지지로부터 이익을 볼 것이다. 그리고 교회의 위계적 규율과 보편적인 권한은 군주정과 영적으로 연관되어 있는 것처럼 보였다. 혹여 주교와 사제의 놀라운 조직이화해와 통일, 그리고 통치의 수단이 될 수 있었을까?

그럼에도 불구하고 이교도가 여전히 압도적으로 우세한 세상에서 콘스탄티누스는 신중한 방법으로 자신의 길을 나아가야 했다. 그는 계속해서 모든 이교도가 받아들일 수 있는 모호한 일신교 화법을 사용했다. 치세 초기 몇 년 동안그는 인내심을 갖고 전통적 제례의 대(大)신관으로서 자신에게 요구된 의식을수행했다. 그는 이교도 신전을 복원했고, 전조를 받아들이도록 명령했다. 그는콘스탄티노플에 봉헌할 때 그리스도교 전례뿐 아니라 이교 전례도 사용했다.또한 작물을 보호하고 병을 치료하기 위해 이교도의 비법을 사용했다.[32]

권력이 더 안정되어 가면서 점차 콘스탄티누스는 그리스도교를 더 공개적으로 지지했다. 317년 이후에 그의 주화에서 이교 초상들이 하나씩 사라지면서323년경에는 중립적인 초상들만이 새겨졌다. 의심스럽지만 부정확성이 입증되지 않은 한 법조문은 그리스도교 주교들에게 주교 관구에서 재판권을 부여했다.[33] 다른 법에서는 교회 부동산에 대한 과세를 면제했고,[34] 그리스도교도조합을 법인으로 만들어 토지를 소유하고 유증을 받을 수 있게 했으며, 유언을남기지 않은 순교자들의 재산을 교회에 귀속시켰다.[35] 콘스탄티누스는 가난한회중에게 돈을 주었고, 콘스탄티노플과 다른 곳에 여러 개의 교회를 세웠으며,새로운 수도에서 성상 숭배를 금지했다. 밀라노 칙령을 망각한 채 이단 종파들의 집회를 금지했으며, 마침내 그들의 집회소를 파괴하도록 명령했다.[36] 그는아들들에게 정통 그리스도교 교육을 시켰으며, 어머니의 그리스도교 자선 사업에 자금을 제공했다. 교회는 예상을 뛰어넘는 축복에 기뻐했다. 에우세비우스는 갑자기 감사와 찬미의 노래로 연설하기 시작했다. 그리고 제국 전체에서그리스도교도가 그들의 신의 승리에 감사하는 축제에 모여들었다.

세 번의 구름, 즉 수도원의 분리와 도나투스파의 분열, 그리고 아리우스 이단이 이러한 "맑게 갠 날"의 광채를 약하게 했다. 데키우스의 박해와 디오클레티아누스의 박해 사이의 기간에 교회는 제국에서 가장 부유한 조직이 되었으며, 부에 대한 공격을 완화했다. 키프리아누스는 자신의 교구민이 돈에 미쳐 있고, 여성 그리스도교도가 화장을 했다고 불평했다. 그리고 주교들이 국가의 수지맞는 관직을 차지해 돈을 벌고 고리대로 돈을 빌려 주며, 최초의 위기 징후에 그들의 신앙을 부정했다고 불평했다.[37] 에우세비우스는 사제들이 교회의 고위직을 차지하려고 격렬하게 싸운다고 한탄했다.[38] 그리스도교가 세상을 변화시키는 사이에 세상은 그리스도교를 변화시켰으며 인류의 타고난 이교 신앙을 드러냈다. 그리스도교의 수도원 제도는 이러한 영혼과 육체의 상호 조정에 대한 항의로 나타났다. 소수가 인간적 욕망의 탐닉을 피하고 초기 그리스도교의 영생에 대한 생각에 계속 전념하고 싶어 했다. 키니코스학파의 관습에 따라 일부 고행자들이 모든 재산을 포기했고, 키니코스 철학자의 누더기 옷을 입었으며, 탁발로 살아갔다. 은둔자 바울처럼 소수는 이집트 사막에서 은둔자처럼 살려고 갔다. 275년경 이집트 수도사인 안토니우스가 처음에는 무덤에서, 다음에는 버려진 산성에서, 그 다음에는 바위를 잘라서 만든 사막 독방에서 25년간의 고립된 생활을 시작했다. 그곳에서 그는 매일 밤 무서운 환영과 기분 좋은 꿈에 맞서 싸웠는데, 그 모두를 극복해 냈다. 결국 그의 거룩한 명성이 전체 그리스도교 세계를 가득 메웠고, 그를 모방하는 은둔자들을 사막에 살게 했다. 325년에 은둔이 이기적 행위라고 생각한 파코미우스는 은둔자들을 이집트의 타벤느 수도원으로 불러 모았으며, 서방에서 가장 유력하게 발전하게 될 수도원 제도를 창설했다. 교회는 일시적으로 수도원 운동을 반대했으나, 그 다음에는 통치에 몰두하는 데 필요한 균형으로 받아들였다.

콘스탄티누스의 개종 이후 1년이 지나지 않아 교회는 승리를 목전에 두고 파괴될지도 모르는 분열로 찢겨 나갔다. 비슷한 이름과 기질을 가진 어느 사제의 지원을 받은 카르타고의 주교 도나투스는 박해 시기 동안 이교 치안대에 성서를 넘겨준 그리스도교 주교들이 지위와 권한을 박탈당했으며, 그런 주교들이 행한 세례나 성직임명은 구속력이 없으며 무효라고, 그리고 성사(聖事)의 효력은 부분적으로 봉사자의 영적 상태에 달려 있다고 주장했다. 교회가 이러한 엄격한 교리를 채택하려 하지 않았을 때, 도나투스파는 기존의 고위 성직자가 그들의 시험을 충족시키지 못한 곳이라면 어디에서든 경쟁하는 주교들을 내세웠다. 그리스도교를 결속시켜 주는 힘으로 간주하던 콘스탄티누스는 잇따라 일어나는 혼란과 폭력에 낙담했으며, 아마도 아프리카 소농 계층 사이의 급진적 운동과 도나투스파의 일시적인 동맹에 동요되었을 것이다. 그는 아를에서 주교 회의를 소집했고(314년), 도나투스파에 대한 고발을 확인했으며, 분리론자들에게 교회로 돌아오도록 명령했고, 반항하는 회중은 재산과 시민권을 잃을 것이라고 선언했다.(316년) 5년 후 밀라노 칙령을 일시적으로 회상하면서 콘스탄티누스는 이러한 조치를 철회한 뒤에 도나투스파에게 냉소적인 관용을 베풀었다. 사라센인들이 아프리카 정복으로 정통과 이단을 막론하고 다같이 제압할 때까지 그리스도교의 분열은 계속되었다.

같은 기간 동안 알렉산드리아에 교회 역사에서 가장 도발적인 이단이 등장했다. 318년경 이집트의 바우칼리스 마을 출신의 어느 사제가 그리스도의 본질에 관한 이상한 견해로 알렉산드리아 주교를 깜짝 놀라게 했다. 한 박식한 가톨릭 역사가는 그를 이렇게 관대하게 묘사하고 있다.

> 아리우스는 …… 키가 크고 야위었으며, 우울한 표정과 고행의 흔적을 보여 주는 외관을 지니고 있었다. 그는 의상에서 알 수 있듯이 고행자로 알려졌다. 망토 역할을 하는 스카프 아래로 소매 없는 짧은 상의를 입고 있었다. 그의 말투는 온화했고, 연설은 설득력이 있었다. 알렉산드리아에서 매우 많은 축성받은 처녀들이 그를 무척 존경했다. 그리고 그는 많은 충실한 지지자들을 고위 성직자에 포함시켰다.[39]

아리우스의 말에 따르면 그리스도는 조물주와 한 몸이 아니라 오히려 모든 피조물 중에 최초이자 최고인 로고스(말씀)였다. 알렉산드로스 주교는 항의했고, 아리우스는 주장을 굽히지 않았다. 아리우스는 만약 성자가 성부에게서 생겨났다면, 성자는 시간에 맞춰 생겨난 것이 틀림없다고 주장했다. 더욱이 만약 그리스도가 창조되었다면, 성부의 본체에서가 아닌 무(無)에서 생겨났음에 틀림없다. 그리스도는 성부와 "동일 본질"이 아니었다.[40] 성령은 로고스에서 생겨났고, 로고스보다 하느님에 훨씬 못 미쳤다. 우리는 이러한 교리에서 플라톤에서 시작해 스토아학파, 필론, 플로티노스, 그리고 오리게네스를 경유해 아리우스로 이어지는 사상의 연속성을 보게 된다. 그리스도교 신학에 지대한 영향을 끼친 플라톤주의는 이제 교회와 충돌했다.

알렉산드로스 주교는 이러한 견해뿐 아니라 성직자들 사이에 이러한 견해의 급속한 확산 때문에도 충격을 받았다. 그는 알렉산드리아에서 이집트 주교 회의를 소집했고, 아리우스와 그의 추종자들을 성직에서 면직하도록 권유했으며, 다른 주교들에게 의사록의 보고서를 보냈다. 일부 주교들은 반대했으며, 많은 사제들은 아리우스의 주장에 공감했다. 아시아 속주 전역에서 평신도뿐 아니라 성직자도 그 문제로 분열되었으며, 에우세비우스의 말에 따르면 "그리스도교가 이교도들에게, 심지어는 그들의 극장에서마저 불경스러운 환락의 주제가 될 정도로 혼란과 무질서로" 도시들을 떠들썩하게 만들었다.[41] 리키니우스를 제압한 뒤 니코메디아에 온 콘스탄티누스는 주교에게서 그 이야기를 들었다. 그는 알렉산드로스와 아리우스 모두에게 철학자들의 평정(平靜)을 본받도록, 그들의 차이를 평화롭게 조정하도록, 아니면 적어도 그들의 논쟁이 대중에게 알려지지 않게 하도록 개인적으로 호소하는 서한을 보냈다. 에우세비우스에 의해 간직된 이 서한은 신학에 대한 콘스탄티누스의 이해 부족과 그의 종교 정책의 정치적 의도를 분명히 드러낸다.

난 모든 사람이 조물주에 대해 단일한 생각으로 돌아오도록 제안했다. 왜냐하면 내가 사람들에게 그 문제에 대해 의견이 일치하도록 권유할 수 있다면, 공무 수행이 상당히 수월해질 것으로 생각하기 때문이다. 하지만 유감스럽게도 최근 아프리카보다 여러분들 사이에 더 많은 논쟁이 있다고 들었다. 원인은 대단히 사소한 것처럼 보이고, 그렇게 격렬하게 논쟁할 가치가 없어 보인다. 알렉산드로스 당신은 당신의 사제들이 법의 문제, 심지어 전혀 중요하지 않은 문제 그 자체에 대해서조차 무엇을 생각하고 있었는지 알고 싶어 했다. 그리고 아리우스 당신은 설령 그런 생각을 가지고 있었다 하더라도, 침묵을 지켜야 했었다. …… 이러한 문제들을 공론화할 필요는 없었다. …… 왜냐하면 그것들은 쓸데없고 사람들의 기지를 예리하게 하기 위해 사용될 뿐이기 때문이다. …… 이것은 미숙한 아이들에게 어울리는 어리석은 행동이지, 사제나 합리적인 사람에게는 어울리지 않는다.[42]

콘스탄티누스의 서한은 아무런 효과도 없었다. 교회에 성부와 성자의 유사(類似) 본질(homoiousion)에 반대하는 것만큼 동일(同一) 본질(homoousion)에 대한 문제는 신학적으로나 정치적으로 모두 중요했다. 만약 그리스도가 신이 아니었다면, 그리스도교 교리의 전체 구조는 붕괴하기 시작할 것이다. 그리고 만약 이 문제에 차이가 허용된다면, 신앙의 혼란이 교회의 통일과 권위를 파괴하고, 따라서 국가에 대한 보조자로서의 교회의 가치를 파괴할지도 모른다. 그리스 동방을 타오르게 한 논쟁이 확산되면서 콘스탄티누스는 교회의 최초 공의회를 소집함으로써 논쟁에 종지부를 찍으려고 결심했다. 325년에 그는 모든 주교를 자신의 수도인 니코메디아 근처에 위치한 비티니아의 니카이아(니케아)로 불렀으며, 그들의 소요 경비 일체를 제공했다. 적어도 318명의 주교들이 대규모 하위 성직자 집단의 "시중을 받고" 니카이아에 왔다.[43] 즉 니카이아 성명은 교회의 엄청난 성장을 드러낸다. 주교 대부분이 동방 속주에서 왔다. 서방의 많은 주교 관구들은 논쟁을 무시했다. 그리고 병으로 발목이 잡힌 교황 실베스테르 1세는 몇몇 사제들이 대리 참석하는 것으로 만족했다.

니카이아 공의회는 황제의 궁정 회당에서 열렸다. 콘스탄티누스는 주교들에게 교회의 통일을 복원하라고 짤막하게 호소하는 것으로 회의를 주재하고 의사록을 공개했다. 에우세비우스가 전하는 바에 따르면 그는 "인내심을 갖고 논쟁을 경청했으며, 싸우는 당파들의 폭력을 완화했다."[44] 그리고 자신이 직접 논쟁에 가담했다. 아리우스는, 그리스도가 성부와 동일하지 않고 "참여에 의해서만 신성한" 피조물이라는 자신의 견해를 재확인했다. 재치 있는 질문자들은 만약 그리스도가 피조물이라면, 그래서 시작이 있었다면, 그리스도가 변할 수 있다는 것을, 그리고 만약 그리스도가 변할 수 있다면, 덕에서 악으로 넘어갈 수 있다는 것을 그에게 인정하게 했다. 아리우스의 대답은 논리적이었고 솔직했다. 알렉산드로스가 신학적인 검(劍)으로서 데리고 온 유창하고 호전적인 부주교 아타나시우스는 그리스도와 성령이 성부와 동일 본질이 아니라면, 다신교가 승리할 것이라는 점을 분명히 했다. 그는 세 개의 독립된 위격을 하나의 신으로 나타내는 어려움을 인정했다. 하지만 이성이 삼위일체의 신비에 복종해야 한다고 주장했다. 17명의 주교들을 제외하고 모두가 아타나시우스의 견해에 동의했으며, 그의 견해를 나타내는 성명서에 서명했다. 아리우스의 지지자들은 동일 본질을 뜻하는 'homoousion'에 그리스어 아홉 번째 알파벳인 i를 추가해 유사 본질을 뜻하는 'homoiousion'으로 바꾼다면 서명하겠다고 동의했다. 니카이아 공의회는 거부했고, 황제의 승인으로 다음 신조(信條)를 공포했다.

우리는 한 분 하느님, 전능하신 성부를 믿습니다. 그분은 보이는 것과 보이지 않는 모든 것을 창조하신 분입니다. 우리는 또한 한 분 주님 예수 그리스도를 믿습니다. 그분은 하느님의 아들이시고 성부에게서 나신 분입니다. …… 창조되지 않으셨고, 성부와 동일 본질이시며 …… 그분은 우리 인간들과 우리의 구원을 위해 하늘에서 내려오셨고, 육신을 취하여 사람이 되셨습니다. 고난을 받으셨고 사흘 날에 부활하셨고, 하늘에 오르셨으며, 살아 있는 자들과 죽은 자들을 심판하러 오실 것입니다.[45]*

---

* 이것은 지금 사용되고 있는 "니카이아 신조"와 다르다. 지금 사용되고 있는 것은 362년에 개정된 것이다.

5명의 주교만이, 그리고 마지막에는 2명만이 이 신조에 대한 서명을 거부했다. 마지막까지 서명하지 않은 2명의 주교는 회개하지 않은 아리우스와 함께 공의회에 의해 파문되고 황제에 의해 추방되었다. 콘스탄티누스 황제는 칙령을 통해 아리우스의 모든 책을 불사르고 그러한 책을 은닉한 자를 죽음으로 처벌하도록 명령했다.*

콘스탄티누스는 참석한 모든 주교에게 호화로운 만찬으로 니카이아 공의회의 결정을 축하한 다음 산산조각 찢겨서는 안 된다는 당부와 함께 그들을 해산했다.[47] 그는 논쟁이 끝났다고, 즉 자신이 논쟁에 대한 견해를 바꾸지 않을 것이라고 잘못 생각하고 있었다. 하지만 그가 교회의 통일을 위해 싸웠다고 생각한 것은 옳았다. 니카이아 공의회는 교회의 조직과 생존에는 어느 정도 확정된 교리가 필요하다는 교회 다수파의 신념을 분명히 지적했다. 그리고 궁극적으로 니카이아 공의회는 중세 교회에 가톨릭이라는 이름을 부여한 기본 신앙에 대한 실질적인 합의에 도달했다. 동시에 니카이아 공의회는 로마 제국에 대한 종교적 표현과 지지로서 그리스도교로 이교를 대체했으며, 콘스탄티누스에게 전보다 더 확실하게 그리스도교와 제휴하도록 위임했다. 새로운 종교에 기초한 새로운 문명이 이제 기진맥진한 문화와 사멸해 가는 신조의 폐허 너머로 솟아오를 것이다. 중세는 이렇게 시작되었다.

4. 콘스탄티누스와 문명

니카이아 공의회 1년 뒤 콘스탄티누스는 비잔티움이 황폐화된 한복판에서

---

* 니카이아 공의회는 또한 모든 교회가 똑같은 날짜에 부활절을 기념하도록 명령했다. 이 날짜는 천문학적 규정에 따라 알렉산드리아 주교에 의해 매년 지정되고 로마 주교에 의해 공포되었다. 성직자의 독신 문제에 대해서 니카이아 공의회는 결혼한 사제들의 성적 금욕을 요구하는 것에 가까웠다. 하지만 테베 북쪽의 주교 파프누티우스는 자신의 동료들에게 널리 퍼져 있는 관습을 바꾸지 말도록 권유했다. 즉 성직 임명 이후에는 결혼할 수 없었으며, 사제는 성직 임명 전에 결혼한 아내와 동거할 수 있었다.[46]

그가 새로운 로마(Nova Roma)라고 이름 붙이고 후손들이 그의 이름을 따서 부르던 새로운 도시를 헌정했다. 330년에 그는 로마와 니코메디아 모두에 등을 돌리고 콘스탄티노플을 수도로 만들었다. 그곳에서 그는 동방식 궁정의 장엄한 화려함에 둘러싸였으며, 그것이 군대와 대중에게 끼치는 심리적인 영향이 궁정의 값비싼 화려함을 통치 비용의 절약으로 만들 것이라고 생각했다. 그는 능란한 외교와 무력으로 군대를 보호했고, 인도적인 칙령으로 전제정을 완화했으며, 문학과 예술을 지원했다. 그는 아테네에서 학교들을 장려했고, 콘스탄티노플에서는 국가로부터 급여를 받는 교사들이 그리스어, 라틴어, 문학과 철학, 웅변술과 법을 가르쳤고, 제국을 위해 일할 관리를 교육시키는 새로운 학교를 세웠다.[48] 그는 모든 속주에서 의사와 교사의 특권을 강화하고 확대했다. 속주 총독들은 건축 학교를 설립하고, 다양한 특권과 보상으로 학생을 유치하라는 지시를 받았다. 미술가들은 철저히 기술을 연마하고, 그것을 아들들에게 물려줄 시간을 갖도록 시민의 의무를 면제받았다. 콘스탄티노플을 우아한 수도로 만들기 위해 제국의 명화들이 그려졌다.

로마에서는 이 시기의 건축 공사가 막센티우스에 의해 시작되었다. 그는 서방에서 고전 건축의 정점을 이루는 거대한 바실리카 건립을 시작했고(306년), 콘스탄티누스가 완공했다. 거대한 목욕장의 구조를 개조한 이 건축물의 면적은 너비 330피트, 길이 250피트에 이르렀다. 너비 114피트, 길이 82피트인 중앙 홀은 120피트 높이의 십자형 둥근 콘크리트 천장 세 개로 덮였고, 천장은 부분적으로 둥근 세로 홈이 있는 60피트 높이의 코린트식 기둥들과 마주 대하는 여덟 개의 넓은 각기둥으로 지탱되었다. 바실리카의 포장 면은 채색 대리석으로 만들어졌다. 그리고 기둥과 기둥 사이에는 조각상들이 자리를 잡고 있었다. 기둥과 기둥 사이의 벽은 지붕 위로 연장되어 중앙의 둥근 천장에 대해 버팀벽 역할을 했다. 고딕과 르네상스 건축가들은 이러한 둥근 천장과 버팀벽에서 많은 가르침을 발견했다. 성 베드로 성당을 설계한 브라만테(Bramante)는 "콘스탄티누스의 바실리카 위로 판테온을 세우려고",[49] 즉 널따란 본당 회중석에 거대한 둥근 천장을 씌우려고 계획했다.

최초의 그리스도교도 황제인 콘스탄티누스는 로마에 많은 교회를 세웠다. 아마도 여기에는 로마 성벽 바깥의 산 로렌쪼 교회의 원형이 포함될 수 있을 것이다. 밀비우스 다리에서의 승리를 기념하기 위해 콘스탄티누스는 315년에 지금도 트리온 피 가도 위에 우뚝 솟아 있는 아치를 세웠다. 그것은 로마의 유적 가운데 가장 잘 보존된 것 중 하나이다. 그리고 그 장엄함은 여러 부분이 도둑질로 손실되었음에도 불구하고 눈에 띄게 훼손되지 않았다. 조형물의 기초에서 솟아오른 정교하게 균형 잡힌 네 개의 원기둥이 세 개의 아치를 나누고 화려하게 장식한 기둥이 떠받치는 수평부분을 지탱한다. 지붕면 바로 밑에 자리한 층에는 트라야누스와 아우렐리우스의 기념비에서 탈취해 온 돋을새김과 조각상들이 자리 잡고 있다. 반면에 기둥 사이의 원형 돋을새김은 하드리아누스 치세의 어느 건축물에서 탈취한 것이다. 돋을새김 중 두 개는 콘스탄티누스 시대의 미술가들 작품으로 보인다. 쪼그리고 앉아 있는 투박한 인물상들과 정면을 향한 다리와 옆을 바라보는 얼굴의 어색한 충돌, 그리고 원근화법 대신에 머리에 머리를 조잡하게 포개 넣는 방식은 기법과 취향의 조잡함을 드러낸다. 하지만 명암을 드러내기 위해 구멍을 깊게 뚫음으로써 깊이와 공간의 인상적인 효과를 나타낸다. 게다가 삽화는 마치 이탈리아 미술이 근원으로 돌아가려고 결심이나 한 것처럼 거친 활력을 나타낸다. 콘세르바토리 궁정의 거대한 콘스탄티누스 인물상은 이러한 원시성을 불쾌하리만치 극단적으로 나타낸다. 니카이아 공의회를 그렇게 자비롭게 주재하던 사람이 무뚝뚝한 야만인을 닮아야 했다는 것은 터무니없어 보인다. 만약 미술가가 "나는 야만성과 종교의 승리를 묘사했다."라는 기번의 짤막한 냉소적인 말을 미리 나타낼 생각이 없었다면 말이다.[50]

4세기 초에 원고를 세밀화로 꾸미는 새로운 미술 양식이 구체화되었다. 문학 자체는 이제 대부분 그리스도교 문학이었다. 루키우스 피르미아누스 락탄티우스는 『신의 가르침』에서(307년) 감동적으로 그리스도교를 설명했고, 『박해자들의 죽음에 대하여』에서(314년) 키케로풍의 품위 있는 말과 독설로 박해하는 황제들의 최후 고통을 묘사했다. 락탄티우스는 이렇게 말했다. "종교란 본질상 속박되어서도, 강제되어서도 안 되며 자유로워야 한다."[51] 더 유명한 사람은 카이사레아 주교인 에우세비우스 팜필리였다. 그의 문필 경력은 교회 전임자인 팜필루스를 대신하는 사제 서기이자 사서로서 시작되었다. 그는 팜필루스를 너무 좋아한 나머지 그의 이름을 차용했다. 팜필루스는 오리게네스의 도서관을 손에 넣은 뒤, 그 주위에 이제까지 알려진 가장 규모가 큰 그리스도교 도서 전시관을 세웠다. 이러한 장서에 파묻혀 살면서 에우세비우스는 당대에 가장 박식한 성직자가 되었다. 팜필루스는 갈레리우스의 박해로 목숨을 잃었으며(310년), 에우세비우스는 어떻게 그 자신은 살아남았는지에 관한 뒤늦은 의문에 무척 괴로워했다. 그는 아리우스와 아타나시우스 사이에 중간 입장을 취함으로써 다양한 적을 만들었다. 그럼에도 불구하고 그는 콘스탄티누스 궁정의 보쉬에(Bossuet)가 되었으며, 황제의 전기를 쓰도록 의뢰받았다. 그의 학문적 연구 가운데 일부가 고대의 연대기 중에 가장 완벽한 하나의 보편사로 정리되었다. 에우세비우스는 동시에 일어난 성사(聖史)와 세속사의 연대를 가로행과 세로 행으로 나누어 병렬식으로 정리했으며, 아브라함에서 콘스탄티누스까지 모든 중요한 사건의 연대를 배치하려고 애썼다. 후기의 모든 연대기는 이러한 "기준"에 의거했다.

325년에 에우세비우스는 연대기라는 뼈에 살을 붙여 교회의 시작에서 니카이아 공의회까지 교회의 발전을 서술한『교회사』를 펴냈다. 보쉬에가 재차 하나의 모범으로 삼은 제1장에서는 최초의 역사 철학이 모습을 드러냈다. 즉 여기에서는 시간을 하느님과 사탄의 전쟁터로, 그리고 모든 사건을 그리스도의 승리를 앞당기는 것으로 묘사했다.『교회사』는 서투르게 정리되어 있지만 잘 쓴 책이었다. 출처는 비판적, 양심적으로 조사되었으며, 진술은 고대의 어떤 역사 저작보다 정확하다. 그리고 언제나 에우세비우스는 그렇게 하지 않았으면 잃어버렸을 중요한 기록을 인용함으로써 후손들이 그의 신세를 지게 했다. 주교 에우세비우스의 학식은 엄청나고 문체는 애정이 잔뜩 묻어나며, 신학적 비난의 순간에 감동적인 힘을 발휘한다. 그는 자신의 그리스도교도 독자들을 교화시키지 못하거나 자신의 철학을 지지하지 않는 문제를 노골적으로 배제한다. 그리고 어떻게든 아리우스나 아타나시우스 어느 쪽도 언급하지 않은 채 니카이아 공의회의 역사를 쓴다. 똑같은 솔직한 부정직함 때문에 그의 『콘스탄티누스의 생애』는 전기라기보다는 오히려 찬사에 가깝다. 이 책은 황제의 신앙심과 선행에 대한 여덟 개의 감동적인 장으로 시작되는데, 그가 어떻게 "30년 이상 동안 신의 뜻에 순종하면서 제국을 통치했는지"를 말해 준다. 독자가 이 책을 읽는다면, 콘스탄티누스가 자신의 아들과 조카와 아내를 살해한 사람이라고는 도저히 믿기지 않을 것이다.

아우구스투스처럼 콘스탄티누스도 자신의 가족 말고는 모든 것을 잘 해냈기 때문이다. 어머니와의 관계는 대체로 행복했다. 분명히 그의 위임으로 어머니는 예루살렘에 갔으며, 그리스도의 무덤 위에 세워진 것으로 알려진 수치스러운 아프로디테 신전을 무너뜨렸다. 에우세비우스에 따르면 그러자 곧 그리스도가 못 박혔던 십자가와 함께 성묘(聖墓)가 나타났다고 한다. 콘스탄티누스는 무덤 위에 성묘 교회를 세우도록 명령했고, 공경받는 성(聖)유물들이 특별 감실(龕室)에 보관되었다. 고전기에 이교 세계가 트로이 전쟁의 유물을 소중히 간직하고 숭배하고 로마마저 트로이의 아테나 여신상을 자랑했던 것처럼, 이제는 외관을 변화시키고 먼 옛날 인간의 생활 방식으로 본질을 새롭게 한 그리스도교 세계가 그리스도와 성인들의 유물을 수집하고 숭배하기 시작했다. 전승에 따르면 헬레나는 예수가 탄생한 곳으로 알려진 베들레헴에 예배당을 세웠고, 그곳에서 성직을 수행하던 수녀들을 겸손하게 섬겼으며, 그 다음 콘스탄티노플로 돌아가 아들의 팔에 안겨 숨을 거두었다고 한다.

콘스탄티누스는 두 번 결혼했다. 처음에는 아들 크리스푸스를 낳아 준 미네르비나와, 그 다음에는 세 명의 아들과 세 명의 딸을 낳아 준 막시미아누스의 딸 파우스타와 결혼했다. 크리스푸스는 뛰어난 병사가 되어 리키니우스와의 전투에서 아버지에게 결정적인 도움을 주었다. 326년에 크리스푸스가 콘스탄티누스의 명령으로 처형되었다. 거의 동시에 황제 콘스탄티누스는 여동생 콘스탄티아와 리키니우스 사이에서 태어난 아들 리키니아누스의 처형을 명령했다. 그리고 얼마 안 있어 파우스타가 남편의 명령으로 살해되었다. 이렇게 세부분으로 이루어진 처형의 이유는 알려져 있지 않다. 조시무스의 주장에 따르면 크리스푸스가 파우스타와 성관계를 가졌고, 파우스타가 그를 황제에게 고발했다고 한다. 그리고 크리스푸스를 끔찍이 사랑하던 헬레나가 콘스탄티누스에게 그의 아내가 그의 아들에게 굴복했다고 확신시킴으로써 크리스푸스의 복수를 했다고 한다.[52] 아마도 파우스타는 자신의 아들들이 황제권으로 올라서는 길목에서 크리스푸스를 제거하려는 음모를 꾸몄을 것이다. 그리고 리키니아누스는 제국에 대해 아버지의 몫을 주장하려는 음모를 꾸몄다는 이유로 살해되었을 것이다.

파우스타는 죽은 다음에야 자신의 목적을 달성했다. 왜냐하면 335년에 콘스탄티누스가 제국을 살아남은 아들들과 조카들에게 유증했기 때문이다. 그는 2년 뒤 부활절에 통치 30주년을 기념하는 축제 의식을 거행했다. 그 다음 죽음이 임박했음을 느낀 그는 근처 목욕장에 온욕을 하러 갔다. 병세가 악화되면서 마지막 순간까지 일부러 미뤄 오던 세례 성사를 집전해 달라고 사제에게 요청했다. 그는 세례 성사로 자신의 파란만장한 생애의 모든 죄악으로부터 정화되기를 바랐다. 그 다음 피곤에 지친 64세의 통치자는 황제의 신분을 나타내는 자주색 옷을 한쪽으로 제쳐 둔 채, 새로 세례받은 그리스도교도의 흰옷을 입고 죽었다.

그는 노련한 장군이자 탁월한 행정가였으며, 최고의 정치가였다. 그는 디오클레티아누스의 제국 복원 과업을 물려받고 완성했다. 이를 통해 제국은 1150년 동안 더 생존했다. 그는 부분적으로는 야심과 허영 때문에, 부분적으로는 의심의 여지없이 전제 지배가 시대의 혼란으로 요구되었으므로 아우렐리아누스와 디오클레티아누스의 군주정 방식을 계속 이어 나갔다. 그의 가장 커다란 실수는 제국을 아들들에게 분할한 데 있었다. 아마도 그는 자신이 그렇게 했던 것처럼 아들들도 단일 지배권을 위해 싸울 것이라고 예상했지만, 다른 후계자를 선택할 경우에는 그들이 싸울 가능성이 훨씬 더 커지지는 않을까 하고 생각했을 것이다. 이것 또한 군주정이 치러야 할 대가이다. 우리는 무엇이 그로

하여금 사형 집행을 자극했는지를 알 수 없으므로 그의 사형 집행을 심판할 수 없다. 통치의 무거운 짐을 지고 있던 그는 공포와 질투 때문에 잠시 이성을 내려놓았을 것이다. 더욱이 양심의 가책이 그의 말년을 무겁게 짓누르고 있었다는 징후가 발견된다. 정책으로 시작한 그의 그리스도교는 서서히 진지한 확신으로 변화해 간 것처럼 보인다. 그는 자신의 제국에서 가장 불굴의 전도자가 되었고, 이단자들을 빠짐없이 박해했으며, 모든 단계에서 하느님과 협력했다. 디오클레티아누스보다 더 현명했던 콘스탄티누스는 노쇠해 가는 제국을 젊은 종교와 활력에 넘치는 조직, 그리고 신선한 도덕과 결합시킴으로써 새로운 생명을 불어넣었다. 그의 도움으로 그리스도교는 교회이자 국가가 되었으며, 1400년 동안 유럽인의 생활과 사고의 뼈대가 되었다. 아우구스투스를 제외한다면 아마도 고맙게 여기는 교회가 콘스탄티누스를 황제들 중에 가장 위대한 황제로 부르는 것은 옳았던 것 같다.

마치는 글

1. 로마는 왜 멸망했는가

우리 시대의 어느 뛰어난 학자는 이렇게 말한다. "역사상 두 가지 가장 큰 문제는 로마의 등장과 멸망을 어떻게 설명할 것인가 하는 것이다."[1] 만약 우리가 로마의 등장처럼 로마의 멸망에도 하나가 아닌 여러 원인이 있었으며, 로마의 멸망이 하나의 사건이 아닌 300년 넘게 걸쳐 있는 하나의 과정이었음을 기억한다면, 로마의 등장과 멸망에 대한 이해에 좀 더 가까워질 수 있을 것이다. 몇몇 국가들은 로마의 멸망만큼 오랫동안 지속하지 못했다.

위대한 문명의 경우 내부에서 스스로 멸망할 때까지는 외부로부터 정복되지 않는다. 로마 쇠퇴의 주요 원인은 로마의 민족, 도덕, 계층 간의 싸움, 쇠퇴해 가는 교역, 관료적 전제정, 질식할 것 같은 세금, 그리고 기진맥진케 하는 전쟁에 있었다. 그리스도교도 저술가들은 이러한 쇠퇴를 예리하게 감지했다. 200년경 테르툴리아누스는 아마도 이교 세계의 멸망에 대한 전주곡으로서 문자 그대로 한 시대의 종언을 예고했다. 250년경 키프리아누스는, 그리스도교도들이 제국이 겪는 불행의 근원이라는 비난에 답하면서 이러한 불행을 자연적인 탓으로 돌렸다.

> 세상은 나이가 들고 변함없이 예전의 활력을 유지하지 못한다는 것을 알아야 합니다. 세상은 스스로의 쇠퇴를 입증합니다. 강수량과 햇빛의 따뜻함 둘 다 줄어들고 있습니다. 그리고 금속은 거의 고갈되고 있습니다. 농부는 경작에 실패하고 있습니다.[2]

야만족의 침입, 그리고 수 세기에 걸친 풍요한 광맥의 채굴이 로마의 귀금속 공급량을 낮춘 것이 틀림없다. 중부와 남부 이탈리아에서 삼림 파괴와 침식, 그리고 감소하는 소농 계층과 어수선한 당국의 용수로 방치가 이탈리아를 전보다도 더 빈곤한 상태로 빠뜨렸다. 하지만 원인은 타고난 토양의 고갈과 기후의 변화가 아니라, 지치고 낙담한 사람들의 태만과 불임(不姙)이었다.

생물학적 요인들이 더 근본적이었다. 하드리아누스 이후 서방에서 심각한 인구 감소가 나타난다. 인구 감소는 의심되었지만, 아우렐리우스, 발렌티니아누스, 아우렐리아누스, 프로부스, 그리고 콘스탄티누스에 의해 야만족이 제국에 유입되면서 인구 감소는 의심의 여지가 없게 된다.[3] 자신의 군대를 보충하기 위해 아우렐리우스는 노예, 검투사, 치안대, 죄수를 병적에 올렸다. 예전보다 위기가 더 심화되었거나, 아니면 자유민 인구가 더 감소했다. 게다가 노예 인구는 확실히 감소했다. 특히 이탈리아에서 너무나 많은 농장이 버려졌으므로 페르티낙스는 버려진 농장을 경작하고 싶어 하는 사람이라면 누구에게든 무료로 제공했다. 셉티미우스 세베루스의 법령은 일손 부족에 대해 말한다.[4] 그리스에서 인구 감소가 수 세기 동안 계속되고 있었다. 많은 인구를 자랑하던 알렉산드리아에서 디오니시오스 주교는 당시(250년) 인구가 절반으로 줄어들었다고 추산했다. 그는 "인류가 감소하고 끊임없이 쇠약해지는 것을 보고" 한탄했다.[5] 제국 외부와 내부에서 야만족과 동방인만이 증가하고 있었다.

무엇이 이러한 인구 감소를 초래했는가? 무엇보다도 산아 제한이다. 처음에는 교육받은 계층에 의해 습관적으로 행해지던 산아 제한이, 이제는 다산으로 잘 알려진 빈곤층에까지 침투하였다.[6] 서기 100년경 산아 제한은 농촌 출신을 원조하기 위한 황제의 급양 계획에서 알 수 있듯이 농민에게까지 미쳤다. 3세기경 산아 제한은 서방 속주 사이에서 급속히 퍼졌으며, 갈리아에서 인력의 감소를 초래하고 있었다.[7] 비록 범죄로 낙인찍혔지만 유아 살해는 빈곤이 늘어나면서 빈번해졌다.[8] 성적 무절제가 인간의 생식력을 감소시켰을지도 모른다. 결혼의 회피나 연기도 비슷한 결과를 가져왔으며, 동방의 관습이 서방으로 유입되면서 환관 만들기가 증가했다. 친위대장 플라티아누스는 백 명의 소년을 거세시킨 다음 딸의 결혼 선물로 주었다.[9]

인구 감소의 원인으로 산아 제한에 버금가는 것이 전염병으로 인한 수많은 인명 손실, 혁명, 전쟁이었다. 생명의 위험을 수반할 정도의 전염병으로 아우렐리우스, 갈리에누스, 콘스탄티누스 치하에서 많은 사람이 죽었다. 260~265년에 제국의 거의 모든 가정에 전염병이 습격했다. 로마에서 몇 주 동안 매일 5000명이 죽어 나갔다고 전해진다.[10] 캄파니아 평원의 모기들이 폰티노 습지에 대한 인간 침입자에 맞서 승리를 거두고 있었으며, 말라리아가 라티움과 투스카니에서 부자와 빈민의 원기를 약화시키고 있었다. 전쟁과 혁명으로 인한 대량 학살과 아마도 피임, 낙태, 그리고 유아 살해가 숫자상으로뿐 아니라 비우생학적으로 영향을 끼쳤을 것이다. 즉 가장 유능한 사람들이 가장 늦게 결혼했고, 가장 적게 낳았으며, 가장 빨리 죽었다. 자선이 빈민을 약화시키고 사치는 부자를 약화시켰다. 그리고 장기간의 평화가 이탈리아 반도의 모든 계층에게서 군인에 어울리는 자질을 앗아 갔다. 이제 이탈리아 북부에 살면서 군대를 보충하던 게르만인이 살아남은 토착 민족보다 육체적으로나 도덕적으로 우월했다. 만약 시간이 여유 있는 동화를 허용했더라면, 게르만인은 고전 문화를 흡수하고 이탈리아의 혈통에 새로운 활력을 불어넣었을 것이다. 하지만 시간은 그렇게 관대하지 않았다. 더욱이 이탈리아 주민들은 오래전에 로마 민족보다 정신적으로 우월했다고는 하지만 신체적으로는 열등하던 동방 민족과 섞였다. 빠른 속도로 증가해 가는 게르만인은 고전 문화를 이해할 수 없었고, 받아들이지 않았으며, 전달하지도 않았다. 빠르게 증가해 가는 동방민들은 대체로 고전 문화를 파괴하고 싶은 심정이었다. 고전 문화를 소유한 로마인들은 고전 문화를 희생해 불임을 위안받았다. 로마는 외부에서의 야만족 침입이 아닌 내부에서의 야만족 증가로 정복되었다.

도덕의 쇠퇴가 제국 해체에 기여했다. 끈질긴 소박함과 이를 뒷받침하는 신앙으로 형성되던 남성적인 기질이 부(富)의 햇살과 불신의 자유로 느슨해졌다. 이제 중산층과 상층 부류에 속한 사람들은 유혹에 넘어갈 정도의 재력을 갖추었다. 도시의 인구 밀집은 접촉을 증가시켰고 감시를 좌절시켰다. 이주로 인해 여러 문화가 합쳐졌으며 문화들의 차이는 무관심으로 사라져 버렸다. 도덕과 미의 기준이 대중의 자력(磁力)에 의해 낮추어졌다. 그리고 정치적 자유가 쇠퇴하는 동안 성(性)이 활개를 쳤다.

어느 위대한 역사가는 그리스도교가 로마 멸망의 주요 원인이라고 주장했다.[11] 그와 그의 추종자들이[12] 주장한 것처럼 그리스도교가 로마인에게 도덕적 기질을, 그리고 로마 국가에 안정을 가져다주던 옛 신앙을 파괴했기 때문이다. 그리스도교는 고전 문화, 즉 과학, 철학, 문학, 미술에 전쟁을 선포했다. 그리스도교는 로마인의 삶에서 허약한 동방의 신비주의를 현실적인 스토아주의 상태에 이르게 했다. 게다가 그리스도교는 사람들의 생각을 현세의 과업에서 우주의 재난에 대비한 무기력한 준비로 바꾸어 놓았으며, 국가에 대한 헌신을 통한 집단적 구원보다는 오히려 고행과 기도를 통한 개인적 구원을 찾도록 유도했다. 그리스도교는 군인 황제들이 지키려고 노력하던 제국의 통일을 붕괴시켰다. 그리고 신도들에게 관직을 보유하지 못하게 하거나 병역을 행하지 못하게 했다. 그리고 제국의 생존이 전쟁을 필요로 했을 때, 그리스도교는 무저항의 윤리를 설교했다. 그리스도의 승리는 곧 로마의 멸망이었다.

이렇듯 격렬한 비난에는 어느 정도 진실이 있다. 그리스도교는 본의 아니게 교의(敎義)의 대혼란을 함께했으며, 이것은 도덕규범을 뒤범벅으로 만들어 로마의 붕괴에 상당 부분 기여했다. 하지만 그리스도교의 성장은 로마 쇠퇴의 원인이라기보다는 결과였다. 구 종교의 해체는 그리스도가 등장하기 오래전에 시작되었다. 엔니우스와 루크레티우스 이후의 어떤 이교도 작가보다 이 둘이 구 종교에 대해 더 강력한 공격을 가했다. 도덕의 붕괴가 로마의 그리스 정복으로 시작되었고, 네로 치하에서 정점에 이르렀다. 그 후 로마의 도덕은 개선되었으며, 로마인의 생활에 끼치는 그리스도교의 영향은 대부분 건전했다. 그리스도교가 그렇게 빠른 속도로 성장한 것은 로마가 이미 사멸해 가고 있었기 때문이다. 사람들은 그리스도교가 그들에게 냉담했기 때문이 아니라 국가가 빈곤에 맞서 부를 옹호하고, 노예를 손에 넣기 위해 싸우며, 사치를 지원하기 위해 고된 노동에 과세하고, 기아, 전염병, 침입, 빈곤으로부터 대중을 보호해 주지 못했으므로 국가에 대한 믿음을 철회했다. 사람들은 용서받기 위해 전쟁을 설교하는 카이사르로부터 평화를 설교하는 그리스도에게로, 터무니없는 잔혹함으로부터 전례 없는 관용으로, 희망이나 위엄 없는 삶으로부터 빈곤을 위로하고 인간애를 명예롭게 여기는 신앙으로 돌아섰다. 로마는 야만족의 침입으로 파괴되지 않았듯이, 그리스도교에 의해서도 파괴되지 않았다. 그리스도교가 영향력을 발휘하고 야만족이 침입했을 때, 로마는 빈껍데기에 불과했다.

로마 쇠퇴의 경제적 원인은 디오클레티아누스 개혁을 이해하는 데 필수 조건으로 이미 언급한 바 있다. 여기에서는 경제적 원인을 단지 상기시키는 수준에서 요약할 필요가 있다. 로마 쇠퇴의 경제적 원인으로는 속주 곡물에 대한 불안정한 의존, 노예 공급과 노예제 대농장의 실패, 운송의 악화와 교역의 위험, 속주의 경쟁에 따른 속주 시장의 상실, 이탈리아의 수입에 상응하는 이탈리아 수출 제조업의 무기력과 그로 인한 동방으로의 귀금속 유출, 부자와 빈민 사이의 파괴적인 싸움, 군대, 자선, 공공 토목 공사, 확대해 가는 관료정, 그리고 여기에 기생하는 궁정의 비용 증가, 통화 가치의 저하, 능력 발휘의 좌절, 가혹한 과세에 의한 투자 자본의 흡수, 자본과 노동력의 유출, 농업에 기반한 농노제와 제조업에 강제된 폐쇄적 계급 제도의 구속이 있다. 이러한 모든 것이 원인이 되어 마침내 로마의 권력이 경제적 사망 선고에도 불구하고 살아남은 정치적 허깨비에 불과할 때까지 이탈리아의 물질적 삶의 기반이 서서히 약화되었다.

　로마 쇠퇴의 정치적 원인은 하나의 사실에 깊게 뿌리박고 있었다. 즉 점점 증가하는 전제정이 시민 의식을 파괴했고, 그것의 근저에 자리 잡은 정치적 수완을 고갈시켰다. 폭력 이외의 방법으로는 정치적 의사를 표현하는 데 무능했던 로마인은 통치에 대한 흥미를 잃고 일, 오락, 군단, 아니면 개인적 구원에 몰두하게 되었다. 한때 결합되었던 애국심과 이교가 이제 함께 쇠퇴했다.[13] 페르티낙스 이후에 훨씬 더 많은 권력과 위엄을 상실한 원로원은 나태함, 아첨, 아니면 금품 수수에 빠져들어 군국주의와 무정부 상태로부터 국가를 구했을지도 모르는 마지막 방벽이 무너졌다. 황제의 검열관과 세금 징수원들에 의해 황폐화된 지방의 통치 조직은 더 이상 가장 뛰어난 역량을 가진 사람들을 끌어들이지 못했다. 관할 구역에서 할당받은 세금에 대한 시 관리들의 책임, 그들의 무급 명예에 대한 비용 증가, 납부금, 공공 봉사, 기부, 그들에게 기대되는 경기(games), 침입과 계층 간의 싸움에 따르기 마련인 위험이 세금, 작업장, 그리고 농장으로부터의 도망에 상응해 관직으로부터의 도피를 초래했다. 사람들은 자신이 속한 사회적 범주의 가치를 떨어뜨림으로써 의도적으로 스스로를 부적격자로 만들었다. 일부는 다른 도시로 도망했고, 일부는 농부가 되거나 수도사가 되었다. 313년에 콘스탄티누스는 이교도 성직자들이 전통적으로 누려 오던 시 관직과 각종 세금으로부터의 면제를 그리스도교 성직자에게로 확대했다. 교회는 곧 성직 안수를 위한 지원자들로 넘쳐났으며, 도시들은 세입과 원로원 의원들의 상실에 불평했다. 결국 콘스탄티누스는 시 관리에 임용된 사람은 어느 누구도 사제로 받아들여져서는 안 된다고 규정해야만 했다.[14] 제국 치안대가 세금이나 징병 회피자들을 뒤쫓던 것처럼 정치적 명예로부터 벗어나려는 사람들을 추적했다. 제국 치안대는 그들을 도시로 다시 데려와 복무하도록 강제했으며,[15] 결국에는 아들이 아버지의 사회적 지위를 물려받아야 하고, 지위에 의해 선출될 자격이 있다면 선출을 받아들여야 한다고 선언했다. 관직의 예속이 경제적인 폐쇄적 계급 제도라는 감옥을 완성했다.

원로원의 반란을 두려워한 갈리에누스는 군대에서 원로원 의원들을 배제했다. 군대 인재가 더 이상 이탈리아에서 늘어나지 않았으므로, 갈리에누스의 이러한 조치로 이탈리아 반도에서 군의 쇠퇴가 완료되었다. 속주 군대와 용병 군대의 성장, 셉티미우스 세베루스의 친위대 폐지, 속주민 장군들의 등장, 그리고 그들의 제위 찬탈이 서방에서 로마 제국이 멸망하기 오래전에 이탈리아의 지도력뿐 아니라 이탈리아의 독립마저 파괴했다. 로마의 군대는 더 이상 로마인의 군대가 아니었다. 로마의 군대는 대부분이 야만족인 주로 속주민들로 구성되었다. 그리고 그들은 제단(祭壇)과 집이 아닌 급료와 기증품과 약탈품을 위해 싸웠다. 그들은 적과 맞서 싸울 때보다도 더 즐겁게 제국의 도시를 공격하고 약탈했다. 그들 대부분은 부자와 도시를 빈민과 농촌의 착취자로 증오하던 소농의 아들들이었다. 그리고 내란으로 기회가 주어졌을 때, 그들은 야만족이 파괴할 여지를 전혀 남겨 두지 않을 만큼 철저하게 도시를 약탈했다.[16] 군사 문제가 국내 문제보다 더 중요해졌을 때, 국경 근처의 도시들이 통치의 본거지가 되었다. 그리고 로마는 개선식을 위한 무대이자 황제 건축의 명소, 그리고 고대의 정치적 유물을 모아 놓은 박물관이 되었다. 수도(首都)의 증가와 권력의 분할은 행정의 통일을 파괴했다. 정치가들이 통치하기에, 또는 군대가 방어하기에 지나치게 거대해져 버린 제국이 붕괴를 시작했다. 게르만족과 스코트족에 맞서 아무런 지원 없이 스스로 방어하도록 남겨진 갈리아와 브리타니아는 직접 자신들의 황제를 선출해 통치자로 만들었다. 팔미라가 제노비아 치하에서 분리 독립했으며, 곧 스페인과 아프리카가 저항도 하지 못할 만큼 야만족의 정복에 굴복할 것이다. 갈리에누스 치세에 서른 명의 장군이 실제로 중앙 권력으로부터 독립된 제국에 속한 서른 곳의 지역을 통치했다. 한 거대한 국가를 산산

조각내 버린 이 끔찍한 드라마에서 내부의 원인은 미지의 주인공들이었다. 야만족은 단지 약점이 드러난 곳으로, 그리고 생물학적, 도덕적, 경제적, 정치적 수완의 실패로 혼란과 낙담과 쇠퇴의 상태로 방치되어 버린 곳으로 침입했을 뿐이다.

외부적으로 서로마 제국의 멸망은 서북 아시아의 훈족의 팽창과 이동으로 앞당겨졌다. 중국 군대와 만리장성 때문에 동쪽으로의 진격에서 패한 흉노족은 서쪽으로 방향을 틀었으며, 서기 355년경에는 볼가 강과 옥소스 강에 도달했다. 그들의 압박을 받은 러시아의 사르마티아인들이 발칸 반도로 이동했다. 그리고 공격을 받은 고트족이 로마 국경으로 재차 이동했다. 그들은 다뉴브 강을 지나 모에시아에 정착하도록 허락받았다.(376년) 그곳에서 로마 관리들의 학대를 받던 고트족은 반란을 일으켰고, 아드리아노플에서 대규모 로마 군대를 무찔렀으며(378년), 잠시 콘스탄티노플을 위협했다. 400년에 알라리크가 서고트족을 이끌고 알프스를 넘어 이탈리아로 쳐들어왔으며, 410년에 로마를 점령하고 약탈했다. 429년에 가이세리크가 반달족을 이끌고 스페인과 아프리카를 정복했으며, 455년에는 로마를 점령하고 약탈했다. 451년에 아틸라가 훈족을 이끌고 갈리아와 이탈리아를 공격했다. 그리고 그는 샬롱에서 패했지만 롬바르디아를 유린했다. 472년에 판노니아의 장군 오레스테스가 자신의 아들을 로물루스 아우구스툴루스라는 이름의 황제로 만들었다. 4년 뒤 로마 군대를 장악한 야만족 용병들이 이 "작은 아우구스투스"를 폐위했고, 그들의 지도자 오도아케르를 이탈리아의 왕으로 불렀다. 오도아케르는 콘스탄티노플의 로마 황제 지배권을 인정했으며, 로마 황제에 의해 신하의 지위를 가진 왕으로 받아들여졌다. 동로마 제국은 1453년까지 계속될 것이다. 하지만 서로마 제국은 종말을 고했다.

2. 로마의 성취

로마의 오랜 생존보다 로마의 멸망을 설명하는 것이 더 쉽다. 로마는 지중해 세계를 손에 넣어 그 문화를 채택했고, 그것에 200년 동안 질서와 번영과 평화를 부여했으며, 2세기 동안 야만의 물결을 더 억제했고, 멸망하기 전까지 서방에 고전 유산을 물려주었다. 이것이 로마가 이룬 성취의 본질이다.

통치 기술에서 로마에 견줄 만한 적수는 없었다. 로마는 수많은 정치적 범죄를 저질렀으며, 이기적인 과두정과 반(反)계몽주의적 사제직 위에 국가 조직을 세웠다. 로마는 자유민의 민주주의를 이룩한 다음 부패와 폭력으로 파괴되었다. 그리고 로마는 로마에 기생하는 이탈리아를 지원하기 위해 정복을 이용했다. 로마가 더 이상 정복을 이용할 수 없었을 때, 이탈리아는 붕괴했다. 동로마와 서로마 이곳저곳에서 로마는 황무지를 만들어 놓고 그것을 평화라고 불렀다. 하지만 이 모든 악에 둘러싸인 로마는 법률 제정 10대관(大官)으로부터 나폴레옹에 이르기까지 거의 유럽 전체의 생명과 재산을 보호해 주었고, 제조업에 자극과 연속성을 부여하는 위대한 법체계를 만들어 냈다. 로마는 입법권과 행정권이 분리된 정체를 만들었으며, 입법권과 행정권의 견제와 균형은 혁명적인 미국과 프랑스의 헌법 제정자들에게 영감을 불어넣었다. 잠시 로마는 철학자, 역사가, 예속민, 그리고 적들의 박수갈채를 받을 만큼 성공적으로 군주정, 귀족정, 민주정을 결합했다. 로마는 500개의 도시에 오랜 기간 동안 자유를 부여했다. 로마는 처음에는 탐욕과 잔혹함으로, 그 다음에는 위대한 왕국이 결코 다시는 비슷한 내용을 알지 못했을 정도의 관용과 절대적인 공정함으로 제국을 통치했다. 로마는 문명으로 황무지에 꽃을 피웠으며, 영속적인 평화의 기적으로 속죄했다. 오늘날 우리에게 당면한 가장 힘든 일은 무질서한 세계에 로마의 평화가 되살아나도록 노력하는 것이다.

로마는 견줄 수 없는 탁월한 뼈대 안에, 기원은 그리스적이고 응용과 결과는 로마적인 문화를 만들었다. 로마는 통치에 지나치게 몰두한 나머지 그리스가 했던 것처럼 지성의 영역에서 풍부한 성과를 이루어 낼 수 없었다. 하지만 로마는 카르타고와 이집트, 그리스와 동방에서 받아들인 기술적, 지적, 예술적 유산을 감사해 하며 흡수하고 고집스럽게 보존했다. 로마는 과학에서의 진보와 제조업에서의 기계 개량이 전혀 이루어지지 않았지만, 안전한 바다 위에서 행해지는 교역과 활기 넘치는 생활의 동맥이 되어 준 탄탄한 도로망으로 세상을 부유하게 했다. 이러한 도로와 수많은 교량을 통해 고대의 경작 기술과 수공예 기술, 예술의 기교, 기념비적인 건축 과학, 금융과 투자 기법, 의료와 군 병원 조직, 도시의 위생, 서방에서 새롭게 뿌리내리기 위해 동방에서 가져온 다양한 과일과 견과류 나무, 그리고 농업 작물이나 관상용 식물 등이 중세와 근대 세계로 건너갔다. 심지어 중앙난방의 비밀마저 따뜻한 남쪽에서 차가운 북쪽으로 전해졌다. 남쪽은 문명을 창조했고, 북쪽은 문명을 정복하고 파괴했으며, 그렇지 않으면 차용했다.

로마는 교육을 발명하지 않았지만 이전에는 알려지지 않은 규모로 발전시켰고, 국가가 교육을 지원했으며, 오늘날의 젊은이에게까지 지속되는 교과 과정을 만들었다. 로마는 아치와 둥근 천장과 돔을 발명하지 않았지만 대담하게, 그리고 웅장하게 그것을 사용함으로써 일부 분야에서 로마의 건축은 타의 추종을 불허했다. 게다가 중세 성당의 모든 건축 원리가 로마의 바실리카에서 준비되었다. 로마는 조각으로 된 초상(肖像)을 발명하지 않았지만, 초상을 이상화하는 그리스인들이 좀처럼 도달할 수 없는 실제적인 힘을 부여했다. 로마는 철학을 발명하지 않았지만 루크레티우스와 세네카에게서 에피쿠로스 철학과 스토아 철학이 가장 완성된 형태를 갖게 되었다. 로마는 문학의 유형, 심지어 풍자 문학마저 발명하지 않았다. 하지만 웅변술, 에세이, 산문체에 대한 키케로의 영향력을, 단테와 타소, 밀턴에 대한 베르길리우스의 영향력을 …… 역사 서술에 대한 리비우스와 타키투스의 영향력을, 드라이든과 스위프트, 포프(Pope)에 대한 호라티우스와 에우베날리스의 영향력을 충분하게 기록할 수 있는 사람이 과연 있을까?

로마의 언어는 매우 뛰어난 어형 변화를 통해 이탈리아, 루마니아, 프랑스, 스페인, 포르투갈, 그리고 라틴 아메리카의 언어가 되었다. 백인 세계의 절반이 라틴어를 말한다. 18세기까지 라틴어는 서방에서 과학, 학문, 철학의 국제어였다. 더욱이 라틴어는 식물학과 동물학에 편리한 국제적 전문 용어를 제공했다. 라틴어는 로마 교회의 격조 높은 전례와 공식 문서에서 살아남아 있다. 그리고 여전히 의료 처방전에 사용되고 법률 용어에 자주 등장한다. 라틴어는 직접적인 도용(盜用)으로, 그리고 다시 로맨스어(語)를 통해 영어 연설의 풍부함과 유연성을 강화하는 일에 착수했다. 우리의 로마 유산은 하루에도 여러 차례 우리의 삶에 스며들고 있다.

그리스도교가 로마를 정복했을 때 이교 집단의 조직, 대제사장의 칭호와 의복, 대지의 신과 위안을 주는 수많은 신들에 대한 숭배, 도처에 존재하는 초감각적인 실재에 대한 관념, 옛 축제의 즐거움과 장엄함, 그리고 먼 옛날 의식의 화려한 구경거리가 어머니의 피처럼 새로운 종교로 옮겨 갔으며, 포로가 된 로마가 정복자인 그리스도교를 점령했다. 통치의 수단과 기술이 사멸해 가는 제국을 통해 교황권으로 전해졌다. 부러진 칼의 잃어버린 힘을 위안을 주는 말의 마법으로 되찾을 수 있었다. 국가의 군대가 로마의 도로를 따라 사방으로 이동하는 교회의 전도사들로 대체되었다. 그리고 반란을 일으킨 속주들은 그리스도교를 받아들인 뒤 로마의 통치권을 다시 인정했다. 신앙의 시대의 오랜 투쟁을 통해 고대의 수도 로마의 권위는 르네상스로 고전 문화가 부활하는 것처럼 보일 때까지, 그리고 영원의 도시 로마가 한 번 더 세상의 삶과 부, 그리고 예술의 중심이자 정상을 차지할 때까지 지속적으로 성장했다. 로마 건국 2689주년을 기념하는 1936년에 로마는 인류 역사에서 가장 인상적인 통치와 문명의 연속성을 되돌아볼 수 있었다. 로마가 다시 일어설 수 있기를.

인내심을 갖고 읽어 준 독자들에게 고마움을 전한다.

참고문헌

ABBOTT, F., The Common People of Ancient Rome, N. Y., 1911.

ACTON, LORD, The History of Freedom, London, 1907.

ALCIPHRON, Letters, London, n.d.

ANDERSON, W., and SPIERS, R., The Architecture of Greece and Rome, London, 1902.

APOCRYPHA AND PSEUDEPIGRAPHA OF THE OLD TESTAMENT, Oxford, 1913. 2v.

APPIAN, Roman History, Loeb Classical Library. 4v.

APULEIUS, The Golden Ass, tr. W. Adlington, N. Y., 1927.

ARISTOTLE, Physics, Loeb Library. 2v.

ARISTOTLE, Politics, Everyman Library.

ARNOLD, W., Roman System of Provincial Administration, Oxford, 1914.

ARRIAN, Anabasis of Alexander, London, 1893.

ATHENAEUS, The Deipnosophists, London, 1854, 3v.

AUGUSTINE, ST., The City of God, London, 1934.

AUGUSTINE, ST., Select Letters, Loeb Library.

AUGUSTUS, Res gestae, Loeb Library.

BAILEY, C., The Legacy of Rome, Oxford, n.d.

BALL, W. W., Short History of Mathematics, London, 1888.

BALSDON, J., The Emperor Gaius, Oxford, 1934.

BARNES. H.E. History of Western Civilization. N. Y., 1935. 2v

BARON, S., Social and Religious History of the Jews, N. Y., 1937. 3v.

BATTIFOL, L., The Century of the Renaissance, N. Y., 1935.

BEARD, M., History of the Business Man, N. Y., 1938.

BEVAN, E., The House of Seleucus, London, 1902, 2v.

BEVAN, E., The Legacy of Israel, Oxford, 1927.

BIBLE, Revised Version of the King James Translation.

BIEBER, M., History of the Greek and Roman Theater, Princeton, 1939.

BIGG, C., Neo-Platonism, London, 1935.

BOISSIER, G., L'Afrique romaine, Paris, 1935.

BOISSIER, G., Cicero and His Friends, N. Y., n.d.

BOISSIER, G., La fin du paganisme, Paris, 1894.

BOISSIER, G., L'opposition sous les Césars, Paris, 1875.

BOISSIER, G., La réligion romaine, Paris, 1909. 2v.

BOISSIER, G., Rome and Pompeii, London, 1896.

BOISSIER, G., Tacitus and Other Roman Studies, London, 1906.

BOOKS OF ENOCH AND WISDOM, cf. Apocrypha.

BOUCHIER, E., Life and Letters in Roman Africa, Oxford, 1913.

BREASTED, J., Ancient Times, Boston, 1916.

BREASTED, J., Oriental Forerunners of Byzantine Painting, Chicago, 1924.

BRECCIA, E., Alexandrea ad Aegyptum, Bergamo, 1922.

BRITTAIN, A., Roman Women, Philadelphia, 1907.

BUCHAN, J., Augustus, N. T., 1937.

BUCKLAND, W., Textbook of Roman Law, Cambridge U.P., 1921.

BURCKHARDT, J., Die Zeit Constantins des Grossen, Phaidon Verlag, Wien, n.d.

BURY, J., History of the Roman Empire, N. Y., n.d.

BURY, J., History of Freedom of Thought, N. Y., n.d.

CAESAR, J., De bello civili, Loeb Library.

CAESAR, J., De bello Gallico, Loeb Library.

CAMBRIDGE ANCIENT HISTORY, N. Y., 1924f. 12v.

CAMBRIDGE MEDIEVAL HISTORY, N. Y., 1924f. 8v.

CAPES, W., University Life in Ancient Athens, N. Y., 1922.

CARPENTER, EDW., Pagan and Christian Creeds, N. Y., 1920.

CARTER, T., The Invention of Printing in China, N. Y., 1925.

CASTIGLIONE, A., History of Medicine, N. Y., 1941.

CATHOLIC ENCYCLOPEDIA, N. Y., 1913. 16v.

CATO, M., De agri cultura, Loeb Library.

CATULLUS, Poems, tr. Horace Gregory, N. Y., 1931.

CATULLUS, Tibullus, and Pervigilium Veneris, Loeb Library.

CHARLESWORTH, M., Trade Routes and Commerce of the Roman Empire, Cambridge U.P., 1926.

CICERO, Academica, Loeb Library.

CICERO, De divinatione, Loeb Library.

CICERO, De finibus, Loeb Library.

CICERO, De legibus, Loeb Library.

CICERO, De natura Deorum, Loeb Library.

CICERO, De officiis, Everyman Library.

CICERO, De re publica, Loeb Library.

CICERO, De senectute and De amicitia, Loeb Library.

CICERO, Disputationes Tusculanae, Loeb Library.

CICERO, Letters, tr. Melmoth; cf. Middleton.

CICERO, Pro Milone and Other Speeches, Loeb Library.

CLEMENT OF ALEXANDRIA, Writings and Opinions, ed. Kaye, London, n.d.

COLLINGWOOD, R., and MYRES, N., Roman Britain, Oxford, 1937.

COLUMELLA, De re rustica, Loeb Library.

CONYBEARE, W. J., and HOWSON, J. S., Life, Times, and Travels of St. Paul, N.
Y., 1869. 2v.

COULANGES, F. DE, The Ancient City, Boston, 1901.

CUMONT, F., Oriental Religions in Roman Paganism, Chicago, 1911.

CUNNINGHAM, W. C., Western Civilization in Its Economic Aspects, Cam-
bridge U.P., 1900. 2v.

DAVIS, W. S., Influence of Wealth in Imperial Rome, N. Y., 1913.

DAVIS, W. S., and West, W. M., Readings in Ancient History, Boston, 1912.

DECLAREUIL, J., Rome the Law-Giver, N. Y., 1926.

DENNIS, G., Cities and Cemeteries of Etruria, Everyman Library. 2v.

DILL, SIR S., Roman Society form Nero to Marcus Aurelius, London, 1911.

DIO CASSIUS, History of Rome, Troy, N. Y., 1905. 8v.

DIO CHRYSOSTOM, Orations, Loeb Library. 3v.

DIODORUS SICULUS, Library of History, Loeb Library. 10v.

DIONYSIUS OF HALICARNASSUS, Roman Antiquities, London, 1758. 4v.

DOUGHTY, G., Travels in Arabia Deserta, N. Y., 1923. 2v.

DUCHESNE, MON. L., Early History of the Christian Church, London, 1933. 3v.

DUFF, J., Literary History of Rome, London, 1909.

DUFF, J., Literary History of Rome in the Silver Age, N. Y., 1930.

DURUY, V., History of the Roman People, Boston, 1883. 8v.

EDERSHEIM, A., Life and Times of Jesus the Messiah, N. Y., n.d. 2v.

ENCYCLOPAEDIA BRITANNICA, 14th ed. 24v.

EPICTETUS, Works, Loeb Library. 2v.

EPICTETUS, Encheiridion, Girard, Kan., n.d.

EUSEBIUS PAMPHILUS, Ecclesiastical History, N. Y., 1839.

EUSEBIUS PAMPHILUS, Historical View of the Council of Nice, in preceding.

EUSEBIUS PAMPHILUS, Life of Constantine, in Ancient Ecclesiastical Histories,
    London, 1650.

EUSEBIUS PAMPHILUS, Praeparatio evangelica, Oxford, 1843.

FATTORUSSO, J., Wonders of Italy, Florence, 1930.

FERRERO, G., Ancient Rome and Modern America, N. Y., 1914.

FERRERO, G., Greatness and Decline of Rome, N. Y., 1909. 5v.

FERRERO, G., The Ruin of Ancient Civilization. N. Y., 1921.

FERRERO, G., The Women of the Caesars, N. Y., n.d.

FINKELSTEIN, L., Akiba, N. Y., 1936.

FLAUBERT, G., Salammbo, Modern Library.

FLICK, A. C., Rise of the Medieval Church, N. Y., 1909.

FOAKES-JACKSON, F., and LAKE, K., Beginnings of Christianity, London,
    1920. 5v.

FOWLER, W. W., Religious Experience of the Roman People, London, 1933.

FOWLER, W. W., Roman Festivals of the Period of the Republic, N. Y., 1899.

FOWLER, W. W., Social Life at Rome, N. Y., 1927.

FRANK, T., Economic History of Rome, Baltimore, 1927.

FRANK, T., Roman Imperialism, N. Y., 1914.

FRANK, T., Economic Survey of Ancient Rome, Baltimore, 1933f. 5v.

FRAZER, SIR J., Adonis, Attis, and Osiris, London, 1907.

FRAZER, SIR J., The Magic Art, N. Y., 1935. 2v.

FRAZER, SIR J., The Scapegoat, N. Y., 1935.

FRAZER, SIR J., Spirits of the Corn and Wild, N. Y., 1935. 2v.

FRIEDLANDER, L., Roman Life and Manners under the Roman Empire,
    London, 1928. 4v.

FRONTINUS, Stratagems and Aqueducts, Loeb Library.

FRONTO, M., Correspondence, Loeb Library.

GAIUS, Elements of Roman Law, ed. Poste, Oxford, 1875.

GALEN, On the Natural Faculties, Loeb Library.

GARDINER, E., Athletics of the Ancient World, Oxford, 1930.

GELLIUS, AULUS, Attic Nights, Loeb Library. 3v.

GARRISON, F., History of Medicine, Phila., 1929.

GATTESCHI, G., Restauri della Roma Imperiale, Rome, 1924.

GEST, A., Roman Engineering, N. Y., 1930.

GIBBON, E., Decline and Fall of the Roman Empire, Everyman Library, 6v. Ed. Bury, J. B., London, 1900. 7v.

GLOVER, T. R., The Conflict of Religions in the Early Roman Empire, London, 1932.

GOGUEL, M., Life of Jesus, N. Y., 1933.

GOODSPEED, E. J., The New Testament, an American Translation, Univ. of Chicago, 1937.

GRAETZ, H., History of the Jews, Phila., 1891. 6v.

GREEK ANTHOLOGY, Loeb Library.

GUHL, E., and KONER, W., Life of the Greeks and the Romans, N. Y., 1876.

GUIGNEBERT, C., Christianity Past and Present, N. Y., 1927.

GUIGNEBERT, C., Jesus. N. Y., 1935

GUMMERE, R., Seneca the Philosopher, Boston, 1922

HADZSITS, G., Lucretius and His Influence, London, 1935.

HAGGARD, H., Devils, Drugs, and Doctors, N. Y., 1929.

HALLIDAY, W. R., The Pagan Background of Early Christianity, London, 1925.

HAMMERTON, J., Universal History of th World, London, n.d. 8v.

HARRISON, JANE, Prolegomena to the Study of Greek Religion, Cambridge U.P., 1922.

HASKELL, H., The New Deal in Old Rome, N. Y., 1939.

HASTINGS, J., Encyclopedia of Religion and Ethics, N. Y., 1928.12v.

HATCH, E., Influence of Greek Ideas and Usages upon the Christian Church, London, 1890.

HAVERFIELD, F., The Romanization of Roman Britain, Oxford, 1923.

HAVERFIELD, F., The Roman Occupation of Britain, Oxford, 1924.

HEATH, SIR, T., History of Greek Mathematics, Oxford, 1921. 2v.

HEINE, H., Memoirs, London, 1910. 2v.

HEITLAND, W., Agricola, Cambridge U.P., 1921.

HELIODORUS, Longus, etc., Greek Romances, London, 1901.

HENDERSON, B., Life and Principate of the Emperor Hadrian, N. Y., n.d.

HENDERSON, B., Life and Principate of the Emperor Nero, Phila., 1903.

HERODIAN, History of Twenty Caesars, London, 1629.

HERODOTUS, History, ed. Rawlinson, London, 1862. 4v.

HIMES, N., Medical History of Contraception, Baltimore, 1936.

HISTORIAE AUGUSTAE, Loeb Library, 2v.

HOLMES, T. R., The Architect of the Roman Empire, Oxford, 1928. 2v.

HOMO, L., Primitive Italy, London, 1927. Roman Political Institutions, N. Y., 1930.

HORACE, Odes and Epodes, Loeb Library.

HORACE, Satires and Epistles, Loeb Library.

HOWARD, C., Sex Worship, Chicago, 1909.

INGE, DEAN W. R., The Philosophy of Plotinus, London, 1929. 2v.

IRENAEUS, Adversus haereses, Oxford, 1872.

JEROME, Select Letters, Loeb Library.

JONES, A., Cities of the Eastern Roman Provinces, Oxford, 1937.

JONES, H., Companion to Roman Histry, Oxford, 1912.

JONES, W., Malaria and Roman History, Manchester U.P., 1909.

JOSEPHUS, Works, tr. Whiston, Boston, 1811, 2v.

JULLIAN, C., Histoire de la Gaule, Paris, 1908. 6v.

JUSTINIAN, Digest; cf. Scott, S. P.

JUVENAL AND PERSIUS, Satires, Loeb Library.

JUVENAL, PERSIUS, SULPICIA, AND LUCILIUS, Satires, tr. Gifford, London, 1852.

KALTHOFF, A., Rise of Christianity, London, 1907.

KAUTSKY, K., Ursprung des Christentums, Vienna, 1908.

KLAUSNER, J., From Jesus to Paul, N. Y., 1943.

KLAUSNER, J., Jesus of Nazareth, N. Y., 1929.

KOHLER, C., History of Costume, N. Y., 1928.

LACTANTIUS, Works, in Ante-Nicene Christian Library, vols. XXI-II, London, 1881.

LAKE, K., ed., The Apostolic Fathers, Loeb Library. 2v.

LANCIANI, R., Ancient Rome, Boston, 1899.

LANG, P., Music in Western Civilization, N. Y., 1941.

LEA, H. C., Historical Sketch of Sacerdotal Celibacy, Boston, 1884.

LECKY, W., History of European Morals, N. Y., 1926. 2v.

LESLIE SHANE, The Greek Anthology, N. Y., 1929.

LIVINGSTONE, R. W., The Legacy of Greece, Oxford, 1924.

LIVY, T., History of Rome, Everyman Library. 6v.

LONGINUS ON THE SUBLIME, Loeb Library.

LOT, FERDINAND, End of the Ancient World, N. Y., 1931.

LUCAN, Pharsalia, Loeb Library.

LUCIAN, Works, tr. Fowler, Oxford, 1905, 4v.

LUCRETIUS, De rerum natura, Loeb Library.

MACGREGOR, R., The Greek Anthology, London, n.d.

MACKENNA, STEPHEN The Essence of Plotinus, N. Y., 1934.

MACROBIUS, Works, French tr., Paris, 1827. 2v.

MACROBIUS, Opera, London, 1694.

MAHAFFY, J, The Silver Age of the Greek World, Chicago, 1906.

MAINE, SIR H., Ancient Law, Everyman Library.

MAIURI, A., Les fresques de Pompeii, Paris, n.d.

MAIURI, A., Pompeii, Rome, n.d.

MANTZIUS, K., History, of Theatrical Art, N. Y., 1937. 6v.

MARCUS AURELIUS, Meditations, tr. Long, Boston, 1876.

MARTIAL, Epigrams, Loeb Library. 2v.

MATTHEWS, B., Development of the Drama, N. Y., 1921.

MAU, A., Pompeii, N. Y., 1902.

MERIVALE, C., History of the Romans under the Empire, London, 1865. 8v.

MIDDLETON, C., Life of Marcus Tullius Cicero, London, 1877.

MINUCIUS, FELIX, Octavius, in Tertullian, Apologeticus, Loeb Library.

MOMIGLIANO, A., Claudius, Oxford, 1934.

MOMMSEN, T., History fo Rome, London, 1901. 5v.

MOMMSEN, T., The Provinces of the Roman Empire, N. Y., 1887. 2v.

MONROE, P, Source Book of the History of Education for the Greek and Roman Period, N. Y., 1932.

MONTESQUIEU, CHARLES DE, Grandeur et Décadence des Romains, Paris, 1924.

MOORE, G. F., Judaism in the First Centuries of the Christian Era, Cambridge, Mass., 1932. 2v

MULLER-LYER, F., Evolution of Modern Marriage, N. Y., 1930.

MURRAY, G., Five Stages of Greek Religion Oxford, 1930.

NEPOS, CORNELIUS, Lives, N. Y., 1895.

OVID, Ars amatoria, Loeb Library.

OVID, Fasti, Loeb Library.

OVID, Heroides and Amores, Loeb Library.

OVID, Love Books of, tr. May, N. Y., 1930.

OVID, Metamorphoses, Loeb Library. 2v.

OVID, Tristia and Ex Ponto, Loeb Library.

OWEN, JOHN, Evenings with the Sceptics, London, 1881. 2v.

PATER, WALTER, Marius the Epicurean, N. Y., n.d.

PAUL-LOUIS, Ancient Rome at Work, N. Y., 1927.

PFUHL, E., Masterpieces of Greek Drewing and Painting, London, 1926.

PHILO, Works, Loeb Library. 9v.

PHILOSTRATUS, Life of Apollonius of Tyana, Loeb Library. 2v.

PHILOSTRATUS, AND EUNAPIUS, Lives of the Sophists, Loeb Library.

PLAUTUS, Cmoedies, London, 1889.

PLINY THE ELDER, Natural History, London, 1855. 6v.

PLINY THE YOUNGER, Letters, Loeb Library.

PLOTINUS, Select Works, London, 1912.

PLUTARCH, De Iside et Osiride, French tr., Paris, 1924.

PLUTARCH, De tranquillitate animi, tr. Harvard U.P., 1931.

PLUTARCH, Lives, Everyman Library. 3v.

PLUTARCH, Moralia, Loeb Library.

PLUTARCH, Quaestiones Romanae, tr. Holland, London, 1892.

POLYBIUS, Histories, Loeb Library. 6v.

POPE, A. U., Survey of Persian Art, London, 1938. 6v.

PORPHYRY, Life of Plotinus, in MacKenna, S., The Essence of Plotinus, N. Y.,
1934.

PROPERTIUS, Poems, Loeb Library.

QUINTILIAN, Institutes of Oratory, Loeb Library. 4v.

RAMSAY, W. M., The Church in the Roman Empire, N. Y., 1893.

RANDALL-MACIVER, D., The Etruscans, Oxford, 1927.

RAWLINSON, G., The Sixth Great Oriental Monarch N. Y., n.d.

REID, J., Municipalities of the Roman Empire, Cambridge U.P., 1913.

REINACH, S., Apollo, a History fo Art, N. Y., 1917.

REINACH, S., A Short History of Christianity, N. Y., 1922.

RENAN, E., Antichrist, London, n.d.

RENAN, E., The Apostles, London, n.d.

RENAN, E., The Christian Church, London, n.d.

RENAN, E., Lectures on the Influence of Rome on Christianity, London, 1884.

RENAN, E., Life of Jesus, N. Y., n.d.

RENAN, E., Marc Aurèle, Paris, n.d.

RENAN, E., St. Paul, Paris, n.d.

ROBERTSON, J. M., Short History of Freethought, London, 1914. 2v.

RODENWALDT, G., Die Kunst der Antike: Hellas und Rom, Berlin, 1927.

ROSTOVTZEFF, M., History of the Ancient World, Oxford, 1928, 2v.

ROSTOVTZEFF, M., Mystic Italy, N. Y., 1927.

ROSTOVTZEFF, M., Social and Economic History of the Hellenistic World, N.
Y., 1942. 3v.

ROSTOVTZEFF, M., Social and Economic History of the Roman Empire,

Oxford, 1926.

SACHAR, A., HIstory of the Jews, N. Y., 1932.

SALLUST, Works, Loeb Library.

SANDYS, SIR, J., Companion to Latin Studies, Cambridge U.P., 1925.

SARTON, G., Introduction to the History of Science, Baltimore, 1930. Vol. I.

SCHÜRER, E., History of the Jewish People in the Times of Jesus, N. Y., 1890. 6v.

SCHWEITZER, A., The Quest of the Historical Jesus, London, 1926.

SCOTT, E. F., First Age of Christianity, N. Y., 1935.

SCOTT, S. P., The Civil Law of Rome, Cincinnati, 1932. 17v.

SELLAR, W., Horace and the Elegiac Poets, Oxford, 1937.

SELLAR, W., Roman Poets of the Augustan Age: Virgil, Oxford, 1877.

SELLAR, W., Roman Poets of the Republic, Oxford, 1881.

SENECA, Epistulae Morales, Loeb Library. 2v.

SENECA, Moral Essays, Loeb Library. 3v.

SENECA, Quaestiones naturales, tr. in Clarke, Physical Science in the Time of Nero, London, 1910.

SENECA, Tragedies, Loeb Library. 2v.

SEXTUS EMPIRICUS, Works, Loeb Library. 3v.

SEXTUS EMPIRICUS, Opera, Leipzig, 1840. 2v.

SHOTWELL, J., Introduction to the History of History, N. Y., 1936.

SHOTWELL, J., and LOOMIS, L., The See of Peter, Columbia U.P., 1927.

SIDONIUS APOLLINARIS, Poems, Loeb Library.

SIMPSON, F., History of Architectural Development, London, 1921. Vol. I.

SMITH, R. B., Carthage and the Carthaginians, N. Y., 1908.

SMITH, W. M., Dictionary of Greek and Roman Antiquities, Boston, 1859.

SOCRATES, Ecclesiastical History, London, 1892.

STATIUS, Poems, Loeb Library. 2v.

STRABO, Geography, Loeb Library. 8v.

STRONG, E., Art in Ancient Rome, N. Y., 1928. 2v.

SUETONIUS, Works, Loeb Library. 2v.

SUMNER, W. G., Folkways, Boston, 1906.

SUMNER, W. G., War and Other Essays, Yale U.P., 1911.

SYME, R., The Rmoan Revoution, Oxford, 1939.

SYMONDS, J. A., Studies, of the Greek Poets, London, 1920.

TACITUS, Annals, Loeb Library.
TACITUS, Histories, Loeb Library.
TACITUS, Works, tr. Murphy, London, 1830.
TAINE, H., Essai sur Tite Live, Paris, 1874.
TAINE, H., Modern Regime, N. Y., 1890. 2v.
TALMUD, Babylonian, tr., London, 1935f. 24v.
TARN, W. W., Hellenistic Civilization, London, 1927.
TAYLOR, H., Cicero, Chicago, 1916.
TERENCE, Comedies, London, 1898.
TERTULLIAN, Apologeticus, etc., Loeb Library.
THIERRY, A., Histoire de la Gaule sous l'administration romaine, Paris, 1840. 3v.
THOMPSON, SIR E., Introduction to Greek and Latin Paleography, Oxford, 1912.
THORNDIKE, L., History of Magic and Experimental Science, N. Y., 1929. 2v.
THUCYDIDES, History of the Peloponnesian War, Everyman Library.
TIBULLUS, Poems, cf. Catullus.
TOUTAIN, J., Economic Life of the Amcient World, N. Y., 1930.
TOYNBEE, A. J., A Study of History, Oxford, 1935. 3v.
TRENCH, R., Plutarch, London, 1874.

UEBERWEG, F., History of Philosophy, N. Y., 1871. 2v.
USHER, A., History of Mechanical Inventions, N. Y., 1929.

VALERIUS MAXIMUS, Factorum et dictorum, Berlin, 1854.
VARRO, M., Rerum rusticarum, Loeb Library.
VIRGIL, Poems, Loeb Library. 2v.
VITRUVIUS, De architectura, Loeb Library.
VOGELSTEIN, H., Rome, Phila., 1940.
VOLTAIRE, Philosophical Dictionary, N. Y., 1901.

WARD, C. O., The Ancient Lowly, Chicago, 1907. 2v.
WATSON, P. B., Marcus Aurelius Antoninus, N. Y., 1884.

WEIGALL, A., The Paganism in Our Christianity, N. Y., 1928.

WEISE, O., Language and Character of the Roman people, Lodon, 1909.

WESTERMARCK, E., Origin and Development of the Moral Ideas, London, 1917. 2v.

WHITE, E. L., Why Rome Fell, N. Y., 1927.

WICKHOFF, F., Roman Art, London, 1900.

WILLIAMS, H., History of Science, N. Y., 1909. 5v.

WINCKELMANN, J., History of Ancient Art, Boston, 1880. 2v.

WRIGHT, F., History of Later Greek Literature, N. Y., 1932.

ZEITLIN, S., The Jews, Phila., 1936.

ZEITLIN, S., The Pharisees and the Gospels, N. Y., 1938.

주

16장

1. Seneca in Friedländer, II, 321.
2. Livy, xxiv, 9; Pliny's *Letters,* viii, 17; Tacitus, *Annals,* i, 70.
3. Strabo, v, 3.8.
4. Juvenal, iii, 235-244.
5. 위의 책, v, 268.
6. Martial, cxvii, 7.
7. Friedländer, I, 5.
8. Pliny, xxxv, 45.
9. Friedländer, II, 317, 330.
10. Mau, A., *Pompeii,* 231; Rostovtzeff, *Roman Empire,* 135; Gest, 96.
11. Suetonius, "Nero," 39.
12. Boissier, *Rome and Pompeii,* 119.
13. Pliny, *Nat, Hist.,* xxxiii, 45.
14. Boissier, *Tacitus,* 223.
14a. N. Y. *Times,* Apr. 27, 1943.
15. Mau, 414.
16. Pliny, xxxv, 66; Strabo, xvi, 25.
17. Winckelmann, J., *History of Ancient Art,* II, 312.
18. Reid, 278.
19. Strong, *Art in Ancient Rome,* II, fig. 341.
20. Valerius Maximus, *Factorum et dictorum,* viii, 14.
21. Pliny, xxxv, 37.
22. Maiuri, A., *Les fresques de pompeii,* Table XXXIII.
23. Rostovtzeff, *Mystic Italy.*
23a. Pliny, xxxv, 40.
24. Duff, *Literary History of Rome,* 632.
25. Vitruvius, ii, 4.
26. 위의 책, i, 1.
27. 위의 책, x, 9.
28. Friedländer, II, 191.
28a. Seneca, *Epistles,* lxxxviii.
28b. Kirstein, L., *The Dance,* 49.
28c. Lucretius, ii, 416; Ovid, *Ars,* i, 103.
29. Pliny, xxxvi, 24.

17장

1. Juvenal, v, 141.
2. Petronius in Henderson, *Nero,* 326.
3. Seneca, *Ad Marciam,* xix, 2.
4. Juvenal, vi, 367.
5. Friedländer, I, 238.
6. Pliny, xxiv, 11.
7. Juvenal, vi, 592.
8. Gatteschi, G., *Restauri della Roma Imperiale,* 64.
9. Gibbon, I, 42; Friedländer, I, 17; Sandys, 335-7; Davis, 195; Paul-Louis, 15, 227.
10. Tacitus, *Annals,* xiii, 27.
11. Vogelstein, H., *Rome,* 10.
12. Cicero, *Pro L. Flacco,* 28.
13. Edersheim, A., *Life and Times of Jesus the Messiah,* I, 67.

14. Tacitus, *Annals*, ii, 85; Suetonius, "Tiberius," 36.

15. Dio, lvii, 18; Schürer, *History of the Jewish People*, div. II, Vol. II, 234.

16. Vogelstein, 17.

17. 위의 책, 31, 33; Renan, *Lectures*, 50.

18. Tacitus, *Annals*, ii, 85; Ammanianus, M., xxii, 5.

19. Dill, 83-4.

20. Dio, lx, 33.

21. Martial, vii, 30.

22. Juvenal, iii, 62.

23. Bailey, 143.

24. Tacitus, xiv, 42, 60.

25. Juvenal, xiv, 44.

26. Gellius, xii, 1.

27. *Enc. Brit.*, X, 10.

28. Horace, *Satires*, i, 6.75.

29. Pliny's *Letters*, ii, 3.

30. Petronius, 1.

31. Pliny's *Letters*, iv, 3.

32. Ovid, *Ars amatoria*, 98.

33. Juv., ix, 22.

34. Minucius Felix, *Octavius*, 67; Tertullian, *Apology*, 15.

35. Horaces, *Epodes*, xi.

36. Martial, viii, 44; xi, 70, 88; Juv., ii, vi, ix.

37. Friedländer, I, 234.

38. Seneca the Elder, *Controversiae*, in Friedländer, I, 241.

39. Seneca, *Ad Helviam*, xvi, 3; *Ad Marciam*, xxiv, 3.

40. Ovid, *Amores*, i, 8.43; iii, 4.37.

41. Friedländer, I, 241.

42. Juv., vi, 228.

43. 위의 책, 281.

44. I, 22.

45. Boissier, *La réligion romaine*, II, 197.

46. Juv., vi, 248.

47. Martial, *De spectaculis*, vi.

48. Statius, *Silvae*, i, 6.

49. Seneca, *Moral Essays*, i, 9.4.

50. Ovid, *Ars amatoria*, 113.

51. Martial, x, 35.

52. 위의 책, i, 14.

53. Tacitus, *Annals*, xvi, 10.

54. Friedländer, I, 265.

55. Tacitus, xiv, 5.

56. Martial, vi, 57.

57. Catullus, lxxxvi.

58. Ovid, *Ars*, 158; Kohler, K., *History of Costume*, 118; Pfuhl, E., *Masterpieces of Greek Drawing*, fig. 117.

59. Tibullus, i, 8.

60. Juv., vi, 502.

61. Pliny, xxviii, 12.

62. Guhl and Konar, 498.

63. Ovid, *Ars*, 160.

64. Pliny, ix, 63.

65. 위의 책, xxxviii, 12.

66. IX, 58.

67. Friedländer, II, 181.

68. Pliny, xxxiii, 18.

69. Seneca, *Epist.*, lxxxvi.

70. Pliny, viii, 74.

71. Quintilian, vi, 3.

72. Galen in Friedländer, II, 227.

73. Juv., vii, 178.

74. Jones, H. S., *Companion to Roman History*, 116; Friedländer, I, 12.

75. Seneca, *Epist.*, lxxxvi.

76. Ker, W. C., in martial, I, 244n.

77. Gardiner, E. N., *Athletics of the Ancient world*, 230.

78. Pliny, xxviii, 51.

79. *Journal of the American Medical Association*, Aug. 1, 1942, 1089.

80. Ovid, *Ars*, 165; Tristia, ii, 477-80.

81. Pliny, viii, 51, 77.

82. 위의 책, ix, 30, 31.

83. 위의 책, 39.

84. VIII, 82.

85. VIII, 77.

86. Seneca *Ad Helviam*, x, 9.

87. 위의 책, 3.

88. Sandys, 502.

89. Mantzius, K., *History of Theatrical Art*, I, 217.

90. Suetonius, "Vespasian," 19.

91. Mantzius, I, 218.

92. Boissier, *La réligion romaine*, II, 215.

93. Cicero, *Pro Murena*, 6.

94. Lang, P. N., *Music in Western Civilization*, 35.

95. Ammianus, xiv, 6.

96. Martial, v, 78.

97. Ammianus, xiv, 6.

98. Seneca, *Epist.*, lxxxviii.

99. Philostratus, *Life of Apollonius of Tyana*, v, 21.

100. Lang, 33.

101. Virgil, *Aeneid*, v, 362f.

102. Friedländer, II, 30.

103. Dio, lxi, 33.

104. Lecky, W. E., *History of European Morals*, I, 280.

105. Friedländer, II, 72.

106. Pliny, viii, 70.

107. Friedländer, II, 5.

108. Boissier, *Tacitus*, 246.

109. Martial, *De spectaculis*, vii.

110. Friedländer, II, 43.

111. 위의 책, 49.

112. Epictetus, *Discourses*, I, 29.37.

113. Seneca, *Epist.*, lxx.

114. Friedländer, II, 61.

115. Juv., iii, 36.

116. Pliny, II *Panegyricus*, xxxiii.

117. Tacitus, *Annals*, xiv, 44.

118. Cicero, *Letters*, vii, 1, to Marcus Marius, 55 B.C.

119. Seneca, *Epist.*, vii, xcv.

120. St. Augustine, *City of God*, vi, 10.

121. Tertullian, *Apology*, 15.

122. Juv., xiii, 35.

123. Abbott, *Common People of Ancient Rome*, 88; Dill, 498.

124. Friedländer, III, 283.

18장

1. Bury, J. B., *History of the Roman Empire*, 527.

2. Justinian, *Digest*, i, 1, in Scott, *The Civil Law*.

3. Gaius, *Institutes*, i, 8.

4. Maine, Sir, H., *Ancient Law*.

5. Justinian, *Codex*, vii, 16.1.

6. Gaius, i, 144.

7. 위의 책, 145, 194.

8. Buckland, W. W., *Textbook of Roman Law*, 113.

9. Gaius, i, 114.

10. Friedländer, I, 236.

11. Suetonius, "Vespasian," 3; *Hist. Aug.*, "Antoninus," 8; "Aurelius," 29.

12. Castiglione, 227.

13. Gaius, commentary, p. 66.

14. 위의 책, p. 64.

15. Gaius, i, 56.

16. Davis, *Influence of Wealth*, 211.

17. Tacitus, xiv, 41.

18. Renan, *Marc Aurèle*, 24.

19. Ulpina, in *Digest*, L, 17.32.

20. Lecky, I, 295.

21. Gaius, iii, 40-1.

22. Cicero, *Ad Familiares*, viii, 12, 14.

23. Gaius, ii, 157; iii, 2.

24. Maine, 117.

25. Buckland, 64.

26. Gaius, iii, 189; iv, 4.

27. 위의 책, iv, 11.

28. Friedländer, I, 165.

29. Ammianus, xxx, 4.

30. Ulpian in *Digest*, L, 13.1.

31. Quintilian, xii, 1.25.

32. Pliny's *Letters*, v, 14.

33. Martial, vii, 65.

34. Pliny's *Letters*, ii, 14.

35. Tacitus, *Annals*, xi, 5.

36. David, 125.

37. Pliny's *Letters*, vi, 33.

38. Juv., xvi, 42.

39. Apuleius, *Golden Ass*, p. 245.

40. Taylor, H., Cicero, 77.

41. Quintilian, v, 7.26.

42. 위의 책, vi, 1.47.

43. *Codex Theodosius*, ix, 35, in Gibbon, II, 120.

44. Gellius, xx, 1.13.

45. Sallust, *Catiline*, 55.

46. Cicero, *De re publica*, iii, 22; *De officiis*, i, 23; *De legibus*, i, 15.

47. Gaius, i, 1.

19장

1. Ker, W., in Martial, II, 54n.

2. Dio, lxviii, 13.

3. Renan, *Marc Aurèle*, 479.

4. Dio, lxviii, 15.

5. Mahaffy, J., *Silver Age of the Greek World*, 307.

6. CAH, XI, 201, 855.

7. Pliny II, *Panegyricus*, 50.

8. Justinian, *Digest*, xlviii, 19.5.

9. Bury, *Roman Empire*, 437.

10. Brittain, 366.

11. Wickhoff, 113.

12. Dio, lxix, 1.

13. *Hist. Aug.*, "Hadrian," i, 4.

14. 위의 책, xxvi, 1.

15. 위의 책.

16. XIV, 1.

17. Martial, viii, 70; ix, 26.

18. *Hist, Aug.*, "Hadrian," xv, 10.

19. 위의 책, xx, 7.

20. Henderson, *Hadrian*, 207.

21. Eusebius, *Ecclesiastical History*, iv, 9.

22. Dio, lxix, 6.

23. Fronto, M., *Correspondence*, A.D. 162;
    II, 4.

24. *Hist. Aug.*, "Hadrian," x, 1.

25. Winckelmann, I, 327.

26. Bevan, E. R., *House of Seleucus*, II, 15.

27. *Hist. Aug.*, viii, 3.

28. Simpson, F. M., *History of Architectural
    Development*, 123.

29. Dio, lxix, 4; cf. Henderson, 247.

30. Dio, lxix, 8.

31. *Hist. Aug.*, xxiv, 8

32. Merivale, C., *History of the Romans under
    the Empire*, VIII, 255.

33. Marcus Aurelius, *Meditations*, 16.

34. *Hist. Aug.*, "Antoninus," iv, 8.

35. 위의 책, viii, 1.

36. IX, 10.

37. Appian, preface, 7.

38. Bury, 566.

39. Renan, *The Christian Church*, 159.

40. Renan, *Marc Aurèle*, 2.

41. Gibbon, I, 76.

42. Marcus, i, 17.

43. 위의 책, 1.

44. I, 14.

45. I, 15.

46. I, 14.

47. VII, 70.

48. *Hist. Aug.*, "Marcus," xxiii, 4.

49. Castiglione, 244.

50. Galen, in Friedländer, I, 28.

51. Dio, lxii, 14.

52. Ammianus, xxv, 4.

53. Williams, H., I, 280.

54. Renan, *Marc*, 469.

55. Marcus, i, 17.

56. Bury, 547.

57. *Hist. Aug.*, "Marcus," xix, 7.

58. Marcus, x, 10.

59. Mommsen, *Provinces*, I, 253.

20장

1. Boissier, *Tacitus*, 2.

2. Tacitus, *Agricola*, 9.

3. Pliny's *Letters*, ii, 1; vi, 16.

4. *Agricola*, end.

5. *Germania*, 25, 27.

6. *Annals*, iii, 65.

7. *Historiae*, i, 1.

8. *Agricola*, 4.

9. *Germania*, 34.

10. *Annals*, xvi, 33.

11. 위의 책, iii, 18; vi, 22.

12. *Germania*, i, 33.

13. *Agricola*, 46.

14. *Annals*, vi, 17.

15. *Agricola*, 3.

16. *Dialogue on Orators*, 40.

17. *Historiae*, iii, 12, 64.

18. *Agricola*, 18.

19. *Historiae*, i, 16.

20. 위의 책.

21. Juvenal, i, 147.

22. X, 81.

23. VI, 652.

24. 434.

25. 448.

26. III.

27. XIV, 316.

28. X, 356.

29. Seneca, *De beneficiis*, i, 10; *Epist.*, xcvii.

30. Pliny's *Letters*, iii, 19.

31. V, 3.

32. 8.

33. I, 17.

34. VI, 32.

35. V, 16.

36. I, 16.

37. VII, 19.

38. VII, 20; IX, 23.

39. Boissier, *Tacitus*, 19.

40. Gibbon, I, 57.

41. Pliny's *Letters*, iii, 12.

42. Strong, II, fig. 435.

43. Marcus, ii, 11.

44. VII, 75.

45. 위의 책, 9; iv, 40, 27.

46. IV, 10.

47. II, 17.

48. III, 2.

49. X, 8.

50. IV, 23.

51. II, 17.

52. VII, 12.

53. XI, 1.

54. VIII, 10.

55. IV, 42, 48; viii, 21.

56. VII, 3.

57. II, 1.

58. IX, 38; vii, 26.

59. VI, 48.

60. 44.

61. XI, 18.

62. IV, 49; viii, 61; ii, 5.

63. IV, 21; viii, 18; ii, 17.

64. IV, 14, 48; ix, 3.

65. Dio, lxxiii, 2–3.

66. *Hist. Aug.*, "Commodus," 2, 14, 15.

67. Dio, lxxiii, 19.

68. *Hist. Aug.*, 13.

69. 위의 책, 2, 10, 11.

70. Paul-Louis, 215.

21장

1. Pliny, *Nat. Hist.*, iii, 6.

2. Dill, 239.

3. Fattorusso, J., *Wonders of Italy*, 473.

4. Herodotus, i, 196.

5. Strabo, v, 1.7.

6. Varro, *Rerum rust.* i, 2.

7. Pliny, iii, 6.

8. Strabo, v, 4.5.

9. Varro, *Sat. Men.*, frag. 44, in Friedländer, I, 338.

10. Boissier, *Cicero*, 168.

11. Seneca, *Epist.* li.

12. Strabo, v, 4.3.

13. Reid, 3.

14. Dio, lxvi, 22.

15. Pliny's *Letters*, vi, 16.

16. 위의 책, 20.

17. Rostovtzeff, *Mystic Italy*, 52.

18. Mau, 491; Boissier, *Rome and Pompeii*, 430.

19. Boissier, *La réligion romaine*, II, 296.

20. Mau, 226, 148.

21. 위의 책, 16.

22. Rostovtzeff, *Roman Empire*, 142; Dill, 194; Frank, *Economic Survey*, V, 98; Friedländer, II, 254.

23. CAH, XI, 587; Friedländer, II, 228.

22장

1. Cicero, II, *In Verren*, iii, 207.

2. Tacitus, *Annals*, xii, 31.

3. Cicero, *Pro lege Manilia*, 6.

4. Plutarch, *De reip*, ger., 32.

5. Mommsen, *History*, II, 205.

6. Livy, xxv, 29.

7. Reid, 288.

8. Toutain, 269.

9. Bouchier, E., *Life and Letters in Roman Africa*, 73.

10. St. Augustine, *Letters*, 185.

11. Friedländer, I, 312.

12. Boissier, *L'Afrique romaine*, 181-2; Davis, 200.

13. Bouchier, 33.

14. Juvenal, vii, 148.

15. Apuleius, 41.

16. Book XI.

17. Books IV-VI.

18. Strabo, iii, 4.16.

19. 위의 책, 3.7.

20. 위의 책, 4.16-18.

21. Buchan, 310.

22. Gest, 201.

23. Caesar, *Bello Gallico*, ii, 30.

24. Pliny, xxxviii, 5.

25. Appian, iv, 7.

26. Strabo, iv, 4.5.

27. 위의 책.

28. Caesar, v, 34.

29. Ammianus, xv. 12.

30. Caesar, vi, 14; Val. Max; ii, 6; Hammerton, J., *Universal History of the World*, III, 1524.

31. Caesar, vi, 14.

32. Arnold, W. P., *The Roman System of Provincial Administration*, 142.

33. Pliny, xiii, 72.

34. Frank, *Economic Survey*, V, 133f.

35. Pliny, xxxiv, 18.

36. 위의 책, iii, 5.

37. Sidonius Apollinaris, *Poems*, xxiii, 37.

38. Jullian, C. *Histoire de la Gaule*, V, 35n.

39. Mommsen, *Provinces*, I, 118.

40. Barnes, H. E., *History of Western Civilization*, I, 434.

41. Mommsen, *History*, V, 100.

42. Caesar, V, 12.

43. Tacitus, *Annals*, xiv, 29.

44. Tacitus, *Agricola*, 21.

45. Haverfield, F., *The Roman Occupation of Britain*, 213.

46. Haverfield, F., *The Romanization of Britain*, 62; Collingwood and Myres, *Roman Britain*, 197; Home, G., *Roman London*, 93.

47. Strabo, iv, 5.2.

48. CAH, XII, 289.

49. *Time*, Mar. 17, 1941.

50. Tacitus, *Germania*, 14.

51. Strabo, vii, 1.2.

52. Seneca, *De ira*, v 10.

53. *Germania*, 22.

54. Sumner, W. G., *Folkways*, 380.

55. 위의 책, 316.

56. *Grmania*, 20.

23장

1. Dio Chrysostom, *Orat*,. vii.

2. Plutarch, "Demosthenes."

3. Trench, R. C., *Plutarch*, 40.

4. 위의 책, 41.

5. Glover, T. R., *Conflict of Religions in the Early Roman Empire*, 85.

6. Plutarch, *Quaestiones Romanai; De Isise et osiride*.

7. Plutarch, *Moralia*, introd., I, 15.

8. 위의 책, 37.

9. 위의 책, vol. II, pp. 123, 131-2, 173.

10. 위의 책, 140B.

11. *De tranq*. an., ix, 20.

12. Dio Chr., *Orat*,. xii.

13. Epictetus, *Discourses*, i, 6.26.

14. Lucian, "Of Pantomime," 2.

15. Lucian, "Demonax," 57.

16. Apuleius, book X.

17. Alciphron, *Letters*, vi, p. 175.

18. Dio, Chr., *Orat*., lxxii.

19. Philostratus, *Lives of the Sophists*, 223f.

20. Renan, *Christian Church*, 167.

21. Lucian, "Peregrinus Proteus."

22. Renan, *Chirstian Church*, 166.

23. Lucian, "Demonax," 55; Epictetus, *Discourses*, iii, 22.

24. Epictetus, frag. 1.

25. I, 12, 21; vi, 25.

26. IV, 1.

27. I, 24.

28. II, 5.

29. I, 2.

30. *Encheiridion*, 8.

31. *Discourses*, i, 6.

32. 위의 책, 9.

33. 3, 9; ii, 8.

34. I, 29.

35. III, 24; ii, 6.

36. I, 16.

37. I, 18, 19; frag. 43.

38. III, 10.

39. Frag. 42.

40. *Encheir*., 33.

41. *Discourses*, ii, 10.

42. III, 12.

43. 13.

44. Frags, 54, 94.

45. *Discourses*, ii, 16.

46. I, 9.

47. 위의 책, introd., xxviif.

48. Sextus Empiricus, *Hypotyposes Pyrr.*, 1. 36f; Gellius, xi, 5.6.

49. Sextus, *Hyp. Pyrr.*, ii, 204.

50. III, 29; i, 135-8.

51. III, 210.

52. *Adv. Dogmaticos*, i, 148; *Hyp. Pyrr.*, iii,

9-11.

53. 위의 책, i, 7.

54. 위의 책, i, 8, 25.

55. III, 235; *Adv, Dogm.*, i, 49.

56. CAH, XII, 449.

57. Lucian, "Icaromenippus," 25.

58. "Zeus Cross-Examined," 2-18.

59. "Zeus Tragoedus," 53.

60. *Dialogues of the Dead*, x.

61. "Hermotimus," end.

62. "Charon," 2.

63. "Icaromenippus," 17.

64. "Charon," 24.

65. "Menippus," 21.

66. Inge, W., *Philosophy of Plotinus*, I, 82.

24장

1. Josephus, *Against Apion*, ii, p. 480.

2. Charlesworth, 26; Frank, *Economic Survey*, II, 330.

3. 위의 책, 337.

4. 445; Rostovtzeff, *Social and Economic History of the Hellenistic World*, 1288.

5. Josephus, *Wars*, ii, 16.4; Frank, V, 245.

6. Breccia, E., *Alexandria ad Aegyptum*, 41.

7. Dio Chr., xxxii, 69.

8. Frank, V, 247; Mommsen, *Provinces*, II, 177.

9. Baron, S. W., *Social and Religious History of the Jews,* I, 196-7.

10. Edersheim, I, 61.

11. Josephus, *Against Apion*, ii, p. 489.

12. Eusebius, *Ecclesiastical History*, ii, 4.

13. Graetz, H., *History of the Jews*, II, 186.

14. Philo, *Quod Deus sit immutabilis*, 12.

15. Philo, *De mundi opificio*, i, 4; Inge, I, 98.

16. Philo, *De confusione linguarum*, 28.

17. Sachar, A., *History of the Jews*, 110.

18. Philo, *De vita contemplativa*.

19. Usher, A., *History of Mechanical Inventions*, 40.

20. Bailey, 314.

21. Sarton, G., *Introduction to the History of Science*, I, 274.

22. 위의 책, 202; Heath, Sir, T., *History of Greek Mathematics*, II, 306.

23. Ammianus, xxii, 16-19.

24. Philostratus, in Friedländer, I, 171.

25. Bailey, 283.

26. Sarton, 283.

27. Himes, 86.

28. Garrison, 30, 110.

29. Sarton, 282; Castiglione, 202.

30. 위의 책; Himes, 90.

31. Haggard, H., *Devils, Drugs, and Doctors*, 23.

32. Galen, *On the Natural Faculties*, introd., xv.

33. Galen in Thorndike, L., *History of Magic and Experimental Science*, I, 117, 152.

34. 위의 책, 143.

35. Williams, I, 278.

36. Friedländer, I, 174.

37. Castiglione, 225.

38. Thorndike, I, 171.

39. Strabo, xvi, 4.

40. Doughty, C., *Travels in Arabia Deserta*, I, 40.

41. Josephus, *Antiquities*, xv, 9.

42. MacGregor, R., *Greek Anthology*, v, 171,

43. Tr. by Goldwyn Smith in Symonds, J. A., *The Greek Poets*, 521.

44. Leslie, S., *Greek Anthology*, vii, 476.

45. 위의 책, p.17.

46. 위의 책, ix, 489.

47. *Greek Anthology*, ix, 570.

48. Strabo, xv, 2.23.

49. Frank, IV, 158.

50. Rostovtzeff, *Roman Empire*, 135; CAH, II, 634.

51. Breasted, J. H., *Oriental Forerunners of Byzantine Painting*, pref.

52. CAH, XI, 638.

53. 위의 책, 646.

54. Mahaffy, *Silver Age*, 211.

55. Philostratus, *Apollonius*, iv, 7.

56. Aelius Aristides, *Orat.*, xvii, 8, in Frank IV, 750.

57. Philostratus, *Lives of the Sophists*, i, 25.

58. 위의 책.

59. Longus, *Daphnis and Chloe, ad init.*, in Heliodorus, *Greek Romances*.

60. Dio Cassius, lxx, 4.

61. Appian, *Roman History*, xiv, 16.

62. 위의 책.

63. Pliny, xxv, 3.

64. 위의 책, xxxiii, 14.

65. Appian, xii, 4.

66. 위의 책, 7.

67. Ferrero, I, 83.

68. Arrian, *Anabasis of Alexander*, i, 12.

69. Reid, 376.

70. Williams, I, 255.

71. Strabo, i, 1.22-3.

72. 위의 책, 3.5.

73. Dio. Chr., xlvi, 3.

74. 위의 책, x, 21.

75. Bigg, C., *Neoplatonism*, 70.

76. 위의 책, 73.

77. Dio. Chr., xii, 10; xiii, 28; xiv, 18; xxiii, 7.

78. Friedländer, III, 299.

79. Frazer, *Adonis, Atiis, and Osiris*, 157.

80. Cumont, F., *Oriental Religions in the Roman Empire*, 53.

81. 위의 책, 55.

82. Frazer, 306; Boissier, *La réligion romaine*, I, 383; Dill, 549f.

83. Plutarch, *De Iside*; Dill, 577; Halliday, W., *Pagan Background of Early Christianity*, 240.

84. Tarn, 296; Dill, 582.

85. Cumont, 41, 93.

86. Breasted, J., *Acient Times*, 660; Weigall, A., *The Paganism in Our Christianity*, 129.

87. Dill, 610.

88. 위의 책, 601, 623.

89. Cumont, 158.

90. Guignebert, C., *Christianity, Past and Present*, 71.

91. Hatch, E., *Influence of Greek Ideas upon the Christian Church*, 283.

92. Frazer, *Adonis*, 229; Halliday, 317.

93. Hatch, 147.

94. Philo, *De vita contemplativa*, 18-40.

95. Lucian, "Alexander the Oracle-Monger."

96. Philostratus, *Apollonius*, i, 14.

97. 위의 책, 19; iv, 45.

98. I, 33-4

99. Apollonius, epistles xliii and xiv in Philostratus.

100. Philostratus, iv, 3.

101. 위의 책, viii, 29-31.

25장

1. Appian, *Roman History*, xii, 15.

2. Frank, IV, 197.

3. Rawlinson, G., *Sixth Great Oriental Monarchy*, 423.

4. Plutarch, "Crassus."

5. Sachar, 105.

6. Josephus, *Antiquities*, xiv, 2.9; Strabo, xvi, 2.40.

7. Josephus, xiv, 11.

8. Josephus, *Wars*, i, 21.

9. *Antiquities*, xv, 7; xvi, 5.

10. 위의 책, xv, 8.

11. 위의 책, 11.

12. 위의 책, *Wars*, v, 5; Foakes-Jackson and Lake, *Beginnings of Christianity*, I, 5-7; Schürer, Div, I, Vol. I, 280.

13. *Antiquities*, xvi, 7.

14. Josephus, *Ant.*, xv, 8.1.

15. 위의 책, 10.

16. XVII, 5.

17. Klausner, J., *Jesus of Nazareth*, 145.

18. Moore, G., *Judaism*, I, 23.

19. Baron, I, 131.

20. 위의 책, 192-3.

21. *Antiquities*, iv, 10.

22. *Against Apion*, p. 456.

23. Finkelstein, L., *Akiba*, 33.

24. Schürer, Div. II, Vol. I, 162; Moore, I, 82; Goguel, M., *Life of Jesus*, 471; Graetz, II, 54-5.

25. Zeitlin, S., *The Jews*, 43; *The Pharisees and the Gospels*, 237; CAH, IX, 408.

26. Josephus, *Wars*, i, 8.14.

27. Philo, *Quod omnis homo*, 86; *Hypothetica*, 11.4 and 12; Josephus, *Antiquities*, xviii, 1.

28. Josephus, *Wars*, ii, 8.

29. 위의 책, 9.

30. Graetz, II, 29; Ueberweg, F., *History of Philosophy*, I, 228.

31. Klausner, 231; Graetz, II, 145.

32. Josephus, *Wars*, ii, 8.

33. Moore, I, 313.

34. Hastings, J., *Encyclopedia of Religion and Ethics*, s.v. Hillel.

35. Philo, in Eusebius, *Praeparatio evangelica*, viii, 7.

36. Babylonian Talmud, Abot, i, 42, Shab, 31a.

37. Abot, ii, 4.

38. Foakes-Jackson, 134; CAH, IX, 420.

39. Book of Wisdom, ii.

40. 위의 책, v.

41. Isaiah, ix, 6.

42. Book of Wisdom, xviii, 13f.

43. Isaiah, liii.

44. Daniel, ii, 44; vii, 13f; Song of Solomon, xvii.

45. Sibylline Oracles, iii, 767f in Klausner, *from Jesus to Paul*, 159.

46. Isaiah, ii, 4; xi, 6; Book of Enoch, i-xxvi; Sib. Or., ii, 303f in Klausner, 150.

47. Book of Wisdom, iv; Enoch, cviii.

48. Finkelstein, 263.

49. Tacitus, *Histories*, v, 9.

50. Josephus, *Wars*, ii, 14.

51. Graetz, II, 239.

52. Josephus, 앞의 책.

53. 위의 책, v, 1f; Tacitus, v, 12.

54. Josephus, ii, 14.

55. 위의 책, ii, 18.

56. Tacitus, v, 13.

57. Josephus, v, 11.

58. Dio Cassius, lxv, 4.

59. Josephus, ix, 3; Tacitus, v, 13.

60. Strabo in Josephus, *Antiquities*, xiv, 7.

61. Philo, *Legatio ad Caium*, 36.

62. Baron, I, 132-3; Bevan, E. R., *Legacy of Israel*, 29.

63. Josephus, *Against Apion*, ii, 3.

64. Josephus, *Life of Flavius Josephus*, p. 540.

65. Finkelstein, 141.

66. Baron, I, 191.

67. Dio Cassius, lxix, 12f; Renan, *The Christian Church*, 106.

68. Moore, *Judaism*, I, 93.

69. Finkelstein, 276.

26장

1. Reinach, S., *Short History of Christianity*, 22; Guignebert, *Jesus*, 63.

2. Josephus, *Antiquities*, xviii, 3.

3. Scott, E., *First Age of Christianity*, 46; Schürer, I, 143.

4. Klausner, *Jesus*, 46; Goguel, 71.

5. Pliny the Younger, v, 8.

6. Tacitus, *Annals*, xv, 44.

7. Goguel, 94; Klausner, 60.

8. Suetonius, "Nero," 16.

9. Suetonius, "Claudius," 25.

10. Acts of the Apostles, xviii, 2.

11. Goguel, 9, 184.

12. Galatians, i, 19; I Corinthians, ix, 5.

13. I Cor., xi, 23-6.

14. 위의 책, xv, 3; Gal., ii, 20

15. Eusebius, *E.H.*, iii, 39.

16. vi, 30-45; viii, 1-13, 17-20.

17. Klausner, *From Jesus to Paul*, 260.

18. Schweitzer, A., *Quest of the Historical Jesus*, 335.

19. Irenaeus, *Contra Haereses*, ii, 1.3.

20. Guignebert, *Jesus*, 30; CAH, XI, 260.

21. Guignebert, 467.

22. Foakes-Jackson and Lake, *Beginnings of Christianity*, I, 268.

23. *Enc. Brit.*, X, 537.

24. 위의 책, XIV, 477.

25. 위의 책, XIII, 95.

26. Scott, *First Age*, 217; *Enc. Brit.*, XIII, 98; Goguel, 150; CAH, XI, 261.

27. Matthew, ii, 1; Luke, i, 5.

27a. Luke, iii, 1, 23.

28. Josephus, *Wars*, ii, 8.

29. Tertullian, *Adv. Marcionem*, iv, 19.

30. *Enc. Brit.*, V, 642; III, 525.

31. Matt. xiii, 55; Mark, vi, 2.

32. Guignebert, *Jesus*, 127; Klausner, 23.

33. John, vii, 15; Mark, vi, 2.

34. Thorndike, 471.

35. *Enc. Brit.*, XIII, 26.

36. Guignebert, *Christianity*, 58.

37. Josephus, *Antiquities*, xiii, 5.

38. Graetz, II, 145.

39. Matt., iii, 11-12.

40. 위의 책, 23.

41. John, iv, 2.

42. Josephus, *Antiquities*, xviii, 5.

43. Mark, vi, 14-29.

44. Matt., xiv, 1-12.

45. Mark, i, 14; Matt., iv, 12.

46. Luke, iv, 14.

47. Isaiah, lxi, 1-2.

48. Luke, iv, 19.

49. Luke, vi, 14.

50. Mark, ix, 48; Matt, xiii, 37.

51. Luke, xvi, 25.

52. Mark, xi, 12-14.

53. Matt., xii, 46; Luke, viii, 19.

54. Mark, i, 7; Matt., v, 40; Luke, vi, 29.

55. Guignebert, *Jesus*, 186.

56. Klausner, 69.

57. Luke, vii, 36-59.

58. Mark, x, 16.

59. Robertson, J. M., *Christianity and Mythology*.

60. Matt., xiii, 57.

61. Mark, v, 35f.

62. Matt., xix, 28.

63. Luke, x, 1-4.

64. Guignebert, *Jesus*, 52, 253; Goguel, 282, 287.

65. Matt., xx, 1-16.

66. Matt., xxiv, 30.

67. John, xviii, 36.

68. Mark, iv, 11, 30; xii, 34.

69. Luke, xvii, 20.

70. Matt., xix, 29.

71. Schweitzer, 212; Guignebert, 314.

72. Mark, xiv, 25.

73. Matt., x, 23.

74. Matt., xvi, 28.

75. Luke, xiii, 30.

76. Mark, xiii, 32.

77. Matt., xxiv, 6-12.

78. Kautsky, K., *Ursprung des Christentums*; Kalthoff, A., *Rise of Christianity*.

79. Mark, x, 23; Matt., vi, 25; xix, 24; Luke, xvi, 13.

80. Matt., xix, 15.

81. Acts, ii, 44-5.

82. Matt., xxii, 21.

83. Matt., xxv, 14.

84. Luke, xix, 26.

85. Matt., xx, 15.

86. Matt., xxiv, 46; Luke, xvii, 7-10.

87. Matt., xi, 12.

88. Mark, i, 14-15; vi, 12; Matt., x, 7.

89. Luke, xviii, 29; ,xiv, 26; Matt., viii, 21f; x, 34; xix, 12.

90. Leviticus, xix, 17-18, 34.

91. Exodus, xxiii, 4-5.

92. 위의 책, i, 2.

93. Hosea, ii, 1.

94. Matt., x, 5.

95. Acts, x-xi.

96. John, iv, 22.

97. Matt., xv, 24f; Mark, vii, 27.

98. Matt., viii, 4.

99. Matt., xxiii, 1.

100. Matt., v, 17.

101. Luke, xvi, 17; Matt., v, 18.

102. Foakes-Jackson and Lake, I, 316.

103. Matt., v, 31-2.

104. Matt., v, 21-2.

105. Mark, ii, 25.

106. Luke, xvi, 16; Matt., v, 18.

107. Matt., xxiii, 1-34; xxi, 31.

108. Mark, xxii, 32-3, and Klausner, *Jesus*, 113.

109. Luke, xiii, 31-3.

110. Acts, i, 6.

111. Mark, xii, 35-7.

112. Matt., xix, 17.

113. Matt., xvi, 39.

114. Daniel, vii, 13.

115. Matt., xii, 8.

116. Matt., xi, 27; Luke, x, 22.

117. Matt., xvi, 16f.

118. Luke, xix, 37.

119. John, xii, 13.

120. Mark, xiv, 46; Luke, xxi, 1; xxi, 37.

121. John, xi, 50.

122. Mark, x, 45; xiv, 24.

123. Guignebert, *Jesus*, 454; Brandes, G., *Did Jesus Exist?*, 104.

124. Goguel, 497.

125. Mark, xiv, 26; Klausner, 326.

126. John, xiii, 33.

127. Mark, xiv, 43.

128. Mark, xiv, 61; Matt., xxvi, 63.

129. Philo, *Legatio*, 38.

130. Matt., xxvii, 11.

131. John, xviii, 38.

132. Tacitus, *Annals*, xv, 44.

133. Luke, xxiii, 26.

134. Cicero, V *in Verrem*, 64.

135. Mark, xv, 32.

136. Luke, xxiii, 39-43.

137. John, xix, 25; Mark, xv, 37.

138. Justinian, *Digest*, xlviii, 20.6.

139. Luke, xxiii, 48.

140. Luke, xxiv, 13-32.

141. Matt., xxviii, 16-17.

142. John, xxi, 4.

143. Luke, xxiv, 52.

27장

1. Foakes-Jackson and Lake, II.; Scott, *First Age*, 110; CAH, XI, 257-8; Klausner, *From Jesus to Paul*, 215; Ramsay, W. M., *The Church in the Roman Empire*, 6-8; Renan, *Apostles*, p. v.

2. Shotwell, J., and Loomis, L., *The See of Peter*, 56-7.

3. I Peter, iv, 7.

4. I John, ii, 18.

5. Acts, ii, 16.

6. xi, 8.

7. V, 20.

8. Mark, vi, 13.

9. Acts, iv, 32-6; ii, 44-5.

10. IV, 4.

11. VI, 11.

12. VII, 51-3.

13. VIII, 2-3.

14. XI, 19.

15. I Cor., ix, 5; Clement of Alexandria, *Stromata*, vii, 11; Eusebius, *E.H.*, iii, 30.

16. I Peter, i, i-iv, 8.

17. Shotwell and Loomis, 64-5.

18. Lactantius, *De Mortibus Persecutorum*, 2.

19. Eusebius, ii, 25.

20. 위의 책, iii, 1.

21. Renan, *Antichrist*, 93.

22. Acts, xiii, 9; Coneybeare and Howson, *Life, Times, and Travels of St. Paul*, I, 46, 150.

23. Guignebert, Christianity, 75-6; Livingstone, R. W., *The Legacy of Greece*, 33, 54.

24. Acts, xxi, 3.

25. Renan, *Jesus*, 167.

26. II Cor., x, 9.

27. xii, 7.

28. Gal., v, 12.

29. II Cor., xi, 1.

30. Acts, ix, 1.

31. IX, 3-9.

32. IX, 18.

33. XV, 1.

34. XV, 27-9.

35. Gal. ii, 10.

36. ii, iii.

37. Acts, xvii, 18.

38. XVII, 22.

39. XVIII, 12.

40. II Cor., ii, 16.

41. Acts, xxi, 21-4.

42. XXVIII, 28.

43. Guignebert, *Christianity*, 65; Goguel, 105; CAH, XI, 257; Klausner, *Jesus*, 63.

44. Coloss., iii, 15.

45. II Cor., iii, 6.

46. I Cor., xv, 33.

47. Titus, i, 15.

48. I Timothy, vi. 10.

49. I Cor., ix, 19; x, 33.

50. Romans, v, 12.

51. Frazer, Sir, J., *The Scapegoat*, 210, 413; Weigall, 70f.

52. Guignebert, *Christianity*, 88.

53. I Cor., xv, 51.

54. 위의 책, i, 24.

55. Coloss., i, 15-17.

56. Rom., ix, ii, 18; xi, 5.

57. Hebrews, xi, 1.

58. Gal. ii, 24f.

59. I Cor., xiii.

60. 위의 책, ix, 5.

61. VII, 8.

62. Rom., xiii, 14.

63. 위의 책, i, 26.

64. I Cor., vi, 15.

65. 위의 책, vii, 20f.

66. Rom., xiii, 1.

66a. II Tim., iv, 9, 6.

67. Philippians, iii, 20.

68. I Cor., vii, 29; I Thessalonians, iv, 15.

69. II Thess., ii, 1-5.

70. Acts, xvii, 7.

71. Eusebius, E.H., iii, 1.

72. Revelation, xvii, 10.

73. Renan, *Antichrist*, 95; CAH, X, 726.

74. Duchesne, Mon, L., *Early History of the Christian Church*, I, 99.

75. Eusebius, iii, 25.

76. 위의 책, iii, 33.

77. Rev., vii, 4; xiv, 1.

78. 위의 책, vi, 2-8.

79. VII, 14.

80. XX, 15; xxi, 8.

81. XIX, 18.

82. XXI.

83. Proverbs, viii, 22-31.

84. John, i, 5.

85. Justin, *Apology*, i, 66; Tertullian, *De Baptismo*, 5; Halliday, 9.

28장

1. Duchesne, I, 38.

2. Tertullian, *Contra Marcionem*, v, 8.

3. Jerome, *Letters*, xciii.

4. Clement fo Alexandria, *Paedagogus*, iii, 11.

5. Paul, I Cor., xi, 3.

6. Lucian, *Peregrinus Proteus*.

7. Tertullian, *Apologeticus*, xxxix, 11-12.

8. 위의 책, 5.

9. Renan, *Marc Aurèle*, 600.

10. James, v, 1; ii, 5.

11. 위의 책, i, 10.

12. Renan, *St. Paul*, 402.

13. Klausner, *From Jesus to Paul*, 113-4.

14. Tertullian, *De jejuniis*, i, 17; Duchesne, II, 253; Renan, *Christian Church*, 211; Roberson, *History of Freethought*, I, 244.

15. Clement of Alex., *Paedag.*, iii, 11; Renan, *Marc Aurèle*, 520.

16. Tertullian, *Apol.*, ix, 8.

17. Gibbon, I, 480.

18. Tertullian, *De spectaculis*, 1, 3.

19. Sumner, W. G., *War and Other Essays*, 54-5.

20. Tertullian, *Apol.*, xlvi, 10.

21. Friedländer, III, 204; Tertullian, *De exhort. castitatis*, 13; Lea, H. C., *Historical Sketch of Sacerdotal Celibacy*, 41; Robertson, *History of Freethought*, I, 244.

22. Pliny the Younger, x, 97.

23. Galen in Hammerton, IV, 2179.

24. Tertullian, *De spect.*, 23.

25. Sumner, *Folkways*, 451.

26. Renan, *St. Paul*, 268.

27. Frazer, Sir, J., *Spirits of the Corn and Wild*, II, 92-3; Carpenter Edw., *Pagan and Christian Creeds*, 65-7.

28. Acts, viii, 14-17; xix, 1-6.

29. *Catholic Encyclopedia*, IV, 217-8.

30. Matt., xvi, 18; John, xx, 23.

31. Friedländer, II, 364.

32. Renan, *Marc Aurèle*, 449.

33. Tertullian, *Apol.*, xxxvii, 4.

34. Tertullian, *Ad uxorem*, i, 5; Renan, *Marc*, 551; Glover, *Conflict of Religions*, 341.

35. CAH, XII, 456.

36. Lake, K., *Apostolic Fathers*, I, 395.

37. Murray, Sir G., *Five Stages of Greek Religion*, 196.

38. Renan, *Marc*, 292.

39. Duchesne, I, 196.

40. Friedländer, III, 192.

41. CAH, XII, 459.

42. Origen, *Contra Celsum*, in Glover, 252; Carpenter, 220.

43. Plotinus, *Enneads*, xliii.

44. Porphyry, *Life of Plotinus*, 14.

45. MacKenna, Stephen, *Essence of Plotinus*, 11n.

46. Plotinus, *Enneads*, iii, 4.

47. 위의 책, vi, 9.

48. V, 1.

49. IV, 1; Inge, *Philosophy of Plotinus*, II 21-4, 92.

50. Plotinus, v, 1; iii, 7.

51. 위의 책, v, 11.

52. MacKenna, introd., xx.

53. Lake, *Apostolic Fathers*, I, 23

54. Tertullian, *Apol.*, xxx, 4.

55. 위의 책, xvii, 6.

56. Tertullian, *De spect.*, 30.

57. Tertullian, *De cultu feminarum.*

58. Ueberweg, I, 303.

59. CAH, XII, 593.

60. Eusebius, vi, 2.

61. Gibbon, I, 467.

62. Jerome, *Letters*, xxxiii.

63. Shotwell, *Introduction*, 292.

64. Origen, *De principiis*, i, 15-16, in Hatch, 76.

65. 위의 책, iv, 1, in Hatch, 76

66. Duchesne, I, 255f.

67. Inge, *Plotinus*, II, 19, 102.

68. Watson, *Marcus Aurelius*, 305.

69. Matt., xvi, 18.

70. Shotwell and Loomis, 64-5.

71. 위의 책, 60-1, 84-6.

72. Lake, I, 121.

73. Duchesne, I, 215.

74. CAH, XII, 198, 600.

75. Inge, *Plotinus*, I, 62.

29장

1. Herodian, *History of Twenty Caesars*, II, 83.

2. Dio Cassius, lxxiv, 5.

3. Herodian, II, 100, 103; III, 155.

4. *Historia Augusta*, "Septimius Severus," xviii, 11.

5. Herodian, III, 139.

6. Lot, F., *End of the Ancient World*, 10.

7. Dio, lxxix, 7.

8. 위의 책, lxxviii, 16.

9. Herodian, IV, 210; Dio, lxxviii, 22.

10. Dio, lxxix, 23.

11. *Historia Augusta*, "Elagabalus," 19–32; Dio, lxxx, 13; Herodian, IV, 253.

12. Dio, lxxix, 14; Gibbon, I, 141.

13. *Historia Augusta*, "Severus Alexander" 30, 39.

14. Herodian, VI, 5.

15. *Hist. Aug.*, "Severus Alexander," 20.

16. 위의 책, 29.

17. 위의 책, 33.

18. Herodian, VI, 8.

19. Rostovtzeff, *Social and Economic History of the Roman Empire*, 399.

20. Gibbon, I, 294.

21. Maine, *Ancient Law*, 177.

22. West, L., "Economic Collapse of the Roman Empire," in *Classical Journal*, 1932, p. 106.

23. Abbott, *Common People*, 174.

24. Rostovtzeff, 앞의 책, 424, 442–3.

25. 위의 책, 305.

26. Frank, *Economic History*, 489.

27. Ferrero, *Ruin of Ancient Civilization*, 58; Rostovtzeff, *History of the Ancient World*, II, 317.

28. Frank, *Economic Survey*, IV, 220.

29. Rostovtzeff, *Roman Empire*, 419.

30. Collingwood and Myres, 206.

31. Heath, II, 448.

32. Plato, *Laws*, 819.

33. Ball, W. W., *Short History of Mathematics*, 96.

34. Justinian, *Digest*, i, 1.4.

35. Hist. Aug., "Severus Alexander," 51.

36. Roberts, W. R., introd. to "*Longinus*" *on the Sublime*, Loeb Library.

37. Heliodorus, *Greek Romances*, 1.

38. 위의 책, 289.

39. Catullus, *Tibullus*, p. 343.

40. Burckhardt, J., *Die Zeit Constantins*, 54.

41. CAH, XII, 273; Frank, *Economic Survey*, III, 633.

42. Ferrero, *Ancient Rome and Modern America*, 88.

43. Toutain, 326.

44. West, 앞의 글, 102.

45. Rostovtzeff, *Ancient World*, II, 329.

46. Toutain, 326; CAH, XII, 271; *Cambridge Medieval History*, I, 52.

47. Rostovtzeff, *Roman Empire*, 474.

48. Cunningham, W. C., *Western Civilization in Its Economic Aspects*, I, 191–2.

49. Paul-Louis, 283–5.

50. Frank, *Economic Survey*, V, 312.

51. 위의 책.

52. Frank, *Survey*, III, 612.

53. Lactantius, *De Mortibus Persecutorum*, vii.

54. 위의 책, vii, 3.

55. Charlesworth, 98.

56. West, 105; Ferrero, *Ruin of Ancient Civilization*, 106.

57. Cunningham, I, 188.

58. Frank, *Survey*, II, 245; IV, 241.

59. Reid, *Municipalities*, 492; Arnold, 265.

60. Heitland, 382.

61. Davis, W. S., 233.

62. Frank, *Economic History*, 404;

Rostovtzeff, *Roman Empire*, 409.

63. Gibbon, I, 377.

30장

1. Renan, *Marc*, 592.

2. Tertullian, *Apol.*, xl, 1.

3. Minucius Felix, *Octavius*, ix, 5, in Tertullian, *Apol.*

4. Guignebert, *Christianity*, 164.

5. I Cor., vi, 1; Renan, *Marc*, 597.

6. Origen *Contra Celsum*, viii, 69, in Halliday, 27.

7. Tertullian, *Apol.*, xv, 1-7; Duchesne, I, 34.

8. Friedländer, III, 186.

9. Tertullian, *Apol.*, iv, 1.

10. Ramsay, 253; CAH, X, 503.

11. Duchesne, I, 82.

12. Bury, J., *History of Freedom of Thought*, 42.

13. Tertullian, *Apol.*, v, 4; Eusebius, iii, 17.

14. Pliny the Younger, x, 96-7.

15. Renan, *Marc*, 331.

16. Tertullian, *Apol.*, xlv, 14.

17. *Memoirs of St. Perpetua*, in Davis and West, *Readings in Ancient History*, 287.

18. Rostovtzeff, *Ancient World*, II, 349.

19. Duchesne, I, 267.

20. Lactantius, *De Mortibus Persecutorum*, x.

21. Eusebius, viii, 1f.

22. Gibbon, II, 57.

23. Eusebius, viii, 17.

24. Tertullian, *Apol.*, 1, 13.

25. Ambrose in *Enc. Brit.*, VI, 297.

26. Eusebius, *Life of Constantine*, i, 28.

27. Lactantius, *De Mortibus*, xliv, 5.

28. *Cambridge Medieval History*, I, 4.

29. Burckhardt, 252f.

30. *Hist. Aug.*, "Elagabalus," xxxiv, 4.

31. Lot, 29.

32. Flick, A. C., *Rise of the Medieval Church*, 123-4.

33. Duruy, V., *History of the Roman People*, VII, 510.

34. Kalthoff, 172; Lot, 98.

35. Eusebius, *Life*, ii, 36.

36. 위의 책, iii, 62f.

37. Duchesne, I, 290.

38. Eusebius, *E.H.*, viii, 1.

39. Duchesne, II, 99.

40. Eusebius, *Historical View of the Council of Nice*, 6.

41. 위의 책.

42. Eusebius, *Life*, ii, 63, 70.

43. Eusebius, *Nice*, 6.

44. 위의 책, 15.

45. *Cambridge Medieval History*, I, 121.

46. Socrates, *Ecclesiastical History*, i, 8.

47. Duchesne, II, 125.

48. Ferrero, *Ruin*, 170.

49. Gatteschi, 24; Reinach, *Apollo*, 89.

50. Gibbon, VI, 553.

51. Lactantius, *Divinae Institutiones*, v, 19.

52. *Cambridge Medieval History*, I, 15.

마치는 글

1. Reid, J. S., in *Cambridge Medieval History*,

I, 54.

2. Cyprian, *Ad Demetrium*, 3, in Inge, *Plotinus*, I, 25.

3. West, 앞의 책, 103.

4. Frank, *Survey*, III, 575.

5. Eusebius, *E. H.*, vii, 21.

6. Rostovtzeff, *Roman Empire*, 424.

7. Frank, *Survey*, III, 74.

8. Gibbbon, I, 421.

9. Davis, *Influence of Wealth*, 214.

10. Gibbbon, I, 274.

11. Gibbbon, chap. xvi.

12. Renan, *Marc*, 589; Ferrero, *Ruin*, 7, 74; White, E. L., *Why Rome Fell*.

13. Montesquieu, *Grandeur et décadence des Romains*, 36.

14. *Cambridge Medieval History*, I, 10.

15. Abbott, 201.

16. Rostovtzeff, *Roman Empire*, 445.

기원전 4	그리스도 탄생
서기 30	그리스도, 십자가 처형을 당함. 바울의 개종
45~47	바울의 1차 전도
50~53	바울의 2차 전도
51	바울, 아테네에 가다
53~57	바울의 3차 전도
58~60	펠릭스, 바울을 투옥함
61~64	바울, 로마에 투옥됨
64	네로의 박해. 베드로와 바울의 순교
65	리노스, 로마의 주교
77	클레투스, 로마의 주교
60~100	네 개의 복음서
89	클레멘트 1세, 로마의 주교
90	요한 서간
98	에바리스투스, 로마의 주교
106	알렉산드로스 1세, 로마의 주교
116	식스투스 1세, 로마의 주교
126	텔레스포루스, 로마의 주교
137	히기누스, 로마의 주교
141	피우스 1세, 로마의 주교
150	유스티누스의 1차 변증
156	아니케투스, 로마의 주교
166	폴리카르푸스의 순교
175	엘레우테리우스, 로마의 주교
177	리옹에서의 순교
178	이레나이우스, 리옹의 주교
190	빅토르 1세, 로마의 주교
193	황제 페르티낙스와 디디우스 율리아누스
193~211	황제 셉티미우스 세베루스
194	몬타누스; 알렉산드리아의 클레멘트
200	테르툴리아누스의 『변증론』
202	제피리누스, 로마의 주교
203	셉티미우스 세베루스의 개선문; 오리게네스

205~270	플로티누스
211~217	황제 카라칼라
212	카라칼라, 시민권 확대
215	카라칼라 욕장
218	칼리스투스 1세, 로마의 주교
218~222	황제 엘라가발루스
222	우르바누스 1세, 로마의 주교
222~235	황제 알렉산드로스 세베루스
228	울피아누스, 살해당함
235~258	황제 막시미누스
236	파비우스, 로마의 주교
238~244	황제 고르디아누스 1세, 2세, 3세
241~272	페르시아 왕 샤푸르 1세
244~249	황제 필리푸스
248	키프리아누스, 카르타고의 황제가 됨; 오리게네스의 『켈수스 논박』
249~251	황제 데키우스; 수학자 디오판투스
251	코르넬리우스, 로마의 주교
251~253	황제 갈루스
253~260	황제 발레리아누스
253~268	황제 갈리에누스
254	마르코만니족, 북부 이탈리아 침입
255	샤푸르, 시리아 침입
257	그리스도교도에 대한 발레리아누스의 칙령 공포
259	고트족, 소아시아 침략
260	최초의 관용 칙령 공포
260~266	팔미라에서 오데나투스
266~273	팔미라에서 제노비아와 롱기누스
268~270	황제 클라우디우스 2세
270~275	황제 아우렐리아누스
271	이민족들, 이탈리아 침입
275~276	황제 타키투스
276~282	황제 프로부스
282~283	황제 카루스, 카리누스, 누메리아누스
284~305	황제 디오클레티아누스

*첫 번째를 제외하고 모든 연대는 서기이다. 그리고 150년 이전의 모든 연대는 불확실하다.

임웅 고려대학교 사학과를 졸업하고 같은 대학교 대학원에서 박사 학위를 받았다. 로마사 분야에서 꾸준한 연구 활동과 번역 활동을 하고 있으며, 대학에서 서양사 관련 강의를 하고 있다. 지은 책으로『로마 하층민 연구』와『로마의 소작과 소작인』이 있으며, 옮긴 책으로『서양 고대 전쟁사 박물관』,『고대 그리스의 내전, 펠로폰네소스 전쟁』,『페르시아 신화』등이 있다.

문명 이야기
카이사르와 그리스도 3-2

1판 1쇄 찍음 2014년 4월 17일
1판 1쇄 펴냄 2014년 4월 28일

지은이 윌 듀런트
옮긴이 임웅
발행인 박근섭, 박상준
편집인 장은수
펴낸곳 (주)민음사

출판등록 1966. 5. 19.(제16-490호)
(135-887) 서울시 강남구 도산대로 1길 62(신사동) 강남출판문화센터 5층
대표전화 515-2000, 팩시밀리 515-2007
홈페이지 www.minumsa.com

한국어판 ⓒ (주)민음사, 2014. Printed in Seoul, Korea.

ISBN 978-89-374-8898-6 04900
ISBN 978-89-374-8361-5 (세트)